经以济世

魁德启求

贺教育部

人文社科项目

成果出版

李砚祖

时年七十有八

教育部哲学社会科学研究重大课题攻关项目
"十三五"国家重点出版物出版规划项目

中国传统道德文化的现代阐释和实践路径研究

A CONTEMPORARY INTERPRETATION OF TRADITIONAL CHINESE MORAL CULTURE AND ITS PRACTICAL APPLICATION

吴根友 等著

中国财经出版传媒集团
经济科学出版社
·北京·

图书在版编目（CIP）数据

中国传统道德文化的现代阐释和实践路径研究/吴根友等著. --北京：经济科学出版社，2023.12

教育部哲学社会科学研究重大课题攻关项目 "十三五"国家重点出版物出版规划项目

ISBN 978-7-5218-3181-8

Ⅰ.①中… Ⅱ.①吴… Ⅲ.①中华文化-研究②道德修养-研究-中国 Ⅳ.①K203②B825

中国版本图书馆 CIP 数据核字（2021）第 248434 号

责任编辑：刘战兵
责任校对：隗立娜
责任印制：范　艳

中国传统道德文化的现代阐释和实践路径研究

吴根友　等著

经济科学出版社出版、发行　新华书店经销
社址：北京市海淀区阜成路甲 28 号　邮编：100142
总编部电话：010-88191217　发行部电话：010-88191522
网址：www.esp.com.cn
电子邮箱：esp@esp.com.cn
天猫网店：经济科学出版社旗舰店
网址：http://jjkxcbs.tmall.com
北京季蜂印刷有限公司印装
787×1092　16 开　28.75 印张　548000 字
2023 年 12 月第 1 版　2023 年 12 月第 1 次印刷
ISBN 978-7-5218-3181-8　定价：115.00 元
（图书出现印装问题，本社负责调换。电话：010-88191545）
（版权所有　侵权必究　打击盗版　举报热线：010-88191661
QQ：2242791300　营销中心电话：010-88191537
电子邮箱：dbts@esp.com.cn）

课题组主要成员

首席专家 吴根友

主要成员（以姓氏笔画为序）
　　　　　　刘固盛　李翔海　杨　华
　　　　　　徐水生　郭齐勇

总 序

哲学社会科学是人们认识世界、改造世界的重要工具,是推动历史发展和社会进步的重要力量,其发展水平反映了一个民族的思维能力、精神品格、文明素质,体现了一个国家的综合国力和国际竞争力。一个国家的发展水平,既取决于自然科学发展水平,也取决于哲学社会科学发展水平。

党和国家高度重视哲学社会科学。党的十八大提出要建设哲学社会科学创新体系,推进马克思主义中国化、时代化、大众化,坚持不懈用中国特色社会主义理论体系武装全党、教育人民。2016年5月17日,习近平总书记亲自主持召开哲学社会科学工作座谈会并发表重要讲话。讲话从坚持和发展中国特色社会主义事业全局的高度,深刻阐释了哲学社会科学的战略地位,全面分析了哲学社会科学面临的新形势,明确了加快构建中国特色哲学社会科学的新目标,对哲学社会科学工作者提出了新期待,体现了我们党对哲学社会科学发展规律的认识达到了一个新高度,是一篇新形势下繁荣发展我国哲学社会科学事业的纲领性文献,为哲学社会科学事业提供了强大精神动力,指明了前进方向。

高校是我国哲学社会科学事业的主力军。贯彻落实习近平总书记哲学社会科学座谈会重要讲话精神,加快构建中国特色哲学社会科学,高校应发挥重要作用:要坚持和巩固马克思主义的指导地位,用中国化的马克思主义指导哲学社会科学;要实施以育人育才为中心的哲学社会科学整体发展战略,构筑学生、学术、学科一体的综合发展体系;要以人为本,从人抓起,积极实施人才工程,构建种类齐全、梯队衔接的高校哲学社会科学人才体系；要深化科研管理体制改革，发挥高校人才、智力和学科优势，提升学术原创能力，激发创新创造活力，建设中国特色新型高校智库；要加强组织领导、做好统筹规划、营造良好学术生态，形成统筹推进高校哲学社会科学发展新格局。

哲学社会科学研究重大课题攻关项目计划是教育部贯彻落实党中央决策部署的一项重大举措，是实施"高校哲学社会科学繁荣计划"的重要内容。重大攻关项目采取招投标的组织方式，按照"公平竞争，择优立项，严格管理，铸造精品"的要求进行，每年评审立项约40个项目。项目研究实行首席专家负责制，鼓励跨学科、跨学校、跨地区的联合研究，协同创新。重大攻关项目以解决国家现代化建设过程中重大理论和实际问题为主攻方向，以提升为党和政府咨询决策服务能力和推动哲学社会科学发展为战略目标，集合优秀研究团队和顶尖人才联合攻关。自2003年以来，项目开展取得了丰硕成果，形成了特色品牌。一大批标志性成果纷纷涌现，一大批科研名家脱颖而出，高校哲学社会科学整体实力和社会影响力快速提升。国务院副总理刘延东同志做出重要批示，指出重大攻关项目有效调动各方面的积极性，产生了一批重要成果，影响广泛，成效显著；要总结经验，再接再厉，紧密服务国家需求，更好地优化资源，突出重点，多出精品，多出人才，为经济社会发展做出新的贡献。

作为教育部社科研究项目中的拳头产品，我们始终秉持以管理创新服务学术创新的理念，坚持科学管理、民主管理、依法管理，切实增强服务意识，不断创新管理模式，健全管理制度，加强对重大攻关项目的选题遴选、评审立项、组织开题、中期检查到最终成果鉴定的全过程管理，逐渐探索并形成一套成熟有效、符合学术研究规律的管理办法，努力将重大攻关项目打造成学术精品工程。我们将项目最终成果汇编成"教育部哲学社会科学研究重大课题攻关项目成果文库"统一组织出版。经济科学出版社倾全社之力，精心组织编辑力量，努力铸造出版精品。国学大师季羡林先生为本文库题词："经时济世 继往开来——贺教育部重大攻关项目成果出版"；欧阳中石先生题写了"教育部哲学社会科学研究重大课题攻关项目"的书名，充分体现了他们对繁荣发展高校哲学社会科学的深切勉励和由衷期望。

伟大的时代呼唤伟大的理论，伟大的理论推动伟大的实践。高校哲学社会科学将不忘初心，继续前进。深入贯彻落实习近平总书记系列重要讲话精神，坚持道路自信、理论自信、制度自信、文化自信，立足中国、借鉴国外，挖掘历史、把握当代，关怀人类、面向未来，立时代之潮头、发思想之先声，为加快构建中国特色哲学社会科学，实现中华民族伟大复兴的中国梦做出新的更大贡献！

教育部社会科学司

前　言

"中国传统道德的现代阐释和实践路径研究"是一个宏大的理论问题，也是一个长期的实践问题。伴随着中国现代化历程的不断展开，传统道德文化的现代阐释深度和广度、方式与结论都会发生新的变化，其实践路径与创新点也会发生新的变化，并会不断地产生出新的形式。本书提供的一些看法，有些可能会因时代的发展而过时，有些可能与实践相结合之后需要补充或修正，限于目前的认知水平，我们只能提出一些带有较强的个人性与时代烙印的观点。但作为认识的历史过程，我们目前提供的一些观点也将会具有特定的时代价值。

中国传统道德文化，正如博大精深的中国传统文化一样，源远流长，就其实际的状态而言，往往也是混混然而非如理论语言那样清晰、确定。理论的研究可以追求清晰性与确定性，生活本身却是在混混然中一直往前，她不会等待理论说清楚了才往前走。但这丝毫不影响学术研究与理论工作者的自身价值。有了一定理论指导的生活，总比没有理论引导的盲目生活，更少犯低级的错误。相比于生活，理论之树常常是灰色的。但是，理论一旦被广大群众所掌握，就会变成巨大的现实力量。学术研究与理论工作者的价值，可能要在此两极的评价中保持一种本体的谦逊与应有的自信。

目前呈现在读者面前的是集体攻关项目成果的简洁版，其基本思路是这样的：中国传统道德文化是对中国人过去的道德生活、道德观念的一种笼统说法。今天，我们面对这份精神遗产需要精心地选择，努力选择其中优秀的精神内容，以之为当代中国人的道德生活提供自己民族的精神资源。由于本书是理论研究加对策研究，在实践途径研究的部分，除了研究古代中国人践行其道德观念的具体方法之外，还做了少量的社会调查，以考察当代中国人对于传统道德文化的实际认识水平，然后提出相应的实践对策。

根据上述思路，本书分成三个大的部分，其思维逻辑是这样的：第一编是观念的回顾与再评价，即通过近代初期欧洲部分杰出思想家对中国传统道德文化评价的再反思，和对五四新文化运动以来中国的仁人志士对于自己传统的反思、批判的再反思与再批判，为本书提供新的、更切合中国传统道德文化自身发展逻辑的新认知，从而奠定本书的新思路与理论基础。第一编还专门就传统道德文化中的六个核心观念——仁、义、诚信、忠、孝、廉耻的现代转化做了较为详细的论证。第二编扼要阐述了儒家的礼制精神、君子道德人格形象，道家尊重生命的道德与伦理观，佛教的慈悲伦理精神，墨家的"兼爱"道德情怀，民间的风俗、节庆生活中所体现出的优秀道德精神。这一部分还特别就儒家孝的伦理精神如何在传统社会各项制度中得到体现这一人类学视角的考察，为当代中国如何落实传统优秀道德文化精神提供了一种参照系。第三编的主要内容是湖北黄石市下陆区的调查报告，简化版提供的仅是党政机关与企业的调查数据及其简要的分析与对策，学校部分没有再列出调查的数据，只是提供了带有结论性的意见。第三编的最后一章，也是本书的最后一章提出"新五伦"的一点设想，其具体结论可能还有相当大的商榷余地，但其所揭示出的新伦理建设的问题，却具有相当强的现实针对性。

当代中国的道德伦理建设，比传统社会面临的问题要多一些。由于近四百年来世界范围现代文化的兴起，以资本主义生产—生活方式为基础的现代个人主义、自由主义培育出的个人权利意识，使得道德、伦理面临着强烈的个人化、主观化潮流的冲击，共同善、善的共同性，以及其他方面的社会共识，很难得到认同并推广开来。在世界各民族国家之间如此，在一国之内、一个民族之内、一个社区或一个团队之内，甚至在一个小小的家庭之内，都会如此。道德观念方面共识的达成，伦理原则的客观化及内在的约束性，是当代世界，而且也是当代中国社会所面临的共同难题。改革开放以来，社会主义市场经济体制的逐步建立，使得这一困难更加明显。而正因为如此，传统优秀道德文化在当代中国的弘扬就显得愈发迫切与必要。本书及其初步结论，也正好赶上时代提供的试金石，让伟大的时代来检验理论工作者的研究成果，幸莫大焉。

  本人也将在此简化版研究成果公布于社会之后，再努力整理、深化、细化全部的研究成果，花更多的时间来打磨全部的研究成果，希望在适当的时间找到合适的出版单位，将全部研究成果公布于社会。让伟大的时代来检验自己带领的学术团队提供的研究成果，让其中有价值的思维成果变成时代公共的道德、伦理知识，并逐步转化为人们自觉的道德、伦理意识。若能如此，则何其幸也，何其幸耶！

摘　要

中国传统道德文化是一条生生不息的精神长河，其中的优秀道德构成了中华民族的精神传统而代代相传。经过现代性的洗礼与选择，中华优秀的道德文化传统仍然表现出强劲的生命力，融入了现当代中国人的道德生活而成为活的道德文化传统。

简洁地说，仁义礼智信、忠孝节廉耻等十德，仍然是现代中国人所要遵循并加以提倡的传统美德，其简化版"仁义诚信，忠孝耻感"等六德，虽然其中的主要内容已经发生了变化，如仁德更多地表现在人道主义的态度，忠是忠于国家、人民的事业，孝主要是表现在尊重父母、在家养老等，但在当代中国人的道德生活中，这些传统美德仍然发挥着极其重要的规范作用。而道家尊重生命的伦理观，佛教慈悲的伦理关怀，墨家"兼爱"的道德情怀，在民间的道德生活中，也都在不同程度上发挥着积极的辅助作用。传统的"礼教"已经不存在了，但"礼"作为一种尊重人的观念，对人有礼貌、待人接物有礼节，生活中的有些事情讲究仪式感等，表明传统社会"讲礼"的伦理生活精神，在现当代社会还是有所继承。

通过带有社会学"典型"意味的社会调研，我们发现，传统道德文化在人文社会科学专业背景的国家公职人员身上体现得更为明显，而在一些大型企业的员工身上体现得则相对模糊，主要原因是大型企业的职工多是理工科教育背景出身。这就表明，要将传统优秀道德文化传承下去，并在现实生活中加以发扬光大，大学通识教育中加强传统优秀道德文化教育是一条非常重要的实践路径。而在小学中学教育中，加大传统优秀道德文化教育的比例，大学里，特别是师范大学要多培养一些具备从事传统道德文化教育能力的师资力量，是一个关键的问题，也是保证实践路径畅通且行之有效的重要基础。

仿照传统社会的"五伦"说法，当代中国也应当建设新的"五伦"，即国民之伦、家庭之伦、行业之伦、群己之伦与中外之伦。至于这"五伦"如何凝练出五个或五组核心的道德观念，在当前还是一个理论的难题。

Abstract

A waterless river runs through China. Passing from generation to generation, its ebb and flow fashioned the Chinese spiritual tradition. Despite its confluence with modernity, its characteristics continue to nourish those who drink from its waters. Of course, the river being referred to is the traditional moral culture of China.

Today, benevolence, righteousness, propriety, wisdom, faith, loyalty, filial piety, integrity, honesty and shame still make up the moral core of modern Chinese people. However, meandering as rivers do, the meaning of these virtues have twisted through time. In China's more recent history, benevolence has taken a notably humanitarian turn, the object of loyalty has been redirected to the nation and its people, and filial piety is now expressed by taking care of the elderly members of the home. Although this river's course may change, traditional virtues continue to play a normative role in the lives of contemporary Chinese people. To this day, Daoism's reverence for life, Buddhism's concern with compassion, and Mohism's idea of universal love, to a greater or lesser extent, contribute positively to Chinese popular morality. And whilst rites and rituals are no longer visible in their traditional guise, their legacy may still be felt. This can be seen in the respectful and polite treatment of others, as well as the sense of ceremony infused into many aspects of Chinese daily life.

Indeed, the ethical spirit of traditional society is ever-present. Yet, through a sociologically-inspired analysis of "typical cases", we have found that this ethical spirit appears to be more prominent amongst Chinese civil servants, whilst the effects are less obvious for Chinese nationals employed in large-scale corporations. This is arguably because of the differences in educational background: the former has been trained in the humanities; the latter in science and engineering. It would seem, therefore, that if we want to strengthen the ethical current of society, if we want to ensure that the river of traditional moral culture continues to flow down to future generations, then we must address the problem at its source: education. Instruction in traditional culture and virtues must occupy an important part of the curriculum during primary, secondary, and tertiary education. This is especially the case for China's normal universities, which must strive to develop teaching talent well-versed in tradition. Through this practical and effective course action, we may lay the traditional, moral, and cultural foundations for China's future talent.

Drawing upon the traditional theory of "five ethics", contemporary China needs to establish a new set of principles, namely: national ethics; family ethics; business ethics; collective-individual ethics; and international ethics. As for how we might abstract out of our traditional moral culture the ideas and concepts required for these "five ethics" is an important theoretical question that remains to be addressed.

目 录

第一编

总论　1

第一章 "传统"的基本含义与道德文化的一般特征　3
　　第一节　"传统"的基本含义　3
　　第二节　道德文化的基本特征　8

第二章 现代性视域中的中国传统道德观念及其再评价　15
　　第一节　现代西方文化镜像中的中国传统道德观念及其重省　16
　　第二节　新文化运动对传统道德观念的批判与重省　45

第三章 传统"六德"与社会主义核心价值观　86
　　第一节　仁义诚信三德及其在当代的意义　87
　　第二节　忠孝廉耻及其在当代的转化　120

第二编

传统优秀道德文化的观念形态与实践途径研究　209

第四章 儒家道德文化的主要观念及其现代阐释　211
　　第一节　传统礼制对当代公民道德建设的积极意义　211

第二节　君子之道与现代生活　222

第五章 ▶ 道家的尊生道德与生命伦理　235

第一节　道家生命哲学及其贵生重身的价值取向　236

第二节　道家的尊生道德、生命伦理及其在当代的意义　242

第六章 ▶ 佛教的慈悲伦理与墨家的"兼爱"情怀　259

第一节　大乘佛教慈悲观的内在逻辑及其现代阐释　259

第二节　佛教心性论与道德"同情说"　269

第三节　墨家尚同、尚义的追求与"兼爱"的伦理情怀　280

第七章 ▶ 其他优秀道德文化与社会良俗　285

第一节　民间宗教和民间信仰的社会教化功能　285

第二节　节庆民俗与中国传统优秀道德文化的传承与实践　294

第三编

传统优秀道德文化与当代多元实践的途径　305

第八章 ▶ 国家公务人员与传统优秀道德文化的实践路径　307

第一节　国家公务人员对传统优秀道德文化的认知现状　307

第二节　基于现状的多元实践路径的探索　320

第九章 ▶ 现代企业与传统优秀道德文化的实践路径　334

第一节　企业员工对传统道德的认知现状　334

第二节　现代企业中传统优秀道德文化的多元实践路径探索　347

第十章 ▶ 学校教育与传统优秀道德文化的承扬和创造性转化　354

第一节　传统优秀道德文化在学校层面实践中存在的主要问题　354

第二节　传统优秀道德文化在学校层面的多元实践路径探索　357

第十一章 ▶ 传统道德文化与新时代多元的人伦关系　　372

　　第一节　传统"五伦"与新的"六伦""九伦"之探索　　372

　　第二节　传统职业道德与现代社会的职业道德建设　　392

参考文献　　411

后记　　427

Contents

Part 1
An Introductory Overview   1

Chapter 1 Understanding "Tradition" and the Key Characteristics of Moral Culture   3

    1.1 Some Core Meanings of "Tradition"   3

    1.2 Key Characteristics of Moral Culture   8

Chapter 2 Chinese Ethical Ideas and Their Reassessment in Light of Modernity   15

    2.1 Chinese Traditional Ethical Ideas in a Modern Western Mirror   16

    2.2 The Critique of Traditional Chinese Ethical Ideas in Modern China   45

Chapter 3 The "Six Virtues" of Tradition Meet the Core Socialist Values   86

    3.1 Humaneness, Righteousness, Sincerity, and Their Modern Significance   87

    3.2 The Contemporary Significance of Loyalty, Filial Piety, and Shame   120

Part 2

An Investigation into Traditional Chinese Moral Culture and Its Practical Applications   209

Chapter 4   The Core of Confucian Morality and Its Modern Interpretation   211

4.1   The Traditional System of Rites and Its Positive Influence on Contemporary Civic Virtue   211

4.2   Gentleman's Doctrines and Modern Life   222

Chapter 5   Daoism's Reverence for Life and Its Ethical Implications   235

5.1   The Daoist Philosophy of Life and Its Focus on the Living Body   236

5.2   The Ethical Implications of Daoism's Reverence for Life and Its Contemporary Significance   242

Chapter 6   Buddhism's Ethics of Compassion and Mohism's "Universal Love"   259

6.1   The Logic of Compassion in Mahayana Buddhism and Its Modern Interpretation   259

6.2   The Buddhist Theory of Mind – Nature and Moral "Sympathy"   269

6.3   Mohist "Universal Love"   280

Chapter 7   Additional Aspects of Moral Culture and its Social Customs   285

7.1   An Inquiry into the Educational Function of Folk Religion and Its Beliefs   285

7.2   Inheritance and Praxis: Festivals, Customs and Their Relationship to Traditional Chinese Moral Culture   294

Part 3

Traditional Moral Culture and Its Practical
Application in the Present   305

Chapter 8   The Practical Application of Traditional Moral Culture for Chinese Public Servants   307

8.1   How do Chinese Public Servants Perceive Traditional Moral Culture?   307

8.2   Practical Approaches Given Current Circumstances   320

Chapter 9   Traditional Moral Culture for Modern Businesses   334

9.1   How do Employees Perceive Traditional Moral Culture?   334

9.2   Practical Approaches Given Current Circumstances   347

Chapter 10   Education in Schools: Passing on Tradition and Its Creative Turn   354

10.1   The Main Problems with Traditional Moral Cultural Education in the Chinese School System   354

10.2   Practical Approaches Given Current Circumstances   357

Chapter 11   Traditional Moral Culture and Interpersonal Relationships for a New Era   372

11.1   An Investigation into the Traditional "Five Virtues" and the New "Six Virtues" and "Nine Virtues"   372

11.2   Traditional Professional Ethics and the Construction of Professional Ethics in the Present   392

References   411
Postscript   427

第一编

总　论

第一章

"传统"的基本含义与道德文化的一般特征

第一节 "传统"的基本含义

现代汉语中的"传统"一词,主要是与"现代"一词相对应,表明是过去发生的一系列精神现象与行为方式,在当今社会里仍然存在着的一种文化现象。在现代主义的视角下,"传统"不仅是经验时间中过去了的东西,而且在价值评价上也是颇为过时的、没有价值的,甚至是负面的东西。而现代社会往往是以科学性、合理性、经验性、世俗性和进步性为特征的,注定了它们在与陈规旧俗的战斗中必然会取胜,从而摆脱任何传统的痕迹。特别是"进步主义运动支持者对自己的认识使他们不愿意承认或容忍自己的队伍中存在着任何传统性"①。因此,将传统与现代对立起来,是现代主义的一般性思维方式。抛弃传统成为现代主义的基本主张。与现代主义相对立的传统主义,或曰文化保守主义,则将传统视为民族文化中某种"一脉相承之统绪",甚至要恢复"原于中国文化之一本性"而形成所谓的"道统之相传",并悲叹中国在近代化的过程中使中国固有的历史发生了"断裂"②。尽管现代主义与传统主义对待"传统"的具体主张是截然相反

---

① 爱德华·希尔斯著:《论传统》,傅铿、吕乐译,上海人民出版社2009年版,第21页。
② 萧萐父著:《传统·儒家·伦理异化》,引自《吹沙集》,巴蜀书社1991年版,第129页。

的，但他们都分享了相同的"传统—现代"二元对立的思维方式。在我们看来，扬弃现代主义者、传统主义者这种二元对立的思维方式，是我们重新认识、发掘"传统"的价值，更好地建设现代文化的必要的正确思维途径。对于此点，习近平有非常明确的论述："中华传统美德是中华文化精髓，蕴含着丰富的思想道德资源。"[①] 而且，他还形象地称传统美德是中华文化的根和魂，"因为这是我们民族的'根'和'魂'，丢了这个'根'和'魂'，就没有根基了"[②]。因此，发扬传统优秀的道德文化，是建设中国现代文化的必由之路。

一、西方学者论传统

何谓"传统"？美国学者爱德华·希尔斯（Edward Shils，1911~1995年）在《论传统》一书中对"传统"的多重义涵有较为系统的论述，有助于我们认清"传统"的内涵及其价值。希尔斯认为，"传统"至少包含三个方面的意思：其一，它是指"世代相传的事物"。所谓"世代相传的东西（traditum），即任何从过去延传至今或相传至今的东西"[③]。这些东西，可以是物质的实体，也可以是惯例和制度等。另外，能够称得上是传统的东西，往往有示范者，或者监护人。其二，相传的事物有一种同一性。相传的事物，往往会发生变化，但"它的基本因素保存了下来，并与其他起了变化的因素相结合……在一个外部观察者看来，在延传和承袭的相继阶段或历程中基本上保持着同一性"[④]。其三，能够称得上是"传统"的东西，要有一定的"持续性"。一般而言，"它至少要持续三代人——无论长短——才能成为传统"[⑤]。

除上述三个显著的表象特征之外，希尔斯还认为，"传统"还有一个更为实质性的含义，即"几乎任何实质性内容都能够成为传统"[⑥]。如人们口头和用文字延传的信仰——包括世俗的和宗教的信仰，特别是人们不假思索就接受的信仰。由此，希尔斯对"真正的传统"给出了一个规定："当传统的延传只是口头的而非文字的，当它只是传闻而非既成事实，当它的事实性判断缺乏根据，当它的规范判断与理性推断没有关系，当它的创始者或发明者是无名的，而不是有名

---

① 习近平：《把培育和弘扬社会主义核心价值观作为凝魂聚气强基固本的基础工程》，载《人民日报》，2014年2月26日。
② 中共中央文献研究室编：《习近平关于实现中华民族伟大复兴的中国梦论述摘编》，中央文献出版社2013年版，第33页。
③ 爱德华·希尔斯著：《论传统》，第12页。
④ 同上书，第14页。
⑤ 同上书，第15页。
⑥ 同上书，第17页。

姓可查证的,传统才能成为'真正的传统'。"① 这种"真正的传统",就其所传授的信仰而言,"总有其固有的规范因素;发扬传统的意图,就是要人们去肯定它,接受它"②。因此,凡是那些"真正的传统","远不止是相继的几代人之间相似的信仰、惯例、制度和作品在统计学上频繁的重现。重现是规范性效果——有时则是规范性意图——的后果,是人们表现和接受规范性传统的后果。正是这种规范性的延传,将逝去的一代与活着的一代联结在社会的根本结构之中"③。

上述希尔斯所论的"真正的传统",在黑格尔的《哲学史讲演录》中则有另外的表达方式。黑格尔认为,真正的哲学史不是古代死人的战场,而是一条"神圣的链子","把前代的创获给我们保存下来,并传给我们"④。而且,在黑格尔看来,"真正的传统"并不是一个"管家婆,只是把她所接受过来的忠实地保存着,然后毫不改变地保持着并传给后代。它也不像自然的过程那样,在它的形态和形式的无限变化与活动里,仍然永远保持其原始的规律,没有进步。这种传统并不是一尊不动的石像,而是生命洋溢的,有如一道洪流,离开它的源头愈远,它就膨胀得愈大"⑤。"真正的传统"是活的,而且也是不断发扬光大的,她绝不是奄奄一息、不绝如缕式的苟延残喘,而是充满着生机的。而"真正的传统"作为一种遗产,当我们接受它时,"同时就是掌握这份遗产。它就构成了每个下一代的灵魂,亦即构成下一代习以为常的实质、原则、成见和财产。同时这样接受来的传统,复被降为一种现成的材料,由精神加以转化。那接受过来的遗产就这样地改变了,而且那经过加工的材料因而就更为丰富,同时也就保存下来了"⑥。剔除黑格尔哲学史观中唯心主义的思想成分,仅就其有关"传统"的具体论述而言,还是十分精当的。黑格尔这种对待"传统"的态度,类似于当代中国思想界被较为普遍接受的"创造性的转化"⑦的传统观。

二、中国学者论传统

当代中国的马克思主义哲学史家萧萐父先生对"传统"的丰富义涵做了中国化的马克思主义哲学的阐述,提出了"历史接合点"的理论主张。他从三个方面

---

① 爱德华·希尔斯著:《论传统》,第18页。
② 同上书,第24页。
③ 同上书,第25页。
④ 黑格尔著:《哲学史讲演录》第一卷,贺麟、王太庆译,商务印书馆1959年版,第8页。
⑤ 同上。
⑥ 同上书,第9页。
⑦ 参见林毓生:《五四时代的激烈反传统思想与中国自由主义的前途》,引自《中国传统的创造性转化》,生活·读书·新知三联书店1988年版,第160~204页。

揭示了"传统"的丰富性、复杂性与活着的生命特征,以及作为历史主体的人面对传统的态度。首先,"传统,并非已经死去的历史陈迹,而是至今活着的文化生命。它渊源于过去,汇注于现在(经过现实一代人的参与),又奔流向未来。"① 其次,传统是多元的。这种多元传统可以从三种理论范式去概括或归纳:一是"两种文化"或"大小传统"范式说;二是"圣贤之血路,散殊于百家"的核心精神分有范式说;三是"譬如水火,相反相生,龙血玄黄,杂以成文"的互补范式说。正因为"传统"是多元的,不是铁板一块,故对待"传统"的态度就不应当是或整体泛观,或单维进化,而应当采用二分或三分剖判和多元衍变的模式去加以处理。再次,人面对多元的传统不是被动的,而应该参与历史的选择,实现"文化上的整合、重组、镕铸、涵化、破旧立新或推陈出新"②。最后,他在总结前人有关"传统"论述的基础上,提出了寻找"传统文化与现代文化之间的历史接合点"的论断与主张:"对传统文化的选择和继承,与对现代文化的创建和对未来文化的设计及追求,三者是密切结合在一起的。"③

  对于"传统"的理论思考,远不止上面所提及的内容。当代中国学者庞朴在讨论"传统"的问题时,对"传统文化"与"文化传统"两个概念的差异做了比较仔细的分析,有助于我们讨论传统优秀道德对于当代中国新道德建设的意义。庞先生认为:"传统文化的全称大概是传统的文化(traditional culture),落脚在文化,对应于当代文化和外来文化而谓。其内容当为历代存在过的种种物质的、制度的和精神的文化实体和文化意识。"④ 而"文化传统"的全称大概是"文化的传统(cultural tradition),落脚在传统。文化传统与传统文化不同,它不具有形的实体,不可抚摩,仿佛无所在;但它却无所不在,既在一切传统文化之中,也在一切现实文化之中,而且还在你我的灵魂之中"⑤。庞先生依照中国传统哲学的道器范畴,将"文化传统"看作是形而上的道,"传统文化"看作是形而下的器。道在器中,器不离道。"文化传统是不死的民族魂。它产生于民族的历代生活,成长于民族的重复实践,形成为民族的集体意识和集体无意识。简单说来,文化传统就是民族精神。"⑥

  依照庞先生的观点,中华民族的传统道德可以看作是传统文化的一部分,而其中优秀的道德观念,则可以说是中华民族的文化传统,而且是其"文化传统"中的核心内容。我们今天研究传统道德,主要是研究并发掘其中优秀的道德观念

---

① 萧萐父著:《传统·儒家·伦理异化》,第130页。
② 同上书,第130~131页。
③ 同上书,第131页。
④ 庞朴著:《一分为三》,海天出版社1995年版,第326页。
⑤ 同上书,第327页。
⑥ 同上。

及其在具体社会生活中的实践形式，进而为当代社会的道德文化建设做出理论的贡献。

三、如何正确理解传统

如果我们立足于全球化这一新的历史现实，杜维明揭示出的新问题："如何认识、理解和诠释现代性中的传统问题"，对于我们正确地理解传统提供了一个新的视角。他说：

> 全球化的确已经解构了而且正在加速解构各种根深蒂固的传统，这点有目共睹。但根源意识的强化也同时在塑造全球化所导致的现代性在各文化地区的具体表现。从传统到现代的二分法和线性逻辑已无法说明这种错综复杂的现象。呈现在眼前的思想挑战之一是如何认识、理解和诠释现代性中的传统问题。[①]

综合上述几位先生对传统以及对传统与现代关系的相关论述，我们对传统以及中华传统与现代的关系做出如下概述：

首先，传统是多元的。有儒家的传统，有道家的传统，有佛教的传统。有好的传统，也有坏的传统，传统中有精华，也有糟粕。因此，应该以多元的思维去认识传统，剖析传统，批判地继承传统。

其次，"文化传统"就是民族精神，"传统文化"则是民族精神的体现。中华民族的优秀传统道德是中华文化的核心内容，阐发中华民族的优秀传统道德文化有助于理解中华民族精神。

再次，对于"传统"的理解，我们也要避免文化心理中的习惯性思维，仅把"传统"理解为古代的传统文化或文化传统。实际上，近一百多年现代文化的发生、发展历史，也已经形成了现代文化传统和现代的道德观念传统，统称为"现代精神传统"[②]。甚至，对于"传统"的批评与反叛，也可以构成一种思想、观念的传统，可以称之为"反传统的传统"[③]。这些有关"传统"的多维思考，可以促进我们对"传统道德文化"做更加立体、丰富、深邃的理解，避免对传统道德文化做平面化、静态的理解。

最后，我们反对传统与现代二元对立的观点。在文化的长河中，传统渊源于过去，汇注于现在，又奔流向未来。具体时空中的个人，无不处在一定的传统之

[①] 杜维明：《自序：新轴心时代的文明对话》，引自郭开勇、郑文龙编：《杜维明文集》第一卷，武汉出版社 2002 年版，第 4 页。

[②] 参见高瑞泉《中国现代精神传统》的序文及全书。东方出版中心 1999 年版。

[③] 林毓生：《五四时代的激烈反传统思想与中国自由主义的前途》，引自《中国传统的创造性转化》，第 160～204 页。

中，继承了传统文化中的某些因素，同时又体现出现代文化的某些特点，在融合传统与现代的基础上，才能在现实的基础上做出创新。传统是活的、充满生机的、蓬勃向上的，在吸收时代精华的基础上，优秀的传统文化将通过一代代人的传承而不断发展，成为培养民族精神的土壤。正如庄稼离不开土壤一样，任何一个国家和民族都不能抛弃自己的优秀文化传统。

第二节 道德文化的基本特征

道德文化是一种古老的精神现象，就其历史发生的角度来看，道德起源于风俗。从词源学的角度看，英文中的道德（morality），其基本意思之一就是风俗、习惯，而且，道德与伦理，从词源上说，都与风俗、习惯有关。[①] 但在汉语传统中，道德与伦理没有直接的关系。商周文化传统中的"德"主要是指君王的一种内在的美好品质，周人"以德配天"的说法，主要是指君王的一种高尚品质。这一说法到孔子那里就变成"为政以德，譬如北辰"的政治之德。当然，孔子也将德泛化，提出了"天生德于予"的先验的德性论思想。道与德的连接，始于道家创始人老子的《道德经》一书。该书明确地说："孔德之容，惟道是从。"伦，在古汉语中主要是指人类生活的常规，如《尚书·洪范》篇讲"彝伦攸叙"——常则所以变得有序化。《孟子·离娄上》有"使契为司徒，教以人伦"。《荀子·解蔽》篇有"圣也者，尽伦者也"的说法。可见，道德与伦理相关，特别是伦理与普通百姓的道德生活发生联系，是通过儒家思想家的阐发而逐步实现的。

一、道德与伦理的关系

从现代道德哲学与伦理学理论来看，道德与伦理的关系大体上可以理解为主体行为法则与客观化的生活法则的关系。从马克思主义历史唯物论的角度看，道德法则与人的伦理关系，都是人的客观生活关系在观念中的反映，在阶级社会里，表现为一定的阶级性特征。在《德意志意识形态》中，马克思、恩格斯这样说道：

[①] 参见弗兰克·梯利著：《伦理学概论》，何意译、苗力田校，中国人民大学出版社1987年版，第2~4页。另参见高照明著《伦理学理论与方法》一书的第3~13页（人民出版社2005年版）。

思想、观念、意识的生产最初是直接与人们的物质活动,与人们的物质交往,与现实生活的语言交织在一起的。观念、思维、人们的精神交往在这里还是人们物质关系的直接产物。表现在某一民族的政治、法律、道德、宗教、形而上学等的语言中的精神生产也是这样。人们是自己的观念、思想等等的生产者,但这里所说的人们是现实的,从事活动的人们,他们受着自己的生产力的一定发展以及与这种发展相适应的交往(直到它的遥远的形式)的制约。①

马克思、恩格斯在该书中明确地说:"不是意识决定生活,而是生活决定意识。"② 道德作为人的一种带有价值判断的意识,同样也是由各人所处的生活状态决定的。在阶级社会里,主要由他的阶级意识决定的。马克思、恩格斯很风趣地说:"'精神'从一开始就很倒霉,注定要受物质的'纠缠',物质在这里表现为震动着的空气层、声音,简言之,即语言。语言和意识具有同样长久的历史;语言是一种实践的、既为别人存在并仅仅因此也为我自己存在的、现实的意识。"③ 因此,马克思、恩格斯创立的唯物主义历史哲学,"它不是在每个时代中寻找某种范畴,而是始终站在现实历史的基础上,不是从观念出发来解释实践,而是从物质实践出发来解释观念的东西"④。

黑格尔的哲学体系是唯心主义的,但他在阐述"道德"与伦理的关系问题时,曾经提出了颇有启发性的见解。他认为,道德可以分为两种:一是作为道德的道德;二是作为伦理的道德。而作为伦理的道德,主要是源于社会秩序的伦理规定了个体的道德内容。⑤ 按照黑格尔在《法哲学原理》一书中所说的,法与道德,都仍然是自由概念的主观化的表达,由法向道德转进,由道德向伦理转进。而家庭与国家就是伦理的实体。黑格尔认为,"道德的观点是这样一种意志的观点,这种意志不仅是自在地而且是自为地无限的(前节)",进而"把人规定为主体"⑥。而作为主体的人,通过对"自由今后的基地即主观性进行加工,把这一最初是抽象的即与概念有别的主观性变成与概念相等的东西,从而使理念获得真正的实现。这样一来,主观意志就同时规定自己为客观的,从而是真正的具体的"⑦。"所以,道德的观点,从它的形态上看就是主观意志

---

① 马克思、恩格斯著:《马克思恩格斯全集》第三卷,中共中央马克思恩格斯列宁斯大林著作编译局译,人民出版社1960年版,第29页。
② 同上书,第30页。
③ 同上书,第34页。
④ 同上书,第43页。
⑤ 凯·尼尔森著:《马克思主义与道德观念》,李义天译,人民出版社2014年版,第314页。
⑥ 黑格尔著:《法哲学原理》,范扬、张企泰译,商务印书馆1961年版,第127页。
⑦ 同上。

的法。"① 这一"主观意志的法"的最高表现形式就是善和良心，而"主观的善和客观的、自在自为地存在的善的统一就是伦理，在伦理中产生了根据概念的调和"②。

黑格尔将"伦理"看作是"自由的理念""活的善"，是出于他个人唯心主义法哲学体系的理论需要而做出的理论论述，其现实的政治目的是要肯定当时的普鲁士国家，因而也是其官方哲学性质所规定的。但他对"伦理"的客观性及其所具有的客观力量的阐述，是极为深刻的。他说："伦理性的东西就是自由，或自在自为地存在的意志，并且表现为客观的东西，必然性的圆圈。"③"伦理性的规定就是个人的实体性或普遍本质，个人只是作为一种偶性的东西同它发生关系。个人存在与否，对客观伦理说来是无所谓的，唯有客观伦理才是永恒的，并且是调整个人生活的力量。"他甚至非常夸大地说，作为"永恒正义""自在自为存在的神"的伦理，"个人的忙忙碌碌不过是玩跷跷板的游戏罢了"④。

上述黑格尔对于"伦理"所具有的客观力量的论述，与先秦儒家的代表人物之一荀子对于理想中"礼"（此处作为伦理与制度的代名词）的功能的论述，在精神上颇为一致。荀子说："虽王公士大夫之子孙，不能属于礼义，则归之庶人。虽庶人之子孙也，积文学，正身行，能属于礼义，归卿相士大夫。"（《荀子·王制》）

按照现代道德哲学与伦理学的一般认识来看，"道德"是伦理法则主体化的一种表现，即某一个民族或国家之中的个人对于其共同体内伦理法则的自觉遵守与实践。道德的规范及其价值排序，构成一个民族或国家的伦理秩序。而一个民族、国家的道德观念体系与伦理秩序，从根本上说是与其具体的物质生活形态相适应的。道德观念与伦理秩序既有阶级性、时代性，又有一定的普遍性与历史性。马克思主义道德哲学与伦理学对此有比较清晰的阐述。苏联马克思主义伦理学家 А. И. 季塔连科主编的《马克思主义伦理学》一书中对此问题有所阐述，其主要观点如下：第一，从社会发展与道德进步的角度看，后来社会道德文化总是能够在前代的道德文化基础上向前推进，恩格斯在考察基督教—封建时期、资产阶级时期和无产阶级时期三个阶段的三大道德体系时，承认这些体系中不可能没有"许多共同的东西"，但没有一个体系代表了"最终完成的绝对真理"⑤。第二，道德内容之中，有一些普遍的道德情感，如恻隐之心、忠诚、慷慨、谦虚等

---

① 黑格尔著：《法哲学原理》，第111页。
② 同上书，第162页。
③ 同上书，第165页。
④ 同上。
⑤ А. И. 季塔连科主编：《马克思主义伦理学》，愚生、重耳译，上海译文出版社1981年版，第40页。

正面道德情感，而对自大、阴险、冷酷无情、妒忌等负面的道德情感都持排斥的态度。但是，道德具有普遍性，并不表明这种普遍的道德是永恒的真理。"切勿偷盗"的道德戒律可以说存在于一切私有制的社会。但是，到了偷盗的动机被消灭的社会，这条道德戒律就会消失。① 第三，道德心理有共同性，如人被侮辱而脸红等。第四，道德的普遍性还表现在每一代人对道德经验做出的积极贡献，如人的自尊与尊严，是不受阶级出身影响的。而每一个特殊历史阶段与特殊阶级的道德里，都包含着一定的普遍性因素。无产阶级的道德也不是从天上掉下来的，是对全人类优秀道德文化遗产的继承与发扬。② 恩格斯在《反杜林论》中曾说："没有人怀疑，在这里，在道德方面和与人类认识的所有其他部门一样，总的说是有过进步的。但是我们还没有越出阶级的道德。只有不仅消灭了阶级对立，而且在实际生活中也忘却了这种对立的社会发展阶段上，超越阶级对立和超越对这种对立的回忆的、真正人的道德才成为可能。"③

要而言之，在当代汉语哲学的语境里，我们认为，道德是伦理的主观形式，伦理是道德的客观化的社会法则。但是，道德、伦理、法，都必须在人类具体的物质生活中寻找其最后的根源，而作为一种精神现象，它们又具有一定的历史性，因而具有文化传统的惯性与惰性。不过，这种惯性与惰性在具体的物质生活发生变化之时，也是可以改变的。

二、道德文化的基本特征

在中国传统社会中，道德首先与礼俗、礼制结合在一起。春秋战国以后，周代的礼乐传统崩溃，出现了私人哲学家群体。道家学派里的"道德"观念开始摆脱礼制文化的影响，从抽象的哲学之道出发，探讨人的德性，从而形成新的道家学派的"道德"学说。早期道家的"道德"学说与今日的"道德"一词的含义有根本的不同，但在传统中国社会的漫长历史演变过程中，逐渐形成了"道德"一词，并被作为主流文化的儒家思想吸收与消化，形成了中国固有的重视"仁义道德"的文化传统。

从世界哲学的视野看，马克思主义思想产生以前，中外历史上的大多数哲学家、思想家多从抽象的人性角度阐述人的道德发生机制，如柏拉图在其《理想国》中，将人的德性与人性联系在一起。17世纪的英国哲学家休谟认为，仁爱、

---

① 恩格斯著：《反杜林论》，中共中央马克思恩格斯列宁斯大林著作编译局译，人民出版社2015年版，第99页。
② А. И. 季塔连科主编：《马克思主义伦理学》，第42～43页。
③ 恩格斯著：《反杜林论》，第99页。

人道、正义等道德均起源于对社会的效用,"公共的效用是正义的惟一起源,对这一德性的有益后果的反思是其价值的惟一基础"①。"社会性的德性没有其有益的趋向决不会受到重视,它们也决不能被看作无果实的和无效益的。"② 而作为西方古典哲学的总结,现代哲学的开端性人物康德则将人的"善良意志"看作是道德的起源。他说:"在世界之中,一般地甚至在世界之外,唯一除了一个善良意志(guter wille)以外,根本不能设想任何东西有可能无限制地被视为善的。"③ 而这一先验的"善良意志""甚至构成了配享幸福的必不可少的条件"④。中国古代思想家对于道德产生的根源有非常丰富的论述。儒家思想家孟子认为,道德产生于人性中先验的"四端"之情,后来的心学领袖人物之一王阳明则认为道德产生于先验的"良知"。道家创始人老子认为,人的德性产生于抽象的道,"孔德之容,唯道是从",意思是说,人的根本性道德是紧紧追随着道的,没有自己的独立性。

马克思主义者则着重从人的生产—生活方式中阐述人类道德现象的发生及其形态。在探讨道德文化的基本特征时,我们坚持马克思主义的基本哲学原理,吸收其他非马克思主义学者有关道德文化的合理性论述,对于道德文化的基本特征做一概述式的描述。

按照亚里士多德与康德对于哲学的划分,道德哲学属于"实践哲学"范畴,它主要探讨人在社会生活中如何按照正确的人伦原则正确地做事、做人的问题。而从事实与价值二分的现代价值哲学视角出发,道德文化显然属于价值哲学领域的问题,它主要是从应当的角度来考察一个民族、族群及其个人的精神现象与行为方式。从人类的视角看,不撒谎,或者说,做人要忠诚,几乎是所有民族都要遵循的基本道德原则。另外,像不偷盗、不通奸、不滥杀无辜,也基本上是世界各民族共同遵循的基本道德原则。析而言之,不同的民族,在不同的历史时期,有不同的、占主流形式的道德文化。一般而言,作为一种文化现象的"道德文化",它至少具有如下四个方面的特征:

第一,在阶级的社会里,道德原则具有阶级性的特征,总是占主导阶级的阶级意志成为统治性的道德观念与道德文化。对于此点,马克思、恩格斯在《德意志意识形态》一书中有十分精辟的阐述:"统治阶级的思想在每一时代都是占统治地位的思想。这就是说,一个阶级是社会上占统治地位的物质力量,同时也是社会上占统治地位的精神力量。支配着物质生产资料的阶级,同时也支配着精神

---

① 休谟著:《道德原则研究》,曾晓平译,商务印书馆2001年版,第35页。
② 同上书,第34页。
③ 康德著:《道德形而上学奠基》,杨云飞译,邓晓芒校,人民出版社2013年版,第11页。
④ 同上书,第12页。

生产资料，因此，那些没有精神生产资料的人的思想，一般地是隶属于这个阶级的。"①

第二，道德原则具有一定的普遍性。这种普遍性可以从两个层次来加以理解。一是按照马克思主义者的观点，占统治地位的阶级往往把自己的利益说成是全社会的共同利益，这种做法在观念上的表达就是："赋予自己的思想以普遍性的形式，把它们描绘成唯一合乎理性的，有普遍意义的思想。"② 这在历史上就表现为：在贵族统治时期占统治地位的道德观念就是荣誉、忠诚，而在资产阶级占统治地位的时期，其占统治地位的思想概念就是自由、平等，等等。而这一切，无非是统治阶级为自己的统治编织出的一种精神花环，以便于有效的社会统治。二是道德原则作为人类的文化遗产，有一些基本原则是文明人类的文化共识。如快乐是善、健康是善、自由是善、奴役是恶、受苦是恶等道德观念，就并不属于特定的阶级。按照当代国外马克思的一些新近研究成果，并非所有上层建筑的信念都属于意识形态③，而后来的统治阶级总是要在利益上和观念上充当更为普遍利益的代表，因而也总要从前代那里继承一些对于自己统治无害而有利的道德观念。这大约也是人类文明的继承性之体现。

第三，道德文化有继承性与变革性。马克思、恩格斯在阐述"历史变化"的问题时说道："历史不外是各个世代的依次交替。每一代都利用以前各代遗留下来的材料、资金和生产力；由于这个缘故，每一代一方面在完全改变了的环境下继续从事所继承的活动，另一方面又通过完全改变了的活动来变更旧的环境。"④ 马克思、恩格斯上述有关历史变化法则的论述，同样可以指导我们对道德文化的继承性与变革性关系的认识与研究。道德文化作为一种精神性的遗产，不可能从天上掉下来，也不可能一蹴而就地创造出来，只能从固有的传统道德文化中吸取优秀的东西，加以改造与利用。当代中国的道德文化建设也必须继承优秀的传统道德文化遗产。

第四，道德原则都具有神圣性。尽管不同的民族在不同的时代里提倡不同的道德法则，但所有民族、时代里的道德原则，都具有一种神圣性，不容践踏。谁要是践踏自己民族神圣的道德原则，社会成员就会群起而攻之，国家机关也会动用相应的手段对其进行惩罚。触犯道德原则的个体也会从内心里感到不安，甚至是恐惧。因此，道德观念与道德原则，对于生活于其中的每个人而言，既具有一

---

① 《马克思恩格斯文集》第一卷，中共中央马克思恩格斯列宁斯大林著作编译局译，人民出版社2009年版，第550页。
② 同上书，第552页。
③ 参见凯·尼尔森，李义天译《马克思主义与道德观念》一书第44页相关论述："有些上层建筑信念，就不是意识形态的。"
④ 《马克思恩格斯文集》第一卷，第540页。

种内在约束力，也具有社会他律的规范意义。而作为他律的道德原则就是伦理。

　　一般而言，思想家为了强调道德原则的神圣性，往往将世俗社会一系列的"应当"原则上溯到一个神圣的源头。中国古代的儒家道德哲学，在继承商周礼乐文化传统的同时，努力将道德的神圣性奠基在人的先验善性基础上。如孔子将"仁"这一具有普遍性的道德情感奠基在每个个体"心安"的基础上，因此，当樊迟向孔子请教"何者为仁"的问题时，孔子的回答是：要为逝去的父母守三年之孝，这就是仁。孔子给出的理由是：我们每个人从出生到能够在地上行走，需要三年时间。而当樊迟反对这一说法时，孔子只是说，如果你心安，你就去做。孟子在孔子的思想基础上，明确地提出"四端"说，认为每个人都先验地具有恻隐、是非、羞恶、辞让的道德本能。仅就"恻隐"的道德情感而言，孟子举例论证道，当一个陌生的小孩子要掉到井里的时候，正常的人都会去救，而当人们去救这个小孩子的时候，人们根本没有想到他的父母会报答他的道德行为，也没有想到乡邻们会表扬他。孟子以此假设性的例子证明人有先验的善性。而这种先验的善性就是人类一切善的根本源头，她虽然很渺小，如钻木取火时代里的火种始燃一样，如泉眼刚刚冒出的一滴水一样，但可以在实践中加以扩充。

　　道德作为一种文化现象，除了具有上述四个主要特点之外，还有一些其他的特点。首先，我们与黑格尔的法哲学观念不一样，他将法律看作是向道德演进的，而我们认为，道德原则恰恰是法律的基础。在古典社会相当长的一段时间里，绝大多数民族的基本道德原则也就是法律原则。道德是人们内心的法律，它具有惩前的效果，防止人们犯法。法律是道德的底线。突破了法律划出的红线，就要受到相应的法律或刑法的惩罚。在现代社会里，如果触犯了刑法，就会受到法律强加的程度不同、时长不等的量刑制裁。其次，道德原则一般都是软性的约束，是自律与他律的结合，共同发生作用。社会舆论会对违反公德、私德的人予以谴责，给当事人造成轻重程度不同的道德压力，但道德原则要真正发挥作用，还在于道德的个体主体的自觉遵守与坚持。但一个社会的法律制度、社会文化要形成合力，共同维护一些基本的道德原则，进而形成一定的社会压力。要而言之，道德所形成的社会约束力量主要通过社会良好风气、风俗的熏陶与各类社会组织、各级政府组织的积极提倡，同时要树立相应的社会道德榜样，进而形成一种好的道德环境，以软性的引导为主，以一定的社会压力为辅，进而形成良善而又具有一定宽容度的社会道德环境。

第二章

现代性视域中的中国传统
道德观念及其再评价

按照马克思关于现代性与世界历史的观点,现代性主要是随资本主义生产方式的展开而出现的一种社会生产、生活方式及其思想观念体系,而真正的世界历史也是由资本主义的生产、消费、贸易而把全世界各民族先后卷入一体化的历史过程。《共产党宣言》中对此有非常精彩的描述:

> 资产阶级,由于开拓了世界市场,使一切国家的生产和消费都成为世界性的了……旧的、靠本国产品来满足的需要,被新的、要靠极其遥远的国家和地带的产品来满足的需要所代替了。过去那种地方的和民族的自给自足和闭关自守状态,被各民族的各方面的互相往来和各方面的互相依赖所代替了。物质的生产是如此,精神的生产也是如此。
>
> 资产阶级,由于一切生产工具的迅速改进,由于交通的极其便利,把一切民族甚至最野蛮的民族都卷到文明中来了。[1]

在这一历史的"世界化"过程之中,中国传统道德观念在全球化的过程中,先后受到来自其他民族与本民族当中那些为现代社会摇旗呐喊的思想家们的审视与批判。而经过三百余年来世界范围的现代化过程的再审视,我们需要对这些审视与批判本身进行再思考,进而服务于当代中国现代文化的建设目标。

---

[1] 马克思、恩格斯著:《共产党宣言》单行本,中共中央马克思恩格斯列宁斯大林著作编译局译,人民出版社2014年版,第31页。

第一节　现代西方文化镜像中的中国传统道德观念及其重省

此处我们之所以取名为"镜像中的中国道德",是因为17~19世纪的欧洲思想家对于中国传统道德现象与道德观念的认识,是基于耶稣会传教士发回的报告而给出的判断,而耶稣会传教士的报告又是基于他们对当时所看到的中国现实秩序,以及经典文本所呈现出的道德秩序与道德观念而加以描述的;而对于当时中国社会在明清之际的政权更迭过程中产生的新思想,他们并不了解,也无法了解。这些新思想以隐性的、被遮蔽的状态存在于部分中国人的头脑之中,并以秘密的、未公开出版的形式存在着,在日后很久的岁月里才发生效用。欧洲思想家们看到的中国道德文化现象,类似于镜子照物式的直观反映,无法透过这些直观呈现的现象来了解中国文化自身的深层次变化。当我们今天再来回顾这些镜像式的认识时,就不能简单地将其作为定论的东西毫无批判地全盘接受,而要以反思与重省的方式来思考他们的赞美与批评,进而将他们的思考作为他山之石,为我们今天从传统的道德文化中汲取有益的精神资源提供一个来自异域的参照系。

一、欧洲五位思想家对中国传统道德的评价与重省

(一) 17世纪、18世纪欧洲思想家对中国传统道德的赞美

从17世纪后期开始,欧洲逐渐出现了"中国热",越来越多的欧洲思想家开始将视线转移到中国。就外在原因而言,一批到过中国的西方传教士和商人将各种各样的关于大清帝国的政治、经济、文化、道德、习俗的资料传回欧洲。由于这些传播者自身的利益诉求,他们倾向于对有关材料做一番美化的加工处理,使得呈现在欧洲人面前的中国成了文明的典范、理想的国度。而从内部原因看,当时的欧洲正处在启蒙的前夜,需要借助一些外来的资源以实现对基督教和专制王权的反思与批判。因此,17世纪、18世纪的不少欧洲思想家顺理成章地将他们间接了解到的中国文化和道德,作为一面理想的镜子,以此为他们提倡的新道德、新哲学提供一个远方的参照系。正如有学者说:中国文化对于欧洲文化极具

镜像作用：它使得欧洲得以重新认识自己，了解自己，反思自己。① 所以，这一时期的欧洲思想家关于中国的想象以正面赞美为主，代表人物有德国思想家莱布尼茨、沃尔夫和法国思想家伏尔泰。

1. 莱布尼茨论中国道德

在《中国近事》一书中，莱布尼茨对当时欧洲的中国研究成果做过多方面的考察与对比，认为中国人比自以为有教养的欧洲人过着更加有道德的生活。他说："然而，昔日有谁会相信，地球上还有这样一个民族存在着，它比我们这个自以为在各方面都有教养的民族过着更具有道德的公民生活呢？"② 他还进一步地补充道：

> 如果说我们在手工技能上与他们不分上下、在理论科学方面超过他们的话，那么，在实践哲学方面，即在人类生活及日常风俗的伦理道德和政治学说方面，我不得不汗颜地承认他们远胜于我们。的确，我们很难用语言来形容，中国人是如何完美地致力于谋求社会的和平与建立人与人相处的秩序，以便人们能够尽可能地减少给对方造成的不适。人类最大的痛苦是由个人以及人与人之间造成的，这是一个不争的事实，"人与人相互为狼"这句话亦是再现实不过了。③

在莱布尼茨看来，中国人在解决"人与人相互为狼"的问题上，比其他民族取得了更好的成绩，超过了欧洲"一些宗教修会的创立人在很小的范围内取得的成绩"④。

但是，下面莱布尼茨所要歌颂的道德内容，恰恰是黑格尔尤其是中国五四新文化运动者所要批评的具有"权威主义"的内容："他们如此服从上级，尊敬长者，以至于孩子对父母的关系就像具有某种宗教性一样。对孩子来说，任何图谋反对父母的行为，即使是语言都鲜有所闻。任何触犯者都会为他的行为付出代价，就像我们的杀亲之罪一样受到惩罚。此外，在同辈人之间甚或路人之间也都彼此尊重，彼此恪守一定的礼制。"⑤

除上述一般性地肯定中国人的道德与文明的水准之外，莱布尼茨还从三个具体的侧面肯定了礼教中国普遍的"文明"程度，这一点颇类似今日的中国人在欧洲看到的普通的欧洲人的文明程度：

---

① 参见王若颖：《文化的他者之镜：读〈中国之欧洲〉的思考》，载《齐齐哈尔大学学报》（哲学社会科学版）2013年第6期。
② 莱布尼茨：《中国近事——为了照亮我们这个时代的历史》，[德]李文潮、张西平编，[法]梅谦立、杨保筠译，大象出版社2005年版，第2页。
③ 同上。
④ 同上书，第2～3页。
⑤ 同上书，第3页。

其一，普通农民与仆人的道德与文明程度高于欧洲人："我们的同胞吃惊地发现，无论是农民还是仆人，当他们必须向朋友们告别或者他们久别重逢时，都表现得如此彬彬有礼，以至于他们的行为甚至完全可以和欧洲贵族的社交举止相媲美。"①

其二，上层贵族的中国人道德文明程度高于欧洲的同阶层人："至于达官文士、显贵阁老之间又能如何呢？他们彼此交谈时，几乎没有人出言不逊，故意伤人，也很少有人把仇恨、愤怒或激动之情表露于外。可是在我们欧洲，人们之间客气而诚恳的交谈很少会长久。"②

其三，熟人与家庭成员之间的道德文明程度同样优于欧洲人："随着人们的相互熟识，遵规守礼的言行和谨慎的客气就会被搁置一旁而变得随意起来，随之很快就会引起轻蔑、诽谤、愤慨以致敌视。在中国恰恰相反，在邻里甚至家庭成员之间，人们都恪守一定的外在规范习俗，所以他们能一直保持一种长久的谦恭礼貌。"③

当然，莱布尼茨没有对中国进行毫无保留的赞美，但已经在欧洲文化所能允许的高度上赞美了中国人的道德："尽管中国人也不乏贪婪，也有各种不检点之处和虚荣心……尽管中国人还没有完全达到真正的合乎道德的生活——这种生活人们也许只能通过来自上帝的恩宠和基督教的崇高教义才能获得——然而，他们却减轻了人类罪恶所带来的苦果。尽管他们不能把罪恶的根源从人性中彻底消灭，他们还是显示了，从罪恶特性中生长出的萌芽至少在相当程度上能够被控制。"④

莱布尼茨甚至主张道："鉴于我们目前面对的空前的道德没落状况，似乎有必要请中国的传教士到欧洲给我们传授如何应用与实践自然神学，就像我们的传教士向他们教授启示神学一样。因此我相信，若不是我们借一个超人的伟大圣德，亦即基督宗教给我们的神圣馈赠而胜过他们，如果推举一位智者来评判哪个民族最杰出，而不是评判哪个女神最美貌，那么他将会把金苹果判给中国人。"⑤

显然，当年的莱布尼茨对于中国传统道德的肯定有很多想象成分。这种出于对自然神学的肯定而肯定中国传统道德的观点并没有为后来的康德、黑格尔等人所接受，甚至也没有被同时代的孟德斯鸠所接受。

2. 沃尔夫对于中国道德的肯定

沃尔夫的哲学基础是自然理性论，并以此为根基来从事欧洲的哲学启蒙工

---

① 莱布尼茨：《中国近事——为了照亮我们这个时代的历史》，第3页。
② 同上。
③ 同上。
④ 同上。
⑤ 同上书，第6页。

作。他将全部哲学看作是"一门幸福的科学",并认为"只有制度完善的国家中致力于良好社会风尚的人才有权力从事这门科学"①。他认为:"哲学的真正基础就是与人类理性的自然性相一致的东西,违背人类理性的自然性的东西不能被看作是真正的基础,它是伪。"② 如果从这一哲学的前提出发,"中国哲学的基础有其大真"③。

从上述这一自然理性的哲学基础出发,沃尔夫肯定了中国传统道德合乎人的理性的一面,他说:"中国人并不强迫人有所为。他们认为:对于培养道德风尚,至关重要的因素是与人的理性相吻合,他们所做的每一件事情,其根据都在人的自然性中。因此我们就不必感到惊奇,为什么他们做点什么总是一帆风顺。"④

沃尔夫正确地注意到,中国人的道德不以敬神为基础,对于这一点他没有从基督教的立场出发批评中国人,反而有所辩护。他说:"古代中国人在促进道德风尚的时候仅仅只运用自然性力量,这种力量不以敬神为基础,因为他们对万物的造物主,对自然的敬神以及神灵的启示一无所知。"⑤ 有些人针对中国人不信神的现象而指责中国人,说中国人"没有认真考虑人的不完善的一面,没有过问如何克服人的邪恶弊端"⑥。针对这一普遍性的指责,沃尔夫从两个方面给出了辩护。其一,他认为,人的理性的完善与不完善两个方面都是从同一泉眼里流出的,但中国人的目光从来不盯着"流出恶习、耻辱和罪恶"的这一面,而"总是注意理性的完善的一面,这样他们就可以认识自身自然的力量,从而达到自然力量所能让他们达到的高度"⑦。这即是说,人们在道德上追求善的方法或途径可以有去恶与为善的不同途径,至于从什么途径出发是次要的问题,只要结果能达到善就行了。其二,"人的性情同人的身体有着完全不同的特性,我们不能因人体有病就武断地推导出人的性情很虚弱。学习道德的人可以通过努力学习道德来克服恶习,因为恶习是不道德的东西,二者不可能同生共存。道德昌盛,其对立面恶习必亡;知晓道德益处无量,否则害处无穷。反之亦然,对恶习一无所知则害处无穷"⑧。这即是说,通过扩展人性的道德力量,来克服人性的恶习,也是可以的。在实践上不一定要特别注意人性中恶的一面。

最后,沃尔夫的结论是:"因此中国人没有什么令人不安的大恶,因为他们

---

① 夏瑞春编:《德国思想家论中国》,陈爱政等译,江苏人民出版社1995年版,第32页。
② 同上。
③ 同上书,第33页。
④ 同上。
⑤ 同上。
⑥ 同上书,第34页。
⑦ 同上书,第33~34页。
⑧ 同上书,第34页。

很少过问卑俗的恶习,他们努力提倡培养道德风尚,隐恶习于众人所不知。他们效法以理智为本的大智大悟的前师,前师们很少过问如何避免偏见,而是崇尚理性的力量,研究如何将这种力量运用到对真理的探求上。他们确信,如能做到去伪存真,偏见便没有市场,如果没有力量去认识真,那么即使命令人们避免偏见也只会徒劳无益。我认为,人的心灵既有能力扬善,也有能力去恶,这个道理是不会有人否认的。"①

沃尔夫从自然理性的哲学立场出发,将中国人的道德基础也看作是遵循自然性原则的,因此,他的结论是:"我看不出为什么会有人否认,自然的力量足以培养道德,消除恶习。中国人善于正确运用自然的力量,因此,在道德才智方面享有崇高的名誉,他们以自身的例子表明,运用这种力量不会徒劳无功。"②

值得注意的是,沃尔夫虽然肯定了中国人的自然理性,也肯定了中国人的道德培养方式,但他没有对中国文化、中国人所取得的道德成就加以神话化。他很清醒而且十分正确地指出:

>有一点可以肯定:中国人也没有达到至高无上的完善。正因为如此,才绝对不会有人认为,我们往下走的路不应超过中国人已经走过的路。我们现在面临的是当今的事业,我们不应去过问我们应当走多远,而要看看能走多远。这同古代中国人的习惯是完全一致的。中国人不论面临什么样的情况都以前师为榜样,他们教导后世:只有在达到至高无上的完善时,人才能停下脚步,这就是说,人绝不会停留在任何水平上。尊敬的听众,这就是源泉,正是从这个源泉中汩汩流淌出了中国人的哲学、中国人的聪明才智!③

沃尔夫的这段话,一方面提醒我们今天在学习西方文化、西方的道德精神时,不要把我们的学习对象当作是一个完善的对象,而是通过学习西方文化,重新省视我们自己在现代化的道路上究竟能走多远,另一方面,对自己民族的文化、道德资源的精华究竟何在,要有一个重新的反省,"止于至善"的道德理想正是我们不竭的内在道德动力。

相对于后来的康德、黑格尔而言,沃尔夫对中国人的认识可能更为全面些。他也是德国的启蒙哲学家之一,也十分重视人的自由意志,但他并没有以此现代性价值来全盘否定传统中国的道德文化,而是有分析地、有区别地讨论了中国的教育制度,将传统中国的小学教育与大学教育区别开来。在这一点上,他比康德、黑格尔、赫尔德、谢林等人对于中国道德文化的认识更为准确、更为辩证,也更没有欧洲文化中心主义的偏见。沃尔夫也承认自由意志的重要性,但并没有

---

① 夏瑞春编:《德国思想家论中国》,第34页。
② 同上书,第35页。
③ 同上书,第35~36页。

傲慢地认为传统中国人不懂得这一点，或者说传统中国人因为没有自由意志，因而在道德上就很糟糕。他说："如果一个人试图对事物有一个明确的认识，如果他在哲学家所说的理智的欲望的驱使下做好事，那么他的自由意志就会引导他做出善的行动。他之所以能保持善良，并不是因为害怕主子，而是因为他知道善与恶的内在区别，如果有必要的话，他还能详尽地阐明这些区别。说句真话，据我所知，在培养人的品质风尚方面，还没有人象中国人那样如此细致地观察到了这一点。"①

3. 伏尔泰对中国传统道德的肯定与辩护

伏尔泰与当时其他的欧洲思想家一样，都看到了中国科学技术，特别是物理学、天文学方面的落后，而且伏尔泰还看到了中国人的祖先崇拜如何阻碍了中国的物理学、天文学的发展，但他对中国道德成就的肯定与辩护的策略是有意思的，即他将这二者分开来处理，他说：

> 我们相当了解中国人现在还跟我们大约三百年前那时候一样，都是一些推理的外行。最有学问的中国人也就好像我们这里十五世纪的一位熟读亚里士多德的学者。但是人们可以是一位很糟糕的物理学家而同时却是一位杰出的道德学家。所以，中国人在道德和政治经济学、农业、生活必需的技艺等等方面已臻完美境地，其余方面的知识，倒是我们传授给了他们的；但是在道德、政治经济、农业、技艺这方面，我们却应该做他们的学生了。②

伏尔泰肯定了中国的儒教，他说："中国的儒教是令人钦佩的。毫无迷信，毫无荒诞不经的传说，更没有那种蔑视理性和自然的教条。对于这类教条，和尚们赋与千百种不同的意义；因为这类教条根本就没有任何意义。自从四十多个世纪以来，他们一直觉得最简单的宗教也就是最好的宗教。"③

伏尔泰批评当时的欧洲人道："人们屡次谈论我们西方讲授神学的司铎们在世界的另一端指责中国政府为无神论者；这确实也是我们的疯狂行为和卖弄学问矛盾百出的言论发展到了极端的表现。"④ 他警告欧洲人道："我们还是不要去打扰中国人和印度人，让他们安安静静地享受他们的锦绣河山和古老文化吧。特别是不要再把中国皇帝和德干的苏巴王称做偶像崇拜者。也不要过于迷信中国的好处。"⑤ 因为，中国其实与欧洲一样，都有各种不尽如人意之处："那些在精神上被和尚们统治着的小民，也跟我们的小民一样的调皮；在中国也像我们这里一样，对于外国人便把东西卖得很贵……他们跟我们一样，有很多可笑的成见；就

---

① 夏瑞春编：《德国思想家论中国》，第36页。
② 伏尔泰著：《哲学辞典》上册，王燕生译，商务印书馆1991年版，第323页。
③ 同上书，第331页。
④ 同上书，第326页。
⑤ 同上书，第330页。

像我们曾经长期迷信过符咒星相一样,他们也迷信这些东西。……他们的医生也并不比我们的医生更能起死回生,而在中国就像在我们这里一样,自然本身治愈一切小病。"①

作为18世纪法国启蒙运动的精神领袖之一的伏尔泰,他对于中国道德的肯定还是有分寸的,而他对于欧洲基督教的神学家及受基督教影响的民众的劝告,也是非常理智的。在伏尔泰身上还没有表现出进步的欧洲人所具有的欧洲文化中心主义的傲慢,还是对中国文化保持一份应有的尊重,但同时也保持一种警惕。

(二) 18世纪、19世纪欧洲思想家对中国传统道德的批评

18世纪晚期,尤其以法国大革命为标志,欧洲渐渐完成了思想的启蒙。欧洲人也重新找回了自信,并逐渐地将这种自信发展为一种自大。因此,18世纪晚期至19世纪的欧洲思想家或多或少都持有欧洲文化中心论的观点;相应地,他们对于中国文化与道德的态度也与前一阶段迥异,转而以批判、否定为主。黑格尔、赫尔德就是其中的典型代表。

1. 黑格尔对中国道德的批评

要理解黑格尔对于东方哲学、伦理学、道德哲学以及对于中国道德、伦理精神的批评,首先要了解他对哲学与哲学史的规定。黑格尔对"哲学"是这样界定的:"哲学以思想、普遍者为内容,而内容就是整个的存在。"② 因此,当"什么地方普遍者被认作无所不包的存在,或什么地方存在者在普遍的方式下被把握或思想之思想出现时,则哲学便从那里开始"③。更进一步,黑格尔对哲学思想自身的特性又有进一步的规定,那就是"思想必须是自由的",才有哲学。他说:

> 思想必须独立,必须达到自由的存在,必须从自然事物里摆脱出来,并且必须从感性直观里超拔出来。思想既是自由的,则它必须深入自身,因而达到自由的意识。哲学真正的起始是从这里出发:即绝对已不复是表象,自由思想不仅思维那绝对,而是把握住绝对的理念了:这就是说,思想认识思想这样的存在是事物的本质,是绝对的全体,是一切事物的内在本质。④

基于上述的"哲学"观,黑格尔认为犹太人当作思维对象的上帝不是哲学的对象,但如果将事物的本质看作是水或者火,或者是思想,这些命题却是哲学命题。⑤

---

① 伏尔泰著:《哲学辞典》上册,第330~331页。
② 黑格尔著:《哲学史讲演录》第一册,贺麟、王太庆译,商务印书馆1959年版,第92页。
③ 同上。
④ 同上。
⑤ 同上。

黑格尔还认为，从纯粹的思想形式看，"哲学"的思想实际上是以下两个方面的结合："第一，就哲学思想之为思维能力言，它有一普遍的对象在它前面，它以那普遍者为它的对象，或者它把对象规定为一有普遍性的概念。"① "第二，在哲学思想里，我认识、规定、知道这个普遍者。只有当我保持或保存我自己的自为性或独立性时，我才会与普遍者有能知的认识的关系。"② 而在人类实际的经验历史进程中，黑格尔又将表现为具体形态的哲学思想的发生看作是自由政治制度的产物，他说："在历史上哲学的发生，只有当自由的政治制度已经形成了的时候。精神必须与它的自然意欲，与它沉陷于外在材料的情况分离开。"③ "世界精神"在开始阶段表现为精神与自然的合一形态，是哲学出现之前的一般状态，而东方人的精神与自然是合一的，而且，"这种直接合一的境界就是东方人一般的存在方式"④。因此，哲学不可能从东方开始，而只能"自希腊起始"⑤。

从上述有关"哲学"的"判教"出发，黑格尔开始了他贬低东方人思想、文明，当然也开始了他贬低中国人思想、文明、道德水准的一系列论述了。

首先，他认为："意志的有限性是东方人的性格，因为他们意志活动是被认作有限的，尚没有认识到意志的普遍性。在东方只有主人与奴隶的关系，这是专制的阶段。在这阶段里，恐惧一般地是主要的范畴。"⑥

其次，东方人的"主体还不是人格，而只是作为消极的毁灭的东西、沉陷在客观的实体里，这实体一部分被表象为超感官的，一部分，甚至大部分，被表象为物质的"⑦。当客观的实体是普遍的时候，个人就是个别的，而当个人处于天人一体的境界之外时，"他就没有价值，他就只是一个偶然的、无权利的、有限的存在"⑧。"他的意志并不是实体的意志，而只是任性任意，受制于外在的和内在的偶然性，——只有实体才是肯定的。"⑨ 而黑格尔认为，哲学思想是自由的，是对普遍的绝对把握，因而不是偶然的、有限的。

最后，他认定，东方人由于"意志的有限性"，"主体不是人格"，因而在现实的社会政治生活中，"没有伦理和法律的客观规定：为全体所尊重，通行有效于全体，并且为全体所承认"⑩。东方人虽然在形式上也有西方人的法律与伦理，

---

① 黑格尔著：《哲学史讲演录》第一册，第94页。
② 同上。
③ 同上书，第95页。
④ 同上。
⑤ 同上。
⑥ 同上。
⑦ 同上书，第97页。
⑧ 同上。
⑨ 同上。
⑩ 同上。

但他们"采取实体的、自然的、家长政治的形式,而不是建筑在主观的自由上。既没有良心、也没有内心道德,只是一种[僵化了的]自然秩序,让最高尚的东西与最恶劣的东西并存着"①。

通过上述三个层次的论述,黑格尔的结论已经包含在他的前提里,即东方人没有"哲学知识","真正的哲学是自西方开始。惟有在西方这种自我意识的自由才首先得到发展,因而自然的意识,以及潜在的精神就被贬斥于低级地位。在东方的黎明里,个体性消失了,光明在西方才首先达到灿烂的思想,思想在自身内发光,从思想出发开创它自己的世界"②。

黑格尔从现代性的思想立场出发,将自由精神或意识看作是一个民族存在的标志:"一个民族之所以存在即在于它自己知道自己是自由的,是有普遍性的;自由和普遍性就是一个民族整个伦理生活和其余生活的原则。"③ 既然东方人意识不自由,也没有哲学知识,当然也不可能有什么值得一说的伦理生活了。"在东方只是一个人自由(专制君主),在希腊只有少数人自由,在日尔曼人的生活里,我们可以说,所有的人皆自由,这就是人作为人是自由的。但在东方那唯一专制的人也不能自由,因为自由包含别人也是自由的。而在东方只看见私欲、任性、形式的自由、自我意识之抽象的相等,我就是我。"④

黑格尔也知道中国哲学特别是孔子的哲学在莱布尼茨时代曾经在欧洲轰动一时,但他并不认为孔子的哲学有什么高深的东西,他认为,《论语》里面所讲的"是一种常识道德,这种常识道德我们在哪里都找得到,在哪一个民族里都找得到,可能还要好些,这是毫无出色之点的东西。孔子只是一个实际的世间智者,在他那里思辨的哲学是一点也没有的——只有一些善良的、老练的、道德的教训,从里面我们不能获得什么特殊的东西"⑤。他甚至认为,古罗马的西塞罗的道德教训的著作,比孔子所有著作的内容更丰富、更好。

黑格尔通过对中国宗教的分析,认为中国人有一个国家宗教,士大夫的宗教,而且是以敬天为最高力量的。⑥ 他对比中国人的道德与日耳曼人的道德时说道:"道德在中国人看来,是一种很高的修养。但在我们这里,法律的制定以及公民法律的体系即包含有道德的本质的规定,所以道德即表现并发挥在法律的领域里,道德并不是单纯地独立自存的东西,但在中国人那里,道德义务的本身就是法律、规律、命令的规定。所以中国人既没有我们所谓法律,也没有我们所谓

---

① 黑格尔著:《哲学史讲演录》第一册,第97页。
② 同上书,第98页。
③ 同上。
④ 同上书,第99页。
⑤ 同上书,第119页。
⑥ 同上书,第125页。

道德。那乃是一个国家的道德。"①

因此,黑格尔认为,所谓的中国哲学,孔子的哲学,也无非就是指"这种道德","这种道德包含有臣对君的义务,子对父、父对子的义务以及兄弟姊妹间的义务。这里有很多优良的东西,但当中国人如此重视的义务得到实践时,这种义务的实践只是形式的,不是自由的内心的情感,不是主观的自由。所以学者们也受皇帝的命令的支配。凡是要想当士大夫、做国家官吏的人,必须研究孔子的哲学而且须经过各样的考试。这样,孔子的哲学就是国家哲学,构成中国人教育、文化和实际活动的基础"②。

上述黑格尔对中国文化的全盘否定,包括对中国传统道德的全盘否定的言论,是从他的"哲学判教"立场出发而给出的带有主观性、片面性,而且还有深刻的欧洲现代性文化傲慢与偏见的判断。这种判断有十分明显的武断之处,但却也有其极为深刻之处。其武断之处在于缺乏真正的哲学历史的观念,即将"思想自由、思想独立"当作哲学的起点,而不知思想自由、思想独立的前提本身就是在历史的过程中逐渐成长起来的,而且每个民族都有思想自由、思想独立的特殊形式,而不只是一种模式。

但是,黑格尔对中国传统道德文化的否定性论述亦有其深刻之处,这种深刻性就在于黑格尔坚持了现代性的道德原则,将个人的自由意志作为道德的逻辑起点。这一逻辑起点虽然是现代性的逻辑起点,但黑格尔以此现代性的道德起点作为普遍的道德起点,恰恰是现代文化要求改造传统文化的现实诉求。因此,黑格尔对于中国传统道德的批评,就不是西方社会对东方社会道德的任意性的批评,甚至也不再是基于基督教立场的批评,更不是狭隘的日耳曼民族的道德对于当时中华帝国的道德批评,而是站在现代道德要求的基础上,以一个现代人的立场对旧的传统专制社会的道德的批评与清算。所以,黑格尔对于中国传统道德文化的批评,是以日耳曼民族哲学家的偶然身份表达了现代性的一般要求而对所有专制社会旧道德的批评,因而不能简单地看作是欧洲对亚洲、日耳曼对于当时中华帝国的傲慢,而只能看作是现代性对于传统的傲慢的突出表现。

2. 赫尔德对中国道德的批评

相对于黑格尔而言,赫尔德从传教士传回欧洲的部分文献中大体上知道有关传统中国道德风俗美好的赞美文字,但他并不相信。他甚至还说,当时的欧洲人无法找到"一条既不美化又不丑化中国的中间途径,无法找到一条真正真实的大道"③。可他这句貌似求真的话音未落,就开始了对传统中国道德与中国人的长

---

① 黑格尔著:《哲学史讲演录》第一册,第125页。
② 同上。
③ 夏瑞春编:《德国思想家论中国》,第84页。

相、德性的肆无忌惮的批评，甚至是攻击。

概略地讲，赫尔德对于中国传统道德文化的批评可以分作四个方面。

其一，从人种来源的角度，批评中国人的劣根性，他说："中国人是蒙古人的后裔，这从他们的教养、他们的陋俗或者说古怪的趣味、他们圆熟的虚伪以及他们文化最初的发源地上可以看出来。他们最早的帝王起初统治着中国北部地区；半鞑靼人的专制主义在这里奠定了基础，而后它缀上辉煌的道德箴言，几经变革，这种政体的统治一直扩展到了南部沿海地区。"① 赫尔德还以当时欧洲人的傲慢口气说道："在这个地区这个民族部落里也不可能产生出希腊人和罗马人。中国人终究是中国人，这个民族天生眼睛小、鼻梁矮、额头低、胡须稀、耳朵大、肚子大。这是与他们生理构造相吻合的形体，不可能要求他们是其他别的什么模样。"②

其二，他不懂汉语，却对汉语毫无顾忌地批评，而且从文化到习俗对中国进行了全面的丑化。他认为中国人"在大事上缺乏创造力，而却精于雕虫小技的表现。这个蒙古人种群体，在想象方面，有龙和怪兽作为图腾；在绘画方面，他们注重各种人物形态的微妙差异；在视觉上，他们靠园林的奇形怪状刺激感官；所建的房屋，要么空旷高大，要么精致细巧；在穿戴打扮、游戏娱乐方面，他们追求雍容华贵、张灯结彩、烟花爆竹；他们留长指甲、缠足裹脚、时兴侍从前呼后拥、鞠躬作揖；身份有高有低，大家客套寒暄。这里，一切都缺乏对真正自然关系的追求，很少给人以一种内在宁静、美与尊严的感觉，它只能使人失去真正的感受，而就范于政治文化，从而无法摆脱政治文化的模式"③。固然其中有些批评不乏道理，但是中国人文化、习俗的主体绝非如赫尔德所说的那样不堪。可以说，每个民族都有自己的缺点。

其三，对于中国在科学、道德、生活方式上的缺陷进行批评。他说，中国人"喜爱金箔、清漆、词藻华丽的名言警句，喜欢用整洁的外表掩饰自己内心的杂乱……科学上的那种自由而伟大的发现才能在他们身上，如同这个地区的许许多多民族那样，仿佛已颓败于自然。相反，大自然却毫不吝惜地赋予他们小眼睛、圆滑世故、狡猾的钻营和精明以及对凡是于他们的贪婪有利的便进行仿造的艺术才能。为了获利和忠于职守，他们终日不停地忙忙碌碌，永不停息地奔波，因此，尽管他们有高度发展的政治生活，但人们还是可以从中看出蒙古人游弋不定的特征。虽然他们进行了无数的分工，但是他们尚未掌握分工，他们还不懂得劳逸结合，使每一个人各尽其职"④。赫尔德对中国文化、中国人可以说是全面的

---

① 夏瑞春编：《德国思想家论中国》，第85页。
② 同上。
③ 同上书，第86页。
④ 同上。

攻击、丑化而不再是什么理性的批评,他认为中国的医术就像是做买卖一样,"是些精明的、骗人的把戏",充分暴露出"精明透顶却愚昧无知的秉性"[1]。中国人虽然依靠自己高度发展的政治文化摆脱了蒙古种族的统治,但中国人除了"象犹太人那样未受其他民族的同化而感到自负骄傲之外,没有任何其他值得骄傲的东西"[2]。

其四,批评中国人的道德与专制政治。他认为,中国的教育与国民性还是按照蒙古游牧民族的传统一样,"孩童般的服从无论在家里还是国家事务中,都被当作所有德行的基础,于是,表面上的谦虚文雅、虚伪的彬彬有礼也就自然逐渐地产生了"[3]。但赫尔德认为,将这种孩童的义务强加到成年人身上,其结果是非常可怕的:"这种不顾人的本性而一味要求制造出一种人类新的心灵,这种做法除了使人心由真实变为虚假之外,还能够产生些什么呢?"[4] 那就会"不得不放弃大自然在他那个年龄赋予他的那种自我的力量。无聊的虚情假意取代了内心的真实"[5]。"官吏的奴性顺从同样如此:他们不是自然的产物,而是命令的产物。他们是工具,只要他们违背自然,那么这些工具便是软弱、虚伪的。"[6]

由上述的自然主义立场出发,赫尔德对中国传统道德给予了全面的批判:"中华帝国的道德学说与其现实的历史是矛盾的。在这个帝国中儿子们多少次地罢黜了父亲的王位!父亲又多少次地对儿子大发雷霆!那些贪官污吏使得千百万人饥寒交迫,可他们的劣迹一旦被父亲般的上司觉察,便要受到棍杖的毒打,象个无力反抗的孩子。所以说,现实生活中,没有什么男子汉的气概与尊严可言,它们仅存于对英雄豪杰的描绘之中。尊严成了孩子的义务;气概变成躲避笞刑的才干。因此,根本不存在气宇轩昂的骏马,而只有温顺听话的蠢驴,它在履行公职时从早至晚扮演着狐狸的角色。"[7]

赫尔德对传统中国文化、道德,以至于民族习性的全面攻击与批判,最后对当时的大清帝国得出了一个有一定真理性内容的结论:"这个帝国是一具木乃伊,它周身涂有防腐香料、描画有象形文字,并且以丝绸包裹起来;它体内血液循环已经停止,犹如冬眠的动物一般。它对外部世界既不了解,更不喜爱,终日沉浸在自我比较的自负之中。这是地球上一个很闭塞的民族……而中国人自己建造的那部国家机器上的一钉一铆又是那样奴性十足的服从,好象它们降临人世就是为

---

[1] 夏瑞春编:《德国思想家论中国》,第87页。
[2] 同上。
[3] 同上。
[4] 同上。
[5] 同上。
[6] 同上书,第88页。
[7] 同上。

了当奴才。"①

上述赫尔德对中国人、中国传统道德、中国文化全方位的批评、攻击与丑化，实际上在一定的程度上为后来的殖民者侵略中国提供了道义上的合法性的支持。直到今天为止，欧洲的有些保守的势力仍然在坚持着种种敌视中国与中国文化的态度。从这些极端的文化态度当中，我们当然要反省传统中国与专制政治相一致的道德、文化的那些过时的东西，同时又要将传统文化与专制社会没有必然联系的东西剥离出来，使之成为当代中国道德、文化建设的有机组成部分。

（三）两种镜像中的中国传统道德之真相的当代重省

生于1746年，又在18世纪初20年里活动的莱布尼茨，虽然也坚持欧洲文明的立场，重视"精神实体"的独立性，但从整体上看，他对中国文化、中国道德表示了相当的尊重与力求全面了解的意图。在《论中国人的自然神学——致德雷蒙的信》（生前）未刊稿中，莱氏的一段札记片段可以比较清晰地表达这种态度与意图，他说："中国的版图很大，不比文明的欧洲小，在人口与治国方面，还远超欧洲。中国具有（在某些方面令人钦佩的）公共道德，并与哲学理论尤其是自然神学相贯通，又因历史悠久而令人羡慕。它很早成立，大约已有三千年之久，比希腊罗马的哲学都早。虽然希腊哲学是我们所拥有的在《圣经》外的最早著述，但与他们相比，我们只是后来者，方才脱离野蛮状态。若是因为如此古老的学说给我们的最初印象与普通的经院哲学的理念有所不合，所以我们要谴责它的话，那真是愚蠢、狂妄的事！再者，除非有一场大革命，要摧毁这套学说也不容易。因此，尽力给它正当的解释是合理的事。"②

上述莱布尼茨所说的有关中国的话，比起黑格尔所说的来看，要谦逊得多。尽管莱氏从骨子里也想改变中国文化，但在当时感到力不从心。而到了黑格尔时代，欧洲的现代性在实践与精神方面均获得了长足的进步，足以傲视东方世界了，因而在精神上也就肆无忌惮地批评东方文化、东方道德以及东方的哲学了。欧洲中心主义在黑格尔那里可以说表现得最为淋漓尽致。黑格尔对中国传统道德的批评是严厉的，但又是有原则的，而且他从追求自由的现代文明精神起点出发，对中国传统专制社会所提供的道德及道德所依托的基础"家长专制"的分析与批判，也是深刻的、正确的。他认为，传统中国是建立在家庭关系基础之上的道德结合体，"国家的特性便是客观的'家庭孝敬'。中国人把自己看作是属于他们家庭的，而同时又是国家的儿女。在家庭之内，他们不是人格，因为他们在

---

① 夏瑞春编：《德国思想家论中国》，第89页。
② 秦家懿编译：《德国哲学家论中国》，生活·读书·新知三联书店1993年版，第72页。

里面生活的那个团结的单位,乃是血统关系和天然义务。在国家之内,他们一样缺少独立的人格;因为国家内大家长的关系最为显著,皇帝犹如严父,为政府的基础,治理国家的一切部门"①。在皇帝严父般的关心下,臣民的精神"像孩童一般不敢越出家族的伦理原则,也不能够自行取得独立的和公民的自由",由于"一切合法的关系都由各种律例确实地加以规定;自由的情调——就是一般道德的立足点因此便完全被抹杀了"②。因此,整个帝国的"行政管理和社会约法,是道德的,同时又是完全不含诗意的——就是理智的、没有自由的'理性'和'想象'"③。

按照现代国家的观念来看,黑格尔认为传统中国没有宪法,而只有行政管理,因为宪法要考虑到各个人和各个团体的权利,既要考虑个人、团体的特殊利益,又要考虑国家的整体利益。而中国在皇权专制下,是不考虑个人与团体利益的,因此,中国在皇权专制下实际上"是一律平等",没有自由的。但在当时的西方,"大家只有在法律之前和在对于私产的相互尊重上,才是平等的;但是我们同时又有许多利益和特殊权限,因为我们具有我们所谓自由,所以这些权益都得到保障"④。

如果说黑格尔上述对中国传统社会的所论有相当大的真理性内容的话,下面他对传统中国人普通道德的描述就是以偏概全,甚至带有对整个中华民族的侮辱了:"在中国,既然一切人民在皇帝面前都是平等的——换句话说,大家一样是卑微的,因此,自由民和奴隶的区别必然不大。大家既然没有荣誉心,人与人之间又没有一种个人的权利,自贬自抑的意识便极其通行,这种意识又很容易变为极度的自暴自弃。正由于他们自暴自弃,便造成了中国人极大的不道德。他们以撒谎著名,他们随时随地都能撒谎。朋友欺诈朋友,假如欺诈不能达到目的,或者为对方所发觉时,双方都不以为可怪,都不觉得可耻。他们的欺诈实在可以说诡谲巧妙到了极顶。欧洲人和他们打交道时,非得提心吊胆不可。他们道德放任的意识又可以从佛教的流行得到证明;这一个宗教把'最高的'和'绝对的'——上帝——认为是虚无,把鄙视个性、弃绝人生,当作是最完美的成就。"⑤

黑格尔这段污蔑传统中国人普遍道德低下的文字,在相当大的程度上与康德对中国人审美标准的猥琐、道德低下、善于欺骗的描述是一致的。康德首先说中

---

① 黑格尔著:《历史哲学》,王造时译,上海书店出版社2006年版,第114页。
② 同上书,第119页。
③ 同上书,第116页。
④ 同上书,第117页。
⑤ 同上书,第122页。

国人的审美标准有问题:"中国人眼中的美人应当是:高而胖,眼睛小、额头宽、鼻子小、耳朵大,倘若是男性,还应当嗓音粗犷、胡须浓密。"① 其次又说中国人不以欺骗为耻:"中国人生性含蓄。他们总是不露声色地揣摩别人的性情,甚至于连愤怒也从不现于辞色,至多只是表露一种鄙视。他们说谎时显得极不自然,但却可以把碎块的绸布料缝结成一整块,其手艺之精巧,就连那些最为小心谨慎的商人也难以看出破绽,他们还用铜丝修补联结破碎了的瓷器,使其乍一看上去简直天衣无缝。类似这些骗局一旦败露,他们也并不感到羞愧,而只是从中看到自己手段的不高明。"② 最后,他批评中国人德性道:"中国人报复心强,但他们总可以忍耐到适当的时机才发作。他们那里没有决斗的习惯。他们非常贪玩,可胆小怕事;他们勤勉、恭顺,奉承起人简直是天花乱坠。他们抱着传统习俗死死不放,对未来生活却漠视不关心。"③

应该说,康德对于中国的了解基本上是依赖传教士发回的关于中国的报道。但他对于中国的认识还是加上了他自己的偏见,或者说是专门选择了那些不利于中国的报道信息。这与康德作为一个启蒙思想家,将人的自由意志看作是普遍的道德立法原理的核心思想观念有关。而他有关中国人形象的人种学的认识,以及由此人种学的认识而上升到审美标准的描述,基本上是由偏见而构成的一种道听途说,不仅毫无价值,而且还会在欧洲的普通公民中产生坏的影响。

二、弗朗斯瓦·魁奈对中国传统道德文化的评价与重省

(一)魁奈对中华帝国文化整体特质的认识与评价

魁奈(公元 1694~1774 年)对于中国道德与法律的认识,是透过他的"自然法"观念和"重农主义"的思想之镜来审视的,这其中有部分的真实性,也有幻象与夸张。透过魁奈的思想之镜,重省中国传统的道德、法律与文化的得与失,以及造成这种得与失的原因,对于我们吸收优秀的传统道德文化,建设当代的新道德文化,具有他山之石可以攻玉的效果。

魁奈对于中国传统道德文化的认识,主要建立在他本人"自然法"的观念基础之上。了解这一点,对于他有关中国传统道德文化的肯定与批评的观点,就有了一个可以比较合理地再评价的思想起点。在魁奈看来:"人们只有依靠使他们

---

① 夏瑞春编:《德国思想家论中国》,第 62 页。
② 同上。
③ 同上书,第 62~63 页。

区别于禽兽的理性之光，才能够掌握自然法则。因此，一个繁荣和持久的政府应当按照中华帝国的榜样，把深刻研究和长期普遍地宣传在很大程度上构成了社会框架的自然法则，当作自己的统治工作的主要目的。"① 由此自然法的思想之镜，中华帝国变成了当时部分启蒙思想家的理想型国家。这一认识，与 1840 年鸦片战争失败之后的国人对中华帝国的认识大相径庭，也与受五四新文化运动教育出来的几代人对于传统中国的认识有巨大的反差。

魁奈是经济学家，他由此"自然法"的立场出发，进一步地肯定农业社会道："除了与其他民族为敌的掠夺性民族以外，所有类型的民族都是以农业作为共同的特征。如果没有农业，各种社会团体只能组成不完善的民族。只有从事农业的民族，才能够在一个综合的和稳定的政府统治之下，建立起稳固和持久的国家，直接服从于自然法则的不变秩序。因此，正是农业本身构成了这些国家的基础，并且规定和确立了它们的统治形式，因为农业是用来满足人民需要的财富的来源，又因为农业的发展或衰落必然取决于统治的形式。"② 他还通过对农业社会的肯定，将当时的中华帝国当作他提倡的自然法在人间实施、运用得最好的典范例证，并以赞美的口吻说道：

> 中华帝国不是由于遵守自然法则而得以年代绵长、疆土辽阔、繁荣不息吗？那些靠人的意志来统治并且靠武装力量来迫使人们服从于社会管辖的民族，难道不会被人口稠密的中华民族完全有根据地看作野蛮民族吗？这个服从自然秩序的广袤帝国，证明造成暂时的统治经常变化的原因，没有别的根据或规则，只是由于人们本身的反复无常，中华帝国不就是一个稳定、持久和不变的政府的范例吗？然而难道不能说，在中国政府的统治下所以能保持这种幸运的和经久的一致，只是由于这个帝国比其他国家较少遭到邻国的侵袭吗？它不是也曾被占领过吗？它的辽阔的疆土不是也曾遭到过分裂和形成许多王国吗？由此可见，它的统治所以能够长久维持，绝不应当归因于特殊的环境条件，而应当归因于其内在的稳固秩序。③

由上述所引魁奈的三段赞美传统中华帝国的文字，似可以得出一个相对具有普遍性的比较文化的研究结论，即一个思想家从什么样的立场出发来研究文化上的"他者"，将决定他从"他者"的文化中寻找到什么样的思想与文化资源。从今天中国人的角度来看，魁奈对于传统中国文化的肯定，与黑格尔等人对传统中

---

① 魁奈著：《中华帝国的专制制度》，谈敏译，商务印书馆 1992 年版，第 122 页。有关魁奈的经济思想、哲学思想与中国传统哲学的内在联系问题，可以参阅谈敏著《法国重农学派学说的中国渊源》（上海人民出版社 1992 年版）。
② 同上书，第 122~123 页。
③ 同上书，第 137~138 页。

国文化的批评,都不足以作为现成的结论加以引用,而应当以一种反思的态度来析取他们肯定与批评的文字中的合理因素。当年,魁奈、黑格尔将中华帝国的文化作为欧洲文化的镜子。今天也需要将他们对中华帝国文化的肯定与批评的态度作为一面文化的镜子,重新反省中国传统文化,以之作为当代中国文化建设的异域文化资源加以利用。

魁奈不仅通过"自然法"的观念之镜,考察了中华帝国的内在"稳固秩序",而且还非常巧妙地将自然法、中华的"忠孝"之道与欧洲基督教文化传统中的上帝观念统一起来了,因此,在早期欧洲的比较哲学与比较文化的研究过程中,魁奈实际上也已经开始了他的文化融合工作,而这种融合工作实际上是要将作为文化"他者"的中华文化纳入欧洲的基督教文化格局之中。这种做法当然有一种粗暴之处,因为他这样做的时候忽视或泯灭了中华文化的自身特质,但他这样做的动机无非是要表明,中华帝国文化与欧洲的基督教文化并不是矛盾、冲突的文化类型。魁奈这样说:"在良好的统治下,自然法则占据支配地位并且得到遵守,这就能在开明之士的心目中,普遍激起对于忠孝之道的信奉。他们深受上帝为人类幸福而安排的这些美好法则的影响,被赋予使其举止合于理性所必需的智慧。"①

为了肯定他理想中的中国形象,魁奈对中国人不区分道德与政治的做法给予了高度的肯定,说道:"中国人对于道德和政治,根本未加区分;在他们看来,美好生活的艺术也就是良好统治的艺术,两门科学合二为一,彼此相同。"② 这于今天的中国学术界要求道德与政治的相对分离的理论要求而言,完全是一种不可思议的肯定。

魁奈还对传统中国的法律与伦理之间的关系给出了一个比较正确的认识。他认为:"中国的法律完全建立在伦理原则的基础上,因为象已经指出的那样,在中国,道德和政治合为一门科学,而且在那个帝国,所有的实在法都是以维持其政体形式作为它们的唯一目的(《杂录与奇谈》)。没有凌驾于这些法律之上的权力,这些法律创立于经典著作之中,而经典著作被认为是神圣不可侵犯的,它们被称作五经亦即五部书。"③ 而对于这种法律与伦理之间不分的现象,魁奈也没有批评与否定,反而还美化性地肯定了传统中国社会法律至上的行政风格。这对于今天的中国学术界来说,是一种不可接受的价值取向。

(二) 魁奈对中国人的信仰及其他问题的讨论

除了对中国人的道德、政治制度等问题进行讨论之外,魁奈还进一步深入到

---

① 魁奈著:《中华帝国的专制制度》,第133页。
② 同上书,第56页。
③ 同上书,第72页。

中国人的信仰问题，讨论中国人的精神核心及其结构。他运用自己信奉的"自然法"观念来理解中国人对于"天"的崇拜与信仰的现象，并努力发掘中国信仰中与基督教文化的相同点，为中国人的信仰所具有的合理性做辩护。他主要从以下三个方面来为中国人信仰的合理性做辩护：

其一，他认为中国人信仰中的"天"具有公正、无上博爱的品质。他说道："人类除了善德而外，没有什么能够打动他……各种社会灾难都是他的警告，用来唤起人们热爱善德；不过他的仁慈和宽厚要胜于他的严厉；防止他动怒的万全之策就是改邪归正。他被称作天公、老天爷；人们确信，如果他们不是发自内心，不是受到内在情感的激励，单凭表面上的崇拜，根本不可能博得天的同情。"①

魁奈进一步解释道，由于这一高高在上的"天"监管着人世间的一切活动，所以，"用来评判我们行为的道德准则，就建立在我们的内心深处"②，而不是外在的法则。就此点而言，魁奈对于中国人的道德根据的理解是相当准确的。

其二，魁奈认为，中国人也讨论了灵魂问题。他认为，中国人的经书虽然很少讨论灵魂不死的问题，但不能说中国人完全不讨论这一问题，他说：

> 他们认定，有德行的人，其灵魂接近于上帝（此处所说的"上帝"即是"天"——引者）；但他们从未明白地说明来世的惩罚是无穷无尽的。③

他借用当时著名的神父杜阿尔德的观点说：

> 毫无疑问，中国人相信死后存在着灵魂，并且，他们同一些希腊哲学家一样，认为构成人类肉体的物质不是永存的。④

其三，从基督教文化反对偶像崇拜的文化要求出发，魁奈对传统中国人好古的精神"情结"做了善意的辩护，认为正是这种好古的情结阻止了中国人对偶像的崇拜，因此，他不认为中国人有"偶像崇拜"的情结。他说：

> 但是学者坚信他们祖先的学说神圣不可侵犯，从未受到蔓延着的偶像崇拜的腐蚀。还有另外一个制度，它对中国的古老崇尚得以长存产生了重要的作用，这便是最高法庭制度。最高法庭的形成几乎同这个帝国一样古老，它的作用就在于谴责和制止各种迷信行为并能够发现其根源。这个最高法庭被称作礼制法庭。⑤

在对待中国人的信仰这一问题时，魁奈还对传统中国士大夫所代表的大传

---

① 魁奈著：《中华帝国的专制制度》，第49~50页。
② 同上书，第50页。
③ 同上书，第53页。
④ 同上。
⑤ 同上书，第54页。

统与民间小传统的精神信仰的差异进行了比较正确的区分。他说："中国学者出于这种严肃的态度，使他们自己免于受到那种在其他平民中间流行的愚昧迷信行为的影响，而处于这种影响下的那些人，则把他们国家的英雄都置于神的行列之中。虽然中国人尊敬和景仰更加伟大的帝王，但他们从未达到狂热崇拜的程度。"①

"某些人物由于他们的优秀品德和显著业绩，毫无疑问会得到人们的赞颂和公认；学者们会为这些可尊敬的人树碑立传，把他们的名字镌刻在配有简短颂文的匾额上，然后悬挂在用来纪念他们的殿堂中；可是他们从未打算用塑像或肖像的形式来描绘他们，那样就会导致偶像崇拜。"②

上述魁奈对于中国社会精神信仰及精神生活其他面向的认识，表明魁奈对于中国社会的研究是深入而全面的。他虽然有自己特定的"自然法"的思想视角，对于中国道德文化与法律文化、政治文化的认识有一定的美化之处，但对于中国社会中存在的诸多问题，以及中国人的精神生活的其他面向的认识，还是相当中肯的，既不像他的同时代德国哲学家沃尔夫从"自然主义"的角度，完全肯定中国文化，也不像他的同时代人孟德斯鸠那样，站在他自己所信奉的民主政治的立场，全面地、过分地批评并否定中国社会及其文化；更不像康德、黑格尔那样以自由为至上价值的强烈现代立场，全面地否定、批判中国传统文化。相对于上述这些思想家而言，魁奈对于中国传统文化的肯定与批判，要相对公正、准确一些。因而我们从他的这些言论中学习到的有价值的东西可能也更多一些。

对于当时欧洲比较普遍流行的一种歪曲的观念，即中国人在商业活动中不讲诚信，喜欢欺骗，魁奈非常严肃认真地反驳道，这对于中国这样的一个文明国家，是不可能的。他认为，散布这些传闻的人，可能是把中国在广州口岸与欧洲人进行交易的活动与整个帝国内部的贸易活动混淆起来了。他认为，由于中国政府"对国外贸易没有什么兴趣，它容忍那里的欺诈行为是因为它难以惩治那些远离本国达3 000里格，一旦卖掉他们的商品便消遁而去的外国商人"③。由这一推测出发，魁奈甚至认为，这是中国人在与欧洲的贸易争夺中显得"比欧洲人更加精明"，"运用这一竞争技巧更加沉着得多"④ 的表现。

魁奈对于中国国内一般性贸易与商业伦理的猜测既合乎情理，也大体上是正确的。他说："不能想象在一个国家内，居民之间可以靠相互弄虚作假来进行贸易。相互欺诈的双方有何利可图呢？这只会引起令人棘手和非常麻烦的纷乱，从

---

① 魁奈著：《中华帝国的专制制度》，第54页。
② 同上。
③ 同上书，第70页。
④ 同上。

而使日常的商业活动变得十分困难,几乎不可能进行。甚至更不能想象这种诈欺现象是发生在象中国这样的一个文明国度中,在那里贸易方面的良好信誉和诚实、正直一直是令人瞩目的;这是孔子伦理学的主要论题之一,而在这个帝国内,伦理就是法律。"①

上述魁奈对于中国人商业活动中的伦理行为的辩护,在原则上与技巧上都是相当正确并成功的,值得我们高度重视。当然,下列魁奈对于中国人的赞美之辞是值得怀疑的,需要我们对比较文化中的"镜像"思维方式做一些理论的反思。

魁奈坚持认为,中国人在自然法的研究方面达到了尽善尽美的最高程度。他说:"如果说在中国,思辨科学没有取得什么进展,而对自然法的研究却已达到尽善尽美的最高程度,并且,如果说在其他国家,思辨科学得到很好的研究,而自然法却被完全忽略了,那末,这看起来好象是思辨科学无助于自然法的研究。"② 他的著作就是要证明:"广大的中华帝国的政治制度和道德制度是建立在对于自然法则的认识的基础上,而这种制度也就是认识自然法则的结果。"③

在这种超距的文化想象作用下,魁奈将中国文化的整体性质看作是他自己信奉的"自然法"的完美体现,显然不符合中国文化的真实情况。但魁奈从"自然法"的特殊视角对于中华传统文化中的一些合理性进行辩护的某些结论,在今天看来,仍然具有一定的启发意义。

三、孟德斯鸠对中国传统政治、道德的评价及其重省

(一) 孟德斯鸠对传统中国专制政治的批评

孟德斯鸠对于传统中国道德与政治治理的评价,是在他设定的专制与民主对立的政治思想原则下展开的。他将专制政治看作是万恶之源,将民主政治看作是百善之基。而他又将传统中国看作是专制政治的典型国家,故他对传统中国道德与政治的评价是基于理想型的政治观念,而非基于历史的经验事实。就此点而言,他与19世纪的黑格尔等人在思维方式上是一致的。他曾经笼统地引用中国学者的话说道:"中国的著述家们老是说,在他们的帝国里,刑罚越增加,他们就越临近革命。这是因为风俗越浇薄,刑罚便越增多的缘故。"④ 在此段话的自

---

① 魁奈著:《中华帝国的专制制度》,第70页。
② 同上书,第57页。
③ 同上书,第111页。
④ 孟德斯鸠著:《论法的精神》上,张雁深译,商务印书馆1987年版,第98页。

注里，孟氏说道，"中国在这点上的情况是等于共和国或君主国"①。可见，他是将中国传统社会看作专制政治的类型来处理的。因此，他对传统中国政治与道德批评的得与失、真知与谬误，都与他的这一思想原则的运用有关。

实际上，孟德斯鸠并非通过严谨的论证，而是以一种举例加说明的方式来证明自己观点的正确性，认为"中国是一个专制的国家，它的原则是恐怖"②。他从五个方面证明传统中国是专制国家，其统治必然是腐败的，只是腐败没有达到它应有的程度。

其一，气候的原因对道德产生了有力的影响，并做出了奇迹，如中国的气候"异样地适宜于人口繁殖。那里的妇女生育力之强是世界上任何地方所没有的。最野蛮的暴政也不能使繁殖的进程停止"③。因此，"中国虽然有暴政，但是由于气候的原因，中国的人口将永远地繁殖下去，并战胜暴政"④。

其二，中国像其他产米的国家一样，容易导致饥荒。当人民将要饿死的时候，就会产生逃荒现象，由逃荒进而产生盗贼，盗贼结伙，在初期被消灭，但在边远的地方不容易控制，然后壮大成功，最终形成军事团体，向首都进军，最后胜利，"首领便登上宝座"⑤。

其三，"在中国，腐败的统治很快便受到惩罚。这是事物的性质自然的结果。人口这样众多，如果生计困乏便会突然发生纷乱。在别的国家，改革弊政所以那么困难，是因为弊政的影响不那么明显，不象在中国那样，君主受到急遽的显著的警告"⑥。

其四，"中国的皇帝所感悟到的和我们的君主不同。我们的君主感到，如果他统治得不好的话，则来世的幸福少，今生的权力和财富也要少。但是中国的皇帝知道，如果他统治得不好的话，就要丧失他的帝国和生命"⑦。

其五，"中国虽然有弃婴的事情，但是它的人口却天天在增加，所以需要有辛勤的劳动，使土地的生产足以维持人民的生活。这需要有政府的极大的注意。政府要时时刻刻关心，使每一个人都能劳动而不必害怕别人夺取他的劳苦所得。所以这个政府与其说是管理民政，毋宁说是管理家政"⑧。

通过以上五个方面举例性的论证，孟氏得出结论道："这就是人们时常谈论

---

① 孟德斯鸠著：《论法的精神》（上），第98页。
② 同上书，第152页。
③ 同上。
④ 同上。
⑤ 同上书，第152~153页。
⑥ 同上书，第153页。
⑦ 同上。
⑧ 同上。

的中国的那些典章制度之所由来。"他深信,让法制与专制联系起来,是行不通的,"任何东西和专制广义联系起来,便失掉了自己的力量。中国的专制主义,在祸患无穷的压力之下,虽然曾经愿意给自己戴上锁链,但都徒劳无益;它用自己的锁链武装了自己,而变得更凶暴"。

"因此,中国是一个专制的国家,它的原则是恐怖。在最初的那些朝代,疆域没有这么辽阔,政府的专制的精神也许稍为差些;但是今天的情况却正相反。"①

孟德斯鸠虽然将传统中国政治放在了专制政治的类型里面,但在《法的精神》第八章"三种政体原则的腐化"第二十七节里,面对中华帝国的实际政治情况时,孟德斯鸠感到十分为难,他说:"我们的传教士们告诉我们,那个幅员广漠的中华帝国的政体是可称赞的,它的政体的原则是畏惧、荣誉和品德兼而有之。那末,我所建立的三种政体的原则的区别便毫无意义了。"② 因此,孟德斯鸠关于中华帝国的批评,在一定程度上是出于对"专制政治"的观念的想象,而将此政治体制观念强加到传统中国社会政治生活之上,然后对号入座。他将中华帝国看作是一个只使用棍棒来让人民做事的专制国家,因而说道:"一个国家只有使用棍棒才能让人民做些事情,还能有什么荣誉可说呢。"③ 问题是:传统中国的统治从来都不是如此简单的,虽然有使用棍棒的时候,但大多数情况下并不是如此。

当然,在材料的使用方面,孟德斯鸠不太相信传教士的观点,认为商人的一些说法是传教士所没有提供的。他说:"我们的商人从没有告诉我们教士们所谈的这种品德;我们可以参考一下商人们所说的关于那里的官吏们的掠夺行为。"④

与黑格尔一样,孟德斯鸠不认为亚洲有自由思想的传统。他说:"一种奴隶的思想统治着亚洲;而且从来没有离开过亚洲。在那个地方的一切历史里,是连一段表现自由精神的记录都不可能找到的。那里,除了极端的奴役之外,我们将永远看不见任何其他东西。"⑤ 不过,孟氏又说:"虽然由于中国的气候,人们自然地倾向于奴隶性的服从,虽然由于帝国幅员辽阔而会发生各种恐怖,但是中国最初的立法者们不能不制定极良好的法律,而政府往往不能不遵守这些法律。"⑥ 这就表明,传统中国的专制政治并不是一开始就是这样的,而是由于具体的社会管理情境导致的。这种观点实际暗含着另一种可能性,即它也将随着环境的变化

---

① 孟德斯鸠著:《论法的精神》(上),第153页。
② 同上书,第151页。
③ 同上。
④ 同上。
⑤ 同上书,第333页。
⑥ 同上书,第338页。

而改变其专制政治的统治形式。

(二) 孟德斯鸠对传统中国道德伦理的分析与批评

孟德斯鸠认为,专制政治导致人民普遍缺乏道德的尊严,没有耻感,这一观点实际上与两千多年前孔子的思想颇为一致。孔子说:"道之以政,齐之以刑,民免而无耻。"(《论语·学而》)孟德斯鸠说:"在中国,子女犯罪,父亲是受处罚的。秘鲁也有同样的习惯。这个习惯是从专制思想产生出来的。"① 而由子坐父罪这一刑法律令,他进一步引申性地论述道:"子罪坐父这一事实说明'荣誉'在中国是不存在的。在我们的国家,父亲因儿女被判罪,和儿女因父亲被判罪所感到的羞耻,就是严厉的刑罚,严厉得象在中国的死刑一样。"② 综合孔子与孟德斯鸠的观点,我们可以看出,专制政治的统治是让人在很多问题上无法建立道德耻感的根本原因,而对孟德斯鸠而言,他对传统中国专制政治的批评,恰恰构成了他对传统中国道德、伦理批评的一个思想的前提。简而言之,孟德斯鸠对于传统中国道德、伦理的分析与批评是从以下几个方面展开的:

其一,他从自然环境决定论的立场出发,讨论社会风俗、道德、文化问题,进而讨论中国的道德、伦理问题。他认为,"人类受多种事物的支配,就是:气候、宗教、法律、施政的准则、先例、风俗、习惯。结果就在这里形成了一种一般的精神……大自然和气候几乎是野蛮人的唯一统治者;中国人受风俗的支配;而日本则受法律的压制"③。

在这一思想前提下,他认为,"一妻制的法律,在生理上比较适合于欧洲的气候,而比较不适合于亚洲的气候。伊斯兰教在亚洲很容易地建立起来,而在欧洲则一筹莫展;基督教在欧洲绵延下去,而在亚洲则受到摧毁,结果,伊斯兰教徒在中国发展得这样多,而基督徒这样少,气候是原因之一"④。

他还进一步地论证道:"有的地方因气候关系,自然的冲动极强,道德几乎是无能为力的。倘若让一个男人和一个女人单独在一起,诱惑将带来堕落,必然会有进攻而不会有抵抗。这些国家,不需要箴言诰诫,而需要铁窗门闩。

"中国一本古典的书认为一个男人在偏僻冷落的房屋内遇到了单身的妇女而不对她逞暴行的话,便是了不起的德行。"⑤

不过,孟德斯鸠一方面承认自然法,另一方面又希望通过"民法"来战胜他

---

① 孟德斯鸠著:《论法的精神》(上),第112页。
② 同上。
③ 同上书,第364页。
④ 同上书,第310页。
⑤ 同上书,第315页。

认为气候的原因导致淫乱的自然力的影响，以恢复原始的法则。他说："一切民族对妇女的淫乱都是鄙视的。这是大自然给一切民族的训示。大自然规定了防卫，也规定了进攻。它把情欲种植在两性双方，给男性勇敢，给女性娇羞。它给每个个人长久的岁月去保存自己的生命，但只给他们瞬息的时间去延续种类。"①

"因此，当某种气候的自然力量违背了两性的自然规律和'智灵的存在物'的自然的规律的时候，立法者就应该制定民法去战胜气候，以恢复原始的法则。"②

孟氏从保护人的尊严的角度，批评男性对女性的不尊重，甚至是侵害。但在有关妇女德行的问题上，孟德斯鸠似乎又持有比较保守的观点。他对欧洲妇女的行为很不以为然，说道："我们欧洲的妇女，心思浮佻，言行轻率，有她们自己的爱好与嫌厌，有高尚与薄弱的情感。如果把我们妇女的这一切搬到一个东方的国家去，使她们象在我们社会中那样的活跃，那样的自由，能有一个家庭的父亲得以片刻的安宁么？到处都将是受猜疑的人，到处都将是敌人；国家便将颠覆，人们将看到大流血。"③

与他批评专制政治的思想似乎相反，他比较倾向于对女性的自由活动采取禁止。他说："我们看到，东方的许多国家，妇女的幽闭越严，风俗也越纯洁，在大国，就一定有大贵族。财富越多，就越有能力把妻子严禁在深闺里，并防止她们再进入社会。因为这个缘故，在土耳其、波斯、莫卧儿、中国、日本等帝国，妻子的品行实在令人惊叹。"④

他甚至还认为，要把女性与男性分开，这一观点与现代社会男女正常的公开交往的现实形成了巨大的反差。他说，与莫卧儿、中国、日本等地的"妇女们品行的天真纯洁相比较，我们便清楚地看到，不论是一妻或多妻，常常都有必要把女子和男子分开"⑤。

上述孟德斯鸠对于女性的看法，与他提倡的现代道德、伦理的观点相比显得比较保守，反而赶不上同时代的中国思想家钱大昕对于女性的相对开放而民主的思想态度。这表明，孟氏的反专制的思想体系中，有着某种相互矛盾的地方。

其二，孟德斯鸠对传统中国社会道德、法律与风俗的内在关系做了比较深入的研究，原则上给出了比较正确的阐述。在《论法的精神》（上）中，他用了四节的内容集中地阐述了传统中国社会风俗、法律与道德混一不分的现象。

---

① 孟德斯鸠著：《论法的精神》（上），第319页。
② 同上。
③ 同上书，第316页。
④ 同上书，第317页。
⑤ 同上书，第318页。

这一他者的视角,对于我们重新反省中国传统道德的时代价值提供了可资借鉴的思想资源。

在孟氏本人看来,"法律和风俗有一个区别,就是法律主要规定'公民'的行为,风俗主要规定'人'的行为。风俗和礼仪有一个区别,就是风俗主要是关系内心的动作,礼仪主要是关系外表的动作"①。

孟氏认为,"中国和拉栖代孟的立法者们把法律、风俗和礼仪混淆在一起,我们不应当感到惊奇,因为他们的风俗代表他们的法律,而他们的礼仪代表他们的风俗"。

接下来,孟氏又分析了中国立法者的政治目标。他说:"中国的立法者们主要的目标,是要使他们的人民能够平静地过生活。他们要人人互相尊重,要每个人时时刻刻都感到对他人负有许多义务;要每个公民在某个方面都依赖其他公民。因此,他们制定了最广泛的'礼'的规则。"②

在上述孟氏这段看似客观描述的文字里,其实也可引申出某种批评性的意见,比如说,鲁迅曾将中国的历史分为"做稳了奴隶的时代"与"想做奴隶而不得"的两个时代,鲁迅的话虽然有些偏激、刺耳,但与上述孟氏所言统治者的立法目标是要人民能够"平静地生活"这句来看,恰恰是鲁迅所说的要让人们做安稳的奴隶而已。而孟氏揭示出的中国人有如此多的义务,在某个方面依赖他人的生活情景,恰恰是揭示了传统中国人是身份性奴隶的特征,活在各种各样复杂的关系之中而缺乏自由。

接下来,孟德斯鸠进一步分析传统中国政体与礼制的内在关系,进而揭示传统中国政体的特质。他说:"中国的立法者们所做的尚不止此。他们把宗教、法律、风俗、礼仪都混在一起。所有这些东西都是道德。所有这些东西都是品德。这四者的箴规,就是所谓礼教。中国统治就是因为严格遵守这种礼教而获得了成功。中国人把整个青年时代用在学习这种礼教上,并把整个一生用在实践这种礼教上。文人用之以施教,官吏用之以宣传;生活上的一切细微的行动都包罗在这些礼教之内,所以当人们找到使它们获得严格遵守的方法的时候,中国便治理得很好了。"③

孟德斯鸠对于传统中国政治与风俗、道德、法律的内在一致的认识、分析是非常深刻、准确的,而且也是富有启发性的。《论法的精神》第十九章第十九节的一段文字虽然有点长,但我们还是愿意用三个段落来加以介绍,并附上一些评价。

---

① 孟德斯鸠著:《论法的精神》(上),第373页。
② 同上。
③ 同上书,第375页。

第一段，孟氏揭示了传统中国孝道如何与政治的目标相关。他说："中国的立法者们认为政府的主要目的是帝国的太平。在他们看来，服从是维持太平最适宜的方法。从这种思想出发，他们认为应该激励人们孝敬父母；他们并且集中一切力量，使人恪守孝道。他们制定了无数的礼节和仪式，使人对双亲在他们的生前和死后，都能克尽人子的孝道。要是在父母生前不知尽孝，就不可能在父母死后以应有的仪式来敬奉他们。敬奉亡亲的仪式，和宗教的关系较为密切；侍奉在世的双亲的礼节，则与法律、风俗、礼仪的关系较为密切。不过，这些只是同一个法典的不同部分而已；这个法典的范围是很宽广的。"①

在这一段里，孟氏比较准确地揭示了传统中国社会的法典与孝道的伦理原则之间的深刻联系。换句话说，这些伦理原则本身就是法典的有机组成部分。在接下来的第二段落里，孟氏揭示了敬父与敬老、忠君、敬官、敬师等广泛的社会成员之间的伦理与政治关系，他说：

尊敬父亲就必然和尊敬一切可以视同父亲的人物，如老人、师傅、官吏、皇帝等联系着。对父亲的这种尊敬，就要父亲以爱还报其子女。由此推论，老人也要以爱还报青年人；官吏要以爱还报其治下的老百姓；皇帝要以爱还报其子民。所有这些都构成了礼教，而礼教构成了国家的一般精神。②

孟氏将礼教看作是"帝国的一般精神"，这一点无疑是十分深刻的，对于汉以后的中华帝国的国家精神或曰国魂的认知，是准确的。接下来，孟氏进一步揭示了传统中国社会"家国同构"的伦理基础，他说：

我们现在可以看到，在表面上似乎是最无关紧要的东西却可能和中国的基本政制有关系。这个帝国的构成，是以治家的思想为基础的。如果你削减亲权，甚至只是删除对亲权表示尊重的礼仪的话，那末就等于削减人们对于视同父母的官吏的尊敬了，因此，官吏也就不能爱护老百姓了，而官吏本来是应该把老百姓看做象子女一样的；这样一来，君主和臣民之间所存在着的爱的关系也将逐渐消失。只要削减掉这些习惯的一种，你便动摇了国家。③

上述孟氏对传统礼教中国的政治性质的分析与刻画，是深刻、准确而富于启发意义的。他对于传统中国"家国同构"的共同伦理基础的分析也是准确而深刻的。他非常细腻地捕捉到这样的生活细节与国家政治之间的内在关系："一个儿媳妇是否每天早晨为婆婆尽这个或那个义务，这事的本身是无关紧要的。但是如果我们想到，这些日常的习惯不断地唤起一种必须铭刻在人们心中的感情，而且正是因为人人都具有这种感情才构成了这一帝国的统治精神，那末我们便将了

---

① 孟德斯鸠著：《论法的精神》（上），第377页。
② 同上。
③ 同上。

解，这一个或那一个特殊的义务是有履行的必要的。"① 这种人人心中共有的"敬的情感"，正是帝国政治统治的道德情感，抑或说是"伦理精神"。不过，接下来孟氏对传统中国成功运用礼教原因的分析则不是那么正确了。他认为，"礼教"之所以那么容易地铭刻在中国人的心灵和精神里，原因如下：第一，中国的文字书写复杂，而学文字就必须读书，书里全是礼教的内容。第二，礼教里没有什么精神性的东西，而只是一些通常的行动规则，所以比智力上的东西容易理解，容易打动人心。② 不过，孟氏还是正确地看到传统中国政治与道德的深刻联系。他认为："当中国政体的原则被抛弃，道德沦丧了的时候，国家便将陷入无政府状态，革命便将到来。"③ 传统中政治与道德的内在、紧密的联系，远胜过与法律的联系。

第三段，孟氏在阐述生活在礼仪之中的传统中国人时，主要还是一种正面的评价。他认为，在礼制之下，"中国乡村的人和地位高的人所遵守的礼节是相同的；这是养成宽仁温厚，维持人民内部和平良好秩序，以及消灭由暴戾性情所产生的一切邪恶的极其适当的方法"④。就此点而言，"'礼'的价值是高于礼貌的。礼貌粉饰他人的邪恶，而'礼'防止把我们的邪恶暴露出来。'礼'是人们放在彼此之间的一道墙，借以防止互相腐化"⑤。

孟氏对于中国的礼仪在整体上持肯定的态度，他说："中国人的礼仪是不能毁灭的。中国的妇女和男人是绝对分开的。除此之外，中国人的礼仪，和他们的风俗一样，都是教育的内容。一个文人可以从他行礼时那样从容自若的态度看得出来。这些东西一旦经严厉的教师用来当作箴规施教后，便成为固定的东西，象道德的原则一样，永远不能改变。"⑥

应当说，孟氏对于礼制在社会人际关系中所扮演的正面作用的分析与肯定，是相当深刻而富有启发力的。我们今天要建立的一个文明、礼貌的社会新风尚，如何从传统的礼制文化里汲取有益的思想资源，是一个值得深思的问题。

其三，孟德斯鸠还从中国风俗、道德、法律的内在混一状态的认识出发，试图揭示传统中为什么被异族征服后，其风俗、道德、法律长期不变的内在原因。他说："中国并不因为被征服而丧失它的法律。在那里，习惯、风俗、法律和宗教就是一个东西。人们不能够一下子把这些东西都给改变了。改变是必然的，不是征服者改变，就是被征服者改变。不过在中国，改变的一向是征服者。因为征

---

① 孟德斯鸠著：《论法的精神》（上），第377~378页。
② 同上书，第375页。
③ 同上。
④ 同上书，第374页。
⑤ 同上。
⑥ 同上书，第371页。

服者的风俗并不是他们的习惯，他们的习惯并不是他们的法律，他们的法律并不是他们的宗教；所以他们逐渐地被被征服的人民所同化，要比被征服的人民被他们所同化容易一些。"① 孟氏的这一观点，后来马克思、恩格斯从历史唯物主义的角度给予了更加深刻的阐述，马克思、恩格斯说："野蛮的征服者，按照一条永恒的历史规律，本身被他们所征服的臣民的较高文明所征服。"② 恩格斯在《反杜林论》一书中，接着他们在《德意志意识形态》一书中说道："在长时期的征服中，比较野蛮的征服者，在绝大多数情况下，都不得不适应由于征服而面临的比较高的'经济状况'；他们为被征服者所同化，而且多半甚至不得不采用被征服者的语言。"③

孟氏在哲学的基本立场上与马克思、恩格斯的历史唯物主义迥然不同，但他所揭示出的文明之间颇为吊诡的相互影响规律，被马克思主义者所吸收。

其四，孟氏也就"礼教"与"基督教"的冲突做出了非常有启发意义的论述，尽管他是站在维护基督教文化的立场上展开这一论述的。他从两个主要方面揭示了"礼教"与"基督教"的差异：

第一，他认为，基督教里妇女的社交活动、一夫一妻制与"礼教"的要求不相符合："贞女誓言、妇女在教堂集会、她们和神职人员必要的往来、她们参加圣餐、秘密忏悔、临终的涂油式、一夫一妻——所有这一切都推翻这个国家的风俗和习惯，同时也触犯它的宗教和法律。"④

第二，"基督教，由于建立慈善事业，由于公开的礼拜，由于大家参加共同的圣礼，所以似乎要求一切都要在一起；但是中国的礼教似乎是要求一切都隔开"⑤。

通过上述两条文献可以看出，孟氏对基督教与儒教在对待妇女方面的相互冲突方式的把握，是直观而准确的。传统中国礼教的重要内容之一就是"男女有别"。这种"有别"的抽象要求一旦与具体的社会政治制度、生活风俗结合起来，就变成了一种限制妇女行为与活动的铁律，并成为以男性为中心的传统社会男性从整体上压迫女性的社会要求，进而成为与专治政治相联系的一条神圣的铁律。反观今天的中国社会，女性与男性公开交往，在婚姻制度上坚决执行一夫一妻制，可以说是完全吸收了基督教的文化传统了。仅从这一点就可以看出，当代

---

① 孟德斯鸠著：《论法的精神》（上），第375~376页。
② 马克思、恩格斯著：《马克思恩格斯选集》第一卷，中共中央马克思恩格斯列宁斯大林著作编译局译，人民出版社1995年版，第768页。
③ 马克思、恩格斯著：《马克思恩格斯选集》第三卷，中共中央马克思恩格斯列宁斯大林著作编译局译，人民出版社1995年版，第526~527页。
④ 孟德斯鸠著：《论法的精神》（上），第376页。
⑤ 同上。

中国文化中的基督教文化与西方文化的元素是非常浓厚的。孟氏由"隔离"与公开交往的风俗形式联想到"专制政治"与"宽和政体"的区别，倒是别有一番意味。他说："我们已经看到，这种隔离一般是和专制主义的精神相关连的；我们从以上的一切可以了解，君主政体以及一切宽和的政治同基督教是比较能够合得来的，原因之一就在于此。"[1] 孟氏的结论未必那么正确，但他将带有宽和性质的政体与基督教联系起来，将"隔离"与专制政治联系起来，这些说法是值得人们深思的。现代社会生活中，人们遵循基本的法则与伦理原则，公开而自由地交往，无需各种硬性的"隔离"而造成人的交往封闭。不过，太多的性骚扰现象的出现，女子专用的公共汽车或地铁车厢，似乎又有某种反讽意味。

其五，对亚洲与中国政治、道德与人民的一般品德的泛化批评。

"亚洲的这些帝国的人民，是用短棒统治的。鞑靼的人民是用长鞭统治的。欧洲的精神同这种习气是水火不相容的。在一切时代里，亚洲人民叫做刑罚的，欧洲人民则叫做暴行。"[2]

孟氏的这种比较研究及其结论，显然带有一种贬抑亚洲与中国的政治与社会的意思在其中，这大约与启蒙时代的人们向往一种更加自由、自尊的生存的理想有关。他还认为，少数中国人到了少数民族那里，也把这种精神带到了少数民族那里：

"在中国历史上，我们也看到一些皇帝把中国人遣送到鞑靼去殖民。这些中国人变成了鞑靼人，并成为中国的死敌。但是这并不能防止这些中国人把中国政制的精神带进鞑靼去。"[3]

孟氏还注意到中国法律的一个细节及其所引起的效果。他说道："在中国，抢劫又杀人的处凌迟，对其他抢劫就不这样。因为有这个区别，所以在中国抢劫的人不常杀人。"[4]

在孟氏看来，一个国家是鼓励奢侈还是鼓励节俭，要看这个国家的"人口的数目和谋生的道路二者间的关系"[5]。如果一个国家的物产丰富，再加有贸易支持，也不用惧怕奢侈。因此，在孟氏看来，一个国家的人民是否有美德，并不能简单地从奢侈还是俭朴的表象来判断。换句话说，"俭朴"本身并不能说是一种德行，更不能简单地说是一种美德了。也正因为如此，他批评中国道："中国……妇女生育能力强，人口蕃衍迅速，所以土地无论怎样垦殖，只可勉强维持

---

[1] 孟德斯鸠著：《论法的精神》（上），第376页。
[2] 同上书，第331页。
[3] 同上。
[4] 同上书，第109页。
[5] 同上书，第120页。

居民的生活。因此在中国，奢侈是有害的，并且和任何共和国一样，必须有勤劳和俭约的精神。人民需要从事必需的工艺，而避免那些供人享乐的工艺。"① 而且孟氏还批评中国皇帝的诏书中所体现出的所谓节俭精神，认为这些"美丽的诏书的精神"② 其实也是假的，根本不能与共和国提倡的节俭精神相一致。

上述这些泛化的批评，在今天看来没有多少学术价值，但其中有些说法，如关于"俭朴"与道德的关系的思考，有着思想上的启迪意义，可以引起人们对不同地区的民俗与道德现象进行更加深入的、富有学术价值的思考。

第二节　新文化运动对传统道德观念的批判与重省

一、20世纪前70年对传统道德文化批判之鸟瞰

从20世纪初期开始，特别是新文化运动以后，中国思想界围绕中国文化发展的路径问题展开了热烈而深刻的讨论。讨论的中心问题是如何理解中国传统文化与中国现代化之间的关系。其中很多问题涉及对传统道德文化的阐释。概而言之，主要有三个流派。

（一）20世纪前期中国传统道德文化现代阐释的古今之争

1. 激进派

这一流派主要受西方自由主义思潮的影响，主张放弃中国传统文化，从根本上否定传统道德的现实价值，主张全面学习引进西方的道德。激进派的代表人物主要有早期的陈独秀、吴虞、鲁迅等。1916年，陈独秀在《新青年》上发表《吾人最后之觉悟》一文，明确提出要想在政治上巩固共和国体，就必须将那些反对共和的传统伦理文学等旧思想"完全洗刷得干干净净"。在他看来，道德伦理的觉悟比之政治的觉悟更为重要；而道德伦理的觉悟即意味着抛弃"别尊卑明贵贱"的"三纲之说"。此后，他又发表《宪法与孔教》《孔子之道与现代生活》《新青年罪案之答辩书》等一系列文章，批驳以"三纲五常"为核心的孔教旧道德，指出它们与现代民主政治是不可两立的，与现代生活是不相适应的；封建伦

---

① 孟德斯鸠著：《论法的精神》（上），第120页。
② 同上书，第120~121页。

理观念严重压制"独立人格"、禁锢人们的思想，是一种"以己属人之奴隶道德"。"要拥护那德先生，便不得不反对孔教、礼法、贞节、旧伦理、旧政治；要拥护那赛先生，便不得不反对旧艺术、旧宗教；要拥护德先生又要拥护赛先生，便不得不反对国粹和旧文学。"不彻底批判孔丘儒家那套封建伦理道德观念，人们的思想就不能解放，智慧就不能发挥。

五四时期"只手打孔家店"的吴虞批评儒家"孝悌"等道德观念是中国两千年专制政治与家族制度联结的根干，其实质是"专为君亲长上而设"。儒家的主张已经成为社会发展的极大阻力，"其流毒诚不减洪水猛兽矣"，"到了如今，我们应该觉悟，我们不是为君主而生的！不是为圣贤而生的！也不是为纲常礼教而生的！"（《吃人与礼教》）

1918年鲁迅在《新青年》上发表《狂人日记》，对封建旧道德进行无情挞伐，"我翻开历史一查，这历史没有年代，歪歪斜斜的每页上都写着'仁义道德'几个字。我横竖睡不着，仔细看了半夜，才从字缝里看出字来，满本都写着两个字是'吃人'"。此后，鲁迅发表《我之节烈观》《我们现在怎样做父亲》等文章，对传统"孝""节"等道德进行了激烈的批判，指出"孝烈这类道德，也都是旁人毫不负责，一味收拾幼者弱者的方法"。

这一时期激进派所提倡的新道德，大体上属于资产阶级道德的范畴，以"个性解放"为中心，包括"自主""独立""平等"诸道德。

2. 保守派

辛亥革命前后，面对西方文化的巨大威胁和挑战，以章炳麟、邓实、刘师培、黄节、黄侃、马叙伦等人为主要代表的国粹派以保存中国国粹（即中国固有文化之精华）为宗旨，主张"用国粹激励种性，增进爱国热肠"，即借助国粹宣传排满革命、救亡图存。他们主张从"国学"中寻找变革政体、实行民主共和的根据，强调在效法西方和改革中国政治的同时，必须立足于复兴中国固有文化，从传统文化中发掘为中国近代化所需要的东西。

五四运动以后，许多中国学者发现中国人不应该完全否定中国传统文化的现代价值，也不应该将西方文化不加分析批判地吸收进来，而是应该从中华民族生存与发展的现实立场，为中国文化寻找新的出路和生长点，由此兴起了现代新儒学派、学衡派、新生活运动等思潮，可以将之概括为"文化保守派"。以梅光迪、胡先骕、吴宓等为代表的学衡派以"昌明国粹，融化新知"为宗旨，提倡学贯中西，兼采中西文化之长，但他们在反对当时新文化运动的激进主张的同时，又提出尊孔读经的口号，倡导文言文，抵制白话文。这些主张又是一种倒退。

现代新儒家群体从整体上看可被视为文化保守派的主要代表，其代表人物有梁漱溟、熊十力、冯友兰、贺麟、牟宗三、唐君毅、杜维明、刘述先等。面对中西文化激烈冲突的时代背景,现代新儒家们改变了顽固派儒家知识分子的封闭保守心态,主张吸收西方文化的优秀成果来促进中国文化的现代化,但他们更加强调应该以中国文化的发展为立足点和出发点,按"中华文化本位"的立场吸收西方文化来重新解释和创新中国文化,从而重建现代中国新文化。

20世纪30年代梁漱溟在山东推广的乡村建设运动,可以看作是文化保守派道德实践的典型。乡村建设运动试图通过对中国传统文化的反思和改造寻找变革中国、建设中国的路向。梁漱溟认为中国是"伦理本位、职业分途"的特殊社会形态,必须以农立国,从农村入手,以教育手段,以改良主义的方法来建设乡村,改造社会。梁漱溟所构想的新的社会组织构造,是将中国固有精神与西洋文化长处沟通调和,以中国固有精神为主,吸收西洋人的长处,学习西方的团体组织和科学技术,以此来培养发展中国的固有精神即伦理情谊、人生向上的精神。梁漱溟乡村建设运动的实质仍然是"中体西用"的思维模式在道德建设方面的实践。而熊十力的道德思想是对中国传统儒家道德,尤其是对先秦《周易》、孔子和孟子的道德思想的直接继承,传统儒家的道德思想构成了熊十力道德思想体系的主体内容。但是,作为新儒家代表人物之一的熊十力,其道德思想是接着而非照着传统儒家道德讲的。他对现代的平等观念、科学所代表的量智的肯定,均体现了一定的现代性内容。

3. 马克思主义综合创新派

与"西化激进派"和"文化保守派"不同,早期的马克思主义者李大钊指出,我们可以走一条既继承批判又创造新的社会主义新文化的全新道路。李大钊早期是以进化论来批判封建旧道德,认为宇宙万物和人类社会都是按照自然的法则"渐次发生,渐次进化"的,道德的进化"亦必应其自然进化之社会","孔子之道,施于今日社会为不适于生存,任诸自然之淘汰,其势力迟早必归于消灭"(《自然的伦理观与孔子》)。后来,李大钊接受了马克思主义,开始运用历史唯物主义的理论来解剖封建旧道德的发生、发展和必然归于消灭的过程,他指出:"道德是精神现象的一种,精神现象是物质的反映,物质既不复旧,道德断无单独复旧的道理,物质既须急于开新,道德亦必跟着开新。"道德"随着社会的需要,因时因地而有变动,一代圣贤的经训格言,断断不是万世不变的法则"。任何"圣道""王法""纲常""名教",都要随着社会的变动"而有所变革,且是必然的变革"。他还依据唯物史观的发展观点,认定宇宙、社会"只有前进,没有反顾;只有开新,没有复旧","物质上,道德上,均没有复旧的道理"。因而使五四时期对封建旧道德的批判达到了一个新的高度。

在中国哲学界,张岱年在20世纪30年代提出了马克思主义文化综合创新的思路。在30年代完成的许多哲学论文当中,张岱年系统梳理了中国古代哲学的唯物论思想发展历程，阐发了中国的辩证法思想，显扬了中国的人本思想，而且做出了以马克思主义哲学观点解释社会和人生的尝试。他认为，今后中国哲学发展的方向应该是将唯物主义、理想主义、逻辑实证主义综合为一体；在方法上，他主张将唯物辩证法与形式逻辑的分析方法综合起来；具体到道德研究上，他主张将现代唯物论哲学与中国古代道德哲学的优秀传统结合起来。

（二）20世纪50~70年代中国大陆反传统思想之概述

新中国成立以后，中国大陆地区在政治和思想上主要受苏联的影响，马克思列宁主义成为一切行动的指导思想。从1949年到1979年的30年里，新政权还在摸索中发展，它承担了前所未有的政治职能，开启了新的经济发展模式，而在文化上则是要改造旧的精神文化，洗刷旧的社会意识。因此，这30年的文化变迁是以政治为轴心的，它通过反复地发动剧烈政治运动的操作方式，书写了那个时代的历史性格和文化特征。表现在道德文化领域，全国上下围绕建设共产主义新道德的目标，采取了一系列革新举措，例如在农村改革中推动移风易俗活动，掀起"破四旧、立新风"等各种浪潮。同时，雷锋、三八红旗手、青年突击队等正面道德典型被树立起来。这些都可以被视作建设共产主义新道德的努力，而且在一定程度上也形成了某些新的道德传统。

但是，在对待传统道德文化资源的问题上，中国大陆地区则主要表现出某种"左"倾主义和反传统倾向。特别是1957年以后，直至1978年，在极左思潮泛滥和"文化大革命"时期，根本谈不上进行任何中国传统文化的正面研究。受极左思想的严重干扰，人们未能正确地对待中国传统文化和传统道德，对传统文化特别是传统道德采取了只强调批判、不注意继承的错误态度。当时的传统文化研究领域，一方面表现为马克思主义观点和方法占据主导地位而显示出除旧布新的新气象，另一方面，则因为受苏联教条化马列思想的影响而表现出简单化、贴标签的现象，其一是将唯物主义与唯心主义斗争做简单化理解，只讲排斥和斗争，不讲影响和渗透，其二是对中国传统文化采取虚无主义态度，过多地简单否定，缺乏必要的分析与合理的继承。

针对这一情况，冯友兰曾提出过"抽象继承法"，强调继承中国传统哲学遗产。由于其内容本身涉及许多道德问题，因此又被称为"道德抽象继承法"。在1957年初"中国哲学史座谈会"上，冯友兰提出："哲学史上的有些命题，如果作全面了解，应注意到它们有抽象的和具体的两方面的意义。"这一"抽象继承法"的主要意思是：一个哲学命题和一个道德命题，都有其抽象意义和具体意义，或者说一般意义和特殊意义，其具体意义有阶级和时代的局限，不能也不应该继承，但是其抽象意义有超时代、超阶级的成分，对其他时代和其他阶级也

"是有用的，可以继承下来"。传统社会中的道德，如孝道、仁义一类，在其普遍形式的意义上，是可以继承和发扬的（"共相"继承）。

冯先生"抽象继承法"深刻地揭示了道德文化的一般性特征，突出了道德文化的历史继承性特点。但在当时中国社会正处在极左路线扩张、"阶级斗争"甚嚣尘上之时，这样的主张一经提出，立刻遭受诸多批判。当时许多人认为，此种"抽象继承法"只能导向抽象的甚至是资产阶级的道德，不具有任何理论的正当合法性根据。在"以阶级斗争为纲"的极左思想的驱使下，20世纪60年代中期，爆发了史无前例的"文化大革命"，把历史上人类创造的优秀文化一律斥为"四旧"，斥为封、资、修的腐朽文化，而加以彻底清除。受这一极左思潮的影响，在道德上所表现出的民族道德文化虚无主义发展到了登峰造极的地步，对于现当代中国的负面影响至今犹在。

党的十一届三中全会确立以经济建设为中心，并实行改革开放，不仅提供了一个宽松的社会政治环境，而且提供了一个大有作为的社会实践舞台。20世纪90年代以来，中国社会逐渐升温的"国学热"，在一定程度上就是对以上历史阶段的反拨。当前，中国传统道德文化的现代转化与创新性发展，几乎成为国家、社会的共识。如何在社会实际生活中实现传统优秀道德的转化，成为当代中国现代文化建设的极其重要的任务。

二、早期陈独秀对传统道德的批判与重省

作为五四新文化运动旗手的陈独秀，由于拥有特殊的政治身份，有关他的思想研究始终处在一种比较零星的、不成系统的状态。而有关其道德哲学（或曰伦理学）思想的研究，虽然也有不少文章，但很少有文章仔细梳理他的道德哲学思想的基本内涵与内在逻辑，而集中考察他早期特定时间段的道德哲学思想的成果，目前还付之阙如。1915～1921年这六年里，陈独秀的思想发生了较大的变化，即从一个早期的资产阶级民主主义者、个人主义者，向着早期的社会主义者、马克思主义者转化。换句话讲，这一阶段，他处在从资产阶级的启蒙主义者向着社会主义的革命者、启蒙主义者转换的过程之中。因此，他的道德哲学思想，也就表现为从资产阶级启蒙主义的道德观，向着社会主义、马克思主义革命的、启蒙的道德观转换的特色。伴随着他本人的身份由思想家到革命家的转换，他的新道德思想也就有一个由"道德革命"向"革命道德"转换的过程，由提倡个人主义的新道德向"国民道德"转换的过程。我们以陈独秀这一较短时间思想变化历程的考察作为典型个案，尝试揭示现代中国初期社会主义新道德思想成长的匆忙过程。

(一)"新"之为道德与"新道德"的两个基础及其内涵

1915年9月15日,陈独秀发表《敬告青年》一文,该文可以看作是新文化运动的精神纲领。在这一精神纲领里,科学与人权是并重的,他说:"国人而欲脱蒙昧时代,羞为浅化之民也,则急起直追,当以科学与人权并重。"① 而他对"科学"重要性的阐述,与20多年前谭嗣同在《仁学》一书提倡的有学之农、之工的思想如出一辙,② 所不同的是,陈独秀将谭嗣同所说的"学"具体化为科学。他说:

> 士不知科学,故袭阴阳家符瑞五行之说,惑世诬民;地气风水之谈,乞灵枯骨。农不知科学,故无择种去虫之术。工不知科学,故货弃于地,战斗生事之所需,一一仰给于异国。……③

在该文中,陈独秀突出了新与旧之间的尖锐对立,并将旧的看作是落后的,将新的看作是好的、进步的、进化的。他要求青年不只是有青春之身体,更主要的是要有青春之精神、之头脑。这一"尚新"思想,且将"新"看作是合理的、是道德的,与十几年前梁启超提倡的"少年之中国"④,在精神上亦有相通之处。陈氏说:"近代文明之特征,最足以变古之道,而使人心社会划然一新者,厥有三事:一曰人权说,一曰生物进化论,一曰社会主义,是也。"⑤

1916年1月15日,陈秀独又发表敬告青年的文章,激励青年要推倒旧世界,建立新世界,而在文化建设方面也要拿出巨大的勇气,从头悔改,改过自新:"盖吾人自有史以迄一九一五年,于政治,于社会,于道德,于学术,所造之罪孽,所蒙之羞辱,虽倾江汉不可浣也。当此除旧布新之际,理应从头忏悔,改过自新。"⑥ 又说:"吾人首当一新其心血,以新人格;以新国家;以新社会;以新家庭;以新民族;必迨民族更新,吾人之愿始偿,吾人始有与晳族周旋之价值,吾人始有食息此大地一隅之资格。"⑦

上文中的"晳族"一词,是指白种人。由上所引两条文献可知,"新"在陈

---

① 陈独秀:《独秀文存》卷一,上海书店1989年版,第9页。
② 谭嗣同说:"斯农之所以贵有学也。地学审形势,水学御旱潦,动植学辨物性,化学察品质,汽机学济人力,光学论光色,电学助光热。有学之农,获数十倍于无学之农。"又说:"有工焉,建学兴机器以代之,凡攻金、攻木、造纸、造糖咸视此。"(谭嗣同著:《仁学——谭嗣同集》,加润国选注,辽宁人民出版社1994年版,第109、51~52页)
③ 陈独秀:《独秀文存》卷一,第9页。
④ 梁启超:《少年中国说》,引自《饮冰室合集》第一册(《文集之五》),中华书局1989年版,第7~12页。
⑤ 陈独秀:《独秀文存》卷一,第11页。
⑥ 同上书,第43页。
⑦ 同上。

独秀的早期思想里，不只是一个简单的时间概念，而是具有正面的、值得向往的道德与价值的内涵。故在其"新道德"思想初期，"新"本身是被赋予了好的、善的、值得追求与期待的等道德价值内容。这一点与梁启超当年提倡的"新民说"在思想脉络上有承接的关系。

如何去实现新人格、新国家、新社会呢？陈独秀提出了三点主张：一是自居征服的地位，来洗刷当时民族受奴役的耻辱。二是主张尊重个人独立自主的人格，不要成为他人的附属品。他极力批评儒家的三纲之说：

> 集人成国，个人之人格高，斯国家之人格亦高；个人之权巩固，斯国家之权亦巩固。而吾国自古相传之道德政治，胥反乎是。儒者三纲之说，为一切道德政治之大原：君为臣纲，则民于君为附属品，而无独立自主之人格矣；父为子纲，则子于父为附属品，而无独立自主之人格矣；夫为妻纲，则妻于夫为附属品，而无独立自主之人格矣。率天下之男女，为臣，为子，为妻，而不见有一独立自主之人者，三纲之说为之也。缘此而生金科玉律之道德名词，——曰忠，曰孝，曰节，——皆非推己及人之主人道德，而为以己属人之奴隶道德也。人间百行，皆以自我为中心，此而丧失，他何足言？奴隶道德者，即丧失此中心，一切操行，悉非义由己起，附属他人以为功过者也。①

三是要用"国民运动"替代"党派运动"。他认为，"政党殆即国民之化身"，如果政党的主张不出于国民的主张，就不容易成功。他总结清末民初一切维新运动失败的原因道：

> 吾国之维新也，复古也，共和也，帝政也，皆政府党与在野党之所主张抗斗，而国民若观对岸之火，熟视而无所容心；其结果也，不过党派之胜负，于国民根本之进步，必无与焉。②

除上述三个方面的具体内容之外，陈独秀的"新道德"还有其他五个方面的内容，即自主的、自由的、科学的、民主的、实利的。这五个方面的前四项主要是近现代西方的文化精神，只有"实利的"一条与中国传统哲学精神相关。

就自主的、自由的两个方面来说，陈氏说："等一人也，各有自主之权，绝无奴隶他人之权利，亦绝无以奴自处之义务。奴隶云者，古之昏弱对于强暴之横夺，而失其自由权利者之称也。"③ 他又将"解放"与自主、自立结合起来，说道：

> 解放云者，脱离夫奴隶之羁绊，以完其自主自由之人格之谓也。我有

---

① 陈独秀：《独秀文存》卷一，第44~45页。
② 同上书，第47页。
③ 同上书，第3页。

手足，自谋温饱；我有口舌，自陈好恶；我有心思，自崇所信；绝不认他人之越俎，亦不应主我而奴他人：盖自认为独立自主之人格以上，一切操行，一切权利，一切信仰，唯有听命各自固有之智能，断无盲从隶属他人之理。①

在陈独秀看来，如果缺乏了这种自主的、自由的道德基础，则"忠孝节义"就是奴隶的道德，轻刑薄赋就是奴隶的幸福，称颂功德就是奴隶的文章，拜爵赐第就是奴隶的光荣，丰碑高墓就是奴隶的纪念物。因此，不仅自主的、自由的本身是道德的内容之一，而且还成为一切道德之成为道德的根据与基础。

就实利的方面，陈独秀说："夫利用厚生，崇实际而薄虚玄，本吾国初民之俗；而今日之社会制度，人心思想，悉自周、汉两代而来，——周礼崇尚虚文，汉则罢黜百家而尊儒重道。"② 他认为：

物之不切于实用者，虽金玉圭璋，不如布粟粪土？若事之无利于个人或社会现实生活者，皆虚文也，诳人之事也。诳人之事，虽祖宗之所遗留，圣贤之所垂教，政府之所提倡，社会之所崇尚，皆一文不值也！③

这一"功利主义"的道德观，在古代中国与近现代西方哲学界，都受到很多思想家的批判。但陈氏鉴于当时中国积贫积弱的社会状况，主要从正面的角度来阐述这一功利主义的道德观，有其历史的合理性。

就自主、科学、民主的方面来说，在1915年10月15日发表的《今日教育之方针》一文中，陈独秀反思、比较了现代德国、英国、法国、美国的普通国民教育，批评了德国的军国主义、英国的个人自由的私权、美国的金钱万能主义等的国民教育，以法国的理想高尚、艺术优美的国民教育为取法对象，提出了德、智、力综合发展的"国民公德"教育的理想。这就表明，他的"新道德"理想并不是简单的个人主义、自由主义，而是包含着更为丰富的现代性内容。他说："现今欧美各国之教育，罔不智德力三者并重而不偏倚，此其共通之原理也。"④

陈独秀所理想的"公民道德"教育并不是狭义伦理、道德规范的教育，而是由四大主义构成：一是现实主义；二是惟民主义；三是职业主义；四是兽性主义。

陈独秀所说的"现实主义"主要是科学的内容，即要求得人生的真相，征之科学，让人们普遍地了解人生在世界中的位置，以及个体生命的新陈代谢原理，精神可以传之历史等方面的道理。他将现实主义看作是"今世贫弱国民教育之第一方针"，并深信"现实主义"的人生观对于中国现代国民道德塑造的重要意

---

① 陈独秀：《独秀文存》卷一，第3页。
② 同上书，第8页。
③ 同上。
④ 同上书，第19页。

义,他说:

> 唯其尊现实也,则人治兴焉,迷信斩焉:此近世欧洲之时代精神也。此精神磅礴无所不至:见之伦理道德者,为乐利主义;见之政治者,为最大多数幸福主义;见之哲学者,曰经验论,曰唯物论;见之宗教者,曰无神论;见之文学美术者,曰写实主义,曰自然主义。一切思想行为,莫不植基于现实生活之上。古之所谓理想的道德的黄金时代,已无价值之可言。①

陈独秀所说的"惟民主义",实际上即是民主主义,即通过政治上的民主主义来培养中国现代国民的政治美德。他说:"第衡之吾国国情,国民犹在散沙时代,因时制宜,国家主义,实为吾人目前自救之良方。"② 但陈独秀此处所说的国家是指"民主国家,非民奴的国家"。这样的国家是"国民之公产","以人民为主人,以执政为公仆者也"③。这样理想中的真国家,"牺牲个人一部分之权利,以保全体国民之权利也"④。因此,这样理想中的真国家,"固吾人财产身家之所托"⑤。

陈独秀所说的"职业主义",实际上是指尊重个人劳动、自食其力的现实主义,以之反对各种游手好闲之人,因而亦可以称之为"劳动主义"。他说:

> 今日之社会,植产兴业之社会也;分工合力之社会也;尊重个人生产力,以谋公共安宁幸福之社会也。一人失其生产力,则社会失其一部分之安宁幸福。生产之力,弱于消费,于社会,于个人,皆属衰亡之兆。⑥

陈独秀所说的"兽性主义",其实即今日所讲的增强国民的身体体质与意志力的意思,并不是鼓励人们像野兽一样生活。他目睹当时中国的青年人并感叹道:

> 手无搏鸡之力,心无一夫之雄;白面纤腰,妩媚若处子;畏寒怯热,柔弱若病夫:以如此心身薄弱之国民,将何以任重而致远乎?他日而为政治家,焉能百折不回,冀其主张之贯彻也?⑦

所以,他要以"兽性"来培养新的国民。他认为,兽性的特长有:

> 意志顽狠,善斗不屈也;曰,体魄强健,力抗自然也;曰,信赖本能,不依他为活也;曰,顺性率真,不饰伪自文也。皙种之人,殖民事业遍于大

---

① 陈独秀:《独秀文存》卷一,第21~22页。
② 同上书,第23页。
③ 同上。
④ 同上。
⑤ 同上。
⑥ 同上书,第24页。
⑦ 同上书,第26页。

地，唯此兽性故；日本称霸亚洲，唯此兽性故。①

由以上分析可以看出，陈独秀的"新道德"思想，其内涵极其丰富，绝非自由的、个性主义这两个方面的内容所能涵盖，其中还包含着科学精神、民主精神、实利精神，以及健康的体魄与韧性的精神等非规范性的道德内容。从他肯定梁巨川是出于道德的"真诚纯洁的精神"②而自杀的评论来看，他很关注道德的真诚性，表明其"新道德"也不是一味地鼓吹革命，而是保留了道德哲学一以贯之的要求。但是，提倡个人的独立与自由，是其新道德的主要方面。在陈独秀看来，一个人如果丧失了"独立自营之美德"，社会经济也会将因此而陷于"不克自存之悲境"③，故培养国民的美德与国家整体经济实力的强盛密切相关。早年的陈独秀在提倡"新道德"的思想革命时，其实也体现了"以启蒙来实现救亡"的政治理想。④

（二）对"抵抗力"与"反抗的道德"之推崇与辩护

早期的陈独秀深刻地体会到专制政治奴化国人的毒害，大声疾呼国人要有"抵抗力"，通过对"抵抗力"与"反抗的道德"的歌颂来提倡新道德。在《抵抗力》一文中，陈独秀从哲学上阐述了"抵抗力"的普遍意义："抵抗力者，万物各执着其避害御侮自我生存之意志，以与天道自然相战之谓也。"⑤ 这一哲学意义上的普遍的"抵抗力"，不只是一种普遍的自然与社会现象，而且具有道义上的合理性，即抵抗力是一种自我保存的自卫道德。这与当年严复引进的进化论——自然进化、适者生存的伦理、道德意识颇为不同。这种进化的道德有为强者辩护的倾向，在国门初开之际，有震烁民心的意义，但不足以提供一种自卫的道德。陈氏的《抵抗力》一文，提供了反抗与自卫的道德，为被压迫的民族与阶层提供了抗争的道德与伦理，因而也是革命的道德与伦理之一种。他从生理、政治、社会、道德四个层次，系统地歌颂了"抵抗力"的正面价值，他说："自生理言之：所受自然之疾病，无日无时无之，治于医药者只十之二三，治于自身抵抗力者恒十之七八。"⑥ "自政治言之：对外而无抵抗力，必为异族所兼并；对内而无抵抗力，恒为强暴所劫持。"⑦

---

① 陈独秀：《独秀文存》卷一，第25页。
② 同上书，第371页。
③ 同上书，第25页。
④ 李泽厚：《启蒙与救亡的双重变奏》，引自《中国现代思想史论》，生活·读书·新知三联书店2008年版，第1~46页。
⑤ 陈独秀：《独秀文存》卷一，第28页。
⑥ 同上。
⑦ 同上书，第28~29页。

陈独秀认为，如果一个民族在内政方面缺乏必要的抵抗力，即使是尧舜之君也会转化为桀纣一类的暴君，如果抵抗力强，即使是路易、拿破仑之类的枭雄，也不得不做华盛顿之类的领袖。他进一步阐述道："自社会言之：群众意识，每喜从同；恶德污流，惰力甚大；往往滔天罪恶，视为其群道德之精华。非有先觉哲人，力抗群言，独标异见，则社会莫由进化。"①

上述三个层面，第一个层面的抵抗力与道德似乎无关，但可以视为人的德性内容之一，即坚强的意志力。第二、第三两个层面，应该分别视之为政治德性与公共德性，尤其是在社会层面的"力抗群言，独标异见"，可以视为一般性的"民气"或曰精神气质，属于现代社会歌颂的个体独立性与个体主体性的思想，因而是现代道德观的重要组成部分。

第四个层面，"自道德言之：人秉自然，贪残成性，即有好善利群之知识，而无抵抗实行之毅力，亦将随波逐流，莫由自拔；矧食色根诸天性，强言不欲，非伪即痴。然纵之失当，每为青年堕落之源。使抗欲无力，一切操行，一切习惯，悉难趣诸向上之途，而群己之乐利，胥因以破坏"②。

此一道德层面的"抵抗力"，实际上与中国传统三达德中"勇"之德目可以沟通，只是"勇"要实现的目标不再是现成的道德规范，而是"好善利群"的一般性的抽象目标。而"抗欲"一词在一定程度上可以视为"勇"德之本身，似乎可以与尼采"权力意志"的概念相类比。

在个人道德层面，陈独秀的结论是：没有精神的反抗力，即无人格；没有生理的反抗力，想成为行尸走肉都不可能：

> 审是人生行径，无时无事，不在剧烈战斗之中，一旦丧失其抵抗力，降服而已，灭亡而已，生存且不保，遑云进化！盖失其精神之抵抗力，已无人格可言；失其身体之抵抗力，求为走肉行尸，且不可得也。③

从肯定个人应当具备"反抗的道德"的角度，并从社会进步的公民道德的双重角度出发，陈独秀要求传统社会中奉行洁身自好之美德的自好之士，不要仅仅保持洁身引退的美德，而是要"再进一步"，将"排万难而前行"的进取之德看作是"人生之天职"，以改变"亚洲以闲逸恬淡为美风"④ 的社会风气。由此要求青年人向孔、墨学习，向哥伦布、安重根⑤学习，而不要学习托尔斯泰与泰戈尔。

---

① 陈独秀：《独秀文存》卷一，第29页。
② 同上。
③ 同上。
④ 同上书，第5页。
⑤ 安重根（朝鲜语：안중근，1879～1910年）：朝鲜近代史上著名的独立运动家，曾刺杀日本政治家伊藤博文，未果被捕而遭杀害。

由提倡"反抗的道德"的观点出发,陈独秀将"抵抗力之薄弱"看作是中国衰亡的诸原因之一种,从中国文化的最深层次寻找中国落后、失败的原因。他说:"吾国衰亡之现象,何止一端?而抵抗力之薄弱,为最深最大之病根。退缩苟安,铸为民性,腾笑万国,东邻尤肆其恶评。"① 这种抵抗力的薄弱,突出地表现在历史上的贤人君子抵抗力的薄弱,他说:

  吾人所第一痛心者,乃在抵抗力薄弱之贤人君子。其始也未尝无推倒一时之概,澄清天下之心,然一遇艰难,辄自阻丧:上者愤世自杀;次者厌世逃禅;又其次者,嫉俗隐遁;又其次者,酒博自沉。此四者,皆吾民之硕德名流,而如此消极,如此脆弱,如此退葸,如此颓唐,驯致小人道长,君子道消,天地易位,而亡国贱奴根性薄弱,真乃铁案如山矣!②

由上所述可以看到,陈独秀将"有力"与"反抗"提高到道德的层面加以肯定,由此种力的道德和反抗的道德来批评当时中国人在精神层面的软弱无力,并进一步将这种精神软弱无力的原因归结到传统学说与专制政治的毒害,可以说较为正确地揭示了中国社会在近现代遭遇失败的文化方面的原因。

(三)"伦理觉悟"与国民道德

在《我之爱国主义》长文中,陈独秀将国家的危亡与国民的道德堕落联系起来,他说:"中国之危,固以迫于独夫与强敌,而所以迫于独夫强敌者,乃民族之公德私德之堕落有以召之耳。"③ 他甚至非常激愤地说:

  一国之民,精神上,物质上,如此退化,如此堕落,即人不我伐,亦有何颜面,有何权利,生存于世界?一国之民德,民力,在水平线以上者,一时遭逢独夫强敌,国家濒于危亡,得献身为国之烈士而救之,足济于难;若其国之民德,民力,在水平线以下者,则自侮自伐,其招致强敌独夫也,如磁石之引针,其国家无时不在灭亡之数,其亡自亡也,其灭自灭也;即幸不遭逢强敌独夫,而其国之不幸,乃在遭逢强敌独夫以上,反以遭逢强敌独夫,促其觉悟,为国之大幸。④

这种激愤自言,从一个民族要求自强的角度看,有自我激励、知耻而后勇的鼓动作用。但若从全人类的角度看,这一观点就有为侵略者提供侵略口实之嫌。通过对中国国民堕落的公德与私德的批评,陈独秀提出了他的爱国的国民道德主张,即勤、俭、廉、洁、诚、信的六德。在这"六德"当中,勤、俭二德主要是

---

① 陈独秀:《独秀文存》卷一,第29~30页。
② 同上书,第31~32页。
③ 同上书,第85~86页。
④ 同上书,第86~87页。

解决生产力提高的问题，廉、洁二德主要涉及政治美德与个人的人生理想，诚、信二德与现代社会政治、经济相关。这"国民六德"，在名词上皆借用传统的道德之名，而在内容上却做了现代性的诠释，如在论俭德时，陈氏说道：

> 吾华之贫，宇内仅有。国民生事所需，多仰外品。合之赔款国债，每岁正货流出，穷于计算，若再事奢侈，不啻滴尽吾民之膏血，以为外国工商业纪功之碑，增加高度。人人节衣省食，以为国民兴产殖业之基金，爱国君子，何忍而不出此？①

显然，陈氏提倡俭德，主要是为现代中国产业的兴起提供道德或曰精神的动力，与马克斯·韦伯在《新教伦理与资本主义精神》一书中肯定资本家"勤俭精神"的观点可以相互发明。非常有意味的是，陈独秀将"洁"尤其是精神上的"洁"上升为国民道德，可以说是他在现代国民道德建设方面的一大发明与创造，他批评专制政治导致国民精神不洁的恶果道：

> 经数千年之专制政治，自秦政以讫洪宪皇帝，无不以利禄奔走天下，吾国民遂沉迷于利禄而不自觉。卑鄙龌龊之国民性，由此铸成。吾人无宗教信仰心，有之则做官耳，殆若欧美人之信耶稣，日本人之尊天皇，为同一之迷信。大小官吏，相次依附，存亡荣辱，以此为衡。婢膝奴颜，以为至乐。食力创业，乃至高尚至清洁适于国民实力伸张之美德，而视为天下之至贱，不屑为也。②

由于国民缺乏自食其力的精神之洁，"民德由之堕落，国力由之衰微"，因此，真正的爱国之士，应该身心俱洁。③ 陈独秀提出的"洁德"，实际上就是现代公民道德中应当具备的独立自主、自食其力的精神。道德上的干净，就是没有依附他人之心，而有自食其力、自作主宰的精神。

在论"信德"时，陈独秀没有局限于传统的视野，而是将"信德"与现代社会经济生活联系起来，较早地开创了传统道德观念的现代阐释工作，他说：

> 人而无信，不独为道德之羞，亦且为经济之累。政府无信，则纸币不行，内债难得，其最大之恶果，为无人民信托之国家银行，金融大权，操诸外人之手。人民无信，则非独资无由创业。④

这样一来，既严重阻碍了创业的道路，也将全国的资金变成了死钱，长此以往，"其社会金融之日就枯竭，殆与人身之血不流行，坐待衰萎以死"，"是故民

---

① 陈独秀：《独秀文存》卷一，第89页。
② 同上书，第91页。
③ 同上书，第92页。
④ 同上书，第93页。

信不立，国之金融，决无起死回生之望"①。

陈独秀敏锐地洞察到国民道德对于现代国家政治、经济的全面影响，他将以上"六德"看作是"救国之要道"，并进一步说道："盖今世列强并立，皆挟其全国国民之德智力以相角，兴亡之数，不待战争而决。"② 作为思想家的陈独秀，看到现代战争的特殊性，即是整个国家、民族的道德、智力而构成的综合力量的竞争。不像是林毓生所言，五四时期的人物试图以文化方案解决现代中国的问题。③

1916年，陈独秀发表《吾人最后之觉悟》一文，将中国人自晚明以来的精神觉悟分作七个时期④，而将他所处的时代看作是第七期，这一时期是共和、立宪"政治之觉悟"，此一觉悟是"最后之觉悟"。如何实现"最后之觉悟"？陈独秀提出了三个步骤：第一步要启蒙民众，让他们知道"国家是人民公产，人类为政治动物"⑤ 的道理。第二步要抛弃"数千年相传之官僚的专制的个人政治，而易以自由的自治的国民政治"⑥。第三步要确立"立宪政体"，真正实现国民政治。在这一政治体制里，国民"自觉其居于主人的主动的地位"，"自居于主人的主动的地位，则应自进而建设政府，自立法度而自服从之，自定权利而自尊重之"⑦。如果立宪政治的主动地位属于政府而不属于人民，则不仅宪法会成为一纸空文，而且宪法上的自由权利，"人民将视为不足轻重之物，而不以生命拥护之；则立宪政治之精神已完全丧失矣"⑧。立宪政治的根本精神在于多数国民的参与，不能寄希望于少数圣君贤相、伟人大老，他说：

> 第以共和宪政，非政府所能赐予，非一党一派人所能主持，更非一二伟人大老所能负之而趋。共和立宪而不出于多数国民之自觉与自动，皆伪共和也，伪立宪也，政治之装饰品也，与欧美各国之共和立宪绝非一物。以其于多数国民之思想人格无变更，与多数国民之利害休戚无切身之观感也。是为

---

① 陈独秀：《独秀文存》卷一，第94页。
② 同上。
③ 林毓生著：《中国意识的危机——"五四"时期激烈的反传统主义》增订再版本，穆善培译，苏国勋、崔之元校，贵州人民出版社1988年版，第106~132页。
④ 前六个时期是：第一期是明中叶，西教西器初入中国；第二期是清初之世，火器、历法传入中国，引起朝野的新旧之争；第三期是清中叶，主要是洋务运动；第四期是清末甲午海战失败后引发的戊戌变法的政治运动；第五期是民国初期，进而引发共和立宪的大讨论；第六期是1913年、1914年、1915年三年的军阀混战时期（《独秀文存》卷一，第50~52页）。
⑤ 陈独秀：《独秀文存》卷一，第53页。
⑥ 同上书，第53~54页。
⑦ 同上书，第54页。
⑧ 同上。

吾人政治的觉悟之第三步。①

陈独秀将中国人的伦理觉悟，看作是"最后觉悟之最后觉悟"，亦即是说，只有国民在伦理道德上有了真正的觉悟，才能实现最终的根本觉悟，这一点是极其深刻的。当代中国哲学家，如冯契、萧萐父等人亦持有类似的观点。冯契批评了当代中国仍然存在的各种"异化"现象，萧先生指出，要警惕当代社会生活中的"伦理异化"，继续未竟的现代启蒙事业。这些都可以说明，中国的现代文化建设，要完成伦理上的真正觉悟与现代转换，是一件长期而持久的精神事业，不可能一蹴而就。

陈独秀从伦理与政治相关的普遍性原理和中国现代伦理与现代立宪政治之相关的特殊现实情境两个维度，论证了伦理觉悟的重要性。其一是：

> 伦理思想，影响于政治，各国皆然，吾华尤甚。儒者三纲之说，为吾伦理政治之大原，共贯同条，莫可偏废。三纲之根本义，阶级制度是也。所谓名教，所谓礼教，皆以拥护此别尊卑明贵贱制度者也。②

其二是：

> 吾人果欲于政治上采用共和立宪制，复欲于伦理上保守纲常阶级制，以收新旧调和之效，自家冲撞，此绝对不可能之事。盖共和立宪制，以独立平等自由为原则，与纲常阶级制为绝对不可相容之物，存其一必废其一。倘于政治否认专制，于家族社会仍保守旧有之特权，则法律上权利平等经济上独立生产之原则，破坏无余，焉有并行之余地？③

陈氏的结论是："继今以往，国人所怀疑莫决者，当为伦理问题。此而不能觉悟，则前之所谓觉悟者，非彻底之觉悟，盖犹在惝恍迷离之境。吾敢断言曰：伦理的觉悟，为吾人最后觉悟之最后觉悟。"④

三、陈寅恪、贺麟论"三纲"的现代意义与重省

对于王国维之死，世间多有纷然猜测，陈寅恪从"文化托命"的高度对王国维之死的原因三致其意。今日世人多称引其在《清华大学王观堂先生纪念碑铭》上的一段文字，肯定王国维之死体现了"独立之精神，自由之思想"的现代文化精神，而很少深论王国维为之殉情的旧文化之精神本身所具有的超越价值。

陈寅恪对王国维之死事件的评价，主要见于三处文字，其一在1927年的

---

① 陈独秀：《独秀文存》卷一，第54~55页。
② 同上书，第55页。
③ 同上。
④ 同上书，第56页。

《王观堂先生挽词并序》中，其二在1929年的《清华大学王观堂先生纪念碑铭》中，其三在1940年商务印书馆出版的《海宁王静安先生遗书序》中。三次评论其事件的时间相隔15年，第一次与第二次较近，而第三次与第一次、第二次时间相隔均在10年以上。而第一次、第三次的评论，都肯定了王国维所托命的文化精义本身所具有的超越价值。

1927年，陈寅恪在《王观堂先生挽词并序》中，对王国维之死首次从"文化托命"的高度给予诠释，陈《序》的原文较长，为完整理解其意思，兹全引如下：

  或问观堂先生所以死之故。应之曰：近人有东西文化之说，其区域分划之当否，固不必论，即所谓异同优劣，亦姑不具言；然而可得一假定之义焉。其义曰：凡一种文化值衰落之时，为此文化所化之人，必感苦痛，其表现此文化之程量愈宏，则其所受之苦痛亦愈甚；迨既达极深之度，殆非出于自杀无以求一己之心安而义尽也。吾中国文化之定义，具于《白虎通》三纲六纪之说，其意义为抽象理想最高之境，犹希腊柏拉图所谓 Eidos 者。若以君臣之纲言之，君为李煜亦期之以刘秀；以朋友之纪言之，友为郦寄亦待之以鲍叔。其所殉之道，与所成之仁，均为抽象理想之通性，而非具体之一人一事。夫纲纪本理想抽象之物，然不能不有所依托，以为具体表现之用；其所依托以表现者，实为有形之社会制度，而经济制度尤其最要者。故所依托者不变易，则依托者亦得因以保存。吾国古来亦尝有悖三纲违六纪无父无君之说，如释迦牟尼外来之教者矣，然佛教流传播衍盛昌于中土，而中土历世遗留纲纪之说，曾不因之以动摇者，其说所依托之社会经济制度未尝根本变迁，故犹能藉之以为寄命之地也。近数十年来，自道光之季，迄乎今日，社会经济之制度，以外族之侵迫，致剧疾之变迁；纲纪之说，无所凭依，不待外来学说之掊击，而已销沉沦丧于不知觉之间；虽有人焉，强聒而力持，亦终归于不可救疗之局。盖今日之赤县神州值数千年未有之巨劫奇变；劫尽变穷，则此文化精神所凝聚之人，安得不与之共命而同尽，此观堂先生所以不得不死，遂为天下后世所极哀而深惜者也。至于流俗恩怨荣辱委琐龌龊之说，皆不足置辨，故亦不之及云。[①]

上述引文中最可注意者，是陈氏将《白虎通德论》中的"三纲六纪"说看作是一超越的理想之精神，并看作是王国维"藉之以为寄命"的精神之所在。而这一说法，在《王静安先生遗书序》一文中又以另一种说法表述之，但基本精神是相同的。他认为，王国维平生之志事，时人颇多不能理解，因而有各种是非之

[①] 陈寅恪：《陈寅恪集·诗集》（附唐篔诗存），生活·读书·新知三联书店2001年版，第12~13页。

论，他认为："古今中外志士仁人，往往憔悴忧伤，继之以死。其所伤之事，所死之故，不止局于一时间一地域而已。盖别有超越时间地域之理性存焉。而此超越时间地域之理性，必非其同时间地域之众人所能共喻。然先生之志事，多为世人所不解，因而有是非之论者，又何足怪耶？"①

此处暂不讨论陈氏对王国维死因的解释是否正确，而着重讨论陈氏对"三纲六纪"之于中国文化之精义的解释，以及他将"三纲六纪"看作是"超越时间地域的理性"的观点，在多大程度上是可理解的，而且是有道理的，并且与他自己所看重的"独立之思想，自由之精神"，在多大程度上具有内在的一致性，或不矛盾性。

说实在的，我们这一代人，经过五四新文化运动的洗礼，已经很难认同"三纲六纪"说了。不仅是我们这些认同五四新文化价值观的人群，即使是现、当代的新儒家如熊十力、杜维明（当然他部分认同五四新文化价值），他们虽然竭力发掘儒家思想的现代价值，但也不认同"三纲"说。早年的熊十力批评名教，说道："自光武宏奖名教，士大夫皆思以气节自见，始于激扬，终于忿矜，气宇日以狭小。"② 又说："夫标名教而使人矫拂天性以奔赴之，历久则非人之所能堪也。"③ 晚年的熊十力，在与梁漱溟的通信中，仍然批评家庭伦理，说着与谭嗣同、五四新文化运动者类似的话："伦理在古圣倡说，只是教条，亦可云德目。垂此教条，使人率由之，久之多数人习而成化，固有可能，然不必人人能如是也……其实，家庭为万恶之源，衰微之本，此事稍有头脑者皆能知之、能言之，而且无量言说也说不尽。无国家观念，无民族观念，无公共观念，皆由此。甚至无一切学术思想亦由此。一个人生下来，父母兄弟姊妹族戚，大家紧相缠缚。能力弱者，悉责望其中之稍有能力者；或能力较大者，必以众口累之，其人遂以身殉家庭而无可解脱，说甚思想、说甚学问？有私而无公，见近而不知远，一切恶德说不尽。百忍以为家，养成大家麻木，养成掩饰，无量罪恶由此起。有家庭则偏私儿女，为儿女积财富，以优养骄贵。儿大则爱妻子而弃父母，女大则爱丈夫与其所生子女。人类之卑贱与残忍以至于此。余痛此习不革，中国无可自强。"④

像熊十力如此严厉地批评传统的旧道德，直到晚年还严厉地批评传统的家庭观念、家庭伦理的人，很难想象他认同陈寅恪将"三纲六纪"看作是中国传统文化之精义的观念。

---

① 陈寅恪：《陈寅恪集·金明馆丛稿二编》，生活·读书·新知三联书店 2001 年版，第 248 页。
② 熊十力：《尊闻录》，引自萧萐父主编、郭齐勇副主编：《熊十力全集》第一卷，湖北教育出版社 2001 年版，第 618 页。
③ 同上。
④ 熊十力：《熊十力论文书札》，引自萧萐父主编、郭齐勇副主编：《熊十力全集》第八卷，第 651~652 页。

杜维明虽未直接地批评"三纲",但也不能不承认"三纲是权威主义"的东西①,而在21世纪与袁伟时的对话②,以及与其他一群学者的对话中,他多次承认"三纲"之说不能毫无保留地接受。如他说:"比如说'三纲',我不相信任何一个真正从事儒学创新的学者,能够毫不保留地接受'三纲'的观念。好像康有为的立场就非常明显,他甚至把'五伦'也扬弃,只承认'朋友'一伦的价值。但是我认为'三纲'和'五常',就与'五伦'有很大的内在矛盾。'三纲'基本上是单向的,君为臣纲,父为子纲,夫为妇纲。"③

李存山（2012）、林存光（2014）批评方朝晖为"三纲"正名的文章④,表明在当代中国肯定"三纲"的观念仍是不可接受的。而且非常有意思的是,笔者本人并不认同"三纲"观念,但在深圳会议上提交此文时,也引起了很多学者的质疑⑤。为何留学海外多年的陈寅恪,对西方现代文化有切身之感,却认为"三纲六纪"是中国文化之精义？近读贺麟《五伦观念的新检讨》一文,似乎找到了答案。贺先生认为:

> 五伦的观念是几千年来支配了我们中国人的道德生活的最有力量的传统观念之一。它是我们礼教的核心,它是维系中华民族的群体的纲纪。我们要从检讨这旧的传统观念里,去发现最新的近代精神。⑥

他进一步解释道:

> 五伦又是五常的意思。五伦观念认为人伦乃是常道,人与人之间这五种关系,乃是人生正常永久的关系（按:五常有两种意义,一指仁义礼智信之五常德,一指君臣、父子、夫妇、兄弟、朋友之五常伦,此处系取第二种意义）。换言之,以五伦观念为中心的礼教,认为这种人与人的关系,是人所不能逃避、不应逃避的关系,而且规定出种种道德信条教人积极去履践、去调整这种关系,使人"彝伦攸叙",而不许人消极的无故规避。这就是说人不应规避政治的责任,放弃君臣一伦;不应脱离社会,不尽对朋友的义务;不应抛弃家庭,不尽父子、兄弟、夫妇应尽之道（自然,儒家也有其理论基础,如人性皆善,故与人发生关系,或保持正常永久的关

---

① 杜维明:《文明对话与全球伦理》,引自郭齐勇、郑文龙编:《杜维明文集》第五卷,武汉出版社2002年版,第488页。
② 参见《究竟怎样对待中国传统文化——杜维明VS袁伟时》,载《南方周末》2010年12月2日。
③ 杜维明等:《"启蒙的反思"学术座谈》,载《开放时代》2006年第3期。
④ 李存山:《对"三纲"之本义的辨析与评价——与方朝晖教授商榷》,载《天津社会科学》2012年第1期;林存光:《儒家思想的多重面相——评方朝晖〈为"三纲"正名〉》,载《中国哲学史》2014年第3期。
⑤ 2015年1月24日下午,笔者在深圳"经典、经学与儒家思想的现代诠释"国际学术研讨会上发表此文,很多学者对贺麟先生的观点都提出质疑。
⑥ 贺麟:《文化与人生》,商务印书馆1988年版,第51页。

系有益无害,人生的目的在于修齐治平,脱离人与人的关系,就不能达到修齐治平的目的等说法)。总而言之,五伦说反对人脱离家庭、社会、国家的生活,反对人出世。①

上述贺先生对五伦、五常的解释,与目前我们对儒家道德思想的理解没有多大出入,但他对"三纲"意义与价值的阐述,则与我们对"三纲"价值的理解有很大的出入,而与陈寅恪的理解在精神上颇为一致,且比陈先生说得更加明白、易懂。贺先生对于"三纲"正面价值的阐发主要是从三个层次展开的:

其一,"三纲"是对"五伦"的发展,即"由五伦的相对关系,进展为三纲的绝对的关系。由五伦的交互之爱、等差之爱,进展为三纲的绝对之爱、片面之爱"②。这种进展表现为:"三纲说要补救相对关系的不安定,进而要求关系者一方绝对遵守其位分,实行单方面的爱,履行单方面的义务。所以三纲说的本质在于要求君不君,臣不可以不臣;父不父,子不可以不子;夫不夫,妇不可以不妇。换言之,三纲说要求臣、子、妇尽单方面的忠、孝、贞的绝对义务,以免陷入相对的循环报复,给价还价的不稳定的关系之中。"③

其二,"由五伦进展为三纲包含有由五常之伦进展为五常之德的过程。五常伦之说,要想维持人与人之间的常久关系。但是,人是有生死离合的,人的品行是很不齐的,事实上的常久关系是不易且不能维持的。故人与人之间只能维持理想上的常久关系。而五常之德就是维持理想上的常久关系的规范。不论对方的生死离合,不管对方的智愚贤不肖,我总是应绝对守我自己的位分,履行我自己的常德,尽我自己应尽的单方面的义务。不随环境而改变,不随对方为转移,以奠定维持人伦的基础,稳定社会的纲常。这就是三纲说所提出来的绝对的要求"④。

其三,"三纲"的真精神是"要人尽单方面的爱,尽单方面的纯义务"⑤。贺先生认为,"自从三纲说兴起后,五常作为五常伦解之意渐渐被取消,作为五常德解之意渐次通行。所谓常德就是行为所止的极限,就是柏拉图的理念或范型。也就是康德所谓人应不顾一切经验中的偶然情况,而加以绝对遵守奉行的道德律或无上命令。这种绝对的纯义务的单方面的常德观,也在汉儒董仲舒那里达到了极峰,所谓'正其谊不谋其利,明其道不计其功'。'谊'和'道'就是纯道德规范,柏拉图式的纯道德理念"⑥。正因为"三纲"说"将人对人的关系转变为

---

① 贺麟:《文化与人生》,第 53~54 页。不过李存山并不认同贺麟的说法,参见上文所引李存山批评方朝晖的论文。
② 同上书,第 58 页。
③ 同上书,第 59 页。
④ 同上。
⑤ 同上书,第 61 页。
⑥ 同上书,第 59~60 页。

人对理、人对位分、人对常德的单方面的绝对的关系。故三纲说当然比五伦说来得深刻而有力量"①。

对于上述这一抽象的说法，贺先生作了进一步的分析、说明，他说，就实例来讲：

> 三纲说认为君为臣纲，是说君这个共相，君之理是为臣这个职位的纲纪。说君不仁臣不可以不忠，就是说为臣者或居于臣的职分的人，须尊重君之理，君之名，亦即是忠于事，忠于自己的职分的意思。完全是对名分、对理念尽忠，不是作暴君个人的奴隶。唯有人人都能在其位分内，单方面地尽他自己绝对的义务，才可以维持社会人群的纲常。②

贺先生还以现代的师生关系为例，进一步解释"单方面尽自己绝对的义务"的必要性。"试再以学校师生的关系为例。假如为教师者都能绝对的单方面的忠于学术，认真教学，不以学生之勤惰、效用之大小而改变其态度。又假如为生者能绝对的单方面的尽其求学的职责，不以教师之好坏、分数之多少而改变其求学的态度，则学术的进步自然可以维持。反之，假如师生各不遵守其常道，教师因学生懒惰愚拙而不认真教学，学生因教师不良亦不用功求学，如是则学术的纲常就堕地了。这就是三纲说的真义所在。因为三纲说具有如此深刻的意义，所以才能发挥如此大的效果和力量。"③

经过贺麟的阐发，陈寅恪所肯定的中华传统文化"三纲六纪"之精义，则更加显豁。不过，贺麟没有简单地肯定"三纲"在现代社会的价值，而是要求用现代的自由精神、启蒙精神来加以洗礼，使其中所包含的真精神发扬出来。这一点是我们要特别关注的。换句话说，如果不理解陈寅恪肯定王国维有独立精神、自由意志的一面，就不能完整地理解他肯定"三纲六纪"说之精神义。故贺麟先生说："三纲的真精神，礼教的桎梏、权威的强制所掩蔽，未曾受过启蒙运动的净化，不是纯基于意志的自由，出于真情之不得已罢了。学术的启蒙，真情的流露，意志的自主为准，自己竭尽其单方面的爱和单方面的义务，贞坚屹立，不随他人外物而转移，以促进民族文化，使愈益发扬，社会秩序，使愈益合理，恐怕就是此后儒家的人所须取的途径了。"④

由此，我们似乎可以理解，一方面，陈寅恪肯定王国维之死体现了现代人的"独立之精神，自由之思想"。另一方面，陈寅恪肯定王国维经过自己独立精神、自由思想的过滤，将传统的"三纲六纪"看作是超越时间地域的理性，并以一介

---

① 贺麟：《文化与人生》，第60页。
② 同上。
③ 同上。
④ 同上书，第61~62页。

书生的生命维护这一超越的理性，为之殉命。因此，王国维以一现代人的独立精神、自由思想来维护他自己所认定的中华传统文化的真精神，其死亡的精神象征意义不可谓不崇高而壮烈，而且因为其深沉、深邃，同时代的众人无法理解，故他三致其意，予以阐发。陈先生是史学家，其哲学思想往往是托事以表述之。而贺先生是哲学家，其哲学思想是以说理的方式来表述之。将陈、贺二先生对三纲六纪、五伦三纲的论述放在一起考察，其深意可以相得益彰。我们似乎可以这样说，陈寅恪并非肯定历史上的"三纲六纪"中的"三纲"的具体内容，而是肯定"三纲六纪"所体现出的伦理法则的超越性，而王国维正是为了这个具有超越性的伦理法则的衰亡而自杀。这番深意是否能够成立？我们今天或许可以再做思考。

四、现代新儒家群体对儒家道德的反省与重建

现代新儒家是现代中国哲学思想界一个重要的学术流派，最初由熊十力等人所奠基，其后经过三四代学人的努力，最终凝聚出其明确的思想立场、问题意识、时代使命与学派自觉。现代新儒家重视发掘儒学中的道德意识、道德理性、道德精神，对于道德的哲学基础有深入的探明，并且建立了系统的道德哲学。在此，我们选择新儒家的四个代表人物（马一浮、熊十力、唐君毅、牟宗三）关于道德问题的哲学阐发，以点带面地揭示现代新儒家对于道德重建的理论思考。

（一）马一浮以"性德"为中心的六艺论

马一浮先生（1883～1967年）是现代的国学大师、一代儒宗。他早年游学美日，接受民主与自由思想的洗礼；其后返回传统，究心禅佛；最终归宗儒家，阐扬六艺。30岁之前，他泛览流观，无书不读，曾经广阅《四库全书》；30岁之后，则务求专精，极深研几，最终提出其独特的"六艺论"思想，推动了现代儒学的发展。

要理解六艺论，首先要理解"性德"以及"性德"在六艺论中的关键地位。马一浮继承宋明理学特别是程朱一系关于"心""性""理"的思想，认为天地人生的一切意义都来源于心性、性理，心性、性理是天地人生的本源，也是人类一切思想文化的根基。不过，相对于"性""理"，马一浮更喜欢使用"性德"一词。"性德"一词可以溯源至《中庸》。《中庸》说："成己，仁也；成物，知也。性之德也，合外内之道也，故时措之宜也。"《中庸》指出，性蕴含着仁、知之德，仁、知作为性之德，能够在成就自己的同时成就万物，所以性德的功能和效验至广至大。从这里可以看出，"性德"较之"性""理"更能揭示出心性

本体的微妙性和丰富性。同时，马一浮受到佛教华严宗"一真法界"和"六相圆融"等思想的启发，展示出性德是一个天地人生的意义之所以生成的本源境域。他认为"性具万德，统之以仁"①，换言之，性中涵具了仁、义、礼、智、圣、中、和等无穷无尽的德相，这些德相因为都各自体现出性德的其中某个侧面，所以称为别相；而这些别相则为"仁"这一总相所统摄。就此而言，性德是一个总相与别相、一德与万德相互构成、相互涵摄的本源境域。

马一浮通过对"性德"的阐发，继承和扩展了宋明理学关于性理的思想。然而，马一浮并不因此止步，他要进一步将"性德"与"六艺"联系起来。在他看来，六艺之道就是性德的显现，因此只有通过展示出六艺之道，性德的丰富义涵才能通过各种方面、各个层面呈现出来。那么，性德是如何显现出六艺的呢？这关键在于性德境域的生发性与流行性。性德因为是一个总相与别相、一德与万德相互构成、相互交织的境域，所以通过这些德相的交织与互动，性德境域自身能够生发兴起一个本源而本真的意义之流或意义网络，这个意义网络就是六艺之道，也即六艺之本体，他指出：

  以一德言之，皆归于仁；以二德言之，《诗》《乐》为阳是仁，《书》《礼》为阴是知，亦是义；以三德言之，则《易》是圣人之大仁，《诗》《书》《礼》《乐》并是圣人之大智，而《春秋》则是圣人之大勇；以四德言之，《诗》《书》《礼》《乐》即是仁、义、礼、智；此以《书》配义，以《乐》配智也。以五德言之，《易》明天道，《春秋》明人事，皆信也，皆实理也；以六德言之，《诗》主仁，《书》主知，《乐》主圣，《礼》主义，《易》明大本是中，《春秋》明达道是和。②

通过马一浮这种阐述，六艺之道其实就是性德本身、性德全体，性德与六艺是一而二、二而一的对比性关系。正因为六艺之道是性德，性德则是心的本体与全体，所以在马一浮看来，六艺就是一心之全体。同时，马氏指出，六艺不仅仅是一心之全体，而且是一心之大用。换言之，六艺之道作为性德境域所生发出来的意义之流和意义网络，是不会止息下来的，六艺之道会继续构造自身、丰富自身、酝酿自身，让意义之流不断充实并酝酿至饱满的状态。当意义之流充实到不能再充实、饱满到不能再饱满的时候，六艺之道作为一心之全体，就会显发为一心之大用，即展示出一个丰富充盈、至真善美的生活世界，这就是六艺生活。

马一浮指出，因为六艺之道即性德是天地人生的至极根源，所以六艺之道所显发出来的六艺生活涵摄了人类正常合理的生活的全部内容。因此，六艺既是全

---

① 马一浮：《童蒙箴》，引自《马一浮全集》第四册，浙江古籍出版社 2013 年版，第 14 页。
② 马一浮：《泰和宜山会语（二卷）》，引自《马一浮全集》第一册（上），第 17 页。

体,也是大用,通过全体大用的展示,六艺构成了一个摄无不尽、用无不周、交织圆融的意义世界和意义机制,马一浮则将它比作佛教的"因陀罗网"。马一浮总结说:"此理(笔者按:即性德)自然流出诸德,故亦名为天德。见诸行事,则为王道。六艺者,即此天德王道之所表显。故一切道术皆统摄于六艺,而六艺实统摄于一心,即是一心之全体大用也。"①

作为全体大用的六艺体现出人类至真善美的生活世界和意义世界,但是在现实生活中,并非人人能体会到六艺之道,因此也并非人人能践行并成就出六艺生活。马一浮指出,人们往往生活在物欲与习气之中,并引发纷争和战乱,最终德性不能养成,生活不能满全,虚过一生,累己累人。然而,又因为物欲与习气是虚妄无实的,所以人人都可以通过切实的修养工夫,从而去除习气的遮蔽,并亲身参与到六艺意义机制的兴发和流动的过程中去,最终陶成德性,成就出至真善美的六艺生活。那么,人们究竟通过怎样的具体工夫,才能参与到这个意义机制中去?

马一浮指出,如果要把握六艺之全体大用,就需要理解六艺之本体也即性德,对于性德的领会能够让人们自身打开自己本来就具有、然而被后天习气所遮蔽的存在论境域,从而自身真正地参与并构成六艺意义的生发与流行机制。这个真实理解性德的工夫,马一浮称为"见性",也即让性德呈现出来,并由此达到对存在或心性问题的本源领会。同时,落实了见性工夫之后,则需要继续保持、保有性德的通达和通畅,最终达致完全的"复性",也即人们完全回归性德,性德完全不受习气所遮蔽,全面地通达通透出来。性德通达出来,那么人们心性中自然就会流出六艺之道并践行出六艺大用。那么,如何能够"见性"和"复性"?

马一浮继承了宋明理学的工夫论,指出"主敬"与"孝弟"是最好的工夫法门。"主敬"是指主一无适,一心一意专注于义理,久而久之,虚妄的习气自然会逐渐消去,性德本体自然会透露出来。当性德透露的时候,人们自身自然地会流出一念爱敬之心,这爱敬之心则首先通达到自己的父母兄弟身上,从而落实为"孝弟"的工夫。马一浮阐释说,礼乐六艺的大用就是通过这个"孝弟"的工夫而展示生发出来的,这正如孟子所说的"仁之实,事亲是也;义之实,从兄是也","礼之实,节文斯二者是也;乐之实,乐斯二者,乐则生矣"(《孟子·离娄上》)。总结说来,"敬""孝"是一种六艺工夫,通过这个六艺工夫,人们达到"见性""复性"的效果,从而让性德全体呈露出来,令性德流出六艺之道,并自然地显发为六艺大用。因此,六艺工夫是保证六艺全体大用这个意义机制得到落实的关键的内容。在现代新儒学中,马一浮可以说是最重视工夫的一个

---

① 马一浮:《泰和宜山会语(二卷)》,引自《马一浮全集》第一册(上),第16页。

新儒家，其原因正在于此。

综上所述，马一浮将六艺展示为一个意义机制，而这个意义机制则是由三个相互关联、相互构成的性质奠定出来的，这三个性质就是六艺之为全体、六艺之为工夫、六艺之为大用。这三个性质的互构互摄，造就出意义世界的生发、酝酿、交织、流动与发用，同时也构成了六艺论的主干内容和根本环节。马一浮对于性德这种阐发，与现代新儒学的另一个奠基者熊十力的思想立场是相通的。相应于"性德"，熊氏有"乾元性海"之说。熊氏融合了《周易》哲学与中国佛教两家的睿识，指出："万德万理之端皆乾元性海之所统摄。""乾元性海实乃固有此万德万理之端，其肇万化而成万物万事者，何处不是其理之散著，德之攸凝。"① 熊、马两人的这种取向，为现代新儒学奠定了一个大方向。

（二）熊十力以"本体"论道德的主体性

熊十力（1885~1968年）是现代新儒学的奠基者和核心人物。他通过其系统的"新唯识论"思想，开启了现代新儒学的思潮。熊氏新儒学思想博大深邃，纵横捭阖，关切当下，意义深远。他与其好友马一浮的思想颇为接近，都以心性之学作为其思想的主要立场与取向。同时，他们都从《周易》哲学例如三易之义中寻找阐发心性的思想资源，并通过这些资源充实其体用论，兼且从其体用论中引申出其文化哲学。熊十力新儒学思想的基本出发点与马一浮接近，马一浮以"性德"为本，熊十力则以"本体"为基。"本体"与"性德"之说都是要揭示道德或德性具有本体、形上的维度。只不过，马一浮的思想侧重在本体—工夫论，而熊十力的思想侧重在本体—宇宙论。前者强调自我的"复性"即回归性德的修养工夫，而后者则强调"创性"也即本体的刚健性、创生性、不息性。这使得熊十力特别将儒家的道德之说与佛道诸家的相关观点区别开来。熊氏认为，儒家、《周易》所强调的道德，是健动、生生的创造性的道德。道德之所以能有此功能，在于道德植根于本体，而本体则是创造性的实体，是天地宇宙人生的生生之源。

熊十力是如何确证"本体"的生生、健动的义涵的呢？"本体"如何又是宇宙人生的创生之源？对此问题，他阐发了"翕辟成变"之义。《易传》有"一翕一辟之谓变"之语，熊十力通过他对宇宙本体的理解，而对此语做出系统的引申与阐发。在他看来，"翕辟成变"体现出本体流行的屈伸之妙。而他能从旧唯识论转变至新唯识论的关键之处，就在于他体悟到本体流行的"翕辟成变"之义，从而使得他走向主张"生生不息""灭故生新"的儒家大《易》境界。

---

① 熊十力：《原儒》，引自《熊十力全集》第六卷，第567~568页。

熊十力"早宗护法,搜玄唯识",对于佛教唯识宗特别是护法、世亲等的唯识思想研探甚深,后来他"悟其乖真。精思十年"①,最终在1932年写出文言本的《新唯识论》,而后在1944年又出版了语体本的《新唯识论》。文言本与语体本的《新唯识论》后来成为他的哲学的代表性著作。马一浮给熊十力的《新唯识论》文言本作序云:"其为书也,证智体之非外,故示之以《明宗》;辨识幻之从缘,故析之以《唯识》;抉大法之本始,故摄之以《转变》;显神用之不测,故寄之以《功能》;征器界之无实,故彰之以《成色》;审有情之能反,故约之以《明心》。"而且,马一浮将此书的主旨界定为"破集聚名心之说,立翕辟成变之义"②。我们根据马序的提示来展开熊十力的道德哲学体系。

在《明宗》章中,熊十力指出《新唯识论》以"见体"为宗。见体即是明见本体、本心。本体、本心因为是最原初真实的本体,所以又称作实体。但是,本体、本心、实体并不容易理解和体会。我们需要通过"性智"来见体而不能通过"量智"来见体。性智指的是本心自身的自觉自悟,量智指的是心灵的知见理智作用。性智是哲学的基础,而量智则是科学的基础。哲学与科学的根本区别就在于性智与量智的区别。因此,许多哲学家、哲学研究者混淆了性智与量智之别,通过知识、习心的构画作用向外求本体,而不经过性智的自觉自悟作用把握本体,那么必定是不能见体的。

熊十力认为,量智、习心的虚妄构画造成诸多虚妄执着,这些执着主要有两方面。一方面是"境执",也即执着心识之外独立存在的东西;另一方面则是"识执",也即执着自己的心识是真实存在的。熊氏指出,唯识旧师如窥基(632~682年)等认为境执需要破斥,但是识执是实有的,这是唯识宗不彻底的地方。据此,一方面,他破斥境执,具体辨析"应用不无"与"极微"两种执着有外境的理论。另一方面,他也破"识执"。因为境执既然是虚妄的,那么识执也一样是虚妄的。因为心识本身也是无自性的,识相本身就是一种缘起法,因众缘互待而诈现出来,舍此之外别无识相可得。在这个基础上,熊十力通过"因缘""等无间缘""所缘缘""增上缘"四方面的观点,以说识相的实质,破斥他所理解的唯识宗的识执。

不过,当我们完全破斥了境、识二执,我们就极有可能走向佛家的"诸行无常"(行是心物现象的总相)等说法中去,从而陷入佛家的出世之说以及"总计无"(也即觉得宇宙是空空洞洞的)之论,甚至我们可以不承认有天地宇宙,不承认有本体。对此,熊十力指出,虽然我们已经破斥了境识二执,但是宇宙大化

---

① 熊十力:《新唯识论》文言文本,引自《熊十力全集》第二卷,第6~7页。
② 同上书,第7页。

流行本身却是不能呵斥的，因此现前的万象流行，其实就是本体的真实作用。佛教耽空滞寂，难以体悟到宇宙大化流行本身就是真实的，并非境识二执所成之境。我们其实可以进一步说，大化流行本身就是真实的本体，由此可悟本体是变易流行的，本体即是"能变"，但本体之作为能变并不与所变相对，本体本身就是大化流行，大化流行之外别无本体作为主宰。熊十力体认指出，本体即能变即恒转，三者本为一事。通过"恒转"来显出本体能变是法尔如然、无所对待、无时空相、圆满无缺、即常即变、非常非断的不可思议境界。因为恒为非断，转为非常；非常非断，斯名恒转。

既然本体是能变、恒转，那么本体之能变、恒转，是如何可能的呢？熊氏指出，变则一定有相反相成的辩证的律则方可称作变。而这相反相成的律则，则可以通过《周易》的"翕辟成变"一义以做阐发。通过"翕辟成变"来说本体流行之义，体现出熊十力自觉地由佛学"观空"的立场转变到儒家"明有"的立场，也体现出他正式摆脱了佛家唯识宗而走向儒家大《易》健动生生之教。《易传》中对翕辟之义并没有具体系统的阐发，传统以来的学者都知道辟表示发散的作用，翕表示凝聚的作用，但是他们对翕辟互动之理都缺乏专题性、系统性、哲学性的阐发，而熊十力则特别注重"翕辟成变"之义，并将之敷演成为独特的"本体—宇宙论"。根据他的理解，宇宙的大化流行乃无时无刻不在灭故生新、健动不息之过程中，这是翕与辟的相反相成的辩证作用所成。

正因为宇宙大化绝无一息一间之暂停，所以成就此大化流行之翕与辟都是动势。辟固然为动中之动，翕其实也是动中之静，动中之静其实也是动势。同时，翕辟并非相对而出之二物，而是动势自身的两面而已。动势中自有摄聚之力，这一摄聚之力并不意味着停滞，而是动势中所显示出来的一种状态，这就是"翕"。翕形成形质。而翕之势起时，则必定会有健动之势与之俱起，这种健动之势是翕势本身的一种不为物化、不被自身的摄聚之力所"拖累"的作用，这种动势作用就是"辟"。据此，熊氏指出，翕辟都是本体流行的作用与功能，翕是本体所表现的"物行"，辟是本体所表现的"心行"。翕辟为一体二面，非一非异，故心物不可分为二片。另外，熊氏还继续强调两方面内容：翕辟不异与辟主翕从。因为翕辟皆为本体之动势，故翕辟不异。其云："申言之，翕和辟，只是恒转举体显现为此两方面（原注：恒转，即本体之别名。举体云者，谓恒转举其全体而显现为此翕和辟也）。所以，翕和辟不可看做为各别的实在东西。"[①] 同时，辟是动势之中不为物化，主宰流行而灭故生新、健动不息的功能；而相对之下，翕则表现为积极与消极的两方面，积极的方面是指翕能成就辟之健动大用，但消极的方面则

[①] 熊十力：《读经示要》，引自《熊十力全集》第三卷，第113页。

是翕会物化而下堕，因此需要辟能转翕而不为翕所转，这样天地大化流行的生生健动之势才会保持下来，而不会物化停滞。因此，辟与翕虽然皆是本体所体现出来的两种功能与动势，但辟更能通于本原、本体，翕则相对处于从属性的地位。

　　上述内容是熊十力论能成变之翕辟，而对于翕辟所成之变，他是通过"刹那生灭"之义来阐发的。他指出，刹那生灭并非是物理时间义，而为一念之名，刹那生灭即是念念不停留。刹那不可以世俗的时间空间来说明，因为时空二者皆是就物质宇宙而立名，其本无实。天地大化流行，一切诸法当生即灭，也即刹那生、刹那灭，生与灭"中间"并无半点物理性的空间或时间可以羼杂在其中。一切诸法无暂时之可容住，不断灭故生新，健动流行，翕辟之变即是要形容这种刹那倏忽灭故生新的变化大义。因此，翕辟成变之变义最为微妙玄通，深不可识。熊十力察识精醇，最能形容这种变之妙蕴。他揭示出变有三义：一者非动义。因此翕辟之变是刹那生灭，超越了时空之相，所以是《礼记·中庸》所说的"不动而变"。二者活义。翕辟之变蕴涵有无义、幻有义、真实义、圆满义、交遍义、无尽义等诸种妙义，体现出其活泼性。三者不可思议义。这翕辟之变不能通过量智与言说的构画作用而把握到，而只能通过性智的反求诸己、明心见体才能了悟其蕴，因此是不可思量、难以拟议的。

　　翕辟成变之义既立，则天地的大化流行得以证立。《新唯识论》的"功能"章则以翕辟成变之义为基础与中心，进一步指出本体、实体、本心、恒转、能变其实即是"功能"。功能也是唯识宗的用语，但熊十力变易其义，将之显示本体之实性。熊氏建立功能之说的另外一个用意是要破斥佛家的因缘之说。他认为"功能"更能显出本体流行生生之健动之有。在阐发功能之义的基础上，熊十力最后撰写"成色"章（语体文本将"成色"改为"成物"，以更显出熊氏由佛返儒的思想旨趣）与"明心"章两方面的内容。"成色"章或"成物"章展示出恒转之动而翕，"明心"章则展示出恒转之动而辟。在"成色"章中，熊十力指出色或物之实性即是恒转之翕的作用，而翕形成色或物，实际上就是恒转中之无量动点（语体本将"动点"改为"动圈"）摄聚成为粗色。器界即是综摄一切色法而成。身体为器界所摄，但为器界之中心。究极而言，身、器无实，只是往来之动势而已。而《新唯识论》的最后一章"明心"章，其主旨则是以本体言心。熊氏指出，我们的心灵的知觉运动并非即是真实的心。真实的心其实就是恒转之本体，生生不息，健动恒久。心即生命，非可剖析，不能积聚。其后，熊氏还通过较大的篇幅，论述我们应该如何通过净习，达致性修不二，最终明心见性，证悟本体。

　　从这当中，我们可以看到，在其新唯识论思想中，熊十力立足"本体"之维，通过"翕辟成变"之义，以充分阐发本体的健动生生之蕴。

　　除了通过"翕辟成变"来揭示本体的流行机制之外，熊十力还有"乾元性体"之论。这一观点体现出他对"本体"之义的另一方面的阐发与理解。为了简化叙述,我们省略熊氏的论证过程,直取他的结论性意见。

在熊十力看来,无论乾元,抑或坤元,皆是本体所显出的互为一体而又辩证互动的势能与功用而已。太极、太易是本体,乾元、坤元是功用。不过,乾元与坤元虽然是太极本体所显发出来的功用,但因为本体之显发为功用,宛如大海之全体化作众沤,因此体用一源,体用不二,全体在用,全用即体,故乾元与坤元皆是本体的呈现。不过,熊十力再指出,乾元是本体的大用,而坤元因为可能具有消极的重坠作用,而有物化之虞,所以坤元难称真正之大用,而其功用理应摄归在乾元当中而成就为乾元之大用。同时,虽然乾元为用,太极为体,但究极而谈,乾元实为太极本体所呈现出来的大用,乾元大用之外别无太极本体,因此就即用显体、全用即体而言,乾元实际上也可称作本体。太极本体与心、性、天、命相通为一,因此乾元即是"性体";太极本体蕴涵着无量无尽无穷的生生健动的密意,包含有天地宇宙生化的本源消息,因此乾元即是"性海"。据此,因为乾元蕴涵着本体、性体、性海的万德万理,因为乾元即是太极、太易,因此《周易》的六十四卦之蕴,皆可自乾元性体、乾元性海中引申推演而出。

在熊氏看来,乾元性体、乾元性海既是天道,亦通人能。因为太极之本体,天地之常道,即是人之本心、本性。心、性、天、命是一体无殊的。如果诸义殊别可分,则必定违背翕辟成变、体用不二、生化无间之理。据此,熊氏体认指出,乾元性体、乾元性海之义,其体现在人身上,则是蕴涵着生生之意的仁德。因此,乾与仁相通,乾元即是仁体,《易传》与《论语》无殊,都体现出孔子儒家哲学的根本精神。熊十力说:"乾元即仁体。亨利贞皆仁体之发现,故曰皆元也。若将四德截作四片说去,便是剖析物质之见,只缘不识仁体故耳。仁之为德,生生不已,备万理,含万善,即太极也。以其为万物之本体,故名仁体。亨利贞,乃至万德,只因仁体之发现不一形,而为多之名耳(原注:须知,言四德,即备万德)。"[①] 乾元性海涵蕴万理,故仁体亦涵蕴万德;乾元性体健动不息,故仁德亦生生不穷。据此,熊十力以"本体—宇宙论"为特色的易学思想,开启了后来新儒家如唐君毅、牟宗三等人的道德形上学。

(三)唐君毅对"道德自我"的思考

第二代新儒家特别重视从道德自我、道德主体当中,发掘道德自我、道德主体具有心性、形上的根源。根据唐君毅、牟宗三等人的理解,西方哲学是到了近代才开始认真对待道德的问题,因为之前所论的道德,多半是将道德作为一个外

[①] 熊十力:《读经示要》,引自《熊十力全集》第三卷,第 932~933 页。

在的目的的条件与手段（例如有道德的人就可以获得幸福之类的观点），而不是将道德本身视作目的。而康德等哲学家则开始能够反求诸己，从自我的自命自令的意义上，揭示道德是自我的道德，道德与自我主体有着内在的关联。康德的这一方向，与儒家的"为仁由己""反求诸己"的道德思想有着内在相通之处。因此，唐君毅和牟宗三在探索道德问题时，特别注重对康德以降的德国古典哲学的借鉴和吸收。但是，唐、牟等人也明确意识到，儒家的道德思想例如先秦的孔孟之学以至宋明理学，虽然通于康德，但其同时亦走出了康德乃至黑格尔所未曾达致的境界，这就是，儒家能够从道德自我、道德主体中，体认到道德自我、道德主体即是心性、心体的表现。此心体是贞常、真实、超越性的本体，心体本身是超越辩证和矛盾的。对于心性、心体的问题，康德和黑格尔可谓望道而未见。因此，唐君毅和牟宗三都致力于从哲学上阐发与证立道德自我、道德主体有其心性之维作为其根源所在。唐君毅对这一问题的思考，经历了早年、中年、晚年三个阶段，这三个阶段有其一脉相承性，但同时也是在思考上不断深化的。

唐氏早期的代表著作为《道德自我之建立》（1944年），中期的代表著作为《文化意识与道德理性》（1958年），晚期的代表著作为《生命存在与心灵境界》（1977年）。从三部著作的题目中，我们便可以比较直观地理解唐氏哲学的核心与基础是"道德"的问题。从其早年的"道德自我"的思想，到中年的"道德理性"的观点，再到其晚年的"心灵境界""生命存在"的取向，都体现出他要将哲学演绎为一道德的传统、求善的传统。人类的求真、求善、求美等的一切文化意识与文化活动，都与道德理性、道德意识、道德实践有着内在的关联性，最终都可以汇归至道德意识的真实一念之中，而为天地人生一切意义与价值的根源所在。

唐君毅在其青年时代曾经服膺过新实在论等哲学思想，倾心横向性、综合性的哲学思路；但后来因为生命与心灵的驱动，他折返回来，以自我主体作为哲学的出发点，因此他转而究心德国古典哲学。在《道德自我之建立》一书中，唐君毅首先探析"道德自我"之义。广义地说，道德自我从根本上说体现为自己对于自我的自觉；而自我的自觉，则体现为当下之我自觉地超越之前之我。这一自觉的超越性，则体现为道德性。据此，道德心理的本质，就是自觉地超越现实的自己及其限制的心理；道德生活的本质，则是自觉地自己支配自己的生活，这种自己支配自己，就表现为超越性。因此，"道德"与"超越"是内在关联在一起的。心灵能够自觉地超越之前的现实之限制，那么心灵就体现为道德性。这是唐君毅对于"道德"义涵的最基本的界定。据此，正因为道德心理体现为自觉超越现实的自己的心理，所以此道德之我实即一能觉之我。

唐君毅指出，如果我们进一步省思此能觉之我的"能"本身，那么我们就会理解到这个"能",是与"能够"和"应当"相关联在一起的。我在具有道德意识同时自觉地过道德生活的时候,我的自觉之能,会自然地涌现出"能够"和"应当"之想。而这一能够和应当,事实上不能来源于外在,而只能是道德自我的内在呼唤和要求。只有有了"能够"和"应当"这一内在的要求,自我的超越性方得以实现。在此基础上,唐君毅进一步指出,自我之能之所以能够蕴涵能够与应当的要求,正由于自我之能自身有其超越性的根源。这个根源,就是一超越的心体。如果没有此超越的心体,自我的"能够"与"应当"就会缺乏源头活水,自我就难以保证为何我在面对某人与事、决定采取某方向时,我必须应该同时亦自认为能够如此如此去做。此超越的心体之所以有,其实就是因为心灵所表现出来的超越性。唐君毅举思想为例,他指出思想自身能够超临于现实时空之上,而不受现实时空之所限制;思想具有无限性,是一纯粹的能觉。此超越的、无限的能觉之所以可能,正在于此能觉是与所觉合一者,兼能所而合一的能觉,即体现为超越的心体的作用。他这样说道:

> 但如何说纯粹能觉复依于一恒常的真实的心之本体,这话从何说起?这是因为能觉一名,必对所觉而成立。然而此纯粹能觉,可不表现于时空意识,即可不以现实世界之事物为所觉。如此,能觉之名岂非无意义?但是此纯粹能觉是无限之觉,它可无定限的投射出其影子,为我们对它之反省,亦即表现它自己于我们对它之反省。而我们对它之反省,尚不能表现其全,即我们不能真对它有完全之自觉。它之不能表现其全于我们对它之反省,由于我们反省之所及,不知何故被限制住。而所谓我们对它之反省,即它之表现,故所谓我们对它之反省,不知何故被限制,亦即其表现之所及,不知何故被限制。由此可推知就其自身全体而言,以无任何限制,必即可有完全之反省或自觉。它有完全之反省自觉,即它以其自身之全部,同时为所觉与能觉。所以我们不能只说它是纯粹能觉,复可说它是纯粹所觉。就其兼为能觉所觉而言,故可名之曰心之本体。此本体之一面为纯粹能觉,故可谓纯粹能觉,依于此体。所以我们说,纯粹能觉有其所依之心之本体。①

上述引文中,唐君毅以思想的能所合一,来阐发思想依于一超越的心体,有一定的说服力。而真正的能所合一,还需要道德实践。相对于传统的儒家而言,唐君毅对于心体作为道德自我之根据的阐发,有着重要的哲学意义。他能从道德自我的超越义上着眼,探析思想与感觉认知活动的特点及机制中所蕴含的超越维度,从而证出道德自我、道德生活依于一超越的心体。这是其《道德自我之建立》一书对于传统心性之学的重要推进,同时也是其对第一代新儒家马一浮、熊

---

① 唐君毅:《道德自我之建立》,引自《唐君毅全集》第四卷,(台北)学生书局1991年版,第78页。

十力等的思想的深化。

中年的唐君毅偏重对于"道德理性"的阐发。1958年，唐君毅出版了《文化意识与道德理性》一书。该书主要探索与呈现的内容，就是"文化意识"与"道德理性"的问题。该书专立一章名为"道德意识通释"，以阐发道德意识、道德理性的基本义涵。唐君毅认为，要理解道德意识、道德理性，就需要明确基本的德性何在的问题。对于这个问题，中西各哲学家都有不同的理解，康德认为敬是基本德性，柏拉图以为正义才是根本的德性，唐君毅则认为仁爱才是最基本的德性。在他看来，敬与正义等德性是在我们自觉到自我与他人各自为独立的个体、独立的人格之后所凝聚出来的道德，因此它们并非是最原始的道德。最原始的道德，应该是将人我视为各为一独立的个体这种观念之前的道德。这样的一种道德，唐君毅名之曰"仁"。他指出，最初的仁的德性和情感，是一种自己的心灵和他人、他者浑然一体的状态。这种最初的状态，是每个人一开始的时候都会有的，只不过有的人有自觉，有的人缺乏自觉而已。比如孟子就举了一个例子，他说如果有人见到一个小孩快要掉进井里面去了，这个人立马就生出一种恻隐、不安、不忍的情感。孟子将这种情感说成是人心中的仁的体现。因为在他看来，人的心灵最初是和他人、他者浑然相感、血脉相通的，这就是仁的状态，所以我们看到他人一旦遭遇生命危险时，就立即生出恻隐、不安、不忍的情感，也就是感到他人受到伤害了，就有如我自己受到伤害一样。这就是仁心、仁德的体现。在此基础上，唐君毅又指出，仁是最原始的德性，而从仁出发，仁心可以不断地形成义、礼、智等善德，而这些善德则是从仁德中次第地生成出来的。至于这些善德是如何从仁中生成出来的，唐君毅有系统、精彩的展示，能发前人之所未发。因为主题与篇幅所限，在这里我们不再详论。①

在此基础上，唐君毅则要进一步充分地阐发出，人类的各种文化活动中，皆包含或者需要道德理性与道德意识，同时道德理性也是这些文化活动的本根本源。人类的文化活动当然包含了求真、求善、求美的活动。求善的活动为道德实践和道德生活，求真的活动则为求知识的活动，求美的活动则为文艺性的欣赏美之活动。而唐君毅认为所有人类文化活动皆包含着道德理性的内容与作用，则需要阐发求真、求美之中蕴涵着求善。

首先，唐氏论述求知活动（包括知识、科学、与科学意识关联之哲学等）中蕴含着道德理性。在《文化意识与道德理性》中，唐君毅用了巨量的篇幅，阐发人们的求知识、求真理之心，其实是一道德的心灵之表现，而并非如一般人所理解的求真之心与道德之心相异相违。因为在求知识的活动中，人们往往

---

① 唐君毅：《文化意识与道德理性》，引自《唐君毅全集》第十二卷，第404~425页。

执着于知识而形成法执，但求知活动之所以能够不断进行，就在于人们的心灵能够不断消除和超越执着，这就显出求知活动蕴涵着大公无私之心与不断求超越的道德理想在其中。同时，就人们认为求知活动应该是纯为真理而求真理的活动的见解，唐君毅也做出批评，他指出以求真活动非含道德之观念之说，实际上体现出求知者的求知活动之停止，也即求知真理之意识之退堕。其云：

> 而此道德性之所以可不发展出，或若可不呈现而未尝存在，实原于吾人在自以为已知客观对象之真理之后，即以真理在吾人之观念知识中，而失去真理客观性之肯定。然当吾人失去真理之客观性之肯定时，即吾人忘掉观念知识之所对之客观对象之存在之时。而当吾人忘掉知识观念所对对象之存在时，即吾人不复以知识观念判断对象时。亦即吾人求知之活动停止，而只反省吾人以往求知之结果，吾人已成之知识，而自陷于其中之时。①

对真理之客观性之肯定体现出心灵之公而无私的道德理想，这种道德理想可谓内在地与求知的活动相融相润，最终保证求真活动的进行。因此，"为求真而求真"之说，实际上是有内在的问题的。由此，唐君毅从他独特的视角，阐发求真与求善的内在相通性，求真活动不能脱离道德理性而孤悬而出。

其次，求美的活动也离不开道德意识、道德理性。求美活动也即欣赏美或艺术创作的活动。许多人认为这种活动也与求真、求善之活动不相关。唐君毅也否定这种观点，并认为欣赏美的活动也内在地蕴涵道德理性。不过他并不采取直接自欣赏美的活动中阐发道德理性的存在的方式，他指出如能阐释出求美与求真活动具有内在相通性即可，因为求美与求真既相通，那么求美与求善必相通。这是因为他已经证立求真活动中实已涵蕴了道德理性。在他看来，求真意识与求美意识确实有性质上的不同之处。例如求真活动须先有判断然后才有谓某理为真之事，但对于美的判断乃后于欣赏美之事；又如求真之判断活动须作主客、物我之对待，但求美活动中则原无与美之境相相对待之觉识；再如各真理之知识可互涵而成为一真之知识系统，然各种美之境相则不能互涵而仍为美，美之境相为各各独特者；等等。不过，唐氏在这个基础上进一步指出，虽然求真与求美二意识具有上述性质之异，但这并不表明两者不可内在贯通。例如，在求真活动中我们有一超越的理想，而这一理想正是要达致主客对待之泯除之绝对真理，这当中正蕴涵着绝对美；又如，作品之美在其形式构造，此形式构造乃表现生命与精神之理，亦即绝对真理者，因此美之活动即所以实现求真活动之本质；再如，求真活动包含反省，反省所成之观念与实在之合一即成真理，此合一中实有心境冥合

---

① 唐君毅：《文化意识与道德理性》，引自《唐君毅全集》第十二卷，第283~284页。

之直观在其中，故求真意识即在求美意识之中，只不过人们在其求真活动中对此直观并不觉察而已。由此，唐氏通过揭示求美与求真二意识之内在贯通，最终展示出善（道德理性）与真、美的内在融通性。道德意识与道德理性中蕴含著真、善、美及其内在融通。

由上可见，唐君毅《文化意识与道德理性》一书，是通过哲学的进路，阐发和证立了任何文化活动都离不开道德意识与道德理性。实际上，这个观点是现代新儒学的共同观点。但是，唐君毅对于这个观点的阐发与思考的进路，则与其他新儒家特别是其第一代的前辈有所不同。在现代新儒家中，最重视文化哲学者，要数第一代的马一浮与第二代的唐君毅。马、唐二氏的思想具有相承性。但是，马一浮与唐君毅对于道德理性奠基文化活动这一观点的阐发方式，则是有所差异的。简言之，马氏人文思想的主要取向是中国传统式的"从体起用"，唐氏则採取西方哲学式的"摄用归体"。对此，唐君毅在《文化意识与道德理性》的自序中说得很清楚："然本书之论文化之中心观念，虽全出自中国儒家之先哲。然在论列之方式，则为西方式的，并通乎西洋哲学之理想主义之传统的。西方哲人之论文化，与中国哲人之论文化之方式有一大不同。中国哲人之论文化，开始即是评判价值上之是非善恶，并恒是先提出德性之本原，以统摄文化之大用。所谓明体以达用，立本以持末是也。而西方哲人之论文化，则是先肯定社会文化之为一客观存在之对象，而反溯其所以形成之根据。本书之作法正是如此。"[1] 通观全书，笔者认为，唐君毅的这一"摄用归体"的进路，是能够落实下来的。这是他对于现代新儒学的一个重要推进。

晚年唐君毅着重于"感通形上学"及心性与道德问题的论述。《生命存在与心灵境界》一书，可以说是他这一时期的代表作，同时也是他最为成熟的哲学著作。在该书中，唐君毅思考的主要问题是：既然德性之源在于心性，而心性又是天地人生一切活动的价值与意义之源，那么，我们在面对天地人生的各种活动的过程中，肯定可以从这些活动中，寻找到心性的根源。事实上，宋明理学与现代新儒家大皆认为心性是最真实的存在，是天地人生的本体与根据。据此，一切哲学问题如认知、道德、形上问题等无不与心性相关，而且心性对这些问题具基础性意义。不过，如何做出相应的阐发与论证，则殊非易事。唐君毅的探索便围绕这一问题而展开。在他的相关论证中，最为系统成熟者无过于其晚年的《生命存在与心灵境界》。此书对知识论到道德实践，最后到形上境界，都有系统论证；而贯穿诸问题与境界的，则是仁心、性情的感通机制。据此，知识论、道德实践、形上境界等问题的最终疏导，离不开感通。正因为各层面问题的真实疏导离

---

[1] 唐君毅：《文化意识与道德理性》，引自《唐君毅全集》第十二卷，第6页。

不开感通，而同时感通是心性的作用与体现，据此即可证成，一切哲学问题无不与心性有关，而同时心性对于这些问题具有基础性意义。

唐君毅通过三方面奠立其感通形上学的方向与基调。

首先，他将心对境的感通作为基础预持。在他看来，有心则必有境与之相对，反之亦然，心境俱现俱起。此种心境关系即是自我与他人他境的浑然一体、感通无隔之仁。他指出，儒家以此为人心的最原初状态，但西方哲人则往往越过这个状态，直接以比较后起的状态作为其预设，此则未免遗憾。这种原初的心境浑然感通的仁的状态，又可体现为性情之德。这是因为，心与境在其浑然感通的状态中，自然蕴涵着不忍心与境、理想与现实、当然与实然之分裂，从而流出本源的恻怛之性情。这种恻怛之性情是心境感通的集中体现。正因为此性情之德是求心与境、理想与现实、当然与实然的内在感通之德，因此唐氏认为其心境感通的预持一开始就避免了理性主义与经验主义的对峙，而表现为情与理的相即相融。在这预持中，感通之仁或性情之德，实即心性的直接体现，此可说为"心性之体"。由此，便可证心性对一切哲学问题具有奠基性意义。

其次，心境感通有其内部结构。心与境的感通，不但有心对境的认知，也有心对境的感受、感应。心对境的认知，为知之事；其感受、感应，则分别为情、意之事。据此，心境之感通即蕴含着知情意或知行（情意可摄为行）的互摄。因此心境感通的结构，就是知情意或知行之互摄结构。他另指出，心境感通互动过程实即知情意的相继相涵的过程。此中，人们多以知为先，情意为后。实际上若无情意的发动，则知不生；而知既生，若无情意之行以继此知，则此知之活动难以落实。这种情意—知—情意的结构，使得知必须归为与情意共行之知，故知必有行以成之。若要将知孤提而论，以求纯知识之事，则此纯知识将是不如实的戏论。① 据此，知情意三者构成了感通的内在结构，因此知情意之相继相成则可说为"心性之相"。

最后，心境感通有其自然机制。唐氏指出，心境感通的过程蕴涵着自身的节律。这个节律就是感通的活动必然是先虚后实、先阴后阳、先隐后显、先屈后伸、先消极后积极，然后再虚实相生、阴阳互构、隐显相依、屈伸相感、正反相继相承，互动无穷。要处理天地间一切哲学问题，皆可以回到这个机制上来。这一自然机制，可通过《易传》的"一阴一阳之谓道"做出概括。② 这个一阴一阳的机制，实即展示出"心性之用"。如图2-1所示。

---

① 参见唐君毅：《生命存在与心灵境界》上册，引自《唐君毅全集》第二十五卷，第11~13页。
② 同上书，第35~36页。

第一步	先虚后实、先阴后阳、先隐后显、先屈后伸、先消极后积极
第二步	虚实相生、阴阳互构、隐显相依、屈伸相感、正反相继相承

图 2-1 心灵活动的阴阳感通机制

综上所述，唐君毅以心境感通为其基本预持，成立"心性之体"；以心境感通中蕴涵知情意三者（或知行二者）及其相继相成，作为心境感通的内部结构，成立"心性之相"；以一阴一阳的辩证作为心境感通的机制，成立"心性之用"。据此，他依次疏导知识论、道德实践、形上境界的问题，并以儒家天德流行的形上之境为归宿。

（四）牟宗三的"道德的形上学"

牟宗三（1909~1995年）是当代新儒学的核心人物、熊十力新儒学思想的嫡派传人。他对传统中国哲学的方方面面都有深刻的把握，同时在西方哲学的习得与训练上则远过乃师。牟氏通过对西方哲学特别是康德哲学与德国理想主义哲学的融会与消化，创造性地彰显出中国哲学、儒家哲学的现代性意义与价值，并且由此揭出"道德的形上学""内在超越""两层存有论""良知坎陷""纵贯系统与横摄系统"等当代新儒学的命题，影响深远。

牟宗三新儒学思想具有许多面向，但其基石则在"道德的形上学"。"一心开二门"或"两层存有论"就是他的道德的形上学的一个体现。牟氏的"道德的形上学"的建立，是通过沟通与超越康德的道德哲学，并借助和发挥《论语》《孟子》一系思想而实现的。不过，道德的形上学虽然侧重在确立道德的主体性，但道德的形上学的最终完成，则可以通过《易传》"寂感真幾"的思想而揭示出来。在这里，我们首先概述牟氏道德的形上学的命题是如何提出的，其次梳理他是如何通过道德的形上学来理解《周易》哲学的，最后，我们则集中对牟宗三的"寂感真幾"一义做出疏解。

牟宗三在《心体与性体》中独辟一章，论证他的"自律道德与道德的形上学"。在这一章中，他通过对康德哲学的借鉴与超越，显出道德的形上学的义涵。在他看来，康德区分了两个世界：一个是价值界、当然界，这一世界由自由意志——先验道德律所"掌管"；另一个则是感觉界、经验界，这一世界由知性范畴——自然因果律所"掌管"。对于这两个世界，康德试图做出沟通，但不免强探力索，难臻圆融。牟宗三认为，孔孟儒学以及宋明理学因为具有一种自然而圆熟的智慧，因此当下就能够融合道德的当然性与自然的实然性，而直接便超越了康德的强探力索之病。

　　牟氏指出，在西方哲学家中，从康德开始才认真地认识道德意识本身。康德认为，真实的道德法则，不能从经验建立，不能从"范例"引申，不能从情绪、脾性、性好等内容上进行推演，同时也不能从上帝意志来建立。如果由这些内容而成立道德法则，那么道德法则必定是意志之他律而非自律之事。据此，康德将意志之他律总结为两类。第一类意志之他律是经验的他律。经验的他律，包括从幸福的原则而引出道德法则，或者从道德情感的角度而引出道德法则。康德将这两者皆视作经验的、后天的原则。牟宗三赞同康德的说法，但他同时指出，康德将道德情感视作实然的、经验的内容，这将道德情感的含义看得太狭窄了一些，因为道德情感可以上下其讲。向下讲，道德情感确实属于经验层面；但向上讲，则此道德情感可以是一种通过儒家的心性修养功夫，而呈现出来的既内在又超越的道德之心的情感，这是康德所难以完全理解的。向上讲的道德情感，则正是此后牟宗三所发挥的道德的形上学的思想。第二类意志之他律是理性的他律。这种他律主要包括本体论的圆满之概念（如柏拉图传统）以及神学的圆满之概念，这两种他律并非经验层面而是理性层面的，但因为它们都不是意志的自律（autonomy of the will），也不是自由意志自身给他自己立法，因而都不是道德心灵的自作主宰、自树自立，因此这些理性的圆满概念都是外在的，都应该与经验层面的他律原则一样，被意志之自律的道德法则所全部剔除。而通过对经验与理性的道德他律的批评，康德试图建立自律而无条件的道德法则。同时，康德由道德法则的普遍性与必然性，进一步逼至意志的自律，而由意志的自律，而进一步逼至意志的自由。而意志的自由，在康德处，是一种预设或假定。

　　牟宗三在疏解康德的上述观点之后，指出康德已经能够通过道德之自律以观道德法则，显出"道德性当身之体"，这在西方哲学传统中已经是了不起的推进。同时，康德由此已经显出了道德理性的第一义，也即道德的"主体性"。不过，如果康德只将意志的自由视作一种预设或假定，这就阻碍了他从道德理性的第一义而推进至更深入的境界上去。在康德看来，自由意志属于睿智界，是超知识的。而对于意志自由的设准如何可能的问题，康德认为这是"实践哲学之极限"，并非人类理性所可以解答的。康德的理由是：第一，意志自由所表示的睿智界只是一消极的思想，因为意志自由并非知识的对象，并没有经验直觉作为其内容；第二，意志之自律性即是意志自由之形式条件，除此之外更无别义，此睿智界中的秩序与系统更无内容，而只是作为道德法则的普遍性，这些秩序与系统只是意志之自律性的一个展现而已；第三，意志自由如何可能的问题是不可解明的，理由是自由并不在可能经验中，我们对其并无经验直觉，故不能以了解知识对象的方式去了解意志自由如何可能；第四，道德自律的一个体现是人们能够自己对道德法则感兴趣，但我们为何自身对道德法则感兴趣，则是不可解明的，换言之，道德法则本身即是让我们感兴趣的，但我们对此不能再有什么理解了。

上述四点，就是牟宗三所理解的康德为何将意志的自由视作一种预设、假定、设准的理由所在。对于康德的这些理由，牟宗三做出两点批评。第一，康德指出意志自由是不能通过概念性、思辨性的理性和方式，去做出辨析与理解的，但这不能直接推出我们不能用任何理性任何方式去做出理解。第二，康德指出这是实践哲学的极限，其实这个观点也是有问题的，因为康德的理由只能表明经验知识和思辨理性的极限，而不是实践哲学和实践理性的极限。由此，牟宗三要在康德的基础上更进一步，指出如果康德只将意志自由视作道德自律之所以可能的预设，那么必定难以保障道德自律的落实。牟氏受到了熊十力有关"本体"论证的启发，指出意志自由本身并非预设，而是一种真真实实的呈现。

那么，意志自由的真实呈现是如何可能的呢？牟宗三指出，这不是思辨理性的问题，而是一个实践理性、实践智慧的问题。对此，牟氏大概分两步做出呈现。第一，对于道德法则本身为何会使得我们自身感兴趣的问题，他认为，这是康德对道德情感的理解不深入所致。因为道德情感之心，如前所述，可上下其讲，道德之情之心实可上提而成为如孟子所揭示的超越的本心，这种超越的本心自然地要求充润自身，而达致主客体的内在统一，并将这种统一呈现出来。这就是孟子所说的"理义之悦我心"（《孟子·告子上》）。第二，如果要说明意志自由本身之客观存在上的绝对必然性，那么这不再是依照一种形式或条件做预定的问题，因为"自由"本身已经被预定为最后的、无条件的，因此这个绝对必然性如何可能的问题，应该即是其真实性如何呈现出来或如何真实地呈现出来的问题。牟氏指出，这个真实呈现可以从先秦孔孟的仁学、心性之学，乃至宋明理学的性体心体之论中找到。这一性体心体之论可以通过《易传》的"寂感真幾"一义来表出。"寂感真幾"体现出牟宗三的道德的形上学的最终完成与落实。他说：

> 此道德的而又是宇宙的性体心体通过"寂感真幾"一概念即转而为本体宇宙论的生化之理、实现之理。这生化之理是由实践的体证而呈现，它自必"显诸仁，藏诸用，鼓万物而不与圣人同忧，盛德大业至矣哉！"它自然非直贯下来不可。……儒家惟因通过道德性的性体心体之本体宇宙论的意义，把这性体心体转而为寂感真幾之"生化之理"，而寂感真幾这生化之理又通过道德性的性体心体之支持而贞定住其道德性的真正创造之意义，它始打通了道德界与自然界之隔绝。这是儒家"道德的形上学"之彻底完成。[①]

[①] 牟宗三：《心体与性体》（一），引自《牟宗三先生全集》第 5 册，（台北）联经出版公司 2003 年版，第 186~187 页。

所谓"寂感真几"指的是,道德情感本身可以通达至超越的本体、性体、心体、仁体的层面。在这一层面中,本体、性体、心体、仁体处于一个即寂即感、恒寂恒感的状态。换言之,也就是《周易·系辞上》所说的"寂然不动,感而遂通天下之故"。本体、性体、心体、仁体之寂然,即是自由意志之"本体";本体、性体、心体、仁体之自寂而感,即是自由意志之"大用"或"呈现"。同时,此种"大用"或"呈现"是不断地充润、推扩、流行出去的,并最终与天地宇宙相通,构成一种"天道性命相贯通"的圆满透彻之境。在这种境界中,本体、性体、心体、仁体既是内在的、主体的、自我的,同时又是超越的、客观的、天道的。道德情感之所以能够达致这种境界,完全是由寂而感的作用。牟宗三举孔子的仁的思想为例。他指出,"仁"具有"觉"与"健"二义。"觉"体现出仁体自身充满着自我感通的潜能。"健"则仁体自身能即寂而感,呈现出一种创造性的功能作用,这种功能作用最终通于整个天地宇宙。他说:

> 从上述的两种特性作进一步的了解,我们可以这样正面地描述"仁",说"仁以感通为性,以润物为用"。感通是生命(精神方面)的层层扩大,而且扩大的过程没有止境,所以感通必以与宇宙万物为一体为终极,也就是说,以"与天地合德、与日月合明、与四时合序、与鬼神合吉凶"为极点。润物是在感通的过程中予人以温暖,并且甚至能够引发他人的生命。这样的润泽作用,正好比甘霖对于草木的润泽。仁的作用既然如此深远广大,我们不妨说仁代表真实的生命(real self);既是真实的生命,必是我们真实的本体(real substance);真实的本体当然又是真正的主体(real subject),而真正的主体就是真我(real life)。至此,仁的意义与价值已是昭然若揭。①

这一段话非常真切地揭示出"仁""以感通为性,以润物为用"的特色。这里的"性",是指仁体的功能;这里的"用",是指仁体的效验。可见,"仁"正是本体、性体、心体、仁体即寂而感所呈现出来的既内在又超越、既是主体又是客体、既是道德界又是形上境的功能大用。这就是牟宗三所证立的"道德的形上学"。本体、性体、心体、仁体确然是道德的,但其同时又是通于形而上的天道的。以此反观康德的道德哲学,即可知康德只能证成道德的自律性、道德的主体性一层,而不能证立道德的形上学,因为后者是要通过实践理性呈现出来的。

在牟宗三看来,道德理性有三层义涵,用禅宗话头说,第一层是"截断众流",第二层是"涵盖乾坤",第三层是"随波逐浪"。他认为康德只达到"截断众流"之境,即截断和剔除道德的他律,而指出意志自由与道德法则的自主自律性。可惜他因为将意志自由、道德法则之自律视作一种预设或假设,而不视作真

---

① 牟宗三:《中国哲学的特质》,引自《牟宗三先生全集》第28册,第32页。

实的呈现，因此必然封闭了道德作为实践智慧而通达至形上境界之路。这就是康德不能进一步由道德理性的第一义走向其余二义的原因。不过，在这里（即《心体与性体》一书）牟宗三通过禅宗的三句短语来形容道德理性之三义，显得比较模糊。在另一个地方，他用主观、客观、绝对三义来说道德的形上学，则更显清晰。他以王阳明"致良知"为例做出解释，指出阳明的"良知"有三义：一是主观义；二是客观义；三是绝对义。主观义是指人心的良知能够自己知是知非，良知就在自己当下知是知非中呈现。客观义是指主观的良知活动不但是人心本身，而且同时也即是天理。但是，良知不但体现出道德界，而且也开显出存有界或存在界。换言之，良知又是乾坤宇宙的根基，这就是良知的绝对义。因此良知不但是道德之源，而且是存在之基；良知不只是应该之决定，而且是存在之决定。一切都在良知中呈现，无良知则无一切。这就是"良知底存有论意义"。

　　前文概述了牟宗三"道德的形上学"的建立的过程与根据，并指出了道德形上学虽然侧重在阐发《论语》《孟子》一系的思想（如孔子的"仁"、孟子的"理义之悦我心"、王阳明的"致良知"等），但因为道德最终是通于形上之天道的，所以道德的形上学的完成，乃汇归于《中庸》《易传》一系的思想。其中，《易传》的"寂感真幾"一义，更可称为道德的形上学完成的标志所在。牟宗三道德的形上学的最终完成，是通过"寂感真幾"一义而落实出来的。"寂感真幾"是《易传》的"寂然不动，感而遂通"之语的引申与凝练。"寂感真幾"的说法虽然不是牟宗三新儒学思想的关键之处，但是牟氏对此的相应说法却颇具特色。

　　牟宗三"寂感真幾"的观点是通过"诚""感""神""幾"诸义及其关系而展现出来的。在牟宗三之前，周敦颐的《通书》对此揭示得最为透彻。《通书》沟通了《中庸》之"诚"与《易传》之"太极"，将《易传》《中庸》更为内在地融合成为一个系统。牟宗三的论述多从这里申发出来。他指出，"诚"是道德创造之真源，其体本寂而其用不息。"诚"是客观的形上天道，同时也是主观的道德实体，圣人作为人道之极，能够将主观的道德实体与客观的形上天道内在地摄而为一。所以，天道至诚，圣人也至诚。这里面就体现出儒家的道德形上学之真义，此真义即可通过"诚"来表出，"诚"中蕴涵着"寂感真幾"的机制。他说：

　　　　"寂然不动，感而遂通"是先秦儒家原有而亦最深之玄思（形上智慧）。濂溪即通过此两句而了解诚体。"寂然不动者诚也"，此就诚体之体说。"感而遂通者神也"，此就诚体之用说。总之，诚体只是一个"寂感真幾"。此为对于诚体之具体的了解（内容的了解）。说天道、乾道，是笼统字（形式的、抽象的），故实之以"诚体"；诚体亦笼统，故复实之以寂感。濂溪

"默契道妙"，即首先握住此最根源之智慧，而言之复如此其精微而顺适，非真有默契者不能也。……天道、诚体、寂感之为实体是道德的实体。道德的实体只有通过道德意识与道德践履而呈现而印证。圣人是道德意识道德践履之最纯然者，故其体现此实体（诚体）亦最充其极而圆满。所谓充其极而圆满，一在肯定并证成此实体之普遍性，即此实体是遍万物而为实体，无一物之能外；二是圣心德量之无外，实体之绝对普遍性即在此无外之圣心德量中而为具体的呈现。不只是一外在的潜存的肯定。[①]

正因为诚体是一种道德的实体，这种道德的实体通于形上天道，因此具有通透性与畅达性。故牟宗三侧重在揭示"诚"的"明达"的功能。他说："诚则灵，一感应则能通天下的事。""你诚，天下的事情都能告诉你，一通全通。"[②]因此，诚体的明达功能乃引发心性本体有所感有所通。在牟宗三，这个"感"体现出道德的形上学的意义，是诚体的健动创化之肇始，而远非心理学意义的感动，两者处于不同的层次。他指出，《周易》下经首二卦是《咸》《恒》。《咸》就提示出存有论、形上学的感，这是宇宙天地间最基本的实体。而《恒》则讲夫妇之道，夫妇之道是存有论、形上学的感在人事、人道上的表现。[③] 而感则必有所通，从而融通主体与主体、自我与他者、本心与天道，达致自我与天地万物的一体通畅，并让天地事物得到通遂与安顿。

牟宗三进一步指出，由"诚"而"感"，由"感"而"通"，这是"神"的作用。牟宗三辨析了《易传》中有两种"神"的说法。一种是描述语，即赞叹天道阴阳变化的神妙，也即气化之妙。另一种则具有超越、本体的意义，并非只是气化，例如"神也者，妙万物而为言者也"（《周易·说卦》）即是。而作为本体的神，能够有其微妙的运用或作用。这种运用或作用能够让万物得以变化生生，没有作为本体的神的妙用，万物就不能变化生生。同时，牟宗三还指出，本体的神的作用是一种无限的作用，而非有限的作用。这可以通过《老子》"有之以为利，无之以为用"一句来诠解。这句话中，前者的用是利用的用，利用是有限制的，所以没有神之妙用，科学就是如此。后者则是此用之无化，成为无限的妙用。不过，相对道家老子，《易传》的无限妙用还体现为一种天命流行的道德实体之创造性作用，这使得儒家对于神的理解与西方人格神的宗教区别开来。[④]

可以说，牟宗三的"道德形上学"集中体现出现代新儒家对于道德问题的主要观点。现代新儒家因为继承宋明理学中的心性之学，因此他们大都意识到道

---

① 牟宗三：《心体与性体》（一），引自《牟宗三先生全集》第5册，第350页。
② 牟宗三：《周易哲学演讲录》，引自《牟宗三先生全集》第31册，第198页。
③ 同上书，第63~64页。
④ 同上书，第129~133页。

德、德性的背后，有心性之维作为其根据；他们要将心性之维作为天地人生的至极根源之所在。但是，如何确证这两个取向，并不是容易之事。唐君毅的"道德自我""感通形上学"与牟宗三的"道德形上学"，都体现出现代新儒家在哲学上对道德与心性问题的最深入的努力。但从整体上说，他们从道德形上学的角度而非历史唯物论的角度出发，都不可能正确地阐明人的道德、心性的发生机制。其道德形上学的理论水平并没有超过康德所代表的德国唯心主义的道德形上学。只是归因有所不同，康德归因于人的"善良意志"，现代新儒家归因于"本体""心性"。而他们都不理解，人的道德意识最终是植根于人类的生产—生活方式之中。

第三章

传统"六德"与社会主义核心价值观

如何将传统的优秀的道德文化与当代社会主义核心价值观的建设工作结合起来，是当前中国传统道德哲学、伦理思想研究极其重要的任务。对于此点，以习近平同志为核心的中共中央有明确的布局与指示。他在讲文化自信的重要性时说道："我们不能数典忘祖，不能照抄照搬别国的发展模式，也绝不会接受任何外国颐指气使的说教。"[1] 2014年5月2日，在北京大学师生座谈会上，习近平这样讲道："中国古代历来讲格物致知、诚意正心、修身齐家、治国平天下。从某种角度看，格物致知、诚意正心、修身是个人层面的要求，齐家是社会层面的要求，治国平天下是国家层面的要求。我们提出的社会主义核心价值观，把涉及国家、社会、公民的价值要求融为一体，既体现了社会主义本质要求，继承了中华优秀传统文化，也吸收了世界文明有益成果，体现了时代精神。"[2] 2014年10月15日，在文艺工作座谈会上，习近平这样讲："中华民族在长期实践中培育和形成了独特的思想理念和道德规范，有崇仁爱、重民本、守诚信、讲辩证、尚和合、求大同等思想，有自强不息、敬业乐群、扶正扬善、扶危济困、见义勇为、孝老爱亲等传统美德。中华优秀传统文化中很多思想理念和道德规范，不论过去还是现在，都有其永不褪色的价值。"[3] 以习近平总书记为核心的党中央对于传

---

[1] 习近平：《青年要自觉践行社会主义核心价值观——在北京大学师生座谈会上的讲话》，人民出版社2014年版，第9页。
[2] 中共中央文献研究室编：《习近平关于社会主义文化建设论述摘编》，中央文献出版社2017年版，第114页。
[3] 《习近平在文艺工作座谈会上的讲话》，载《人民日报》2015年10月15日第2版。

统优秀道德文化的高度肯定,为我们的理论工作指明了基本的方向。简洁地说,仁义礼智信、忠孝节廉耻十德,经过现代的诠释,可以成为优秀的道德文化传统,在当下的社会里发挥正面的作用。出于简化的需要,下面我们将选择其中最为典型的仁义诚信、忠孝廉耻六德,阐述它们的当代意义。

第一节 仁义诚信三德及其在当代的意义

所谓"五常",指的是仁、义、礼、智、信这五种德目。在古人看来,这些德目表征着人性应有的五种常态,既指普遍性,又指恒定性,所以称它们为"五常"。在古代中国,它们标识着修身、齐家、治国、平天下的基本原则,也是最高原则。它们不仅是个人修身立命的标准,也是社会运作的标准,甚至还可说是历史评价的标准。置于中华民族的历史长河中,它们可说是内在于中国古代文化传统中的文化基因,是古代价值系统的隐形骨干、不可或缺的配置。然而,随着清末以来社会大变局的出现,传统中国的价值体系逐渐崩溃,西方各种思潮相继涌入,由此造成现代中国在道德价值观念方面的动荡。直到今天,这种动荡在社会生活的很多方面并未完全回归常态。道德观念混乱、价值迷失的现象,还是一种不可忽视的社会精神现象。中华民族要想真正走上独立发展、自强不息的康庄大道,必须确立起基本的道德价值观,用新的又是中国人自己的现代人文精神来重塑中华民族的心灵秩序。

一、仁德及其当代的新阐释

作为德目之仁,在孔子之前就已经存在,但从孔子开始,以仁为核心的道德体系才初步建立起来。从字义讲,先秦"仁"字有"相仁耦"的关系说,亦有近期出土的郭店楚简"上身下心"（ ）的身心一体说。但作为儒家的核心思想观念,"仁"的观念主要体现人与人之间良善的关系,经得起不断的模仿（赵汀阳语）。学术界对于"仁"德或仁学的研究成果,极其丰富。一部中国儒学史,毫不夸张地说,就是围绕"仁"字而展开的仁学史。最近,陈来出版的《仁学本体论》一书对此有轮廓性的勾勒,此处不再重复,仅以冯友兰、劳思光和唐君毅的经典诠释为范例,让我们对仁学在现代中的发展有一个梗概性的了解。

冯友兰在其两卷本《中国哲学史》中,从直、礼、忠恕三个层面重新阐释了孔子的仁学思想。

其一，仁与直、礼（义以为质，礼以出之）。冯氏认为：直就是由中出，质直而无所虚伪。此间所表达的是内心的真性情（冯氏将其视为某种内在的心理状态），孔子注重个人性情方面的自由。礼就是指外在的社会规范（冯氏将其视为某种外部的制裁），孔子同样也注重社会对个人行为的制裁。如果一个人的行为，一方面出于内心的真性情（直），另一方面又符合外在的社会规范（礼），那么这个行为就是仁的，而能够时刻践行这种行为的人就是中行之君子。在冯氏看来，注重个人在性情方面的自由是孔子所提出的新意，而注重社会规范对个人的制裁则是孔子对古代成规或古代礼乐文化的继承。

其二，仁与忠恕。冯氏引用《论语》中"己欲立而立人，己欲达而达人"这句话来说明孔子的忠，又用"己所不欲，勿施于人"来说明孔子的恕，并将忠恕解释为某种同情心的推己及人。一个人只要以这种同情心为基础，通过推己及人，就可以使自己的行为自然适合义理上的分际，也就是符合礼的本意，而不会像质直者那样或有可能流入狂狷之偏。

其三，仁与其他诸德。冯氏将孔子之仁视为全德。他引用曾子的"夫子之道，忠恕而已矣"来说明忠恕就是夫子一以贯之的仁道。而且仁通过忠恕囊括其他诸德。如"仁者必有勇，勇者不必有仁"，可知仁可以统摄勇；又"人而不仁如礼何？人而不仁如乐何？"，可知仁可以统摄礼乐；如此等等。由此，仁就是所谓的全德。大体上，这就是冯氏以直、礼、忠恕这几个观念为核心对孔子之仁所做的阐释。

作为早期的尝试，冯氏对孔子之仁学的阐释只是提供了初步的开端，其论述略显松散而不成体系。但无论如何，冯氏毕竟为阐释孔子的仁学提供了一个基础。总体说来，冯氏对孔子仁学的诠释有不甚恰当和有待推进的地方，如他用真性情来讲孔子的直，用外在规范来规定孔子的礼，又以同情心为基础来讲孔子的忠恕之道，这些当然有助于帮助我们理解孔子的仁且在某些方面不乏新意，但是对于真性情、同情心这些用作解释的概念，他并没有给出一个较为具体、确切的说明。由此我们也很难把握这种解释的确切定位，因为真性情、同情心本身都是需要加以深入把握的观念。就其使用来说，冯氏大体将真性情视为某种个人气质的直接抒发、无所污染、无所曲折，而将同情心视为某种通情通感的心理状态，这都是从较为形而下的层面来解释孔子的仁。这不能说错，但还不够，光凭此还不能说明为什么仁是夫子的"一以贯之"之道。而将礼仅仅视为一种外在的规范，一种社会对个人的制裁，这与孔子对礼的阐述不甚符合，有子说："礼之用，和为贵，先王之道斯为美，小大由之。知和而和，不以礼节之，亦不可行也。"（《论语·学而》）孔子说："道之以德，齐之以礼，有耻且格。"（《论语·为政》）礼在孔子那里不仅是一种外在的社会规范，它与仁是相互配套的。

劳思光不满冯友兰对孔子之仁的解释，在其《中国哲学史新编》中重新阐释了孔子之仁。劳氏以仁、义、礼这三个观念作为孔子仁学的思想主干，阐释孔子仁学的基本理论。该诠释理论的基本脉络可概括如下。

　　其一，礼作为孔子思想学说的出发点。在劳氏看来，礼可以分为广义（此为礼之本）和狭义（此为礼之末）两种。狭义的礼就是指一般的仪文节度，而广义的礼则是指整个礼乐制度和整体秩序。后者是礼之本，因为整个礼的本意就在于保障一个安定的秩序。但是这个作为整体秩序的礼的根据或合理性何在呢？对于这个问题，孔子之前的人有些认为礼的合理性来源于天道，另外一些人则认为来自传统。但孔子对此提出了一个全新的看法，他认为礼的根据在于人的道德意识或价值上的自觉意识，由此他为整个礼乐传统奠定了一个全新的基础，也为儒家的仁学开创了一个宏伟的基础。这即是说，孔子通过其道德意识对礼乐传统加以点化，从而开创出仁学的新传统。

　　其二，摄礼归义：正是因为礼的根据在于人内在的道德意识，所以礼在根本上可归结为义。为了说明礼的根据在于义，劳氏对《论语》中谈及义的材料进行整理和归纳、训释。劳氏认为：义在《论语》中具有很关键的地位，而且它的含义主要就是正当和道理两种。劳氏接着再根据《论语》中"义以为质，礼以出之"的讲法，将义视为礼的根据所在。一个礼仪合不合乎义，这是对礼仪的最终标准。合乎义，它就是真正的礼；不合乎义，它就不是真正意义上的礼。世间一切世俗的传统礼仪，都不是礼的本质所在，只有那求正当的道德的自觉心才是礼的真正本质。这样，通过将礼的本质追溯到求正当的义上面，就将礼统摄在义之中。

　　其三，摄礼和义归仁——仁作为孔子思想学说的终点。依照劳氏的解释，孔子所讲的仁是一种大公无私的境界，仁纯是一无私无欲、自我主宰的公心，这一公心是义和礼的根据所在。正是因为如此，此仁既可以统摄义又可以统摄礼。先就摄义归仁而言，如上所述，义所寻求的是一个礼仪行为或整个秩序的正当性，但只有出于公心，我们才有可能去判断一个行为或秩序的正当性。而仁恰恰就是这个大公无私的公心境界，只有以仁这一公心为基础，我们才有可能获得真正的义。仁就是道德自觉的纯粹本体，而义则是这一本体的发用。仁即是公心，义即是循理正当，所以仁就是义的基础。由此，就可以将义统摄在仁之下。

　　再就摄礼归仁而言，虽然在学理的层面上，从礼到义再到仁，中间有两层，但是在实践的层面上，从仁到义、礼，中间只有一层，并无两层。因为在实践中，礼和义是无法分开的，任何义都只能在具有的礼中体现。根据"克己复礼"的讲法，可知道真正的仁必须将礼统摄进来，只有达成礼才能成就真实的仁。又根据"人而不仁如礼何？人而不仁如乐何？"的讲法，礼的根本恰恰就在于仁，只有基于仁，礼才能够在真正的意义上成为礼。这样一来，礼也就是被统摄在仁之下。所以，仁就是孔子学说的终点和玄关所在，它是统摄一切的核心观念。从礼出发，通过摄礼归义，摄义归仁并最终摄礼归仁，劳氏建立了一个以仁、义、礼这三个观念为核心的仁学体系。

由上基本理论出发，劳氏还提出了一些次生的理论：（1）与礼的秩序观念相对应，有所谓的正名说；（2）与义的道德正当观念相对应，有所谓的直的说法；（3）与仁的公心观念相对应，则忠恕作为成德工夫的说法。这就统摄了冯友兰的解释而使孔子氏仁学具有了内在圆融的特征。此外，劳氏还从文化、精神取向的层面对孔子的仁学进行讨论，例如义命分立的观念、德性工夫的凸显以及随机立教的教法。

劳氏对孔子仁说的阐释，系统整严而规模盛大。他的系列阐释虽然也参考了冯友兰的某些说法（如礼、直、忠恕），但总体上来说，比冯氏的解释要更加深刻。可以说是开出了一条阐释孔子之仁学的新理路。其阐释的洞见则来源于某种类似康德道德哲学（当然也可以包括休谟、新康德主义的追随者在内）的洞见，亦即事实和价值的区分（实然和应然、自然和自由、现象和本体等区分与此相应）：事实归属于现象界，由自然律加以规定，而价值则归属于本体界，由道德律自身加以规定。由此基本视野出发，劳氏认为孔子的最大贡献就在于抛开自然现象界的种种限制，凸显了道德意识或价值的自觉意识，并由此而开拓出一个崇高庄严的人文价值世界。这种阐释不可谓之无洞见，但它是否真的能完全合乎孔子的学说本身呢？这是值得怀疑和思考的。

在《中国哲学原论》中，唐君毅从人格、感通的角度对孔子的仁学思想做出了深刻而系统的阐发。简要而言，唐氏总摄诸义而以感通之道来阐述孔子的仁学思想。他将感通之道分为人对自己的内在感通、对他人的外部感通以及对天地鬼神的纵深感通，以通情为感，以感成通。唐氏指出：这种感通是属于生命存在、精神、心灵方面的，所以人对自己的感通就是主观精神的感通，而他人的感通就是客观精神的感通，而对天地鬼神的感通则是绝对精神的感通。又因为这三个层面的感通都属于精神自身的多方面、多层次的感通，所以它们在本质上是可以相通的。既然所有的感通都是感而后通，那么作为不同的感通，它们之间必然也可以感而后通。这样一来，精神的多层次感通必然就发展成为一个全面、纵深的感通体系，亦即仁者无疆的浑然同体境界（在某种意义上可将其视为"理一"或本体宇宙论意义上的综贯之一）。

此外，唐氏通过对孔子在指点弟子求仁工夫以及自道其求仁境界种种不同的具体考察，发现孔子在论求仁工夫的时候，存在着一个明显的分段、位次；通过这些段位，就可以具体而微地展现孔子仁学的具体历程（在某种意义上可将其视为工夫上的"分殊"）。唐氏正是将这两方面结合在一起，试图对孔子的仁学做一种全面、立体的阐释。简洁地说，可将"求仁"的五个具体阶段展示如下：

求仁的第一步为志于道（学、仁）。孔子说"吾十有五而志于学"，立志是学者的第一关。只有立志向学、向道，才有可能成为志士仁人。立志就是自我的兴发、自我的感通，亦即将别人纳入自己的志向之中，愿与天下之人共进于此道中（此中即含摄了无限的事功），所以立志是自我感通，是求仁的基础、出发点。

求仁的第二步为仁之方（忠、恕、信）。显然，在求仁得仁的道路上，光有志向是不够的。要求仁而至于道，必须得有扎实的求仁工夫。在唐君毅看来，这些扎实的求仁工夫就是忠、恕、信。"己欲立而立人，己欲达而达人""己所不欲，勿施于人"，这些就是孔子指点弟子求仁的下手处。从此下手做去，自然可以挺立自己，感通别人。

求仁的第三步为仁与礼、敬。忠恕的求仁工夫是基础性的，而其成熟则在于达到礼、敬的程度。孔子告仲弓说："出门如见大宾，使民如承大祭"，讲的就是敬。孔子告颜渊说，"克己复礼为仁"，讲的就是礼。所以礼和敬是一个人之精神全面提升的境界，求仁能做到礼敬，就已经在大体、规模上立起来了。

以上三条，所谈论的都是仁的正面的发挥、成就，亦即都是一些直感、直应、直发的行为的充实、畅达，其极在于"立于礼"。

求仁的第四步为仁与智、义、勇。如上所述，上面三步都还是仁的正面发挥，而在第四步，就出现了更加复杂的情况，亦即要对贤愚善恶等种种不同的情况加以分别，择其贤善，去其愚恶，而这就是需要对智加以磨练。而在具体的行为中如何能够做到义之与比，区分种种困难情况之下的宜与不宜，就需要以智做基础的聪慧，所以义以智为基础，而所谓的勇就是勇于行义。所有这一切，都不是直接能够达成的，而是必须经过一番艰苦困苦才能够成就。

以上一条，所谈论的是仁的反面的发挥、成就，亦即需要对种种不同乃至对立、极端困苦的情况进行抉择，因而极需智慧，其极在于"不惑"。

求仁的第五步为仁与天地、鬼、神。以上四步求仁工夫主要停留在横向和纵向的层面，在求仁上具有正反两方面的发挥。而就孔子自道其求仁境界来说，如"不怨天，不尤人，知我者其天乎""发愤忘食，乐以忘忧，不知老之将至云尔"等，我们可以很清楚地看到：孔子在求仁境界上还有一个高度上的提升，亦即提升到天地、鬼神的高度。这种高度的极限在于"知天命"。

以上五步，是确切有步骤可循的，是学者可以致其工夫的。至于所谓的大而化之之谓圣，圣而不可知之谓神，则只能由养而熟，不可刻意去求，亦即"耳顺""从心所欲不欲矩"的境界只能纯由养熟而来。大体而言，唐氏从主观之自我、客观之他人以及绝对之天地鬼神，亦即求仁工夫之正、反、合三个方面，并结合求仁工夫在境界、层次上的段位、节次，对孔子的仁学做出了一个全面、纵深的立体展示，其诠释可谓力求致广大而尽精微矣。

此上唐氏从"感通之道"出发，并通过对黑格尔辩证法的某种采用，在人、我、天地、鬼神的立体交叉层次上对孔子的仁学做出了全面、具体而微的系统展示。它在思辨上所用的工夫，它对孔子求仁工夫之各个层次的展示，在对孔子之仁学的全面、深刻把握上，可谓都达到了一种极为深入的水平，可以称得上是近现代以来哲学家对孔子之仁学所做出的最深入、最系统、最全面的解释。这样一种尝试、努力是值得赞赏的。但是，我们也必须了解，唐氏采用黑格尔的辩证法来诠释孔子的仁学，虽然不无优异之处，却未必能贴切地用于展示孔子的仁学。其原因在于：黑格尔的辩证法是在整个西方哲学尤其是德国哲学的深厚大传统中发展出来的一套高度思辨、高度抽象的理性机巧。要将孔子的种种不同说法，想方设法地塞入这种理性的机巧中，就必然要对孔子的学说进行某种肢解。唐氏求仁的五步工夫、正反合三面的说明，恰恰就显示了这一点。

实际上，孔子针对任何弟子，其教法都是彻上彻下、统贯天人，其间并无明显的分段、位次。"空空如也""一以贯之""无所隐"的态度和取向是不会给明显的分段、位次留下太多空间的。虽然从弟子或为学者的角度可以对其做一个排列，但这种排列始终不能彻底、完全地相应于孔子仁学的整体精神。就中国传统的学问而言，任何一种西方的体系、方法，都不可能是完全与之相应的，即便所参照的对象是康德、黑格尔乃至海德格尔。因为这两套学问完全发源于不同的视野，只有从其发源的视野出发，经由一种本源的沟通，才有可能生发出真正的解释。不过，就唐氏用感通之道来阐释孔子的仁学而言，这的确是抓住了孔子仁学的命脉所在，可谓得其门径矣。以后的学者想要以一种更加生动、真实而又本源的方式来阐释孔子的仁，只有以此为基础才是可能的。后人或许可以超过此诠释，却不能轻易越过此诠释。下面，我们将根据自己的理解，对仁学之具体内涵做具体而微的展示。

首先，我们将仁视为人道之根本，或者换句话说，仁道就是所谓的立人极之道，亦即挺立人极以参于天地之道。就其本质内容而言，仁学的本质内容就在于彰显价值世界与人格世界。我们可以从三个方面对此加以说明。

第一个方面，人为天地之心。古人曾说"天地之性人为贵"，此间所凸显的恰恰是人在天地之间的独特地位——人是能够参赞天地的属灵者。正是因为如此，所以《礼记·礼运》篇才说："故人者，天地之心也，五行之端也，食味别声被色而生者也。"而王阳明的如下论述更是对此说法的印证："我的灵明，便是天地鬼神的主宰。天没有我的灵明，谁去仰他高？地没有我的灵明，谁去俯他深？鬼神没有我的灵明，谁去辨他吉凶灾祥？天地鬼神万物离去我的灵明，便没有天地鬼神万物了。我的灵明离却天地鬼神万物，亦没有我的灵明。"（《传习录》下）正是因为人在天地之间具有如此独特的地位，所以人才负有挺立人极以参于天地之道的殷切责任。天地之心落实于人就是感通不已之仁，如果说人是天地之心，那么仁就是人之心。朱子将仁训为"心之德，爱之理"，其义理上的根据和源头即存乎此。

第二个方面，仁为价值之源。价值源于感受，而感受则基于感通而来。仁作为源始的感通，由此就成为价值的真正源头。古人以身体的麻痹或麻木不仁来比喻人心的不仁，所蕴含的就是这个道理。身体麻痹则对身体所接触的一切都无所感，人心不仁则对一切价值无所感。因而只有基于仁道之源始的感通，价值才能源泉混混那般蓬勃地涌现，价值境域的无限开放由此才能得到真切的落实。仁能够成为价值的真切源头，其原因即存乎此。

第三个方面，仁为人格之根。仁作为价值的源头，不断地将各种价值开放出来，而实现并完善这些价值则是仁人志士的使命。具体的人格就是这些价值的承载者、汇集者、统合者。孟子曾说："可欲之谓善，有诸己之谓信。充实之谓美，充实而有光辉之谓大，大而化之之谓圣，圣而不可知之之谓神。"（《孟子·尽心下》）此间所描绘的正是这个人格成长的历程：善即是可欲的各种价值，将这些价值收归己身而实有之就是信，不断充实完善这些价值就会散发出美，让这些价值不断地充实以至于达到和顺积中而英华发外的境界就是大，而价值的呈现与实现达于化境乃至不可知的境界就是所谓的圣神。在整个人格成长的过程中，没有一步能脱离开仁的长养与呵护。只有基于仁道源始的感通以及求仁得仁的不懈志愿和努力，人格才有真切成长的可能。仁之所以是人格之根，其原因即存乎此。

其次，仁道作为立人极之道，其真实展开具有无比的深广度。这种深广度与价值世界及人格世界的无比深邃是相互呼应的。在古代儒家典籍中，我们随时随地都能发现对仁道所具有的这种深广度的描绘。我们可以《中庸》为例，对此略加展示。在《中庸》的作者看来，真正的（或者说完满意义上的）仁者就是所谓的"天下至诚"，他具有如下的特征："唯天下至诚，为能经纶天下之大经，立天下之大本，知天地之化育。夫焉有所倚？肫肫其仁！渊渊其渊！浩浩其天！"此处的"肫肫其仁！渊渊其渊！浩浩其天！"正是对仁者气象之无比深广的完美展现：肫肫者，言其仁之纯粹恳切；渊渊者，言其仁之厚重深远；浩浩者，言其仁之盛大流行。如果更具体地说，那就是："唯天下至圣，为能聪明睿知，足以有临也；宽裕温柔，足以有容也；发强刚毅，足以有执也；齐庄中正，足以有敬也；文理密察，足以有别也。溥博渊泉，而时出之。溥博如天，渊泉如渊。见而民莫不敬，言而民莫不信，行而民莫不说。是以声名洋溢乎中国，施及蛮貊；舟车所至，人力所通，天之所覆，地之所载，日月所照，霜露所队；凡有血气者，莫不尊亲，故曰配天。"这里的"天下至圣"和此上的"天下至诚"是声息互通的，"溥博如天，渊泉如渊"的描绘与此上对肫肫之仁的描绘也相互呼应，而其对各种德行表现的描述更是彰显了仁道的广度。最深广意义上的仁道是包含通常所谓仁义礼智信这五常在内的，这也就是为什么我们要以仁为本来探求五常所具有的现代价值。

仁道的这种深远展开又被《中庸》称为"君子之道"，其用至广而其体至微。对此，《中庸》有如下的描述："君子之道费而隐。夫妇之愚，可以与知焉，及其至也，虽圣人亦有所不知焉；夫妇之不肖，可以能行焉，及其至也，虽圣人亦有所不能焉。……君子之道，造端乎夫妇，及其至也，察乎天地。"仁道作为君子之道是愚夫愚妇都可以身体力行的，普通人若能将此仁道发挥到极致，那么他即便对圣人而言也有其所不知、有所不能。抑或我们还可以将其描绘为大易的随时之道（随时变易以从道），此道周流六虚、变动不居，弥满充周而无时可离、无地可离，故《周易》描述道："以言乎远则不御，以言乎迩则静而正，以言乎天地之间则备矣。"所有这些说法都彰显了仁道所蕴含的无尽深广度，它表征着价值世界之无限与德性人格之绝对。孔子的践仁知天、孟子的尽心知性立命以及《易传》的穷理尽性以至于命，都是对此境界的真实呈现，它们奠定了儒家思想所追求的理想形态。

再次，与仁道无尽之深广度相应，儒者提出了万物一体之仁的道德理念。万物一体的思想虽然是在宋明时期才得到大力的发扬，但其规模和渊源都来自于先秦儒学所打开的境域。孔子说："一日克己复礼，天下归仁焉。"这表明仁心仁德原本是可以达及整个天下的。盖仁本是人心源始不已的感通，这感通却是没有某种固定限制的，只要此仁心保持开放的状态，那么它必然能够通达整个天地之道。孔子之下学上达、知命知天，即是对此通达无碍的最佳展示。孟子也曾说，"万物皆备于我，反身而诚，乐莫大焉"，又说"君子上下与天地同流"，在这里与万物同体的规模已然呼之欲出。而到了宋明时期，儒者即当下承续此生命的慧解而开拓出万物一体的境界。张载在其鸿篇巨制《西铭》中提出了民胞物与的思想："民，吾同胞；物吾与也……尊高年，所以长其长；慈孤弱，所以幼其幼。圣，其合德；贤，其秀也。凡天下疲癃、残疾、惸独、鳏寡，皆吾兄弟之颠连而无告者也。于时保之，子之翼也；乐且不忧，纯乎孝者也。"张载将百姓视为自己的同胞，将万物视为自己的伙伴，尊敬长者而慈爱幼者；对于那些生活不能自理、孤单无助的人，张载希望能像父母呵护子女那样去呵护他们；如果能够做到这样而无怨无悔甚至充满快乐，那么这就是张载心目中所谓的天地之孝子。千余年后读到此文，我们仍然要感叹其情怀恳切而意境高远的人道主义、道德理想主义精神，它可以作为人类文明的灯塔持续不断地指引人类在物欲的汪洋大海中航行。

与张载大体同时的程颢，盛赞前者民胞物与的思想，并且自己也提出了"仁者浑然与物同体"的思想。自此之后，万物同体之仁就作为思想预设和积淀成为宋明儒的基本精神财富。一代又一代的儒者本此情怀与理境去展开他们的思想和实践活动，此中王阳明的大人说发挥此义最为精详，他在《大学问》中写道：

> 大人者，以天地万物为一体者也，其视天下犹一家，中国犹一人焉。若夫间形骸而分尔我者，小人矣。大人之能以天地万物为一体也，非意之也，其心之仁本若是，其与天地万物而为一也。岂惟大人，虽小人之心亦莫不然，彼顾自小之耳。是故见孺子之入井，而必有怵惕恻隐之心焉，是其仁之与孺子而为一体也；孺子犹同类者也，见鸟兽之哀鸣觳觫，而必有不忍之心焉，是其仁之与鸟兽而为一体也；鸟兽犹有知觉者也，见草木之摧折而必有悯恤之心焉，是其仁之与草木而为一体也；草木犹有生意者也，见瓦石之毁坏而必有顾惜之心焉，是其仁之与瓦石而为一体也；是其一体之仁也，虽小人之心亦必有之。是乃根于天命之性，而自然灵昭不昧者也。①

在这里阳明通过切身的情感体会来展现大人何以是"以天地万物为一体者"：经由怵惕恻隐之心而与孺子为一体（此为同类），经由不忍之心而与鸟兽为一体（有知觉之动物），经由悯恤之心而与草木为一体（植物），经由顾惜之心而与瓦石为一体（非生物）。在阳明看来，哪怕就是小人也有这种一体之仁，盖此仁性出于天命，是先天所赋予者。只是小人遮蔽它、损害它，所以此仁性不能得到彰显。实际上，阳明在这里用来展现万物一体之仁的四心（怵惕恻隐之心、不忍之心、悯恤之心、顾惜之心），无非就是仁心面对不同情境所生发的不同感通状态，归根结底无非是仁心不容已的源始感通。

基于仁道无尽的深广度以及万物一体之仁的终极理念，仁道的展开就成为某种不尽的征程。与此相应，仁学亦凸显其终极的开放性。如前所述，仁心作为源始的感通本是没有固定限制的，但是观念与行为上的执着则会遮蔽乃至损害这种仁心的显发，以至于整个生命陷入麻木不仁的境地。然而仁心的源始感通性终不能彻底地被遮蔽、被消灭，一旦反求诸己或遭遇某种极限情境而恻然有所觉、憬然有所悟，此源始感通性仍会不可阻挡地迸发出来。就仁人志士而言，他们主动提升自己的心志，以求仁作为自己生命的最终企向。求仁是孔门教人第一法也是最后之法。君子之德性人格的培育全存乎此仁，故孔子有云："君子去仁，恶乎

---

① 王守仁撰，吴光等编校：《大学问》，引自《王阳明全集》，上海古籍出版社1992年版，第968页。

成名？君子无终食之间违仁，造次必于是，颠沛必于是。"(《论语·里仁》)求仁而得仁是尽道者念兹在兹的责任所在：不管处境多么危急、多么艰难，君子都不能脱离仁义的轨道。这种求仁工夫所揭示的是不尽的途程，道德修养是不存在放假之时的。故孔子从不轻易以仁许人，而曾子亦有云："仁以为己任，死而后已，不亦重乎！"(《论语·学而》)曾子之"如临深渊、如履薄冰"正是这种精诚贯注之求仁精神的真切体现。这种求仁工夫也就是《中庸》所谓的"诚之"之工夫。吾人若能从当下一念立定脚跟，持续不断地做求仁的工夫，则终能达于至诚的境界。此即如《中庸》所言：

> 今夫天，斯昭昭之多，及其无穷也，日月星辰系焉，万物覆焉。今夫地，一撮土之多，及其广厚，载华岳而不重，振河海而不泄，万物载焉。今夫山，一拳石之多，及其广大，草木生之，禽兽居之，宝藏兴焉。今夫水，一勺之多，及其不测，鼋鼍、蛟龙、鱼鳖生焉，货财殖焉。

从昭昭之天到无穷之天，从一撮土到广厚的大地，从一拳石而崇山峻岭，从一勺水到不测深渊，此间所要凸显的正是不间断、无止息的求仁工夫。基于此不间断的求仁工夫，并进而大而化之则达于至诚无息的境界，亦即能够全幅地彰显出仁道之无尽深广度。此即如《中庸》所描绘的："至诚无息。不息则久，久则征，征则悠远，悠远则博厚，博厚则高明。博厚，所以载物也；高明，所以覆物也；悠久，所以成物也。博厚配地，高明配天，悠久无疆。如此者，不见而章，不动而变，无为而成。"究极而言，仁道与天地之道是一体同流的，故能与后者同其高明、博厚、悠久。

最后，如果我们要对仁道的具体内容做某种多维的透视，那么我们可以将仁道界定为人文化成之道的三维展开。此人文化成之道就是真切意义上的人文精神的全面展开，它所包含的三个具体维度就是身心之维、人己之维和古今之维。这三个维度从本源上来说是互相包容的，但就内容来说有不同的侧重点。身心之维侧重心之感兴和终始，可对应于《大学》中的"明明德"，与修身工夫密切相关。人己之维则侧重人与人之间的关系，关乎仁义之德与礼乐之文，文质彬彬以治天下国家，可对应于《大学》中的"新民"，与政治密切相关。古今之维则侧重历史性，以历史性和历史意识为要点，其精神可用《庄子》中"参万岁而一成纯"这句话来概括，与人类的整个文化史相关，直达人类文明的深渊。

更进一步地说，身心之维的特性体现为感兴和终始。感兴是心之初几，是心之发用的开端。终始则是指心之全贯乎全体大用，它一方面表现为统括时之三际而为一，亦即人道（人道即是性）之始终；另一方面它又通于天道之全体，亦即天道的始终。所以心际一方面体现为变合之几（感兴），另一方面又通乎天道之全体（阴阳之全体）。人己之维即是指人与人之间的关系。广义地说，如何处人与人之间的关系就是政治的全部内容，一切道德、历史、艺术、科技都不外于此关系。在中国古代的思想传统中，此种人际关系主要由礼乐来加以规定，与礼乐之文相应的则是内在的仁义之德。内有仁义之德，外合礼乐之文，内外交尽，这就是古代君子修己、治人的最高理想，也可以说是儒家的政治理想。古今之维的展开就是历史之全体，于人而言，它就是整个人文化成的历史：人自历史出生、在历史中成长、最终回归于历史。人类的本性，即体现在其全幅人文化生成史当中。我们必须将历史视为一个活生生的整体、一个人文化成天下的鲜活过程。对此鲜活之体的探讨则意在为当下和未来的人生提供指引，此即所谓的经世理想。

以上就是我们对仁学之意蕴的阐发。现在我们要继续追问的是：它对于当下的核心价值观重塑能起到什么样的启发作用？仁学的这种丰富意蕴在今天依然能指引我们去展开良善的生活吗？在这种仁学理想的映照下，我们每个人能为自己树立什么样的人格目标呢？在此追问中，冯契的"平民化的自由人格"就非常值得我们关注。

我们目前所处的时代是普罗大众的时代，亦即平民化的时代。在这个时代，我们不再希求圣王，我们要争取实现自己的独立人格，因而我们呼唤的是"平民化的自由人格"。所谓的自由就是让每个人都能够在更完整的意义上去成为自己、成就自己，而一个自由的社会就是能够让每个人都在其中找到其恰当的位置并更好地实现自己的社会。所谓的人格就是贯穿所有思想和实践活动而构建起来的统一体（尤其是德性或品德的统一体）。所谓的平民化就是指它不再是少数人的专利，它不会因为任何血统或社会地位而受到限定。如果我们这样来理解平民化的自由人格，那么以此上所阐发的仁学为本，我们就能在当今社会指引出成就这种自由人格的道路。首先，要想成为自己、成就自己，我们必须知道何谓自己。用儒家的术语来说，就是要先认识自己的本性。在儒家看来，人之本性就体现为仁心之不容已，所以要成为自己就是要去求仁、践仁。因而所谓的自由无非就是由仁义行，而不是寡头的、原子式的个人个性的扩张。至于人格之统一性，我们此前已经将仁道不容已的源始感通展示为人格之根，德性人格恰恰就是在此根基上生发、生长而成的。再就平民化而言，我们此前也已经说过，求仁原是人人都可以做的，且是随时随地都可以做的（我欲仁，斯仁至矣）。仁学原是就每个人而说的，王侯将相也好，农民伙夫也好，只要他想去实践仁道，他总是可以的。我们甚至可以说：只有基于此仁道，平民化的自由人格才是可欲的与可能的。

二、义德与"义利之辩"

义之为德，内容极其复杂。牺牲自己的利益，甚至是牺牲自己的生命，往往是"义"的重要表现。"义"字的繁体字为"義",本义是适宜、恰到好处。上古社会与奉献牺牲给神圣对象有关,故又有奉献、利他的原初义。作为一种道德、伦理规范的义德,"义"常表现为一种道德上的利他性。义与忠联系在一起,表现为忠义;与仁联系在一起表现为仁义,主要是一种慈恩、宽大而超过一定的原则;与礼结合在一起,表现为一种合乎规范要求的做法,有恰到好处的意思。这时往往与利益分配相关,表现为规范论的、义务论的与功利追求的矛盾与张力。义之为德,在道德、伦理生活领域里,主要是以"义利之辩"的典型命题来体现的。古典社会的"义利之辩"内容极其丰富,先秦诸子中,儒、道、墨、法诸家对此问题的解释,并不一致,汉以后的中国社会,儒家思想占主导地位后,义利之辩的命题主要是以儒家思想为准绳,因而主要表现为道德法则的规范、道德义务的优先性,对功利往往持一种排斥的态度,至多是次一级的安排。民间社会对于义士特别是侠义的追求,恰恰又表明对社会政治生活中公正、正义的追求。《水浒传》《三侠五义》《七侠五义》等小说,恰恰反映了民间社会对义德的理解。当代中国社会的义德主要体现在社会主义市场经济生活中企业家、商家的利益追求与基本的道德良知的关系上。合乎基本的人伦要求是义的主要内容,而合乎环境、生态的要求,是义的延伸性要求。在商业活动中的利己的利益追求如何不越出社会的基本道德要求,是当代"义利之辩"的主要内容。当然,社会生活中做好事的"义举"和利他行为,也即是传统社会的义德要求。不过,像捐献遗体器官而有益于他人,这已经越出了"义德"的范畴,而涉及现代社会生活中更为复杂的也更为新颖的道德与法律问题了。

义与利是一对具体的历史的道德范畴,随着时代的变迁,其内容与形式均有所损益,其理论形态主要表现为道义论与功利论的对立或统一。张岱年说:"中国古代伦理学说可以分为道义论与功利论两大派别。道义论肯定道德价值高于实际利益,功利论强调道德价值不能脱离实际利益。道义论以孔子、孟子、董仲舒、宋明理学为代表;功利论以墨子、李觏和陈亮、叶适为代表。"[①] 然中国古典的"义利之辩"内容极其丰富,先秦功利论的代表还有法家、纵横家等。汉代以降,儒家思想成为社会的核心意识形态,义利之辩的命题主要是以儒学为准绳,表现为道德法则的规范、道德义务的优先性,但儒者在对功利、经济做次一等的安排时,并不完全摒弃事功。

另外,相对于大传统而言,民间小传统对义之思想的崇尚,及民间社会对义士特别是侠义的追求,恰恰表明对社会政治生活中的公平正义的追求。诸如《水浒传》《三侠五义》《七侠五义》等小说,就反映了民间社会对义德的理解。近

---

① 张岱年:《中国伦理思想研究》,上海人民出版社1989年版,第26页。

代中国受西方科技与思潮的冲击，传统的道德伦理备受批判，而欧美的功利主义和实用主义则为国人所接纳。当代社会也是如此，因现代化建设而派生的经济与伦理之脱节问题，反映出社会对功利的无尽欲求及人们对道义的漠视，所以在功利主义者所信奉的自由市场经济体制里，社会财富总量的增长并不能从根本上解决社会福利的公平分配问题，还可能导致物欲横流、道德滑坡和人性异化等现象。这种内与外、心与物的严重失衡状态，引起了学者的深重忧虑，道义重新被确立为社会政治与经济制度的第一美德，并尝试建立一种以公平、正义为核心的社会道义论，用以替代渐趋工具主义和个人主义的功利论，故在今日讨论义利问题仍有极为重要的现实意义。[1]

（一）儒家"义利之辩"的两种理论形态

大约到春秋时期，儒家奠定了义利观的早期理论形态，义指向"成德于己"的伦理学，利指向"施惠于民"的政治学。儒家的思想宗旨在修齐治平，自然关注义利之辩，朱熹曾经指出："义利之说乃儒者第一义。"[2] 在义利关系问题上，儒家强调成德之义的价值优先于物质性之利。作为儒学创始人的孔子，便提出"义以为质""义以为上"等命题。其后，孟子的"惟义所在"说及孔门后学的"见利不亏其义"说，都把自我的道德完善及内在超越，视为天地间第一要义。宋明儒学中程朱一系更是从价值层面淡化乃至清除功利的因素，这可被称为绝对道德义务论的义利观。但是，儒家内部学派纷呈，其对义利关系的认识实有差异。如《易传》的"义者，利之和"说，是以利来规定义，对天下国家之公利及个体可欲求的、合法的个人利益，表示了理解与尊重。荀子在强调"义以制利"的同时，也对符合人性本然的、应得的物质性欲求，持肯定的态度。这可被称为中国式的功利主义模式的义利之辩。其后，陈亮、叶适、李贽等人的义利观，均可归入此类型。儒家的义利观大致可归纳为这两种理论形态。

孔子建立了以"仁学"为核心的伦理学体系，围绕着"仁"而阐发了礼、义、孝、悌、忠、信等道德范畴，将"义"确定为善良意志和道德法则，并体现着人的自我规范和自我超越的道德能力和道德理性。冯友兰指出，孔子强调仁和

---

[1] 义利问题的相关研究颇多，如张传开、汪传发：《义利之间——中国传统文化中的义利观之演变》，南京大学出版社1997年版；张国钧：《先义与后利：中国人的义利观》，云南人民出版社1999年版；吕世荣、刘象彬、肖永成：《义利观研究》，河南大学出版社2000年版；万俊人：《义利之间——现代经济伦理十一讲》，团结出版社2003年版；赵璐：《中国近代义利观研究》，中国社会科学出版社2007年版；周石峰：《义利之间：近代商人与民族主义运动》，中国时代经济出版社2008年版；晋玉琪：《司马迁〈史记〉义利观研究》，（台北）花木兰文化出版社2013年版。单篇论文更多，不再赘述。

[2] 朱熹：《与延平李先生书》，引自《朱子全书》第21册，上海古籍出版社、安徽教育出版社2002年版，第1082页。

义,"义是事之'宜',即'应该'。它是绝对的命令。社会中的每个人都有一定的应该做的事,必须为做而做,因为做这些事在道德上是对的。如果做这些事只出于非道德的考虑,即使做了应该做的事,这种行为也不是义的行为"①。所谓应该的道德行为,是善良意志的自然流露。孔子说:"君子义以为质。"(《论语·卫灵公》)这即是说,君子应当以义德为自我生命的质干。而孔子的这一说法其实已隐含了"义内"的观念。

由于义指向内在的精神世界,相比于外在事物而言,其价值自然是优先的。故孔子说:"君子义以为上。"(《论语·阳货》)义真正体现了人存在的意义,确立了人生所应追求的价值内容。至于财富等物质性的利,虽然关系到生命的存在状态,却不是生命本身能否自立和丰满的必要因素,无法呈现人何以为天地间万类之灵的特质,故在价值序列上是等而次之的。孔子把义德看作是道德评价的标准,他说:"君子喻于义,小人喻于利。"义是美善的德性,君子要以义为性命的本质属性,其一切行为都要自觉地合乎道德义务的原则;反之,那种放弃道德义务的原则,以追求个人私利和满足个人欲求为其行为最高原则的人,就是奉行功利至上的、没有道德的小人。根据"义以为质""义以为上"的道德法则,无论是公利,抑或私利,在价值上都要次于义。子路问如何"成人",孔子答以"见利思义"(《论语·宪问》)。由于义是人的内在本质,道德义务的践履是人之所以为人的必要前提。孔子说君子有九思,其中一思即是"见利思义"方为君子。所以,"子罕言利"(《论语·子罕》),即孔子极少追求利。他提到利时,往往寓含告诫之意,如"放于利而行,多怨"(《论语·里仁》),"无见小利。见小利则大事不成"(《论语·子路》)。

不过,孔子并不完全排斥利,承认在一定条件下,只要符合道德原则的功利,就是正当而合理的。他也说:"富而可求也,虽执鞭之士,吾亦为之。"特别是在涉及民众的利益时,他也主张惠民、利民,"因民之所利而利之"(《论语·尧问》),对民众不只要"教之",而且要"富之"。

孔子的"义以为质""义以为上"说,确立了义德为质干,且内在于心而非外在于人的观念,他在强调人的道德自律性时,唤起了人的道德觉醒。孟子进一步论述了"义内"的思想。针对告子的"仁内义外"说,孟子明确提出"仁义内在"的观点。孔子以爱人、知人定义"仁",孟子明白指出:"仁,人心也。"心即主体的道德心,如良心、本心。心是本体,是诸道德发生的本源,"仁义礼智根于心"(《孟子·尽心上》),善良意志是"我固有之"的,而"非由外铄我也"。从孟子的论述看,仁是人心,义是人路,人心晓知天道,人路践行天道,

---

① 冯友兰:《中国哲学简史》,涂又光译,北京大学出版社1985年版,第49页。

二者不可须臾分离,应该"居仁由义",以"仁"为心之安宅,以"义"为道德实践的正路。孟子常常"仁义"并称①,实际表达的是一种道德自律的思想。

《孟子》全书中,"义"字凡108见,出自孟子本人言论者,及扣除引用他人所说者,共计94次,约为《孟子》一书所用"仁"字的三分之二。可见孟子重"义",与仁相并。

孟子鼓励人"舍生取义",正因为"义"是人之所以为人的根本,没有"义"的生命,不过禽兽而已。与义相比,物质性的功利则是外在的。《孟子》首章的开篇即是讨论义利之辨,孟子对梁惠王说:"王何必曰利,亦有仁义而已矣。"但孟子反对的并不是"利"本身,而是"上下交征利"的社会情态。他认为"欲贵者,人之同心也"(《孟子·告子上》),但若王者逐利,则卿大夫、士族、庶民等,莫不效仿而逐利,那样的话,"为人臣者怀利以事其君,为人子者怀利以事其父,为人弟者怀利以事其兄",这将会使"君臣、父子、兄弟终去仁义,怀利以相接"(《孟子·告子下》),结果必定是丧仁败义、道德沦丧。因此,孟子说"何必曰利",不是完全地否定利,而是有条件地言利,用孟子的说法是"先义后利"。

孟子在强调义的价值优先性时,与孔子一样,并不完全排斥功利。一方面,对国家层面的利而言,尽管孟子更强调义的道德功用,但他也认识到物质财富对于国家的重要性。他特别指出:"周于利者,凶年不能杀。"(《孟子·尽心下》)治国者谋利周到,粮食囤聚丰盈,遇到灾荒百姓就可安然度过,免于灾荒、饥饿。孟子虽然劝梁惠王不要谈利,只能讲义,但对于关系到国家、社会稳定与发展前景的物质性功利,他并不反对。另一方面,对民众应得的、生存的利而言,孟子主张要给予适当的满足,确保其基本的物质生活财富。唯"有恒产"者,然后"有恒心",无恒产则无恒心,无恒心乃放辟邪侈,无所不为。孟子体察到,物质性功利是促使人持守本然之善良意志的重要保障。所以他要求治国者"不违农时",引导民众在尊重自然规律的前提下,进行农业劳作,这样便可使稻谷、鱼鳖、材木不可胜用,百姓不饥不寒,养生丧死而无憾。然后才有闲暇之心与工夫,来扩充自我内在的善良意志,否则又"奚暇治礼义哉"?(《孟子·梁惠王上》)

孔门弟子及荀子以前的儒家学者群体,在义利观问题上,继承了孔孟的思想,又有所开新和推进。一者,义是人内在的、本然的善良意志,郭店简《五行》篇说:"义形于内",表达的就是"义内"观念。《尊德义》篇对德义的尊崇,既要求君子修持义德而成德于己,又以义德来规范人与人之间的关系,从而建构讲信修睦的大同世界。二者,义德是内在的,孟子教人扩充之而至于圣,

---

① 张岱年说:"仁是孟子所宣扬的最高道德原则,而孟子道德学说的核心则是仁义。"(张岱年:《中国古典哲学概念范畴要论》,中国社会科学出版社1989年版,第64页。)

《五行》篇则提出"积义"的概念,积累义德而至于圣。然孔子不用"积",孟子及孔门弟子也很少用"积",凡所用者多与客观事物相关,甚少指向道德。荀子常用"积"字,且往往与道德关联,有"积善成德""积德于身""积善而全尽谓之圣人""积礼义而为君子""积善而不识""累德积义怀美"等说法。这表明,义虽内在于心,但要通过修养工夫,不断地积累,以至圣贤的境界。

总之,由孔孟及其后学结合而成的先秦儒家学派,他们的义利观是一以贯之的,用孔子的"义以为质"来概括,颇为合适。质指人的质干、本性,将"义"内化为本性,表明儒家始终把内圣的道德之学,置于最优先的地位,利是等而次之的。虽然说他们不完全否定利,也讲惠民、利民,但他们都主张或在某种程度上赞成性善论,忽略了对正常人欲之合理性的论证,甚且从人禽之辨的角度,将伦理与人欲相对立,宋明理学家进而发展为"不出于理则出于欲"说。所以,先秦儒家论述义的道德范畴时,往往包含节制人欲的观念,但不反对合理的情欲诉求,也不排斥合法的可欲求的利。

与孔孟一系的道德义务论的义利观相对,儒家的"义利之辩"还有另一种模式,大约可以称之为功利主义的理论形态。如前所述,孔孟及其后学虽然主张"义以为质",强调"义"的价值优先性,但他们又在一定程度上肯定了人们生活中应得的和可欲求的利。后来的儒者进而提出义利并重的理论。如荀子继承了孔孟的德性伦理学,但功利的、可欲求的物质,在荀子思想中得到了理性的确认,表现出将道德义务论的义利观与功利主义义利观统一起来的致思意向,即其所谓"义与利者,人之所两有也"(《荀子·大略》)。一方面,荀子虽然反对天赋道德的人性论,但他基本同意"义内"的观念,人皆有"好义"的本能和义务。既然义德是人内在的善良意志,那么,每一道德主体必须"惟义之为行",要"诚心行义"(《荀子·不苟》),一切行为皆应符合道德原则。相对于《中庸》"义者,宜也"的训释,荀子的解释更为直接,他说:"义,理也"(《荀子·大略》),又曰:"义者循理"(《荀子·议兵》),"理"是道德原则,遵循道德原则是主体行为之所以为"义"的前提条件。同时,义德的修持是通过"学""行""积""尽"等工夫而实现的。"这四者由低级到高级,循序渐进,但又不是一个单线和直线发展的过程,而是不断地多重循环,呈螺旋形向前发展。通过这种经验与知识的多向度、多层面的反复学习、实践和积累,加上贯穿始终的理性思考,最后穷尽'义'的真谛而臻于道德的化境。"①

荀子重义而不轻利、反利的思想,在某种程度上是吸收了墨家道德功利主义学说。这虽然受到了后来儒家,尤其是宋明道学家的批判,但开启了宋明以陈

---

① 冯兵:《荀子义利观辨析》,载《重庆师范大学学报(哲学社会科学版)》2006年第5期。

亮、叶适为代表的浙东事功派。德性伦理学视道德主体的性格为伦理行为的推动力,主体不仅具有认识、判断和鉴赏等理性能力,而且是具有道德实践能力的存在,故其行为动机必须出于善良意志。事功派则是把道德建立在结果之上,行为所达致的结果是评价的最高标准,道德的实践及其意义也体现在功利之中。南宋的浙东学派分永康和永嘉两派,永康学派的功利学说源自吕祖谦,"然其主持,实以陈同甫为最力"①。陈亮说:"三代之所以为仁义者,井田、封建,其大法也。"② 仁义虽是道德范畴,但仁义不只用以治身心,其最大功效体现在经济上实施井田制、政治上实施封邦建国制,由井田制和封建制的成功运行而实现经济的发展与政治的稳定,是仁义道德之所以能够安顿于人心的保障。针对程朱说"三代以道治天下"(道即仁义之道),陈亮反驳说,"以为三代以前都无利欲,都无要富贵底人",这不符合历史的情实,"亮以为才有人心便有许多不净洁"③。人性非即天理,非为无利欲的至善本性。应得的、可欲求的利是人本性所有的,故言利或趋利自有其天然的合理性,只是要用仁义道德规范之。④ 由此,陈亮提出"义利双行"的观点,旨在消解义利之对立而将其相统一。

全祖望说:"永嘉功利之说,至水心始一洗之。"⑤ 叶适从气质人性论与得民的政治哲学出发建立其功利主义学说。在人性论方面,叶适对人性的理解与理学诸儒有别,与陈亮亦有异同。他认为,性"未发之前非无物也",其中之"物"不是天理,而是形气。"气质之性"也是人的本性,气质之性对外物或利欲的追求,是合乎人性而具有合理性的。故在理欲关系问题上,叶适批判理学家将"天理"与"人欲"相对立的观点。他说:"'人生而静,天之性也,感于物而动,性之欲也'。但不生耳,生即动,何有于静?以性为静,以物为欲,尊性而贱欲,相去几何?"⑥ 静是人的本性,动也是人的自然本性,性之动表现为对物的追求,这是合乎人性的本然状态与要求的,不可简单地否定而卑贱之。针对理学家将义理与功利相对立,宣扬董仲舒的"正其谊(义)不谋其利,明其道不计其功",叶适批评道:"'仁人正谊不谋利,明道不计功',此语初看极好,细看全疏阔。古人以利与人而不自居其功,故道义光明。后世儒者行仲舒之论,既无功利,则道义者乃无用之虚语尔。"⑦ 道义必须建立在现实功利之上,脱离事功与利益而

---

① 吕思勉:《理学纲要》,译林出版社2016年版,第98页。
② 陈亮:《问汉唐及今日法制》,引自《陈亮集》(上册)卷十三,中华书局1987年版,第148页。
③ 陈亮:《又乙巳秋书》,引自《陈亮集》(下册)卷二十八,中华书局1987年版,第352页。
④ 关于陈亮的功利主义学说,参见田浩著:《功利主义儒家——陈亮对朱熹的挑战》,姜长苏译,江苏人民出版社1997年版。
⑤ 黄宗羲:《水心学案》上,引自《黄宗羲全集》第五册,浙江古籍出版社2012年版,第106页。
⑥ 叶适:《习学记言序目》(上册),中华书局1977年版,第103页。
⑦ 同上书,第324页。

言道义，那不过是疏阔之谈，令道义变成空洞无物的东西。理学家是把道德与功利对立起来，叶适则尝试沟通二者。他不反对理学家宣扬美德，但他同时重视功利。他的观点与西方功利主义比较接近："功利主义不排斥美德。美德与金钱、权力、名望一样，都是实现幸福的手段，虽是手段，亦可追求。"① 由此，他提出"崇义以养利""以利和义"等观点，主张把功利与仁义相统一，使之相辅相成。他说："崇义以养利，隆礼以致力。"② 又谓："古人以利和义，不以义抑利。"③ 道德义务论的义利观是"以义抑利""重义轻利"，在强调"义"相对于"利"的价值优先性时，往往忽略了对人应得的、可欲求的利之满足；叶适尊重合理人欲的诉求，义利相养、相和，即相辅相成。这在政治领域的延伸是"宽民之政"的民本思想。叶适说："为国之要，在于得民。民多则田垦而税增，役众而兵强。田垦税增，役众兵强，则所为而必从，所欲而必遂。"④ 孟子说增加民众的方法是行仁义之政，叶适则认为，惠民、利民而遂民之所欲，如此方可能得民。

其实，作为传统的儒家型士大夫，陈亮、叶适所论述的"义利双行""以利和义"观，并未放弃"义"的价值立场，只是主张义德应与功利相结合。就此而言，儒家道德义务论的义利观与功利主义的义利观，在一定程度上是相通的，至少是可以沟通的。

（二）传统政治生活中的义利之辩与民间对侠义的渴求

汉以后的传统社会尊经尊儒，儒家义利观成了历代政治生活的基本原则，也渗透至民间社会，表现为对义德的尊崇与追求。具体说来，在政治生活方面是认同儒家的伦理价值观，确立儒家的仁义道德学说为社会纲常和政治行为所遵循的根本法则，故相对于功利而言，义德具有价值优先性。然崇尚义德的儒者，亦奉行孔子"博施济众"的主张，并不完全摒弃功利。而且，古代政治生活中往往"德法双行"，《大戴礼记》中的"盛德"篇就称，德法是"御民之本"。汉宣帝则说，汉家自有制度，"霸王道杂之"（《汉书·元帝纪》）。霸道与王道、仁政相辅而行。无论法治，还是霸道，其重利倾向包含对民众应得的、可欲求的利的尊重。在民间社会方面，重义是对惩恶扬善、替天行道等侠义精神的称扬，对公平正义的社会之期许。

先秦儒学对"义"的理解，有"义内"与"义外"的分别，由前者而导出

---

① 马啸原：《西方政治思想史纲》，高等教育出版社1997年版，第427页。
② 叶适著：《水心别集》卷之三《士学》，引自《叶适集》第三册，刘公纯、王孝鱼、李哲夫点校，中华书局2010年版，第674页。
③ 叶适：《魏志》，引自《习学记言序目》（下册）卷二十七，第386页。
④ 叶适：《水心别集》卷之二《民事中》，引自《叶适集》第三册，第653页。

德性伦理，由后者乃指向规范伦理。董仲舒承袭了荀子的六经之学，但他在道德伦理上是主张"义内"。他宣称"道之大原出于天"，"天"是有意志性和伦理性的精神实体，故是人类道德的本原，是人类行为规范的终极法则。天与人并非相离，而是相即合一的。董仲舒说："以类合之，天人一也。"人的形体、情感"类于天"，人的道德意志也应与天相类、相副和相应。

董仲舒"正其义（谊）不谋其利"一语，朱熹将其列为白鹿洞书院学规，奉为理学家之道德规范，这虽扩大了董仲舒义利观的影响，也在一定程度上遮蔽了董仲舒关于义利之辩的丰富内涵。董仲舒不仅崇尚义德，也重视功利。天道是人道的本原，"天常以爱利为意，以养长为事"（《春秋繁露·王道通三》）。这即是说，天道虽以仁义为本，但不摒弃功利，而是以利养天地万物。人道也应如此。故董仲舒主张"义利两养"。他说："天之生人也，使之生义与利。利以养其体，义以养其心；心不得义不能乐，体不得利不能安。义者，心之养也；利者，体之养也。"（《身之养重于义》）所以他的义利观并非只有"正其义不谋其利"的一面，实际上兼有"义利两养"的一面。

董仲舒之后，儒家经学被确立为国家的意识形态，汉家的政治制度与政治伦理谨守"义以为上""义以为质"的理念，但又不可能漠视国家经济的发展与人民物质欲求的满足，故在具体的政治生活中处理义利关系问题时，实乃奉行"义利两养"的政治原则。正如汉宣帝所言，汉家的制度"霸王道杂之"，王道尚义而霸道尚利，道义与功利不可偏废。汉昭帝时的盐铁会议，代表儒家的贤良文学与以御史大夫桑弘羊为首的政府官员共同讨论民生疾苦问题，双方就均输、平准、统一铸币、盐铁官营、酒类专卖等财经政策，以至屯田戍边、对匈奴和战等一系列重大问题，展开了激烈争论。贤良文学认为，治人之道，要"广道德之端，抑末利而开仁义，毋示以利"（《盐铁论·本议》），因而主张"礼义者，国之基也，而权利者，政之残也"（《盐铁论·轻重》）。在义利问题上，他们立足于儒家思想，推崇董仲舒的新儒学，引用《春秋繁露》作为立论的根据，宣扬仁义道德，反对言利、逐利，批评朝廷的财经政策是"与民争利""与商贾争市利"，违背了"贵德而贱利，重义而轻财"（《盐铁论·错币》）的古训。这些话语反映的是：一方面，汉代的政治思想与政治行为不排斥功利，而且非常重视经济建设。另一方面，贤良文学从儒家的民本主义立场批评政治中的逐利行为，因这种行为是"与民争利"，妨碍了民众生活中的基本利益诉求；换言之，贤良文学反对的是官府侵犯民众应得的、可欲求的利的行为，但他们并不完全否定功利的正当性与合理性。

两汉以后，玄学和佛学兴起，儒释道虽有别异，但在义利关系问题上，都强调"义"的价值优先于"利"，这深刻地形塑了魏晋隋唐"尚义抑利"的政治思想。"至两宋诸子乃公然大阐功利之说,以与仁义相抗衡,相表里,一反孟子、董生之教。"① 程朱理学与功利主义思想是两宋政论的两大主流。前文论述程朱学派与浙东学派,是侧重在义理与哲学。而在两宋的政治生活中,义利之辩表现为理学家与王安石之间的论争。程颐阐发《中庸》"未发已发"之论,说:"在天为命,在义为理,在人为性,主于身为心,其实一也。心本善。"② 朱子时代廖用中说得更干脆:"义利即是天理人欲。"③ 人性来自天理,无有不善;功利对应于人欲,会污染善性而变为恶。所以他们崇尚义德,反对人欲与功利。

在政治上主张功利且推行实践之者,其代表是王安石,开风气者则为欧阳修和李觏。欧阳修认为,心性之学并非学者之所急而圣人之所罕言,且"六经之所载皆人事之切于世者"④,重视人事必然关注人在现实生活中的种种诉求,包括食与货,这些是人的自然欲求。李觏直接指出:"利可言乎?曰:人非利不生,曷为不可言。欲可言乎?曰:欲者人之情,曷为不可言?……孟子谓何必曰利,激也。焉有仁义而不利者乎?"利是人本来应得的、可欲求的东西,是人类生存的物质基础。欲是人与生俱来的性情,满足人欲是理所当然的事。他还批评孟子对"利"的排斥,认为仁义与功利是统一而不可分的。王安石将此功利观贯彻于其施政纲领中。他说:"政事所以理财,理财乃所谓义也。"⑤ 经济或资本管理是政治事务的中心,而管理经济是一种义德行为。王安石在全国范围内推行新政改革,新法在财政方面有均输法、青苗法、市易法、免役法、方田均税法、农田水利法等,目的是"因天下之力以生天下之财,取天下之财以供天下之费"⑥。理学家讳言情与欲,王安石乃倡言情欲所追求的财与利。然王安石主张生财,是为公利,而非私利。他说:"为天下理财,非所以佐私欲。"理财是为天下谋公利,不是为了满足个人的私欲,但在公利实现的同时,也就满足了个人应得的、可欲求的利益。就此"利民"的观点而言,王安石的"政敌"如司马光、苏轼等虽反对新法,但在义利关系的认识上,他们的观点是相近的。司马光说:"夫唯仁者知仁义之为利,不仁者不知也。"仁义与利是统一的,"义以利事",义的价值体现在其对现实事务的有效性,即其所产生的功利结果上。圣人"爱利天下",而王者必须"因民之利而利之",政治的基本原则是"治民主于惠利"。苏轼说:"义非利,则惨洌而不和。"(《东坡易传》)这与叶适称"既无功利,则道义乃无

---

① 萧公权:《中国政治思想史》,新星出版社2010年版,第296页。
② 程颢、程颐:《二程集·河南程氏遗书》卷第十八,中华书局2004年版,第204页。
③ 黎靖德编,王星贤点校:《朱子语类》卷一百二,中华书局2020年版,第3165页。
④ 欧阳修:《欧阳修全集》,中国书店出版社1986年版,第319页。
⑤ 王安石:《答曾公立书》,引自《临川先生文集》卷七三,上海古籍出版社影印四部精要刻本1993年版,第203页。
⑥ 王安石:《上仁宗皇帝言事书》,引自《临川先生文集》卷三九,第107页。

用之虚语尔"(《习学记言·汉书三》)其意思是一致的，都把道义的价值与功利联系起来。利是义的出发点，也是义的归宿。当然，这个"利"是指合理的、公共的，是符合人性自然欲求的，而非指无限的个人情欲之要求。在对功利的界定、对情欲的规范上，王安石等始终保持着儒家道德伦理的底色。

与政治生活相对的民间社会，其实也深受儒家伦理的影响，人们普遍相信善良意志或良知良能是人本然的德性，道德的践履与修持是人必须承担的应然义务。不过，民间所期许的不仅是由义德修养而造就一个道德良善的社会，更希望这样的理想世界是充满现实关怀的，尤其是要关注人的生存状态，尊重人应得的、可欲求的利。由此，民间社会对义德的重视，除了心性修养之外，还希望在国家与民争利之时，或权贵侵犯民众利益的情况下，能有人主持公道，维护社会的公平正义。在古代社会，承担这一角色的常常是游侠。肯定游侠，恰恰是民间对于侠义的一种渴求。这种侠义，是社会正义在民间社会的一种朴素的表达。

章太炎说，在乱世和治世之时，侠者或辅民、或辅法，因而得到民间社会的赞许。司马迁更是将古代游侠的义举载诸史册，称其"虽时扞当世之文罔，然其私义廉絜退让，有足称者"(《史记·游侠列传》)。汉代以后，尽管官方意识形态排斥侠者的"以武犯禁"，游侠的形象及其行为不再出现于官修史书，但民间还是倾向于对侠义行为做正面的肯定，古代诗文、小说、稗史、笔记等便常常称道之，或为现实中的游侠撰写传记而传颂其义举，或通过文学手法虚构游侠的形象而表彰侠义精神。唐代侠客传奇的流行，就反映出文人及其民间读者在内心深处对侠义怀有难以割舍的情感。唐人李德裕说："夫侠者，盖非常人也。虽以然诺许人，必以节义为本。义非侠不立，侠非义不成。"(《豪侠论》)侠者的节义被赋予了道德伦理的内涵，但其辅民、辅法的动机中又包含主持天下公利的责任感。文人通过创造和宣扬执掌正义、打抱不平的侠客，正可以满足民间社会中的弱者对公平正义的精神希冀。[①] 晚清的唐芸洲在《七剑十三侠》中说："天下有这三等极恶之人，王法治他不得，幸亏有那异人、侠士、剑客之流去收拾他。"这写出了民间呼唤社会正义的声音。傅山说："贫道岑寂中，每耽读刺客、游侠传，便喜动颜色，略有生气矣。"侠义文学中的游侠形象有激励和感召作用。傅山生活在明朝亡国之际，他崇尚的侠义精神包含以天下为己任的理想。侠之大者是将个人性命与民族国家的存亡相关联，故晚清的维新志士和革命党人都提倡侠义精神，以此振奋国民气节，鼓动民众报国救亡的勇气。谭嗣同就称赞侠义精神"足以伸民气，倡勇敢之风，是亦拨乱之具也"(《仁学》)。章太炎也曾表示，在

---

① 陈平原：《千古文人侠客梦》，引自《陈平原小说史论集》中，河北人民出版社1997年版，第940页。

国家生死存亡之际，急需提倡任侠精神，以鼓舞人心，对抗异族的入侵。这些均是"义德"在民间表达的形式。

有学者从社会功能的角度出发，将古代中国定义为伦理本位型的社会，儒家的道德纲常成为国家政治和社会道德及社会秩序的根本原则。① 但就义利观在中国古代政治生活与民间社会的表现而言，则具有两面性：一方面，在政治生活中，统治者既宣扬伦理道德的普遍性，又主张道德与功利相统一，肯定一定限度的个体利益的正当性。另一方面，在民间社会中，义德不仅表现为内在的心性修养，还表现为外在的侠义行为，而侠者所崇尚的义，与墨家思想有诸多相通之处，如墨家以"利"释"义"，侠者追求的道义也有利他性的特征，要辅民、辅法而利人和利天下。

（三）明清至近代的公私、理欲之辩与义利关系的新表达

明清之际开启了中国现代价值观的初生历程，而针对义利关系的讨论，及由此形成的观念或认识，也在酝酿着某种新变，逐渐向现代理论形态转型。新思想的萌芽源自社会结构的深刻变革，明代中叶商品货币经济的繁荣，推动了市民阶层的崛起和市民运动的兴起，构成了对传统农业生产方式下人的存在价值原则及其生活目标的挑战，而知识分子的党社运动要求改革传统的政治理念、政治体制、君臣关系等，这不仅是对传统社会与政治秩序的挑战，更引起人们对种种伦理纲常的反思，由此直接或间接地冲击着儒家道德价值体系。义利观也在这一轮的思想批判与总结中，有了一种与新时代相适应的理论形态，即强调道德伦理的同时，更为关注新兴市民阶层的利益诉求，在一定程度上肯定人的自然欲望及其政治权利，显示出某种民主主义色彩和启蒙意义。

鉴于明清政权更替的历史变迁，前朝遗民怀着深沉的兴亡之感，反思传统政治与伦理的弊端。在政治思想领域，他们批判君主专制，提出"公天下"的政治理想。顾炎武说："人之有私，固情之所不能免矣。……合天下之私，以成天下之公，此所以为王政也。"② 这种"合私为公"说的核心内涵就是"公天下"，在明末颇为流行。黄宗羲也表示："有生之初，人各自私也，人各自利也。……使天下之人不敢自私，不敢自利，以我之大私为天下之大公。"（《明夷待访录·原君》）顾、黄"公天下"的政治理想，是以万民的私利为基础，而不再是传统专制政治体制下王权的普遍主义观念，其社会基础是基于更为深刻而又精细的社会分工而形成的"万民之私利"及其相互联系的社会存在与活动，并集中地表达了

---

① 梁漱溟：《梁漱溟全集》第二卷，山东人民出版社1998年版，第174页。
② 顾炎武撰，陈垣校注：《日知录校注》，安徽大学出版社2007年版，第130页。

下层社会具有初步现代意识的市民社会成员的要求,因而在形式上与实质上都具有更广泛的普遍性,从而具有历史的合理性。①"公天下"的目的是要实现众人之私,故其前提是对"私"的肯定。明清之际相当一部分士人已经有了"肯定欲望和私的主张"②,儒家伦理发生了重视个人道德之物质基础的变化。③但他们所说的"私",不仅指个体的私利或私欲,"私"一是指人的自然心或自然本性;二是指人思考和追求自身利益(也就是欲望和欲求)的动机和行为;三是指获得所有物及其对财产的所有权;四是指作为所有权主体的"私"。"这样的'私'因其是自然的、与生俱有的,因而它'应当'得到满足和保证;这样的'私'因其是历史上曾经被保证和实现的历史经验和传统,因此它继续得到保证和实现就是正当的;君主和政治统治的目的,就在于使他的庶民的利益得到保证和满足;政治是否合法,就取决于它是否服务于'天下之利'的公共利益和为百姓带来福祉。"④但是,古代君主口说的"大公无私",实际上是"以我之大私为天下之大公"(黄宗羲)的"一姓之私"(王夫之),本质上是"以天下之利尽归于己,以天下之害尽归于人"(黄宗羲)的伪善,故其所谓利民、惠民,不过是为一姓之兴亡的私利,而非关心万民之生死的公益。

在伦理思想领域,明清之际"私"观念的流行,是承认自然人欲的合理性,尊重个体应得的、可欲求的利,显示了一种具有时代新内涵的义利观。⑤李贽正面肯定人的私心,说道:"夫私者,人之心也。"到了明清之际,黄宗羲、顾炎武等人也肯定"人各自私""人各自利"的合理性,顾炎武还提出了"合私成公"的理想。就公私范畴所涉及的政治问题,顾炎武创造性地把王朝政治的一姓之"国"与百姓苍生生活于其间的"天下"区分开来,"国"是指一家一姓所代表的政权或政治,是私;"天下"不仅是一个政治符号,更重要的是包含民生存亡与文化兴衰的关怀。所以,国之利是私利而非公利,如顾炎武说:"保国者,其君其臣肉食者谋之。"故人民无须对此负责。天下之利才是以民生幸福、文化繁荣为职志,这才是真正的公利。也正因为如此,每个普通人对于天下均有责任,这便是顾炎武"天下兴亡,匹夫有责"的真正含义。因此,这些思想家们所说的私利,实际上是万民之公利,因而代表着新的"义"与宜。

在义利的问题上,针对董仲舒以来的"正义不谋利"的道义论,颜元提出了

---

① 吴根友:《中国现代价值观的初生历程·自序》,武汉大学出版社2004年版,第3页。
② 沟口雄三:《中国前近代思想之挫折与展开》,上海人民出版社1997年版,第8页。
③ 余英时:《儒家伦理与商人精神》,引自《余英时文集》第三册,广西师范大学出版社2006年版,第294~296页。
④ 王中江:《明清之际"私"观念的兴起及其社会史关联》,载《湖南社会科学》2003年第4期。
⑤ 关于清初的义利观,参见萧萐父、许苏民著《明清启蒙学术流变》的"清初新义利观的发展"章,人民出版社2013年版。

修正的看法："正其谊以谋其利，明其道而计其功。"(《四书正误》卷一）正义、明道的价值就在于谋利、计功，离开功利而言道义就是空谈。

  在理欲问题上，王夫之提出"人欲之大公即天理之至正""人欲之各得即天理之大同"的命题，公利的前提就是实现"人欲之大公"与"人欲之各得"，使人应得的、可欲求的利欲得以遂愿。乾嘉时期，戴震进而论证人性是"血气"与"心知"的统一，道德理性是以感性情欲的满足为基础。戴震更明确地说，无欲即无为，圣人仅仅反对人们自私，并不反对人们满足合理的欲望。在满足欲望的过程中，人只要坚持"以情絜情"，实现人情的公平方正就可以了。凡此种种新义利观表明，明清之际带有功利主义特征的新伦理学，仅仅是反对传统的伦理道德至上主义，并不意味着他们彻底地否定儒家提倡的道德伦理原则和人类普遍的道德行为。

  鉴于民间社会情欲的过度膨胀对社会造成负面影响，他们也明确反对纵欲主义的倾向，如唐甄说："人之情，孰无所欲！得其正而安之，不得其正而弃之，是为君子。"[①] 人固有情欲，但要得其正而安适之，不可失其正而任遂之，他批评晚明社会"谄媚慆淫，相习成风"的纵欲主义，使得"人心陷溺，不知所底"，由是"财贿之谋锐，廉耻之心亡"[②]。费密说："欲不可纵，亦不可禁者也。"[③] 这种反对纵欲又反对禁欲的说法，颇能反映明末清初学者的伦理道德观，而他们肯定功利与情欲是有条件、有前提的，那就是履行基本的道德义务。

  中国近三百年学术思想史蕴含着中国传统文化的代谢过程，且"是一个同质的文化历程"[④]。以义利观的演变为例，所谓"代谢"，指明清以降士人对"重义轻利""存理灭欲"伦理原则的反思，对情欲和私心的适度尊重。所谓"同质"，一方面指明清之际学者虽然批判宋儒纯粹的道义论，但并不否定义德，且进行了新的诠释；另一方面指明清三百年之间的义利之辩带有近代启蒙思想的性质，崇尚义德而又重视功利，主张义利统一。陈炽的话颇具代表性：

> 惟有利而后能知义，亦惟有义而后可以获利。圣人立身行义，舍生取义，而治国平天下之经，不讳言利。且日亟亟焉谋所以利者，圣人之仁也，即圣人之义也。盖为天下之中人计也，公其利于天下，薄其利于万民，即以食其利于国家，享其利于百世。故天下之工于言利者，莫圣人若也。[⑤]

[①] 唐甄：《潜书·贞隐》，引自《潜书》注释组注：《潜书注》，四川人民出版社1984年版，第281页。
[②] 同上书，第304页。
[③] 费密：《弘道书》卷上《统典论》，引自《续修四库全书》第946册，上海古籍出版社2002年版，第5页。
[④] 萧萐父、许苏民：《明清启蒙学术流变·导论》，人民出版社2013年版，第18页。
[⑤] 陈炽著，赵树贵、曾丽雅编：《续富国策·分建学堂说》，引自《陈炽集》，中华书局1997年版，第273页。

这即是说，道德行为与物质功利存在客观的联系。作为道德理想的"义"要通过一定的物质实体的"利"来体现其价值，而绝对善良的义德之修持，其功效不仅在于实现主体自身的内在性格、心灵或意志，而且要满足"可欲求的（desirable）情感"，包括应得的欲望与快乐（功利）。陈炽应用传统的表述方式，以圣人名义论义利关系，圣人不再纯粹是仁义的化身，而成了兼顾义利的形象，仁义的实质就是使天下万民食利、享利。这是晚清流行的观点，薛福成说，"圣人正义不讳言利"，谭嗣同驳斥了"圣贤不计利害"论，说"小民之一利一害"，"无日不往来于圣贤寝兴寤寐之中"。可见，他们赋予圣人以功利主义的性格，改变了圣人为至善至美的道德化身之形象。

晚清学者结合平等、自由和博爱的思想，对义利关系及义的内涵与功用作了现代性的解释。

首先，从人情苦乐角度论道德的起源与义德的本质，如康有为认为，伦理道德由人而生、因人而定，"人道者，依人以为道，依人之道，苦乐而已"[①]。人道指人在社会中的伦理关系及人性的本质，其并非所谓的先天理性，而是具体的苦乐情感。故"立法创教，令人有乐而无苦，善之善者也"，圣人本乎人情而创立制度与宗教，目的在增加人的快乐数值。功利主义伦理学主张，人类行为的唯一目的是求得幸福，能增加最大快乐值的就是善。康有为显然受此派思想的影响，但他又不是纯粹的功利主义者，因他从未将道德视为追求快乐与幸福的手段，且反对绝对的快乐主义和享受主义。他说："宋贤执礼甚严，尊古太甚，……失人道养生之宜，悖圣人乐生之道，日尊孔子而暗从墨氏，致人道大戮，天下不堪，此程、朱之过也。"[②] 他不仅批评宋儒过于强调道德理性，忽视人的情感，还引申性地驳斥了墨子的"义，利也"说。这表明，康氏不赞同单纯地以利释义而引向功利主义，但他所宣扬的道义论，明确包含着养生、乐生的内容。

其次，从进化论角度论证义利观。严复最早系统地向国人介绍了进化论和社会达尔文主义，经由他的翻译和传播，进化具有了普遍主义的特质，不仅描述了自然界的发展规律，还适用于人类社会，乃至人类社会中的道德、意识领域。关于人类道德起源和道德本质的问题，严复认为道德不是先验的存在，是进化规律使人类"由散入群"而形成社会，伦理道德因应人类合群的社会性需要而产生。从人的社会性而论，"凡属生人，莫不有欲，莫不求遂其欲"（《天演论·人群》），即求其个体利益之满足。由此，严复反对"分义利为二涂"：

泰东西之旧教，莫不义利为二涂。此其用意至美，然而化于道皆浅，

[①] 石峻主编：《中国近代思想史参考资料简编》，生活·读书·新知三联书店 1957 年版，第 299 页。
[②] 康有为：《论语注》，中华书局 1984 年版，第 104 页。

几率天下祸仁义矣。自天演学兴，而后非谊不利，非道无功之理，洞若观火。……故天演之道，不以浅夫昏子之利为利矣；亦不以谿刻自敦、滥施妄与者之义为义，以无所利也。庶几义利合，民乐从善，而治化之进不远欤！①

东西方传统伦理学家都把道义与功利相对立，严复认为不可脱离功利而言仁义。因为，根据"物竞天择，自然淘汰"的天演（进化）规律，鄙薄功利则财货、经济不兴，个体应得的、可欲求的利无法满足，社会失去了合群的物质性基础，道德秩序与政治秩序必将瓦解，社会也要被现代世界所淘汰。根据天演之道、进化规律，道义与功利相统一，民众可欲求的情感得到合理的安顿后，才可能追求理想的至善道德，以求得善良意志的实现，国家政治与社会教化因而达到理想的完善境界。

义之为德，实际上是私德与公德的统一。中国古代有公德与私德之实而无其名，晚清学者受东渐西学之影响，把伦理道德分为公私二途。私德指个人的道德意识与境界，以及处理人与人之间关系的伦理准则。公德指有关社会公众的安宁和幸福的行为，尤其是对国家与社群利益的维护。梁启超说："全体者，合公私而兼善之者也。私德公德，本并行不悖者也。"② 私德是公德的基础，两者是统一的。然而，梁启超指出传统道德发达甚早，却"偏于私德，而公德殆阙如"。现代社会的新伦理除包括私德之家族伦理外，还有公德之社会伦理和国家伦理，"夫人必备此三伦理之义务，然后人格乃成"③。梁启超认为，培养公德意识是"人群之所以为群，国家之所以为国"的关键，就像他说的："权利、义务两思想，实爱国心所由生也。"④ 由公德可以树立群体观念和国家观念，从而生发出爱国心。

要而言之，明清以降，义德的演变体现了传统与现代相结合的趋势。即由德性伦理向义利统一的规范伦理转变，在尊重人应得的、可欲求的利的同时，肯定人对合理性情欲的追求。要强调的是，尽管近现代中国学者对传统伦理道德提出了修正的意见，但并不以彻底地否定德性伦理为目的。实际上，人们对功利原则的表彰，对存理灭欲的拒斥，非但没有放弃"义德"的意思，反而在传统伦理道德观的形式下，对义德进行了多维度的诠释，探讨了德性与情欲、义务与权利、私德与公德等问题。这些讨论极大地拓展了义德的内涵。传统的义德，在注入了自由、平等、博爱等现代性思想要素之后，在伦理上提倡自由人格，在法律上追

---

① 严复：《原富》，引自《严复集》第四册，中华书局1986年版，第858~859页。
② 梁启超：《新民说》，辽宁人民出版社1994年版，第17~18页。
③ 同上。
④ 梁启超：《新民说》，中州古籍出版社1998年版，第180页。

求平等人权。义德与义利之辩的内涵均发生了根本性的变化。

（四）"义德"与当代中国社会的义利之辩

从"义者，宜也"（《中庸》）的角度出发，我们可以看出，义德既是特定历史情境下的伦理原则，具有特定的历史内涵，同时又具有超越历史的普遍性。传统社会的"义利之辩"命题，在今天的社会生活之中，至少要处理三个层次的问题：其一，个人利益与他人、群体、集体、民族、国家利益的关系，涉及的即是私利与公利的关系。其二，小集体与民族、国家的大团体的利益关系。其三，民族、国家的利益与整个人类的利益关系问题。而就义利范畴而言，无论是个人、群体、民族与国家，都要处理经济上的利益追求与道德原则的正当性问题。按照马克思主义历史唯物论的观点，人们总是在自己的物质生活中寻找自己的道德原则，但社会主义的主导原则恰恰要求我们坚持一种以人民为中心的经济发展原则，即以谋求绝大多数人的幸福作为我们经济发展的主导原则，共同富裕的伦理原则——当代中国特色的社会主义的最大的"义"，从根本上规定着社会主义的经济利益与经济发展的方向。因此，"正其义以谋其利，明其道而计其功"，就成为当代中国特色社会主义的义利原则。而个人、群体—民族国家、人类三层利益格局中，我们承认并照顾到个人的合理利益，承认并维护群体—民族国家的合理利益，但从最高的义来说，我们必须关注人类的整体利益。当全球的环境与生态遭到严重破坏时，没有一个民族国家可以幸免于难，更别说小小的个人了。

因此，在全球的漫长历史过程中，中国传统社会的"义利之辩"不只是关涉我们每个个人，也不只是关涉中华民族的利益正当与否的问题，而是关涉整个人类自身。从"人类命运共同体"的高度来重新探索中国传统道德文化中的"义利之辩"命题，不只是让这一个古老的道德命题获得新生，更重要的是让这一古老的道德文化资源服务于当下的人类生活。

三、信德与诚信在当代文明中国建设中的意义

传统"五常"中的信德，处于五常的末端，但并不是说它不重要。用现代生活中常见的物件来做比喻，信德就是我们今天家庭小汽车的刹车与油门。从消极、防范的角度说，信与诚信，就是刹车；从其积极的、具有动力的角度说，它就是油门。油门不可猛踩，信用不可透支。传统的信德在当代的主要表现就是人际交往关系中作为普遍道德行为的诚信。作为社会主义核心价值观之一的诚信，要全面地落实于日常生活，并且要建成一个诚实、互信的社会，还有很多工作要

做，但从理论上了解传统思想家对"诚信"的系列论述，探讨人们将诚信观念落实于行动的机制与方法，进而逐步化解当代社会面临的人际关系之间的信任危机，为建设一个具有高度诚信、文明的现代的中国服务，是本书的一个现实的任务。

（一）中国古代的信德与诚信思想

诚信是一种社会美德，是人类社会的基本道德规范。古往今来，诚信对于社会的经济、政治、文化、医疗、教育等领域的运行与发展，发挥着至关重要的作用，是物质与精神生产的伦理基础。在先秦的思想家中，老子、孔子都要特别重视诚信问题，只是他们那时的表达方式与今天有一定的不同，他们主要是讲"信"。《老子》第六十三章说："夫轻诺必寡信，多易必多难。"又第十七章云："信不足焉，有不信焉。"道家对仁义思想虽有所批评，但对"信"的道德规范则向来持肯定的态度，反对寡信、失信的行为。《论语》中与诚信相关的"信"字，一共出现了38次。在《为政》篇，孔子说："人而无信，不知其可也。"在《公冶长》篇说："老者安之，朋友信之，少者怀之。"在《卫灵公》篇说："言忠信，行笃敬，虽蛮貊之邦行矣。言不忠信，行不笃敬，虽州里行乎哉？"

孔子及其弟子往往把"信"与"忠"联系在一起，这表明在孔子那里，"信"主要被用来规范朋友或官民关系。如子贡向孔子请教政治治理的道理时，孔子说："足食、足兵、民信之矣。"假如三者之中只保留一项，孔子认为就保留"信"，理由是："自古皆有死，民无信不立。"（《颜渊》篇）所谓"民无信不立"一语，正体现了"信"在朋友、官民关系中的重要性，故《中庸》曰："不信乎朋友，不获乎上矣。"《大学》曰："与国人交，止于信。"家庭成员关系固然是建立在孝悌慈爱的情感基础上的，但也要讲相互之间的"信任"。如果家庭成员之间缺乏信任，其他感情也将逐渐随之瓦解。

孟子继承了孔子对"信"的关系定位，他说："父子有亲，君臣有义，夫妇有别，长幼有序，朋友有信。"（《孟子·滕文公上》）孟子明确地把"信"的规范放在五伦之中，以之处理非亲属的熟人与陌生人之间的关系。儒家的"仁义礼智信"之五常就是与五种伦理关系相对应的，"信"则归属于"朋友"之伦。基于这样的认识，有人认为儒家的诚信之德只适用于"熟人社会"，在陌生人之间是很难产生信任感的，因而很难组成运行有效的社团或组织，福山就持如是观点。但费孝通讲的"熟人社会"是包括家族、亲族成员在内的关系圈，而在孔子、孟子的思想里，家庭关系所对应的家庭伦理是仁、义、孝、悌、慈、爱等，而在以血缘亲情关系为基础的家族成员里，"信"已经内含于孝、悌、慈、爱等伦常中，所以不需要特别地加以强调。反而是在"陌生人"领域，也就是朋友关系之中，儒家认为"守信""守诺"是人应该具备的德性。前引老子的言论，其意思与孔孟相近，在表扬"守信"之品德的同时，也将"信"的规范落实于朋友关系之中。

与老子、孔子的强调"信"相对，《中庸》则更多地讨论"诚"。可以说，《中庸》的核心范畴就是"诚"，而"诚"是天人相契的枢纽。《中庸》说："诚者，天之道也。诚之者，人之道也。诚者，不勉而中，不思而得。从容中道，圣人也。诚之者，择善而固执之者也。"这句话的意思是，"诚"是天道的本然属性，它涵泳天地万物，贯穿宇宙万有之始终，万物中包括人在产生之初，即具备了"诚"的本性。故"天命之性"的"诚"通过"修道之教"，可以转化为人的"率性之道"。也就是说，通过"自明诚"的道德修养工夫，人可以把天道之"诚"内化为自身的德性，使之最终落实到人的身心之中，也就是使天道安顿于人道之上，最终实现人道与天道的合一。在《中庸》看来，圣人固然是最高的道德典范，并非人人皆能达致，但《中庸》说人人都应以"修身为本"，即以修身作为自己道德修养的起点。所以"自明诚"的工夫是人人都可以运用的，每个人都具有自觉地体认天道之"诚"的能力，也就是人人皆有"择善而固执之"的内在本性，故人人只要"从容中道"，就有成为"圣人"的可能而达致天人合一的境界。

《中庸》关于"诚"的思想是精深广大的，从"诚"的重要性角度看，可以从以下五个层次加以理解。

第一，诚是人类智慧、人类文明的根基："自诚明，谓之性；自明诚，谓之教。诚则明矣，明则诚矣。"这即是说，天道之"诚"与人道之"诚"是一致的，每个人都拥有修养"诚"之性的能力，而天道之"诚"与人道之"诚"的相契、合一，成就了人类文明。

第二，"唯天下至诚，为能尽其性；尽其性，则能尽人之性；能尽人之性，则能尽物之性；能尽物之性，则可以赞天地之化育；可以赞天地之化育，则可以与天地参矣"。这即是说，诚能推广德行于偏曲之地，故"唯天下至诚为能化"。毛泽东讲"愚公移山"的故事，即是因人的至诚——挖山不止而感动了上帝。这个上帝不是超越于人类本心的外在化的神灵，而是真心实意地拥护我们复兴民族经济与文化事业的千百万的人民大众。这是毛泽东对"诚"与上帝的现代化的解释。

第三，"诚"能让人有预知的本领。"至诚之道，可以前知。国家将兴，必有祯祥，国家将亡，必有妖孽。""故曰至诚如神。"这即是说，"至诚"之所以能让人有预知国家兴亡的本领，因为人若能"至诚"，就可说真话，办实事。一个国家将要兴起时,你就会看到这个国家的方方面面都表现出一种生机勃勃的样子;而一个国家要衰亡的时候,到处都表现出一种死气沉沉的样子。说真话、办实事的人就从中看到一个国家的兴与亡。

第四,"诚"是实现自我与帮助他人的完美统一。"诚者物之终始,不诚无物。是故君子诚之为贵。诚者非自成而已也,所以成物也。成己,仁也;成物,知也。性之德也,合内外之道也,故时措之宜也。"这即是说,通过"自明诚"的工夫将天道之"诚"内化为人道之"诚",是为"成己";"诚"贯穿于物之生长消亡的终始,人在修养方面达到了至诚之性。且能将至诚之性应用于待人接物,即把内在的德性外化于日常生活,则能成人与成物。这里的"合内外之道"就是内圣外王之道,"诚"之道由成己、成人和成物而使自己成为圣人,并由此成就王道事业。

第五,"至诚"是事业长盛不衰的根本保证。"至诚无息"。"不息则久,久则征(征候、表象),征则悠远,悠远则博厚,博厚则高明。博厚,所以载物也;高明,所以覆物也;悠久,所以成物也。博厚配地,高明配天,悠久无疆。如此者,不见而章,不动而变,无为而成。"这即是说,"至诚"之道具有生生不息的动力,生生不息的美德发于内且能长久一贯,就会显露于外而感化万物,因而影响悠远,影响悠远就会逐渐变得广博深厚,广博深厚就会逐渐高大光明。广博深厚就能承载万物,高大光明就能包囊万物,悠远长久则能生成万物。广博深厚能与大地相配,高大光明能与天道相配,悠远长久则能永无止境,故人之至诚能成就自我、成就他人和成就万物。

以上是将诚与信分别论述之,但在中国传统思想里诚与信是可以统一的。许慎《说文解字》曰:"诚者,信也;信者,诚也。"就形上之学而言,"诚"有形而上的属性,这是"信"所没有的内容,然仅就伦理学而言,诚与信的道德内涵是相同的,其功效也是一致的,那就是为官、治国和平天下都必以诚、信为根基。诚信既是个人的立身之本,也是国家兴盛的保证,执政者要诚信待民,否则民心背离、国家败亡。因此,诚与信也是中国古代政治哲学的重要观念之一,许多思想家曾论述过诚信与政治的关系。荀子曰:"古者禹汤本义务信而天下大治,桀纣弃义背信而天下大乱。故为人上者,必将慎礼义、务忠信然后可,此君人者之大本也。"(《荀子·强国》)荀子认为,"诚信"与否关乎天下的治乱,执政者守信则天下大治,否则乃天下大乱。司马光说:"夫信者,人君之大宝也。国保于民,民保于信。非信无以使民,非民无以守国。是故古之王者不欺四海,霸者不欺四邻。善为国者,不欺其民;善为家者,不欺其亲。"(《资治通鉴·周纪》)

政治要讲诚信,商业活动也要讲诚信。所谓"信者储也",商人有信,才能储蓄社会资本、人际脉络,故"诚信为本,信誉为重"是经商活动必须遵守的基本原则。儒家的诚信要求人言行一致、表里如一，以诚挚之心来信守诺言，与人建立互信关系，在修养诚信之德而成己的同时，也成人和成物。这样的诚信思想完全可以应用于商业活动，儒家并不排斥商业和财富。孔子虽说："不义而富且贵，于我如浮云。"（《论语·述而》）但孔子还说过："邦有道，贫且贱焉，耻也。"（《论语·公冶长》）孔门弟子中，子贡就是"亿则屡中"的商人，当国家处于有道的时代，人们可以合理地追求利益而从事商业，而其前提是要坚守诚信。《孔子家语·鲁相》载孔子的"贾羊豚者，不加饰"语，意思是经商者不可对商品加以不切实际的修饰，而应实事求是地描述商品的质地，即不得销售假货、劣货，不得违反职业道德。荀子说："商贾敦悫无诈，则商旅安，货通财，而国求给矣。"（《荀子·王霸》）商业交易要以平等交换为根本原则，商人要厚道、诚实，不欺诈他人，如此则来往各地做买卖的商人之间相安无事，货物流通无碍而增加财富的积累，从而使国家的供求平衡。

（二）当代中国社会的诚信问题及其对策

古代中国是一个具有高信任度的国家，朋友之间、商业活动和治国行政都在鼓励并坚决贯彻诚信原则。当然，在市场经济的利益驱动下，不否认也有少部分人为了追求利益的最大化而泯灭良心，丢弃诚信的品德，用造假的方式来追逐金钱，引发了当代中国社会生活中的诚信缺失问题，对国家经济和人与人之间的关系造成了一定的伤害。这从反面表明，经济与人伦秩序的健康发展需要"诚信"的伦理与文化做保障，党的十七届六中全会审议通过的《中共中央关于深化文化体制改革　推动社会主义文化大发展大繁荣若干重大问题的决定》强调，"把诚信建设摆在突出位置，大力推进政务诚信、商务诚信、社会诚信和司法公信建设，抓紧建立健全覆盖全社会的诚信系统，加大对失信行为的惩戒力度，在全社会广泛形成守信光荣、失信可耻的氛围"。而且"诚信"被作为社会主义的核心价值观之一，以此引导社会的诚信建设以及诚信体系的重塑。

简言之，当代中国社会的诚信问题，基本上可以概括为三大类型：一是公民个体及其集体之间的交往中，言而无信，说话不算数，开空头支票而不能信守承诺，这属于个人道德问题。二是市场经济和商品交易领域存在少数造假、贩假的现象，或恶意拖欠工薪，这属于商务诚信问题，不仅要接受社会道德标准的评判，还需要相应的法律介入。三是少数政府部门在行使公共权力的过程中，未能很好地履行其对社会的承诺，或不能充分地落实上级领导部门制定的政策，或对政策的执行结果报喜不报忧，掩盖负面信息，这属于政务诚信问题。少数个人、经济实体、行政部门的诚信缺失，如果不能及时予以处理，可能会影响社会生活中诚信道德与诚信系统之稳定。在此，我们将从三方面来讨论当代中国社会的诚信危机问题及其应对之策。①

首先是个人道德的诚信问题。社会发展要依靠科技的进步，但如果社会诚信出现危机，进而引发道德水平的普遍滑坡，这样的话，即使科学技术再发达，物质财富增长得再快，社会的幸福程度也不大可能随之提高，反而会因此降低。因为，一个不讲诚信的社会，人与人之间缺乏基本的信任感，一切均以纯粹的利益驱动为出发点，那将会导致彼此算计，而毫无人间的温情与可靠性。这样的社会必然充满冷漠气氛，且会使生活在其中的成员感受到巨大的压力，不仅没有真正的幸福感，而且缺乏基本的安全感。

现代社会学证明，个人诚信是社会和谐进步、国家繁荣富强的基本保证。如中西思想家所指出的，诚信是一种高尚的道德节操，是一种温情脉脉的人格魅力。人与人之间只有互信才能互爱，互爱才能和谐地相处，从而为社会进步和国家富强提供源源不竭的精神动力。所以，作为一个社会公民，涵养自我的诚信道德是对社会履行义务的基本表现；作为朋友关系的一方，涵养自我的诚信道德是对朋友负责的表现。曾子说："吾日三省吾身，为人谋而不忠乎，与朋友交而不信乎，传不习乎？"（《论语·学而》篇）人们应该像曾子那样，经常自我反省，提高自身的道德素养，其中就包括诚实守信地对待朋友。

其次是商业诚信的问题。市场经济靠市场的供给来调节商品生产的平衡，同时也依靠法律来维持市场秩序的正常运转。但是，市场经济也应该讲道德，如前所述，古今中西的思想家都重视商业活动的诚信问题，强调商业交易必须遵守诚信原则，否则就要受道德的评判，也要受法律的惩罚。如果人们在经济交往中不讲诚信，商品交换不以等价交换为基础，彼此间以假冒伪劣产品来交易，或无限期地拖欠薪资，那样必然会导致市场秩序的混乱，最终导致商业活动无法正常地开展，不仅个人未能实现预期的经济效益，国民经济也会因此受到影响，乃至出现负增长的情况。如2008年中国毒奶制品事件，三鹿集团在其生产的奶粉中加入化工原料三聚氰胺，婴儿食用后被发现患有肾结石。事件曝光后，中国国家质检总局公布对国内的乳制品厂家生产的婴幼儿奶粉的三聚氰胺检验报告后，事件迅速恶化，多个厂家数十个批次产品中都检出三聚氰胺。这一典型的毒奶粉事件在一段时间内重创了中国商品的信誉，令多个国家禁止中国乳制品进口，不仅个别企业追求利润的目标无法实现，最为严重的是在一段时间内损害了中国工商业

---

① 关于当代中国诚信问题的研究，参见全林远、赵周贤、邵丹：《论当代中国的诚信建设》，载《光明日报》2012年2月7日，理论版；任平：《诚信与文明：中国梦的价值基石》，载《光明日报》2013年4月10日，理论版；冯芸：《西方诚信观念及其对我国诚信社会建设的意义》，载《山东省青年管理干部学院学报》2010年第2期，第14~18页；陈丽君、王重鸣：《中西方关于诚信的诠释及应用的异同与启示》，载《哲学研究》2002年第8期，第35~40页。

产品的商业信誉。这一沉痛的教训应当长期引以为戒！

最后是政务诚信的问题。前文引用孔子、《大学》的话，如"民无信不立""与国人交，止于信"等，都把官民关系的和谐建立在诚信相交的基础上。然自古以来，作为统治阶级的官员相对于被统治者而言，拥有制定、执行和解释政策的绝对权力，臣民往往只能被动地接受官方政策，而缺乏参政、议政的机会。当遇到庸官、懒官时，政务诚信很可能是无从预期的。今天的中国是社会主义国家，人民当家做主，在政府与人民之间没有根本利益上的冲突。政府与人民之间的诚信关系从根本上说是容易建立起来的。早期共产党人在解放区内与人民之间建立的血肉联系，恰恰就是以政治的诚信为基础的。而社会主义建设初期，中国共产党领导中国人民在一穷二白的基础上只用了十年时间就基本上建成了一个拥有现代工业体系的新中国，依靠的就是人民对党和政府的信任。但由于"文化大革命"的影响，在一段时间内党和政府与人民之间的信任关系遭到破坏。当前社会主义核心价值观建设，将诚信作为重要的内容之一，是十分正确与恰当的。

有鉴于此，我们对上述三类诚信问题提出一些应对之策，以供有关部门参考。

第一，个人道德上的不诚实、不守信，主要是通过教育来解决。在全日制的国民教育中，把道德诚信教育放在首要位置，要将成人放在优于、先于成才的位置上来加以处理。建立学生学习、考试、工作、做人的诚信档案。家庭教育中不要一味地望子成龙成凤，重视智力教育而忽视对道德诚信的要求。

第二，对于工商业活动中的诚信问题，既要有明确的法规与法律来约束工商业者的行为，更要在执法的力度上落实工商业诚信的诺言，劳动者的权益要得到切实的保护。工商业品消费者的权益应该切实得到消费者协会的保护，因而消费者协会要有更大的作为空间，坚决维护消费者的权益。这一点一些政府部门，特别是工商质检部门、工商打假部门、工商执法部门要有所作为，要严厉打击不法分子，以维护社会经济生活中的诚信。

第三，对于某些具体政府部门的行政过程中缺乏诚信的问题，应依法行政，加强法治，逐步、切实地扩大人民对各级政府的监督力度，是增强政府行政过程中的诚信行为的不二法门。武汉市的电视问政形式很好，在形式上还可以改进，让社会各界人士参加问政活动，对于许诺的事情不作为，或按期不落实的，要有切实的交代，无正当理由者，主管领导必须下台。

第四，社会应加强法治，重视契约方面的诚信。今天的中国已经进入了社会主义的市场经济时代，要面对很多的陌生人。如何加强法治，加强人们守约的诚信，是当代中国诚信建设的重要新内容。传统的道德自律对于诚信社会的建设很重要。但如果社会上大多数诚信的人总是吃亏，不诚信的人就会越来越多。社会需要建立完善的诚信制度，因此公民的信用记录档案建设迫在眉睫。只有加大对不诚信行为和人的惩治力度，才能促使人们自觉地遵守诚信的原则。

第五，重建公民的精神信仰。诚信是一个道德问题、法律问题，也是信仰问题。应该承认，人类道德与精神信仰关系甚大，人诚信与否与是否具有信仰有很大的关联。人既有追求物质利益的欲望，也有超越物质享受的内在精神追求，信仰就是实现自我超越的内在精神动力。信仰可以促使诚信道德在人们心灵深处生根发芽，而基于信仰的道德力量更持久、坚韧。所以，人们要充分认识社会主义核心价值体系的基本要求，将其内化为自我的精神信仰，激励和约束自己养成诚实、守信的品德。

总之，诚信问题不只是一般的道德问题，它涉及我们生活的方方面面，有人与人相处的一般层面的说话算数的道德问题，也有工商业活动中的职业道德问题，如产品质量、工程质量、价格、工资与资金兑现等问题，更重要的是政府行为要取信于民，这是政治上的大问题。不同层次的问题要有相应的处理方法与措施，但三者之间不是截然分开的。因为，教育中的道德诚信，从根本上影响了人一生的行为。社会上各领域里的广泛诚信行为与制度约束，会自动纠正人们的不诚信行为。如商业活动与日常交易活动中的诚信行为，会教育、引导人们在道德上要诚信。生活中越少有欺诈的行为，或者欺诈的行为受到的惩罚越严厉，诚信的道德就越能得到自觉的维护。政府部门的行政诚信是最大的、最好的教育。依法行政，人民对政府的监督越是有力，政治的诚信度越高，社会生活中的诚信度就越高。

第二节　忠孝廉耻及其在当代的转化

一、传统"忠"德及其在当代的转化

"忠"是传统社会伦理道德思想体系中的一个重要范畴，忠恕之道是儒家的核心思想。但忠作为一种德目，它远远逸出儒家的思想范围。汉以后的中国传统社会，忠慢慢向忠于皇帝的政治道德方面倾斜。忠君报国逐渐成为忠德的主要内涵。而在家庭伦理中，忠也主要表现为妻子对于丈夫、丈夫的家庭和家族的忠贞，是片面化、单向度的。当忠与孝结合起来后，求忠臣于孝子之门，忠孝就高度结合在一起，在价值观念上，家族道德伦理与国家政治道德、伦理就高度结合

起来了。当然也有忠孝难两全的情况，一般情况下，宋以后的中国社会往往是要求尽忠而牺牲孝。

从观念史的角度看，"忠"观念到底产生于何时，学界并无定论，童书业、范正宇认为产生于春秋时期[1]，曲德来认为产生于春秋初期[2]，郑晓江认为产生于西周时期[3]，孟祥才认为产生于阶级社会确立以后[4]，柳诒徵认为产生于虞夏时期[5]，解颉理认为产生于氏族公社时期[6]，雷学华认为产生于原始社会时期[7]，裴传永认为产生于尧舜时代[8]，桑东辉认为产生于原始社会晚期，或部落联盟时期[9]。我们经研究发现，凡认为"忠"观念产生于西周甚至更早时期的学者，大都认为"忠"与"中"相通。解颉理通过借鉴古文字学家的研究成果，指出，"'忠'是'中'的引申义"，体现的是"氏族和部落民众对其首领这一权威中心的确认与服从，同时也表达了对公平、公正的早期政治准则的向往与追求"。只不过在演变过程中"作为一种公正意识和平等意识的内涵后来渐次淡薄，而与政治权威有关的意义越来越突出"[10]。这一结论，于传统经学中关于"忠"的训诂亦可得到旁证，如《论语·学而》"为人谋而不忠乎"一句，皇侃疏《大戴礼记·文王官人》篇就训为"忠，中心也"，《论语·宪问》训为"忠焉，能勿诲乎"，皇侃疏："忠者，尽中心也"，《孟子·滕文公下》"教人以善谓之忠"，孙奭疏："中心之谓忠。"《说文》释中："中，内也。"段注："中者，别于外之辞也，别于偏之辞也，亦合宜之辞也。作内，则此字平声、去声之义无不赅矣。"根据唐兰的研究，"中"的本义是作为氏族象征的"徽帜"。他说："此其徽帜，古时用以集众，《周礼》大司马教大阅，建旗以致民，民至，仆之，诛后至者，亦古之遗制也。盖古者有大事，聚众于旷地，先建中焉，群众望见中趋附，群众来自四方，则建中之地为中央矣。列众为阵，建中之酋长或贵族，恒居中央，而群众左之右之望见中之所在，即知为中央矣。然则中本徽帜，而其所立之地，恒为中央，遂引申为中央之义，因更引申为一切之中。"[11] 从"徽帜"这个意象可

---

[1] 童书业：《春秋左传研究》，上海人民出版社1980年版，第269页；范正宇：《"忠"观念溯源》，载《社会科学辑刊》1992年第5期。

[2] 曲德来：《"忠"观念先秦演变考》，载《社会科学辑刊》2005年第3期。

[3] 郑晓江：《"忠"之精神探微》，载《孔孟学报》1995年第70期。

[4] 孟祥才、王瑞起：《"忠"的观念在我国的历史演变》，载《历史教学》1984年第2期。

[5] 柳诒徵：《中国文化史》上，中国大百科全书出版社1988年版，第78~79页。

[6] 解颉理：《"忠"观念探源》，载《哈尔滨学院学报》2005年第9期。

[7] 雷学华：《忠——忠君思想的历史考察》，广西人民出版社1996年版，第8页。

[8] 裴传永：《中国传统忠德观的历时性考察》，山东大学博士学位论文，2006年，第55页。

[9] 桑东辉：《论中国传统忠德的历史演变》，黑龙江大学博士学位论文，2015年，第18页。

[10] 解颉理：《先秦"忠"观念的演变》，广西师范大学硕士学位论文，2006年，第10页。

[11] 唐兰：《殷墟文字记》，中华书局1981年版，第53~54页。

以派生出很多含义，如"正""直""公""敬"等。

我们认为，"忠"的观念在春秋以前的某个历史时期就产生了。从《左传》的记录来看，春秋时期，忠的观念已经成为人们赞赏的"令德"，但其内涵还比较宽泛，属于一种普适性的道德。"忠"作为一种比较固定的道德规范，最迟在孔子的时代就已经出现了，《论语》记载孔子的言行中，"忠"已经作为一种道德观念了。战国时期，随着社会的转型和集权主义的兴起，这一"忠"之德便越来越频繁地与臣德联系在一起，成为臣德的一个重要组成部分。当代学术界关于"忠"与"中"的种种论述表明，"忠"的原初含义似乎体现的是一种超越"小我"（个体）为"大我"（群体）的要求。除了包括从"中"的意象引申出来的正、直、公、敬等意思之外，还应该包括这种"内化于心"的理想心理状态，即诚、实等。春秋时期以及漫长的中国传统社会中的"忠"的观念和忠之德，应当从这些抽象的意义中慢慢派生出一些具体的意义，形成忠信、忠诚、忠义、忠孝等新的复合性的道德观念，并逐步出现忠臣这样的政治人格形象。

当代中国社会，人们仍然要有忠诚的道德观，无论是对于国家、民族事业的忠诚，还是一般单位、企业的员工忠于职守，不背叛，还是家庭伦理中，夫妻双方忠诚于爱情，都需要"忠德"。但今天社会的忠诚是建立在个性独立、人身自由的现代性前提下的道德自觉与自愿，它不再是基于人身依附关系的愚忠。当尽忠的道德要求超出了现代社会的底线价值，如人格独立、人身自由，特别是人的自由意志的时候，忠的道德要求就成为一种不合理的要求。如何对传统社会的忠德做出符合时代要求的解释，并使之成为当代具有道德约束力的规范，需要在理论上做出新的阐释。为了叙述方便，我们将从三个层次对传统的忠德做出扼要的概述，然后在此基础上讨论传统忠德的当代转化问题。

（一）尽心为忠——忠的观念和忠之德的抽象意义

作为一种抽象的尽心、真实地表达自己对某一服务对象的情感状态，至少在春秋时代就出现了。《国语·周语上》云：

> 昔我先王世后稷，以服事虞、夏。及夏之衰也，弃稷不务，我先王不窋用失其官，而自窜于戎、狄之间，不敢怠业，时序其德，纂修其绪，修其训典，朝夕恪勤，守以敦笃，奉以忠信，奕世载德，不忝前人。

上述引文涉及的史实是祭公劝谏周穆王的话，但从中可以看到，西周的祖先就有以忠信的美德来奉行其事业的行为。这则记载以口述历史的方式表明：至少在穆王时期，忠、信与敦、笃、恪、勤等，就已经是一种受人赞赏的美德了。同为《国语·周语上》，下面一段话中的"忠"字，作为一种美德，与人凭借良心、公心做事的要求相关，与"中"即内在的自省之德性相连。

民之所急在大事，先王知大事之必以众济也，是故祓除其心，以和惠民。考中度衷以莅之，昭明物则以训之，制义庶孚以行之。祓除其心，精也；考中度衷，忠也；昭明物则，礼也；制义庶孚，信也。然则长众使民之道，非精不和，非忠不立，非礼不顺，非信不行。今晋侯即位而背外内之赂，虐其处者，弃其信也；不敬王命，弃其礼也；施其所恶，弃其忠也；以恶实心，弃其精也。四者皆弃，则远不至而近不和矣，将何以守国？

"考中度衷"的"考中"，即是尽己之心的意思。而"度衷"则有将心比心的意思。韦昭注将此处的"忠"字注为"忠，恕也"，并不完全准确。

魏晋玄学对于中国哲学思想的特殊贡献之一，就是将他们之前的思想观念上升到一个抽象、普遍的理论程度。忠的观念在此时也得到一个理论化的提升。王弼在《论语释疑》中将"忠"解释为"情之尽也。"南朝皇侃的《论语义疏》对"忠"的解释是："忠，谓尽中心也。"而"情之尽""尽中心"这两种解释，均与"内尽其心而不欺"的说法一致，都是说"忠"由己出，是人的真诚无欺之情感和心意的自然流露，与《国语·周语上》的"考中度衷"的意思一致。

《艺文类聚》卷二十引梁·王筠《答湘东王示〈忠臣传〉笺》也说道："忠为令德，百行枚先，一心靡或。"并且主张对这部《忠臣传》进行广泛的宣传，"谨当宣示遐迩，光扬德音"。"忠"乃百行之先、至高无上的美德，并且得到统治者的大力褒扬与宣传。

隋唐时代的贾公彦在《周礼·大司徒》疏中写道："中心曰忠，中下从心，谓言出于心，皆有忠实也。"杨倞在《荀子注·礼论》中也说："忠，诚也。"诚者，诚实不欺之谓也。

在宋代及以后的思想家中，"尽心为忠"的观念仍然得到继承。大程子明道说："尽己之谓忠，以实之谓信。发己自尽为忠，循物无违谓信，表里之义也。"① 小程子伊川说："人谓尽己之谓忠，尽物之谓恕。尽己之谓忠固是，尽物之谓恕则未尽。推己之谓恕，尽物之谓信。"② 伊川又说："尽己为忠，尽物为信。极言之，则尽己者尽己之性也，尽物者尽物之性也。信者，无伪而已，于天性有所损益，则为伪矣。"③

南宋时期，朱子继承并深化了二程的思想，对忠、信的理论意义进行了多方面的界说，如他认为："忠自里面发出，信是就事上说。忠，是要尽自家这个心；

---

① 程颢、程颐著：《二程集·河南程氏遗书》卷第十一，第133页。
② 同上书，卷第二十三，第306页。
③ 同上书，卷第二十四，第315页。

信，是要尽自家这个道理。"① 他又说："忠，只是实心，直是真实不伪。到应接事物，也只是推这个心去。直是忠，方能恕。若不忠，便无本领了，更把甚么去及物！"②

南宋时期心学家陆九渊亦将忠解释成由中而出的真感情，他认为"不欺为忠"，说道：

> 忠者何？不欺之谓也；信者何？不妄之谓也。人而不欺，何往而非忠；人而不妄，何往而非信。忠与信初非有二也。特由其不欺于中而言之，则名之以忠；由其不妄于外而言之，则名之以信。果且有忠而不信者乎？果且有信而不忠者乎？名虽不同，总其实而言之，不过良心之存，诚实无伪，斯可谓之忠信矣。由是言之，忠信之名，圣人初非外立其德以教天下，盖皆人之所固有，心之所同然者也。……是故为人子而不主于忠信，则无以事其亲；为人臣而不主于忠信，则无以事其君；兄弟而不主于中信则伤；夫妇而不主于忠信则乖；朋友而不主于忠信则离。视听言动，非忠信则不能以中理，出处语默，非忠信则不能以合宜。③

晚明思想家方以智从训诂、语言学的角度讨论忠信的问题，他在《一贯问答》中说道："问忠信。曰：直也，直即古真字，四声通转，叔重化形登天之说，非也。无心即是直心，无意即是忠信。无意者，诚意之至，无字即是化字，无善恶者，善之至矣。"④ 应当说，方以智的这一解释亦比较合乎尽情、尽中谓之忠的解释。

近代启蒙思想家谭嗣同、康有为二人也继承了尽心、尽情为忠的思想传统，但增加了上下、人己"互忠"的新内容。谭嗣同说：

> 古之所谓忠，以实之谓忠也。下之事上当以实，上之待下乃不当以实乎？则忠者共辞也，交尽之道也，岂有专责之臣下乎？……古之所谓忠，中心之谓忠也。抚我则后，虐我则雠，应物平施，心无偏袒，可谓中矣，亦可谓忠矣。⑤

康有为对于忠之德的论述内容非常丰富，其中一个层面的意思也是将"忠"视为人对自己真心的表白，他说：

> 中心出之之谓忠，如心行之之谓恕。违者，去也。道者，人所共行也。必与人同之而后可。物类虽多，而相对待者，不外人己，同为人类，不相远

---

① 黎靖德编，王星贤点校：《朱子语类》卷六，第 123 页。
② 黎靖德编，王星贤点校：《朱子语类》卷十六，第 436 页。
③ 陆九渊著，钟哲点校：《陆九渊集》卷三十二，中华书局 1980 年版，第 374 页。
④ 方以智著，张昭炜整理：《象环寱记；易余；一贯问答：方以智著作选》，九州出版社 2015 年版，第 746 页。
⑤ 谭嗣同著：《仁学》，引自《谭嗣同全集（增订本）》下册，中华书局 1981 年版，第 340 页。

也。人莫不爱己，己欲立而立人，己欲达而达人。己所不欲，勿施于人。张子所谓：以爱己之心爱人，则尽仁。孔子告子贡以一言行终身者"推己及人"，乃孔子立教之本。与民同之，自主平等，乃孔子立治之本。故子思特揭之。①

而在讨论忠信、忠恕之德时，康有为亦是基于"中心出之"的道德真诚的基础之上。他论"忠信"时说：

忠信者，人心之本也。此孔子之道而有子、曾子传之。《论语》特以孝弟、忠信继学与仁，此其开宗明义者也。忠信者，诚也；人道之有忠信，如谷之有种，如水之有源。苟无忠信之心，如剪采为花，非不美观，究无真采；如堰水为陂，非不汪洋，应时枯竭。故一切治教，皆以忠信为基，有忠信乃有治教，无忠信则治教立亡矣。一人忠信之至，则可感天人、贯金石；虽大同之世，亦不过讲信修睦，人人忠信而已。故人道始于忠信，亦终于忠信。②

他论"忠恕"之道时，明确反对将"忠"之德仅仅看作是一种单向的对国君之忠的政治伦理。他说道：

中心为忠，如心为恕。……义似浅近，然孔子之言道，曰仁与不仁，盖以不忍人之心，行不忍人之政。推至天地位，万物育，其本亦不过尽己心而为忠、推己心而为恕耳。若不忠，则为忍人之心；不恕，则不推不忍人之政，可以天地闭，万物灭。故忠恕虽约，而大道已尽，更无余法。悟者，本身即是；惑者，终身行之而犹违。自入德言之，则视忠恕为违道不远之方；自至人视之，则忠恕为乾道变化，各正性命之理。故忠恕之道，实一本万殊，兼下学上达者也。③

可见，以尽心、尽情解释忠的思想传统，源远流长，而此一释义传统恰恰使忠之德与其他德目，如信、恕、诚、义、孝等融为一体，形成一组既有内在联系，又有一定区别的道德范畴，从而构成了一个以忠为核心的道德观念群。

（二）忠信、忠诚、忠义、忠孝——忠与其他道德观念的融合

当忠信、忠诚作为一种政治美德之时，一开始并不完全是指向大臣，国君对于国事、人民的忠诚也可以忠德来称赞。以《左传》《国语》为例，我们大体上可以看出忠信、忠诚之德的普遍意义。

《左传》中"忠"字出现70次，分布在46个语段中，其主要意思是讲国

---

① 康有为著：《中庸注》，引自《康有为全集》第五集，中国人民大学出版社2007年版，第374页。
② 康有为著：《论语注》，引自《康有为全集》第六集，第381页。
③ 同上书，第405~406页。

君、大臣对于国家之事的忠诚,以及大臣对于国君的忠诚。有时也可看到忠信连用的状态,表示忠是一种普遍认可的道德,如隐公三年:

> 君子曰:"信不由中,质无益也。……《风》有《采蘩》、《采苹》,《雅》有《行苇》、《泂酌》,昭忠信也。

此处的"忠信"一词,表明"忠""信"一样,是一种社会上普遍认可的美德。其他大多数地方都指大臣或国君忠于国事、民利,是一种政治美德。桓公六年:"臣闻小之能敌大也,小道大淫。所谓道,忠於民而信於神也。上思利民,忠也;祝史正辞,信也。今民馁而君逞欲,祝史矫举以祭,臣不知其可也。"

《国语》中"忠"字出现52次,分布在31个语段中,其意思有与《左传》相同的地方,但也有补充《左传》之不足的内容。

《周语》上的另一段文献是将忠、信、仁、义并称,并认为这是礼的内在要求:

> 且礼所以观忠、信、仁、义也,忠所以分也,仁所以行也,信所以守也,义所以节也。忠分则均,仁行则报,信守则固,义节则度。分均无怨,行报无匮,守固不偷,节度不携。若民不怨而财不匮,令不偷而动不携,其何事不济!中能应外,忠也;施三服义,仁也;守节不淫,信也;行礼不疚,义也。

可见,此时的"忠"之德是一普遍性的道德要求了。类似的说法见于《周语下》:"夫敬,文之恭也;忠,文之实也;信,文之孚也;仁,文之爱也;义,文之制也;智,文之舆也;勇,文之帅也;教,文之施也;孝,文之本也;惠,文之慈也;让,文之材也。象天能敬,帅意能忠,思身能信,爱人能仁,利制能义;事建能智,帅义能勇,施辩能教,昭神能孝,慈和能惠,推敌能让。此十一者,夫子皆有焉。"

《国语》中出现了政治忠信与民众的关系的新义项,这是《左传》中所没有的新内容。《齐语》讲管仲有五大长处:"臣之所不若夷吾者五:宽惠柔民,弗若也;治国家不失其柄,弗若也;忠信可结于百姓,弗若也;制礼义可法于四方,弗若也;执枹鼓立于军门,使百姓皆加勇焉,弗若也。"其中"忠信可结于百姓"一句,是"忠"作为一种政治美德的扩展性用法,强调"忠"德具有凝聚民心的功能。这与《鲁语下》"咨亲为询,忠信为周"的"周"的意思相似。"周"即是团结的意思。《论语》中有"君子周而不比,小人比而不周"的说法。

在《论语》中"忠"字出现18次,分布在12篇16个语段中,其主要意思是一种具有普遍性的道德。如《学而》篇出现的"忠"字,都是指一种普遍性的美德。

> 曾子曰:"吾日三省吾身,为人谋而不忠乎?与朋友交而不信乎?传不习乎?"

子曰："君子不重，则不威。学则不固。主忠信。毋友不如己者。过则勿惮改。"

《卫灵公》子张问行。子曰："言忠信，行笃敬，虽蛮貊之邦行矣。言不忠信，行不笃敬，虽州里行乎哉？立，则见其参于前也；在舆，则见其倚于衡也，夫然后行。"子张书诸绅。

更加值得注意的是，忠与恕结合在一起，成为孔子思想的根本原则了。这既是"忠"的观念与道德观被狭隘化，亦是其变成某家学说第一原则的开端。从道德观念的发展历史来看，是一种历史的进步。《里仁》子曰："参乎！吾道一以贯之。"曾子曰："唯。"子出，门人问曰："何谓也？"曾子曰："夫子之道，忠恕而已矣！"

《述而》子以四教："文，行，忠，信。"《子罕》子曰："主忠信，毋友不如己者，过则勿惮改。"

另外，值得注意的是，《论语》中的"忠"字有七处与"信"连用，而且没有特别明确的解释，似乎表明孔子所处的春秋末期，忠与信已经是人们熟知的道德观念了。孔子以忠信自许，称"十室之邑必有忠信如丘者"，也以忠信教人，而忠德已经变得非常具有普遍性了。

宋明儒喜好体用论的思维，在讨论忠之德与伦理的关系时，亦从体用的角度来阐述忠恕、忠信问题。程明道曰："忠恕一以贯之。忠者天理，恕者人道。忠者无妄，恕者所以行乎忠也。忠者体，恕者用，大本达道也。"[1] 程伊川曰："忠者，无妄之谓也。忠，天道也。恕，人道也。忠为体，恕为用。"[2] 类似地，伊川还说："恕字甚大，然恕不可独用，须得忠以为体。不忠，何以能恕？看忠恕两字，自见相为用处。"[3]

朱子在此问题上继承了二程的思想，亦从体用的角度论"忠恕"与"忠信"。朱子答"一以贯之"的问题时说道："一者，忠也；以贯之者，恕也。体一而用殊。"又曰："忠是一，恕是贯。忠只是一个真实。自家心下道理，直是真实。事事物物接于吾前，便只把这个真实应副将去。自家若有一毫虚伪，事物之来，要去措置他，便都不实，便都不合道理。"[4]

二程有时也将忠恕与仁连在一起来讨论，认为忠是一，忠即仁，也即是恕。因为恕是忠之用。文献载："问：'吾道一以贯之，而曰忠恕而已矣，则所谓一者，便是仁否？'曰：'固是。只是一字，须是子细体认。一还多在忠上？多在恕

---

[1] 程颢、程颐：《二程集·河南程氏遗书》卷第十一，第124页。
[2] 同上书，卷第二十一下，第274页。
[3] 同上书，卷第十八，第184页。
[4] 黎靖德编，王星贤点校：《朱子语类》卷第二十七，第670页。

上？'曰：'多在恕上。'曰：'不然。多在忠上。才忠便是一，恕即忠之用也。'"①

对于忠信问题，朱子明确地说："忠是体，信是用。"② 与二程不同，朱子既从体用的角度阐述忠信的关系，又从内在的角度阐述忠信、忠恕的关系。他说："忠，以心言；信，以事言。青是青，黄是黄，这便是信。未有忠而不信，信而不忠，故明道曰：'忠信，内外也。'这内外二字极好。"③ 他甚至还从合的角度说："忠信只是一事，而相为内外始终本末。有于己为忠，见于物为信。"④ 对于"忠恕"问题，朱子说："主于内为忠，见于外为恕。忠是无一毫自欺处，恕是'称物平施'处。忠因恕见，恕由忠出。"⑤

二程与朱子如此强调"忠"之为"体"的意义，与宋儒提倡士大夫忠于国家、忠于国君的政治思想倾向有内在的关系。他们在政治伦理方面对"忠"之德与伦理的强调与论述，可以帮助我们理解他们在道德哲学与伦理学方面提倡以忠为体，以恕、信为用的基本主张。

二程为了将"忠"之德与伦理强调到最高的位置，将忠视为天下大公之道，甚至是天道。这就是忠的伦理客观化了。他们说："忠者天下大公之道，恕所以行之也。忠言其体，天道也；恕言其用，人道也。"⑥ 同时，二程所说的"忠"，也与尊卑、上下的等级社会的结构有关，如程伊川说："事上之道莫若忠，待下之道莫若恕。"⑦ 此处的"事上"，可以泛指官僚结构中的一般意义上的上级官员，特定的含义应该是指国君。"待下"的一般意义是下级，特定的意义是地位卑微的下民、小民。

在忠与仁的关系上，二程认为，在特定的情形之下，忠就是仁。他的学生有人问道："'令尹子文忠矣，孔子不许其仁，何也？'曰：'此只是忠，不可谓之仁。若比干之忠，见得时便是仁也。'"⑧

此处所言"见得时"，即是理解得十分通达、透彻，比干的"忠"就是"仁"。为什么说此时的忠就是仁，二程没有进一步地说明，大体上比干之忠不是忠于某个帝王，而是以商王朝的国家、人民为对象，故可以称之为仁。这一解释，或许可以从下面这一段文献得到印证：

---

① 程颢、程颐著，鲍若雨录：《二程集·河南程氏遗书》卷二十三，第306页。
② 黎靖德编，王星贤点校：《朱子语类》卷第二十一，第490页。
③ 同上书，第482页。
④ 同上书，第486页。
⑤ 同上书，第671页。
⑥ 程颢、程颐著，鲍若雨录：《二程集·河南程氏外书》卷第二，第360页。
⑦ 程颢、程颐著，鲍若雨录：《二程集·河南程氏遗书》卷第二十五，第324页。
⑧ 同上书，卷第二十三，第306页。

程伊川曰：夫为人臣者，居其位，食其禄，必思何所得爵禄来处，乃得于君也。必思所以报其君，凡勤勤尽忠者，为报君也。如人主所以有崇高之位者，盖得之于天，与天下之人共戴也，必思所以报民。古之人君视民如伤，若保赤子，皆是报民也。①

小程子认为，报君以忠，实际上是报民以忠。比干之忠应当是"报民"一类的忠，故能与仁相等。

朱子从理论上明确地肯定忠、孝二伦是人之为人的当然法则，他说道："事亲须是孝，不然，则非事亲之道；事君须是忠，不然，则非事君之道。"②但朱子在讨论作为政治伦理的"忠"之伦的问题时，并没有单向地要求臣之忠，而是提倡"义合"。《语类》卷第十三有一段对话：

用之问："忠，只是实心，人伦日用皆当用之，何独只于事君上说忠字？"曰："父子兄弟夫妇，皆是天理自然，人皆莫不自知爱敬。君臣虽亦是天理，然是义合。世之人便自易得苟且，故须于此说忠，却是就不足处说。如庄子说：'命也，义也，天下之大戒。'看这说，君臣自是有不得已意思。"③

朱子所说的"义合"，实际上是说，"忠"并不是单向的臣对于君的绝对愚忠，而是一种相互对待的政治伦理，即国君对于臣也应当遵守基本政治伦理，即"以礼使臣"。当有学生问为什么是"君使臣以礼，臣事君以忠"的道理时，朱子回答道：

尹氏谓"君使臣以礼，则臣事君以忠"，亦有警君之意，亦不专主人臣而言也。如孟子言："君之视臣如犬马，则臣视君如寇仇！"此岂孟子教人臣如此哉！正以警其君之不以礼遇臣下尔。为君当知为君之道，不可不使臣以礼；为臣当尽为臣之道，不可不事君以忠。君臣上下两尽其道，天下其有不治者哉！④

与朱子同时代的心学家陆九渊，在其文集中讨论"忠"的文字很少，一般情况下是结合其他伦理来阐述"忠"之一伦。

陆九渊还将对于普通的世主之忠与对理想中的圣君之忠区别开来，说道："晏之取予，出于才而不出于学，根乎术而不根乎道。出于才而根于术，则世主之忠臣而圣君之罪人也。"⑤

---

① 程颢、程颐著，鲍若雨录：《二程集·河南程氏遗书》卷第十九，第264页。
② 黎靖德编，王星贤点校：《朱子语类》卷第十三，第229页。
③ 同上书，第233页。
④ 黎靖德编，王星贤点校：《朱子语类》卷第二十五，第625页。
⑤ 陆九渊著，钟哲点校：《陆九渊集》卷三十，第355页。

朱子的高足陈淳亦有合忠信而言的倾向，如他说："忠信等字骨看得透，则无往而不通。如事君之忠，亦只是尽己之心以事君。为人谋之忠，亦只是尽己之心以为人谋耳。如与朋友交之信，亦只是以实而与朋友交。与国人交之信，亦只是以实而与国人交耳。"① 不过，他对陆九渊以"不欺论忠"的说法似有不满，说道："忠信二字，从古未有人解得分晓。诸家说忠，都只是以事君不欺为言。夫忠固能不欺，而以不欺名忠则不可。如此，则忠之一字，只事君方使得。……直至程子曰：'尽己之谓忠，以实之谓信。'方说得确定。"②

王阳明主要从"良知"论出，讨论了忠之德与忠的政治伦理问题，他认为，如果人的良知不被私欲遮蔽，在实际生活的具体情境中自然而然地就表现为合乎忠、信等伦理行为，他说：

  此心无私欲之蔽，即是天理，不须外面添一分。以此纯乎天理之心，发之事父便是孝，发之事君便是忠，发之交友治民便是信与仁。只在此心去人欲、存天理上用功便是。③

类似的说法还有，如阳明曰："心之发也，遇父便谓之孝，遇君便谓之忠，自此以往，名至于无穷，只一性而已。"④

两宋儒者虽然常常将忠信、忠恕连用，而且创造性地提出了忠体信用、忠体恕用的新说法，但他们有时也注意忠信、忠恕之伦的区别。小程子伊川说："仁义忠信只是一体事，若于一事上得之，其他皆通也。然仁是本。"⑤ 此处，伊川强调仁是义、忠、信三伦之根本。这应当是宋儒的一般性说法。

宋儒喜欢哲理思辨，故对忠信的理论意义有比较多的分析性的界说，既然信是忠之用，则朱子将"信"看作是忠之验证的说法就可以理解了。他说："信者，忠之验。忠只是尽己。……忠信只是一事。但是发于心而自尽，则为忠；验于理而不违，则为信。忠是信之本，信是忠之发。"⑥

朱子还从道德主体的动机与道德行为的后果上来讨论忠与信之间的区别与联系，他说："忠是就心上说，信是指事上说。如今人要做一件事，是忠；做出在外，是信。如今人问火之性如何，向他说热，便是忠。火性是热，便是信。心之所发既实，则见于事上皆是实。若中心不实，则见于事上便不实，所谓'不诚无物'。"⑦

---

① 陈淳著，熊国祯、高流水点校：《北溪字义·忠信》，中华书局1983年版，第28页。
② 同上书，第26~27页。
③ 王守仁撰，吴光等编校：《传习录》上，引自《王阳明全集》，上海古籍出版社1992年版，第2页。
④ 同上书，第15页。
⑤ 程颢、程颐著，鲍若雨点校：《二程集·河南程氏遗书》卷第十八，第193页。
⑥ 黎靖德编，王星贤点校：《朱子语类》卷第二十一，第485~486页。
⑦ 同上书，第488页。

朱子高弟陈淳对忠信之间的关系也有比较多的论说。他说："忠信两字近诚字。忠信只是实，诚也只是实。但诚是自然实底，忠信是做工夫实底。诚是就本然天赋真实道理上立字，忠信是就人做工夫上立字。"① 又说："忠信是就人用工夫上立字。大抵性中只有个仁义礼智四位，万善皆从此而生，此四位实为万善之总括。如忠信、如孝弟等类，皆在万善之中。"②

晚明的异端思想家李贽在讨论"忠"之德时，将忠义连用。他从道理的所以然角度，剖析了为何将"忠义"加于水泊梁山的一帮造反人的身上。他说：

夫忠义何以归于水浒也？其故可知也。夫水浒之众何以一一皆忠义也？所以致之者可知也。今夫小德役大德，小贤役大贤，理也。若以小贤役人，而以大贤役于人，其肯甘心服役而不耻乎？是犹以小力缚人，而使大力者缚于人，其肯束手就缚而不辞乎？其势必至驱天下大力大贤而尽纳之水浒矣。则谓水浒之众，皆大力大贤有忠有义之人可也。然未有忠义如宋公明者也。今观一百单八人者，同功同过，同死同生，其忠义之心，犹之乎宋公明也。独宋公明者身居水浒之中，心在朝廷之上，一意招安，专图报国，卒至于犯大难，成大功，服毒自缢，同死而不辞，则忠义之烈也！真足以服一百单八人者之心，故能结义梁山，为一百单八人之主。③

上述李贽的说法有两层意思：一是梁山好汉是因为有才不能被朝廷重用，故不得已而造反。二是以宋江为代表的造反者，一心向着朝廷，等待招安。招安之后，为国捐躯，万死不辞，是为大忠。李贽的意思是，梁山一百零八个好汉造反是不得已，为国效力才是他们真正的人生归宿。与对梁山好汉的评价不一样，李贽对屈原之忠的评价有值得玩味之处，他认为，对于屈原之忠，"但取其心"，不可效其事迹，因为怀王昏庸，不值得尽忠，这一说法颇类似陆九渊所言，即忠的对象不是世主而应当是圣主。李贽说：

夫为井者，泄淤泥而莹清泉，可以汲矣，而乃不汲，真不能不令人心恻也。故知王明则臣主并受其福，不明则臣主并受其辱，又何福之能得乎？然则怀王客死于秦，屈原沉没于渊，正并受其辱者耳，曷足怪也！张仪侮弄楚怀，真似儿戏，屈原乃欲托之为元首，望之如尧、舜、三王，虽忠亦痴。观者但取其心可矣。昏愚庸主有何草制可定，左右近侍绝无与原同心者，则原亦太孤子而无助矣。且所草稿既未定，上官大夫等安得见之？既得而见，则是吾示天下以公也。公则无有我人，又何待夺，又何夺之而不与乎？即推以

---

① 陈淳著，熊国祯、高流水点校：《北溪字义·忠信》，第27页。
② 同上书，第26页。
③ 李贽：《焚书》卷三，引自张建业主编：《李贽文集》第一卷，社会科学文献出版社2000年版，第102页(学术界一般认为，李贽对水浒的评价文字，可能是后假托李贽之名而写的，非李贽所作)。

为上官大夫之能可也，不待彼有夺意斯善矣。此以人事君之道，臣之所以广忠益者，真大忠也，甚不可以不察也。①

大致而言，汉唐时期"忠"观念的演变经过了"移孝作忠""孝忠一体"到"忠君"的转变。"先秦游士无宗国"，战国时期，许多士人是在他国取得功业，而不是在其出生的宗国。如公孙鞅、吕不韦本卫国人，但其建立功业主要在秦国。李斯本楚国上蔡人，却担任了秦国丞相。苏秦本东周人，一生主要在齐、燕、赵等国活动。随着以血缘为基础的宗法世族世禄制度的解体，忠孝出现了分离。自西周以来的忠统于孝的忠孝一体，经过春秋战国时期的忠孝冲突与分离，到汉代以后逐渐形成了孝统于忠的新格局。②自汉至唐，忠的内涵、主体与客体也都发生了一定的转变。

汉代虽然大力提倡孝道，但其社会目的还是为了"移孝作忠"，将战国以来的忠君政治道德、政治伦理深深地扎根于家庭血缘亲情的伦理基础之上。《孝经》被认为是秦汉之际的作品，其中明确反映了"移孝作忠"的观念。"夫孝，始于事亲，中于事君，终于立身"（《孝经·开宗明义》），"资于事父以事母，而爱同；资于事父以事君，而敬同……故以孝事君则忠，以敬事长则顺"（《孝经·士》），"父子之道，天性也，君臣之义也"（《孝经·圣治》），"君子之事亲孝，故忠可移于君。事兄悌，故顺可移于长。居家理，故治可移于官。是以行成于内，而名立于后世矣"（《孝经·广扬名》）。《孝经》以"父子之道"来类比"君臣之义"，事亲孝就自然可以事君忠。能做到孝亲忠君就可扬名于后世。汉朝统治者"以孝治天下"，普及《孝经》，表彰孝行，推举孝廉，以期达到移风易俗、臣忠国治的目的。

《艺文类聚》卷二十引梁元帝萧绎《上〈忠臣传〉表》曰："理合君亲，孝忠一体。性与率由，因心致极。"孝与忠都是人与生俱来的"因心致极"的情感，本为一体。萧绎《〈忠臣传〉序》曰："夫天地之大德曰生，圣人之大宝曰位。因生所以尽孝，因位所以立忠。事君事父，资敬之礼宁异？为臣为子，率由之道斯一。忠为令德，窃所景行。"萧绎所谓"圣人之大宝曰位""因位所以立忠"的说法进一步发展了"孝忠一体"的思想，说明了"忠"的根源在于"位"，在于君臣政治地位的不平等，在于君主至高无上的独尊地位。这和王弼、皇侃"忠是人内心真诚无妄的情感"的说法截然不同。当然，就忠的客体而言，其指向也发生了明显的改变，与先秦"尽心于民""忠于社稷""言思忠""谋事忠"等忠的客体泛化的状况也大有不同，效忠的对象不再是人民、国家和事业，

---

① 李贽：《焚书》卷三，第185页。
② 杨华：《春秋战国时期"宗统"与"君统"的斗争——兼论我国古代忠孝关系的三个阶段》，载《学术月刊》1997年第5期，第91~97页。

不再与仁德有关，而是"有位者"，只与地位尊卑有关。这种转变为此后的"愚忠"现象奠定了理论基础。

（三）忠臣——一个具体的、历史的政治人格形象

就其观念而言，"忠臣"都是指在政治地位上处于服务于国君或国家的大臣或臣民，是一个绝对的政治道德概念。但仔细分析所忠的对象，则忠臣可以分为忠于国君与忠于国家、社稷、人民两种类型。而作为一种更具有普泛意义的忠心之人，传统家庭中妻子对于丈夫的忠诚，不与婚姻之外的异性发生性关系，则又与守贞、贞节的妇德联系在一起了。不过，我们在此主要讨论政治意义上的忠臣，暂时不涉及家庭伦理中的两性之间的忠诚关系。

第一，从已有的文献来看，春秋时期，"忠"涉及的关系非常广泛，包括人与鬼神、国与国、个体与集体（国家社稷）、个体与个体、君与臣、君与民、臣与民等。而作为一种政治美德，在春秋时期，"忠"不是单向性的要求，而是一种双向性的对等要求。如《为政》篇季康子问："使民敬忠以劝，如之何？"子曰："临之以庄，则敬；孝慈，则忠；举善而教不能，则劝。"《八佾》篇定公问："君使臣，臣事君，如之何？"孔子对曰："君使臣以礼，臣事君以忠。"

但到了战国时期特别是战国末期，言"忠"必涉及君臣的现象越来越普遍，而其他方面涉及忠的要求极少被提及。与春秋时期相比，战国时期的"忠"观念和忠德，其最显著的变化有以下三点：一是对"忠"的讨论主要放在君臣关系的框架下来展开；二是主要从臣德的角度来论说和探讨"忠德"；三是作为一种臣德，人们对"忠德"的讨论比春秋时期更深入、更全面。张双棣曾分析了《韩非子》《吕氏春秋》二书"忠"的使用情况：

> 《韩非子》出现93次，《吕氏春秋》出现68次，但是意义明显地朝着下对上的关系发展和转移，上对下的情况已极少见。《吕氏春秋》中只有1次是上对下，《诚廉》："其于人也，忠信尽治而无术焉。"1次是互相之间，《遇合》："以谓为己谋者以为忠。"3次泛指一般品质，其余63次均指下对上尽忠心，尤其以指臣子对君主尽忠心为最多，达52次。《韩非子》的情况与《吕氏春秋》大体相同，上对下用"忠"的仅1例，《难一》："忠，所以爱其下也。"另有3次为泛指，其余89次均指下对上，也尤以臣子忠于君主为最多。后世"忠"专指忠于君王，正是这种发展趋势的必然结果。①

张氏的研究成果表明，到了战国后期，"忠"已经越来越频繁地与君臣关系而不是其他关系联系在一起。以《左传》与《管子》两书的比较似乎亦可以得到证

---

① 张双棣：《〈吕氏春秋〉词汇研究》修订本，商务印书馆2008年版，第90~91页。

明。《左传》襄公二十二年："君人执信，臣人执共。忠、信、笃、敬，上下同之，天之道也。"而一般认为是战国末秦未统一前由杂家完成的①《管子》一书，其《形势解》篇则明确地提出："敦敬忠信，臣下之常也。"敦、笃义近。"忠信笃敬"在春秋时期被认为是"上下同之"，即君、臣、民共同遵循的美德，到了战国晚期，就变成了"臣下之常"。由此可以看出，"忠德"在从春秋到战国的演变过程中，逐渐丧失了原来含义上的宽泛性和开放性，越来越被归约为"臣德"。

第二，从"忠臣"一词的出现频率来看，在春秋时期，与"忠"搭配的词主要是信、敬、良，如忠信、忠敬、忠良等，"忠臣"则很少出现。根据裴传永的研究，"忠臣"一词仅在《老子》和《国语》中各出现一次。《老子》第十八章："大道废，有仁义；智慧出，有大伪；六亲不和，有孝慈；国家昏乱，有忠臣。"但据郭店楚简《老子》丙本，这句话被写作"邦家昏乱，安又（有）正臣"。可见《老子》古本不称"忠臣"而称"正臣"，"正臣"才是《老子》的原有词汇，"忠臣"是后人在传抄过程中有意无意的改篡。另，《国语·越语下》曰："今吴王淫于乐而忘其百姓，乱民功，逆天时；信谗喜优，憎辅远弼；圣人不出，忠臣解骨；皆曲相御，莫适其非，上下相偷。"这一例可以看作是春秋晚期出现"忠臣"一词的开端。②

到了战国时期，"忠臣"一词则在典籍中大量出现。如《墨子》出现 7 次、楚简《鲁穆公问子思》4 次、《庄子》4 次、《慎子》辑本 5 次、《荀子》6 次、《商君书》7 次、《晏子春秋》12 次、《管子》16 次、《韩非子》17 次、《吕氏春秋》20 次、《战国策》20 次。"忠臣"在典籍中的大量出现，事实上也是一个信号，表明当时的人们越来越将"忠"与"臣德"联系在一起。

第三，通过文献比较可以看出，春秋时期对作为臣德的"忠德"没有专门的论述。到了战国时期，出现了大量论述作为臣德的"忠"的片段和文章。《墨子·鲁问》："鲁阳文君谓子墨子曰：'有语我以忠臣者，令之俯则俯，令之仰则仰，处则静，呼则应，可谓忠臣乎？'子墨子曰：'令之俯则俯，令之仰则仰，是似景也。处则静，呼则应，是似响也。君将何得于景与响哉？若以翟之所谓忠臣者，上有过则微之以谏，己有善，则访之上，而无敢以告。外匡其邪，而入其善，尚同而无下比，是以美善在上，而怨仇在下，安乐在上，而忧戚在臣。此翟之所谓忠臣者也。'"

《庄子·盗跖》："世之所谓忠臣者，莫若王子比干、伍子胥。子胥沈江，比干剖心。此二子者，世谓忠臣也，然卒为天下笑。"

---

① 谢浩范、朱迎平：《管子全译》，贵州人民出版社 1996 年版，第 727 页。
② 裴传永：《中国传统忠德观的历时性考察》，山东大学博士学位论文，2006 年，第 98~99 页。

郭店楚简《鲁穆公问子思》:"鲁穆公问于子思曰:'何如而可谓忠臣?'子思曰:'恒称其君之恶者,可谓忠臣矣。'……成孙弋曰:'噫,善哉,言乎!夫为其君之故杀其身者,尝有之矣。恒称其君之恶者未之有也。夫为其君之故杀其身者,交禄爵者也;恒(称其君)之恶(者,远)禄爵者(也。为)义而远禄爵,非子思,吾恶闻之矣。'"①

《晏子春秋·内篇问上》:"景公问于晏子曰:'忠臣之事君也何若?'晏子对曰:'有难不死,出亡不送。'公不说,曰:'君裂地而封之,疏爵而贵之,君有难不死,出亡不送,可谓忠乎?'对曰:'言而见用,终身无难,臣奚死焉;谋而见从,终身不出,臣奚送焉。若言不用,有难而死之,是妄死也;谋而不从,出亡而送之,是诈伪也。故忠臣也者,能纳善于君,不能与君陷于难。'"

《荀子·臣道》:"从命而利君谓之顺,从命而不利君谓之谄;逆命而利君谓之忠,逆命而不利君谓之篡;不恤君之荣辱,不恤国之臧否,偷合苟容,以持禄养交而已耳,谓之国贼。……有大忠者,有次忠者,有下忠者,有国贼者:以德复君而化之,大忠也;以德调君而补之,次忠也;以是谏非而怒之,下忠也;不恤君之荣辱,不恤国之臧否,偷合苟容,以之持禄养交而已耳,国贼也。若周公之于成王也,可谓大忠矣;若管仲之于桓公,可谓次忠矣;若子胥之于夫差,可谓下忠矣;若曹触龙之于纣者,可谓国贼矣。"②

《韩非子·外储说右下》:"爵禄生于功,诛罚生于罪,臣明于此,则尽死力而非忠君也。君通于不仁,臣通于不忠,则可以王矣。"③

《韩非子·忠孝》:"为人臣常誉先王之德厚而愿之,是诽谤其君者也。非其亲者知谓不孝,而非其君者天下此贤之,此所以乱也。故人臣毋称尧、舜之贤,毋誉汤、武之伐,毋言烈士之高,尽力守法、专心于事主者为忠臣。"④

从上述列举的文献可以看出,战国时期对作为臣德的"忠"的讨论比春秋时期要普遍得多,也深入得多,不同的思想派别对臣之"忠"的理解也非常不一样。战国前期儒家对"忠臣"的理解,以《鲁穆公问子思》最为典型。在这篇文章中,子思明确提出:"恒称其君之恶者,可谓忠臣矣。""恒称其君之恶",其性质是"为义而远禄爵"。因此在儒家看来,君臣是"以义合",君臣之间虽然有等级差别,但仍然是相对平等的主体,臣并没有顺从君主、逢迎君主的义务。这一点在孟子的思想中更是被上升到"民为本社稷次之君为轻""反覆之不听则易位""闻诛一夫纣"的地步,成为后世民本思想的重要资源。

---

① 《郭店楚墓竹简》,文物出版社1998年版,第141页。
② 王先谦撰,沈啸寰、王星贤点校:《荀子集解》,第249~254页。
③ 韩非著,陈奇猷校注:《韩非子新校注》,上海古籍出版社2000年版,第803页。
④ 同上书,第1155页。

与这一思想相近的，还有《晏子春秋》，认为"忠臣也者，能纳善于君，不能与君陷于难"，而且（君）"有难不死""出亡不送"（《内篇问上》），"顺则进，否则退，不与君行邪也"（《内篇问上》）。"其论人也，见贤而进之，不同君所欲；见不善而废之，不辟君所爱；行己而无私，直言而无讳。"（《外篇》）这些都体现了当时人们对臣子独立人格的追求，后来被荀子概括为"从道不从君"。

作为儒家后期的代表人物，荀子对"忠臣"的论说带有总结性的色彩。他一方面坚持儒家的底色，认为"逆命而利君，谓之忠"（《臣道》），"人主不公，人臣不忠也"（《荀子·王霸》）"从道不从君"（《荀子·臣道》）。但另一方面，他又将"顺"置于"忠"之上，强调人臣要"以礼待君，忠顺而不懈"（《荀子·君道》），指出"敬而不顺者，不忠者也"（《荀子·臣道》）。此外，他将忠区分出"大忠""次忠""下忠"，又将臣子忠的行为列出"顺""忠""谏""争""辅""拂"几大类，构建了一个为臣之道的体系。对于道家提出的"忠不能保身"的问题，荀子也有思考和回答。《荀子·臣道》说："事圣君者，有听从无谏争；事中君者，有谏争无谄谀；事暴君者，有补削无矫拂。劫迫于乱时，穷居于暴国，而无所避之，则崇其美，扬其善，违其恶，隐其败，言其所长，不称其所短，以为成俗。"即臣子应当根据遇到的不同类型的君主来确定自己的行为。

道家对"忠臣"的理解比较独特。他们是从"重生""全身"的角度来看待"忠臣"的。当时人谈到"忠臣"，往往以比干、伍子胥为例。而《庄子·盗跖》篇则认为这些忠臣"卒为天下笑"。"比干剖心，子胥抉眼，忠之祸也。""人主莫不欲其臣之忠，而忠未必信。"（《庄子·人间世》）《列子·杨朱》也指出："忠不足以安君，适足以危身。……安上不由于忠，而忠名灭焉。"他们对世俗所说的"忠臣"整体上是持否定态度的。《慎子·知忠》篇甚至明确提出："忠未足以救乱世，而适足以重非。……忠臣不生圣君之下……忠盈天下，害及其国。"

墨家对忠臣的态度又有不同。从《鲁问》篇看，他们不赞成"令之俯则俯，令之仰则仰，处则静，呼则应"之类的忠臣，认为真正的忠臣能全心全意为君王考虑，"上有过则微之以谏""己有善则访之上而无敢以告"，并且要做到"美善在上而怨仇在下，安乐在上而忧戚在臣"。与儒家相比，墨家式的"忠臣""忠于君"的意味更浓，而"从道不从君"的精神更弱一些。

《韩诗外传》（卷一）将极端的不仁、不忠、不信三类人物，视为"杀无赦"一类的人："不仁之至忽其亲，不忠之至倍其君，不信之至欺其友。此三者，圣王之所杀而不赦也。"凭借主奴的伦理关系而杀人，并视之为正当与理所当然，这是"忠之德"在汉以后的严重异化。《韩诗外传》（卷一）还说："事君者，死其君之事。""忠不畔上，勇不畏死。"要求臣子尽忠以致死，表明政治伦理变得非常野蛮与残酷了。甚至作为道家典籍的《淮南子》一书，其中也接受了战国末期单向的忠君思想,如《淮南子·兵略训》说:"二心不可以事君",这与董仲舒"心止于一中"、归心于君的主张毫无二致。这表明儒道两家在政治伦理这一方面,在汉初就表现出合流的一面。东汉时期桓宽的《盐铁论·晁错》篇说:"人臣各死其主。""各死其主",自然意味着以君为忠的唯一对象。此外,王充的《论衡·命义篇》有"尽忠辅上,竭王臣之节"的话。王符在《潜夫论·务本》中提出"人臣者以忠正为本,以媚爱为末"。荀悦于《申鉴·杂言上》认为"忠所以为上也","必竭其诚,明其道,尽其义,斯已而已矣"。仲长统《昌言》卷中主张"人之事君也,言无小大,无隐也;事无劳逸,无所避也。安危不贰其志,险易不革其心,孜孜为此,以没其身"。无论是正统的思想家,还是带有异端色彩的思想家,都强调了忠君是人臣最大的政治责任和政治义务,忠于国君在汉代已成为朝野上下的政治道德之共识。

由于统治者对"忠"的提倡,"忠"也成了评价臣子的一个重要道德标准,而且臣子也以获得"忠"的褒奖为自豪。汉武帝时,博士狄山曾经与御史大夫张汤在御前争辩,张汤斥责狄山"愚儒无知",狄山则说,"臣固愚忠,若御史大夫汤,乃诈忠"(《汉书·张汤传》)。枚乘上书吴王,也曾经自称"臣乘愿披腹心而效愚忠"(《汉书·枚乘传》)。"愚忠"一词在此既表达自谦之意,又潜含自诩之情。而忠臣也相应成了人们心目中对于人臣来说最为崇高的一种名号,即如东汉王符所说:"人臣之誉,莫美于忠。"(《潜夫论·明忠》)

唐代学者对"忠"内涵本身的阐释上,与前贤见解并无多少出入。值得注意的是唐代出现的《忠经》一书。《忠经》托名东汉马融所作,后代学者考证此书为后人伪作。清代丁晏在《尚书余论》中提出,此书"民"字均作"人","治"字均作"理",是为了避唐太宗、唐高宗讳,认为此书作者为唐代编写《绛囊经》的马雄。[1] 我们倾向认为此书为唐人著作。

《忠经·天地神明》说:"'忠'也者,一其心之谓也。为国之本,何莫由'忠'?'忠'能固君臣,安社稷。""夫'忠'兴于身,著于家,成于国,其行一焉。是故一于其身,'忠'之始也;一于其家,'忠'之中也;一于其国,'忠'之终也。身一则百禄至,家一则六亲和,国一则万人理。"《忠经》进一步将忠视为天地之中至大至极、无可逃脱之道,"天之所覆,地之所载,人之所履,莫大乎忠"(《忠经·天地神明》)。

《忠经》分别有五章论述对不同政治等次的人"忠"的要求,包括《圣君》《家臣》《百工》《守宰》《兆人》。而《兆人》一章说:"君德昭明","人赖之而生也",因而所谓"兆人之忠",应当表现于"抵承君之法度,行孝悌于其家,

---

[1] 王子今:《"忠"的观念的历史轨迹与社会价值》,载《南都学坛》1998年第4期,第14~20页。

服勤稼穑，以供王赋"。"兆人"就是"兆民"。从《忠经·兆人》的内容可以看到，"忠"已经成为要求全民都严格遵守的政治道德的信条。《忠经·证应》："善莫大于作'忠'，恶莫大于不'忠'。""百行大善，无'忠'皆妄。"即使是"大善"之行，如果不是以"忠"为指导，以"忠"为规范，仍然被社会一般舆论判定为"妄"行。"忠"被看作判定一切社会行为之"善"与"恶"的最权威的标尺。"忠"在中国社会长期演进的历史过程中，逐渐成为社会伦理的最基本的内容。"忠"已经成为一切社会品德中的最高品德，一切社会义务中的中心义务。

这可以从唐代关于"忠"的谥号来反映。唐代关于谥法的文献中有"危身奉上曰忠""危身惠上曰忠""危身利国曰忠""虑国忘家曰忠""盛衰纯固曰忠""临患不反曰忠""安居不念曰忠""廉方公正曰忠"等说法（《唐会要·谥法上》）。"忠"的谥号被严格地与臣僚这一社会阶层联系在了一起。伴随着"忠"这一谥号含义的丰富和拓展，得此谥号的人数大大增多，根据《唐会要》卷七十九《谥法上》，共有29位大臣受赠"忠"谥。《唐会要》卷八十《谥法下》还列示了"忠"的"复字谥"的具体名目及其受赠者，"忠"的"复字谥"主要有"文忠""忠武""忠烈""忠壮""忠孝""忠贞""忠勇""忠肃""忠穆"等，共有27位大臣获赠此"复字谥"①。"忠"谥已经成为人臣过世之后所能得到的最高级别的表彰之一。

唐代的统治者非常重视君臣之道。如贞观六年，太宗对身边的大臣说："古人云：'危而不持，颠而不扶，焉用彼相？'君臣之义，得不尽忠匡救乎？"（《贞观政要·政体》）唐太宗主张人臣对君主必须竭尽忠诚、匡救过误。武则天为倡导群臣的事君之忠，敕令编撰了《臣轨》一书，"所以发挥言行，铭范身心，为事上之规模，作臣下之准绳"（《臣轨·序》）。该书《同体章》指出："夫人臣之于君也，犹四肢之载元首，耳目之为心使也。……主之任臣，既如身之信手；臣之事主，亦如手之系身。"认为君臣之间是主从关系。《至忠章》在言及人臣事君之忠的内涵时描述道："尽心焉，尽力焉。称才居位，称能受禄。……竭力尽劳而不望其报，程功积事而不求其赏。"强调臣下服从君主、效忠君主是无条件的，是与生俱来的义务，就如耳目四肢受心所役使一样。只不过，这种强调臣子单方面无条件服从君主的"忠"，已经与先秦"君事臣以礼，臣事君以忠"的双方义务有很大区别。

明清之际的思想家方以智，由于其特殊的家庭背景与时代背景，他对臣子之忠有比较过分的强调，如他说："夫畏死者人之常情，而害仁则名教所恶。圣人

---

① 裴传永：《中国传统忠德观的历时性考察》，山东大学博士学位论文，2006年，第80页。

峻其防，则曰忠臣不事二君、有死无二。……至于受主之官爵而反面事仇，守国之封疆而以城降贼，三尺孺子亦得诛之矣。"①

他还以植物与人的身体为喻，强调忠与孝二伦的重要性。他说："华干必孝其核仁，而根本必慈其枝叶，则父子之资格定矣。四肢必忠其头目，而经络必礼其毛窍，则君臣之资格定矣。"② 在评价惠施与庄子之时，方以智再次强调了"孝根忠首"的观念，说道：

> 生如是生，死如是死。生即不生，死即不死。人寓于世，世寓于人。吾随吾之所寓以自适焉。……其不可易者，草孝其根，肢忠其首，知命俟之，素其时位，与世疴痒，以济民行耳。③

明清之际的另一位思想家黄宗羲，对忠之德亦有一些论述。在《孟子师说》"万物皆备章"，黄氏说道：

> 盈天地间无所谓万物，万物皆因我而名。如父便是吾之父，君便是吾之君，君父二字，可推之为身外乎？然必实有孝父之心，而后成其为吾之父；实有忠君之心，而后成其为吾之君。此所谓"反身而诚"，才见得万物非万物，我非我，浑然一体，此身在天地间，无少欠缺，何乐如之？
>
> "恕"，即仁之下手处，非有安强之分。"强"之云者，即反身之功，思诚之则也。故诚外无学，立诚焉尽矣。④

"有忠君之心，而后成其为吾之君"，黄宗羲对"反身而诚"的这种解释打破了君权不可动摇的传统观念。也就是说，君是否成为"吾之君"完全取决于自己内心对君主的认知。如果君主能为天下人谋福利，自己内心才能把君主当作君主。如果君主把天下当作自己一个人的产业，"屠毒天下之肝脑，离散天下之子女"，君主就成为天下之大害，自己内心就不认可其为君主。在《留书·文质》篇，黄氏对于忠与质的相互关系进行了讨论。他不同意苏洵"忠之变而入于质，质之变而入于文，其势便也"的观点，说道：

> 余以为不然。夫自忠而之于文者，圣王救世之事也；喜质而恶文者，凡人之情也。逮其相趋而之于质，虽圣贤亦莫如之何矣。
>
> 人徒见宫室棺椁舆服俎豆之制，吉凶相见馈食之礼，殷之时备于夏，周之时备于殷，遂以为自忠而入质，自质而入文，由人之喜恶而然也。人诚喜文而恶质与忠，则宫室棺椁舆服俎豆之制宜日趋于烦，吉凶相见馈食之礼宜有

---

① 方以智著，张永义校注：《俟命论上》，引自《浮山文集》，华夏出版社2017年版，第254~255页。
② 方以智著，张昭炜整理：《象环寤记；易余；一贯问答：方以智著作选》，九州出版社2015年版，第389页。
③ 方以智著，张永义校注：《惠子与庄子书》，引自《浮山文集》，第349页。
④ 黄宗羲著，沈善洪主编：《黄宗羲全集》第一册，浙江古籍出版社2005年版，第149~150页。

加而无已，何以皮弁废为巾帻，鼎彝废为陶旊，易车以乘马，易贽为门状？①

"夏上忠、殷上敬、周上文"，董仲舒认为夏商周三代"忠、敬、文"政教风尚的演变乃是百世不易之道，"王者必一质一文何？以承天地、顺阴阳"，"质文再而复，正朔三而改"，所以，在苏洵看来，由忠变质、由质变文，都是由"势"决定的。但黄宗羲认为文质交替，乃是因人之情，"喜质而恶文者，凡人之情也"，后世礼制由繁入简，也是因为人们厌恶礼制的烦琐。所以，忠德也不是百世不易的，取决于后世风俗和人心喜恶。

顾炎武通过对君民关系进行正本清源来说明君主之位并非天生尊贵。"为民而立之君，故班爵之意，天子与公、侯、伯、子、男一也，而非绝世之贵。"②居君主之位必须为民服务，必须具有"事人"之德来配其位。"享天下之至福者，必先天下之大劳。宅天下之至贵者，必执天下之至贱。……古先王之教，能事人而后能使人。其心不敢失于一物之细，而后可以胜天下之大。"③顾炎武还从"亡国"与"亡天下"的区别来说明民众没有忠君的义务。他说：

> 有亡国，有亡天下。亡国与亡天下奚辩？曰：易姓改号，谓之亡国，仁义充塞，而至于率兽食人，人将相食，谓之亡天下。……保国者，其君其臣肉食者谋之；保天下者，匹夫之贱与有责焉耳矣。④

亡国就是一家一姓的改朝换代，是君臣统治者所要考虑的事情。亡天下是整个华夏文化的衰亡，而传承华夏文化则是所有普通老百姓都有义务去做的事情。既然亡国与普通百姓无关，自然也无忠君的义务。百姓要尽忠的是"天下"，是保护传承华夏文化。忠的对象由君主转向天下，忠的内涵逐渐向先秦回归。

与顾炎武对"亡国"与"亡天下"的区分相类似，王夫之区分了"天下之公"和"一姓之私"。他说："以天下论者，必循天下之公，天下非夷狄盗逆之所可尸，而抑一姓之私也。"⑤又说："一姓之兴亡，私也，而生民之生死，公也。"⑥君臣朝廷只是一家一姓的私事，而涉及民众的生死和福祉的事才是公事，应该关注民众的公事，而不是朝廷私事。关于忠君问题，王氏也阐发了自己的独到见解，他说：

> 事是君而为是君死，食焉不避其难，义之正也。……然而君非天下之君，一时之人心不属焉，则义徙矣。此一人之义，不可废天下之公也。⑦

---

① 黄宗羲著，沈善洪主编：《黄宗羲全集》第十一册，第 2~3 页。
② 顾炎武著，黄汝成集释：《日知录集释（全校本）》卷七，上海古籍出版社 2006 年版，第 433 页。
③ 同上书，第 441~442 页。
④ 同上书，卷十三，第 756~757 页。
⑤ 王夫之：《读通鉴论》，引自《船山全书》第十册，岳麓书社 2011 年版，第 1177 页。
⑥ 同上书，第 669 页。
⑦ 同上书，第 535~536 页。

食君之禄为君死节合乎道义，这样的忠从原则上说应当肯定。但是假如君主不属于天下人所普遍认同的君主，那就是一家一姓的私事，对这样的君主效忠，就不合乎公义，只是个人基于道义的选择，不能因此而抛弃涉及天下民众福祉的公事。换句话说，并非所有臣民都应当对君主效忠，君主强迫臣民效忠是违背天下公义的。王夫之还认为华夏民族的整体利益高于君主利益，对于那些不能"固其族"的懦弱君主可以替换——"可禅，可继，可革"。如果君主不能很好地维护华夏族的利益，不仅不应对其效忠，还应当将其替换。这种思想隐晦地质疑了当时清政府存在的合法性。

唐甄对绝对忠君思想进行了激烈的批判。他认为"天子虽尊亦人也"，甚至天子还可能是坏人。"自秦以来，凡为帝王者皆贼也。"① 这一石破天惊的论断不仅将天子拉下神坛，而且打入地狱。在他看来，天下动乱的根源在于君主所为。"治天下者惟君，乱天下者惟君。治乱非他人所能为也，君也。"② "世之腐儒，拘于君臣之分，溺于忠孝之论，厚责其臣而薄责其君"③，既然君主是天下动乱的根源，那么拘于纲常伦理的忠君思想显然是错误的。唐甄对"忠"的解释是对传统忠君思想的颠覆性的突破。

在忠君的问题上，康有为强调忠君，如他说："今欲忠于皇上，则必讨篡废之贼乃为忠。坐视篡废，不得为忠矣。"④ 但他不是一味地强调愚忠，而是要在礼制的制度下讲君臣之间的相对待之忠，如他说：

> 君之与臣，虽有尊卑，而同共天职者也，故待如嘉宾，是为礼。臣之事君，虽为国而受其恩义者也，故报以赤心，是为忠。盖君患暴慢无礼，以奴隶、犬马待其臣；臣患虚伪不忠，以秦、越肥瘠视其君。此即孟子答齐王之意，但孔子之言蕴酿耳。然此可为君臣之定义。《传》曰：王臣公，公臣大夫，大夫臣士，士臣仆，仆臣隶，隶臣僚，僚臣台。一家一肆皆有主臣，若不以礼以忠，亦不可行也。⑤

康有为有政治家的一面，组织、主持并参与了晚清戊戌维新变法运动，故其对于忠之德与忠之伦在社会政治实践中的具体表达方式有切身的认识。他说："来书频谓开保皇会、累电救上，可谓忠矣，而举朝咸目为逆党，指为匪会，逮捕相仍，谁能白之，虽忠无益。夫忠义者，人之自靖自献耳，岂顾人之指目哉？且事实之真，可蔽乱于当时，未有久而不白者也。"⑥ 所以，政治实践中忠之德

---

① 唐甄著：《潜书·室语》，第530页。
② 唐甄著：《潜书·鲜君》，第206页。
③ 唐甄著：《潜书·远谏》，第362页。
④ 康有为著：《保救大清皇帝公司序例》（1899年10月），引自《康有为全集》第五集，第146页。
⑤ 康有为著：《论语注》，引自《康有为全集》第六集，第399页。
⑥ 同上书，第331页。

真正被认可,是一个长时间的事情。当忠之德一时不能被人认可之时,必须返于己心,然后安于己行。

在近代,梁启超是对中国国民性进行深入反思的一位思想启蒙者。他认为中国积贫积弱的根本原因在于国民性存在缺陷。这些缺陷可以归纳为"愚陋、怯弱、涣散、奴性、为我、好伪"等方面。在《论中国国民之品格》一文中,他把国民性的缺陷又归纳为"爱国心薄弱""独立性柔脆""公共心缺乏""自治力欠缺"。梁启超在吸收西方伦理政治学说的基础上,提倡新道德,反对旧道德,主张对国民性进行改造。他的《新民说》一书就是一部关于改造国民性、建设新道德的重要著作。其中的《论国家思想》一文,围绕忠德问题进行了深入的探讨。他说:

> 吾中国相传天经地义,曰忠曰孝,尚矣!虽然,言忠国则其义完,言忠君则其义偏,何也?忠孝二德,人格最要之件也。二者缺一,时日非人。使忠而仅以施诸君也,则天下之为君主者,岂不绝其尽忠之路,生而抱不具人格之缺憾耶?则如今日、美、法等国之民,无君可忠者,岂不永见屏于此德之外,而不复得列于人类耶?顾吾见夫为君主者,与为民主之国民者,其应尽之忠德,更有甚焉者也。人非父母无自生,非国家无自存,孝于亲,忠于国,皆报恩之大义,而非为一姓之家奴走狗者所能冒也。……君之当忠,更甚于民,何也?民之忠也,仅在报国之一义务耳。君之忠也,又兼有不负付托之义务,安在其忠德之可以已耶?夫孝者,子所对于父母之责任也。然为人父者,何尝可以缺孝德。父不可不孝,而君顾可以不忠乎?仅言忠君者,吾见其不能自完其说也。①

梁氏认为忠孝是人格的基本条件,人人都应该具备忠孝二德。此忠德指的是忠于国家而非忠君。如果忠仅指忠于君主,那么实行民主制的国家,人民岂非无君可忠了?不仅一般民众要具备忠德,君主也应该具备忠德,且"君之当忠,更甚于民",因为,忠对一般人民是指报国的义务,忠对君主则不仅要求报国的义务,还有不可辜负人民付托的义务。梁启超认为,日美法等民主国家的国民对其国家也应该尽其忠德。梁启超对忠德的诠释已经超出了传统忠德的含义,包含了对忠德进行现代转化的新内容。

其后,梁启超对忠德的认识又有所发展。辛亥革命后,梁启超从日本回国,在1912年,他做了《中国道德之大原》一文,其中也涉及忠德。他说:

> 然古代国家统治权集于君主,国家抽象而难明,君主具体而易识,于是有忠君之义。然我国之所谓忠君,非对于君主一自然人之资格而行其忠,乃

---

① 梁启超:《新民说》,辽宁人民出版社1994年版,第26页。

对于其为国家统治者之资格而行其忠,此其义在经传者数见不鲜也。故君主不能尽其对于国家之职务,即认为已失统治国家之资格,而人民忠之之义务,立即消灭。①

梁启超明确地说,古代的忠君实际上是忠于国。只是因为"国家抽象而难明,君主具体而易识",所以才以"忠君"一词指代忠于国。忠君并非是对君主个人尽忠,乃是因为君主代表国家。如果君主对国家不能很好地履行其职责,就不能代表国家,人民也就没有忠君之义务。梁启超这种忠君的本质是忠国的观点,比《新民说》更进了一步。这比五四时期批评古代忠臣对君主只是忠于个人的说法,更有说服力。②

(四)"辛亥革命"后"忠"的观念变化

辛亥革命推翻了君主专制制度,建立了民主共和制度,由总统制取代了君主制。社会风俗和道德观念也发生了很大改变,缠足、留长辫等陈规陋俗被废除。传统忠君道德在政治、法律、教育层面都发生了很大改变。首先,忠君道德从政治层面被清除出去。1912年元旦,孙中山就任中华民国临时大总统,封建君主制被废除,忠君道德的政治根基被挖掉。虽然辛亥革命并没有彻底完成反帝反封建的任务,后来还有过两次帝制复辟,但推翻了帝制使忠君之德无所依托,在政治伦理层面上,忠君之德已经消亡。其次,忠君道德从法律层面被认定为不合法。《中华民国临时约法》明确规定"中华民国之主权,属于国民全体","中华民国人民一律平等",总统由选举产生,这就彻底否定了君权的至高无上性和君权神授的传统观念,《中华民国临时约法》中人人平等和主权在民的思想实际上已经从法律层面废除了君臣一伦,忠君不再具有神圣性和合法性。最后,忠君道德从教育层面被加以否定。1912年初,中华民国教育部公布了《普通教育暂行办法》,当时的教育总长蔡元培对此办法进行了解析,他说:"满清时代,有所谓钦定教育宗旨者,曰忠君,曰尊孔,曰尚公,曰尚武。忠君与共和政体不合,尊孔与信教自由相违。"这就从教育制度上否定了清政府"忠君""尊孔"的教育宗旨。③ 无君可忠的现实促使人们进一步思考传统忠德的内涵及现代转化。

1913年,杜亚泉在《东方杂志》第10卷第5号上发表了《国民今后之道德》一文,创造性地提出了"忠之客体""忠之主体"的概念。他说:

---

① 梁启超:《中国道德之大原》,引自《饮冰室合集》文集二十八,第15页。
② 陈来:《梁启超的道德思想——以其孔孟立教论为中心》,载《清华大学学报(哲学社会科学版)》2017年第2期,第5~14页。
③ 桑东辉:《论中国传统忠德的历史演变》,黑龙江大学博士学位论文,2015年,第210页。

即如忠之一义，就君臣关系之狭义而言，固已根本破坏，然人民当效忠于其国及他事之宜用其忠，则仍不可废，是所忠之客体变，而忠之主体固未尝或变也。①

杜亚泉认为随着君主制的废除，"忠之客体"发生改变，在过去指的是君主，现在指的是国家和人们所从事的职业。"忠之主体"指的是人民，人民过去存在，现在存在，"固未尝或变也"，只不过人民效忠的对象改变了，"当效忠于其国及他事"。杜亚泉不仅区分了"忠之客体"和"忠之主体"，还把人们的职业列入了"忠之客体"当中，这是对春秋时期"忠于民而信于神"思想的回归与扬弃，公民的职业道德也成为其关注的重要问题。

陈独秀对中国"三纲之说"进行了激烈批判。他认为，"近世西洋之道德政治，乃以自由平等独立之说为大原"②，而中国的"三纲之说"违背自由平等之义：

三纲之说，为一切道德政治之大原：君为臣纲，则民于君为附属品，而无独立自主之人格矣；父为子纲，则子于父为附属品，而无独立自主之人格矣；夫为妻纲，则妻于夫为附属品，而无独立自主之人格矣。率天下之男女，为臣，为子，为妻，而不见有一独立自主之人者，三纲之说为之也。缘此而生金科玉律之道德名词，曰忠，曰孝，曰节，皆非推己及人之主人道德，而为以己属人之奴隶道德也。③

在陈独秀看来，忠君道德，使民成为君的附属品。"三纲之说"导致中国人人无独立自主之人格，乃是"以己属人之奴隶道德"。1916年，陈独秀在《新青年》发表了《宪法与孔教》一文，其中有言："忠有二义：一对一切人，一对于君。与孝并言者，必为对君之忠可知。"④而对"君"之忠，使人民成为附属品，丧失独立自主之人格。所以，"忠"应该指的是对一切人尽忠。这与孔子主张的"与人忠"正好契合。

与陈独秀类似，李大钊也是从压制个性的角度对封建纲常名教进行批判。所不同的是，陈独秀主要依据西方的自由平等之说，而李大钊主要应用了马克思的阶级斗争学说。他说：

看那二千余年来支配中国人精神的孔门伦理，所谓纲常，所谓名教，所谓道德，所谓礼义，那一样不是损卑下以奉尊长？那一样不是牺牲被治者的个性以事治者？……于君臣关系，只用一个"忠"字，使臣的一方完全牺牲

---

① 周月峰：《中国近代思想家文库·杜亚泉卷》，中国人民大学出版社2014年版，第168页。
② 陈独秀：《吾人最后之觉悟》，载《新青年》第1卷第6号，1916年2月。
③ 陈独秀：《一九一六年》，载《新青年》第1卷第5号，1916年1月。
④ 陈独秀：《宪法与孔教》，载《新青年》第2卷第3号，1916年11月。

于君;于父子关系,只用一个"孝"字,使子的一方完全牺牲于父;于夫妇关系,只用几个"顺"、"从"、"贞节"的名辞,使妻的一方完全牺牲于夫,女子的一方完全牺牲于男子。①

在李大钊看来,旧纲常的本质在于:

> 不是使人完成他的个性,乃是使人牺牲他的个性,牺牲个性的第一步就是尽"孝"。君臣关系的"忠",完全是父子关系的"孝"的放大体。②

李大钊显然吸收了马克思阶级斗争的理论,他认为,纲常名教是与传统社会人们地位的不平等相联系的,是对卑下者、被治者个性的压制。忠孝本为一体,都牺牲了人的个性,使臣子成为君父的牺牲品。可见,马克思的学说不仅在建国方案方面直接影响了中国,在公民道德建设方面也有重要影响。

新文化运动的代表人物还以进化论为根据对道德不变论进行批判,他们认为,道德应随社会变迁而改变,道德是进化的而非一成不变的,古代道德不适合于当今之世。胡适也持这样的观点,他说:

> 譬如"三纲五伦"的话,古人认为真理,因为这种话在古时宗法的社会很有点用处。但是现在时势变了,国体变了,"三纲"便少了君臣一纲,"五伦"便少了君臣一伦。还有"父为子纲""夫为妻纲"两条,也不能成立。古时的"天经地义"现在变成废语了。③

胡适此论,主要为他的实用主义真理观做例证,但也明确地表明道德要随时势改变而改变的道理,说明了国体的改变、帝制的废除使忠君道德失去了宗法社会的依托,忠君的合法性不复存在。

孙中山作为辛亥革命的先驱,不仅对传统忠君思想有深刻批判,对忠德的现代内涵也有新的阐发。1924 年,他在题为《民族主义》的演讲中系统地阐发了其道德学说。他认为对中国人影响最大的固有的道德是忠孝、仁爱、信义、和平。那么,民国以后,忠德还要不要讲?忠德是不是仅仅是对于君的?对于这些问题,孙中山明确阐明了他的看法。他说:

> 在国家之内,君主可以不要,忠字是不能不要的,如果说忠字可以不要,试问我们有没有国呢?我们的忠字可不可以用之于国呢?我们到现在说忠于君,固然是不可以,说忠于民是可不可呢?忠于事又是可不可呢?我们做一件事,总要始终不渝,做到成功,如果做不成功,就是把性命去牺牲,亦所不惜,这便是忠。所以古人讲忠字,推到极点便是一死。古时所讲的

---

① 李大钊:《由经济上解释中国近代思想变动的原因》,引自《李大钊文集》下,人民出版社 1984 年版,第 178~179 页。
② 同上书,第 178 页。
③ 胡适:《实验主义》,引自《胡适文存》一集,黄山书社 1996 年版,第 225~226 页。

忠,是忠于皇帝,现在没有皇帝,便不讲忠字,以为什么事都可以做出来,那便是大错。现在人人都说到了民国什么道德都破坏了,根本原因就是在此。我们在民国之内,照道理上说,还是要尽忠,不忠于君,要忠于国,要忠于民,要为四万万人去效忠。为四万万人效忠,比较为一人效忠,自然是高尚得多。故忠字的好道德,还是要保存。①

可以说,孙中山对当时关于忠德的讨论进行了比较全面的总结,而且赋予了时代新的内涵。孙中山认为,传统忠德内涵中积极的方面还是要继承下来的,忠君观念固然需要被抛弃,但随着时代的改变,还需要倡导忠于国家、忠于人民、忠于事业、忠于自己职守的新道德。他认为,"为四万万人效忠"是更高尚的道德,包含了恪尽职守、为民众服务的新的时代内涵。孙中山对忠的客体的这种全面而系统的概括和归纳,无可置疑地成为近现代忠的客体观的标志性成果,而他本人作为这种标志性成果的发明者,当然也成为此一研究领域里首屈一指的代表性人物。②

辛亥革命后,对忠德的探讨有向"忠"字本义回归的趋势,一些学者从字义学上对"忠"的本义进行考证。柳诒徵的《中国文化史》一书中有一章专论"忠孝之兴"。柳氏首先引述了《礼记·表记》中的一段文字:

夏道尊命,事鬼敬神而远之,近人而忠焉。先禄而后威,先赏而后罚,亲而不尊。其民之敝,蠢而愚,乔而野,朴而不文。殷人尊神,率民以事神,先鬼而后礼,先罚而后赏,尊而不亲。其民之敝,荡而不静,胜而无耻。周人尊礼尚施,事鬼敬神而远之,近人而忠焉。其赏罚用爵列,亲而不尊。其民之敝,利而巧,文而不惭,贼而蔽。……后世虽有作者,虞帝弗可及也已矣。君天下,生无私,死不厚其子。子民如父母,有憯怛之爱,有忠利之教。亲而尊,安而敬,威而爱,富而有礼,惠而能散。其君子尊仁畏义,耻费轻实,忠而不犯。义而顺,文而静,宽而有辨。

此段文字有三处涉及忠,即"近人而忠""忠利之教""忠而不犯"。经过引经据典的考证,他认为"近人而忠""忠利之教"之"忠"皆指君主官吏尽忠于民而言,"忠而不犯"则指官吏忠于君主。"此二者皆指君主官吏尽忠于民而言。'忠利之教'当以《左传》桓公六年'上思利民,忠也',及《孟子》'教人以善谓之忠'二义解之。孔《疏》'忠而不犯者,尽心于君,是其忠也。无违政教,是不犯也'。此则为官吏对君上之忠。"依据古代文献,他认为忠的本义为"居职任事者,当尽心竭力求利于人而已","后儒不知忠之古谊,以臣民效命于

---

① 孙中山:《三民主义·民族主义》,引自《孙中山选集》下卷,人民出版社1956年版,第650页。
② 裴传永:《中国传统忠德观的历时性考察》,山东大学博士学位论文,2006年,第121页。

元首为忠,于是盗贼豺虎,但据高位,即可贼民病国,而无所忌惮;而为其下者,亦相率为欺诈叛乱之行,侈陈忠义而忠义之效泯焉不可一睹。岂非学者不明古史,不通古谊之过哉"①。

柳氏通过考证的方法正本清源,认为后儒不知忠之古义,以忠君为"忠",这种谬说流毒甚广,使君主据高位贼民病国,小人也打着忠义旗号搞欺诈叛乱之事。但实际上,忠的本义是指任职者尽心竭力做好本职工作,更好地为民众服务。柳诒徵对忠德内涵的阐发已经接近当代所说的"忠于职守""忠于人民"。

辛亥革命推翻了在中国存在两千多年的专制帝制,被称为20世纪中国发生的第一次历史性巨变。② 皇帝被赶跑促使了传统忠君道德的转变,忠的客体不再是君主。新文化运动过程中西方民主自由思想的传播进一步促使当时思想家探讨忠德的现代内涵。这一时期忠德观念的转变表现出了两个特点:一是向先秦时期忠的本义回归。一些思想家通过对"忠"的字义学考证,认为忠的本义就是要忠于国事,忠于民利。二是抛弃了忠德不合时代的忠君内涵,增加了忠德新的时代内涵。新文化运动的代表人物陈独秀、李大钊、胡适等依据西方自由平等思想、马克思的阶级斗争理论和达尔文的进化理论,批判忠君道德压制个性,使人丧失独立人格,忠君道德必须废除。曾经被认为"天经地义"的"君为臣纲"成为"废语"。梁启超、孙中山则主要从民主国家国民资格和国民道德的角度来论证忠德存在之必要,忠君实际上是忠于国家而非忠于个人。孙中山认为忠于国家、忠于人民、忠于事业在现代社会还是应该提倡的。值得注意的是杜亚泉提出的"人民当效忠于其国及他事",柳诒徵提出的忠的本义为"居职任事者,当尽心竭力求利于人",这些观念已经接近当今"忠于职守"的道德要求,是结合当时时代要求对忠德内涵进一步的丰富和发展。

中国传统社会家国一体的结构使"移孝作忠"成为可能。"君子之事亲孝,故忠可移于君",忠孝本为一体,孝亲成为忠君的伦理基础。因此,在批判忠君道德的同时必须批判孝亲。陈独秀与同时代反传统的人认为"忠孝节义"都是奴隶道德,新文化运动中思想革命的任务就是要"把专制的观念——不特政治上的专制,连思想,风俗,习惯,家庭各方面的专制也包括在内——推翻,更把奴隶的根性——凡是对于君,主,官吏,父,兄,思想,风俗,习惯为盲目的服从,含畏服的心理者都在内——掀倒"③!民国初年曾出现两次短暂的帝制复辟,虽

---

① 柳诒徵:《中国文化史》上册,中国大百科全书出版社1988年版,第78~80页。
② 江泽民在中国共产党十五大报告里面指出,一个世纪以来,中国人民在前进道路上经历了三次历史性的巨大变化,产生了三位站在时代前列的伟大人物:孙中山、毛泽东、邓小平。第一次是辛亥革命,推翻了统治中国几千年的君主专制制度。第二次是中华人民共和国的成立和社会主义制度的建立。第三次是改革开放。
③ 陶履恭:《我们政治的生命》,载《新青年》第5卷第6号,1918年12月。

然赶跑了形式上的皇帝，但人们头脑中还残存有忠君的旧观念。陈独秀就曾说过："我们中国多数国民口里虽然是不反对共和，脑子里实在装满了帝制时代的旧思想。……袁世凯要做皇帝，也不是妄想；他实在见得多数民意相信帝制，不相信共和。……袁世凯虽然死了，袁世凯所利用的倾向君主专制的旧思想，依然如故。"① 这种忠君的观念和家庭伦理中孝亲的观念紧密相连，因此，必须批判孝亲的思想。吴虞是批判家庭伦理的急先锋。

吴虞认为，我国长期处于宗法社会而不能进步，其根本原因在于家族制度的阻碍。"以家族的基础为国家的基础，人民无独立之自由，终不能脱离宗法社会，进而出于家族圈之外。麻木不仁的礼教，数千年来不知冤枉害死了多少无辜的人，真正可以痛哭呀！"② 吴虞认为，家族制度限制了人们的独立自由，阻碍了社会的进步。孝为仁之本、百行孝为先的观念在家国一体的宗法社会中，往往体现为"忠孝并用、君父并尊"的特点，"凡人未仕在家，则以事亲为孝，出仕在朝，则以事君为孝"。吴虞认为这种家国不分、忠孝一体的家族制度是国家专制的基础，要想从根本上否定忠，就必须在家庭里废除父对子的专制。"夫孝之义不立，则忠之说无所附，家庭之专制既解，君主之压力亦散；如造穹窿然，去其主石，则主体堕地。"③

陈独秀也认为，"孔教与共和乃绝对两不相容之物，存其一必废其一"，而孔教的精华是礼教，是"制造专制帝王之根本恶因"，忠、孝、贞节是中国固有的旧道德，中国的礼教、纲常、风俗、政治、法律，都是从这三样道德演绎出来的。"三纲之义，乃起于礼别尊卑，始于夫妇，终于君臣，共贯同条，不可偏废者也。今人欲偏废君臣，根本已摧，其余二纲，焉能存在？"④ 陈独秀认为随着帝制的废除，不仅忠德无存在之必要，且孝、贞节这些旧道德也无存在之价值。这就完全忽视了忠孝的原初含义与当代价值。

李大钊也将忠孝道德的社会基础归根于中国古代的社会结构。他认为君主专制制度"完全是父权中心的大家族制度的发达体"，"君臣关系的'忠'，完全是父子关系的'孝'的放大体"⑤。因此，批判忠君道德自然连同孝道一起批判。

新文化运动批判三纲，特别是批判忠君和忠孝道德，都是为了批判"孔教"，是"除恶务尽"的"扫毒"。在他们看来，传统儒教中所宣扬的都是维护专制等

---

① 陈独秀：《旧思想与国体问题——在北京神州学会讲演》，引自《陈独秀文章选编》上，生活·读书·新知三联书店1984年版，第205~206页。
② 吴虞：《说孝》，引自张骏严编选：《新潮——民初时论选》，辽宁人民出版社1994年版，第289页。
③ 吴虞：《家族制度为专制主义之根据论》，引自张骏严编选：《新潮——民初时论选》，第99~102页。
④ 陈独秀：《宪法与孔教》，引自《陈独秀文章选编》上，第147页。
⑤ 李大钊：《由经济上解释中国近代思想变动的原因》，引自《李大钊文集》下，第178页。

级的旧道德和培养奴隶性的陈腐说教。他们对传统旧道德的批判虽然努力从中国历史、制度、社会根源等方面找原因，但在批判旧道德时也不免失之偏激，矫枉过正。如对忠德的批判就有偏颇之处，他们习惯于将忠德等同于忠君，从而一定程度上忽视忠超越时代的价值。① 虽然新文化运动确实起到了思想解放的启蒙作用，但陈独秀、吴虞等人对传统忠孝道德的认识显然是偏颇的，其批判方式是极端的，其流弊也是深远的。他们因反对袁世凯复辟而否定复古尊孔，进而否定忠孝节义的思路及对传统忠孝道德激烈而片面的批判影响了当时人们对家庭伦理的持守，对当时社会道德的败坏起着一定的作用。

新文化运动的那些激进派，因反袁而否定孔子进而否定忠孝节义。这种思想和行为，乃是"因噎废食"。"即如忠孝节义四德者，原非我国所可独专，又岂外国所能独弃？古昔固尊为典彝，来兹亦焉能泯蔑？夫以忠孝节义与复古并为一谈，揆诸论理，既已不辞，以厌恶复古故，而致疑于忠孝节义，其瞀缪又岂仅因噎废食之比云尔。"② 梁启超认为，孔子教义实际裨益于今日国民者，在于儒家的"立身处世之道"和"养成人格之教"。忠孝节义四德，古今中外通用而普适，未来仍然需要。把忠孝节义与复古复辟混为一谈是不对的，由反对复辟而怀疑忠孝节义更是不对的。梁启超认为，今天的中国人力求进取值得提倡，而诵法孔子对国民进取毫无障碍，将改革进取与诵法孔子对立起来也是错误的。③ 梁启超的这些观点，对于今天如何继承和创新传统道德有重大的启示。

（五）当代社会忠德的合理性内涵

忠德的合理性内涵是什么？这涉及道德的本质以及道德的常与变之关系。梁启超对道德的常与变有过深入探讨。在1902年《新民说》中，梁启超认为："德也者，非一成不变者也（吾此言颇骇俗，但所言者德之条理，非德之本原，其本原固亘万古而无变者也。读者幸勿误会。本原惟何？亦曰利群而已。）非数千年前之古人所立一定格式以范围天下万世者也。"④ 道德有不变者，有可变者。不变的是本原，可变的是道德的具体内容，要随着时代的改变而改变。至于道德中不变的"本原"是什么，在《新民说》中，他认为是"利群"。

传统忠德中包含的具体历史内容，如忠于社稷、忠于民、忠于事等，以及忠

---

① 桑东辉：《论中国传统忠德的历史演变》，黑龙江大学博士学位论文，2015年，第218页。
② 梁启超：《复古思潮平议》，引自葛懋春、蒋俊编选：《梁启超哲学思想论文选》，北京大学出版社1984年版，第243页。
③ 陈来：《梁启超的道德思想——以其孔孟立教论为中心》，载《清华大学学报（哲学社会科学版）》2017年第2期，第5～14页。
④ 梁启超：《新民说》，辽宁人民出版社1994年版，第21页。

信、忠诚、忠恕这些抽象观念，与社会主义核心价值观中的爱国、敬业、诚信、友善有高度的可契合之处，经过一定的转化，可以成为践行社会主义核心价值观的传统道德基因。概括地讲，当代忠德的合理性内涵应该包括以下四个方面：

第一，忠于国家。传统忠德中有"忠于社稷""忠于民"的含义，具有爱国利民的当代价值，可以转换为忠于国家的爱国主义精神。《左传》中有"忠，社稷之固也"（《左传·成公二年》）。"君薨不忘增其名，将死不忘卫社稷。忠，民之望也"（《左传·襄公十四年》）。"忠于民而信于神也。上思利民，忠也；祝史正辞，信也"（《左传·桓公六年》）。春秋时代的"忠"是所有人都应该具有的品质，无论国君、将领、大臣还是庶民百姓，都应该具备忠德。保卫社稷，利国利民，都是忠的表现，忠的对象最终指向了社稷和国民。即使秦汉以后，忠的对象转向君主个人，但只要是一个正常的君主，他就是社稷国家的代表。如果明君能以社稷黎民百姓为念，则忠君实际上仍然是忠于国家。史书上记载许多以死犯颜直谏的忠臣，其实忠于的对象并不是某个具体的君主，而是这个君主所代表的社稷、国家。这种表面上的忠君行为，实际上是忠于国家、社稷。因此，我们今天恰恰要从传统的忠君现象里发掘出其中忠于国家、社稷的精神。使之成为我们今天爱国主义精神的源泉。某种程度而言，今天的忠于祖国、爱国利民实际上就是古代忠于社稷精神的传承。罗国杰曾提倡："我们应当把中华民族的'公忠'这一优良道德传统，加以发扬，赋予它新的意义。"也就是说，要对集体、民族和国家的事业，"抱着忠心耿耿、尽心尽力、坚韧勇敢、不屈不挠并为之奋斗到底的精神"[①]。科恩在《论民主》一书中也讨论过民主与忠诚的关系。他说："所有社会都要求其成员具有某种程度的忠诚；民主社会（和其它情况相同）更有必要在公民中培养深厚而持久的忠诚。""我的国家是民主的这一事实本身，就为我提供了强有力的理由去服从它的法律，支持它的最高目标，对它保持高度的忠诚。"[②] 在国际竞争日益激烈的今天，作为公民，都要有维护国家利益、捍卫国家主权的义务，要有忠于国家、热爱人民的爱国主义精神。

第二，忠于职守。传统忠德中的"忠于职事"具有忠于职守的当代价值，可转换为爱岗敬业的职业道德。《左传》中有"违命不孝，弃事不忠"（《左传·闵公二年》），把放弃自己应该履行的职责视为不忠。孔子也有忠于职事的思想。孔子说："事君，敬其事而后其食。"（《论语·卫灵公》）对于这句话，朱熹是这样解释的："君子之仕也，有官守者修其职，有言责者尽其忠，皆以敬吾之事而已，不可先有求禄之心也。"（《四书章句集注·论语集注》）"敬吾

---

① 罗国杰：《传统伦理与现代社会》，中国人民大学出版社2012年版，第403页。
② 科恩：《论民主》，聂崇信等译，商务印书馆1988年版，第232、233页。

之事"，也就是忠于职守。古代对从事公务的人员也有很高的道德要求，主张"公家之利，知无不为，忠也"，"仕而废其事，罪也"（《左传·哀公二十七年》）。要尽心竭力对待自己的职事，对于不敬业、玩忽职守的官员要治罪。"以私害公，非忠也。"（《左传·文公六年》）"忠者，中也，至公无私。"（《忠经·天地神明章》）具有尚中意味的忠，就体现了公忠无私的特质。历代统治者都把忠、勤、廉当作衡量官员品德的重要标准。公忠为国、忠于职守、清正廉洁乃是敬业精神的重要标准。李泽厚认为现代社会性道德以个体为单位，"基于个体利益之上的人际之间的社会契约，是一切现代社会性道德从而是现代法律、政治的根本基础"，"个体的一切伦理义务和责任，包括牺牲自己，也只是建立在这个契约基础之上。'敬业'、'修德进业'、'忠于职守'等原具有宗教性神圣的'敬'、'德'、'忠'转化为具有同样崇高地位的现代职业伦理学的范畴"①。在当今享乐主义、拜金主义泛滥的时代，在追求个人的物质利益和精神自由的同时，尤其需要守住自己的良心，认真工作，忠于职守，仍然是当今时代每个社会成员都要具备的职业道德。

第三，忠于家庭。在儒家传统伦理中，家的观念是非常重要的。儒家认为人伦关系起源于家庭，由家庭推及家族，由家族扩展到社会中的君臣、师友诸关系，由此构成整个社会的政治伦理关系。其中家庭家族关系是整个传统伦常关系的基础。封建社会最重要的五种人伦关系——"君臣、父子、兄弟、夫妇、朋友"也都是以家庭为基础的。② 也正因此，家庭被看作是私有制和旧社会纲常伦理的最后一个堡垒，在新文化运动中遭到激烈的批判。时过境迁，我国古代的大家族变成了当今"三口之家"的小家庭，家国一体的政治结构彻底解体，家长的权威日益丧失，家庭的重要性已明显削弱，个人对家庭的依赖性也明显降低。但有一点是没有改变的，那就是家庭仍然是社会的细胞，仍然是当今社会的基本单位。家庭在协调人际关系、改善道德风尚、稳定社会秩序等方面，仍然发挥着非常重要的作用。家庭伦常中的父（母）子、夫妇伦理关系仍然是我们应该重视的。

儒家认为父子关系是人伦之本。父子关系是建立在血缘基础之上的，是与生俱来的。父子之间的道德准则是父慈子孝。子女要孝敬父母，父母也要按一定的礼节对待子女，宽厚慈爱。儒家强调要父子相养，父母有养育子女的责任，子女也有赡养父母的义务。《白虎通》说："父母生子养长子何法？法水生木长大也。子养父母何法？法夏养长木，以火养母也。"（《白虎通·论人事取法五行》）今

---

① 李泽厚：《伦理学纲要》，人民日报出版社2010年版，第34页。
② 崔海亮：《儒家传统家庭伦理及其现代价值》，载《船山学刊》2009年第2期。

天看来，父慈子孝、父子相养这些思想还是应该继承的。

夫妇关系是人伦之始。《周易·说卦》这样讲："有夫妇然后有父子，有父子然后有君臣。"夫妇关系是一种姻缘关系，以义合。夫妇之间的道德准则是夫义妇听，夫主妇从。《礼记》和《白虎通》中的"三从四德"的妇道，在今天已经过时了，但"夫妇一体，荣耻共之"（《白虎通·论妻谏夫》）这一夫妇相处之道，还是有合理的要素的。现在的夫妇关系是以爱情为基础的，这一点没有错，其实古人在夫妇之间也讲情："以为情性之大，莫若男女。"（《白虎通·总论嫁娶》）但夫妇关系背后总是双方的父母及亲戚，"夫妇以义合"这一伦理要求，就有其一定的合理性。而今天的年轻夫妇，因为一点小的事情就"闪离"，对于"义合"二字不甚看重。因此，夫妇之间的忠义之情，或许是传统的家庭伦理留给我们的一份精神遗产。

第四，忠恕待人。传统忠德中的"忠恕待人"，在当代具有友善的价值，可转换为人际交往中的诚信友善精神。"忠恕"是孔子学说中的"一以贯之"之道。《论语·里仁》篇有"夫子之道，忠恕而已矣"！而所谓忠、恕，即孔子所说："夫仁者，己欲立而立人，己欲达而达人。能近取譬，可谓仁之方也已。"（《论语·雍也》）"子贡问曰：'有一言而可以终身行之者乎？'子曰：'其恕乎！己所不欲，勿施于人。'"（《论语·卫灵公》）后人将"己欲立而立人，己欲达而达人"看作"忠"的内涵，把"己所不欲，勿施于人"看作"恕"的内涵。

儒家忠恕之道的要义在于强调人际交往中的换位思考，即善于从"他者"的角度来体悟他者的感受，从而导出"推己及人""以己度人"的宽容恕道。从人际交往的角度看，这种将心比心、以情度情、换位思考的待人原则在今天构建和谐社会的过程中仍可发挥积极的作用。社会主义核心价值观之一的"友善"，除了以现代的平等价值观为基础外，还应当以中国传统的"仁爱"和"忠恕"的道德心理为基础。这种忠恕待人的原则对于我们今天丰富发展友善精神是大有裨益的。将传统儒家的忠恕之道进行当代转换，可以更好地在全社会中营造宽容理解、守望相助的和谐人际环境。①

忠德中的"忠信诚实"也可以看作是待人之道，可转换为市场经济中的诚信原则。忠信观念具有深刻的伦理价值意义，它既是人际关系中每一个体的美德表现，同时也是个体之间相互承诺的责任伦理，即诚实守信的道义要求。②这种责任伦理和诚信道义对于弥补社会主义市场经济发展过程中出现的诚信缺

---

① 桑东辉：《论中国传统忠德的历史演变》，黑龙江大学博士学位论文，2015年，第235页。
② 万俊人：《寻求普世伦理》，北京大学出版社2009年版，第107页。

失,仍具有十分重要的价值。虽然传统农业社会和现在的市场经济有很大不同,但在内在道德意识层面上对忠信的价值追求和道德自觉则是一致的,在此基础上,在忠信价值的情感因素中增加诚信原则的理性因素,将诚信精神化作人的内在美德并与外在制度相结合,就可以转化为规范市场经济良性发展的诚信道德。

二、传统孝德、孝道及其在当代中国的转化

学界大体上都承认,孝道在西周社会中有着重要的地位与作用,《诗经》中就多次提及孝道,《尚书》亦然。作为一种道德观念之"孝",孔子以前的"孝"多指一种政治上的道德观与伦理观念,而且是专门针对逝去的祖先展开的一种政治伦理与道德律令,在《左传》与《国语》等著作中对此都有记载,如《左传》上讲:"孝,礼之始也。"《国语》上讲:"孝,文之本也。"始、本,都是开端的意思。①《论语》中的孝德,仍然保留了这一思想的历史痕迹。但就现存的文献来看,孔子论孝,在继承周代文化精神的基础上,已经将"孝"转化成对于父母的一种伦理态度,并且将其看作是实践"礼"的开端,所以孔子说:"弟子入则孝,出则弟,谨而信,泛爱众而亲仁。"②孔子的弟子有子说:"孝弟也者,其为仁之本与!"这是先秦孝道的一大历史转折点。

(一) 古代思想家论"孝"德

1. 先秦儒家之孝德观

在《论语》中,孔子直接论孝的文字不多,有些论孝的文字是他的弟子有子与曾子的言论。由于有子流传的文献不多,故与孔子一起论述,曾子有关孝的论述放在《孝经》部分讨论。有子继承孔子的思想,将孝看作是实践人伦的出发点,有子说:

其为人也孝弟,而好犯上者鲜矣。不好犯上而好作乱者,未之有也。君子务本,本立而道生。孝弟也者,其为仁之本与!③

有子对于孝的重要性的阐述,有以下几个特点。

其一是采用了递进式的逻辑推理,将形式逻辑的必要条件当作了充分必要条件。人在家孝弟,在行为上很少冒犯长者与在上位者。行为上很少冒犯长者与在

---

① 参见查昌国著《先秦"孝""友"观念研究》一书,安徽大学出版社2006年版。
② 《论语·学而》。
③ 同上。

上位的人，就根本不会去制造暴动这一类打乱社会现成秩序的事情。

其二，他由逻辑的推演而得出一个结论：孝弟之德是实践内涵极其丰富的仁道的起始点。由这样的起始点出发，则有道的社会（即有序的社会）就会由此而慢慢地出现了。因此，有子是从孝悌之德、之伦带来正面社会效用的角度来肯定孝弟之伦的价值。有子的这一思想，其实与孔子关于孝的社会作用的认识基本上是一致的，是孔子有关孝弟思想的进一步明朗化与具体化。从社会角色角度看，孔子非常强调"君君、臣臣、父父、子子"（《论语·颜渊》），即处在每种身份当中的人都应当尽伦尽责。从《周礼》的内容看，子当尽孝，是天经地义的事情。这一点对于孔子来说是没有异议的。晚年的孔子甚至比有子的观点更激进，认为在家尽孝，实际上也就是参加政治了，何必一定要到朝廷里任职才是从政呢？在《论语·为政》篇里，孔子回答友人问他为何不去朝廷参政的问题时回答道："《书》云：'孝乎惟孝，友于兄弟，施于有正。'是亦为政，奚其为为政？"

由于尽孝的伦理行为与政治的行为有内在的关系，孔子还进一步讨论了孝的伦理与忠的政治伦理的关系。当鲁国的执政陪臣季康子向孔子请教为政的方法，并提出"使民敬、忠以劝"的手段时，孔子的回答很干脆，不可以用政治的权力来推行伦理的教化，他的方法是通过伦理的感化达到政治的有序化，故孔子回答道："临之以庄，则敬；孝慈，则忠。举善而教不能，则劝。"（《为政》）汉以后传统中国社会里流行的"求忠臣于孝子之门"的说法，大体上可以回溯到原始儒家孔子这里。

在尽孝的问题上，孔子非常重视行孝的子女一方从内心里尊重父母的真诚的道德情感，所以他非常重视子女对父母尽孝的过程中，保持一种对父母的敬重、尊敬的道德心态的重要性。在《为政》篇，孔子回答子游"何者为孝"的问题时，对世人尽孝的行为做了很不客气的批评："今之孝者，是谓能养。至于犬马，皆能有养，不敬，何以别乎？"[①] 孔子的意思是说，如果把孝敬父母仅仅看作是能养活年迈的父母，那么犬马也能被养着。如果做子女的不对父母保持一种敬重的心理，那么与犬马的做法又有什么区别呢？

在《论语》中，孔子强调，"父母在，不远游，游必有方"（《论语·里仁》）。对于孟子懿子问孝时，孔子有针对性地说道，"无违"（《论语·里仁》）。无违，即不违背《周礼》的要求，做到"生，事之以礼；死，葬之以礼，祭之以礼"（《为政》）。

---

① 此段文献中"至于犬马，皆能有养"一句，古代训诂亦有多义。此处采用杨逢彬《论语新注新译》（北京大学出版社2016年版，第20页）的说法。

孔子在讨论尽孝的道德行为时，虽然强调"敬"字，但也不是一味地盲从，在《子路》篇讨论向父母进谏的问题时说道："事父母几谏，见志不从，又敬不违，劳而不怨。"可见，传统儒家所讲的孝道，并非后来异化了的孝道观所说的那样：天下无不是的父母。

孟子也十分重视"孝道"，他基本上是遵循有子、曾子一系以孝悌解释仁义的思路，将仁、义的实质视为孝、悌之德、之行，如他说："仁之实，事亲是也；义之实，从兄是也。"① 他认为，"尧舜之道，孝弟而已"②。孟子还将他之前的"五教"转化成"五伦"，且将孝道作为五伦的第一伦："使契为司徒，教以人伦——父子有亲，君臣有义，夫妇有别，长幼有序，朋友有信。"③ 由此可以看出，孝道在孟子的思想里得到了继承与发展。

孟子关于"孝"的论述中，涉及了孝敬父母与敬忠王事的矛盾冲突问题，《孟子·尽心上》里，他与桃应的一段对话被后来人广泛讨论，直到今天仍然是会引起广泛而深刻讨论的问题。桃应提出一个"孝忠难以两全"的理论难题，他提出一个假设：大舜的父亲杀了人，大法官皋陶要严格执法，抓捕舜的父亲。这时大舜应该如何来处理这种事情呢？孟子给出的答案是，大舜既不能阻止皋陶的抓捕行动，但他自己可以放弃王位，背起自己的父亲逃到一个化外之地躲避起来。故事的结局当然是一种想象，但体现了孟子在孝忠不可两全时，舍忠取孝的基本伦理立场。④ 这一立场由于涉及舜的特殊地位，即他是有公权在手的帝王，这样运用公权来尽孝，是否有涉嫌政治腐败的问题？这是现代民主社会的人们向古代的帝制时代，尤其又重视血缘亲情的中国传统帝制时代提出的质疑。在传统社会里，儒家认为，人伦亲情关系是一切其他社会关系的基石，其他的夫妇、朋友、君臣关系都是派生性的关系。这是曾子、孟子一系儒家的社会政治哲学的基本思想，换成荀子，就不存在这一冲突。荀子要求社会生活中的一切人都依托具有普遍约束力的礼法来行事，凡是违反礼法的就要受到罢黜，凡是合乎礼法的就要受到奖赏。因此，儒家思想内部，实际上始终存在着两个颇有张力的思想体系：一是以曾、孟为代表，以某一种特殊的人伦关系作为一切社会伦理、政治、法律基础的古典道德基础主义；二是以荀子为代表，以某种带有广泛普遍性的礼法制度作为社会生活中一切人和事的行为规范的古典制度论派。这两派之间始终存在着张力，在漫长的传统社会里相互竞争，也相互吸收，从儒家思想内部推动儒家思想的发展。

---

① 杨伯峻译注：《孟子译注》，中华书局2010年版，第167页。
② 同上书，第255页。
③ 同上书，第144页。
④ 郭齐勇主编：《儒家伦理争鸣集——以"亲亲互隐"为中心》，湖北教育出版社2004年版。

荀子的社会、政治哲学思想是隆礼重法，十分重视具有宪法性质的礼法制度对于社会、个人的规范与约束作用，对于"入孝出弟"这一类的思想，如梁启超所说的个人的私德领域的德目与德行，并没有给予很高的评价。荀子甚至说："入孝出弟，人之小行也；上顺下笃，人之中行也；从道不从君，从义不从父，人之大行也。"①

荀子虽然将"入孝出弟"的道德行为看作是人们的私德与小行，但他并不反对孝德、孝行，只是在行孝、尽孝的方式、方法上有新的论述，他说："孝子所以不从命有三：从命则亲危，不从命则亲安，孝子不从命乃衷；从命则亲辱，不从命则亲荣，孝子不从命乃义；从命则禽兽，不从命则修饰，孝子不从命乃敬。故可以从而不从，是不子也；未可以从而从，是不衷也。明于从不从之义，而能致恭敬、忠信、端悫以慎行之，则可谓大孝矣。"②

上述引文表明，荀子是在礼、义更大的社会政治、伦理的框架里来讨论个人的孝德与孝行问题，从而要化解尽孝与尽忠之间可能存在的矛盾。在礼制的框架下，对于父母"生死终始如一"的尽孝态度本身，就是礼文的具体表现之一，而且是其极致的表现："使生死终始若一，一足以为人愿，是先王之道，忠臣孝子之极也。"③ 而在荀子关于"礼有三本"的论述中，天是一切生命的开端，先祖是人类的开端，君师是社会达到大治的开端，"三者偏亡焉，无安人"④。这即是说，缺少了对祖先的孝敬这一本，就没有人类的安宁，如荀子说："故礼上事天，下事地，尊先祖而隆君师，是礼之三本也。"⑤ 荀子在论孝的问题上，强调对祖先的尊重，既直接继承了孔子"慎终追远"的思想，也是对孔子之前孝道观念的一种继承与发扬，将商周以来属于统治阶级孝敬自己祖先的政治伦理，泛化为普通大众孝敬自己祖先的普遍伦理行为，通过孝德的实践，增加社会的稳定与团结。

2. 《孝经》论孝

学界关于《孝经》的研究成果已经很多，⑥ 本书仅从传统道德规范的角度来讨论《孝经》是如何强调"孝"的重要性的，以及如何在日常生活中践行孝之道德规范的。

与"五经"不同，《孝经》以孔子与曾子的对话口吻，将"孝"提升为治理天下的最高法则："仲尼居，曾子侍。子曰：'先王有至德要道，以顺天下，民用

---

① 王先谦撰：《荀子集解》，中华书局1988年版，第529页。
② 同上。
③ 同上书，第360页。
④ 同上书，第349页。
⑤ 同上。
⑥ 参见舒大刚：《中国孝经学史》，福建人民出版社2013年版。

和睦，上下无怨。汝知之乎？'"① 曾子回答说，他不知道。接下来，孔子说道："夫孝，德之本也，教之所由生也。"

孝为德之本，即是《论语》中有子所言"孝弟也者，其为仁之本与"的一句话的转化。此处"本"字，即是起始点、出发点的意思。"教之所由生"，即教化由孝道的践行与推广开始。可见"孝"德在传统社会生活中的重要作用。

接下来，孔子又进一步从孝之始、孝之中、孝之终三个大的步骤或过程来阐述如何行孝的问题，告诉人们在生活中如何把作为道德规范的"孝"完整地实现出来：

身体发肤，受之父母，不敢毁伤，孝之始也。立身行道，扬名于后世，以显父母，孝之终也。夫孝，始于事亲，中于事君，终于立身。②

孝行是在经验的时间中展开的，包括多方面的内容，主要方面的内容是孝亲、事君、立身三个方面。依《孝经》所言，行孝的第一步就是尊重父母所给予的生理生命，以免父母之忧。这一条包含着很多可解释的内容：首先不要打架斗殴，毁伤身体。其次不能自杀。也不能轻意以身相许，无论是出于现代人所谓的爱情，还是古今社会都有的哥儿们义气。行孝的第二步是要服务于君主与国家事务，这便是中国古代的移孝作忠。但此条与第一条似乎隐含着一种矛盾。如果事君需要献身，怎么办？这就出现了中国古代社会里"忠孝不能两全"的道德规范之间的冲突问题。最终是要通过自己的道德行为，自立于人世，实现自己的内在价值——成己，然后"成物"——为父母扬名，带来荣耀。

可见，孝德在人己关系中、个人与社会关系中都能发挥根本性的作用。既不否定个人的价值，又将个人的价值实现与报答父母养育之恩、为国家或曰政治事务做出贡献两个方面的事情联系起来，使个人不是一种现代个人主义意义下的寡头式的个人。传统中国社会自汉以后都特别强调"孝"的基础地位，在汉、唐的法律中都极力地维护"孝之德"与孝之伦，这有深刻的历史合理性与道德哲学学理上的合理性。

通行本《孝经》共十八章，大体上可分三大类内容：第一类是从理论上阐述孝之为德的普遍性问题，开宗明义第一章、第七章、第十二章、第十三章、第十四章共五章。第二类从第二章到第六章，一共五章，主要是讲不同身份的人如何行孝。换句话讲，即是作为普遍的孝之道德规范如何在特殊身份的人上实现出来。这涉及普遍原则与具体个人、特殊情境下的事为关系。第三类主要

---

① 胡平生译注：《孝经译注》，中华书局1996年版，第1页。目前最为系统地研究《孝经》的作品是舒大刚著的《中国孝经学史》（福建人民出版社2013年版）一书。

② 胡平生译注：《孝经译注》，第1页。

是讲政治生活与社会生活中如何贯彻孝的道德规范，以及行孝之后的社会功用问题。主要在第八章、第九章、第十章、第十一章、第十五章、第十七章、第十八章共七章之中。下面就从此三个方面对孝之德与孝之伦进行简要的分析与阐述。

（1）孝德的普遍性。《孝经》开篇以孔子之口说出了孝德的普遍性问题。接下来在第七章、第十二章、第十三章、第十四章共四章里，又以孔子之口进一步阐述孝德的普遍性。第七章是从宇宙论的角度将孝德的普遍性予以神圣化、客观化，与孔子从道德、政治实践角度，也可以说是从成人的时间与空间角度阐述孝的普遍性的论证方式颇为不同。从这一点看，《易传》哲学的宇宙论与汉代哲学的宇宙论对《孝经》的思想有着深刻的影响。《孝经》借孔子之口说道："子曰：'夫孝，天之经也，地之义也，民之行也。天地之经，而民是则之。则天之明，因地之利，以顺天下。'"[1] 此处将孝的德目上升到天地常则的高度，因而是所有人的根本品行。

第十二章、第十三章、第十四章三章主要从人伦教化的可类推的角度来论证孝德的普遍性，称其为要道、至德，且可以移孝作忠，如第十二章云："子曰：'教民亲爱，莫善于孝。'"[2] 第十三章云："子曰：'君子之教以孝，非家至而日见之也。教以孝，所以敬天下之为人父者也。'"[3] 第十四章云："子曰：'君子之事亲孝，故忠可移于君。'"其理由是"行成于内，而名立于后世矣"[4]。

上面是从两层普遍性的角度论证了孝之德、孝之伦的普遍性与普遍有效性。下面则主要是从情境伦理的角度阐述普遍之德的具体展开方式。

（2）不同身份者孝的具体方式。《孝经》对天子、诸侯、卿—大夫、士、庶人五种不同身份的人的不同行孝方式也做了具体的论述。

天子之孝的内容是："爱敬尽于事亲，而德教加于百姓，刑于四海。盖天子之孝也。"[5] 这即是说，天子尽孝的内容实际上包括两个方面：一是对家族内部要以爱敬的方式对待亲属；二是对天下百姓还要施以德教，成为四海之内所有人的道德榜样。这就是天子身份的孝德的内容。

作为诸侯身份的"孝德"内容则是长守富贵而保其身，同时还要保持住社稷、人民："富贵不离其身，然后能保其社稷，而和其民人。盖诸侯之孝也。"[6]

卿、大夫之孝的具体要求更多："非先王之法服不敢服，非先王之法言不

---

[1] 胡平生译注：《孝经译注》，第12页。
[2] 同上书，第28页。
[3] 同上书，第29~30页。
[4] 同上书，第31页。
[5] 同上书，第4页。
[6] 胡平生译注：《孝经译注》，第6页。

敢道，非先王之德行不敢行。是故非法不言，非道不行；口无择言，身无择行。言满天下无口过，行满天下无怨恶。三者备矣，然后能守其宗庙。盖卿、大夫之孝也。"①

士人之孝的内容更丰富："资于事父以事母，而爱同；资于事父以事君，而敬同。故母取其爱，而君取其敬，兼之者父也。故以孝事君则忠，以敬事长则顺。忠顺不失，以事其上，然后能保其禄位，而守其祭祀。盖士之孝也。"②

普通民众的孝："用天之道，分地之利，谨身节用，以养父母。此庶人之孝也。"③

在阐述了这五种不同身份人的孝德与孝行的内容之后，《孝经》总结道："故自天子至于庶人，孝无终始，而患不及者，未之有也。"④ 这即是说，孝德是所有人都必须践履的道德规范，虽然不同身份的人其具体的尽孝内容不尽相同。更进一步，在《孝经》看来，践履孝德，不存在有人在能力上做不到的问题，人人都能做到。是否尽孝、行孝，只存在道德上的愿意还是不愿意的问题，而不存在能力方面的能行还是不能行的问题。因为，不同的人可以有不同的尽孝、行孝方式与具体要求。

（3）在政治生活与社会生活中的尽孝。第八章《孝治》篇讨论了"明王以孝治天下"的问题，这实际上是将道德、伦理行为政治化的结果。该章借孔子之口说道："昔者明王之以孝治天下也，不敢遗小国之臣，而况于公、侯、伯、子、男乎？故得万国之欢心，以事其先王。治国者，不敢侮于鳏寡，而况于士民乎？故得百姓欢心，以事其先君。治家者，不敢失于臣妾，而况于妻子乎？故得人之欢心，以事其亲。夫然，故生则亲安之，祭则鬼享之，是以天下和平，灾害不生，祸乱不作。故明王之以孝治天下也如此。"⑤

上述这段文献可从两个层次来理解：第一个层次是对活人世界，涉及天下万国，上至诸侯，下至普通士民。从万国到万家，因为都遵循孝德，故万国欢心，百姓欢心，人人欢心，因而亲人安定，天下和平。第二个层次是对鬼神世界，通过祭祀而德及鬼神，因此"灾害不生，祸乱不作"。

第九章是在社会、政治生活中诸道德价值的比较之中来突出孝德的崇高性，以及为何在家要孝敬父母的道理。曾子问孔子道："圣人之德，无以加于孝

---

① 同上书，第8页。
② 同上书，第10页。
③ 同上书，第11页。
④ 同上。
⑤ 同上书，第16页。

乎?"① 孔子回答道:"天地之性,人为贵。人之行,莫大于孝。孝莫大于严父,严父莫大于配天,则周公其人也。"②

孔子的回答是肯定的,孝是天地之间最大的德行,而要实践这种最伟大的德行,则从尊重自己的父亲开始。上文中的"严父"一词,即是尊崇、尊重父亲的意思。接下来,孔子还进一步阐述了为什么尽孝要从"严父"开始的问题,理由是:每个人的生命是由父母给予的,故圣人教化天下的政治逻辑是"因亲以教爱",这样的政治效果是"不肃而成""不严而治"。而之所以有这样理想的政治效果,主要是"其所因者本也"③。当然,《孝经》中的尊父思想,并不是奠定在现代基因学的科学知识基础之上的,而是传统父权制的一种理论的延伸。"严父"的行为当然包含了尊重母亲的意思,但在父亲与母亲二人的关系上,"严父"则优先于尊母,这在传统的丧礼中有明确的规定。

《孝经》还借孔子之口进一步阐述了孝道与政治上的君臣伦理的内在联系:"父子之道,天性也,君臣之义也。"④ 按照通行本的解释,这句话的意思是说:"父子关系中儿子对父亲的尊敬与服从体现了君臣关系的义理。"⑤

第十章通过孔子之口,告诉人们如何尽孝的基本原则:"孝子之事亲也,居则致其敬,养则致其乐,病则致其忧,丧则致其哀,祭则致其严,五者备矣,然后能事亲。"⑥ 如果在社会生活中能做到此五者,就应当有三种基本的表现:"事亲者,居上不骄,为下不乱,在丑不争。"⑦ 因为,一旦出现骄、乱、争的行为,就会带来严重的后果,如死亡、被刑拘,以及与人发生争斗甚至是相互残杀,这三种结局中的任何一种都会使父母产生无穷的忧患。所以,《孝经》认为,如果在尽孝的过程中不除去骄、乱、争这三种行为,即使每天用牛、羊、猪三种肉去侍奉父母,也是不孝的行为。因此,行孝德,不只是为父母肉体生命的延续提供丰厚的物质产品,更重要的是以父母的"心安"为其根本的要求。

第十一章是从反面来论述孝的重要性,将不孝视为三种"大乱之道"的内容之一:"五刑之属三千,而罪莫大于不孝。要君者无上,非圣者无法,非孝者无亲。此大乱之道也。"⑧

---

① 胡平生译注:《孝经译注》,第19页。
② 同上。
③ 同上。
④ 同上。
⑤ 同上书,第22页注文之16条。
⑥ 同上书,第25页。
⑦ 同上。
⑧ 同上书,第27页。

第十五章则将尽孝与完全无原则地顺从父母的行为区别开来，这表明，尽孝还应当有更为宽广的礼义等客观化的伦理原则作为标准，因此，真正的尽孝并不是简单地听父母的话，尽忠也不只是简单地听从国君的话，而是要听那些合乎礼义要求的话，故儒家的孝德虽然具有普遍性，但在诸多德目中，从重要性来说，它不是第一序的、能规定其他德目的合理性的德目，而只是在道德实践过程中是开端性的德目。曾子问孔子道："敢问子从父之令，可谓孝乎？"孔子对此给予了否定性的回答，认为上自国家，下到家庭，国有争臣，家有争子，则君不失于天下，父不陷于不义："昔者，天子有争臣七人，虽无道，不失其天下；诸侯有争臣五人，虽无道，不失其国；大夫有争臣三人，虽无道，不失其家；士有争友，则身不离于令名；父有争子，则身不陷于不义。故当不义，则子不可以不争于父；臣不可以不争于君；故当不义则争之。"①

上述有关大孝与谏争的论述，显然是荀子一系的思想在《孝经》中的体现，亦可以看出尽孝、行孝是一种有道德理性的伦理行为，而不是一种简单的甚至是愚昧的道德行为。这种理性的道德行为，在十八章是讲孝子在面对父母死亡事件时，如何以合乎丧礼的方式尽孝，亦有体现。只有当一个孝子在送终方面尽孝了，作为人子奉侍亲人的事情才算是结束了。而这也是儒家从人子的身份角度讨论"人之为人"的重要内容之一。孝子处理丧亲的事件，主要包括三方面的内容：

其一，要真诚地表现出"哀戚之情"："孝子之丧亲也，哭不哀，礼无容，言不文，服美不安，闻乐不乐，食旨不甘，此哀戚之情也。"②

其二，对于去世的亲人，要"为之棺、椁、衣、衾而举之；陈其簠、簋而哀戚之；擗踊哭泣，哀以送之；卜其宅兆，而安措之；为之宗庙，以鬼享之；春秋祭祀，以时思之"③。

上述两个方面的尽孝作为，体现了伦理关系中的儒家人生哲学的根本态度："生事爱敬，死事哀戚，生民之本尽矣，死生之义备矣，孝子之事亲终矣。"④

其三，从社会政治的角度看，面对孝子丧亲这一事件也有一些具体的尽孝要求，即"三日而食"，"丧不过三年"，"三日而食，教民无以死伤生"，"丧不过三年，示民有终也"。这就表明，尽孝的行为是在伦理理性的指导与约束下的人情之表达，而且有"不以死伤生"的重生思想，以及人生总有终结的生命哲学思

---

① 胡平生译注：《孝经译注》，第32页。
② 同上书，第38页。
③ 同上书，第39页。
④ 同上书，第39页。

想为其尽孝的根本依据。因此，尽孝是一种道德、伦理情感，但这种情感是受道德理性约束的情感。由此可见儒家道德哲学所具有的情理平衡的特征。

3. 墨、道、法三家论孝

墨家的"兼爱"思想是在继承儒家仁爱思想的基础上发展起来的，其道德、伦理思想在很多方面也是继承并扬弃儒家的思想而形成的。正像儒家一样，墨家也重视孝德对于社会有序化的正面作用，但在行孝的具体方式、方法，以及尽孝的具体要求上与儒家有较大的区别。在《兼爱中》篇，墨子说："君臣不惠中，父子不慈孝，兄弟不和调，此则天下之害也。"《兼爱下》篇，墨子又有类似的说法："人君之不惠也，臣者之不忠也，父者之不慈也，子者之不孝也，此又天下之害也。"

可见，墨家也将社会成员重视孝德作为社会安定的重要因素之一。不过，墨家并没有将孝道看作是实现"兼爱"、尚同社会的道德行为起点，而只是作为一种道德要素之一，而且他在提倡实现孝道的方式上与儒家有相当大的不同。比如说，在丧礼方面，儒家主张厚葬亲人以体现子女对父母的孝思，墨家则认为厚葬恰恰会浪费钱财，使当事人"出则无衣也，入则无食也"，然后怨恨其亲，反而导致不孝。可见，正确的行孝方法，对于墨家而言是极其重要的。

道家在崇尚道序，即大自然的内在秩序的哲学思想前提下，对于孝慈的道德价值并不是采取一味的否定态度，而是认为孝慈等德目不是让社会回归有序化的根本道德观念。在道家看来，要实现孝慈的道德目标，必须要遵循道的要求。一个合道的、正常的社会，人民自然而然地会表现出孝慈，如老子说："大道废，有仁义；智慧出，有大伪；六亲不和，有孝慈。"（老子·十八章）"绝圣弃智，民利百倍；绝仁弃义，民复孝慈。"（老子·十九章）

与墨、道二家在价值取向方面不否定孝慈的思想不同，法家在"尊法"的政治哲学前提下，是极力反对孝道的。以韩非子为代表的法家，从两个方面反对孝道：一是从人格养成的角度，认为慈孝不能培养出遵法守法的政治人。二是遵守孝慈的道德原则，会影响君主国家政治利益目标的实现。在《忠孝》篇，韩非子说："天下皆以孝悌忠顺之道为是也，而莫知察孝悌忠顺之道而审行之，是以乱天下。"韩非子的这一说法虽然偏激，但也在一定程度上揭示了汉以后中国传统社会里遇到的忠与孝的矛盾冲突问题。

由于法家的政治哲学是非道德主义的，不仅反对具体的孝道，对于儒家的仁义礼智信等德目也一概反对，因此，在法家的思想体系里，基本上没有多少正面的道德价值可以吸取。不过，法家对于人性自私特点的深刻剖析，倒是在理论上有深刻的启发意义。

4. 汉语佛教典籍中孝道思想举例

从印度传入中国的佛教，以及早期汉语佛教和后期中国化的佛教，对于孝的问题也有相当丰富的论述。译自印度佛经的汉语佛教文献中，也有大量论述、重视孝亲的思想。如《大乘本生心地观经》中就有相关的论孝的内容："世出世恩，有四种，一父母恩，二众生恩，三国王恩，四三宝恩。如是四恩，一切众生平等荷负。"① "是故汝等，勤加修习孝养父母，若人供佛福等无异。应当如是报父母恩。"② 由于目前无法对照梵文原文，这些汉语佛教有关孝敬父母的文字，是否可以译为孝敬之类的意思，还可以研究，但大体上可以肯定，"尊重父母"应该是这些汉译佛经的基本意思。根据目前初步收集的材料来看，汉语佛经中有关孝的经典还不是少数，集中体现为如下十部经典：

（1）《父母恩难报经》《佛说尸迦罗越六方礼经》，后汉时期安世高译。

（2）《六度集经》，三国时期康僧会译。

（3）《佛说孝子经》译者不详，附于西晋录。

（4）《佛说菩萨睒子经》失译，附于西晋录。

（5）《佛升忉利天为母说法经》，西晋时期竺法护译。

（6）《佛说盂兰盆经》，西晋时期竺法护译。

（7）《善生经》，后秦时期佛陀耶舍、竺佛念译。

（8）《大乘本生心地观经》，唐时期般若译。

（9）《地藏王菩萨本愿经》，唐时期实叉难陀译。

这十部经典以及其他经典中有关孝敬父母的内容，初步整理后可以分成四类思想内容：

第一类强调通过"报父母之恩，然后出离苦道"的尽孝方法。

（1）世出世恩，有四种，一父母恩，二众生恩，三国王恩，四三宝恩。如是四恩，一切众生平等荷负。③

（2）是故汝等，勤加修习孝养父母，若人供佛福等无异，应当如是报父母恩。④

（3）七不退法者……五曰念护心意，孝敬为首，则长幼和顺，法不可坏。⑤

（4）尔时，世尊告诸比丘："教二人作善不可得报恩，云何为二？所谓父母也。若复比丘，有人以父著左肩上，以母著右肩上，至千万岁，衣被、饭食、床蓐卧具、病瘦医药，即于肩上放于屎溺，犹不能得报恩。比丘当知：父母恩重，

---

① 般若译：《大乘本生心地观经》，引自《大正藏》卷三，（台北）新文丰出版公司1983年版，第298页。

② 同上。

③ 同上。

④ 同上。

⑤ 佛陀耶舍、竺佛念译，恒强校注：《长阿含经》，线装书局2012年版，第38页。

抱之、育之，随时将护，不失时节，得见日月，以此方便，知此恩难报。是故诸比丘，当供养父母，常当孝顺，不失时节。如是，诸比丘，当作是学！"①

（5）止！止！天王。如来自当知时。此时如来所应修行，非是天、龙、鬼神所得也。所以然者，父母生子多有所益，长养恩重，乳哺怀抱，要当报恩，不得不报恩。然诸天当知，过去诸佛、世尊所生母先取灭度，然后诸佛、世尊皆自供养虵旬（虵旬：燃烧也，引者注）舍利，正使将来诸佛所生之母先取灭度，然后诸佛皆自供养，以此方便，知如来应自供养，非天、龙、鬼神所及也。②

（6）佛以是集比丘僧，告诸比丘："若人百年之中，左肩担母，于上大小便利。极世珍奇衣食供养，犹难报须臾之恩，从今听诸比丘尽心尽寿供养父母，若不供养得重罪。"③

（7）若有众生不孝父母，或至杀害，当堕无间地狱，千万亿劫，求出无期。④

（8）世界一切善男女，恩重父母如丘山，应当孝敬恒在心，知恩报恩是圣道。⑤

（9）七因果者，谓正等觉菩提心，此心又从增上意乐，意乐从悲，大悲从慈，慈从报恩，报恩从念恩，念恩者从知母生，是为七种。⑥

第二类是通过孝亲行善的行为，得佛报，并将孝与戒统一起来，提倡孝戒一体。

（1）当以五事敬顺父母：一者供奉能使无乏；二者凡有所为先白父母；三者父母所为恭顺不逆；四者父母正令不敢违背；五者不断父母所为正业。⑦

（2）尔时，世尊告诸比丘："有二法与凡夫人，得大功德，成大果报，得甘露味，至无为处。云何为二法？供养父母，是谓二人获大功德，成大果报。若复供养一生，补处菩萨，获大功德，得大果报。是谓，比丘，施此二人获大功德，受大果报，得甘露味，至无为处。是故，诸比丘，常念孝顺供养父母。如是，诸比丘，当作是学！"⑧

（3）如帝释天主宗敬父母，由此名为毗婆尸……自觉及觉他。修习正法

---

① 僧伽提婆译：《增一阿含经·善知识品》卷十一，中国佛教网，2012年，第175页。
② 僧伽提婆译：《增一阿含经·大爱道般涅槃品》卷五十，第871页。
③ 《五分律》，引自《大正藏》卷四十，第140页。
④ 实叉难陀译：《地藏王菩萨本愿经》，引自《新修大藏经》（第13册），（台北）信利印制有限公司1988年版，第779页。
⑤ 《大乘本生心地观经》，引自《大正藏》，第298页。
⑥ 宗喀巴：《菩提道次第广论》，广化寺，2005年，第210～211页。
⑦ 《长阿含经》，第242页。
⑧ 僧伽提婆译：《增一阿含经·善知识品》，第175页。

行，众人常爱敬。如彼帝释天，侍养于父母，名闻满世间。①

（4）尔时如来，即告之言，汝等当知，在家之人，有四种法，宜应修习。一者恭敬父母，尽心孝养。二者恒以善法，训导妻子。三者愍念僮仆，知其有无。四者近善知识，远离恶人。②

（5）佛言东向拜者，谓子事父母，当有五事：一者当念治生，二者早起敕令奴婢，时作饭食，三者不益父母忧，四者当念父母恩，五者父母疾病，当恐惧求医师治之。③

（6）当愿众生，知家性空，免其逼迫，孝事父母。④

（7）而时，释迦牟尼佛，初坐菩提树下，成无上正觉已，初结菩萨波罗提木叉。孝顺父母师、僧三宝，孝顺至道之法，孝名为戒，亦名制止。⑤

第三类是道洽六亲，通过孝道而实现慈悲一切有情众生的超人类的博爱之关怀。

（1）一切男子是我父，一切女子是我母，我生生无不从之受生，故六道众生皆是我父母。⑥

（2）是菩萨应起常住慈悲，孝顺心，方便救度一切众生，而反恣心快意杀生者，是菩萨波罗夷罪。⑦

第四类，通过孝道，可以保持国运久安。

阿难：若能尔者，长幼和顺，转更增盛，其国久安，无能侵损。阿难：汝闻跋只国人孝事父母，敬顺师长不？答曰：闻之。阿难：若能尔者，长幼和顺，转更增上，其国久安，无能侵损。⑧

上述佛教经典中包含的四类尽孝报国思想，虽然表现出随顺世俗的倾向，但主要还是在"缘起论"与轮回观的思想框架下提倡"尽孝"的，认为众生在无量劫中，互为父母，所以孝亲应该道洽六亲，慈悲众生。这种孝亲的观念当然不能被正统的儒家所接受。但由此可以看出，来自印度佛教的孝道，对于中国传统的"孝道"思想内容也有所拓展。其中还包含着少量有关"孝与国家政治"的关系，这表明佛教与儒家的伦理观念也有可以沟通、对话的内容。而对于普通的信众而言，这种尽孝的行为，在劝人行善方面具有儒家思想所没有的另外一种伦理效果，即把出家修行与在家奉养结合起来，把生死看成一个完整的过程，造成

---

① 法天译：《佛说七佛经》，引自《乾隆大藏经》第60册，中国书店2007年版，第166页。
② 昙无谶译：《大般涅槃经》，引自《乾隆大藏经》第31册，第315页。
③ 安世高译：《佛说尸迦罗越六方礼经》，引自《乾隆大藏经》第54册，第419页。
④ 实叉难陀译：《大方广佛华严经》，引自《中华大藏经》第12册，中华书局2004年版，第629页。
⑤ 鸠摩罗什译：《梵网经·菩萨戒品》，引自《大正藏》第24册，第1004页。
⑥ 同上。
⑦ 同上。
⑧ 《阿含经》，第37页。

一种精神上的巨大安慰。

不过,汉语本土佛教在其早期阶段,因为剃发、出家等具体行为,与儒家提倡的尽孝的孝行有一定的矛盾,故尔与儒家发生了严重的冲突。通过牟子《理惑论》[①]对于当时儒家人士攻击出家人不孝的说法及其回应,可以看出早期本土汉语佛教与儒家孝道思想的紧张关系:

问曰:《孝经》言:"身体发肤,受之父母,不敢毁伤。"曾子临没,"启予手,启予足"。今沙门剃头,何其违圣人之语,不合孝子之道也。吾子常好论是非、平曲直,而反善之乎?

牟子曰:夫讪圣贤不仁,平不中不智也。不仁不智,何以树德?德将不树,顽嚚之俦也,论何容易乎!昔齐人乘船渡江,其父堕水,其子攘臂捽头颠倒,使水从口出,而父命得稣。夫捽头颠倒,不孝莫大,然以全父之身。若拱手修孝子之常,父命绝于水矣。

孔子曰:"可与适道,未可与权。"所谓时宜施者也。且《孝经》曰:"先王有至德要道。"而泰伯短发文身,自从吴越之俗,违于身体发肤之义,然孔子称之"其可谓至德矣",仲尼不以其短发毁之也。由是而观,苟有大德,不拘于小。

沙门捐家财、弃妻子、不听音、不视色,可谓让之至也,何违圣语不合孝乎?豫让吞炭漆身,聂政皮面自刑,伯姬蹈火,高行截容,君子为勇而有义,不闻讥其自毁没也。沙门剃除须发,而比之于四人,不已远乎?[②]

上述牟子的回应,在道理上当然可以成立,而且与儒家荀子论孝的观点在精神上也有相通之处,对于有较好理论修养的士人而言,可以在道理上征服他们的理智,但在应对世俗大众的道德直觉方面,仍然有无力与软弱的一面。后来的慧远、孙绰对于出家不孝的说法也有类似的回应。慧远作《沙门不敬王者论》《答桓太尉》等书信,其中《沙门不敬王者论》一信云:

是故凡在出家,皆隐居以求其志,变俗以达其道。变俗则服章,不得与世典同礼。隐居则宜高尚其迹。夫然。故能拯溺俗于沈流,拔幽根于重劫。远通三乘之津,广开人天之路。是故内乖天属之重,而不违其孝。外阙奉主之恭,而不失其敬。[③]

孙绰在《喻道论》中,也对于"出家不孝"的批评有所回应:

或难曰:周孔之教,以孝为首,孝德之至,百行之本,本立道生,通于

[①] 《理惑论》围绕儒、释在"孝"上的不同观点,展开了一系列的辩论,但大都是以儒家孝在道德层面更高层次的引申来证明佛教并非"不孝",对于佛教中"孝"的思想内涵,并没有进行系统的论述。

[②] 牟融著:《牟子理惑论》,引自僧祐编撰:《弘明集》,上海古籍出版社1991年版,第3页。

[③] 慧远著:《答桓玄书沙门不应敬王者书》,引自《弘明集》,第84~85页。

神明。故子之事亲，生则致其养，没则奉其祀；……体之父母，不敢夷毁。是以不正伤足，终身含愧也。而沙门之道，委离所生，弃亲即疏，元别须发，残其天貌，生废色养，终绝血食，骨肉之亲，等之行路，背理伤情。

答曰：此诚穷俗之甚所惑，倒见之为大谬，咨嗟而不能默已者也。夫父子一体，惟命同之，故母疾其指，儿心悬骇者，同气之感也，其同无间矣。故唯得其欢心，孝之尽也。父隆则子贵，子贵则父尊。故孝之为贵，贵能立身行道，永光厥亲。若匍匐怀袖，日御三牲，而不能令万物尊已。举世我赖以之养亲，其荣近矣。夫缘督以为经，守柔以为常。形名两绝，亲我交忘，养亲之道也。既已明其宗。①

这些回应的内容，在义理上都不否认儒家孝道的重要性，而是说，佛家尽孝的方式与儒家不同。由此可知，孝的道德观念与伦理法则的力量非常强大，连儒家的反对派佛教徒也无法否认它的价值与意义，所以早期本土的佛教徒与儒家展开争论的地方在于如何更加开放地理解并更好地实现尽孝的方法而已，并不在于要不要尽孝的问题。也正因为如此，中国化的佛教就更加公开地讨论佛教徒如何尽孝的问题了。这里仅以宋代高僧契嵩（1007~1072年）的"论孝"文字为典型材料，以证明中国化佛教在维护孝道方面亦有自己的理论体系。契嵩《孝论》一书共有十二章，主要意思可以总括为以下五个方面：

第一，阐明佛教之孝的独特性。

> 圣人之道，以善为用。圣人之善，以孝为端。②

> 吾圣人大孝之奥理密意③，夫孝，诸教皆尊之，而佛教殊尊也。④

> 佛子情可正，而亲不可遗。夫圣人方其成道之初……而登天，先以其道谕其母氏，三月复归乎世……圣人可谓与人道而大顺也。⑤

> 是见儒而未见佛也。佛也极焉，以儒守之，以佛广之，以儒人之，以佛神之，孝其至且大矣。⑥

第二，将孝与戒统一起来，认为尽孝即是守戒。此点并非契嵩首创，汉译印度佛教教典中已经有此方面的论述。

> 子亦闻吾先圣人，其始振也，为大戒，即曰孝名为戒。盖以孝而为戒之端也，子与戒而欲亡孝，非戒也。夫孝也者，大戒之所先也。⑦

---

① 孙绰著：《喻道论》，引自《弘明集》，第17~18页。
② 契嵩著：《孝论》，《辅教编》，《镡津文集》卷三，引自《大正藏》卷五十二，第661页。
③ 同上书，第660页。
④ 同上。
⑤ 同上书，第661页。
⑥ 同上。
⑦ 同上。

五戒，始一曰不杀，次二曰不盗，次三曰不邪淫，次四曰不妄语，次五曰不饮酒。夫不杀，仁也；不盗，义也；不邪淫，礼也；不饮酒，智也；不妄言，信也。是五者修，则成其人，显亲，不亦孝乎？是五者，有一不修，则弃其身，辱其亲，不亦不孝乎？夫五戒，有孝之蕴，而世俗不睹，忽之而未始谅也。①

第三，在佛教轮回思想的框架下，强调"众生为亲"，故当尽孝。

圣人以精神乘变化，而交为人畜，更古今，混然茫乎，而世俗未始自觉。故其视今牛羊，唯恐其是昔之父母精神之所来也，故戒于杀，不使暴一微物，笃于怀亲也。谕今父母，则必于其道，唯恐其更生而陷神乎异类也。故其追父母于既往，则逮乎七世；为父母虑其未然，则逮乎更生。虽谲然骇世，而在道然也。天下苟以其不杀劝，则好生恶杀之训，犹可以移风易俗也。天下苟以其陷神为父母虑，犹可以广乎孝子慎终追远之心也。况其于变化，而得其实者也。校夫世之谓孝者，局一世而暗玄览，求于人而不求于神，是不为远，而孰为远乎？是不为大，而孰为大乎？经曰："应生孝顺心，爱护一切众生。"斯之谓也。②

孝出于善。而人皆有善心。不以佛道广之。则为善不大而为孝小也。佛之为道也，视人之亲，犹己之亲也；卫物之生，犹己之生也。故其为善，则昆虫悉怀，为孝，则鬼神皆劝。资其孝而处世，则与世和平，而亡忿争也；资其善而出世，则于世大慈，而劝其世也。③

第四，强调行孝的不同境界与形式，提出了"孝有可见也，有不可见也。不可见者，孝之理也。可见者，孝之行也"的理论主张，将孝之理与孝之行区别开来，认为佛教讲孝之理，儒家讲孝之行，而孝之理要高于孝之行。这一点，契嵩的思想与程朱理学提倡理先于事，因而比事更根本的思想观念，有一种类似性，表明唐代华严宗的"理事圆融论"思想，在宋代的品级社会理论的建构过程中，已经蜕变为理先于事、优于事的理论了。从契嵩长于程颐三十余岁的年龄来看，契嵩的"孝之理优先于孝之事"的思想应当早于程颐的理学思想，不可能是受理学思想影响的结果。

故曰：夫孝，天之经也，地之义也，民之行也。至哉大矣！孝之为道也夫！是故，吾之圣人欲人为善也，必先诚其性，而后发诸其行也。孝行者，养亲之谓也。行不以诚，则其养有时而匮也。夫以诚而孝之，其事亲也全，其惠人恤物也均。④（《孝论·原孝章》）

养不足以报父母，而圣人以德报之……道也者，非世之所谓道也。妙神

---

① 契嵩著：《孝论》，《辅教编》，《镡津文集》卷三，引自《大正藏》卷五十二，第660页。
② 同上。
③ 同上。
④ 同上。

明，出死生，圣人之至道者也。德也者，非世之所谓德也。备完善，被幽，被明，圣人之至德者也。①（《孝论·德报章》）

夫天下之报恩者，吾圣人可谓至报恩者也。天下之为孝者，吾圣人可谓纯孝者也。经曰："不如以三尊之教，度其一世二亲。"②（《孝论·德报章》）

……吾从圣人之后，而其德不修，其道不明，吾徒负父母，而愧于圣人也夫。③（《孝论·德报章》）

第五，从佛教的立场出发，契嵩提出了"笃孝不若修戒"的主张：

今夫天下欲福不若笃孝，笃孝不若修戒。戒也者，大圣人之正胜法也。以清净意守之，其福若取诸左右也。④

显然，契嵩的孝道思想可以被视为中国化佛教与儒家核心道德、伦理思想的一次新融合，是魏晋隋唐以来儒佛思想合流的一个标志性的思想界碑。就其"孝之理优先于孝之行"的观点来看，其"理事关系论"是对华严宗"理事圆融论"的一种改造，与同时代稍晚的理学家程颐的"理本体论"哲学构成一种呼应关系。

除宋代的契嵩之外，明代也有一些高僧提倡孝道，如晚明四大高僧之一的蕅益智旭也提倡孝道，他说道：

孝为万行首：戒虽无量，以孝为宗。万行虽多，以孝为首。⑤

引舜文武周，以作标榜，皆以孝字为主。次明修道以仁，后云亲亲为大。可见最迩无如孝，最远亦无如孝。佛经云：孝名为戒，孝顺至道之法。故知儒释二教，入门大同，但孝有世出世间之异耳。⑥

晚明的另一位高僧云栖袾宏也提倡孝道，认为念佛即是行孝：

家有父母，孝顺念佛可也。⑦

人子于父母，服劳奉养以安之，孝也；立身行道以显之，大孝也；劝以念佛法门，俾得生净土，大孝之大孝也。予生晚，甫闻佛法，而风木之悲已至，痛极终天，虽欲追之，末由也已。奉告诸人，父母在堂，早劝念佛；父母亡日，课佛三年。其不能者，或一周岁，或七七日，皆可也。孝子欲报劬劳之恩，不可不知此。⑧

---

① 契嵩著：《孝论》，《辅教编》，《镡津文集》卷三，引自《大正藏》卷五十二，第661页。
② 迦叶摩腾、竺法兰译：《佛说四十二章经》，引自《大藏经》卷十七，第519页。
③ 契嵩：《孝论》，引自《大藏经》，第661页。
④ 同上。
⑤ 智旭：《盂兰盆经新疏》，引自《蕅益大师全集》第三册，福建莆田广化寺影印本，第406页。
⑥ 智旭：《中庸解》，引自《蕅益大师全集》第七册，第199页。
⑦ 袾宏著：《竹窗随笔》卷十三，中国佛教文化馆1983年版，第3180页。
⑧ 同上书，第2167页。

他又说,"戒杀是孝":一世父母;而经言有生之属,或多凤世父母,杀生者自少至老,所杀无算,则害及多生父母矣![①]

这些佛教徒的"尽孝"思想,表面上看,主要表现为以佛法迁就孝道,属于宣扬佛教的方便法门,是方法论层面的"佛儒合一"思想的体现。但深层地看,佛教徒并不因为提倡尽孝而否定出家的宗教行为,更没有因为尽孝而否定佛教的基本教义与缘起论、轮回论等核心思想。因此,我们也看到,通过这些高僧的创造性的理论转化,中国化佛教的出家行为与儒家世俗化的在家克尽人伦行为之间的矛盾与冲突因此得到较大程度的化解。而佛教在中国文化与世俗生活中的合法性也因此得到加强,其信众的队伍也会因此而得到进一步扩大。

(二) 孝道在传统社会政治、法律中的体现

"孝道"是中国传统文化的核心内容之一,其基本的含义为"善事父母"。孝道基于父母和子女之间最为朴素的自然情感——血缘亲情之上,是中国传统社会中子女对父母、祖父母所遵行的道德规范。这种规范的具体内容在各个时代都有所变化,但"尽孝"这一观念直到现代社会都有极大的影响,在中国传统社会中就更是体现在具体的政治举措、法律体系和风俗习惯等方方面面。

1. 孝道在传统政治中的表现

孝道在中国传统社会得到统治者的大力推行,被有效地贯彻实施到各项具体的政治制度、政策当中,这在汉唐盛世表现得尤为明显。就社会政治生活而言,主要表现在以下四个方面:

(1) 在官吏选拔和考核方面体现孝道。在官吏选拔的标准方面引入孝德,可以说是对褒奖孝悌最有力的举措。汉代统治者普遍施行以"察举"为主要方式的选官制度。所谓"察举",就是先考察人才,然后举荐官职,而选拔人才的重要标准就是"孝廉",即"孝子廉吏"的合称。所以这一选官制度又称为"举孝廉"。这种以孝选官的制度,在文帝时即已实施,如文帝十二年下诏曰:"孝悌,天下之大顺也。力田,为生之本也。三老,众民之师也。廉吏,民之表也。朕甚嘉此二三大夫之行。今万家之县,云无应令,岂实人情?是吏举贤之道未备也。"[②] 可见,当时举"孝悌"、察"廉吏"制度尚未完备。武帝时期,举孝廉的制度正式确立,元光元年(前134年)冬十一月,"初令郡国举孝廉各一人"[③],元朔元年(前128年)冬十一月诏中提及"兴廉举孝,庶几成风",而且,"有

---

① 袾宏著:《竹窗随笔》卷十三,中国佛教文化馆1983年版,第2167页。
② 《汉书·文帝纪》,中华书局2000年简体字本,第90页。
③ 同上书,第114页。

司奏议曰：……不举孝，不奉诏，当以不敬论。不察廉，不胜任也，当免"①，此奏议得到汉武帝许可，就是说地方官员如果不按照要求向上级部门举荐孝子、廉吏，就要受到处罚甚至被免职，以此种方式督促察举制度的推行。自此以"孝"选官，终两汉三百多年，未曾间断，并不断完善。武帝之后的每位汉代皇帝几乎都下过举孝廉的诏书。据统计，西汉共举孝廉约三万两千人，东汉约为四万两千人。②

汉代以孝选官是全方位的，"孝"的标准渗透到各种选官方式及官吏的考核之中。汉代统治者为更好地推行"以孝治天下"，还专设了"孝悌""三老"等乡官来弘扬孝悌之道。汉代在职的官吏如若有不孝行为要受到免职的处罚，严重者甚至会禁锢终身。举孝廉制度的弊端在于，在此种人才选拔制度的推动下，"孝道的实用、功利倾向明显增强，逐渐由个人道德的完善变成为通向官场、猎获功名利禄的阶梯和工具"③。

魏晋南北朝时期，选官制度为九品中正制，有的北方少数民族进入中原后建立的政权仿效汉族举孝廉制度选拔人才，这一阶段举孝廉制度时兴时废。尽管如此，此一时期的统治者们仍对有孝悌德行者不断肯定和鼓励。隋唐以后，废除九品中正制，改为科举制，尽管各种科目名目繁多，但在历朝历代的官吏选拔中孝悌仍然是重要的政治标准。比如唐代明确专职官吏举荐孝子；科举考试把《孝经》列为必考科目，并专设孝廉和孝悌力田科，无论在考试内容范围还是难度要求方面，都比科举考试的其他科目简单，应试者需要有突出的孝悌品德并受到推荐才能参加考试。唐代对官员的考核和奖惩以"孝"为重要标准，在任官员因"孝"可以升迁，而"不孝"则要受到谴责、弹劾、贬官、被削官爵，甚至免官、废锢。推行教化、贯彻实施朝廷养老尊老敕令、禀荐和表彰孝子成为地方官员的分内职责。唐代还通过赐给孝行显著的官员带"孝"字的谥号来激励官员在实际社会生活中行孝。④

（2）以诏令形式优抚老年而彰显孝道。敬老养老是孝的核心内容。汉代以诏令形式尊老养老当自高祖刘邦始，高祖二年（前205年）二月，令全国上下"举民年五十以上，有修行，能帅众为善，置以为三老，乡一人。择乡三老一人为县三老，与县令丞尉以事相教，复勿徭戍。以十月赐酒肉"⑤。这则诏令虽未

---

① 《汉书·武帝纪》，中华书局2000年简体字本，第119页。
② 黄留珠：《秦汉仕进制度》，西北大学出版社1985年版，第102页。
③ 朱岚：《中国传统孝道七讲》，中国社会出版社2008年版，第92页。
④ 有关唐代以"孝"为标准举官、考核和奖惩官吏的内容，详见李文玲、杜玉奎：《儒家孝伦理与汉唐法律》，法律出版社2012年版，第119~152页。
⑤ 《汉书·高帝纪上》，中华书局2000年简体字本，第24页。

面向所有老人，但"它却开了汉代优遇老人之先河"①。汉代尊老养老制度体现了整个社会注重孝道的特色，文帝元年三月正式颁布了《养老令》，诏令曰："老者非帛不暖，非肉不饱。今岁首，不时使人存问长老，又无布帛酒肉之赐，将何以佐天下子孙孝养其亲？今闻吏廪当受鬻者，或以陈粟，岂称养老之意哉？具为令。""有司请令县道，年八十已上，赐米人月一石，肉二十斤，酒五斗，其九十已上，又赐帛人二匹，絮三斤。"② 这种对老年人物质上的赏赐在当时而言算是特别优厚。此种由官府定期供给年长者米肉酒帛的制度，一直被汉代其他帝王所承继，且越来越规范化。汉代以孝治天下，有汉一代颁布的养老令非常频繁，据统计，以诏令形式优赐老年见于《汉书》《后汉书》的共有 31 次；颁布养老令的次数西汉有 34 次，东汉有 33 次。③

汉代政府除了给予老者一定的物质保障之外，还以"高年赐王杖制度"给予老年人特权，以示尊老敬老。王杖由皇帝颁布诏书赐予高年诸侯王或者普通人，以鸠鸟为饰物，饰于杖端，"使远处之人远远望见杖至即知老年至，须对其示以尊敬"④。

我国从西周开始就有养老礼与乡饮酒礼，"养老礼是国家主持、举办的养老活动，乡饮酒礼则是地方上为尊老敬贤，每年举行的礼仪活动"⑤。东汉孝明帝永平二年（公元 59 年）冬十月，初行养老礼诏曰："尊事三老，兄事五更，安车软轮，供绥执授。侯王设酱，公卿馈珍，朕亲袒割，执爵而酳。祝哽在前，祝咽在后。升歌《鹿鸣》，下管《新宫》，八佾具修，万舞于庭。……三老李躬，年耆学明。五更桓荣，授朕《尚书》。……三老、五更皆以二千石禄养终厥身。其赐天下三老酒人一石，肉四十斤。有司其存耆耋，恤幼孤，惠鳏寡，称朕意焉。"⑥ 此诏具体说明了养老礼的礼仪形式，并且规定了对三老五更的具体物质赏赐。

唐代养老尊老的措施承继汉代，以皇帝诏令的形式养老敬老。例如贞观二年（628 年）九月丙午，诏曰："尚齿重旧，先王以之垂范；还章解组，朝臣于是克终。释菜合乐之仪，东胶西序之制，养老之义，遗文可睹……"⑦ 据统计，唐朝统治期间，皇帝共颁发 103 次优赐老年的诏令，⑧ 赏赐高龄老人的物品包括粮食、

---

① 李文玲、杜玉奎：《儒家孝伦理与汉唐法律》，第 47 页。
② 《汉书·文帝纪》，第 82 页。
③ 参见李文玲、杜玉奎：《儒家孝伦理与汉唐法律》，第 48 页。
④ 同上书，第 52 页。
⑤ 骆承烈主编：《历代孝亲敬老诏令律例（先秦至隋唐卷）·前言》，光明日报出版社 2013 年版，第 6 页。
⑥ 《后汉书·显宗孝明帝》，中华书局 1965 年标点本，第 102~103 页。
⑦ 《旧唐书·太宗上》，中华书局 2000 年简体字本，第 25 页。
⑧ 李文玲、杜玉奎：《儒家孝伦理与汉唐法律》，第 167 页。

布匹、酒食等。除此之外，尊老敬老还体现在唐政府赐给年高者章服这一制度上，即老人在服饰颜色上可以按照高层官员的服色等级待遇衣紫衣绯。另外，唐朝还对老年人减免赋役，六十岁以上的老人可以免除力役；对高年需要奉养照顾的老人，可以给予侍丁，即留守的男丁在家照顾父母。家中有侍丁者可以免除一定比例的赋役，免除侍丁者的徭役。唐代还有"孝假"制度，即在父母居丧期间，给予一定的治丧假期，在这期间内免除差役。

唐代不仅继承了汉代的高年赐王杖制度，还发展出对高年进行赐封的制度，唐代103次优赐老年的诏令中，共有37次是颁授老年官封的。自唐高宗显庆二年（657年）开始，对长寿老年颁授官爵的诏令不断，颁授的老年官爵大多为颁授中州刺史、下州刺史、上州司马、上州长史、郡长史、县令，妇女颁授为郡君、郡夫人、县君、乡君。①

唐代也继承了汉代的敬老典礼与乡饮酒礼，这些典礼非常隆重而盛大，目的在于彰显天子以身作则，引导教化百姓尊老敬老。贞观六年（632年）唐太宗下诏，让有关部门抄录《乡饮酒礼》并颁行天下，要求"每年令州县长官，亲率长幼，齿别有序，递相劝勉，依礼行之，庶乎时识廉耻，人知敬让"②。

唐代还有专门面向年老官员的致仕终养制度。致仕，即官员到一定年龄可以退休，荣归故里，享受一定的国家待遇。唐制规定，官员年七十以上可以致仕，身体状况良好的话可以继续工作。致仕官员参加朝会时，位置列在本品现任官员之上，以示尊敬。致仕官员一般可以享受在任时的一半俸禄，有些甚至能够全额享受。致仕老人朝朔望者，常常加官升爵。唐代官员年老致仕常能获得皇帝的赏赐，唐朝后期，致仕官员回乡养老，若经济困难可以乘官乘，成为一种制度。③

唐代的敬老养老举措已经相当完备，这些政策在以后宋、元、明、清历代都得以延续，并得到进一步的发展。

（3）以诏令形式奖励孝子、孝行。对孝子、孝行进行褒扬、奖励也是我国古代政治上维护孝道、引导敦化百姓行孝的重要途径。

汉代统治者颁布了很多诏令对孝悌之行进行褒奖。文帝十二年（前168年）三月诏曰："其遣谒者劳赐三老、孝者帛人五匹，悌者、力田二匹，廉吏二百石以上率百石者三匹。"④ 自文帝以后，汉代的皇帝都很重视孝悌、力田、三老等，经常给予孝悌者以物质奖励，免除他们的徭役等。西汉时对孝者的赏赐物品主要为帛，除上文提及的文帝诏外，还有武帝元狩元年（前122年）诏："皇帝使谒

---

① 参见李文玲、杜玉奎：《儒家孝伦理与汉唐法律》，第171页。
② 王溥撰：《乡饮酒》，引自《唐会要》卷二十六，上海古籍出版社2006年版，第580页。
③ 有关唐朝致仕政策，详见李文玲、杜玉奎：《儒家孝伦理与汉唐法律》，第172~174页。
④ 《汉书·文帝纪》，第90页。

者赐县三老、孝者帛，人五匹；乡三老、弟者、力田帛，人三匹。"①除此之外，还赐予孝者爵位，如宣帝本始元年五月，"赐天下人爵各一级，孝者二级"②，东汉诸皇帝对孝者大都给爵位赏赐。除全国性褒奖孝悌外，汉代帝王还有很多针对某地地方上的孝子孝行的奖励。汉代皇帝也常抓弘扬孝道的典型，树立模范榜样，对其进行大力褒奖，起到宣扬孝道的作用。例如江革因事母孝行被乡里人称"江至孝"，后举孝廉入仕，转拜谏议大夫，章帝在其辞官后下诏"县以见谷千斛赐'巨孝'，常以八月长吏存问，致羊酒，以终厥身。如有不幸，祠以中牢"，"及卒，诏复赐谷千斛"③。由此"江巨孝"名扬天下。

  唐代继承并发展了汉代对孝子的褒奖方式，即以皇帝的名义颁发诏令对孝子孝行进行褒奖。与汉代一样，唐代对孝子的褒奖也包括赏赐孝子财物、免除孝子徭役。除此之外，唐代中央对孝子孝行的褒奖方式还包括旌表孝子、赠孝子诰封、皇帝召见孝子或亲幸其家等。

  首先是旌表孝子。"旌表"即表扬，在中国古代是一种政治性的褒奖行为，是一种崇高的荣誉。唐代对孝子的旌表方式多种多样，主要有：旌表其门，是在孝行表现好的人家家门上张挂匾额或门旁竖立双阙（左右一对高阁形建筑）；旌表其闾，"闾"即里巷的大门，"表闾"一般是在里巷大门前竖双阙；表其门闾，指在家门与里巷门同时悬匾与竖阙；表其墓闾，即由皇帝下诏对庐墓守丧的著名孝子予以旌表其亲墓及所居闾。④唐代对孝女的孝行也进行旌表，例如孝女王和子，听闻父兄战死，则"被发徒跣缞裳，独往泾州，行丐取父兄之丧"⑤，回徐州对父兄进行安葬，后因此事受到旌表。

  其次是赠孝子诰封。唐代皇帝会下诏对孝子授予官职，有的还得到皇帝的亲自召见，对孝女则进行诰封。例如，雍州人元让因孝行闻名，"巡察使奏让孝悌殊异，擢拜太子右内率府长史"，后又授为太子司议郎，还受到武则天的亲自召见。⑥卢甫妻李氏，因请代父死而与其父皆死于贼手。为表彰其孝心孝行，下诏追赠李氏为"孝昌县君"，并载入史册。⑦

  最后是皇帝亲幸其家。例如郓州人张公艺，九代同居，在北齐、隋、唐等朝都受到旌表。麟德年间（664~665年），唐高宗"有事泰山，路过郓州，亲幸其

---

① 《汉书·武帝纪》，第124页。
② 《汉书·宣帝纪》，中华书局2000年简体字本，第170页。
③ 《后汉书·江革传》，中华书局1965年标点本，第1303页。
④ 参见李文玲、杜玉奎：《儒家孝伦理与汉唐法律》，第186页。具体旌表孝子案例可参见该书第181~186页。
⑤ 《旧唐书·列女传》，中华书局2000年简体字本，第3502页。
⑥ 《旧唐书·孝友传》，中华书局2000年简体字本，第3347页。
⑦ 《旧唐书·列女传》，第3500页。

宅，问其义由。其人请纸笔，但书百馀'忍'字。高宗为之流涕，赐以缣帛"①。在君主制社会中，作为君主的皇帝亲临普通百姓家，对百姓而言是一种巨大的荣耀，也是对此家庭所传扬的精神最为有力的宣扬。

（4）文化教育政策中提倡孝道。我国古代在文化教育政策中也充分体现出对孝道的尊重与提倡。儒家经典著作《孝经》是阐述儒家孝道与孝治观的一部著作，历朝历代在文化政策中都非常重视《孝经》的地位与作用。

西汉早期汉文帝就已设立《孝经》博士，选拔生员讲授《孝经》。我国传统的官学与私学等各类学校教育是孝道教育最主要的途径，《孝经》被列为各级各类学校教育的必修教材，"从汉代开始，官方就在各级各类学校开设专门课程对学生进行孝道教育，设立专门的'孝经师'讲授《孝经》，传授孝道"②。汉代以后的历朝历代，不管是中央太学还是地方性学校，不管是官学还是私学，都在学校教育中大力提倡孝道，也都把《孝经》作为必备的教材。

历朝皇帝非常重视对作为储君的太子的孝道伦理教育，《孝经》是历朝统治者的必读书目，同时也是他们培养储君的必备教材。"皇太子们只会背诵《孝经》是不够的，还必须能够融会贯通，把握孝道的要义，因为他们不仅要用《孝经》作为自己行动的标准，以后做了皇帝，还要能够以孝道为原则来制定国策，所以对他们的要求比对常人更高"③，皇太子们经常讲授《孝经》，皇帝和文武大臣都去听讲，以检验他们的学习效果。太子师傅往往也是德高望重的大臣，希望把太子培养为仁孝之君。

隋唐以后实行科举制选拔人才，各种级别的考试大都从《孝经》上出题目，所以《孝经》成为参加科举者的必读之书。古时读书人寒窗苦读的目的就是为了参加科举考试、博取功名，既然《孝经》是考题来源，那对它的重视程度则可想而知。

既然《孝经》在学校教育中对学子们、在皇室教育中对培养接班人都如此重要，那么如何理解《孝经》则成为一个重要问题，这就涉及《孝经》的注疏。历史上有关《孝经》注疏的版本可谓是汗牛充栋，除了文人学者的注疏外，为了表明对孝道的重视，历朝皇帝都纷纷亲自对《孝经》进行注解，先后有魏文侯、晋元帝、晋孝武帝、梁武帝、梁简文帝、唐玄宗、清世祖、清圣祖、清世宗等君王，还有五百多位学者也对该书进行了注解释义。《孝经》在唐代极为盛行，唐玄宗曾先后三次下诏召集天下精通儒学之士重新注释《孝经》，在此基础上，他亲自取其精华定为《孝经》注解，不仅如此他还把《孝经》疏义列为学官，后

---

① 《旧唐书·孝友传》，第3345页。
② 肖波编著：《中国孝文化概论》，人民出版社2012年版，第171页。
③ 朱岚：《中国传统孝道七讲》，第97页。

又下令重注《孝经》，并命天下家藏其本。天宝四年，玄宗亲书御札，刊刻御注于太学石碑，即《石台孝经》。"皇帝亲自为《孝经》作注，撰写自己学习孝道的心得体会，这既是各朝代提倡孝道的一种方式，也可见《孝经》在历代所受到的尊崇程度。"①

历朝历代还通过举行祭孔大典，扩大孝道伦理教育的影响。祭祀孔子活动可以追溯到春秋鲁哀公时期，孔子卒后第二年鲁哀公把孔子故居辟为寿堂祭祀孔子，是为第一座孔庙。帝王祭祀孔子的先河由汉高祖开启，汉武帝"罢黜百家，独尊儒术"后各地纷纷建立孔庙，对孔子进行祭祀。唐代规定，每州、县皆置孔庙，每年春、秋两季都要举行祭祀孔子的典礼。自唐以后，逐朝逐代祭祀孔子的礼制规格不断升高，祭祀活动规模也越来越隆重盛大，到清代达到顶峰。孔子是私学的创始人，也是儒家思想的创始人，对孔子大规模的祭祀活动是历代统治者尊师重教的表现，"古人视师如父，敬师之道是孝道的延伸，所以祭祀孔子的典礼实际上也是进行儒家孝道教化的重要形式"②。

2. 孝道在传统法律体系中的体现

在我国古代，孝道是要求人们必须遵守的伦理道德准则，也是维护社会秩序的基本行为规范，"不孝"不但要遭到社会舆论的强烈谴责，而且也是刑法严厉打击的最大犯罪行为，"五刑之属三千，而罪莫大于不孝"（《孝经·五刑》）。商朝即有不孝的罪名，如《吕氏春秋·孝行》引《商书》就有"刑三百，罚莫大于不孝"的规定。周初纲领性法律文件《康诰》明确提出："元恶大憝，矧惟不孝不友，……刑兹无赦。"（《尚书·康诰》）记载了西周关于打击"不孝""不友"犯罪的法条。周公制礼，以"亲亲、尊尊"为礼之大本，作为立法和司法的根本原则。

春秋战国时期，礼崩乐坏、诸侯争霸，臣弑君、子弑父现象盛行，西周所制礼法遭到严重破坏。孔子痛心于宗法社会之破坏与孝道伦常之失序，提出"君君、臣臣、父父、子子"（《论语·颜渊》）的角色伦理，强调孝道的重要作用。其弟子有子曰："其为人也孝弟，而好犯上者鲜矣。不好犯上而好作乱者，未之有也。君子务本，本立而道生。孝弟也者，其为仁之本与？"（《论语·学而》）有子把孝悌与社会政治秩序联系起来，强调孝悌为仁的出发点与本源。孟子将孝道纳入伦理道德规范之中，有"五不孝"之说："世俗所谓不孝者五：惰其四支，不顾父母之养，一不孝也；博弈，好饮酒，不顾父母之养，二不孝也；好货财，私妻子，不顾父母之养，三不孝也；从耳目之欲，以为父母戮，四不孝也；

---

① 肖波编著：《中国孝文化概论》，第172页。
② 李文玲、杜玉奎：《儒家孝伦理与汉唐法律》，第116页。

好勇斗狠，以危父母，五不孝也。"(《孟子·离娄下》）他的"不孝有三，无后为大"（《孟子·离娄上》）的思想在汉以后的传统社会中有极大影响。经过思想家的阐发，孝道思想内涵不断丰富。《礼记》《孝经》等经典对孝道在法律制度中的落实也进行了相应的论证和设计。例如："凡听五刑之讼，必原父子之亲，立君臣之义以权之"（《礼记·王制》）；"要君者无上，非圣人者无法，非孝者无亲。此大乱之道也"（《孝经·五刑》）。"这些论证与设计虽略显朴素，但整个理论却根植于中国宗法伦理社会的土壤之中，有着固有文化的基因和顽强的生命力，对后世法制建设产生了深远影响，成为历朝立法、司法的指导性理论。"①

秦王朝虽然重视法家思想，以尚法、酷刑而闻名，但为了维护其统治，也并不否定孝道，秦律以严法的形式惩治不孝行为。睡虎地秦墓竹简《法律答问》记载："'殴大父母，黥为城旦舂。'今殴高大父母，可（何）论？比打父母。"②即殴打曾祖父母与殴打祖父母同罪，"黥为城旦舂"，在脸上刺字或记号并涂上墨，男子筑城、女性舂米。父母可以以不孝的罪名送惩子女，甚至可以要求官府处死儿子。《法律答问》记载："免老告人以为不孝，谒杀，当三环之不？不当环，亟执勿失。"③这条问答是老人状告其子不孝，要求官府判处死刑，是否需要三次原宥的程序？依照秦律规定，回答为不需经过原宥，应予立即拘捕，勿使其逃脱。中国古代判处死刑有所谓"三宥"的宽赦程序。此条秦简中的"三环"即是此义。但是，依照秦律，若是父亲状告其子不孝，则无须经过"三宥"审判程序予以宽宥，而应立即捉拿法办。可见，秦王朝也曾以法律维护孝道。

两汉时期，孝道思想被推向了一个顶峰，重孝、尊老蔚为风气，这与统治者以身作则和高度重视大有关系。汉代标榜以孝治天下，两汉的帝王，除了开国皇帝刘邦和刘秀之外，自西汉惠帝和东汉明帝以下，全都以"孝"为谥号，如汉孝惠帝、孝文帝、孝景帝、孝武帝等。帝王试图通过以身作则来上行下效，使孝德贯穿于整个国家，实现政治统治的稳定。

在刑事法律上汉律明确地把"不孝"列为大罪之一，"不孝是指对父母祖父母的伤害、忤逆和遗弃行为；居丧奸、作乐、嫁娶，也被认为是不孝的表现"④。犯不孝罪者要处死刑；在居父母丧期间，作奸犯科、饮酒作乐、婚嫁娶妻等行为都被视为不孝的表现，会处以重刑。程树德著《九朝律考》，根据散见的历史资料和《史记》《汉书》所载，辑录了《春秋决狱考》，涉及的案例中提及汉律曰：

---

① 龙大轩：《孝道：中国传统法律的核心价值》，载《法学研究》2015年第3期。
② 睡虎地秦墓竹简整理小组编：《睡虎地秦墓竹简·法律答问》，文物出版社1978年版，第184页。
③ 同上书，第195页。
④ 范忠信、陈景良主编：《中国法制史》，北京大学出版社2007年版，第217页。

"殴父也,当枭首。"① 杜佑《通典》记载,汉律规定"杀母以大逆论"②,处死。"不孝。太子爽,坐告王父,不孝弃市。"③(《衡山王传》)汉武帝时,衡山王太子刘爽密报其父刘赐谋反,未得奖赏,反以"不孝"之罪被腰斩。

汉代创"亲亲得相首匿法",是孔子"子为父隐,父为子隐,直在其中矣"(《论语·子路》)伦理思想的法制化体现,对后世法律产生了深远影响。汉初沿用秦朝"首匿相坐"之法,即父子、夫妇掩盖过错,都要连坐;武帝时,已经在司法领域承认亲属间的隐匿行为;宣帝地节四年(前70年)下诏:"自今子首匿父母,妻匿夫,孙匿大父母,皆勿坐。其父母匿子,夫匿妻,大父母匿孙,罪殊死,皆上请廷尉以闻。"④ 自此诏令始,"亲亲得相首匿法"成为了国家正式法律,其立法之意在于尊重人们之间的伦理亲情,弘扬"亲亲尊尊"之道。

魏晋南北朝时期,孝道更进一步地渗透到法律制度中。据《晋书》记载,曹魏《新律·序》有言:"贼斗杀人,以劫而亡,许依古义,听子弟得追杀之。……正杀继母,与亲母同,防继假之隙也。除异子之科,使父子无异财也。"⑤ 曹魏法律允许有条件地私自复仇,重惩子杀继母之罪,明文废除"异子之科",禁止子孙与父祖分家析产。可见,孝道更多地体现在法律之中。晋《泰始律》首次把五服制度的法律意义延伸至刑事领域,引用五服制度来决断刑罚的轻重,"峻礼教之防,准五服以制罪也"⑥,即亲属之间的诉讼案件,要先讲求尊卑亲疏的名分,弄清楚伦理上的名分义务,然后才适用法律。当时的不孝罪是重罪,甚至要重于谋反,时人董养曾感叹道:"每览国家赦书,谋反大逆皆赦,至于杀祖父母、父母不赦者,以为王法所不容也。"⑦

《北魏律》创设"存留养亲"之制,即当死罪或流罪犯人的直系尊亲属因年老或疾病而致生活不能自理,而家中又无成年男丁侍养之时,国家允许罪犯申请暂缓刑罚执行,留家赡养老人,待老人去世后再考虑原判刑罚执行的制度。该制度是儒家宗法伦理与国家法制相结合的典型表现。北魏太和十二年(488年)孝文帝下诏:"犯死罪,若父母、祖父母年老,更无成人子孙,又无期亲者,仰案后列奏以待报,著之令格。"⑧ "案后列奏"的结果是把父母年老无侍的死罪囚犯免死留家奉养父母。后来被纳入《北魏律》中:"诸犯死罪,若祖父母、父母年

---

① 程树德:《九朝律考·汉律考》,中华书局1963年版,第164页。
② 杜佑撰,王文锦整理:《通典》(三)《刑法典》,山东画报出版社2004年版,第44页。
③ 程树德:《九朝律考·汉律考》,第95页。
④ 《汉书·宣帝纪》,第176页。
⑤ 《晋书·刑法志》,中华书局2000年简体字本,第602页。
⑥ 同上书,第603页。
⑦ 《晋书·隐逸传》,中华书局2000年简体字本,第1625页。
⑧ 《魏书·刑罚志》,中华书局2000年简体字本,第1923页。

七十已上，无成人子孙，旁无期亲者，具状上请。流者鞭笞，留养其亲，终则从流。不在原赦之例。"① 此即规定，死罪上请皇帝，由皇帝决定免死留养其父母祖父母；流罪直接在鞭笞后留家养亲。"这种待遇，其着眼点不在对罪犯本人的人道主义宽恕，而是为了保障'孝养'双亲义务的履行，帮助犯罪人完成其孝养长辈的责任，以巩固亲伦关系，强化人们的忠孝价值观念。"② 这一制度为后代法律所沿袭，一直到清末。

《北齐律》首创"重罪十条"之例，它是十类严重犯罪的统称，即后世"十恶"的源头。它进一步吸纳孝道精神，将不孝行为总结归为"恶逆""不孝"两大类罪，列入"重罪十条"，给予严厉打击。"重罪十条"包括反逆、大逆、叛、降、恶逆、不道、不敬、不孝、不义、内乱，根据法律规定，凡犯有其中之一者，一律从重严惩，通常大赦不得赦免此十类犯罪，也不得享有"八议""例减""赎刑"等待遇。

隋律承继了"十恶"制度。唐朝建立后，孝道精神已经完全融入法律当中，《唐律疏议》有云："德礼为政教之本，刑罚为政教之用。"③ 唐律继承隋朝制度将"十恶"之制列于律首，加重打击。在"十恶"罪中，关乎孝道的有"恶逆""不孝"："四曰恶逆（谓殴及谋杀祖父母、父母，杀叔伯父母、姑、兄姊、外祖父母、夫、夫之祖父母、父母）"④；"七曰不孝（谓告言、诅詈祖父母、父母，及祖父母、父母在，别籍、异财若供养有阙；居父母丧，身自嫁娶若作乐，释服从吉；闻祖父母、父母丧，匿不举哀；诈称祖父母、父母死）"⑤。唐代首次从法律的角度对"不孝"罪进行了明确界定，"不孝"罪及相应的惩罚大致可界定为以下几种情况：

第一，告言、诅詈祖父母、父母，即向官府告发祖父母、父母的不法之事，或因对其不满而诅咒、责骂他们。《唐律》规定，"诸告祖父母、父母者，绞"⑥，疏议解释说，除祖父母、父母犯有谋反、大逆、谋叛等罪外，其他罪责，"若有妄情，弃礼而故告者，绞"⑦，子女若忘情弃礼而告祖父母、父母者，处绞刑。子孙詈骂祖父母、父母者，也要处以绞刑。

第二，祖父母、父母在，别籍异财，徒三年。即指祖父母、父母在世，儿孙分立户籍并占有个人财产，处三年徒刑。

---

① 《魏书·刑罚志》，第1928页。
② 范忠信、陈景良主编：《中国法制史》，第257页。
③ 岳纯之点校：《唐律疏议·名例》，上海古籍出版社2013年版，第3页。
④ 同上书，第8页。
⑤ 同上书，第12页。
⑥ 岳纯之点校：《唐律疏议·斗讼》，第370页。
⑦ 同上。

第三，违犯父母教令。唐律中规定祖父母、父母教令不得违犯，"祖父母、父母有所教令，于事合宜，即须奉以周旋，子孙不得违犯"①，如若违犯，须祖父母、父母首告，则处二年徒刑。

第四，供养有阙。赡养父母乃是孝道的基本要求，如果"家道堪供而故有阙"，能赡养父母却不尽为子之道，只要"祖父母、父母告者，乃坐"②。

第五，居父母丧，自身嫁娶、作乐、释服从吉。居丧嫁娶指服丧期间婚嫁，"诸居父母及夫丧而嫁娶者，徒三年；妾，减三等"③。"作乐"指自己或遣人击钟鼓、弹丝竹之类寻欢作乐，处徒刑三年，若只是"遇乐而听"则杖一百；"释服从吉"指丧制未终，就换衰裳为吉服，徒三年。

第六，闻祖父母、父母丧，匿不举丧及诈称祖父母、父母死。"诸闻父母若夫之丧，匿不举哀者，流二千里"④，"若诈称祖父母、父母及夫死，以求假及有所避者，徒三年"⑤。

第七，与仇人私和。自古以来，"杀父之仇，不共戴天"，如果与杀害祖父母、父母的仇人私下达成和解，于理于法不容，按唐律规定严加惩处。《唐律》规定："诸祖父母、父母及夫为人所杀，私和者流二千里。"⑥

"恶逆""不孝"罪皆为"十恶"中罪，犯十恶罪者，必将重罚严惩。

唐代在刑罚制度中，还有"准五服以制罪"，即亲疏有别、尊卑有别的原则，继承了汉律的"亲亲得相首匿"制度，还大力贯彻矜恤老幼妇孺原则。在定罪方面，不孝者会加重处罚，孝者会减免处罚。这些都体现出唐律贯彻了伦理性刑法原则。

唐律是后世历朝历代刑典的范本，宋、元、明、清法典都以唐律为渊源，继承唐律的基本精神和制度规定，相关的法律条文虽然因时代变迁而有所损益，但孝道在法律中的体现不仅没有减弱，反而因孝道观念由理学的阐发而愈加根深蒂固，"孝道作为法律原则之地位牢不可破，始终在法律的制定和实施中发挥着核心作用"⑦。一直到清末修律，这种状况才逐渐发生改变。

清末以来，中国文明遭遇西方文明的冲击。孝道作为中国传统法律之核心价值首当其冲。作为新政的一部分，清政府实行了自上而下的大规模修律工作，对以《大清律例》为代表的封建法律体系进行了全面变革，希望在法律上能与国际

---

① 岳纯之点校：《唐律疏议·斗讼》，第 375 页。
② 同上。
③ 岳纯之点校：《唐律疏议·户婚》，第 216 页。
④ 岳纯之点校：《唐律疏议·职制》，第 168 页。
⑤ 岳纯之点校：《唐律疏议·诈伪》，第 405 页。
⑥ 岳纯之点校：《唐律疏议·贼盗》，第 282 页。
⑦ 龙大轩：《孝道：中国传统法律的核心价值》，载《法学研究》2015 年第 3 期。

接轨。沈家本主持修订《大清新刑律》时，引起了所谓的"礼法之争"，即主张保留中国传统礼教的礼教派与主张更多地采用西洋法理的法理派发生争论，争论的焦点围绕《大清例律》中涉及的主要礼教规范，包括干名犯义、亲属相犯、子孙违犯教令等罪名，以及亲亲相隐、存留养亲、十恶等刑法原则是否应当纳入新刑法典而展开。争论的结果是废除了以上维护封建礼教和父权的罪名与原则。自此以后，孝道便日渐与法律相分离。及至中华民国的刑法典、民法典，"虽然还有一些遗留下来的制度规范体现孝道文化，但其核心价值则是西方传入的法学理论和价值观念，不复有古代法律以孝道为精神旨趣的风采了"[①]。

（三）孝道在传统习俗、风俗中的体现

1. 孝道在家规族约、蒙学童谣、说唱艺术中的体现

家规家训是家庭成员的劝诫性规范，其中包含着很多劝导子女孝敬父母的言教，是教育鞭策子弟赡老孝亲的良好渠道和工具。制定家规是中国家庭教育的一大特点，若从孔子庭训孔鲤算起，可谓源远流长。三国魏嵇康、西晋杜预，各有《家戒》，东晋陶渊明有《责子》，南朝梁徐勉有《戒子书》，都属于家训之类，但其卷帙都很小，影响不大。北齐的颜之推作《颜氏家训》，全书7卷20篇，内容丰富，体例宏大，堪称中国家训之典范。宋朝以后，家庭礼治不断加强，出现了各种各样的家法，权贵治家的家族法的代表是司马光的《家范》。朱熹在司马光《家范》基础上制定了一套繁琐的家庭礼制和礼仪规范，即《家礼》，《家礼》在内容上与平民之家的生活和劳作的规律基本一致，并且各种规矩、礼仪都十分详备，所以逐渐成为平民之家的家教之法。这些家训中反映的有关孝道的主要内容包括立身之本、敬为孝先、扬名显亲、慈孝相应、俭以祭亲等。

各种蒙养书籍，无不把"教孝"作为最重要的内容。特别是宋明以后的蒙学读物，像宋朱熹等编撰的《小学》、明吕得胜的《小儿语》、吕坤的《续小儿语》、清程允升的《幼学琼林》以及太平天国蒙学教材《幼学诗》等，里面充满了戏彩娱亲、菽水承欢、毛义捧檄、伯俞泣杖之类宣扬孝道的生动内容。清代的启蒙读本《弟子规》，原名《训蒙文》，为康熙年间的秀才李毓秀所作。其内容采用《论语》"学而"篇第六章"弟子入则孝，出则悌，谨而信，泛爱众而亲仁，行有余力，则以学文"的文义为本，以三字一句，两句一韵编纂而成，分为五个部分加以演述，具体列举出为人子弟在家、出外、待人接物、求学等行为应有的礼仪与规范，特别讲究家庭教育与生活教育，可谓古代启蒙和教育子弟、养成忠厚家风的最佳读物。除了面向孩子以外，社会上还广泛流传着各种各样的面

---

① 龙大轩：《孝道：中国传统法律的核心价值》，载《法学研究》2015年第3期。

向各个阶层，特别是面向庶民百姓的劝孝歌、教孝曲等，如唐代的《文昌帝君劝孝文》《劝孝篇》《八反歌》，宋代邵雍的《孝父母三十二章》和《孝悌歌十章》，清代姚廷杰的《教孝篇》、王德森的《劝孝词百篇》、吴正修的《二十四孝鼓词》、徐廷珍的《乌夜啼思亲曲》、王家楫的《镂心曲劝孝歌》、张保三的《柳枝词思儿曲》等，这些教孝读本以说唱的形式，历数父母养儿之艰辛、舐犊之深情，鞭挞不孝子孙的忘恩负义，教育子女应该如何奉亲尽孝，读来朗朗上口，于润物无声中潜移默化，使人徙孝远恶，在下层社会中影响尤其深远。

孝子故事还是文学创作的重要题材，孝道的内容普遍反映在诗歌、散文、小说、志异、传奇、戏曲乃至祭文、挽联等各种文学形式中。明朱元璋有《思亲歌》，叹"子欲养而亲不待"之悲憾；《说苑》中冤狱孝妇引发上天震怒；《夷坚志》谢七嫂虐待婆母而化为禽兽；晋挚虞《灶屋铭》"大孝养志，厥此养行；事亲以敬，美过三牲"扬孝道宗旨；唐张九龄《祭二先文》清笃意真；等等。总之，内容广泛，可读性强的各类文学作品成为宣扬孝道的重要形式。

2. 孝道在节庆习俗中的体现

中国传统节日发端于中华民族的农耕生活，与中国的二十四节气紧密相关。在数千年的漫长岁月中经历历史文化沉淀，形成了富有民族文化特色的传统节日。这些节日都受到孝道文化的影响，最典型的就是重阳节和清明节。

重阳节是农历九月九日，也称登高节、老人节，九在中国古代被视为阳数，两九相重，故名重九、重阳。重阳节一直延续着插茱萸、吃重阳糕、饮菊花酒的习俗。九月，严寒的冬天即将来临，人们开始添置冬装，也不忘在拜祭先人时烧纸衣，让先人也能过冬。这样一来，重阳节便演变为扫墓及为先人焚化冬衣的节日。重阳节的习俗体现出人们希望高寿的愿望，也是追念祖先的反映。今天的重阳节被赋予了新的含义，1989 年我国正式把每年的农历九月九日定为老人节，成为尊老、敬老、爱老、助老的老年人节日，体现出社会对老者的尊崇。

清明节是在仲春与暮春之交，是农历二十四节气之一。《历数》有记载："春分后十五日，斗指乙，为清明，时万物皆洁齐而清明，盖时当气清景明，万物皆显，因此得名。"众所周知，此时告别了寒冬，自然界呈现出一派生机勃勃的景象，就农业生产而言，此时是种瓜点豆的季节，民间又把这一节日视为祭祀祖先的节日。清明节古称"寒食节"，这一名称源于禁火的习俗，同时也是为了纪念春秋战国时代"德政千秋，孝行天下"的名臣介子推。旧时的清明节，人们大多不生火做饭，北方地区一般吃事先做好的枣饼，南方地区则以吃青团和糯米糖藕为多。自然而然，这一时节成了民间家祀祖先、官祀厉坛的纪念节日。清明节的习俗，全国各地千差万别，各有特色，但主要内容是扫墓，扫墓是慎终追远、敦亲睦族及行孝的具体表现。清明扫墓，谓之对祖先的"思时之敬"，许多地方扫墓不限于清明节这一天，而是清明节前十天都可扫墓，有的地方扫墓的时间跨度更长。清明祭扫仪式一般是亲自到茔地去举行。浙江德清地区扫新墓的乡风是一定要有粽子，而且供过后要将粽子挂在靠近新坟的树上，过路行人可以随意取食。安徽南陵等地的清明节，还有大家旺族团祭于各族祠堂的习俗，期间族长向族子族孙讲解"孝、悌、忠、信"的道理。总之，虽然各地清明节祭祀祖先的习俗不同，而文化内涵却是一致的，即都蕴含着美风俗、敦孝行之意。

除重阳节、清明节之外，春节、端午节、中秋节等传统节日习俗也都在某种程度上受到"孝道"思想的影响，体现出浓厚的孝道意蕴。例如中国第一大节日——春节，在除夕夜来临之际，儿女不管身在何处都要赶回家中和父母一起吃年夜饭，家人围坐在一起享受天伦之乐，共同守岁。山东曲阜孔府的除夕，午后要去报本堂行礼，晚饭后要去祖庙辞岁。午夜过后，所有的人要起来拜天地神。在前上房院子里用席子搭起"天地楼"，朝各个方向——东、西、南、北、东北、东南、西南、西北，各摆一张桌子，桌子上摆放诸神的牌位，正中桌子上摆天地神牌位。天地楼旁，立"朝天竿"，点"天灯"，日夜不熄，一直要点半个月之久。河北保定地区，除夕傍晚天色将暗之时，各家各户派成年男子将自作的类似火把之物在墓地坟头点燃，并口中呼唤过世的亲人回家过年吃饭，之后一路拿着火把回到家中，把火把插到大门口，意味着照亮亲人回家之路。正月初一是新年的第一天，各地大多有崇宗祭祖的习俗。如曲阜孔府，族长正月初一起床后拜庙、拜祠堂，接受仆人拜年。河北省等北方地区，鼓敲五更前后，家家户户就拈香拜天地、敬祖先。早饭前后，给父母和家中的尊长拜年，还会特意去同宗同族的长辈家中拜年。其他的节日如端午节、中秋节等，也大都是全家成员团聚的日子，晚辈会拜望长辈，并给长辈带送礼物，表示孝心。同时这些节日也大都会祭奠过世之亲人，以寄托孝思追念之情。

3. 孝道在婚嫁习俗中的体现

婚礼是人生仪礼中的大礼。在中国传统社会中，人们认为婚媾为人伦之始，代表着"合二姓之好，上以事宗庙，下以继后世"（《礼记·昏义》），意义重大。家族和血统的延续，是晚辈子女不可推卸的重任，即所谓"不孝有三，无后为大"，因此把婚嫁之礼放在一个很重要的地位，处处体现出子女对父母的孝敬。

关于婚嫁有一套繁琐的礼仪，必须合于"六礼"，即纳采、问名、纳吉、纳征、请期、亲迎。"六礼"主要用于贵族士大夫，对庶民要求稍宽，如《宋史·礼志》所载，"士庶人婚礼，并问名于纳采，并请期于纳成（纳徵）。其无雁奠者，三舍生（太学生）听用羊，庶人听以雉及鸡、鹜（鸭）代"，云云。中国传统婚俗的发展变异轨迹，始终未脱离六礼的影响。也就是说，或繁或简，或有变异，其仍不失六礼的基本规范。如今所谓"婚礼"，是指结婚典礼仪式，亦即古代六礼的"亲迎"。亲迎是古代婚礼的最末一项程序。《礼记·士昏礼》所记周代士大夫阶层的亲迎仪式已颇为繁杂、隆重,基本过程为:傍晚迎娶前,父亲向作为新郎的儿子敬酒,乘墨车,从车随往,使者持炬火居前照路,女家父母在宗庙设置酒席,迎候于门外;新郎捧雁揖让升堂,行叩拜礼,下堂驾新妇坐的车,新妇着礼服随出,父母训诫毕,施衿结悦,新郎援引新娘上车,先由新郎驾车,车轮转过三圈之后即交车夫驾驭,新郎先行以便在家门前迎候;新妇到,新郎作揖,然后共同进食,饮过合卺酒即成婚。

嫁妆是由六礼演变而来的婚俗,总体而言包括提亲、定亲、成亲与成亲后几个阶段。一旦男女两家定亲后,浙江的一些准新娘要亲自为婆家每人做一双新布鞋,俗称"上贺鞋"。一般在出嫁前,女方家会专门请媒婆到男方家讨鞋样,量尺寸。准新娘做的鞋,不是白底黑帮就是白底青帮,寓意黑白分明,清清白白。新娘嫁到婆家,摆嫁妆时,伯娘们最关注的就是上贺鞋,因为这不仅展示新娘的手艺,还表达了新媳妇与她们心心相印,展示孝慈之风。

拜舅姑是成婚次日或第三日新妇拜见公婆的仪式,始于周代婚礼,即《仪礼·士昏礼》所说的"夙兴,妇沐浴,纚笄,宵衣以俟见",以及《礼记·檀弓下》所言"妇人不饰,不敢见舅姑"。后世以枣栗撒帐讨口彩,即出自周代新妇"执笲枣栗,自门入,升自西阶进拜,奠于席"的拜舅姑仪式。在古代,新妇拜舅姑是其正式为夫家宗族所接受、确认其成为本家族成员的一种庄严仪式,所以十分认真,甚至还要参拜家庙。南宋《东京梦华录·娶妇》说的,"次日五更,用一卓(桌),盛镜台镜子于其上,望上展拜,谓之新妇拜堂",实即拜舅姑仪式。至清代,北方许多地方多于婚后三日拜舅姑及亲属,名为"分大小"。康熙《直隶通州志》载,新妇"三日见翁姑及伯叔兄弟,曰分大小"。《泰州志》亦载,"三日拜翁姑,行庙见礼,曰分大小"。鲁南地区又谓之"拜三",如民初山东《济宁县志》载,"日晨,舅姑盛服,率新妇谒祖先,遂遍拜舅姑及各尊长,曰拜三"。

拜舅姑在有的地区也称为拜亲、拜堂,也就是面见新郎的至亲。宁波人谓结婚日为"好日"。好日的第二天早上,宁波新娘首先要向公婆敬茶,有祖公婆的则先敬祖公婆。在成亲的第二天清早,温州新郎一出房门就要向父母及家中的长辈跪拜,若有前来道喜的亲友,也要一一拜见。新娘仍凤冠喜服在洞房中,请婆婆入新房,将嫁妆箱的钥匙交给婆婆。婆婆打开箱子取出五包娘家米,与媳妇一起去祭堂,将娘家米置于祭桌上,再摆上其他的祭品,请来道士上告六神,告知神灵家里增加了人口。然后,摆上香炉,奏起鼓乐,上香,拜读祭文,意告祖宗:娶了媳妇。读完祭文,新郎新娘双双跪拜,谒见祖宗。完毕,举行"拜家堂"仪式,先敬天地酒,后拜公婆,再拜众位亲戚。新郎家的所有亲戚,面南而立,接受新郎新娘的跪拜。浙江台州地区,在新娘拜见公婆时,还要将家规一一告知。在河北束鹿地区，拜见翁姑、伯嫂、伯叔等亲戚时，新娘还要送上自己缝制的衣服、巾履等礼品，以示孝心，也展示自己的手艺。山西解县等地的拜亲风俗是：在成亲后的次日，新娘先见舅姑；第三天，在谒家庙后，由婆婆陪同，一一拜见邻里族人。

归宁又称回门或谢门，指新婚夫妇于婚后首次至女家问安、示谢兼新女婿拜认女方亲属。回门时间，或婚后三五日、一个月或一年之内，因时代、地区及路途远近而异。回门仪式较为隆重。一般需新娘的兄弟迎于大门外，父母迎于大门内，还有岳父母让儿子到女婿家送请柬的。然后，婿女备礼相偕回门，俗称"双人返"。在岳父母家，一对新人也是先拜祖先，次拜岳父母等诸尊长。然后岳父母宴请婿女。宴毕辞归，岳家馈赠糕饼、鲜果，还有一对雏鸡，寓繁衍之意。浙江绍兴地区，新娘归宁俗称"回花"，岳父母要在中堂摆一两桌酒席，曰"孝顺酒"，酒席须备佳肴、状元红酒，女儿、女婿双双先拜长辈亲属，后拜平辈亲属。

以上论及的有关男婚女嫁的习俗，充分体现了父母对子女的孝道教育和两代人之间的亲情包括长辈的关怀与后辈对长辈的孝心。

4. 孝道在丧葬礼俗中的体现

慎终追远是孝道的要求，中国传统社会中丧礼特别发达，正是借此以扬孝亲之道。人死之后，直系的晚辈要披麻戴孝，表示后代对逝者的孝敬之意和哀悼之情，这一习俗源自周礼。"孝"是丧葬文化的精神内核，以关中丧礼为例，从始至终，集中贯穿着一个"孝"字。服丧期间，重孝者白天黑夜孝服不离身。所有孝子的服饰必须黑白二色。和丧事有关的诸多事物，都带有一个"孝"字：直系或旁系的晚辈，叫"孝子"；主家要给亲友散发一绺白布，叫"散孝"；男人头顶勒一个白布圈，叫"孝帽"；孝子们手里拄着缠白纸的柳棍，叫"孝棍"；灵前燃纸的瓦盆，叫"孝盆"；亲朋好友前去灵堂吊唁俗称"吊孝"；亡者下葬后，有的孝子还会昼夜在坟前守上一段时间，俗称"守孝"，有官职在身的则为"丁忧"。丧事中用的一些物品也蕴含着孝道。如孝子哭丧拄孝棍，意为哀甚不食，行走无力，须用杖扶持；腰间系粗麻，意味悲哀消瘦、裤袋松弛，所以以粗麻系之。关中孝俗直抵孝子内心。如亲人亡故以后，要烧倒头纸，兄弟姊妹号啕痛哭；亲友前来吊孝、烧纸，众孝子都要一同陪哭；从人亡到掩埋，每天一早一晚孝子都要痛哭一场，叫"举哀"或"哭丧"；孝子们要整夜守灵，焚香燃蜡。人去世以后开始"做七"，以加深对亡者的追思与缅怀。之后，还有百日、头周年、二周年、三周年。三周年完了，才算是真正的服孝期满。总之，孝道从形式到内在都在丧礼中得到淋漓尽致的体现。

（四）当代中国社会如何提倡孝道

孝思、尽孝、行孝被看作子女对父母的一种善行和美德，是家庭中晚辈在处理与长辈的关系时应该具有的道德品质和必须遵守的伦理规范。以养老、敬老为核心的传统孝道,其积极价值与意义主要表现在有利于维护家庭乃至社会稳定这一方面。传统的孝道不但规范了父母和子女之间应有的伦理关系,同时也调节着兄弟姐妹之间的伦理关系,使家庭成员之间长幼有序、和睦相处,使家庭及至于社区保持一种稳定的状态。另外,把调节家庭的规范体系外推,进而扩大到处理人际关系方面,则有利于社区与社会的稳定。这即是孔子所说的:"弟子入则孝,出则悌,谨而信,泛爱众而亲仁。"(《论语·学而》)"作为社会伦理道德规范,在家国一体的封建社会早期阶段,传统孝道在调整君臣关系、社会成员之间关系,稳定社会秩序,培养社会成员的责任感、义务感方面,也有积极的进步作用。"① 不过,传统社会里的孝道,由于官方的提倡,并成为国家的意识形态,越来越强调子女对父母单方面的绝对义务关系,而且出于维护传统王朝社会统治的需要,移孝作忠,提倡忠孝合一,再加上统治者运用政治、法律等手段加以强制性地推行,大量愚孝的行为不仅广泛存在,而且还被提倡,至少是默许,因此,本来是有利于社会人心安定的孝道,就逐渐走上"异化"的道路,成为否定个人的独立意志,严重扼杀了人在道德行为过程中的积极性、创造性,显示出极大的消极作用。这也是近代社会以来许多有识之士猛烈批判孝道的主要原因。

伴随着近百年来中国社会的变迁与发展,我国已经由传统农耕社会逐渐向工业化、信息化社会转变,在政治上已不再是君主专制形式,在思想上更崇尚民主、自由、法治,可以说传统孝道得以展开的社会生活已经发生了根本性的变化。但是,家庭仍然是人类自身生产的基本单位,仍然是人们成长、生息的初始环境,因而是当代社会的基本细胞。这即是说,孝道得以产生作用的心理基础,即最为原始、朴素的血缘亲情仍然存在。而千百年来传统孝道观念已经沉淀为国民心理的一部分,其影响也会以记忆的方式一代代地遗传下去,再加上我国的社会养老体制还不健全,家庭养老依然是目前养老的主要模式,所以孝道在当代社会仍然有其存在的积极意义,只不过应该使之退回到家庭伦理关系的领域,并需要根据当代社会生活的具体情境,发展出适应现代社会生活要求的新孝道。

1. 我们需要什么样的孝德?

在当代中国社会,子女需要向父母尽孝,在原则上是一种值得提倡的传统美德。但在实际的社会生活中如何去尽孝,则有些理论问题需要讨论。简洁地讲,对传统孝道在批判地继承基础上进行大力创新,构建适应时代需求的新孝道,主

---

① 陈功:《社会变迁中的养老和孝观念研究》,中国社会出版社 2009 年版,第 64 页。

要原则有以下三点：

第一，注意父母子女之间的人格平等性。自汉代以后，我国传统孝道建立在传统家族社会森严的等级制度之下，是以绝对服从长辈的意志为前提的。在传统社会，家庭结构是以数世同堂的大家庭模式为基础的，父母与已婚的子女住在一起，父子关系是家庭关系的核心，家庭财产由父家长统一支配，所以是以父权为中心。子女对父辈的孝道即表现为对父辈的绝对顺从、服从，所谓"君让臣死，臣不得不死；父叫子亡，子不得不亡"。到了现代社会，核心家庭逐步取代传统的大家庭，夫妻关系也取代父子关系成为家庭关系的核心，父权逐渐衰落。因此，现代社会的亲子关系，不存在服从与被服从的问题，而应该是一种平等的关系，主要强调的是人格上的平等。父辈与子辈之间的这种平等关系，更有利于青少年自我意识的增强、追求自己的独立人格，有利于他们更好地发展和实现自我价值。现代法治社会强调人人平等，这种关系也应该表现在父子关系当中，否则父辈以权威自居，经常呵斥、命令子辈或者子辈骄纵、蔑视长辈都会使家庭关系难以和谐。双方都应该平等相处、相互尊重，青年一代应该尊敬、孝敬老年人，老年人也应该对年轻一辈有足够的关心和理解。在此基础上，才能谈新孝道文化的建设问题。

第二，家庭生活中的民主意识。传统孝道建立在父权基础之上，父母对子女拥有绝对的权威，子辈在父子关系中处于卑下的状态，可以说丧失了独立的人格。所以在子女的教育、立业乃至婚姻大事的选择上都由父母一手包办，子女的意见大都不被重视。如果子女反对或反抗的话就是不孝的表现，会受到社会舆论的谴责，严重者会受到国家法律的制裁。在家庭伦理关系上，根本谈不上民主，甚至是与民主精神背道而驰。在现代社会中，"父权主义"已经失去其存在的土壤和根基，民主精神成为世界的主要潮流，也影响了现代的家庭关系。"父权主义"的不复存在使家庭环境比较宽松，子女与父母的关系也发生了根本的变化，绝大多数父母与子女之间能够相互尊重，具有了浓厚的民主氛围。现代社会的家庭关系倡导相互尊重、相互理解、平等协商。尤其是在重大的家庭决策方面，要讲民主，平等交流、民主协商、达成共识。我国仍处在社会的转型期，在现代家庭关系上也在经历转型的阵痛，父权逐渐衰落，但父辈并不愿意完全"放权"，如果在重大家庭决策中，比如重大家庭经济支出方面，子女只跟配偶商量不问父母的意见就擅自做出决定，父母会感到被忽视、没有受到应有的尊重，甚至觉得在家庭里没有地位。所以家庭中的民主协商和共同决策对促进家庭和谐有着非常重要的作用。实际上从具体实践来看，大多数子女在重大决策时还是会和父母商量，主观原因是出于尊重父母考虑，客观原因是一些具有巨大经济支出的决策比如买房、购车等，年轻的子女仍然需要父母经济上的支持，而有能力的父母也愿意参与决策、提供支援,以满足自己的自尊心、获得子女情感和其他方面比如养老的回报。

第三,尽孝与子女的个性发展之间要有相容性。在传统社会,子女为了尽孝道,可以说是以牺牲个人人格、泯灭自我意识、丧失自由意志为代价的。而在现代社会,子女是一个独立的个体,随着社会开放性的增强,在相对自由的环境中成长的子女越来越强调个性自我,个体价值和自主倾向逐步增强,传统的单方面子女对父母的绝对服从的、被动的孝道规范已经逐渐丧失了其原有的功能。受传统孝道观念的影响,父辈往往不把子辈视为独立的个体,常常想实现对子女的操控,使他们按照自己为其"设计"的人生来生活,表现为经常以"我是为你好"的名义过度插手子女的生活。而这样做,往往会引起具有强烈自我意识的子女的强烈反抗,因此父母和子女之间极易产生矛盾,造成家庭不和。另外,父辈和子辈两代人之间由于生活的社会背景不同,在思维模式、生活习惯、情感体验、行为方式、时尚观念、消费观念、育儿理念、人生价值等方面都会有较大的差异,所以在日常生活中不可避免地会出现摩擦和矛盾。比如,在考大学选专业的问题上,父母往往越俎代庖,替孩子选择经济回报丰厚的专业,但所选专业往往不是孩子的兴趣所在;当孩子到了成家、生子的年龄,父母又不停地催促子女结婚甚至安排相亲,催促子女生孩子,殊不知有的子女根本就是"不婚族""丁克家庭"的拥趸,比起家庭、子女的束缚,他们更喜欢一个人的精彩、两个人的自由,而这些根本不为父辈所理解;当一个家庭中有了第三代之后,一般都是父母帮助子女照顾孙辈,由于育儿观念的不一致,父母和子女各自执着于自己的想法,导致家庭成员之间的冲突时常发生;等等。这些矛盾的存在,严重影响了家庭的和谐和生活的质量。这些问题的解决,应以相容性为原则,即不能简单地以自己的意志否定对方的意志,双方都要认清自己的角色和位置,在沟通和交流的基础上尽量做到求同存异。为人父母者,在孩子成长的过程中,应着力培养他们的独立性和自主意识,当子女成年以后,要把他们当作独立的个体,不要过度插手他们的人生事件和个人生活,应尊重子女的人生选择,可以向子女提出合理的建议,允许他们有试错的权利。总而言之,父辈要学会放手和放权。为人子女者也应该尊重父母的意见,他们的人生经验更为丰富,有一定的指导意义。一旦意见相左,子女也尽量不要与父母起正面的冲突,应该在理解他们想法的基础上,通过委婉的方式解决。总之,父母与子女有天然的亲情纽带,再加上相互的礼让包容,每个家庭都会找到自己的和谐相处之道。

2. 在社会主义市场经济条件下如何尽孝?

以上是现代社会建构新孝道应遵循的基本原则,新孝道的核心内容没有发生大的改变，主要还是以养老、尊老、敬老为主。但由于我国社会已经由农业社会向现代工商业社会转化、社会主义市场经济已经成为主要经济形式，城镇化的发展加速了人口的流动，工业化和市场经济刺激人们对物质的追求而忽视传统的孝观念，这对孝道的践行提出了比较大的挑战，所以在现实的孝道实施过程中仍然面临着很多的困境，概括起来主要包括客观因素的影响和主观意识的薄弱两个方面：

第一，客观因素方面。家庭结构的变化和人口流动性的提高给传统家庭养老模式带来了困难。家庭养老是我国传统的养老模式，在传统的大家庭当中，子女婚后仍与父母同住，家庭财产由父家长统一支配，子女婚后要求分家单过要承担"不孝"的罪名。家庭成员之间有明确的分工，一般是男主外女主内，家庭中有足够的女性劳动力居家承担照料年迈老人的职责，保障了家庭养老的实现和传统孝道的落实。在现代社会中，婚后子女一般都是另立门户、分家单过，财政大权也由自己掌握，父母失去劳动力之后，一旦子女不尽赡养的义务，就陷入老无所依的境地。现代女性也不再囿于家庭生活，在社会上亦有自己的一份职业，一是增加家庭收入，二是实现个人价值，所以家庭当中照料年迈老人的劳动力十分短缺。再加上城镇化的发展，人口流动性的增强，在农村，大量的年轻夫妇都出门在外打工，留下父母在家照看孙辈，这就是所谓的"留守儿童""空巢老人"问题，这些社会转型期遭遇到的问题对孝道的实施提出了很大的挑战。即使在城市当中，由于社会流动性的增强，很多子女去其他的城市谋生，即便生活在同一个城市，大部分子女成家后并不与父母同住。由于现代社会生活节奏加快，社会竞争激烈，工作压力大，他们都很难做到经常回家探望父母，这也直接影响了子女对父母尽孝。

当代社会尽孝的孝行，虽然面临着一系列新的挑战，但情况也并非想象得那么悲观，传统尽孝的方式在失落的同时，适应现代社会要求的新的尽孝方式也在慢慢地发展之中。尽孝与报恩的道德行为，在具体的实践当中实际上是一种代际互惠关系。在当代中国社会里，不管是生活在农村还是生活在城市，都不可能像传统社会那样"父母在，不远游"（《论语·里仁》），但这并非意味着普遍的"不孝"，虽然这种"远游"给养老带来危机，但结果却是孝顺的人增多了，因为大家经济上都较以前宽裕了，都知道尽孝了。黄娟通过在河南省古寨村的田野调查发现，外出打工对家庭内外的和谐起到了促进作用。一方面，外出打工给农民提供了增加收入、创造财富的机会，使他们有财力去尽孝；另一方面，农民外出打工并不能真正融入城市生活，他们的人生意义最终还是在农村社会得以实现。而且打工需要父母帮忙照看孩子，这种长期的家庭协作关系的维持需要孝道作为保证，建立一种新的和谐的家庭合作氛围，才能保证年轻人放心外出工作，老年父母心甘情愿地帮他们带孩子。可见外在的风险强化了家庭成员共担风险的义务感,促进了家庭团结。外出打工还强化了子女对父母精神上的依赖,尽管他们可以在外面挣到钱,但不能消除在异乡的孤独感,尤其是在外面生活很艰难的时候,父母总是他们在漂泊生活中的依托。当心里有了委屈,给父母打电话倾诉一番,总会找到安慰,也增加了继续在外打拼的勇气。①

通过接受教育的途径在城市扎根的年轻人,他们在经济上相对宽裕很多,在物质上保障父母的基本生活完全不成问题。但是在城市中生活成本也相对高很多,一些大的经济支出年轻人也往往需要父母的接济,包括买房子、买车等,父母有经济条件的话也乐意提供帮助,这种经济上的援助会对家庭和谐起到一定作用(前文已提到这一问题);在城里生活的年轻人在有了自己的孩子以后,由于夫妻二人都要外出工作,他们会暂时把父母接来照看孩子,一般情况下等到第三代上小学后父母就会回到原来的居住地生活,三代人会有几年短暂的共同生活的机会。这种三代人共同生活在一个屋檐下的状况给年轻人尽孝提供了环境,但也是机遇与挑战并存:一方面,父母初到陌生的环境存在社会融入的问题,另外由于父母和子女在生活习惯、性格特征、价值观念、育儿理念等方面存在较大的差异,家庭矛盾也会因为生活距离的消失而变得突出;另一方面,这也是增强父母和子女之间感情的机会,而情感是解决家庭矛盾的重要基础。子女在哺育下一代的过程中体会到当年父母养育自己的艰辛,会对父母有更多的谅解,而父母在与子女的共同生活中,看到子女早出晚归更真切体会到子女在社会上立足的不易,双方都会更加包容礼让。

所以家庭结构的变化和人口流动性的提高虽然对传统家庭养老模式带来了冲击,但经过父母和子女双方长期的相互调适,也可以对孝道的当代实现提供新的生活环境。但从孝道而言,毕竟在照料父母生活和对他们的精神慰藉方面是有所欠缺的,这就需要政府的介入与社会的提倡。一方面,呼吁健全社会养老保障体系。在农村独居的鳏寡老人一旦在半夜突然生病,子女又在城市打工无人发现,这种情况下老人面临的就是死亡的威胁。这样的案例时有发生。父母生病或者年老到离不开人时,子女就只能在家照料,如果经济生活本就不宽裕,则整个家庭会陷入更加困难的境地。在城市中生活的老年人也面临同样的问题,一旦到需要人日夜照料的地步,子女多还可以轮流,子女少或者是独生子女,情况会更加艰难。所以这就急需国家大力完善社会养老体系。另一方面,帮助父母建构他们的精神生活。人口的流动,使得父母和子女不在一个地区生活,老年人有普遍的孤独感。这就需要子女一方面多通过电话、视频等现代的通信设备与父母勤加感情

---

① 黄娟:《社区孝道的再生产:话语与实践》,社会科学文献出版社2011年版,第111页。

交流，逢过年过节尽可能回家跟父母一起过；另一方面，多鼓励父母参加社交活动，帮助他们发展他们的兴趣爱好，帮助他们学习使用现代化的科技产品，这样他们就不会觉得与社会脱节，也不会仅仅把子女当作他们的精神寄托，晚年生活会更充实、质量更高。

第二，主观因素方面。孝道观念淡漠使得老年人生活处境陷入困顿。五四运动、"文化大革命"期间，传统的孝道完全作为文化糟粕被大加鞭挞；改革开放以来，在国家政策层面是"经济挂帅"，商品经济大潮的冲击，使人们的价值观发生了极大的改变，金钱成为人们衡量一切价值的唯一标准。父母与子女之间的"当代际关系被简化为市场交换关系时，亲情与生命义务逐渐让位于金钱和物质的计较，冰凉的经济理性一扫家庭的温情"[1]。人们行孝的主观意识不强，出现很多不孝的行为。比如"傍老族""啃老族"，即已成年的子女不断压榨父母的财物和精力，甚至不能自食其力完全依赖父母生存，已成为一种社会现象；有的子女把父母当成佣人、保姆；当老人完全丧失对子女有用的资源后，又把他们当成包袱和累赘，甚至当成出气筒。有的家庭有七八个子女，生活都还不错，兄弟姊妹之间却在父母养老的问题上互相推诿，使老人老无所养。总之，各种弃老、啃老、欺老的现象比比皆是，遵循着传统道德的老年人为子女尽力奉献之后却面临着被忽视和被抛弃的命运。

道德问题不能依靠法律和行政手段来解决，不孝作为亲子间的矛盾冲突，不到万不得已人们也不会诉诸法律，因为人们不愿割断亲子间的纽带，以陌生的双方对簿公堂。"现代法律可以将不孝情节严重的子女加以惩罚，却无法恢复亲情，也无法让不孝子女内心真正觉悟。"[2] 在法律和国家行政力量对人们的不孝行为失去制约作用、现代陌生人社会也丧失了熟人社会对不孝子孙的舆论约束作用之后，唯有唤起人们内心的道德良知，强调子女孝行为的道德自觉，才能真正解决这一问题。黄娟认为，孝道下的代际关系并不追求现世的所谓平等，而是沟通现世与超现世的代际和谐，其基础是对生命传承义务的认同和人生终极意义的追求，这才是传统孝道延续不绝的原因。[3] 从现实层面而言，每个人对待父母的态度和行为会影响到下一代对待自己的态度和行为，每个人应该都不希望自己晚景凄凉，唤醒人们的这种认知，对他们孝道的实施应该有一定的积极作用；从形上层面而言，树立人们对人和生命的终极意义的理解和认同，才能重建适应现代社会的新孝道。

---

[1] 黄娟：《社区孝道的再生产：话语与实践》，第7页。
[2] 同上书，第9页。
[3] 同上书，第9~10页。

三、道德耻感与当代社会的道德耻感重建

耻感作为人类所特有的一种负面情感，对人的德性修养具有重大意义。近些年来我国已有不少学者开始关注道德耻感的问题，取得了众多的研究成果。这些研究主要涉及心理学、伦理学以及教育学这三大学科，心理学主要将耻感作为一种心理现象来进行考察，采用实证取样的方法来进行研究，所取的样本多为在校学生，心理学研究的主要成绩在于揭示出耻感对人的心理健康的影响以及耻感产生的心理机制。[①] 目前已有的研究成果主要贡献在于：一是辨明了耻感的内涵；二是揭示了道德耻感在伦理学中处于何种地位、有何种意义，道德耻感产生及丧失的原因，以及如何提升公民的道德耻感等问题。但这些研究都绕过了两个重大问题：一是未能清晰地揭示出究竟有哪些道德耻感，或者说道德耻感究竟包含哪些内容；二是未能在传统社会的道德耻感与现代社会道德耻感重建之间建立一种内在的联系。我们将着重阐述传统社会的主要道德耻感，以及当代社会如何继承传统社会的道德耻感，并重建当代社会的道德耻感问题。

（一）不忠不孝不贞——与"三纲"相一致的道德耻感

1. "耻"及"道德耻感"释义

"耻"的篆体字为"耻"，这一字形左边像人的耳朵，右边像人的心脏，耳朵是听觉器官，心在古人那里是认知器官，具有觉知、思虑的功能，孟子就曾说到"心之官则思"[②]，"耻"作为一个会意字，左耳右心体现的是听到过错后通过心的觉知思虑也认识到这是过错进而以此为耻。听闻的过错可能是社会对他人行为的评价，也可能是对自己的行为的评价；觉知到这过错并以之为耻，可能是以他人的过错为耻，也可能是以自己的过错为耻。"耳"体现的是外在的社会评价，"心"则体现的是个人主观上对这种社会评价的认同，只有两者同时发挥作用才能产生"耻"。即使外在的道德规范以某种行为为耻，但个人内心并不认同这种看法，那么这时人就很难产生"耻"感，道德规范对这个人来说不过是一种对象化的存在，并没有被内化为道德上的自律。《说文解字》释"恥"道："恥，辱也，从心，耳声。"《六书总要》释为："恥，从心耳，会意，取闻过自忏之意。凡人心惭，则耳热面赤是其验也。"《说文解字》《六书总要》均强调耻是内心的

---

① 这方面的研究以王锋的《耻感：个体自律的道德心理机制》（载《天津社会科学》2010年第1期）以及沙莲香的《耻感作为一种心理现象》（载《道德与文明》2008年第1期）为代表。
② 杨伯峻译注：《孟子译注》，中华书局2010年版，第249页。

耻感。"恥"字演化为"耻"字，似有闻过则知耻而止之意。从"恥"到"耻"的变化，似乎体现了从重视耻感的内在道德意识到重视外在的知耻而止的行为的变化，揭示了人与道德规范关系的变化。从词源的考察来看，"耻"的含义就是听到过错，自己内心也意识到这是过错因此感到羞愧进而停止这种行为。

何谓"耻感"？有学者认为，"作为对耻的一种心理认同，耻感是一种道德内疚感，是人们趋荣避辱的道德情感和道德心理，是人的行为与个体的内在化群体意志发生冲突时产生的痛苦体验。它是在以善为价值标准进行自我评价时，因为自我道德行为与善之标准之间的落差而形成的一种负面心理感受"[1]。另有学者认为，"耻以否定性方式表达了人的内在规定性，耻感则是以否定性方式把握善。耻感形成于对善、自我及二者差距的自觉意识。耻感是一种积极的道德情感，它既是道德自律的内在根据，亦是道德义务、责任、良心的特殊存在方式"[2]。有学者从现象学的角度定义了耻感："耻是一种情感现象，耻感则是对这种情感现象的感知。"[3] 有学者从描述性角度揭示耻感的实践意义，认为"耻感是人的一种评价性的感受，是行为主体对善的要求和对恶的抵制"[4]。前述这些观点主要是从个体的角度揭示出耻感是道德情感，是对耻之现象的感知，具有道德评价的意味。这些观点都将耻感限定为自我评价，忽视了耻感也可能产生于自己对他人的某种严重影响社会风尚的行为的评价，例如某个村里出了一个恶贯满盈的人，这个村子里的人就会觉得这是耻辱，再比如持续占据新闻头条的某位演员夫人出轨事件，社会大众持续关注的一个重要原因就是她的行为做了一个错误的示范，严重威胁到良好社会风尚的存续，大家觉得这是社会的耻辱。基于上述分析，我们认为，对耻感的定义至少要包括三个要素：首先，它是一种道德情感；其次，这种道德情感是将伦理原则应用于具体对象之上的评价；最后，这种评价的对象可以是自己也可以是他人，评价的主体可以是社会、他人也可以是自己。所以我们认为，"道德耻感是行为主体基于一定的道德原则和伦理要求，在对自身或他人的思想行为进行自我评价或接受他人或社会评价时产生的一种否定性情感体验"[5]。

道德耻感是对背离道德原则的行为的否定，是以否定性的方式把握善，它内含着知恶而止的意味，恶行的停止是向善行转换的起点，因此我们可以说道德耻感是一种底线伦理，是我们德性修养的起点，因为知耻是远离耻的基础。对善的一味强调可能会因为目标过于高远而难以达到，以至于滑向堕落，而从底线伦理

---

[1] 高春花：《论孔子耻感的道德品性》，载《道德与文明》2008 年第 1 期。
[2] 高兆明：《耻感与存在》，载《伦理学研究》2006 年第 3 期。
[3] 章越松：《耻感伦理的涵义、属性与问题域》，载《伦理学研究》2014 年第 1 期。
[4] 陈思宇、程倩：《转型期公民道德耻感提升研究》，载《甘肃社会科学》2015 年第 3 期。
[5] 杨俊岭：《道德耻感论》，中央编译出版社 2013 年版，第 60 页。

的角度揭示出一个社会的道德耻感则是对这种堕落的防范和避免。我们不一定都能成为有德君子，但我们至少不应该去作恶，一旦作恶，我们就会产生强烈的道德耻感，这种情感会在我们和幸福之间增加阻隔。此外，道德耻感也提示我们正确对待它的态度应该是改过而不是逃避，改过才能消除这种否定性的情感体验，逃避则是对这种情感体验的麻木，它提示出的是道德感知能力的蜕化，即人无法调动自己的高级感知功能而让自己下降到动物的层次。由上述正反两个方面的阐述可知，道德耻感对于人的存在具有本体性的地位，孟子曾说，"耻之于人大矣"[1]，"无羞恶之心，非人也"[2]。陆九渊也有类似的表述："夫人之患莫大乎无耻，人而无耻，果何以为人哉？"[3] 他们都将有无羞耻心当作人禽之别的一个标准。可见，我们将"道德耻感"提升到人的存在的本体性的地位，并不是一种理论的夸张，中国古代的先哲已经有类似的表述。

2. 不忠、不孝、不贞

道德耻感是对伦理规范和道德准则的否定性把握，一个能够运用其高尚情感能力的人在违背了伦理规范和道德准则时就会产生相应的道德耻感。任何一个文明的社会都有属于自己社会的道德耻感，传统中国社会自认为是礼仪之邦，道德的耻感尤为突出。汉武帝以后的中国传统社会，儒家思想逐渐占据统治地位，社会上普通民众的道德耻感主要是以儒家的道德规范为标准，违背了儒家的"三纲五常"就会产生道德上的耻感。"三纲"即君为臣纲、父为子纲、夫为妻纲。"三纲"一词最早见于董仲舒《春秋繁露·基义》："王道之三纲，可求于天"，其道德意义就在于"循三纲五纪，通八端之理，忠信而博爱，敦厚而好礼，乃可谓善"[4]。违背"三纲"，就会相应地产生不忠、不孝、不贞的道德耻感。

"不忠"这种道德耻感产生于对"忠"的道德规范的违背。《说文解字》云："忠，敬也，尽心曰忠。"即是说，忠是指做事要严肃认真，尽己所能。"敬"字也暗含着人际关系中的等级差别，也就是在下位者仰望在上位者。实际上，"忠"产生之初并不仅是用来指谓君臣关系中的政治道德。在先秦文献中可以明显地看到这一点，《论语》中多次提到"忠"字，如："子曰：'君子不重，则不威；学则不固。主忠信。无友不如己者。过，则勿惮改。'"[5] 这里可以看出，"忠"并不是对臣下的道德要求，而是对有德君子的道德要求。"曾子曰：'吾日三省吾身——为人谋而不忠乎？与朋友交而不信乎？传不习乎？'"[6] 曾子这里所说的

---

[1] 杨伯峻译注：《孟子译注》，第 280 页。
[2] 同上书，第 72 页。
[3] 陆九渊著，钟哲点校：《陆九渊集》，中华书局 1980 年版，第 376 页。
[4] 董仲舒著，周桂钿译注：《春秋繁露》，中华书局 2011 年版，第 137 页。
[5] 杨伯峻译注：《论语译注》，第 6 页。
[6] 同上书，第 3 页。

"忠"，意思是替人办事的态度是否尽心竭力，而不是指臣子对君主的态度。《孟子·梁惠王上》云："地方百里而可以王。王如施仁政于民，省刑罚，薄税敛，深耕易耨；壮者以暇日修其孝悌忠信，入以事其父兄，出以事其长上，可使制梃以挞秦楚之坚甲利兵矣。"这里"忠"是作为民众"出以事其长上"的道德规范提出来的。这三则文献都是将忠作为与信并列的一种道德规范提出的，并不是特指政治生活中君臣关系中的道德规范。国家政治统治中的忠既是对国君的要求，也是对臣子的要求。对国君而言要忠于社稷、忠于百姓，国君的忠体现在勤政爱民；臣子则要对国家、对君上、对百姓尽忠，臣子的忠体现在忠于职守。即使是对君上的忠，也不是单方向的、无条件的，而是以君主对臣子的正确态度为前提的，君臣之间是良性互动的关系，"君使臣以礼，臣事君以忠"[①]。孟子认为君臣之间的关系是"君之视臣如手足，则臣视君如腹心；君之视臣如犬马，则臣视君如国人；君之视臣如土芥，则臣视君如寇仇"[②]。不存在单向的道德义务，他甚至说"闻诛一夫纣矣，未闻弑君也"[③]，在他看来国君残暴是可以诛杀的，这种行为是正义之举，不能与以下犯上的"弑君"行为画等号。

汉以后的中国传统社会，随着"三纲五常"观念逐步成为社会主流道德意识形态，忠由指个人德性修养上以及政治生活中的道德要求窄化为仅指政治生活中的道德，政治生活中的忠也不再以国君对臣子的正确态度为前提，变成了臣子对国君无条件的遵从。作为道德耻感的不忠，包含三个层次：普通百姓层面要以做事不够认真、不竭尽己能为耻。作为出仕之臣的不忠则是指不能忠于国家和君主，没有做到利君爱国，对君主没有做到忠心耿耿、鞠躬尽瘁；对国家没有做到精忠报国、奋不顾身；对百姓没有做到"乐民之乐，忧民之忧"，为百姓谋福利。其中又以臣子不忠君、不忠国的耻感最为强烈，背叛国家和国君被视为是最大的耻辱，秦桧、汪精卫之所以遗臭万年就是因为卖国求荣背叛了自己的国家，五代十国时期的冯道历任五朝宰相，后世却多有骂名，欧阳修骂其"不知廉耻"，司马光《资治通鉴》评价此人说道："礼义，治人之大法；廉耻，立人之大节。况为大臣而无廉耻，天下其有不乱，国家其有不亡者乎！予读冯道《长乐老叙》，见其自述以为荣，其可谓无廉耻者矣，则天下国家可从而知之也。"[④] 冯道得此骂名就是因为他奉侍多朝多位君主，背叛特定的君主，失却了人臣对特定君主应尽的忠诚，不忠君就演变成"不忠"这种道德耻感的核心内容。[⑤]

---

① 杨伯峻译注：《论语译注》，第 30 页。
② 杨伯峻译注：《孟子译注》，第 171 页。
③ 同上书，第 39 页。
④ 司马光：《资治通鉴》卷第二百九十一，中华书局 2011 年版，第 9642 页。
⑤ 不过，李贽在《藏书》中从为民着想的角度肯定了冯道的行为，而王夫之在《读通鉴论》中又批评了李贽的观点。此问题极为复杂，需要专门讨论。

不孝这种道德耻感是在违背"孝"德之后产生的。在传统中国,"孝"和"忠"是两种密切相关的道德原则和道德规范,这两种道德规范对于国家统治的稳定、社会的有序和谐,以及宗族内族长、家长权威的维护都具有极其重要的意义。《周礼·地官》曰:"教三行:一曰孝行,以亲父母。"①《尔雅·释训》云:"善事父母为孝。"《说文解字》曰:"孝,善事父母也。从老省,从子,子承老也。"可见"孝"就是指子女善事父母而言。善事父母包括哪些方面内容呢?《孝经·开宗明义章》云:"子曰:'夫孝,德之本也,教之所由生也。复坐,吾语汝!身体发肤,受之父母,不敢毁伤,孝之始也。立身行道,扬名于后世,以显父母,孝之终也。夫孝,始于事亲,中于事君,终于立身。'"②由此引文可知,"孝"包括两点:首先是爱惜自己的身体发肤,因为"身者,父母之遗体也。行父母之遗体,敢不敬乎?"③其次,要做到立德成人,以杰出的功业成名,同时为父母争光。传统中国社会实际生活,"孝"更主要的是指子女对父母应尽的义务,包括对父母的尊敬,态度上保持和气、愉色、婉容,一言以蔽之,对父母要做到生,事之以礼;死,葬之以礼。

传统社会生活中的尽孝,不仅仅涉及父母,还包括对待自身和君主,自己是父母生命的延续所以要爱惜自己,而事君则是孝亲精神的延伸,古人有移孝作忠的观念,对国君不忠也被看作不孝。不孝与不忠一样,都被认为是莫大的耻辱,宗族若出了一个不孝之子,整个宗族都会蒙羞。一个人若背上了不孝之子的骂名,那么他也会长久地受到世人的冷眼和鄙视。不仅如此,传统中国的历朝历代都将"不孝"入刑,写入律例,对不孝的不同表现给予不同程度的惩罚,而且惩处都很严厉。汉人赵岐说,不孝分为三种:"于礼有不孝者三者,谓阿意曲从,陷亲不义,一不孝也;家贫亲老,不为禄仕,二不孝也;不娶无子,绝先祖祀,三不孝也。"④这就表明,不孝不仅是个人的道德耻感问题,而且也是一种触犯法律的行为,重者是要入刑的。

不贞则是违背"夫为妻纲"而产生的道德耻感。汉以前的中国传统社会,将夫妻关系看得极重。《周易·序卦传》云:"有天地然后有万物,有万物然后有男女,有男女然后有夫妇,有夫妇然后有父子,有父子然后有君臣,有君臣然后有上下,有上下然后礼义有所错。"⑤《中庸》亦云:"君子之道,造端乎夫妇,及其至也,察乎天地。"⑥这些都将夫妇关系看作是"人伦之始""王化之基",

---

① 杨天宇撰:《周礼译注》,上海古籍出版社 2004 年版,第 198 页。
② 汪受宽撰:《孝经译注》,上海古籍出版社 2004 年版,第 2 页。
③ 廖名春、陈兴安译注:《吕氏春秋全译》,巴蜀书社 2004 年版,第 470 页。
④ 杨伯峻译注:《孟子译注》,第 167 页。
⑤ 黄寿祺、张善文译注:《周易译注》,上海古籍出版社 2012 年版,第 360 页。
⑥ 朱熹撰:《四书章句集注》,中华书局 2011 年版,第 24 页。

极为重视夫妻关系中的道德要求。汉以后，伴随着"三纲"关系的固化，婚姻关系中男子占据主导、女子处于人身依附的地位的现象日趋严重，在家从父，出嫁从夫，夫妻关系中的道德规范更多的是对女性单方面的要求，表现在家庭生活中妻子必须对丈夫忠贞，要守贞、守节，若女子对丈夫不忠，是要受到重罚甚至处死的。女性还要忠于丈夫的宗族，为宗族传宗接代，为了宗族的稳定要敬顺父母，处理好妯娌关系。"夫妻双方如果女方'淫'也就成为被弃的道德理由，淫能乱族，妻子有不贞行为，乱了夫家的血统，所以列为出妻的一大理由。"① 婚前性行为也被视为不贞，这实际上是夫妻关系在时间上的扩展，也就是要未婚女子为自己未来的丈夫守贞，不能与自己的丈夫之外的人发生性行为，否则会被世人唾骂，"守宫砂"就是这一观念的产物。特别是北宋以后，改嫁也被视为莫大的耻辱。婚姻关系中女子是没有权利提离婚要求的，只能被夫家以其德行有亏不利于宗族和睦等理由而休掉，女子被休本身就是一种耻辱，被休之后再嫁则更是耻辱。寡妇再嫁也同样被认为是耻辱。《程氏遗书》有一段记载："或问：'孀妇于理，似不可取，如何？'曰：'然。凡取，以配身也。若取失节者以配身，是己失节也。'又问：'或有孤孀贫穷无托者，可再嫁否？'曰：'只是后世怕寒饿死，故有是说。然饿死事极小，失节事极大。'"② 程颐这段话本义也许不是讨论妇女改嫁的问题，但这段话对后世的负面影响极大。完整地看，程颐认为，男子娶寡妇也是一件很可耻的事情，寡妇再嫁更是一件可耻的事情。这段话甚至主张，寡妇宁可饿死也不应该再嫁。影响极坏。汉以后的传统社会，民间广泛流传着"好马不吃回头草，烈女不嫁二丈夫"的观念，表明"不贞"的耻感观念在下层民众中流传甚广，而官方为贞节烈女立碑作传，竖立牌坊加以表彰，更起到了推波助澜的作用，可见这种观念已经成为传统社会民众共享的道德耻感。

（二）违背"五常"与道德耻感

"五常"指的是传统社会调节人际关系的五种道德规范——仁、义、礼、智、信。先秦时代虽没有"五常"这一专名，但是这五种道德规范已经出现，或单列或连用，先秦儒家经典《论语》《孟子》《荀子》中就有很多关于这五种道德条目的论述，只是不同的人对其重视的程度不一样，孔子重仁礼，孟子重仁义，荀子则重礼义。《孟子·尽心上》所说的"君子所性，仁、义、礼、智"，以及《孟子·公孙丑上》提到的"恻隐之心，仁之端也；羞恶之心，义之端也；辞让

---

① 唐凯麟主编，高恒天著：《中华民族道德生活史·秦汉卷》，东方出版中心2014年版，第188页。
② 程颐、程颢著，鲍若雨录：《二程集·河南程氏遗书》卷第二十二下，第301页。

之心，礼之端也；是非之心，智之端也"的"四端"，给"五常"提供了雏形。"汉代盛行阴阳五行说，为与五行相配，便在这基础上增加了信，称之为'五常'，即五种恒常不变的道德准则。"①"五常"一语最早是由董仲舒在《举贤良对策一》："夫仁、谊、礼、知、信五常之道，王者所当修饬也。"② 其后《白虎通·情性》则以官方文件的形式肯定了"五常"，从此"五常"成为传统社会维持人际关系的基本道德规范。违背了"五常"就会产生相应的道德耻感，这些道德耻感可以概括为不仁、不义、违礼、不智、不信。

仁本来是指君德，不仁也主要是针对君德而言的，后来仁扩展为对上位者及君子的道德要求，因为这些人是传统社会的统治阶层，他们的作为关乎百姓的福祉和社会的风气。作为一个国君如果没有仁厚之德，不施仁政而行苛政甚至残暴不堪，那将是举国之耻，百姓都会以生活在其治下为耻辱，甚至诅咒其灭亡，历史上的桀、纣就属于这一类型的暴君。君主不仁的代价巨大，国家不是灭亡就是走向衰落。作为人臣不仁就不配做一方的官长，上不利于君、国，没有为国君分忧做到保境安民反而容易激化阶级矛盾；下不利于百姓，处于这种官员治下的百姓生活也会很痛苦。君子不仁那就不配称为君子。作为一种社会性的道德耻感，不仁主要是指一个人不厚道、刻薄甚至残忍。

"'义'字原来同'仪'字，系指礼节、仪式或容貌、风度，由于古代极其重视等级制度，所以这些礼仪和容仪都很讲究'度'，就是说必须分寸适当，不得'过'和'不及'。因此，后来的'义'字，又作适宜、适度、适当解。"③孔子认为："君子之于天下也，无适也，无莫也，义之与比。"④ 也就是说行为当为不当为的标准全在于行为是否合于义，合于义就当为，不合于义就不当为，所以不义之举就是耻辱。孟子更是将"义"提高到与仁并列的地位，他指出："仁，人之安宅也；义，人之正路也。旷安宅而弗居，舍正路而不由，哀哉！"⑤但是，"义"这种道德规范更多的是和利交织在一起，它要求人们重义轻利，不可见利忘义。所以，不义这种耻感最初也仅指个人行为的不当、不合时宜，后来泛化为与"义利之辩"相关的道德耻感，主要指那些对待朋友不符合道义的行为，比如背叛、出卖朋友，在朋友需要帮助的时候自己有能力却不施以援手的行为。当然，不义也是对那些唯利是图的不法商人的批判。

礼，最初是指古人在祭祀时的仪式和规范，随着周王朝统治的建立，为了稳

---

① 陈瑛主编：《中国伦理思想史》，湖南教育出版社 2004 年版，第 322 页。
② 班固撰，颜师古注：《汉书·卷五十六董仲舒传》，中华书局 1962 年版，第 1912 页。
③ 陈瑛主编：《中国伦理思想史》，第 83 页。
④ 杨伯峻译注：《论语译注》，第 36 页。
⑤ 杨伯峻译注：《孟子译注》，第 157 页。

定统治教化百姓,周公制礼作乐,礼由此得到了极大的发展,对政治制度、生活方式都产生了极大的影响,人们的生活中随处可见礼的存在,比如婚、丧、嫁、娶、朝、聘、会、盟、安宅、祭祀、探亲访友、出猎游玩等,"所以礼的范围,几乎包括尽人生的一切活动"①。因此,违礼这种道德耻感最初也是统治者祭祀方面不合仪式规范而产生的道德耻感,后来则泛化为全民共享的道德耻感,指人们因日常生活中违背礼俗行为产生的道德耻感。

智,就是聪明、智慧。孔子在与弟子的对答中多有提及。如"樊迟问知。子曰:'务民之义,敬鬼神而远之,可谓知矣。'"② "樊迟问仁。子曰:'爱人。'问知。子曰:'知人。'"③ 孔子自己也说"知者不惑"④。在孔子看来,"智"这种道德品质就是聪明智慧,能够让人们做正确的事而不致迷惑。《白虎通义·情性》中对智的定义是:"智者知也,独见前闻,不惑于事,见微知著也。"智者就是指那些认知能力强大,能够形成自己的见解,不被眼前的事物迷惑,并且能够从隐微的事情推知显见的事情,概括而言智者就是认知能力强、辨别能力强、预见能力强的人,这就内在地包含了要有丰富的知识和生活阅历。所以"不智"这种道德耻感,指的就是一个人做事不明智,后来也泛指一个人在智力和知识方面不如别人。传统社会的生产和生活方式所需的知识并不太多,所以这一项道德耻感在普通百姓之中并不是那么强烈。

信,就是诚信,遵守约定,《说文解字》曰:"信,诚也。"这是朋友间交往最基本的道德规范。子夏将"与朋友交,言而有信"⑤ 看作君子的道德,曾子提出的"三省吾身"中,其中一件事就是"与朋友交而不信乎"⑥。这里都将"信"看作是朋友交往的基本道德规范。孔子说:"人而无信,不知其可也。大车无輗,小车无軏,其何以行之哉?"⑦ 这里将"信"泛化为人与人交往的最基本的道德规范,认为一个人若无诚信,就无法自立于人世,更别说在社会上活下去了。

此外,"信"还被当作政治道德和商人的职业道德。在政治活动中,国君和百官也要守信。国君不守信就会导致朝令夕改,百姓手足无措,在大臣眼中也没有君德威严,治道无法施展。官员不守信则治国政策很难施展,君主和国家的威信也会因此受累,他个人则上不被上级官长信任,下不被百姓信任,这样的官员

---

① 杜国庠:《略论礼乐起源及中国礼学的发展》,引自《杜国庠文集》,人民出版社1962年版,第274页。
② 杨伯峻译注:《论语译注》,第60页。
③ 同上书,第129页。
④ 同上书,第94页。
⑤ 同上书,第5页。
⑥ 同上书,第3页。
⑦ 同上书,第21页。

结果只会臭名远扬，仕途不顺。作为商人的职业道德，"信"就要求商人诚信经营、货真价实、童叟无欺，商人一旦被贴上了"不信"的标签，那等待他的只能是生意的破败，除非他痛改前非诚信经营，但这种信任的重建极其耗时。

总之，"不信"这种道德耻感具有广泛的社会评价意义，但它主要还是用于朋友间的交往，一个人若被贴上了"不信"的标签，那将是这个人的耻辱，意味着他不被朋友信任，不再是可与交友的对象。

除了这些道德耻感之外，还存在着一些亚文化的道德耻感，如"笑贫不笑娼"的现象就表现为以贫为耻，而不以倡优为耻。在职业选择上以经商为耻，很多读书人和出仕做官的人都有这种观念，他们宁愿受穷也不愿去经商，商人赚到钱以后也不让自己的后代经商，而是让他们读书做官，自己也倾向于回乡置地当地主。在读书人中间还存在着普遍的以读书不登科为耻的价值取向。这种亚文化的道德耻感还有很多，流传也极其广泛，在此不一一述及。

（三）传统道德耻感的变化

传统的道德耻感并不是固定不变的，它随着时代的变化有所改变，尤其是晚明至近现代这一时期，传统道德耻感的变化非常大。与"三纲"相应的不忠、不孝、不义的道德耻感依然存在，但在内容和表现形式上有所变化。不忠这种道德耻感内容更为单一和固化，不再指为朋友办事没有尽心尽力，而主要是指政治活动或立场中的不忠。但这种不忠也主要是指出仕之臣不忠于国君，官员不忠于百姓或社稷这方面的耻感被淡化了，反映出传统社会晚期君主和官员以及官员与百姓的关系已经不像早期那样具有张力。对于现代社会生活中的普通民众而言，不忠于国家的道德耻感没有古代那么强烈了。今天很多人就希望移民到富裕、制度完善、医疗、教育条件好，社会福利好的国家，人民并不以此为耻，而认为这是一件很光荣的事，甚至不少官员自己的子女都定居国外。也有很多人在国外和外企工作为外国创造财富，甚至不少人代表外国参加国际赛事争夺荣誉。但在涉及国家安全的方面，如果不忠于自己的国家，不仅被认为是耻辱，会引起强烈的道德耻感，而且还要受到法律的制裁。古代大臣对国君个人的忠诚，在现代则演变成了官员对自己所属党派的忠诚。商业社会企业为了自身的生存发展，也极其强调员工对企业的忠诚。一个频繁更换工作的人，会被认为不忠，在找工作时会处于劣势。

不孝的道德耻感也有所变化，现在子女对父母的过错不予以劝谏，以及子女不结婚生子，不像传统社会那样被骂成"不孝之子"。"无后为大"这种道德耻感在新文化运动之后，在被男女平等的思想洗礼之后，慢慢地淡化了，只有受传统礼俗文化影响较深的农民或一些商人，还在心灵深处保持着家无男丁的道德耻感。如今社会的大多数普通公民,家无男丁的道德耻感基本上淡化了。由于当代中国社会在习俗层面比较流行男方买房的习惯,家有男孩的人要承担相当沉重的购房经济压力,反而使生养女孩的家庭减轻了后代在适婚年龄时的经济压力,更加冲淡了对男孩的渴望与道德上的优势心理感觉。"不孝有三,无后为大"的道德耻感正在慢慢地淡化与退却。现代社会不孝的骂名,多是评价对父母没有尽到赡养义务,或者是对父母态度恶劣的行为。

"不贞"这种道德耻感,自晚明以后也开始有所变化。传统观念的"不贞"的道德耻感都是单向要求女子守贞,其隐含的前提是男尊女卑的传统制度及其文化意识形态。自晚明开始,这一前提开始受到世人的批判,如李贽就批判传统的男女不平等观念,主张男女平等的二元论,他说:"夫妇,人之始也。有夫妇然后有父子,有父子然后有兄弟,有兄弟然后有上下。夫妇正,然后万事万物无不出于正矣。"① 在此二元论的基础上,他进一步指出,男女在认识能力方面也是相等的,有时候女性的认识能力比男性的还要强一些。比李贽稍晚的唐甄和张履祥二人,也主张男女平等②,俞正燮更进一步反对男子休妻,认为男子任意休妻这种行为,体现了男子的无耻。清末蔡元培和秋瑾更是大力倡导男女平权。受五四新文化运动的影响,男女平等的思想在现代中国得到进一步的传播。新中国成立后,毛泽东一句"妇女能顶半边天",更是将妇女的地位提升到前所未有的高度。

简洁地说,在现代中国社会中,"不贞"这种道德耻感不再是对女性的单向要求,而是对男女双方的要求,既要求女子忠于自己的丈夫,也要求丈夫忠于自己的妻子。

与不贞的观念紧密相关,而且是其中的重要内容,即妇女再嫁被视作失节,因而是耻辱的观点。这一观点在晚明以后也受到广泛的批判,李贽反对强迫女子守贞,主张恋爱自由,对卓文君与司马相如私奔之事极为赞赏。以《三言》《二拍》为代表的一些文学作品,在此问题上推波助澜,以文学艺术的形式歌颂、肯定了青年男女恋爱自由,以及在自由恋爱的过程中顺从人的自然性而发生的性行为,大力地冲击了传统社会中"不贞"观念对性禁忌的深层文化心理。清代学者俞正燮则反对妇人守节,认为再嫁者不当非之。此外他还反对女子守贞,认为贞女非礼,批判男子将妇女的贞烈看作自己的光荣的陈腐观念。③

新文化运动以降,现代西方思想的传入,使得改嫁不再被视为耻辱,婚姻自由已经成了全民的道德共识。此外,传统的"处女"观念在晚明时期也开始受到

---

① 李贽著:《初潭集·夫妇篇总论》,中华书局2009年版,第1页。
② 蔡尚思著:《中国礼教思想史》,上海古籍出版社2006年版,第96~98页。
③ 同上书,第127~128页。

批判，袁枚认为在男女之间，双方都不必要求对方守贞操，女子不是处女并非不贞，并非不洁。① 现代社会自由平等的婚恋观和自然主义的人性论，以及由自由主义的人性论引申出的性权利主张，使得不是处女即是耻辱的观念几乎消失，只有受传统礼俗文化影响较深的人仍保持着这种道德耻感。传统社会那种不论是否是女方的原因导致的失贞，都被视为是莫大耻辱的观念，在现代中国有了很大的变化。现代社会那些因外在暴力而失贞的女性，在大众层面受到广泛的同情，一般都会指责施暴的一方。

概括而言，不贞的道德耻感在晚明以后的中国传统里发生了较大的变化。首先，其存在的基础产生了变化，人身依附关系的男尊女卑现象开始向男女平等过渡，不贞由单向的要求变为双向的要求；其次，其内容也有不少变化，以女子改嫁及非处女为耻的现象慢慢淡化，到现代社会则并不以此为耻。不论原因而一律将女子失贞视为耻辱的现象，逐渐地变为以女子不忠于婚姻不忠于丈夫为耻。现代社会"以不贞为耻"的观念，既包括女子对丈夫的不忠贞为耻，也包括男子对妻子的不忠贞为耻，这种因不贞而耻的耻感，是以夫妻双方的相互尊重、彼此信任和忠诚为前提的。而其理论前提是个性独立、自主、男女平等这些现代社会的基本观念在支撑着。

与"五常"相关的道德耻感也有一些变化。不义、不信这两种道德耻感的地位得到了提升，人们越来越重视这两种道德耻感。这是由于商业社会里人与人的交往大为扩展，传统的熟人社会转变为陌生人社会，人与人的交往更加重视义和信。这种社会人与人的交往是建立在信用评价体系之上的，一个人对自己信用的透支会导致他无法在这样的社会立足，所以人们对不义、不信的行为批评尤甚。由于君王这一主体的消失，不仁这种道德耻感不再具有评价君德的意味，但是对于政府官员而言仍具有重要的道德评价意义。仁这一德行在现代社会还有人道主义关怀的意味，这就使得对社会上的弱者冷漠无情不施以援手的行为也被视为不仁。此外，随着保护动物、尊重生命观念的深入人心，以错误的方式对待动物（包括遗弃、虐待、残杀等）都被视为不仁，而且会受到社会大众的普遍谴责，2006 年发生的"高跟鞋虐猫"事件就激起了大众广泛的愤怒，当事人不得不出来承认错误，公开道歉。违礼和不智这两种传统道德耻感在现代社会则淡化了，这是因为"礼"这一概念被人们用另一个概念"道德规范"来表述，所以现在人们评价一个人说他违礼，是说他不道德。"不智"则成了评价一个人在人生重要关口做出了不明智选择的用语，道德意味弱化，更多表达的是他人对自己的惋惜，或者表达自己的懊恼和悔恨。

---

① 蔡尚思著：《中国礼教思想史》，第 107~108 页。

传统社会亚文化的道德耻感依然存在，比如"笑贫不笑娼"仍然存在，社会上甚至存在着一种以贫贱为耻而不以无知为耻、轻视知识文化的倾向，"读书无用论"的观念以各种变相的方式流行着，知识分子、科研文化工作者、大专院校的教授都会因赚不到钱而受到人们的轻视与耻笑，这都表明当代中国社会在价值观上存在严重的问题。在职业选择上，经商不再是耻辱，而是光荣。反之，那些不赚钱的职业（比如环卫、保安）则会受到耻笑和轻视。今日社会流行的这种道德耻感，恰恰是不正确的道德价值取向与市场经济过分强调金钱的价值观念所引起的，需要得到纠正。由于每个人的天资、家庭、教育背景是不一样的，获取的社会资源也不一样，所以最终每个人所从事的职业肯定存在差别，只要是自食其力，都是光荣的，而不应该以其赚钱的多少作为荣耻的标准。总体而言，传统社会的一些主要道德耻感在慢慢消失，其约束力也逐渐弱化。当下中国又处于转型期，传统的道德耻感受到外来价值观的冲击，市场经济的发展推动了人们的逐利行为，价值评价标准上对物质利益、现实成功的偏重，以及道德教育的失误等，都使得当代公民的道德耻感在整体上处于一种缺失和失范的状态。这种缺失和失范的状态突出地表现为人们耻感意识的淡薄、荣耻颠倒以及对无耻之事的容忍和麻木，甚至压根儿就没有耻感意识。这是我们必须予以重视并加以纠正的社会现象。

（四）当代公民的道德耻感重建

当代公民的道德耻感重建涉及三个主要问题：第一，为什么要重建当代公民的道德耻感？第二，重建的道德耻感具体包括哪些内容？第三，如何重建道德耻感？

第一个问题要从两个方面来回答：一个方面是道德耻感的重要性；另一个方面是当代公民的道德耻感现状。道德耻感的重要性体现在多个方面。

首先，道德耻感是人的本质的一种体现。"耻感的存有两个直接前提：对理想、完满、应然等所标识的善的自觉意识，以及对自我的自觉意识。耻感形成于这两种自觉意识的对照比较过程中。"[①] 道德耻感所体现的是人的自我价值意识。从作为一种道德情感的体现角度来看，道德耻感是人所特有的一种高级情感能力，是人与动物的区别之所在。道德耻感是对人的道德选择行为所做出的道德评价，这种道德评价既是人的一般判断力的体现，更是人所具有的一种高级精神现象的体现，是对是非、对错行为和现象的一种判断。由道德评价而产生的道德选择，则体现了只有人类才具有的自由意志的精神特征。道德耻感既要以人的自由

---

① 高兆明：《耻感与存在》，载《伦理学研究》2006年第3期。

意志作为前提，同时又是人的自由意志运用之结果。而作为一种否定性情感的道德耻感，其目的就是让道德行为保持一种持续性与自由意志的一贯性。因此，道德耻感所体现出的是人在道德上自我否定的高级情感能力、选择能力、判断能力，以及道德上的向善能力，是自我意识的高级体现形式，因而是人的存在本质的体现。

其次，道德耻感对个体的道德修养具有重要意义，个体道德修养的成功既体现在对善的追求与彰明，又体现在对恶的拒斥与断离，而"知耻"就是对恶的拒斥与断离，因而是德性修养的保护带或曰防火墙，"远耻"则是对恶的远离，是德性修养必须加以维护的最后一道防线。突破了"耻感"的防线，人可能将无恶不作。因此，道德耻感的存在是一个人德性修养成功的必要保证，是道德教育得以成功的前提，一个没有道德耻感的人是无法知道自己行为的最后底线的，因而也就没有向善的基本出发点。道德耻感是以否定性的方式表明一个人对于一些基本道德规范的认同，违背了这些道德规范，他的内心就深感不安。因此，道德耻感实际上以否定性的方式表明，一些道德规范已经内化为个人自觉自愿的自由意志了。任何一个个人在实际的社会生活中违反了他自己的自由意志，他就会有一种深深的内疚，不是在极端高压的外在暴力强迫下，或在巨大的利益诱惑下，人们通常是不会违背自己的自由意志的。

最后，道德耻感有助于社会道德生活的有序和谐，有助于家庭、社会、国家乃至人类的长远发展。人们之所以产生道德耻感，是因为他自己明确地意识到自己的行为违背了具有共识的家庭、民族、国家等实体的规范性要求。因此，道德耻感的产生，实际上是以否定的方式表明人们对自己时代某些带有普遍性的伦理规范的认同与皈依，而这种道德的认同与皈依，是有助于家庭、社会、国家的长久稳定与繁荣。当前，社会上有很多人道德耻感意识淡薄，很多人甚至就没有道德的耻感意识，而有些人根本不知道何为可耻，普通大众对于一些明显的无耻之事也普遍麻木或容忍，社会上甚至出现了很多以耻为荣的现象。这些现象都表明，我们需要重建当代社会的道德耻感意识。

第二个问题是，需要重建的道德耻感究竟应该包括哪些内容？"八荣八耻"的社会主义荣辱观的提出，可以说是中国共产党人从国家治理层面对这一问题给出的回答，但从现实的社会情况来看，"八耻"所指出的道德耻感，在现实生活中的落实情况，即内化为道德的自觉自愿意识，还不容乐观。

从道德哲学的角度来看，耻的实质就是个体意识到自己背离了具有客观性、普遍性的伦理法则，会受到伦理法则的压力与谴责。黑尔格在《法哲学原理》中曾将伦理视为一个"伦理实体"，具有一定的客观性。此实体可以分成三个层次，即家庭、市民社会、国家。在《精神现象学》中，他认为最基本的伦理实体包括家庭和民族。我们认为，黑格尔的说法有一定可取之处。但在我们看来，如果按照社会组织的分类来看，"伦理实体"大体上可以分成三个层次，即家庭、民族与国家、社会。就当代中国社会的现实而言，道德耻感的重建至少要涉及家庭、民族与国家、社会三个层次。因此，当代中国社会的道德耻感重建就应当从这三个层面入手。

家庭是由婚姻关系组构的生育群体，最基本的家庭关系会涉及夫妻关系、父母与子女的关系。所以家庭伦理中的道德耻感重建应当包括：主张平等、自由、纯洁的婚恋道德，以出卖肉体和爱情换取金钱的婚恋行为为耻，以包办婚姻等旧社会的婚姻形式为耻，以婚恋关系中的不忠不贞行为为耻[1]，以婚恋关系中的人身依附为耻[2]，以家庭暴力为耻。概括而言，婚恋关系中的道德耻感包括：以不忠不贞为耻，以拜金为耻，以非自主婚恋为耻，以奴性、不自尊为耻，以家暴为耻。

结合中国传统的美德，在当代中国社会的父母与子女的关系中应当主张父母慈爱，子女孝顺，父母与子女间应当建立起平等、互信、沟通的亲子关系，因此，在父母方面要树立起这样的道德耻感：以重男轻女为耻，以遗弃子女为耻，以不教养子女为耻，以不尊重不信任子女为耻。子女方面则要以不孝顺父母为耻。在今天的社会里，不孝顺不仅仅包括不尽到赡养的义务以及不劝止父母的过错，还应当包括不陪伴、不探视父母。现代社会空巢老人增多，一方面是由于年轻人生存压力大，为了生计背井离乡，另一方面也与人们的观念有关，很多人理解的孝就是在物质上赡养父母，忽略了父母精神上的需求，很少陪伴在父母身边，所以这种行为也应当视作可耻的行为。

民族、国家层面的伦理要求是：民族平等、民族团结、民族互助以及各民族共同繁荣，所以这方面我们要树立以民族不平等、歧视民族风俗习惯、破坏民族团结、阻碍各民族共同繁荣为耻的道德耻感。国家层面的伦理，要求我们热爱祖国，维护祖国的统一，促进祖国的繁荣、稳定和发展，因此我们要树立以危害国家安全与繁荣为耻，不积极维护祖国利益甚至出卖国家利益为耻的道德耻感。

社会层面的道德耻感，主要涉及的是人们在社会交往中产生的道德耻感。现代社会的人际交往都是以人格的平等和相互尊重为基础的，陌生人之间的交往得以持续是基于信任，这种信任根源上也是基于尊重彼此的人格。没有这种尊重，任何契约的缔结都缺乏坚实的现代道德基础，因而会出现大量的违约现象。现代社会的民法与刑法的具体条文，对于违约现象都有相应的处罚，但如果没有基本

---

[1] 忠贞是对男女双方的要求，因此，不忠贞这种耻感也是双向的。
[2] 适婚年龄男女比例的失调，使得社会上出现了一种男子为了结婚不要尊严，甘愿成为女子奴仆的现象，这种现象和过去主张女子"三从四德"一样都是极其可耻的。

的道德耻感作为当今开放而流动的社会中的陌生人之间交往的润滑剂，社会的所有交易成本都会剧增，进而也会进一步妨碍社会的经济发展。因此，当代中国在社会层面应当确立的道德耻感是：以自轻自贱为耻，以不尊重他人的人格为耻，以见利忘义为耻，以损人利己为耻。

综合来看，无论是家庭、民族与国家、社会，这些伦理实体的存续都离不开人的劳动，而人的自由自觉的劳动是人区别于动物的类本质之一。当代中国社会里，有一些人好逸恶劳、好吃懒做、啃老，甚至喜欢依附他人谋生、被包养、奴性侍主。这类现象的出现，甚至有些人习以为常，迫切需要我们在社会层面重建以不劳而获、好逸恶劳、人身依附、自轻自贱为耻的道德耻感。

由劳动而造成社会分工，最终产生了不同的职业。但各个职业都应当共享爱岗敬业、诚实守信、办事公道、服务群众、奉献社会的职业道德，同时也有其职业岗位上的特殊的道德要求。而现代社会很多从业者一味追求名利，毫无职业道德，例如一些新闻工作者就毫无职业道德，一心只想弄个大新闻以博关注，进而获得大量广告投放及收益，从不去核实新闻来源及其真实性。更有甚者，积极参与炮制假新闻，导致谣言四起，严重浪费社会的信用资源，甚至对社会稳定产生了恶劣的影响。而一些产品的生产者，为牟取暴利，偷工减料，生产出来的产品变成商品在社会上流通以后，贻害无穷。因此，当代中国社会的各种职业的从业人员，都要树立起以消极怠工、逃避责任、弄虚作假、罔顾社会影响、追求个人利益最大化等观念与行为为耻的道德耻感。

随着通信和交通手段的革新，人类之间的联系日益紧密，加之各国之间的经济、文化交流的深入，以及全球范围内的移民，使得人类已经全面进入"全球化"，世界已经成为"地球村"。在各国、各地区之间联系日益紧密的今天，每一个人都应当培养出"世界公民"的意识，每个人都对人类和地球的未来负有责任。因此，当代中国社会的成员还应当担负起"世界公民"的道德责任，做到珍爱生命、爱护动物、保护环境，对弱势的族群和地区给予道义上的关怀和帮助，就此而言我们也应当建立起以不仁为耻，以轻视生命、虐待动物、破坏生态、污染环境为耻，以冷漠、无情地对待他人他族的苦难为耻的道德耻感。

第三个问题是，如何重建道德耻感？"'耻'作为一种道德存在，是'主观意志的法'；作为伦理的存在，是'客观意志的法'。主观意志的法是自律，客观意志的法是他律。"[①] 就此而言，道德耻感是自律与他律的统一，但自律具有更基础的地位，所以在道德耻感重建的过程中必须遵循自律与他律相统一的原则，也就是个人主观上要注重道德耻感的培养，同时社会也要营造一种知耻、明

---

① 樊浩：《耻感与道德体系》，载《道德与文明》2007 年第 2 期。

耻、阻止或谴责耻的良好氛围和机制。简洁地说，道德耻感的重建包括两个方面的内容，一是对耻感意识的培养，二是对价值认同感的培养。只有当行为主体具有内在的耻感意识时，道德耻感才有可能建立起来。但仅有耻感意识还不够，因为一个人即使有了耻感意识，但他并不认同不同层面的"伦理实体"所倡导的价值观念，那么他对道德规范的理解只会停留在概念认知的层面，而不会落实到现实生活中，即不能做到"知行合一"，因此并不会产生知耻而后勇的道德行为。因此，重建道德耻感就必须从以下几个方面入手：

第一，要人们知耻、明耻。知耻、明耻的第一步是要教育。人的道德观念不是天生的生理现象，是人的主观意识，属于精神现象。而精神现象是通过后天的长期培养才能够得以慢慢成型的。家庭教育是人们知耻、明耻的第一步，步入学校之后，社会化的教育是第二步。而当人们步入社会后，大众的生活方式，全社会鼓励什么、制止什么，形成一时的社会风气，是教育的第三步。这三个阶段的教育从理论的角度看，可以是独立的，实际上是相互影响的。以家庭教育为例，一个人长期生活在家庭之中。家风、家教对于一个人的影响其实是终身的。无论是家庭教育、学校教育、社会风气，都需要树立明确而积极向上的道德理想，明确善的内容、规范与价值，引导受教育者立志向善，加强自身的德性修养，注重其道德境界的提升；同时也要明确地揭示恶的行为类型，阐明恶的危害性。在具体的教育方法上，高度重视道德模范的树立，对于负面的反道德典型要进行义正词严的谴责，形成良好的向善避恶的社会风气。

第二，善于利用社会舆论在阻止道德之耻、谴责道德之耻中的积极作用，对无耻行为要进行揭露和谴责。社会要建立起有效的话语反馈机制，让普通百姓有合理的渠道发声，在当代就应当充分发挥自媒体的积极作用，并通过主流媒体引导社会舆论的导向。同时，要将法制建设与道德建设配合起来，加强一些奖惩措施的实施力度，使道德无耻行为的成本提高，让不讲诚信与信用的人无法横行。

第三，政府在大力发展经济的同时，要注重分配的公平，尤其要重视对低收入人群、体力劳动者的补偿性福利分配，使这部分人群获得更多的生存尊严。有些人之所以缺乏基本的道德耻感，是因为他们的生存状况过于恶劣。法家管子提出的"仓廪实而知礼节"的观点，虽然是针对一个社会遵守规范状态而言的，但就个体的道德耻感而言，没有基本的生存条件，或者基本的生存条件低于该社会的基本要求，也很难培养出基本的道德耻感。

第四，要正面引导。新闻媒体既要注重正向价值的宣传，也要加强道德价值观上的引导。要通过众多正面道德形象的宣传来唤醒个人的道德良知，同时对一些无耻的行为要进行严肃的批评及至谴责。在全媒体时代，各种融媒体上的言论与议论，都要持守基本的道德底线，拒绝无耻的言论，拒绝为无耻的行为进行辩护的言论与议论，克服道德意识方面的冷漠、麻木。

当代中国社会道德耻感的重建是一项任重而道远的工作。道德耻感的重建属于当代社会精神文明建设的有机组成部分。这项工作，首先要立足于当代中国社会的制度与法律，尤其是立足于当代中国社会的实际生活情况。只有明确了需要提倡的一系列切实有效的正面价值观念与道德观念，我们才能逐步使这些正确的观念通过教育与制度的系列作用，内化为人心的自觉自愿的意识，进而才能够让人们在做出违背这些观念时自发地产生"道德耻感"。其次要大胆地吸收传统社会的合理道德观念，并根据现代社会实际生活要求对其进行创造性的转化。传统社会的忠、孝、贞节观念，仁、义、礼、智、信等德目，通过与专制制度的脱敏化处理，可以转化为现代社会合理的道德观念之一，贞节观念一旦与"三纲"脱离关系，就会变成对男女双方对婚姻的忠贞要求。而忠贞观念与"三纲"中的君臣关系脱钩，就可以转化为忠于国家、民族、人民利益的现代忠诚观念，也可以转化为日常生活的人格操守。

第五，要批判地吸收现代西方资产阶级提出的一系列现代性的观念，如自由、民主、平等、法治、博爱、尊重个性与个人权利等，使之与社会主义社会要求相适应，在尊重个人自由意志的同时，也要重视社会的和谐；在重视个体权利的同时，也强调个体的责任；在强调民主的同时，也重视意见的高度综合后的集中决断。与这些改造后的现代道德观念相一致的道德耻感，如独断专行的品德、侵犯人权的作为、冷漠麻木的心态、违法乱纪的行为等，都应当成为个人的一种道德上的可耻意识。只有这样，社会主义的民主、法制制度，才有与之相适应的道德根基。

因此，重建当代中国社会的道德耻感，恰恰是从否定性的方面为社会主义的民主、法治培育最丰厚的精神土壤，这项工作是当代社会主义文化建设事业的有机组成部分。

第二编

传统优秀道德文化的观念形态与实践途径研究

第四章

儒家道德文化的主要观念及其现代阐释

简洁地讲，仁义礼智信、忠孝贞节廉耻等十个重要德目，是儒家道德文化的核心内容。第一编总论第三章主要阐述了仁义诚信、忠孝廉耻六德，本章着重阐述"礼之为德"与儒家诸德在人格形象——君子身上的整体体现。

第一节 传统礼制对当代公民道德建设的积极意义

从思想史的脉络来看，近代对传统道德与现代公民道德关系（多数学者表述为私德与公德，其实这两对概念并非对应关系）[1] 的讨论，大概经过了以下几个阶段：

第一，理论上的构想阶段，以康有为为代表。[2] 康有为在《大同书》和《礼

---

[1] 在近代社会转型过程中，越来越多的学者认识到中国积贫积弱的根本原因在于国民性的缺陷，认为中国人缺少公德意识，于是引发了"公德"与"私德"的讨论。其实，中国国民性当中既有公德，也有私德。这些学者所使用"公德"与"私德"概念的内涵与外延都不太一样，但其讨论问题的指向都是明确的，都涉及"传统道德"与"现代公民道德"的关系。所以，此处采用了"传统道德"与"现代公民道德"这一对概念，引用的却是"公德"与"私德"讨论的材料，并不影响对本书主题的讨论。

[2] 学界普遍认为是梁启超首倡"公德私德说"，事实上，康有为是最早关注公德与私德问题的。康有为在《大同书》《礼运注》等书中都多次明确提出"公德"与"私德"。多数学者认为《大同书》写作时间在19世纪的最后20年，成书于1901~1902年康有为避居印度大吉岭时。而梁启超最早提出"公德"是在1902年发表的《新民说》这篇文章里。

运注》中明确提出了"公德"与"私德"。其"公德"意指大同之世人所具有的公平、平等之心。他从人性善的立场出发，认为人人都有"不忍人之心"，都有"公德"，都能成为"仁人"。随着社会的进化，在"尚德不尚爵"的"太平世"，去除"家界"，人人成为"天民"，即可在此基础上构建"大同世界"。①康有为主要吸收了西方空想社会主义思想，结合中国传统经典《礼记·礼运》中的"大同"思想和"三世说"，其"大同"社会理想的构建具有空想成分，对"公德"的理解也有空想色彩。但他认为中国国民性当中是具有"公德"心的。

第二，理论上的探索阶段，以梁启超为代表。梁启超认为，中国传统道德的主要形态是"私德"，同时也有不发达的"公德"。由"私德"可以"外推"为"公德"，其"私德"指的是中国传统的伦理道德规范。②梁启超认为中国传统伦理有缺点，但中国传统道德仍然具有永恒的价值。伦理是具体的、历史的，可能会随着时代的改变而丧失其价值，道德却是超越时空的，具有永恒的意义。③梁启超并未否定中国传统道德的价值，他认为在当时私德日益堕落的时代，"吾祖宗遗传固有之旧道德"仍然是"维持吾社会于一线"的重要思想资源。

第三，探索性的实践阶段，以梁漱溟为代表。梁漱溟也认为中国缺乏"团体"观念的"公德"。他认为近代西方的个体主义思潮忽视了对团体的责任和义务，当时的社会主义思潮又会造成对团体和个人自由的干涉，都不适合当时中国公民的道德建设。于是他就开始在实践上探索"第三条道路"，主张通过"乡村自治"的方式，发挥传统农业社会的伦理规范与社会礼俗的作用，塑造农民团体生活的品德，使农民养成关注和维护公共利益的基本素质，推动传统道德向现代公民道德的转型。④

第四，理论上的会通阶段，以贺麟为代表。20 世纪 40 年代，与五四时期对中国传统文化的批判与反思不同，贺麟的"新心学"体系融贯古今中西，他借用西方理性主义哲学的理论与方法对儒家伦理道德进行现代转化，他认为中国的五伦观念与三纲学说都有合理合人情之处，甚至把三纲五常等同于柏拉图的理念和康德的道德律。贺麟认为，三纲说所蕴含的视道德本身为目的的精神不但不应摒弃，而且应该继承和发扬。⑤贺麟试图通过对中国传统道德的综合创新，为民族独立和国家现代化开辟道路。

---

① 赵景阳：《自由主义改良派论"公德"与"私德"——以康有为、梁启超、李泽厚为线索》，载《河北师范大学学报》2014 年第 2 期。
② 康建伟：《公私之辨：从梁启超到梁漱溟》，载《学术交流》2011 年第 5 期。
③ 陈乔见：《公德与私德辨正》，载《社会科学》2011 年第 2 期。
④ 石培玲：《梁漱溟的公德观与"乡村自治"构想的伦理困境》，载《道德与文明》2007 年第 6 期。
⑤ 张秀芹：《贺麟伦理思想探析》，载《华北电力大学学报》2003 年第 1 期。

第五，理论上的反思阶段，以李泽厚、萧萐父、金耀基等人为代表。新中国成立后，特别是"文革"后，许多学者开始更多地关注公民道德问题，对传统道德与现代公民道德关系也进行了更深刻的反思。李泽厚将传统道德分为"宗教性私德"与"社会性公德"，解构了中国传统社会宗教、伦理、政治三合一的传统。李泽厚认为，宗教性道德（内圣）经由转化性创造，可以成为个体对生活意义和人生境界的追求。社会性道德（外王）经由转化性创造，可以成为现代政治民主体系的中国形式。① 此外，萧萐父、金耀基等人对中国传统伦理道德亦有深刻反思。公民道德问题也是当今学人关注的一个学术热点。

第六，实践上的重新探索阶段，以民间儒学的兴起为代表。20世纪90年代后，受市场经济某些因素的影响与西方价值观的冲击，社会风俗出现了诸多不良现象，公民道德素质也有所下降。但儒学在民间的根基还在，近十几年来，民间儒学在大江南北自发地复兴起来，《三字经》《弟子规》等蒙学读物流行，读经运动也在一些中小学推行，中国传统文化的教材也进入了中小学。无论是在学术界、政府还是在民间，目前都达成了这样一个共识：提升公民道德，需要从中国传统文化中汲取思想道德资源，中国传统伦理仍然是当今公民道德建设的重要源头活水。

以上从理论和实践方面粗线条地梳理了近代传统道德向现代公民道德转型的发展历程，这是一个复杂的过程，此处只能勾勒一个轮廓。通过这一思想史的发展脉络可以看出，无论是在理论上，还是实践上，中国传统道德对于当代公民道德建设都有重大启发意义。

一、传统礼制的内涵及其在公民道德建设方面的作用

中国被称为"礼义之邦"，礼是古代中国人文精神的集中体现。孔子这样说："不知礼，无以立也。"（《论语·尧曰》）在中国传统社会，不知礼不懂礼仪，就无法立身行事，可见礼在中国传统社会的重要性。礼的适用范围从家族扩展到国家和民族，礼就成了整个中华民族的社会关系准则。"三礼"研究专家彭林教授说："在两千多年古代中国文明的长河中，礼起到了最为核心的作用，对政治、文化、经济、风俗等产生了不可估量的作用，研究中国文化不能不及于礼乐文明。"② 明清以来，伦理异化导致传统礼教成为束缚人性的精神枷锁，反礼教成为早期启蒙思想的主要目标。在以后的新文化运动中，反礼教对于现代民主、平

---

① 李泽厚：《论语今读》，安徽文艺出版社1998年版，第8页。
② 彭林：《礼与中国人文精神》，载《孔子研究》2011年第6期。

等、自由思想的传播也发挥了积极作用。但是，在批判继承中国传统礼教文化的过程中，也出现了极端化的倾向。"文革"期间，对中国传统礼教文化进行了非理性的批判，改革开放后，"西化"思想也进一步加剧了中国传统礼教文化的衰落。长期以来，我们一直把传统礼教看作是落后的、腐朽的、违背人性的东西。今天，中国传统礼教文化的合理性成分继承下来的很少，对传统礼制、礼治的积极作用认识得也很不够。因此，搞清礼的内涵，明白传统礼制在公民道德建设方面的作用，对于今天公民道德建设有重大启发意义。

（一）礼的内涵

礼可以称为中国文化的核心。但礼的内涵究竟是什么，不同的人有不同的理解。礼起源于人类生活和生产实践中的风俗习惯，而祭祀活动则是礼的直接起源。理解礼的内涵，也应该从"礼"字本身来理解。许慎《说文解字》曰："礼，履也。所以事神致福也。"就是说，礼的本义是"履"，即实践、行动，是指祭神以求福的行为。结合古代文献和现代学者的研究，对于视的内涵可以从以下五个方面来理解。

1. 礼是自然法则在人类社会的体现

古代儒家认为，人类社会与自然是同构的，人道要效法天道。礼既是人类文化的准则，也是自然秩序的体现。作为人道法则的礼也是天道在人间的体现。《礼记·礼运》曰："是故夫礼，必本于太一，分而为天地，转而为阴阳，变而为四时，列而为鬼神。"《左传·昭公二十五年》曰："夫礼，天之经也，地之义也，民之行也；天地之经，而民实则之。"《礼记·乐记》曰："大乐与天地同和，大礼与天地同节。"

上述这些材料都说明，礼的根据在天道，是自然法则的体现，守礼也就是效法天道。效法天道成为人们普遍信仰的观念，对礼的遵循也就有了合法性的基础。

2. 礼是人区别于禽兽的内在本质

人之所以为人的最本质的属性是什么？人区别于动物的根本特点是什么？荀子认为："人之所以为人者，非特以其二足而无毛也，以其有辨也……故人道莫不有辨，辨莫大于分，分莫大于礼。"（《荀子·非相》）《礼记·曲礼上》云："鹦鹉能言，不离飞鸟；猩猩能言，不离禽兽。今人而无礼，不亦禽兽之心乎？夫惟禽兽无礼，故父子聚麀。是故圣人作，为礼以教人，使人以有礼，知自别于禽兽。"

由以上引文可知，礼是人禽之别的分界线。动物不懂礼让，不懂羞耻，所以会说话的鹦鹉和猩猩也还只能是禽兽，而不是人。反之，如果人丧失了礼义廉耻，也就堕落为禽兽。

3. 礼是社会伦理道德规范

儒家把复杂的社会角色归纳为夫妇、父子、兄弟、君臣、朋友五种，认为这是最基本的伦理关系，称为"五伦"。如果把这五种关系处理好了，社会也就和谐了。怎样处理好这五种社会关系呢？儒家规定了五伦的基本原则：夫妇有别，父子有亲，长幼有序，君臣有义，朋友有信。这一系列原则都通过礼来实现。《礼记》《周礼》《仪礼》对这些原则都有非常具体的规定。

4. 礼是国家典制

礼几乎规定了国家制度的方方面面。"国之大事，在祀在戎"（《左传·成公十三年》），祭祀有祭礼，出兵作战也有军礼，国家对外交往有宾礼。中国历代的国家制度都直接或间接来自礼。比如西周的嫡长子继承制、分封制、巡守制和同姓不婚制等，都是以周礼作为根据的。隋唐实行的三省六部制，其中的吏、户、礼、兵、刑、工六部，就是直接从《周礼》移用过来的。唐代的《开元礼》、宋代的《政和五礼新仪》、明代的《大明集礼》、清代的《大清会典》等，都是以《周礼》《仪礼》为蓝本制定的。

礼学中所包含的制度有政治制度（如封建、明堂、巡狩、大一统）、行政制度（如选举、职官、考绩、爵禄）、经济制度（如井田、赋役、采地）、宗教制度（如郊祭、田猎、庙祢）、法律制度（如象刑、五刑）、教育制度（如辟雍、庠序）、婚姻制度（如亲迎、婚聘）、军事制度（如征伐、兵役）、外交制度（如会盟、朝聘）。另外还有其他社会生活方面的制度，如建筑上的宫室制度，交通上的车舆制度，交往上的相见礼制，音乐上的乐制，日常生活中的服制、玉制等。[①]

5. 礼是社会一切活动的准则

礼是全社会共同尊奉的准则，是人们的行为规范，对维护社会秩序的稳定发挥着十分重要的作用。"道德仁义，非礼不成。教训正俗，非礼不备。分争辨讼，非礼不决。君臣、上下、父子、兄弟，非礼不定。宦学事师，非礼不亲。班朝治军，莅官行法，非礼威严不行。祷祠祭祀，供给鬼神，非礼不诚不庄。"（《礼记·曲礼》）倡导道德仁义，教育训导民众，端正改良风俗，诉讼评定是非，恪守等级秩序，侍奉师长官吏，议政治理军队，行使职权法令，祭祀供奉鬼神，都不能离开礼。所以，君子一定要持恭敬谦逊礼让之心，以昭明礼制之意。

（二）礼在规范公民道德方面的作用

礼在规范公民道德方面发挥着十分重要的作用，主要体现在以下六个方面。

[①] 参见蒋庆著：《政治儒学——当代儒学的转向、特质与发展》，生活·读书·新知三联书店2003年版，第159页。

1. 敬重他人，敬畏自然

礼的本质特征就是敬。《孝经·广要道》篇这样讲："礼者，敬而已矣。故敬其父，则子悦；敬其兄，则弟悦；敬其君，则臣悦；敬一人，而千万人悦。所敬者寡，而悦者众，此之谓要道也。"敬和敬畏体现的是对自然、对他人的一种尊重，"主敬"和"诚"也是内心修养的方法，使个人产生道德约束感，自觉提升道德境界，遵守社会规范。孔子曰："君子有三畏：畏天命，畏大人，畏圣人之言。小人不知天命而不畏也，狎大人，侮圣人言。"（《论语·季氏》）天命也是天道，知道它的可畏，就能警诫自己，收敛身心。如果没有敬畏之心，就可能欺天，狎侮圣人，放纵自己，肆无忌惮，导致人心不古，道德沦丧。有了敬畏之心，才能反省慎独，正心诚意，自诚至明，成物成己，涵养心性，提高修养。

2. 修己以敬，以安百姓

儒家认为，以诚敬的态度遵守礼制，不仅可以提高自身修养，也可以实现社会的安定和谐。孙希旦这样讲："愚谓人之治其身心，莫切乎敬，自不睹不闻以至于应事接物，无一时一事之可以不主乎此也。……人能无事不敬，而谨于言貌如此，则其效至于安民也。《论语》言'修己以敬'，而能安人、安百姓，即此意也。"①"敬"不仅在个人修身方面发挥着重要作用，而且其效用还可以"安民"。如果人人做到"修己以敬"，则天下可实现大治。这即是梁启超所说的，由"私德"可以"外推"为"公德"。如果公民个人的道德水平都提高了，整个社会公民的道德水准也都提高了。

3. 父子有亲，家庭和睦

古代儒家的伦理关系主要有夫妇、父子、兄弟、君臣、朋友五种，其中夫妇、父子、兄弟三种都属于家庭伦理，处理这三种伦理关系的主要原则是：夫妇有别，父子有亲，长幼有序。在家庭内部，夫妻相敬如宾，父慈子孝，兄弟相互扶助，尊敬长辈，爱护弱小，就可以实现家庭和睦。比如尊老爱幼、礼让老人就是五伦的一项重要原则，我国古代社会很好地贯彻了这一原则，老人一般都能得到子女的奉养。而今天之所以出现离婚率上升、老人跌倒无人敢扶，子女不愿意孝养老人，甚至出现父子反目、对簿公堂的现象，部分原因就是由于家庭伦常的原则已经遭到严重破坏。

4. 礼尚往来，融洽关系

"礼尚往来"是我国古代礼制的一项重要原则。"太上贵德，其次务施报。礼尚往来，往而不来，非礼也；来而不往，亦非礼也。"（《礼记·曲礼》）"礼尚往来"带有原始的交易性质，是一种赠予与回报的关系。赠予的越多，回报也就

---

① 孙希旦：《礼记集解》，中华书局1989年版，第3~4页。

越丰厚。后来,礼尚往来就成为处理人际关系的重要礼节,人与人之间应该有来有往,在相互来往中,加强了联系,加深了友谊,也得到了回报。当今我们经常说人情淡薄,人与人之间关系冷漠,主要是因为我们不注重礼尚往来了,人与人之间缺乏交流,成为"单子"式的分散的个人。礼尚往来在当今融洽人际关系、纯厚风俗方面仍然发挥着重要作用。

5. 防患未然,预防犯罪

"君子之道,辟则坊与,坊民之所不足也。大为之坊,民犹踰之。故君子礼以坊德,刑以坊淫,命以坊欲","礼者,因人之情而为之节文,以为民坊者也"(《礼记·坊记》)。礼义最主要的目的还是为了防止民众道德上的堕落。人性有缺点,不可能完全杜绝逾越礼制行为的发生。预防为主,通过道德教化和完善制度来减少犯罪,就是一种先进的社会治理理念。司马迁在《太史公自序》里这样说:"礼禁于未然之前,法施于已然之后。"礼治在预防犯罪方面发挥着法治所不能代替的作用,与依法治国相比,以德治国的理念重在培养人的道德心、耻感,因而也更为根本。

6. 礼让息争,和谐社会

儒家有提倡礼让治国之思想。《论语·里仁》云:"能以礼让为国乎?何有?不能以礼让为国,如礼何?"刘宝楠对这一段做了说明性的注解:"让者,礼之实;礼者,让之文。先王虑民之有争也,故制为礼以治之。礼者,所整壹人之心志,而抑制其血气,使之咸就于中和也。"① 刘氏的解释大体可信。儒家提倡中庸之道,反对无节制的欲求与争斗。通过礼的节制,使人的行为合乎中道。让,是礼之重要属性和内涵。让则不争,不争才会有中和之气。礼让,是一种美德,也是现代公民所应具备的道德品质。市场经济的实行,使公民普遍都增强了竞争意识。争分夺秒、奋勇争先也使我们这个社会表现出积极向上的精神风貌,但是在涉及个人利益冲突,或者个人利益与社会利益出现冲突的时候,还是应该礼让为先。"退一步海阔天空,让三分怒消气平",提倡礼让、礼敬他人,有利于构建和谐社会。

随着时代的发展,传统礼制的某些方面可能过时了,某些传统的伦理关系可能也不再适合当今时代,但传统礼制当中的道德资源却具有永恒的价值,具有超越时空的意义,可以为今天的公民道德建设提供借鉴。

二、当代公民道德建设与传统"礼制"的内在关系

出于改造国民性的考虑,五四新文化运动提倡新道德,反对旧道德。这种以

---

① 刘宝楠:《论语正义》,中华书局1990年版,第149页。

"个人主义"为本位的新道德体系来取代传统社会中以"家族主义"为本位的道德体系,其核心内容是"自由、平等、独立"。五四运动批判的旧道德主要指忠孝、贞节等纲常。自由、平等、独立等新道德虽然蕴含着现代公民道德意识,也主张发扬相爱、互助、公共心、利他心等,但是,五四运动更强调的是对旧道德的批判,因而对于中国传统的伦理道德基础有巨大的破坏作用,从西方借用过来的自由、平等、独立等新道德最终也没有确立起来。无论是新文化运动提倡的群己并重还是自利利他,最终不过是合理的利己主义。[1] 这种新道德与以集体主义为核心的社会主义价值观是不一致的。2001 年,中共中央印发的《公民道德建设实施纲要》规定公民的基本道德规范是"爱国守法、明礼诚信、团结友善、勤俭自强、敬业奉献",2012 年,党的十八大正式提出了"富强、民主、文明、和谐、自由、平等、公正、法治、爱国、敬业、诚信、友善"的社会主义核心价值观。对照公民道德基本规范与社会主义核心价值观,我们会发现,中国传统礼制当中蕴含着丰富的现代公民道德建设的思想资源。在中国近两千多年的发展过程中,虽然"礼仪"和"礼义"的具体内容都发生了一定的变化,但是礼作为尊敬他人、教化大众、改良风俗道德、规范社会秩序、提升个人精神境界方面的基本作用则没有改变。传统社会中的礼教、礼治思想对于提升当代中国公民的道德境界、规范社会秩序都有重大启示。积极探索中国传统礼教文化的合理因素,充分发挥礼教文化在教化公民、改良风俗方面的积极作用,对于当今的公民道德建设有着重大意义。

如何发挥传统礼教在公民道德建设方面的作用呢?

首先,要正本清源,充分挖掘中国传统礼教文化在育人方面的合理因素。

习近平总书记指出:"深入挖掘和阐发中华优秀传统文化讲仁爱、重民本、守诚信、崇正义、尚和合、求大同的时代价值,使中华优秀传统文化成为涵养社会主义核心价值观的重要源泉。"[2] 优秀传统文化是涵养社会主义核心价值观的重要土壤,为提高公民道德提供了重要的思想资源。中国传统礼教文化有精华也有糟粕,我们要分清先秦礼教、秦汉以后的礼教以及被异化了的传统礼教,要厘清中国传统礼教文化的发展演变过程,从而,我们才能明白传统礼教中的哪些方面是合理的,哪些方面可以为今天的公民道德建设提供借鉴。

贺麟先生对"五伦"的认识对我们今天的思想道德建设仍然具有启发意义,他说:"五伦的观念是几千年来支配了我们中国人的道德生活的最有力量的传统观念之一。它是我们礼教的核心,它是维系中华民族的群体的纲纪。我们要从检

---

[1] 张博颖:《五四新文化运动对公民道德的启蒙意义》,载《湖南师范大学学报》2005 年第 5 期。
[2] 习近平:《把培育和弘扬社会主义核心价值观作为凝魂聚气强基固本的基础工程》,载《人民日报》2014 年 2 月 26 日。

讨这旧的传统观念里，去发现最新的近代精神。从旧的里面去发现新的，这就叫做推陈出新。"① 所谓的"五伦"一般指的是君臣、父子、夫妇、兄弟、朋友这五种最基本的社会关系，其道德原则是"父子有亲，君臣有义，夫妇有别，长幼有序，朋友有信"（《孟子·滕文公上》）。从今天的现实来看，除了君臣一伦不复存在之外，其他四种伦常关系依然存在，而且其道德原则也仍然适用于当今社会。只不过当今的社会关系更为复杂，可以增加"同事"和"群己"两伦。新"六伦"的伦理道德原则应为："父（母）子（女）有仁亲，夫妻有爱敬，兄弟（姊妹）有情义，朋友有诚信，同事有礼智，群己有忠恕。"② 经过这样的改造，传统五伦关系被赋予了新的时代意义，可以在当今和谐社会关系方面发挥重要作用。

其次，坚持"以德治国"和"依法治国"相结合，强化法治的道德支撑。在中国传统社会，社会治理的理念是德主刑辅、礼法并重，但实际上德治、礼治发挥着更为重要的作用。"道之以德，齐之以礼，有耻且格；道之以政，齐之以刑，民免而无耻"（《论语·为政》），"礼禁于未然之前，法施于已然之后。法之所为用者易见，而礼之所为禁者难知"（《史记·太史公自序》），礼治发挥着法治所不能发挥的作用。在今天，"以德治国"和"依法治国"都是国家的治国方略，但是相比较而言，德治的成本最低，而且社会功效最好，但其功效不易被考量。"法令滋彰，盗贼多有"（《老子》），法治的作用明显但治理成本高。

另外法律与道德之间有着密不可分的联系，道德是法律存在的先决条件，合乎道德的法律才是良法，而不合乎道德的恶法就不具有法律的合法性。道德是礼制的核心内容，中国自古就有将道德融入法律制度的文化传统。法律制度的真正功效不是来源于公民对法律制裁的畏惧，而是源自公民对国家法律制度合理性的认同，是出于对法律的敬重而自愿遵守。这和礼制的原则是一致的。目前在我国法制建设的过程中，应当充分利用儒家礼制文化传统中重视法律道德性的文化基因，将合乎正义的道德价值体现在立法理念、司法程序之中，以增强法治的道德基础。③

再次，面向基层，充分发挥传统礼教文化在乡村治理和社区治理方面的作用。中国当今正在由农业社会向工业社会过渡，城镇化过程加快，城乡二元化的差距正在逐步缩小。但同时，乡村治理方面也存在许多问题。现在村委会和居委会都实行直选，被认为是加快发展基层民主的表现。但是，也出现了一些贿选现象，有些地方家族势力比较强大的村民当选，甚至被黑恶势力所控制。中国传统

---

① 贺麟：《文化与人生》，商务印书馆1988年版，第58页。
② 郭齐勇：《新时代"六伦"的新建构》，载《孔学堂》（中国思想文化评论）2014年创刊号。
③ 孙春晨：《儒家礼治与当代中国法治》，载《山东社会科学》2015年第12期。

的乡村治理却有非常丰富的经验,可以作为今天的借鉴。

在传统社会中,"皇权不下县",朝廷直接任命的官吏只到达县级。乡村治理主要由乡绅依靠宗法制度来实现自治。这种治理主要以文化伦理教化为基础,礼仪的践行是维系乡村社会秩序的重要手段。然而自近代以来,西方价值观念与生活方式成为人们追求的时尚,传统礼仪则被视为专制的代名词而遭到批判。在经济全球化、商业化的冲击下,传统礼仪在乡村社会中的影响越来越弱。重建乡村礼俗对于改良社会风俗、稳定乡村秩序都有重要意义。南宋《朱子家礼》在乡村的传播与推行,可以为我们今天的乡村治理提供有益的借鉴。《朱子家礼》曾经流播到日、韩等东亚国家,对当今"东亚文化圈"的国家产生了重大影响。在今天的日本、韩国,《朱子家礼》所规定的礼仪与伦理规范,仍然发挥着作用。在我国福建南部的一些地区,《朱子家礼》的礼仪仍然较为完整地在乡村推行。由此可见礼仪在维护世道人心方面所发挥的巨大作用。当下,保护传承乡村文化传统,重建乡村礼俗,培育新的乡村文化,对于乡村治理有着重要的意义。

最后,积极践行、充分发挥传统礼教文化在个人修身方面的重要作用。在十八届中央政治局第十三次集体学习中,习近平指出:"一种价值观要真正发挥作用,必须融入社会生活,让人们在实践中感知它、领悟它。……使核心价值观的影响像空气一样无所不在、无时不有。"[①] 儒家传统礼教文化的修身方法就是把儒家的基本价值规范融入日常生活,成为社会成员自觉遵守的行为准则,在"百姓日用而不知"的状态中把仁义礼智信等价值观内化成其人格的一部分。在今天推广和普及儒家传统礼教文化的修身方法,可以提高公民的道德自觉意识和自律意识,极大地改善社会风气。

作为传统社会主流意识形态的儒家传统礼教文化,在长期发展的过程中形成了一系列行之有效的修身方法,如反省、慎独、静坐、克己复礼、知行合一等,对提高公民道德、改良社会风气、维护社会秩序、改善政治生态都发挥了非常重要的作用。

三、灵根再植而非复古

我们主张发挥传统礼制对当代公民道德建设的积极作用,并非主张恢复传统的礼教生活,并非复古。实际上,传统与现代是密不可分的。美国的社会学家爱

---

① 习近平:《把培育和弘扬社会主义核心价值观作为凝魂聚气强基固本的基础工程》,载《人民日报》2014年2月26日。

德华·希尔斯批判启蒙运动以来西方社会把传统与科学理性视为对立的流行观点，他指出，"传统并不完全是现代社会发展的障碍，而启蒙学者和技术至上的科学主义者也并没有逃脱过去传统的掌心"[①]。我们每一个人都生活在传统当中，我们的思想观念、行为方式也都或多或少地受到传统的影响。传统并非是理性与科学的对立面，恰恰相反，社会的进步与科技革命往往需要从传统中寻找思想资源。

许多国家的近代化也是通过复兴传统文化而实现的。14～16世纪的文艺复兴，最早发源于意大利，后扩展至西欧各国。这场文化运动以复兴古希腊、罗马传统文化为旗帜，通过对古代经典文献的研究，吸收了传统文化中优秀的思想资源，发展出了近代资产阶级启蒙思想：主张个性解放，反对禁欲主义；提倡科学文化，反对蒙昧主义；肯定人权，反对神权。强调人的价值和尊严，促进了人文主义的觉醒和思想解放，使西欧各国在文艺、宗教、经济、政治等领域都发生了革命，大大加快了社会发展的进程。

在当今现代化的过程中，每个国家都面临着传统文化的现代转型问题。日本被认为是外缘型现代化成功的国家，日本的现代化经验或许可以给我们提供许多启示。日本的明治维新被认为是日本现代化的开端，但明治政府却是以"王政复古"开始的，其现代化道路走的却是"脱亚入欧"的外缘型现代化道路。福泽谕吉认为，日本的国民性存在诸多缺点，需要用西方的优秀文化加以改造。他吸收了西方自由平等观念和国家契约学说，以"智慧"改造、公德意识和独立意识改造日本国民的旧风尚、旧习性，造就德智兼优的日本新国民，使日本国民在文化上更接近西方文化的"母体"。[②] 日本通过学习西方的维新运动走上了富强的发展道路，但"脱亚入欧"的目标并没有实现，与此相反，日本在现代化的过程中，为了抵制儒家文化、佛教文化和中国的影响，兴起了国粹主义，提倡"和魂洋才""大和精神"，把原来属于地方性的民间信仰的神道，发展成为全国性的国家神道，为军国主义的兴起埋下了隐患。日本的现代化启示我们，现代化要吸收世界先进文明的成果，但也不可能抛弃传统。要吸收传统文化的精华，而不是保留其消极文化糟粕。

在中国现代化的过程中，要警惕和防止"被现代化""被西化"的处境，就必须保持文化自我更新的主体意识，必须有"寻根意识"，才能有民族自豪感和文化自信，才不会在现代化的过程中迷失方向。中国在实行改革开放的过程中，现代西方的个人主义思想与文化对中国的社会主义道德观念体系曾一度造成了严

---

① 爱德华·希尔斯著：《论传统》，傅铿、吕乐译，上海人民出版社2009年版，"译序"，第1页。
② 宫兴华：《严复与福泽谕吉国民性改造比较》，西南交通大学硕士学位论文，2005年。

重的冲击,如何重建当代社会主义社会的公民道德规范,已经成为当今迫在眉睫的文化建设任务。经过一个世纪的探索,我们发现,中国传统礼制文化中蕴含的思想道德资源仍然是当今中国公民道德建设的重要源头活水。

我们今天要挖掘的中国传统礼教文化资源,不是那些落后的伦理纲常,而是灵根再植,是从传统礼制中汲取合理的、符合现代性的思想资源。此"灵根"乃是中华民族五千年来世代相传的、渗透到中华民族血脉中的仁义礼智信、忠孝、廉耻等具有人文主义精神的核心价值。这些核心价值与社会主义核心价值相一致。习近平总书记多次强调,培育和弘扬社会主义核心价值观必须立足中华优秀传统文化。……不忘本来才能开辟未来,善于继承才能更好创新。要深入挖掘和阐发中华优秀传统文化讲仁爱、重民本、守诚信、崇正义、尚和合、求大同的时代价值,使中华优秀传统文化成为涵养社会主义核心价值观的重要源泉。当前,部分地区民间儒学的兴起,在一定程度上可以看成是顺应了时代发展的要求。有学者认为:"民间儒学是儒学灵根自新、重返社会人间的文化思想形态,它使仁义礼智信、忠孝、廉耻等核心价值进入寻常百姓之家,成为老百姓的生活指南与安身立命之道,使世道人心得以安立。"① 我们认为,这一说法值得关注。如何将儒家礼教文化的核心价值与社会主义核心价值观的宣传教育活动结合起来,使这些核心价值观内化为人们的精神追求,外化为人们的自觉行动,是摆在当今思想宣传教育与文化研究人员面前的一个重大课题。

第二节 君子之道与现代生活

自晚清以来,中华民族陷入了一种前所未有的巨变之中,该变局远比殷周之际、春秋战国之际的变革来得更加深广剧烈,直到今天我们仍在其间多方摸索、找寻出路。此节拟通过探讨君子之道与现代生活的关系来寻求中国传统文化的复兴之道。这项工作包含下列三个方面的内容:首先需要阐明的是君子之道在古代所具有的真实内涵,亦即对其所规定的人生方向、生命理想形态做出确切描述;其次需描绘出该理想在古代社会中得到落实的具体方式,亦即君子之道在传统社会中的运作机制及其制度保障;最后是讨论君子之道在当下及未来的中国(作为转型社会)的应有展开,亦即描绘出新时代君子之道的方向。

---

① 郭齐勇:《近年来中国大陆儒学的新进展》,载《广西大学学报》2015年第1期,第2页。

一、进德与修业——儒家对君子之道内涵的规定

要讨论君子之道与现代生活的关系,首先得阐明何谓君子之道。这就牵涉到儒家对理想人格及其生命形态的规定。简言之,这种理想人格即是君子,其生命形态的展开即是君子之道。儒家对君子之道的基本规定可用《易传》中的如下说法来概括:"君子进德修业。"① 此即表明:君子之道的展开包含两个方面的本质内容,一是不断地增进自己的德行,二是卓然挺立自己的事业。自孔子建立儒家的规范以来,它就成为儒者共同追求的人格目标,先秦之儒如此,汉唐之儒如此,宋明之儒亦如此,其精神盖可追溯至夏商周以来的忧患意识当中。

(一) 君子之道的源头

在《尚书》中,我们瞥见了君子之道所从出的渊薮。作为上古时代经典文献的汇编,《尚书》展示了夏商周三代深远宏阔的政治实践脉络。其间贯穿始终的主题是"敬慎事天、敬德保民(先王顾諟天之明命、恪谨天命)",在《周书》中该精神体现得尤为明显(王其疾敬德、不可不敬德、用康保民、永保民)。徐复观称之为"忧患意识",并指出:"忧患意识乃人类精神开始直接对事物发生责任感的表现,也即是精神上开始有了人地自觉的表现……在忧患意识跃动之下,人的信心的根据,渐由神而转移向自己本身行为的谨慎与努力。"② 在以文王、周公、召公为代表的周人中,这种忧患意识被提升为治国平天下的主导精神。"周人建立了一个由'敬'所贯注的'敬德'、'明德'的观念世界,来照察、指导自己的行为,对自己的行为负责,这正是中国人文精神最早的出现。"③ 进德修业的理念即于此开始扎根:由敬德、明德生发出进德,由事天保民生发出修业,其具体落实则为周代的礼乐制度。

(二) 君子之道的奠基

至春秋时期,周文日见疲敝,礼乐制度日以陵夷。然而此时出现了信而好古、述而不作的孔子,他用"仁学"唤醒了中国人文精神的灵魂。孔子由此提出了君子的理想人格并首次对君子之道做出了本质规定。在孔子这里,君子的古义逐渐消泯,代之而起的是指向德行人格的新义:君子即是时时刻刻居仁由义的有

---

① 王弼著,楼宇烈校释:《周易注》,中华书局2011年版,第5页。
② 徐复观:《中国人性论史·先秦篇》,上海三联书店2001年版,第19~20页。
③ 同上书,第21页。

德者。所以孔子说："君子去仁，恶乎成名？君子无终食之间违仁，造次必于是，颠沛必于是。"① 又说："君子之于天下也，无适也，无莫也，义之与比。"② 这就表明：仁义才是君子的生命依归，进德对君子而言是贯穿生命始终的，不可斯须去身。此外，终身学而不厌、诲人不倦的孔子又有着"吾其为东周"的政治理想，并视自己为"待贾者"，三月无君则栖栖惶惶。为了实现自己的政治抱负，孔子曾周游列国、干七十余君，然而却终无所遇。孔子又从德行、政事、言语、文学等方向来培养弟子，广造经世致用的人才以期善化天下。故孔子又用"修己以安人""修己以安百姓"来描绘君子之道。正是在这些努力中，我们看到了修业的理念：平治天下（政道、治道）、传承斯文（学统、文统）是君子的本分事业。综括而言，在孔子这里，进德与修业均是终身之事：进德是始终相续、绳绳相继的，不可略有间断；修业虽也是终生的事业，但却只能是随时以尽分，盖其间有命的因素在。

孔子对君子之道的规定在后世得到了继承和发扬。就《大学》而言，三纲领中，明明德即相应于进德，新民即相应于修业（在具体的事业中落实新民的理想），而止于至善则表明进德、修业均是贯穿生命始终的无止境者。八条目中，格致诚正是进德的工夫，修齐治平是修业的规模。即此而论，我们完全可将《大学》视为描绘君子之道的经典文本，盖其与大人之学本无二致。就《中庸》而论，戒慎恐惧、慎独以致中和是进德的功夫，位育天地万物则是修业的最终企向。具体而言，行知、仁、勇之三达德而底于至诚即是成德的化境，行五伦之达道而至于天地位焉、万物育焉即是修业的化境。故《中庸》有言："君子之道费而隐……造端乎夫妇，及其至也，察乎天地。"③《中庸》对君子之道的描绘可谓尽善尽美、无以复加矣。《易传》中"盛德大业，至矣哉！富有之谓大业，日新之谓盛德"④ 等说法，也正与此描绘遥相呼应。这些文本更为鲜明地阐述了孔子所标识的君子之道。孟子与荀子心目中的君子之道亦不外乎此规范。

（三）汉唐宋明的君子之道

自先秦儒家奠定君子之道的基型之后，它就成为后世儒者政治实践及学理阐发的指导理念。后世儒学的发展可分为两个阶段：汉唐的传经之儒及其经世致用、宋明的明道之儒及其心性之学。粗略言之，汉唐之儒重在从制度上落实此君子之道，如董仲舒的天人三策、举孝廉等选拔制度的创设、士大夫政治的

---

① 朱熹：《四书章句集注》，中华书局1983年版，第70页。
② 同上书，第71页。
③ 同上书，第22~23页。
④ 王弼著，楼宇烈校释：《周易注》，第346~347页。

演生、文治政府的创建等，在功业方面取得了显赫的成绩；而宋明儒则尤为关注从学理上阐明君子之道的意蕴，对心性本体、修养工夫等问题的讨论达到了难以企及的高度（我们在此只需提出两个事例：宋前期有伊川著《颜子所好何学论》提出"学以为圣人"之说、明中后期有阳明"读书做圣贤为人生第一等事"之说；讲习讨论、发奋修身以成就圣贤人格是宋明儒的共同意识）。此间，我们可说前者偏重于修业（但并非不讲德，而恰是在具体制度、行事中落实其德，如汉儒的敦厚朴实、忠孝节义），后者偏重于进德（但并非不修业，书院讲学、乡约民规乃至得君行道，均意在落实其学其德以成就大业）。然两者均涵括在君子之道的本质意蕴当中：汉唐与宋明的儒者均不能外乎内圣外王之道，只是各有侧重而已。

（四）君子之道的本质内涵

自孔子确立君子之道以来，它就成为后世儒者修己治人的最终准则。各个学派虽然会就如何修己、如何治人展开多方的争论，但德业双修的理念从来就未曾动摇过。我们可将其视为中国人文精神的独特内涵：它规定了君子之道的承担者——士大夫阶层在政治与文化上的实践方向。尤需指出的是，君子对于进德修业的实践有着精神上的高度自觉，它体现为某种刚毅雄浑的义理承当。曾子之"士不可以不弘毅，任重而道远。仁以为己任，不亦重乎？死而后已，不亦远乎"、孟子之"如欲平治天下，当今之世，舍我其谁也"[①]，最能体现这种精神特质。正是基于此种精神的贯注，君子才能做到"志于道""无恒产而有恒心"；在德行上，它体现为自觉的、无止境的向上奋进；在事业上，它运作于家国天下的宏阔格局之中。家之伦理、国之治理、天下之兴亡，均被统摄在其中。

二、庙堂与江湖——传统社会中君子之道的展开模式

君子之道的基本内涵既已阐明，但它作为生命展开的理想形态，只有扎根在具体的社会生活中才能赢得真正的成长空间。这就牵涉到如下的问题：君子之道在传统社会中是如何展开、落实的？要回答此问题，首先要明白中国传统社会形态的基本结构，其次要看君子之道的承担者（士大夫、绅士）在其中扮演了什么样的角色、发挥了什么样的功效，其间又有什么样的因素在保障这些功能的实现。下面，我们将借助前人及时贤的研究基础，进一步对其进行阐述。

---

① 朱熹：《四书章句集注》，第 104、250 页。

（一）中国传统社会形态的基本结构

所谓传统社会，指的是秦汉以降直至晚清的社会形态。本书尤为侧重明清时期的社会形态，因为此时期距离我们最近，对当前社会形态的影响最为直接。如何定位中国传统社会的形态，目前学界并无确切、统一的意见。本书则拟参照梁漱溟、费孝通等人的研究，分三个层次对其展开论述。

就底色而言，中国传统社会乃是一种伦理社会，亦即整个社会是通过一张无穷无尽的伦理关系网来构成的：一切其他的组织，不管是政治的、经济的还是文化的，均依托在此伦理关系网上。它以家庭、宗法为起点，然而又不限于此，其极限是无边无际的天下。梁漱溟说："中国人就家庭关系推广发挥，以伦理组织社会"，"由是乃使居此社会中者，每一个人对于其四面八方的伦理关系，各负有其相当义务；同时，其四面八方与他有伦理关系之人，亦各对他负有义务。全社会之人，不期而辗转互相联锁起来，无形中成为一种组织。"[①] 张东荪亦有类似的说法。费孝通曾提出"差序格局"概念，他用了如下的比喻："以'己'为中心，像石子一般投入水中，和别人所联系成的社会关系……像水的波纹一般，一圈圈推出去，愈推愈远，也愈推愈薄。"而"一个差序格局的社会，是由无数私人关系搭成的网络"[②]。很明显，费孝通的差序格局社会即是伦理社会。它是中国传统社会形态的内蕴、底色，数千年王朝的更替未能对此做丝毫撼动。

自社会人员构成的横向类型而言，中国传统社会可用四民社会来加以描绘。士农工商是构成传统社会的主要阶层：士人掌握文化知识，参与国家治理并执掌教化；农民耕种土地、缴纳赋税并服役，数量最多，分布最广，是供养国家的主体；工人负责制造器械用具；商人则贸迁有无以追逐利润。四者之中，以士农为本，工商为末。但需指出，传统社会中的士农工商并非阶级之分，而是属于职业上的分途，它们之间有较为通畅的流动性。如梁漱溟说："在中国耕与读之两事，士与农之两种人，其间气脉浑然相通而不隔。士与农不隔，士与工商亦岂隔绝？士农工商之四民，原为组成此广大社会之不同职业。彼此相需，彼此配合。隔则为阶级之对立；而通则职业配合相需之征也。"[③] 在梁氏看来，此职业分途的四民社会实与此上的伦理关系网相互配合："伦理秩序著见于封建解体以后，职业分途即继此阶级消散而来，两方面实彼此顺益，交相为用，以共成此中国社会。"[④] 其论实为真知灼见。

[①] 梁漱溟：《中国文化要义》，上海人民出版社2011年版，第79页。
[②] 费孝通：《费孝通全集》第六卷，内蒙古人民出版社2009年版，第128、136页。
[③] 梁漱溟：《中国文化要义》，第147页。
[④] 同上书，第181页。

自纵向的社会治理秩序而言，中国传统社会具有如下的基本政治结构：皇室—士人—百姓（民）之间的三维互动。在此结构中：皇室掌握政权，拥有生杀予夺的终极权力；百姓则按宗法、地缘等聚居方式分散各地以形成乡土社会（基层社会）；士人身居其间，一面参与政治、代表皇室治理百姓，一面又代表百姓监督、引导皇室的权力运用。正是在这种结构中，产生了中国政治的种种特性：皇权专制、官僚政治、士大夫政治等。综合此底色、横向、纵向的三重结构，我们就认识了中国传统社会形态的基本结构。正是在这些结构当中，我们找到了君子之道的运作空间及其运作机制：盖士人乃是君子之道的真正承担者，明了其地位和功能方能开解君子之道的真实意蕴。

（二）君子之道的展开模式及其保障体系

士大夫阶层作为君子之道的承担者，其社会功能首要地体现在纵向的治理结构中。自皇室与民众而言可有庙堂与江湖之分：庙堂是天高皇帝远的权力中心，江湖是分散各地、星罗棋布的各级乡土社会。皇室靠自身无法治理偌大的江湖，它需要一个代理阶层，代表皇室以中央和地方行政的方式将触角伸及各个乡土社会并将其纳入整个国家的运作体系当中。该阶层即是士大夫阶层，它是流动的（因而非贵族政治）：士大夫大多出身于乡土并通过选拔机制进入地方或中央行政担任有期限的官职（流官制），任满之后又重回乡土。该阶层在乡土基层社会为乡绅，进入行政体系为官员，进入皇室则为师傅。君子之道即运作在这种流动机制当中。

就历史的实际展开而言，君子之道的落实即为士大夫政治：该阶层既承继进德的自觉精神，也肩负着治理天下的事业责任。阎步克在研究士大夫政治演生史时曾说："这种政治文化模式认定，每一个居身上位者相对于其下属，都同时地拥有官长、兄长、师长这三重身份，都同时也具有施治、施爱、施教这三重义务。'尊尊、亲亲、贤贤'之相济相维，吏道、父道、师道之互渗互补，君、亲、师之三位一体关系，再一次地成为王朝赖以自我调节与整合社会基本维系，并由此而造就了一种特殊类型的专制官僚政治——士大夫政治；'君子治国'之政治理想，'士、农、工、商'之分层概念，也就一直维持到了中华帝国的末期。"[1] 费孝通则从皇权与绅权的互动角度将士大夫的参政视为对权力的逃避、自保模式。[2] 这些解释均言之成理，可以帮助我们更好地理解士大夫阶层的角色以及君子之道的落实。

---

[1] 阎步克：《士大夫政治演生史稿》，北京大学出版社2015年版，第423页。
[2] 费孝通、吴晗等著：《皇权与绅权》前三篇，生活·读书·新知三联书店2013年版。

君子之道的上述展开模式在传统社会中有其相应的保障体系：一是经济保障：考取功名的机会在古代虽不是人人都有，但大体是开放的，耕读传家的普遍格言正可为此做注脚。穷人可借助乡里的各种帮助（如族田、义塾）而登科，更不用说富人了。而一旦进入士绅阶层，其经济地位就更有保障了。二是文化伦理保障：在四民社会中，士人的地位向来是最高的，大体上都受人尊重。三是制度保障：选举制度（科举制）以及由功名、官职而来的种种特权，此点至关重要。对此，何怀宏曾有明确论述："纵观自秦汉至晚清这两千多年的总趋势，说古代选举在政治上和社会上的地位愈来愈重，最终达到了一个以'学而优则仕'为重心的'选举社会'，应当说是大致不差、有相当多的历史证据可以支持的。"① 要而言之，正是这些保障体系为君子之道的落实提供了基础和空间。

（三）士大夫阶层（君子）的社会功能分析

由以上分析可知，士大夫阶层所具有的社会功能已略具雏形。具体而言，可分五个方面来说：道统（合法性的源头）、政统（政治的主权）、治统（主权的运用）、学统（学术的传承）、教统（风俗的教化）。五者当中，政统（实际权力）由皇室掌控，士大夫不得染指，但对其有限制、规范、引导等作用；道统规定了最终的话语权，往往由士大夫软性地掌握、维持以便限制政统（如董仲舒之天，宋明儒之天理、王道）；治统几乎全由士大夫执行、落实；学统则是士大夫立身行事之本，他们正是因为掌握了有关道统、政统、治统、教统的规范性知识才成为士人；教统则指士大夫在为官及退居乡里时所起到的教化功能，亦即主导并维护一个礼俗的社会。简而言之，士大夫阶层护持道统、学统、治统、教统四者，并以此来规范、引导并服务于政统。② 置于治理结构中而言，道统与学统是士大夫立身行事之本，对上（皇室）加以规范、引导，对下（民众）则治理、教化双管齐下，总期在维持一个天下太平、政治清明的社会。如梁漱溟说："士人于是就居间对双方作功夫：对君主则时常警觉规谏他，要约束自己少用权力，而晓得恤民；对民众则时常教训他们，要忠君敬长，敦厚情谊，各安本分。大要总是抬出伦理之大道理来，唤起双方理性，责成自尽其应尽之义……士人就是不断向这两面作功夫，以安大局。"③

---

① 何怀宏：《选举社会》，北京大学出版社2015年版，第32~33页。
② 费孝通将历史上的皇权与绅权纠缠目为政统与道统（宽泛义）之争，并认为唐（韩愈）以后，道统完全屈服于政统。其间颇多真知灼见，然而并未能完全符合历史的实情：盖宋明儒（尤其是宋儒）在限制皇权上做过很多的努力，并没有完全屈服于政统。
③ 梁漱溟：《中国文化要义》，第198页。

（四）进德、修业理想的具体落实

君子之道的内涵即在上述展开模式及社会功能中得到落实：自道统而言，他们须坚守最基本的人伦价值体系（此价值之亡即是顾炎武所说之亡天下）；自政统而言，他们须忠于国家、皇室；自治统而言，他们须清廉为官、为民父母；自学统而言，他们须尊师重道、守先待后；自教统而言，他们须崇德好礼、善化邻里乡间。这一切均依托其原生的家庭伦理关系而产生。这也就是说，在原本的父子、兄弟、夫妇之外，他们还要对君上、对子民、对先贤、对后学等负有义务。他们的德行就在于自觉地肩负起这些义务并奋发向上地加以践行，他们的事业就在于随其分位、尽其所能地铺展其福泽：美政美俗以安天下。其德行的最高目标在于尽伦（圣者尽伦），其事业的最高目标在兼善天下（让天下人依其伦理关系各安其位、各得其所）。士大夫政治，自其理想而言即在实现这两个目标，而它们也正与中国传统社会的基本形态（伦理社会、职业分途）密切吻合。

三、君子之道的现代转型

如果说君子之道在传统社会形态下可由士大夫阶层加以承担、落实，那么自晚清以来，随着古今中西交汇之大变局的展开，君子之道连同整个士大夫阶层逐渐被急剧变革的新社会所遗弃。在此变局中，一方面，传统的社会形态呈全面崩溃之象，而所有那些依托于旧社会形态上的制度和文化理念均不再保有其稳定性和指导地位；另一方面，社会变革依旧在展开、综合创造的工作依旧在进行，新的社会形态远未成型，稳健的新制度和富有活力的新理念依旧在远方。在这种情形下，人们不禁要问：在当下以及未来的中国谈论君子之道还有意义吗？如果肯认进德、修业在价值上的永恒性，答案当然是肯定的。因此，真正的问题是：我们今天该如何重建君子之道？如何才能让此理想再度扎根现实并成为维系社会运转的精神力量？以下即结合传统社会的现代转型来探讨君子之道在当下及未来的应有展开。

（一）传统社会形态的全面崩溃

晚清以来直至当前，传统社会形态的崩溃已是不言自明的事实。其根本体现在于：中国传统社会形态的基本结构已被全面颠覆。就底色而论，以旧有伦理关系来组织社会的模式已被抛弃，权利社会的因素已渗透到当前社会的各个层面。就阶层构成而言，四民社会的类型结构也已经全面解体，工商阶层已成为社会主流，农民则被边缘化，而曾在古代承担君子之道的士大夫阶层甚至已消失不见。就政治结构而言，皇权专制、官僚士大夫政治已被政党政治所取代，士人居间的三维互动格局早已不复存在。这就是全面崩溃的表现。

底色的改变可归结为两点：一是伦理社会向权利社会的过渡。前者以尽伦理上的义务为本，后者以保障个人的权利为本；伦理关系在多方面让位于权利关系。二是礼俗社会向法律社会的过渡。在传统社会形态下，社会的运作是以礼义风俗为本的，传统的力量非常强大；但在转型社会中，法律所起的作用越来越重要，"法治社会"的提法也早已进入国家议程。此即如梁漱溟所言："我们旧的社会组织，是伦理本位，互以对方为重的；但自西洋风气输入，逐代以个人本位、权利观念，伦理本位社会乃被破坏……再则由于政治的变动，而有法律的改定，——把西洋权利本位的法律搬入中国，此影响于社会者更大。"①

四民社会的全面解体，则更是有目共睹。对此，金耀基曾描述道："士、农、工、商的阶级结构，在过去这一百年中，由于经济技术化所造成的结构的变迁，也已随之破裂……社会上才智之士，在对西方价值的向慕与新的阶级利益的诱惑下，已纷纷从传统的政治窄门走出……'士、农、工、商'的分类亦已成为历史的陈迹。"② 简言之，在现代化大潮的冲击下，中国社会也早已经走上了现代职业分工合作的道路，四民社会的旧有形态是再也回不去了。我们已经不可能走回头路，只有在当代社会里另觅新路。

传统政治结构的崩溃，亦可归结为两点：一是皇权政治已被现代的政党政治所取代。自辛亥革命推翻帝制以后，皇权政治就再也无法重新赢得其合法性，政党成为主导政治的真正力量。二是天下观念被现代民族国家观念所取代。自晚清以来，中国就在半殖民地的处境中挣扎，而摆脱此境地以建立独立、自主的新中国，让中华民族屹立于世界民族之林，则是数代革命志士的奋斗目标。此目标的实现过程即是民族国家观取代天下观的过程。传统社会的庙堂—江湖结构已不复可见，现代式的国家运作模式已经深入社会的各个角落。士大夫阶层的消失以及各类新型专业人才的涌现，已经成为现实的社会状态。要而言之，不论就底色而言，还是就阶层类型、政治结构而言，传统的社会形态已然全面崩溃，新的因素早已涌入并强有力地塑造着转型中的中国社会。

（二）转型社会的纠结以及对其发展方向的思考

如上所述，中国传统的社会形态已全面崩溃。但这是否意味着全新的社会形

---

① 梁漱溟：《乡村建设理论》，上海人民出版社2011年版，第61~62页。
② 金耀基：《从传统到现代》，中国人民大学出版社1999年版，第67~68页。

态已经成型了呢？全然不是。梁漱溟在数十年前对中国社会做过这样的描述："此刻的中国社会，就是东不成，西不就，一面往那里变，一面又往这里变，老没个一定方向。"① 传统的伦理社会虽已崩溃，但现代的权利社会却未能全面地取代它，所以伦理的部分失范与权利尚未全面确立的真空、礼俗与法律的矛盾和冲突，实际上贯穿在社会生活的各个方面；四民社会虽已解体，但所建立的职业社会秩序却依然很不健全，整个社会在类型构造上呈现出前现代、现代、后现代三者相互叠加的情形。塑造社会的种种力量还未能得到有效的整合，社会中处处可见矛盾与冲突。它们所体现的恰恰是转型社会的内部纠结。

为化解其内部纠纷、成功实现转型，前人与时贤提出过种种思考。本书于此列举出数种以凸显其可能的发展方向。一是梁漱溟认为，新中国的建设应从乡村入手，融团体意识于伦理关系之中以期成就新型社会，亦即发挥中国的长处以吸收外国的长处："中国之长处在有'伦理情谊，人生向上'两大精神；中国之短处在缺乏'科学技术，团体组织'……要建设新中国文化，第一在发挥固有精神引进团体组织，第二在以团体组织运用科学技术。只如此使圆满无缺，更无其他。"② 其根本精神即在于用向上的伦理（情理）精神来融会自由民主政治与科学技术（理智）。二是费孝通将转型成功的责任寄托在知识分子身上，并认为："中国知识分子是否还有前途，要看他们是否能改变传统的社会结构，使自然知识、技术知识、规范知识能总合成一体，而把他们所有的知识和技术来服务人民。"③ 而对于成功转型后的中国社会情形，他有如下的设想："皇权变质而成向人民负责的中央政权，绅权变质而成民选的立法代表，官僚变质而成有效率的文官制度中的公务员，帮权变质而成工商业的工会和职业团体，而把整个政治机构安定在底层的同意权力的基础上。"④ 这是从传统四权（皇权、绅权、帮权、民权）的现代转换角度来定位中国的现代化。三是港台新儒家的代表人物牟宗三为未来中国文化的发展提出了三统并建的方案，亦即："一，道统之肯定，此即肯定道德宗教之价值，护住孔孟所开辟之人生宇宙之本源。二，学统之开出，此即转出'知性主体'以融纳希腊传统，开出学术之独立性。三，政统之继续，此即由认识政体之发展而肯定民主政治为必然。"⑤ 总的来说，就是要在理性的作用表现中开出其架构表现。唐君毅用西方的"方以知"来充实中国传统的"圆而神"的主张正可与此相通。⑥ 四是金耀基认为现代化三个最重要的方面是：思想

---

① 梁漱溟：《乡村建设理论》，第65页。
② 梁漱溟：《我们如何拯救过去：梁漱溟谈中国文化》，江苏文艺出版社2013年版，第196~197页。
③ 费孝通、吴晗等：《皇权与绅权》，第28页。
④ 费孝通：《费孝通全集》第五卷，第135页。
⑤ 牟宗三：《道德的理想主义》修订五版，（台北）学生书局1982年版，第6页。
⑥ 唐君毅：《中国文化之精神价值》，江苏教育出版社2006年版，第328页。

教育上的科学化（职业化、理性化）、经济上的工业化以及政治上的民主化。要达成这些目标，我们必须综汇传统与现代来做"文化再造"的工作："质言之，中国现代化运动的'文化再造'工作，乃是要在新、旧、中、西的四个次元之中，抉择其可能（而不仅是应当）抉择的文化质素，以创造一'运作的、功能的综合'。"①

以上思考只体现了学者们的努力，但我们从中也可以窥见某些共同的认识与诉求：第一，当下中国所面临的是一个巨大的转型处境；第二，转型的首要目标在于实现不可回避的现代化；第三，现代化是一个整体理念，包含有诸多内容，但工业化、科技化、民主化是其基本义涵；第四，现代化是要以传统为基础来接纳、融会外域的先进文化要素；第五，从根本上来讲，从传统到现代的成功转型有赖一种文化、精神上的融会、再造工作（亦即整个文化系统、民族精神的重建）。如果我们将思考视为行动的眼睛，那么以上思考就为我们当下及未来的现代化实践提供了必不可少的基本视野。

（三）君子之道在中国当下与未来的展开

了解了目前的转型处境，我们现在来探求君子之道在当下及未来中国的应有展开方式。正如此前所言，君子之道的核心内涵是德性与德行，这两者对人类社会而言均是永恒之物。所以它们在当下及未来的中国也是必须要有的。但任何德性、价值均由人来承担、彰显，而在现时代，德业双修的理想又该由谁来肩负呢？现在的处境是：在历史上曾承担君子之道的士大夫阶层已不复存在。此即如金耀基所言："一百年以来，中国社会经历了亘古未有的形变。儒家的意理与价值在西方文化的冲击下，已逐渐由遗落而退隐，……士大夫阶级慢慢地从实际人生退向虚拟的舞台。"② 代之而起的转型时代的知识分子，按照金耀基的观点，我们可对其做广义和狭义之分："在现阶段的中国，政府的官僚角色……已由军人、律师乃至医生以及专业性的人员所充斥。在这里，我们必须了解，这些新的角色虽不是'士大夫'，但却是广义的知识分子。而比较上承替了传统士大夫地位的人是'狭义'的知识分子，他们是大学教授、大学学生，以及其他从事思想的建构与传播的人士。"③ 即此而论，德业双修的理想目前当由知识分子来承担，而狭义的知识分子在其间应承担更多的责任。

然而，知识分子在转型社会时期又该如何落实进德修业的理念呢？这必须结

---

① 金耀基：《从传统到现代》，第161页。
② 金耀基：《中国现代化与知识分子》，（台湾）言心出版社1977年版，第74页。
③ 同上。

合理念与现实两个层面来探求其模式：一是在理念层面上，进德、修业的理想必须高举并用以主导我们的生活实践，但其具体模式必须因应具体的社会形态；二是在现实层面上，我们目前乃至在未来很长一段时间内都将处于转型社会当中，德要在此中进、业要在此中修。具体来说，君子之道在当下及未来中国的展开应明确如下的方向：第一，在更广义的伦理关系中来进德。如果说五伦在古代曾规定了士大夫的进德方向，那么现时代的知识分子必须在更广义的伦理中来实践其道德。现时代的伦理关系，简言之，可归结为三个层面：国家伦理（相应于现代民族国家）、社会伦理（相当于现代职业社会）、家庭伦理（现代意义上的小家庭）。前两者属于团体伦理，而后者则属于亲缘伦理。这也就是说，现在的社会已经不是一个由伦理关系组织起来的边界不定的社会，而是一个具有明确边界及结构分层的社会，而家庭则相对地缩小并在功能上有极大的退缩。与以上的情形相应，现时代的进德方向为：公民情怀、职业道德与个人品德。公民情怀面向整个国家，职业道德针对个人所从事的职业，个人品德则指向家庭生活以及日常的待人接物。[①] 这三者之间是良性互动的关系，它们所指向的是新时代的整全的德性人格。简言之，现在的知识分子如果能做到有品德、有操守、有家国情怀即是新时代的君子。第二，在更复杂的专业分工社会中来修业。相应于以上的进德模式，修业的方向也可以归结为三层，亦即以奉献于国家（乃至奉献于全人类）、爱岗敬业、敬顺亲朋好友的方式来发展自己的事业。简言之，过好家庭生活、做好本分职业、为国家做力所能及的事情，能以这种方式修业的知识分子就是新时代的君子。随着知识技术的普泛化，君子的理想及其实践也逐渐普泛化，它不再是某个特殊集团独有的责任，而是每个有文化教养者都应该肩负的责任，它指向一个共同自觉的世界，在其中每个人都力求做个君子。

20世纪中叶，贺麟在《儒家思想的新开展》中曾指出："中国当前的时代，是一个民族复兴的时代……民族复兴本质上应该是民族文化的复兴。民族文化的复兴……是在西洋文化大规模的输入后，要求一自主的文化，文化的自主，也就是要求收复文化上的失地，争取文化上的独立与自主。"[②] 在我们看来，这种文化上的独立和自主直到今天依然有待追求。在此，我们选取君子之道作为讨论的主题，即意在从某个侧面来探求传统道德在现代的转换模式：它试图阐明君子之道的内涵以及它在传统社会形态当中的展开模式，然后经由对当下转型社

---

① 郭齐勇曾提出以新时代的"六伦"说来实现传统"五伦"说的现代转换，他认为除了需对传统的五伦做相应的改变之外，更需提出"群己"一伦以应对陌生人或公民社会的公共交往问题（参见郭齐勇：《孔学堂》（中国思想文化评论）创刊号，中文第45~50页，英文第162~171页，2014年8月）。而更早为梁启超所提出的"公德"说也与此问题相关（参见《新民说》），本文的看法正与这些思考互为呼应。

② 贺麟：《文化与人生》，商务印书馆1988年版，第4~7页。

会形态的分析指明某条复活其内涵的道路。我们以为，只有深入传统、扎根现实、面向未来并同时保有理想的超越性，我们才能在真正意义上完成文化的复兴，亦即文化上的"推故以致新"。这条道路不仅是传统道德的转化之路，也是广义的中国文化的转化之路。这也就是说，我们要在各个领域当中遵循其道以开出新的境界。

第五章

道家的尊生道德与生命伦理

道家文化①是中华民族传统文化的主干之一，它在长期的发展过程中，对我国古代哲学、宗教、道德、政治、科技、文学艺术诸领域都产生过深刻的影响；它对中华民族的心理结构、民族性格、民族凝聚力的形成和中华人文精神的铸造，同样起着极为重要的作用。英国科技史专家李约瑟指出："中国如果没有道家，就像大树没有根一样。"② 李约瑟用根来比喻道家在中国文化中的地位与作用，是十分深刻的。道家文化以其恢宏玄妙的宇宙论、辩证的思维方式以及无比丰富的思想内涵，构成了中华传统文化的根基。道家智慧，历久弥新，其中所包含的合理思想资源，如尊道贵德，顺应自然，珍爱生命，注重和谐等，至今仍然具有重要的理论价值与现实意义。特别是道家的生命关怀，是道家思想的精髓部分，其中不仅包含着丰富的贵生、养生思想，更有关于生命超越的独特方法，这对于解决现代人所面临的精神困境大有裨益。道家的生命哲学是学界关注较多的问题③，但系统而有深度的成果仍不多见，为此，我们从道家的生命价值观与超越性入手，结合现代性的观照对其生命哲学与生命伦理进行新的阐析。

---

① 本书所论道家指包含道教在内的广义的道家。
② 李约瑟著：《中国古代科学思想史》，陈立夫等译，江西人民出版社1999年版，第186页。
③ 可参见李刚《何以"中国根柢全在道教"》（巴蜀书社2008年版）、李振刚《大生命视域下的庄子哲学》（人民出版社2013年版）、刘笑敢《两种逍遥与两种自由》（《华中师范大学学报》2007年第6期）、田耕滋《论老子对人类生存的终极关怀》（《山西大学学报》1996年第3期）、姚维《道家生命关怀的哲学》（《新疆师范大学学报》1999年第1期）、毛丽娅《道教生命观的当代审视》（《四川师范大学学报》2012年第4期）、吕锡琛《道教养生智慧及其现代价值》（《中国宗教》2013年第9期）等论著。

第一节 道家生命哲学及其贵生重身的价值取向

道家的生命哲学以老子、庄子的思想为主干,《老子》《庄子》文本为阐发老庄的生命哲学思想提供了比较充实的文献依据。同时道家的其他学派也有其生命哲学思想,如杨朱、稷下道家、黄老道家、《吕氏春秋》所代表的道家思想等。本节内容主要阐述老庄的生命哲学思想,同时兼顾杨朱学派。至于稷下道家、黄老道家的生命哲学思想,仅在文中涉及,不作专门论述。

一、老、庄的生命哲学

老庄开创的道家生命哲学,大体上由以下四个方面的内容构成:生命观、生死观、重生论、养生论。养生论只是老庄生命哲学的一个方面。从哲学的角度看,这四个方面又可以分成两个部分,生命观、生死观为其哲学的理论基础,而重生论与养生论则是养生学的基本内容。

(一)"道法自然","乘天地之正"以游无穷的生命观

与儒、墨两家思想相比,以老庄为代表的道家思想特别注重人对自然法则的服从,同时又强调人通过对自然法则的准确把握,成为自然界的主动者。在生命哲学的理论层面,老、庄要求人们,首先要把个人的命运与自然的无形而有序的变化联系起来,如老子说:"域中有四大,而人居其一焉","人法地,地法天,天法道,道法自然"(《老子·第二十五章》)。庄子讲:"知天之所为,知人之所为者,至矣。知天之所为者,天而生也;知人之所为者,以其知之所知以养其知之所不知,终其天年而中道夭者,是知之盛也。"(《大宗师》)其次,他们又要求人们充分把握自然规律、利用自然规律,做到长寿、实现精神的自由,如老子说,"执古之道以御今之有",做到"深根固柢,长生久视",乃至于以天为榜样,"天乃道,道乃久,没身不殆"。而庄子说:"若能乘天地之正,而御六气之辨,以游乎无穷。彼且恶乎待哉!"(《逍遥游》)庄子的这一说法,已经包含了认识自然的规律,驾驭自然界的变化,以实现人的绝对自由的理想。

(二)"人之生,气之聚也;聚则为生,散则为死"的生死观

老子与庄子都认为人的生命是由阴阳二气构成的,如老子讲,"万物负阴而

抱阳，冲气以为和。"(《老子·第四十二章》)人是万物之一物，当然人也是由阴阳二气构成的。庄子更明确地说道："人之生，气之聚也。聚则为生，散则为死。若生死为徒，吾又何患？故万物一也……'通天下一气耳'。"(《知北游》)又说："夫大块载我以形，劳我以生，佚我以老，息我以死。"(《大宗师》)

庄子不仅明确地提出了气之聚散的生死观，而且还认为人的疾病是"阴阳之气有沴（凌乱）"（同上）的结果。正因为天地与万物都是由阴阳二气构成的，人活着的时候，只不过是阴阳二气在一段时间内的聚合状态；而死亡也并不可怕，只是又回到原来的气化状态。所以，道家将死亡看作是回家——重新回到天地的怀抱之中。这是一种非常达观的死亡观。

（三）重身与重生的思想——"名与身孰轻，身与货孰多？"

相对于儒家重视道德的价值而言，老、庄的生命哲学，乃至于整个道家的生命哲学思想，都有一种强烈的重身与重生的倾向。老、庄的重身与重生思想既批评一般人的贪物丧性，也批评统治者的贵物轻人，具有比较广泛而深刻的批判意义。老子面对"五色""五音""五味""驰骋田猎""难得之货"等外物对人性的扰乱，而提出了"名与身孰轻，身与货孰多"的疑问，将生命存在的意义摆到"名"与"货"之上。

庄子谴责那些"丧己于物，失性于俗者"（《缮性》）为"倒置之民"，并进一步议论道："今世俗君子，多危身弃生以殉物，岂不悲哉？""今世之人居高官爵者，皆重失之，见利轻其身，岂不惑哉？"（《让王》）

老、庄重身与重生思想还有更为深刻的地方，那就是：他们要建立一个以人为中心的政治组织。老子讲："贵以身为天下，若可寄天下；爱以身为天下，若可托天下。"（《老子·第十三章》）庄子讲："夫天下至重也，而不以害其生，又况他物乎？唯无以天下为者，可以托天下。""故曰：道之真以治身，其绪余以为国家，其土苴以治天下。"（《让王》）

我们认为，当今中国政治讲"以人为本"，重视人民的生命与财产的安全，其基本精神就来自传统的民本思想，而且与道家的重身与重生思想有深刻的内在联系。

二、老、庄的养生论

作为老、庄生命哲学的有机组成部分之一，养生论是以老、庄为代表的道家重身与重生思想的合理延伸。老子与庄子都重视人的长寿或者说"尽其天年"，不希望中途夭折，因而提出了一整套养生思想。

（一）老子的养生思想——"深根，固柢"的"长生久视之道"

就养生而言，老子提出了"深根，固柢"的"长生久视之道"的总原则。老子认为，"治人，事天，莫若啬"。"啬"即是"爱惜"的意思。正如治国的人要爱惜民力、财力，养生的人，就要学会爱惜精气，不滥用精力。如果养生能做到"啬"，那就获得了"深根固柢，长生久视之道"（《老子·第五十九章》）。老子在讲治国之道时曾经说道："我有三宝，持而保之，曰慈、曰俭、曰不敢为天下先。"（《老子·第六十七章》）慈，即保持一种母爱般的宽容精神；"不敢为天下先"，即是尊重万事万物运动法则，不先于万物而动的意思。俭，即是"啬"的意思，不滥用精力。析而言之，老子的"养生"思想可以从两个大的方面来把握：其一是养心；其二是养气。

1. 养心

老子认为，人类社会最高的善就像水一样。水给予万物好处而不与万物发生争斗，总是谦虚地处于低下之处，所以最能接近道的本性。人生在世，平时与人相处要保持一种低姿态，心灵要像高山上的深渊之水一样清明、透彻、宁静。与人为善，不与万物争斗，这样就不会有过错。这是老子"养心"的根本思想。

"养心"所达到的崇高道德境界就是"无私"。"天长地久，天地所以能长且久者，以其不自生，故能长生。是以圣人后其身而身先，外其身而身存。非以其无私耶，故能成其私。"（《老子·第七章》）因此，老子的养生思想告诉我们，要想长寿，人就不能处处、事事自私自利。天地之所以长久，是因为它们从来不为了自己长寿而自私自利。圣人所以能得到天下人的爱戴，是因为他在生活中从来不把自己的身体看得最重要，而是首先想到他人。因此，"养生"是要在关怀他人的过程中分享人生的快乐，从而也在获得别人善意回报的过程中，保持心灵的舒畅。

与"养心"相对应的就是"寡欲"，一方面要节制对美色、美味的贪图享受，另一方面不要贪图富、贵、名誉。老子说："五色令人目盲，五音令人耳聋，五味令人口爽，驰骋田猎，使人心发狂，难得之货，令人行妨。是以圣人为腹不为目。"（《老子·第十二章》）又说："金玉满堂，莫之能守。富贵而骄，自遗其咎。"（《老子·第九章》）人如果能够做到在得失面前不动心，那就达到了"养心"的更高境界。如老子说："宠辱若惊，贵大患若身。""宠为上，得之若惊，失之若惊。"（《老子·第十三章》）

2. 养气

老子"养生"思想的另一个方面是重视人体之内"气"之和，反对人们运用自己的心智驱使自己做本来不能做、不该做的事。这种逞强、逞能的精神状态，老子称之为"心使气"。凡是处于"心使气"的勉强状态，都很难将事情做好。所以，老子说："强梁者不得好死。""强梁者"，就是"心使气"的人，在生活中经常迫使自己的身体做一些不能做、不该做的事情。

老子认为，"养生"达到的最理想状态便是"复归于婴儿"（《老子·第二十八章》）。老子此处讲的"婴儿"是一种比喻性的说法，即是指人的精神境界达到高度纯洁的状态，而身体也保持一种非常好的柔韧性。从精神状态看，小孩子"终日号而不嗄"（啼极无声而喉哑）。为什么会这样呢，是因为这时乃是人"精之至也"状态（《老子·第五十五章》），即内在精力高度饱满而不受心的过分欲望驱使。

从生理状态看，活的东西、有生命力的东西都是非常柔软的，而只有死了的东西才是僵硬的。所以，老子讲，"养生"要能"抟气"，即要"载营魄抱一"，使自己身体内的阴阳之气保持一种"冲和"的状态。这一理想的状态是如何达到的呢？老子介绍自己的养生经验，认为这是"贵食母"（即奉侍道）的结果，"尊道而贵德"的结果，因而能做到"独泊兮，其未兆，如婴儿之未孩（笑）"（《老子·第二十章》）。

总的说来，"深根固柢"是老子"养生"思想的总原则、总纲领，而"致虚极，守静笃"（《老子·第十六章》）的养心、养气方法，是老子"养生"的根本方法。在"尊道贵德"的根本哲学精神的指导下，净化心灵，颐养精神，使心气平和，从而达到精神与形体兼养的养生目的。

（二）庄子的养生思想

1. 依乎天理，因物固然——"庖丁解牛"与养生的根本道理

在养生学方面，庄子进一步把老子的"尊道贵德"的哲学精神具体化，提出了"依乎天理""因其固然"的方法论纲领。而且，庄子继承并发展了老子"养生"的思想，将个体生命的健康、长寿与社会环境紧密地联系起来，要求人们首先学会避免社会的伤害，然后才有可能进行个体的身体修炼，从而保证人能够尽其天年。在《养生主》篇，庄子这样说道："吾生也有涯，而知也无涯。以有涯随无涯，殆已！已而为知者，殆而已矣！为善无近名，为恶无近刑，缘督以为经，可以保身，可以全生，可以养亲，可以尽年。"

上面一段话，包含了三个层面的意思：其一，人生有限，知识无限。如果把有限的人生放在无限的知识追求活动之中，那将是一件很危险的事情。所以，不要为要追求无限知识而使自己劳精伤神，这是对那些高级知识分子而言的。其二，对于所有人而言，不要刻意地行善，更不要铤而走险，触犯社会的刑律。因为，为善而得大名，将为名所累，不利于健康；为恶触犯刑律，或做

牢，或杀头，更何谈养生？因此，只有做好了上述两个方面的防范工作，才有可能谈得上养生。如何养生呢？第三个层面是正面方法，就是"缘督为经"的修炼方法。

他以庖丁解牛为例，一个高明的厨师，他不会用刀直接去砍牛的大骨头。只有普通的厨师才用刀直接去砍大骨头。高明的厨师宰牛、割牛肉，一定是熟悉牛的生理结构，凭着熟悉的直觉知识在牛的骨节、筋肉之间的缝隙处下刀，这样，他刀子的锋刃就不会损伤，一年之后，刀刃仍然锋利无比，像刚在磨刀石上磨过一样。人生在世，就应该像高明的厨师一样，洞察世俗社会的人情世故，努力不卷入各种矛盾冲突、是非纠缠之中，这样人的生命就像高明厨师的刀刃一样，在筋骨错结的缝隙处游走而不受磨损，精力充沛，康健活泼。

2. "缘督以为经"的气功修炼方法

与老子"养气"的思想相对应，就生理上的"养生"方法而言，庄子提出了"缘督以为经"（《养生主》）和"息之以踵"的气功修炼方法。这种气功修炼方法与心理修炼方法处在一个有机的过程之中。在《人间世》篇，庄子这样说道："若一志，无听之以耳，而听之以心；无听之以心，而听之以气。"

这一"心身结合"的修炼方法，按照现代人的理解，应当是从有意识到无意识，即自然的状态。"听之以气"即是人的意念与身体的平顺之气融为一片，"听其自然，不再着意听息"[①]，这正是《养生主》篇所说的"缘督以为经"的方法。

在炼气的问题上，庄子在《大宗师》篇还提出了"踵息"的方法。庄子说："真人之息以踵，众人之息以喉。"对此，哲学家王夫之释道："心随气以升降，气归于踵。"后来的道教徒则说："呼吸直贯明堂而上，至夹脊而流入命门，得与祖气相连，如磁吸铁，而同类相亲。……踵者，真息深深之意。"（《性命圭旨》）依照上文的内容，简洁地说，"踵息"即是今天"养生"气功中的深呼吸。

3. 心斋与忘的精神修炼法

庄子在蓄养精神方面，继承并发展了老子的"养心"思想，进一步提出了"心斋""忘"等净虑精神的方法，努力使自己不"与物相刃相靡"（《齐物论》）。

"心斋"是什么意思呢？庄子借孔子的口说道："若一志，无听之以耳而听之以心，无听之以心而听之以气。听止于耳，心止于符，气也者，虚而待物者也。唯道集虚。虚者，心斋也。"（《人间世》）

"忘"的方法的具体内容与表现很多：如同在《大宗师》篇，庄子借寓言故事中的人物子桑户、孟子反、子琴张的对话，要求人们"相忘以生，无所终穷"。

[①] 李远国：《气功精华集》，巴蜀书社1987年版，第45页。

借"泉涸，鱼相濡以沫"的寓言故事，提出"不如相忘于江湖"的主张，又借孔子之口重申这一主张，说："鱼相忘乎江湖，人相忘乎道术。"在《齐物论》篇，庄子提出"忘年忘义，振于无竟，故寓诸无竟"的方法。在《人间世》篇讲臣子对国君之事时，要求达到"行事之情而忘其身"的境界。

尽管在不同的上下文脉络里，"忘"字的意思不尽相同，然从养生学的角度看，"忘"其实也就是清除一些不应当保留的人生经历与思想、意识内容，打扫心灵，使之净洁。

除"心斋""忘"的方法之外，在《大宗师》篇，庄子还讲到"外天下""外物""外生"，从而达到"朝彻""见独"的精神境界，然后达到"无古今"而进入"不死不生"的更高的精神境界。这一"不死不生"的境地，并非后来道教中的神仙，而应当说是将生死看作一个连续的气化流行过程，不被生死现象而搅扰、人心安宁的精神境界。在《刻意》篇，庄子还进一步提出了不刻意养生的方法，如庄子说："若夫不刻意而高，无仁义而修，无功名而治，无江海而闲，不道引而寿，无不忘也，无不有也，澹然无极而众美从之。此天地之道，圣人之德也。"很显然，这一高级方法，其实就是老子所说的"道法自然"的最高境界。

综上所述，我们认为，庄子的心斋、忘、外某某的心理与精神修炼方法，可统称为"删除法"，类似我们今天清空邮箱里的垃圾邮件、内存里的垃圾文件，释放邮箱和电脑硬盘、内存一样，删除大脑里的垃圾信息，释放大脑内存，从而使心灵尽量保持一种虚空状态。这与老子所讲的含德之厚的赤子"毒虫不螫，猛兽不据，攫鸟不搏"的理想，颇为类似。

4. 恬淡虚无——庄子论养神

在《养生主》篇，庄子用一个寓言故事，揭示了人保持精神与心灵自由的重要性。他说，一个野雉，在大泽中行走，十步才啄一口食，百步才饮一口水。即使生活如此不容易，但它也不愿意被关在笼子里饲养。在笼子里虽然食物与水就在面前，表面上看起来很神气，被供着，但它内心里并不快乐。所以，养生的最高境界，是让人处在一种自由自在的生活状态之中，使人的精神得到怡养。

与此寓言故事相一致，庄子自己也拒绝做楚威王的宰相，辞千金之聘，宁愿像一只乌龟在泥中自由自在地行走，而不愿意在诸侯王身边做宰相。因为那种政治生活很不自在，而且随时有掉脑袋的危险。而一个人如果连自己的肉体生命都无法主宰，那还谈什么养生呢？

因此，人如何首先让自己处在一个生命安全的自由、自在的处境里，然后再去提高自己的精神境界，控制自己的喜怒哀乐的情绪，不让精神疲劳，这才是养生的最高境界。庄子说：

悲乐者，德之邪；喜怒者，道之过；好恶者，德之失。故心不忧乐，德之至也；一而不变，静之至也；无所于忤，虚之至也；不与物交，惔之至也。无所于逆，粹之至也。故曰：形劳而不休则弊，精用而不已则劳，劳则竭。(《刻意》)

庄子在这里提出了五个方面的至高境界，即德至、静至、虚至、惔至、粹至，虽然是一种理想的状态，但在现实的养生过程中朝着这个目标去努力，则可以让自己的心灵与精神达到一个相对高的境界，从而对自己的欲望与情感有一种自控能力，这一目标是可欲的。五个方面的内容可以归结为一种方法，即通过"养神"而达到"养生"的目标。

庄子善用比喻的诗性手法来阐述养神之道，他告诉我们，"养神之道"当从观水之性中得到启示："水之性，不杂则清，莫动则平；郁闭而不流，亦不能清；天德之象也。故曰，纯粹而不杂，静一而不变，惔而无为，动而以天行，此养神之道也。"(《刻意》)又说："纯素之道，唯神是守；守而勿失，与神为一；一之精通，合于天伦。野语有之曰：'众人重利，廉士重名，贤人尚志，圣人贵精。'故素也者，谓其无所与杂也；纯也者，谓其不亏其神也。能体纯素，谓之真人。"(《刻意》)

庄子这种精神修炼方法，其实与老子所讲的"致虚极，守静笃"的根本原则是相通的，只是把老子的精神修炼思想更加具体化、形象化了，因而也显得更加丰满了。

第二节 道家的尊生道德、生命伦理及其在当代的意义

一、道家的生命价值观

(一) 生命至上原则

道家对生命的重视体现在将生命与物的对比之中。道家认为生命才是最为宝贵的，功名利禄与生命相比都显得次要。《老子》第十三章曰："宠辱若惊，贵大患若身。何谓宠辱若惊？宠为下，得之若惊，失之若惊，是谓宠辱若惊。何谓贵大患若身？吾所以有大患者，为吾有身，及吾无身，吾有何患？故贵以身为天下，若可寄天下；爱以身为天下，若可托天下。"老子在本章提出了贵身的思想，

并主张把这样的理念推行到国家的治理中去。人们看重自己的身体就好像重视祸患一样，之所以遇到祸患，是因为有身体，如果没有了身体，就没有什么祸患了。能够把天下看得像自己的身体一样重要，才可以把天下的重任寄交给他；能够爱护天下就像爱护自己的身体一样，才可以把天下的重任托付给他。《老子》第四十四章又曰："名与身孰亲？身与货孰多？得与亡孰病？甚爱必大费，多藏必厚亡。"此处对身重于物的思想表达得更加直接。庄子继承了老子身重于物的思想，甚至认为与生命相比，天下也不值得贵重了，如《庄子·让王》篇记载："子华子曰：'今使天下书铭于君前，书之曰：左手攫之则右手废，右手攫之则左手废。然而攫之者必有天下。君能攫之乎？'昭僖侯曰：'寡人不攫之也。'子华子曰：'甚善！自是观之，两臂重于天下也，身亦重于两臂。'"天下尚且轻于两臂，何况是整个生命呢？

　　道教继承了道家的贵身重生思想，并发展成为一种以生命关怀为核心的宗教，"道教神仙信仰看起来崇拜神仙，实质上是把'人'放在第一尊贵的地位，并试图以修炼成神仙解决人的生死问题"[①]。道教经典中贵身重生思想比比皆是。《云笈七签·禀生受命》曰："夫人生于天地之间，禀二气之和，冠万物之首，居最灵之位，总五行之英，参于三才，与天地并德，岂不贵乎？"[②]《太上老君内观经》云："万物之中，人为最灵。性命合道，人当爱之。内观其身，唯人尊焉。"《太上洞玄灵宝法烛经》道："万物人为贵，人以生为宝。"[③] 道教与道家一样，主张身重于物。道教早期经典《太平经》曰："是曹之事，要当重生，生为第一"，"天上度世之士，皆不贪尊贵也。但乐活而已者"[④]。与生命相比，富贵显得不重要，亦如《抱朴子》言："荣华，犹赘疣也；万物，犹蜩翼也。……故醇而不杂，斯则富矣；身不受役，斯则贵矣。若夫剖符有土，所谓利禄耳，非富贵也。"[⑤] 在道教看来，贵生与体道具有内在的一致性，珍重生命就是修道。《老子想尔注》中将生与道、天、地并列，称："生，道之别体也。"[⑥] 人的生命即是道的呈现形式，这表明"'道'把'生'作为自己的本质内涵，证明了人的生命价值的唯一至上性，证明了人的生存的合理性，证明了生存是人不可被剥夺的天然权利"[⑦]。

[①] 李刚著：《何以"中国根柢全在道教"》，巴蜀书社2008年版，第6页。
[②] 《云笈七签》卷二十九《禀生受命》，引自《道藏》第二十二册，文物出版社、上海书店、天津古籍出版社1988年版，第211页。
[③] 《太上洞玄灵宝法烛经》，引自《道藏》第六册，第178页。
[④] 王明：《太平经合校》，中华书局1960年版，第613、288页。
[⑤] 葛洪撰：《抱朴子》，中华书局1954年版，第109页。
[⑥] 饶宗颐：《老子想尔注校证》，上海古籍出版社1991年版，第33页。
[⑦] 田耕滋：《论老子对人类生存的终极关怀》，载《山西大学学报》（哲学社会科学版）1996年第3期。（案：原文为"权力"。）

（二）生命平等原则

道家的生命平等思想来源于万物的同源性。道家认为万物皆由道而生，没有贵贱之分。虽然道教推崇人的尊贵地位，有"万物之中，人为最灵""万物人为贵"等说法，但这是指人更加具有灵性，在修道方面比其他生物有优势，并非指人的地位高于万物。秉持万物同源于道的生成论，道家道教认为万物都是平等的。《老子》第五章曰："天地不仁，以万物为刍狗。"天地对万物没有偏爱，任其自然发展。《庄子·秋水》言："以道观之，物无贵贱。"《列子》发挥说："天地万物与我并生，类也。类无贵贱，徒以小大智力而相制，迭相食；非相为而生之。"[①] 天地万物与人生而平等，并无贵贱之分。只是依据体型与智力的差别而生存，没有理由贵人贱物、厚此薄彼。《太平经》说："夫天道恶杀而好生，蠕动之属皆有知，无轻杀伤用之也。"[②] 万物皆受命于天，不要轻伤性命。道教对万物平等看待，在遵循天道好生恶杀特性之时，戒杀是道教的大戒之一，其止杀范围包括了一切有生命之物。《洞真太上八素真经三五行化妙诀》教化众人曰："慈爱一切，不异己身。身不损物，物不损身。一切含炁，木草壤灰。皆如己身，念之如子。不生轻慢意，不起伤彼心。心恒念之，与己同存。有识愿其进道，无识愿其识生。"[③]《道典论》告诫信众保护动物可积德享福报，残害动物则会受到恶报："无极世界，男女之人，生世无道，不念善缘，三春游猎，走犬放鹰，张罗布网，放火烧山，刺射野兽，杀害众生，其罪酷逆，死充重殃，身负铁杖，万痛交行，驱驰百极，食息无宁，死魂苦毒，非可堪当。"[④]

道家认为生命之间的平等关系不仅存在于人类和不同物种之间，更应该存在人类内部，具体包括两个方面：一是人类个体之间的平等；二是男女性别之间的平等。个体之间生命的平等性是道家生命平等思想的题中之义。外在之名利与生命相比，自然是生命为重，因此我们不应以财富、品德、立场等作为标准将生命区别对待。《老子》第二十七章言："是以圣人常善救人，故无弃人。"第四十九章言："善者，吾善之；不善者，吾亦善之。"都是说圣人对世俗中的善人和不善之人都能够一视同仁。即使是发生战争，胜利的一方也没什么值得高兴，因为胜利都是以生命的消逝为代价的，故《老子》第三十一章说："杀人之众，以悲哀泣之；战胜以丧礼处之。"对于战争，老子关注的不是战争的哪一方获得了胜利，而是丧生太多；不在于歌颂胜利者的丰功伟绩，而在于哀叹众多生命的不幸。刘

[①] 杨伯峻：《列子集释》，中华书局 1979 年版，第 269~270 页。
[②] 王明：《太平经合校》，中华书局 1960 年版，第 174 页。
[③]《洞真太上八素真经三五行化妙诀》，引自《道藏》第三十三册，第 474 页。
[④]《道典论》卷三《田猎》，引自《道藏》第二十四册，第 850 页。

笑敢指出，老子主张战胜举行丧礼，以哀悼敌我双方阵亡的将士，这是对敌我双方生命的同样尊重与怜悯，体现了一种最广泛的生命关怀与人文关怀。① 道教认为所有人都有修道成仙的可能，"一切众生道性，不一不二，究竟平等"②。在此层面上讲，道教对平等非常看重，全真道创始人王重阳甚至认为"窃以平等者，道德之祖，清静之元"③。

著名人道主义者阿尔贝特·施韦泽在《敬畏生命》中指出："过去的伦理学则是不完整的，因为它认为伦理只涉及人对人的行为。实际上，伦理与人对所有存在于他的生命范围之内的生命的行为有关。只有当人认为所有生命，包括人的生命和一切生物的生命都是神圣的时候，它才是伦理的。"④ 如果以施韦泽的伦理学观念为标准，道家的生命平等思想无疑是与之相合的，且早于他几千年。

（三）生命主体原则

道家对生命价值的重视与弘扬还在于强调人的主体性。人可以通过主动求道、体道、得道的方式去认识生命的价值，超越现实的存在，追求生命的极致。

在道家文化中，人的主体性首先是通过人对自身命运的掌握及人与道的互动表现出来的。老子是中国第一个明确指出人的卓越位置的哲学家。《老子·第二十五章》将人与道并立："道大，天大，地大，人亦大。域中有四大，而人居其一焉。"这表明在人与道的互动中，人并不是处于一种被动追求的地位，而是在与道平等的前提下，自身主动去求道、体道以致得道，人的命运也随着求道实践而发展升华。这句话的重要意义，张岱年先生总结为："哲学家中，最初明白的说人有卓越位置的，是老子。"⑤ 道教的"我命在我，不属天地"⑥ 的思想，突出反映了人对自身命运的掌控。唐代高道李荣在解释这句话时指出，人的寿夭穷达不是由外力决定的，而是由自身的修行决定的，存道纳气则可延年益寿，或行善或为恶，自然穷通各异："天地无私，任物自化，寿之长短，岂使之哉！但由人行有善有恶，故命有穷通。若能存之以道，纳之以气，气续则命不绝，道在则寿自长，故云不属天地。"⑦ 道家还认为，虽然道产生了天地万物，但是道无形无声，只有通过万物之灵的人主动求道，才能表现出来，因此道家宣扬"道所以能

---

① 参见刘笑敢：《老子古今》第三十一章，中国社会科学出版社2006年版。
② 《云笈七签》卷九十三《道性论》，引自《道藏》第二十二册，第641页。
③ 王重阳著，白如祥辑校：《王重阳集》，齐鲁书社2005年版，第255页。
④ 阿尔贝特·施韦泽著，汉斯·瓦尔特·贝尔编：《敬畏生命》，陈泽环译，上海社会科学院出版社1995年版，第9页。
⑤ 张岱年著：《中国哲学史大纲》，引自《张岱年全集》卷二，河北人民出版社2007年版，第197页。
⑥ 《西升经集注》卷五，引自《道藏》第十四册，第594页。
⑦ 同上。

得者，其在自心"①"道非他求，本自我身"②，对道的追求过程就是修心的过程，修心就是修道，《太上老君内观经》直言："道者，有而无形，无而有情，变化不测，通神群生，在人之身，则为神明，所谓心也。所以教人修道则修心也，教人修心则修道也。"③ 由此观之，个体在修道的过程与结果中处于主体性的地位，充分表现了人对自身命运的主宰，正如李刚所指出："道教神仙信仰的个体意识，展示了道教对个体自由选择的重视，使人成为自我生命的主人。"④

生命主体原则，必然以提倡个性为前提，而个性则体现了人对自由的追求。道家、道教都是追求自由的，对自由的追求正是生命主体意识的反映。这一点，庄子哲学有充分的体现。徐复观认为："庄子主要的思想，将老子的客观的道，内在化而为人生的境界，于是把客观性的精、神，也内在化而为心灵活动的性格。心不只是一团血肉，而是精；由心之精所发出的活动，则是神；合而言之即是'精神'。"⑤ 庄子所追求的人生境界——"逍遥游"即是精神自由，如陈鼓应所言："《逍遥游》提供了一个心灵世界——一个广阔无边的心灵世界；提供了一个精神空间——一个辽阔无比的精神空间。人，可以在现实存在上，开拓一个修养境界，开出一个精神生活领域，在这领域中，打通内在重重的隔阂，突破现实种种的限制网，使精神由大解放而得到大自由。庄子借《逍遥游》表达了一个独特的人生态度，树立了一个新颖的价值位准，人的活动从自我中心的局限性中超拔出来，从宇宙的巨视中去把握人的存在，从宇宙的规模中去展现人生的意义。"⑥ 庄子用"逍遥""游""游心""天游"等概念来表达其对精神自由的渴望和对生命价值的理解，这种追求心灵与宇宙合一的人生哲学可称为庄子思想的核心，也是道家生命主体性原则的具体写照。道教则以长生不死、逍遥自在的神仙作为人生的终极追求。道教所描述的神仙质朴如婴儿，长持赤子之心。他们无意于世俗的功名富贵，自由往来于天地间，或林中论道，或诗酒唱和，率性适情，逍遥自在，正如丘处机向世人描述的远名求道的自由状态："我从一得鬼神辅，入地上天超古今。纵横自在无拘束，心不贪荣身不辱。"⑦

二、道家对生命的超越

道家的生命关怀既体现在对生命价值的思考上，同时也强调如何安顿生命，

---

① 《云笈七籤》卷十七《老君清静心经》，引自《道藏》第二十二册，第132页。
② 《太上灵宝净明中黄八柱经》，引自《道藏》第二十四册，第618页。
③ 《太上老君内观经》，引自《道藏》第十一册，第397页。
④ 李刚著：《何以"中国根柢全在道教"》，第32页。
⑤ 徐复观著：《中国人性论史·先秦篇》，上海三联书店2001年版，第345页。
⑥ 陈鼓应著：《老庄新论》，上海古籍出版社1992年版，第123页。
⑦ 丘处机著，赵卫东辑校：《丘处机集》，齐鲁书社2005年版，第38页。

善待生命，从而实现对生命的超越。有学者指出："道家的生命哲学是以'道'为最高准则，关注人的生命存在，立足于解决人与自然、人与社会、人与心灵的冲突矛盾。"[1] 道家解决人与自然、社会、心灵冲突的方式就是对现实生命的超越，其超越方式可分为内在超越、外在超越和终极超越三个方面。内在超越针对心灵的异化，外在超越针对复杂的社会，终极超越针对生命的有限性。

（一）内在超越

内在超越就是要返璞归真，回归本色。由于人际关系的强化，物欲的刺激，环境的逼仄，人的本性被异化了。针对这一问题，道家提出了解决的方法，那就是摆脱外在的一切桎梏，重新返回原来的纯真本性。《老子》第三十八章说："大丈夫处其厚，不居其薄；处其实，不居其华。"大丈夫并不能够用社会地位的高下或者财富的多寡去衡量，只有返璞归真的人才称得上真正的大丈夫。明代洪应明在《菜根谭》中用浅白的话对这一观点进行总结道："文章做到极处，无有他奇，只是恰好；人品做到极处，无有他异，只是本然。"[2] 怎样做到返璞归真呢？道家特别强调了两点：其一，少私寡欲。《老子》第四十六章说："咎莫大于欲得；祸莫大于不知足。"《庄子·大宗师》有言："其嗜欲深者，其天机浅。"欲望太多，既伤身又伤神，它是祸患的根源，所以《老子》第十二章又云："五色令人目盲；五音令人耳聋；五味令人口爽；驰骋畋猎，令人心发狂；难得之货，令人行妨。是以圣人为腹不为目，故去彼取此。"说明多欲伤身，不利于生命的发展。是故老子又指出："甚爱必大费；多藏必厚亡。知足不辱，知止不殆，可以长久。"[3] 人对物质的追求，切不可过度，而应该"见素抱朴，少私寡欲"[4]。道教追求长生，其长生之要亦在于节制欲望。《老子想尔注》曰："求长生者，不劳精思求财以养身，不以无功刲君取禄以荣身，不食五味以恣，衣弊履穿，不与俗争，即为后其身也；而目此得仙寿，获福在俗人先，即为身先。"[5] 其二，致虚守静。复归于真朴，既要反对多欲，还要善于使心灵保持宁静。老子认为，清静无为是道的特性之一，故治国要清静，养生亦需清静。"致虚极，守静笃"，"夫物芸芸，各复归其根。归根曰静，静曰复命"[6]。生命的源头，是以虚静为根基的，养生只有恢复到生命的原始状态，即虚静的境界，才能与道相合。《庄子》

---

[1] 姚维：《道家生命关怀的哲学》，载《新疆师范大学学报》（哲学社会科学版）1999年第1期。
[2] 李伟编注：《菜根谭全编》，岳麓书院2006年版，第28页。
[3] 《老子》第四十四章。
[4] 《老子》第十九章。
[5] 饶宗颐：《老子想尔注校证》上海古籍出版社1991年版，第10页。
[6] 陈鼓应：《老子今译今注》，商务印书馆2009年版，第134页。

里提到,"人心险于山川,难于知天"①。要想超越自己,必须舍弃成见偏见。庄子通过"心斋""忘"的方式来涤除成见,保持心灵的宁静。故有学者言:"庄子关注生命的方式在'神'而不在'形'。'形'是生命的外在形态,心为形之'主',神乃生之'真'。庄子的'养身'论,从根本上说,主旨是在拥挤的世界中找到一个歇息之地。这就涉及一种与众不同的思维方式或对待生命的态度——'虚'与'忘'。"②所谓"心斋""忘""外物",都是指摒弃耳目感官之见,专心一志,使心灵达到空虚的境界。"唯道集虚"③,道存在于空虚之中,心灵空虚,无有杂念,才能与道相合。道教也认为修仙之要在于虚静:"玄门之书千万言,内圣外王之道既备,其神仙长生语,特曰虚静恬淡,寂寞无为,可谓易知易行矣。"④司马承祯在《坐忘论》中直言名利得失不着于心,保持心灵虚静,则道自来归:"若烦邪乱想,随觉则除。若闻毁誉之名,善恶等事,皆即拨去,莫将心受。受之则心满,心满则道无所居。所有闻见,如不闻见,即是非美恶,不入于心。心不受外,名曰虚心。心不逐外,名曰安心。心安而虚,道自来居。《经》云:'人能虚心无为,非欲于道,道自归之。'"⑤

(二) 外在超越

外在超越针对复杂的社会。人生活在群体之中,首先需要获得基本的物质以满足其生存需要,其次要有效处理与群体的关系,保证生存环境的安全和谐,因此人要在社会中愉快生活,必然要正确处理与物质、他者的关系。对此,道家有其独特的认识。

第一,上善若水。道家尚水,所以对待生命也主张效法水的精神。《老子》第八章曰:"上善若水。水善利万物而不争,处众人之所恶,故几于道。居善地,心善渊,与善仁,言善信,政善治,事善能,动善时。夫唯不争,故无尤。"水之七善,富含高明的人生智慧,具体表现为:(1)生活态度低调内敛。"居善地",即像水那样选择低处。《老子》第六十六章说:"江海之所以能为百谷王者,以其善下之,故能为百谷王。"江海处下,反而百川汇聚,水的这一特性对人生的启示,就是做人要低调。"心善渊",即像水那样深沉平静,引申为人生的启示,就是要内敛含蓄。(2)处世原则慈爱诚信。"与善仁",像水那样润泽万物而不求回报,对人来说,就是与人相处要有慈爱精神。

---

① 陈鼓应:《庄子今译今注》下,中华书局2013年版,第896页。
② 李振刚:《大生命视域下的庄子哲学》,人民出版社2013年版,"代序",第9页。
③ 陈鼓应:《庄子今译今注》上,中华书局2013年版,第129页。
④ 《岘泉集》卷四《赵原阳传》,引自《道藏》第三十三册,第232页。
⑤ 吴受琚辑释:《司马承祯集》,社会科学文献出版社2013年版,第135~136页。

"言善信",像水那样信实,万折必东,对人来说,就是做人要讲求诚信。(3)做事方法灵活高效。"政善治",水有洗涤群秽的特性,为政当如水般清明;"事善能",水又有滴水穿石的力量,做事当如水那样持之以恒;"动善时",水性冬凝春泮,遇事当如水那样不失时机。水的这些特性,引申为人生的做事原则,就是要高效灵活,具体来说,表现为以下三点:其一,以柔克刚。《老子》第七十八章说:"天下莫柔弱于水,而攻坚强者莫之能胜。以其无以易之。弱之胜强。柔之胜刚,天下莫不知,莫能行。"老子指出,以柔克刚的道理,大家都懂,可是却不能付诸行动。也许只有真正透彻理解老子思想、具有大智慧的人才可以做到。其二,掌握规律。水的特性反映的是道的特性,按照水的特性去做事,需要把握其中的规律。《老子》第六十三章说:"图难于其易,为大于其细。天下难事,必作于易;天下大事,必作于细。"讲的就是要按照事物发展的内在规律处理问题。其三,见机行事。水该流则流,当止则止,因物赋形,随时变化,具有极大的灵活性。因此,面对人生的各种选择,应该灵活而不失原则,有为而顺其自然。

第二,安时处顺。现实世界充满了机遇与风险、成功与失败,人生也随之起起落落。积极奋斗,努力改变人生的命运,这应该是被大多数人认可和称许的方法。但与客观规律背道而驰的努力,其效果往往事倍功半,适得其反。而道家的主张值得重视,即顺其自然,顺应时势,安时处顺。

《庄子·大宗师》说:"得者,时也;失者,顺也。安时而处顺,哀乐不能入也。"安时处顺、哀乐不入的境界被庄子称为"悬解",这样的境界只有至人、圣人才能达到,但它透露出来的人生智慧能给人启迪。安时处顺,就是要求遵循道的规律去为人处世,特别是在逆境中能够达观地面对人生,在困苦中求得生命的安顿。我们还要注意的是,安时处顺,并非消极地逆来顺受,也不是不思进取,而是主张适性而为,各尽其才,正如《庄子·至乐》所言:"鱼处水而生,人处水而死。彼必相与异,其好恶故异也。故先圣不一其能,不同其事。名止于实,义设于适,是之谓条达而福持。"即每个人都能够找到自己的社会位置,做到才无所弃,各遂其性,幸福自来。晋代郭象在注解《逍遥游》时提出了"适性即逍遥"的著名命题,这也可以看作是对道家安时处顺思想的诠释。郭象的这一命题常被认为是对庄子逍遥自由思想的曲解,实际上,郭象的观点有其合理性的一面,如学者所指出的:"在现实的自由无可追求的时候,继续不懈地奋斗、拼搏固然是一种从道义上值得肯定的方向和行为,但是从实际效果的角度来看,既然任何人都无法避免无可奈何的既定境遇,那么,在无可奈何的既定境遇降临时,有些人选择不做唐·吉诃德,不做殉难的烈士,转而追求纯个人的精神的满足，应该是可以获得理解或同情的，至少是不应该受到谴责的。"[1]

安时处顺，提示人们用一种平和、坦然的心态对待自己的生命，对待生命中的得失成败，正如张载所言："富贵福泽，将厚吾之生也；贫贱忧戚，庸玉汝于成也。存，吾顺事；没，吾宁也。"[2] 清代名医尤乘深得道家养生之妙，他总结其养生之法说："未事不可先迎，遇事不宜过扰。既事不可留住，听其自来，应以自然，任其自去，忿怀恐惧，好乐忧患，皆得其正，此养之法也。"[3] 这即是说，事情还没有发生的时候不要杞人忧天，事情发生了不宜过于忧虑，事情已经过去了就不要再想，万事顺其自然，喜怒哀乐，节之有度，这才是养生之道。

（三）终极超越

终极超越针对的是有限的生命。人能否超越生命的有限性而获得无限的自由？对此，世界上各种宗教与哲学都做出了自己的回答。道家认为，超越生死的最佳途径就是与道合一。《太上老君内观经》曰："道不可见，因生以明之；生不可常，用道以守之。若生亡则道废，道废则生亡。生道合一，则长生不死。"从道的高度来认识生命的超越问题，这是道家的过人之处。道既是一种修炼方法，也是一种精神境界，更是一种终极关怀。

《老子》第五十章云："出生入死。生之徒，十有三；死之徒，十有三；人之生，动之于死地，亦十有三。夫何故？以其生生之厚。"苏辙解释说："生死之道以十言之，三者各居其三矣，岂非生死之道九，而不生不死之道一而已乎？不生不死，则《易》所谓寂然不动者也。老子言其九，不言其一，使人自得之，以寄无思无为之妙也。"[4] 苏辙认为十分之九言生死之道，剩下的十分之一乃指不生不死之道，即超越生死之道。强调道的永恒性与超越性，应该是切合老子原旨的。徐复观指出："老学的动机与目的，并不在于宇宙论的建立，而依然是由人生的要求，逐步向上面推求，推求到作为宇宙根源的处所，以作为人生安顿之地。"[5] 用道作为人生的安顿与终极理想，是道家生命关怀的最大特色。

道教全面继承了老子之道并加以进一步运用和发挥，在长期的修炼实践中总结出了性命双修的修道原则。修命，指身体的修炼方法；修性，主要指精神境界而言。道教通过炼精化气、炼气化神、炼神还虚的不同阶段，由虚入道，归于自

---

[1] 刘笑敢：《两种逍遥与两种自由》，载《华中师范大学学报》（人文社会科学版）2007年第6期。
[2] 《张载集》，中华书局1985年版，第63页。
[3] 尤乘纂：《寿世青编》，上海古籍出版社1990年版，第5页。
[4] 《老子解》卷三。
[5] 徐复观：《中国人性论史·先秦篇》，第287页。

然。这一修炼的过程，实际上是一个由有入无，让有限的生命与无限的大道契合，与自然融为一体，从而超越生死的过程。道教内丹学虽然重视肉体生命的修炼，但更加重视精神生命的超越。全真道创始人王重阳主张"三分命功，七分性学"①，清初著名龙门派道士王常月认为："色身纵使万年，正名为妖，不名为道。法身去来常在，朝闻至道，夕死何妨。"② 说明在个人的生命中，精神生命占有更加重要的地位，性命双修的实质还是在于精神生命的超越，即与道合真，生道合一。

三、道家生命关怀的现代价值

就生命关怀来说，道家的生命哲学正是现代人所欠缺和需要的精神内容。一方面，长期以来，人们对人生价值的认识更多地受儒家文化的影响，偏重于道德教育、理想教育、成才教育等，而对个体生命的深层价值缺乏应有的认识与理解。另一方面，由于对物质的过度追求，在人与物的关系中，人沦为物质的奴隶，精神长期处于躁动不安之中，失去了快乐的能力。而道家的生命价值观以及有关生命超越的思想，恰恰非常有益于人们树立正确的生命观并获得生命的安顿，无论是处于人生的顺境还是面对人生的困境。下面将从两个方面阐述道家的生命关怀思想。

（一）敬畏生命

将"敬畏"与"生命"联系在一起，就是指人们对生命，包括一切有生命的个体，怀有一种尊崇与畏惧的情绪，人们怀有这样的情绪是因为认识到生命的神圣性与唯一性，因为神圣而尊崇，因为唯一而畏惧，最终形成对生命的敬畏。阿尔贝特·施韦泽指出："只有敬畏生命的信念在其中发挥作用的思想，才能在当今世界开辟和平的时代。"③ 敬畏生命的思想既关乎个体的存在，更影响人类社会的发展。

中国现在处于改革开放的重要时期，社会主义市场经济发展迅速，这使得处于转型期的中国社会在短时期内积累了许多矛盾，其中最主要的就是物质丰富与道德滑坡之间的矛盾。

生活中存在的严重不道德的事情之一就是对生命的漠视。从民生层面看，人

---

① 王重阳《立教十五论》，引自《正统道藏》本。
② 《龙门心法》下卷《阐教弘道》，引自《藏外道书》，巴蜀书社1994年版，第六册，第770页。
③ 阿尔贝特·施韦泽著，汉斯·瓦尔特·贝尔编：《敬畏生命》，陈泽环译，第10页。

类自身为了追求经济利益最大化,甚至不顾他人生命,生产假冒伪劣商品,有毒食品泛滥、劣质住房遍地,人们的基本生命权面临着极大的威胁。从社会层面看,漠视生命的现象更是触目惊心:未成年人犯罪率上升;大学生投毒、自杀事件频发;群体性冷漠事件接连发生;各种恶性伤害事件多发。频发的恶性案件加剧了人们的不安全感与对社会的冷漠感,人与人之间的关系也越来越紧张,老人倒地而不敢扶,人们之间的信任越来越淡薄。现实呼唤着我们对生命怀有敬畏之心。

道家、道教秉持生命至上的原则,反对一切残害生命的行为。"道教尊重生命,也呈现出一种开放性的生命关怀。因为对于万物之灵的人类来说,道教的贵生也不仅是爱己身,而且扩展为一种行为范式,一种处事原则,即凡是对生命有害的事情都应制止。这种行为范式的内在思想依据即是人只有尊重己生、善待己身,才能爱他与全他。在道教看来,尊重和敬畏生命,进而善待生命,必须要从个人的身心和谐开始,进而推及周围群体。"[1] 道家、道教蕴含的贵身重生、生命至上的思想,对培养敬畏生命之心很有帮助。只有从思想上改变对生命的漠视,珍惜自己的生命,进而推进到尊重他人的生命,漠视生命的现状才会改变。正如施韦泽所说:"有思想的人体验到必须像敬畏自己的生命意志一样敬畏所有生命意志。他在自己的生命中体验到其他生命。善是保存和促进生命,恶是阻碍和毁灭生命。如果我们摆脱自己的偏见,抛弃我们对其他生命的疏远性,与我们周围的生命休戚与共,那么我们就是道德的。只有这样,我们才会有一种特殊的、不会失去的、不断发展的和方向明确的德性。"[2]

(二)养护生命

现代文明带来的最大弊端就是人类的物化和精神生命的萎缩。科技的发展颠覆了人们的生活方式,给人们的生活带来种种便利,然而任何事物都具有两面性,我们在享受物质生活富足的同时,也要承担过度物化的后果。为了追求物质利益最大化,人们可以置一切道德、情感于不顾,孤独地面对一切竞争与挑战。人们物质上越富足,精神上反而越空虚无助。因此,人不可过度依赖科技和物质文明,而置自己的精神世界于不顾。其实精神才是人的灵魂,才是人类文明得以延续的源泉,失去了对精神的追求,人就与行尸走肉无异。海德格尔将精神世界的萎弱看作是"世界的没落",他认为:"世界的没落就是对精神的力量的一种

---

[1] 毛丽娅:《道教生命观的当代审视》,载《四川师范大学学报》(社会科学版)2012年第39卷第4期。

[2] 阿尔贝特·施韦泽著,汉斯·瓦尔特·贝尔编:《敬畏生命》,陈泽环译,第9页。

剥夺，就是精神的消散、衰竭，就是排除和误解精神。"① 精神失去了生长的土壤，创造就无从谈起。因为"按照我们人类经验和历史，一切本质的和伟大的东西都只有从人有个家并且在一个传统中生了根中产生出来"②。精神萎缩了，唯余被技术架构在半空中而不自知，甚至还在为技术高唱颂歌的人类。

人的物化与精神的萎缩不仅伤害着人们的身体，更对人们的精神造成极大的损害。道家、道教以其对生命的深刻理解和丰富的养生方法，能为现代人提供切实的帮助。道家、道教对生命的认识并非局限在肉体的生存，而是注重肉体与精神的和谐共存。有学者指出："道教养生是一个内容异常丰富的体系，不仅具有思想理论层面的'养生哲学'，又包括从饮食起居到为人处世、习练颐养的实践行为规则，涵盖了躯体、心理和精神多个层面，这种形神兼修的整体养生模式与现代社会从生物、心理、社会三方面来阐述健康和疾病的医学观相吻合。"③ 茅山宗的开创者陶弘景说明形神兼修的道理："太史公司马谈曰：夫神者生之本，形者生之具也。神大用则竭，形大劳则毙。神形早衰，欲与天地长久，非所闻也。故人所以生者神也，神之所托者形也，神形离别则死。死者不可复生，离者不可复返。故乃圣人重之。"④ 精神是生命存在的本根，形体则是精神的居所，过度耗神则神竭，过度劳形则身丧，耗神劳形自然不可能长寿。精神寄托于形体之中，两者同样重要，不可存畸轻畸重之心，故养护生命要注重身体和精神两个方面。

道家蕴含着丰富的身体修炼方法，但反对单以纯粹的物质手段"养形"，同时强调对精神的养护。《淮南子》言："治身，太上养神，其次养形；……神清志平，百节皆宁，养性之本也；肥肌肤，充肠腹，供嗜欲，养生之末也。"⑤《太平经》着重指出了精神和形体合一的重要性："人有一身，与精神常合并也。形者乃主死，精神者乃主生。常合则吉，去则凶。无精神则死，有精神则生。常合即为一，可以长存也。常患精神离散，不聚于身中，反令使随人念而游行也。故圣人教其守一，言当守一身也。"⑥ 认为精神才是决定人生死的关键，欲长生得防止精神离散，防止精神离散的方法就在于"守一"。何谓"一"？"一"者，道也。一者，心也。"守一""抱一""执一"皆言使精神与形体相和之法，道教则

---

① 海德格尔著：《形而上学导论》，熊伟、王庆节译，商务印书馆1996年版，第45~46页。
② 海德格尔著：《海德格尔选集》下，孙周兴选编，生活·读书·新知三联书店1996年版，第1305页。
③ 吕锡琛：《道教养生智慧及其现代价值》，载《中国宗教》2013年第9期。
④ 《养性延命录》卷上，引自《道藏》第十八册，第476页。
⑤ 何宁撰：《淮南子集释》下，中华书局1998年版，第1401页。
⑥ 王明：《太平经合校》，中华书局1960年版，第716页。

认为,"夫心者,一身之主,百神之帅。静则生慧,动则成昏"①。"收心离境,住无所有。因住无所有,不著一物,自入虚无,心乃合道。"② 养神之要在于养心,养心之要在于保持心灵的宁静。道法自然,清静无为,故养神须有"致虚极,守静笃"的功夫,逐步去除私心杂念,回归心灵的澄澈宁静。

在养护生命的同时,我们还要注重提升生命的价值。个体生命要获得精神上的愉悦与满足,仅靠压缩不良情绪是不够的,这只是对生命不良情绪的消极应对,为了提升生命的质量与价值,我们需要更加主动,努力营造积极健康的情绪。首要方法就是达观地面对生命中的挫折。有人认为道家哲学是失败者的哲学,如李约瑟在《中国科学技术史》中引用德效骞的观点:"儒家思想一直是'成功者'或希望成功的人的哲学。道家思想则是'失败者'或尝到过'成功'的痛苦的人的哲学。"③ 林语堂也认为:"每一个中国人当他成功发达而得意的时候,都是孔教徒,失败的时候则是道教徒。"④ 这些看法固然有一定的道理,但并不全面。道家哲学之所以能够为"失败者"所青睐,正说明了它在舒缓精神压力、慰藉苦闷心灵上的作用。"道家政治伦理思想是弱者的精神安慰剂,又是维护强者占据优势的特殊堤防。"⑤ 而且,一个真正豁达的人不应该在失败时才想起道家,将道家作为逃避现实失败的麻醉剂,这样的人并没有体会到道家的真谛。道家提倡的知足知止、功成身退、淡泊名利、安时处顺等处世方法应当成为我们处世的常态,成为我们人生的座右铭,成为我们内心的自觉意识。《老子》第九章言:"持而盈之,不如其已;揣而锐之,不可长保。金玉满堂,莫之能守;富贵而骄,自遗其咎。功遂身退,天之道也。"这对于深陷名利场中的人犹如当头棒喝。"名与身孰亲?身与货孰多?得与亡孰病?"⑥ 一句一句的拷问直指人心深处!当我们将道家的生命关怀内化为自觉的处世原则后,自然可以达到"不以物喜,不以己悲"的境界。

四、道教心性论与人的道德修养

道教是我国土生土长的宗教,对中华文化的各个方面都有深远影响,其"性命双修"的心性论把道德修养与身体健康统一起来,认为修性养德是延年益寿、

---

① 吴受琚辑释:《司马承祯集》,第133～134页。
② 同上书,第134页。
③ 李约瑟:《中国科学技术史》第二卷,科学出版社、上海古籍出版社1990年版,第178页。
④ 林语堂:《吾国与吾民》,中国戏剧出版社1990年版,第107页。
⑤ 崔景明:《论道家思想的伦理意蕴》,载《云南社会科学》2004年第6期。
⑥ 《老子》第四十四章。

修道成仙的基本要求，体现了道教"尊道贵德"的伦理原则。

唐宋时期形成的内丹道代表了道教心性论的成熟形态，虽然道教内丹各派在是"先性后命"还是"先命后性"等方面有着分歧和争论，但强调"性命双修"又几乎是一致的。所谓"命"主要指生命的物质层面，所谓"性"则主要指生命的精神层面，人的存在是"性"与"命"的和谐统一，单纯地注重性功会失去生命存在的基本依据，"命之不存，性将焉存"①，只有性功、命功并重，性功与命功相互滋养，才能返回人的本性，从而与"自然之道"相通，最终达到长生成仙的终极追求。

与儒家、佛家心性论相比较，道教心性论至少有两个突出特点：一是把肉体健康与道德修养联系起来考察；二是将性命的修炼与道教的根本理论"道论"以及神仙信仰联系起来。所以在道教内丹学看来，道德品性的修炼不仅关乎整个生命质量的提升，而且关乎人们是否能与宇宙大道相通而合一，人的"心""性"是具有永恒价值的形而上学的存在。"数尽则阴阳而散去也，形尽则万物而朽去也，阴阳散而道常在也，万物朽而性常存也。"②"心本是道，道即是心，心外无道，道外无心也。"③ 与孟子尽心、知性、知天的路向相同，道教心性论也主张修心即修道的功夫论进路。概而言之，虽然各派功法有诸多的差异，但是道教内丹学修炼心性的基本道德路径主要包括以下三个方面。

（一）少思寡欲，心清意静

道教伦理的一个核心内容便是节制人欲，调节心思。全真道王重阳说："只要尘冗事摒除，只要心中清静两个字。"④ 谭处端说："绝人情，去浮嚣，俗事般般舍。"⑤ 刘处玄也说："无欲似天青，自然万象明。"⑥ 这都是主张对肉体情欲、世俗事务的蒙蔽和染污进行摒弃，清净无欲。谭处端又说："道人心，处无心，自在逍遥清净心，闲闲云水心。"⑦ 也即不要执着于外在的功名利禄，要无心于一切。神霄派也认为："行雷之士须当断淫绝欲，保养元神，炼成金丹。"⑧ "夫行持道法，先当受持十戒，日用常行无所亏欠，更能济贫救苦，积功累行，自然

---

① 张伯端：《悟真篇》，陈全林译，中国社会科学出版社2004年版，第83页。
② 《无为清净长生真人至真语录》，引自《道藏》第二十三册，第711页。
③ 《重阳真人授丹阳二十四诀》，引自《道藏》第二十五册，第808页。
④ 《重阳全真集》卷十《玉花社疏》，引自《道藏》第二十五册，第747页。
⑤ 《水云集》卷中《蒡山溪》，引自《道藏》第二十五册，第858页。
⑥ 《仙乐集》卷二《五言绝句颂》，引自《道藏》第二十五册，第429页。
⑦ 《水云集》卷下《长思仙》，引自《道藏》第二十五册，第862页。
⑧ 王惟一：《道法心传》，引自《道藏》第三十二册，第421页。

感动天地，神钦鬼伏。"① 可见其内丹修炼的关键在于保神养心，而基本要求便是节制人欲，持戒笃行。东华派则认为内丹炼养需"洗心"："夫大定之法，惟先于定心。心者，百神之舍，五官之府也。心君湛然，则声色货利皆不可得而挠之。以此心而推，则进道不远矣。……绝虑澄心，凝神思道。"② 可见东华派也遵循道教清心寡欲的传统伦理取向。无思虑、无挂碍、无贪嗔是基本的修炼方法，"无思无虑是真修，养气全神物物休"③。"一切物情皆可绝，万般尘事不堪争。"④ "养性休教起怒嗔。"⑤

按道教心性论，人的欲望过多，思虑太杂，不仅严重影响身体健康，而且会染污人心本有的道性道心。只有清心寡欲、摒弃尘俗，才能返回本善的心性，拨开云雾，彰显青天白日。王文卿说："人性地本善，汩于七情六欲。倘能清心寡欲，诸障消除，其天随处可见矣。"⑥ 莫月鼎也说："凡行持之时，先当静心去念，如婴儿之未孩，此即是我，如在胞中之时，一尘不染，一法不立，此即是先天境界也。"⑦ 去欲去念则心性"一尘不染，一法不立"，也就返归最纯朴无邪的"童心"状态，此也即与道合一了。

（二）积累功德，利物济人

道教的心性炼养不仅仅是个人私德的培养，而且还有利物济人的伦理要求。神霄派萨守坚说："子当利物济人，积功累行，庶得诸天拥护。"⑧ 此派非常重视能够"兴云致雨"的雷法等法术修炼，但对这些神秘法术的追求最终是为达到"利物济人""积功累行"的目的而服务的。天心派《总真大咒法》也云："天心正法……为国为民，祈恩谢过，请雨致雷，求晴止水，统摄三界，邪魔归正，赏善罚恶，录功纠过，追召驱遣，捉缚枷栲，去留决断，行住坐卧。"⑨ 此派将天心大法称作大善法门，因为"天心正法"不仅为人间而设，甚至是为宇宙万法而设，体现了大乘佛教救度精神对其的深刻影响。全真道则提倡面对社会而向外实践的"真行"，也即广行善事、仁爱无私、济困拔苦、传道度人等积功累德之事。全真诸子不仅大力宣扬"修仁蕴德，济贫拔苦，见人患难常行拯救之心，或化诱

---

① 王惟一：《道法心传》，引自《道藏》第三十二册，第420页。
② 《上清灵宝大法》卷四，引自《道藏》第三十卷，第675页。
③ 《重阳全真集》卷十《于公求诗》，引自《道藏》第二十五册，第741页。
④ 《云光集》卷一《别道众》，引自《道藏》第二十五册，第651页。
⑤ 《重阳全真集》卷十二《小重山·又道友求问》，引自《道藏》第二十五册，第756页。
⑥ 《冲虚通妙侍辰王先生家话》，引自《道藏》第三十二册，第390页。
⑦ 《囊龠枢机说》，引自《道藏》第二十九册，第278页。
⑧ 《道法会元》卷六十七，引自《道藏》第二十九册，第212页。
⑨ 《上清天心正法》卷二，引自《道藏》第十册，第613页。

善人入道修行，所行之事先人后己"①，而且还身体力行，或开宫观接纳无家可归的流民，或捐食物予饥寒交迫的难民，或以医术救治苦于疾病的百姓，或劝暴君减少对无辜生灵的杀戮，从而赢得了世人的广泛赞颂。②

（三）以德行感通天地

道教吸收了儒家的道德理念，认为人可以"以德配天"，以诚感天。清微派《清微梵炁雷法》论祈祷之要时说："凡行持之际，先净口心身，要内外一尘不著，清净圆明，身心与虚空等然，我即天地，天地即我，相忘于彼我之间。诵咒若空中琅琅然有声，所召立至，所祷立通。"③ 只有口、心、身三者都清净无染，身心内外都不被情欲所缠缚才能使得祈祷有效。此派甚至明确强调心性修炼的核心在于正心诚意，人必须通过正心诚意等品德才能感通天地，从而具有役使雷霆、坐召风雨、斩妖除魔、救度幽显、赞助皇民、与天长存等无边法力。《清微斋法》卷上说："盖行持以正心诚意为主。心不正，则不足以感物；意不诚，则不足以通神。神运于此，物应于彼，故虽万里，可呼吸于咫尺之间。"④ 这是直接以儒家"正心诚意"作为通神感物的修行工夫了。净明道也非常重视心性修炼，《净明黄素书》说："务在调其心性"⑤，"净明之祖出于正性"⑥，而且将"正心""诚意"放在特别重要的位置，《净明忠孝全书》卷一《西山隐士玉真刘先生传》总结元代净明道德高道刘玉时说："先生之学，本于正心诚意，而见于真践实履，不矫亢以为高，不诡随以为顺，不妄语，不多言，言必关于天理世教；于三教之旨了然解悟，而以老氏为宗。"⑦《净明忠孝全书》卷三又说："万法皆空，一诚为实。"⑧ "净明只是正心诚意，忠孝只是扶植纲常，但世儒习闻此语烂熟了，多是忽略过去，此间却务真践实履。"⑨ 反映了宋元时期的净明道深受宋代儒学心性论之影响，在对正心诚意的推崇上甚至自认为甚于儒家。

总之，道教认为做一个心正、心净的道德的人对于身心健康来说都非常重要，不能做违背伦理道德的亏心事，否则会带来疾病和灾祸，而一个德行圆满的

---

① 《重阳全真集》卷十《玉花社疏》，引自《道藏》第二十五册，第 748 页。
② 卿希泰主编，詹石窗副主编：《中国道教思想史》第三卷，人民出版社 2009 年版，第 194~195 页。
③ 《道法会元》卷九，引自《道藏》第二十八册，第 717 页。
④ 《清微斋法》，引自《道藏》第四册，第 286 页。
⑤ 《高上月宫太阴元君孝道仙王灵宝净明黄素书·序例》，引自《道藏》第十册，第 500 页。
⑥ 同上书，第 517 页。
⑦ 《道藏》第二十四册，第 631 页。
⑧ 同上书，第 636 页。
⑨ 同上书，第 635 页。

人，则会精气神处于理想的状态，与道合一，正如白玉蟾所说，"无心则与道合，有心则与道违"①，"但去净心田，终日无思虑，便是活神仙"②。只有"心"才能与道合，心性清净圆明的人就是"活神仙"。道教内丹学与儒释两家伦理思想相融合，最终以"道论"和神仙信仰为基础，提出了独具自身特色的天人感应神学和道德形而上学。

---

① 《琼琯白真人集·玄关显秘论》，引自《藏外道书》第五册，第135页。
② 《修真十书》卷四十一，引自《道藏》第四册，第789页。

第六章

佛教的慈悲伦理与墨家的"兼爱"情怀

第一节 大乘佛教慈悲观的内在逻辑及其现代阐释

慈悲精神是大乘佛学之根本。它与大乘佛教的人生论、本体论、认识论、实践论等学说密切关联，是大乘佛教哲学的不可分割的有机组成部分。它也是中国佛教伦理思想之"旗帜"，曾在传统社会中对伦理教化产生过十分积极的历史影响，而且作为一种独特的利他精神和奉献精神，其至今仍有重要的理论价值和现实意义。基于慈悲观的重要性，学界向来重视对佛教慈悲观的探讨，尤其在"慈悲"的内涵、种类、在中国之流变、历史影响以及现实意义等议题的研究上，成果颇多。但是，仍然有一些重要问题没有得到应有的重视和梳理，例如慈悲与真如、智慧之间的关系问题。① 众所周知，佛教以无我性空为宇宙诸法之真如、实相，那么，此缘起性空之真如理体以及相应的般若空智是如何生起普度众生的慈悲情感的呢？这又牵涉其他几个问题：（1）在中国佛教看来，空无自性的实然如何开发出普度众生的应然？（2）无我论解构了道德主体，那么慈悲之类的道德品质以什么为道德主体？下面我们将在中国佛教哲学的整体框架内论述佛教慈悲思想的内在逻辑，以期对上述问题做一些有益探索，并进而探讨佛教慈悲观的现代调适路径。

一、"人生皆苦"：慈悲观的人生论依据

"人生皆苦"的教义（以及与之相关的业报轮回说等）是各个派别之佛教、各个时期之佛教的共同立场（尽管其强调程度各不相同），也是整个佛教伦理思想大厦之基石。"苦"是佛教对有情众生之生命本质的基本理解，关于"苦"的探讨是佛教思想最具特色、最为根本的逻辑起点。

"一切皆苦"也是大乘佛教的慈悲思想的人生论依据。所谓慈悲，是慈与悲的合称。慈，梵文为maitrī（或maitra），意为慈爱众生，给予众生快乐；悲，梵文为karuṇā，意为怜悯众生，同感其苦，并拔除其苦。《大智度论》说："大慈与一切众生乐，大悲拔一切众生苦。"② 立志成为菩萨者最初（"初发意"）乃是因为见到众生沉沦苦海而不能自拔，为了普度众生，使众生"悟空断苦"才发起慈

---

① 现代著名佛学家印顺法师曾对"无我"与"慈"如何才能相应的问题有过专门的论述，他通过介绍众生慈、法缘慈和无缘慈三种慈悲的含义来说明无缘慈是指"在一切法空的深悟中，不碍缘有，还是见到众生的苦痛，只是不将它执以为实有罢了"。但是，他在提出这一论点之后并没有展开具体的论述。参见氏著：《〈大树紧那罗王所问经〉偈颂讲记》（《华雨集》上，中华书局2011年版，第76～80页）。董群在《缘起论对于佛教道德哲学的基础意义》（见氏著：《佛教伦理与中国禅学》，宗教文化出版社2007年版）一文中，也曾提及缘起论体现了佛教伦理的基本精神，包括慈悲，但只提到了慈悲体现了无我利他的精神。张怀承的《无我与涅槃：佛家伦理道德精粹》（湖南大学出版社1999年版）对慈悲观的含义、内容、特点、现实意义等有多方面的阐述，但基本上以伦理学为视角，对慈悲观的佛学基础着墨不多。此外，方立天先生的《中国佛教伦理思想论纲》（载《中国社会科学》1996年第2期）对中国佛教伦理的理论基础、伦理原则、伦理德目、历史作用与现代价值等做了纲要性的阐述，对本章之基本思路颇有启发，不过，方先生是从佛教伦理思想全体立论的，而本章则仅以慈悲观为中心，力求做精细的专题研究。日本学者中村元有《慈悲》（中译本于1997年在台湾东大图书公司出版，江支地翻译）一书专门讨论佛教慈悲的语义、历史发展、伦理性格、行动性格等问题，其中有一章专论慈悲的理论基础，中村元利用印、中、日三国佛教资料论述了空观如何成为慈悲之实践基础的问题，特别阐述了无缘慈悲与空观的关系，给本章极大的启示，但他的论述未将佛教人生论纳入讨论，对慈悲的具体生发机制也缺乏探讨，故正如作者在该书"前言"所言，该书只是"初步检讨的结果"，更深入的研究仍有空间。本章力图结合佛教人生论和本体论，重点讨论慈悲观的生发方式，试图集中展现大乘佛教，特别是汉译大乘佛教慈悲观与空观的关系。

② 《大智度论》卷二十七，引自《大正藏》第二十五册，第256页中。

悲心。"菩萨见众生老、病、死苦，身苦、心苦，今世、后世苦等诸苦所恼，生大慈、悲，救如是苦。"①

佛教关于"苦"的学说被归纳为著名的"四谛"。所谓"四谛"，即指苦、集、灭、道四种真实不虚的真理，其为圣者所知见，故又称"四圣谛"，乃原始佛教教义之大纲。苦谛即关于生死实质是苦之真谛，世俗之一切，本质皆苦；集谛即关于世间人生诸苦之生起及其根源之真谛；灭谛即关于灭尽苦、集二谛之真谛，也即断除苦之根本；道谛即关于灭苦之诸方法的真谛，若依这些方法而修行，则可超脱苦、集二谛，获得终极的解脱：寂静涅槃。后世之小、大乘佛教诸派别虽在教理上各有创发，但都无不以人生一切皆苦为基本立场。大乘佛教正是基于此立场而对苦海之中的众生表现出无比强烈的同情心，从而着重阐发了"慈悲"的救度论。

具体而言，"苦"包括生、老、病、死等诸多内容。问题是：人人皆对生命中的痛苦有所经验，佛教在讨论苦上又有何特色呢？在佛教看来，普通人不知苦的原因，因而无法脱离苦，力图避苦却更深地陷入苦海中，然而菩萨则不同。菩萨深知苦的原因，即"有生必有死，有死必有苦，是故知生是苦本"②。只要有"生"，就必定会"死"，死亡是生命不可避免的苦难归宿，人生中有限的、短暂的愉悦与其相比便显得无足轻重。所以佛教认为"生"是痛苦之总源，即"由生有苦"，那么，"生"又从何而来？原始佛教在这里引出了"十二缘起"的人生论因果链条：无明缘行、行缘识、识缘名色、名色缘六处、六处缘触、触缘受、受缘爱、爱缘取、取缘有、有缘生、生缘老与死等。十二缘起说在"三世二重因果"的模式下描绘了众生不断流转于痛苦的轮回之中的基本原理。佛陀创教之基本目标便是力图开示生命痛苦之本质、原因、形成模式和消除痛苦的方法。

这就决定了佛教是一种重视智慧的宗教，佛者，觉也，观照苦之相状、原因，觉悟宇宙、人生之实相，并加以相应的修行实践，才是终极的解脱之道。因而，作为一种解脱之道的慈悲与探究万法之真如实相的追求有着密切关系，"苦"的人生观是推导佛教本体论成立的经验基础和理论起点。

二、"诸法性空"：慈悲观的本体论依据

佛教以"我"或"我执"作为众生痛苦之根源，以"无我"作为诸法实相。

---

① 《大智度论》卷二十七，引自《大正藏》第二十五册，第256页下。
② 同上书，第696页中。

所谓"无我",也即认为宇宙万法皆无自性。诸法因缘生,无自性本身才是诸法之真实自性、法性,这又称为"空"。小乘佛教仍有"我空法有"说,而大乘佛教则反对一切坚固的宇宙本体,以非本体的法性、空性做本体论的诠释,主张人法俱空。"因缘所生法,我说即是空;亦名是假名,亦是中道义。"① 龙树认为,因为任何事物都是由各种内在原因和外在条件(因缘)和合而生,因此,其根本属性为空性,但"空"并不意味着"不存在",而是显现为"假名""假有"的状态,只有"空""有"双遣,非空非有且亦空亦有才是"中道"。

万法性空之理体与千姿百态的相状之间是不一不异的关系。玄奘译的《心经》说:"色不异空,空不异色;色即是空,空即是色;受、想、行、识,亦复如是。"色等五蕴虽不能与空等同,但是一切物质和精神现象都空无自性,在本性上,空与色、受等五蕴没有区别,二者是"相即不离"的关系。这种本体性空说是中国佛学的主流思想。僧肇为了纠正魏晋时期"六家七宗"对般若性空"偏而不即"的理解,立"不真空"义,他说:"不动真际,为诸法立处,非离真而立处,立处即真也。然则道远乎哉?触事而真!圣远乎哉?体之即神!"② 此"真际""真"都是就空性本体而言。这种性空本体论在佛教中国化进程中逐渐演变为心性本体说,《起信论》的"一心开二门"、天台宗的"一念无明法性心"、华严宗的"法性缘起"说、禅宗的"一切万法不离自性"等都是在心性层面上认为万法具有同一的本体、本性,即空性。

中国佛教的性空本体论对于确立慈悲观具有重要意义。觉悟诸法性空的佛教智慧保证了慈悲行为是合适的、有效的,它是生发慈悲的必要条件。鸠摩罗什说:"唯佛菩提能解一切法一相一味也,今无相解中生慈,故远同菩提也。"僧肇进一步解释说:"平等一味无相之道,谓之菩提。无相真慈,亦平等一味,可名菩提也。"③ 可知菩提/智慧、真如/实相和大慈大悲在本体论上是"平等一味"的,慧解此一切法平等一味之道乃"生慈"。所以"佛后普贤智海已满,而运即智之悲,寂而常用,穷未来际"④。证得佛果的普贤菩萨所生起的大悲心具有完满的智慧("即智之悲")。

此外,菩萨的慈悲也有助于消灭自我中心意识,从而增长智慧,因为佛教的智慧建立在无我性空的本体论之上。⑤ 而且慈悲在普度众生的功用上比佛的智慧更具优势,龙树认为诸佛之慈悲可称"大慈大悲",而智慧则不能称"大",原

---

① 《中论》卷四,引自《大正藏》第三十册,第33页中。
② 《不真空论》,引自《大正藏》第四十五册,第153页上。
③ 《注维摩诘经·观众生品》,引自《大正藏》第三十八册,第384页下。
④ 澄观:《华严经疏》卷五,引自《大正藏》第三十五册,第533页下。
⑤ 彼得·哈维:《佛教伦理学导论:基础、价值与问题》上,李建欣、周广荣译,上海古籍出版社2012年版,第124页。

因为：（1）佛智慧深妙，"不可测知"，而慈悲相可见、可闻，容易为众生认识；（2）智慧如同苦药，"人多不乐"，而大慈大悲则类似美药，"人所乐服"；（3）得道之人容易信受智慧，但大慈悲相更能令普通人生起信心；（4）智慧表现为"舍相""远离相"，慈悲则为"怜悯利益相"，"一切众生所爱乐"。① 因此，诸佛、菩萨之慈悲可称"大"，"慈悲是佛道之根本"。总之，智慧与慈悲之间是相辅相成、相即不离的关系，修菩萨道应"悲智双运"。

正是在无我性空的本体论和"悲智双运"的菩萨道上，菩萨与有情众生才成为命运共同体。从性空本体来看，"心佛及众生，是三无差别"②。若心清净觉悟便是佛，心迷则为众生，心、佛、众生虽在发用上有染净之别，但在体性上却都一样，也即都空无自性。正是因为如此，才使得诸佛、菩萨与众生统一于本体论层面的"一"。法藏说："今佛教化尘内众生，众生复受尘内佛教化，是故佛即众生之佛，众生即佛之众生，纵有开合，终无差别。"③ 而"悲"与"智"之间的良性互动的关系则导致菩萨与众生在"自利利他"的解脱论模式之下必然相互依存。慈悲的道德实践当然属于"利他主义"，但是，慈悲的前提是利他的行为主体自身首先必须觉悟真如实相，拥有最高的智慧和获得解脱的方法（"智"），也即"自利"。《净土论》云："应知由自利故，则能利他，非是不能自利而能利他也。"④ 而且在利他的慈悲行中，能够更好地消除小我，实现大我，利益众生（利他）从根本上说也是"自利"。"自利"与"利他"一体两面。

概而言之，"一切即一"的性空本体论打通了菩萨与众生之间的界限，将二者在实然层面上统一起来，以此本体论为理论基础，在"智"与"悲"、"自利"与"利他"双向互动的解脱论下，菩萨和众生被连结成了命运共同体。但问题是以性空为本体（实然）的菩萨如何生发出慈悲（应然）的心理和行为？或者说佛教"空"的智慧（知识）如何生起慈悲（美德）？慈悲的主体与受体是不是"我"？这些问题仍需要进一步细致地梳理。

三、"感应道交"：慈悲的生发方式

从性空本体论的理论出发，我们可以考察慈悲行为的主体——菩萨与其对象——众生二者之间的具体交互关系，以期回答"慈悲"是如何产生的问题。

---

① 《大智度论》卷二十七，引自《大正藏》第二十五册，第 257 页上 ~ 257 页中。
② 《华严经》卷十，引自《大正藏》第九册，第 465 页下。
③ 法藏：《华严经义海百门》，引自《大正藏》第四十五册，第 628 页上。
④ 《无量寿经优婆提舍愿生偈注》卷二，引自《大正藏》第四十册，第 843 页下。

（一）菩萨与性空本体

关于菩萨的慈悲与"空"之间的关系，舍利弗和须菩提之间有一段重要对话。须菩提说，菩萨修行般若波罗蜜（普度众生到达涅槃彼岸的空的智慧）时，"常不应离大悲及毕竟空念，毕竟空破世间诸烦恼，示涅槃；而大悲引之令还入善法中，以利益众生"。所谓"毕竟空"，指以空破诸法，毕竟不执着于一任何物。菩萨同时具备大悲念和毕竟空念，悲智双运。舍利弗对此问难道："（菩萨）此中念，是不离大悲念，何以说'不离毕竟空念'？"须菩提回答说：

> 菩萨不离是念，心不舍众生，用无所得故。无所得空，毕竟空，名异而义一。不可得空在初，毕竟空在后，以毕竟空大故，生悲亦大。大悲，如《阿差末经》中说，有三种悲：众生缘，法缘，无缘。无缘悲从毕竟空生，以是解舍利弗所难。[①]

这是说虽然菩萨慈爱、怜悯众生而行救济之道，但这并没有增加或减少他自身毕竟空寂的性体，因为他的慈悲行为并没有任何功用和受用，也即"用无所得"。菩萨在自利利他的慈悲实践之中，体悟诸法的空性本体（"不离毕竟空念"），意识到一切诸法，性相寂灭，求之不得，"是菩提中无法可得——若增、若减，以诸法性空故。诸法性空尚不可得，何况得初地心乃至十地心，六波罗蜜、三十七助道法，空三昧，无相、无作三昧，乃至一切佛法当有所得，无有是处！"[②] 一切佛法皆无所得，当然也包括慈悲。所以菩萨在慈悲行中表面看起来似乎以普度众生为执着，但从菩萨体性和智慧来看却并没有偏离毕竟空的立场。

值得注意的是须菩提的回答提到了大乘慈悲观具有不同的种类和层次。从毕竟空生的慈悲为"无缘（慈）悲"，另外还有众生缘慈悲、法缘慈悲等不同类型的慈悲。北本《大涅槃经》云："慈有三缘，一缘众生，二缘于法，三则无缘。……众生缘者，缘于五阴，愿与其乐，是名众生缘。法缘者，缘诸众生所须之物而施与之，是名法缘。无缘者，缘于如来，是名无缘。……无缘者，不住法相及众生相，是名无缘。"[③] 众生缘慈悲，乃缘于众生之相状而起与乐拔苦之慈悲；法缘慈悲，乃缘于彼众生所需之物而布施之，引导其觉悟一切诸法皆无我相，或称：观众生但为五蕴假和合而起慈悲；无缘慈悲，不住法相及众生相，心无所缘而起慈悲。三种慈悲的次第是："凡夫人众生缘；声闻、辟支佛及菩萨，初众生缘，后法缘；诸佛善修行毕竟空，故名为无缘，是故慈悲亦名佛眼。"[④] 凡夫俗子的

[①] 《大智度论》卷五十三，引自《大正藏》第二十五册，第441页下～442页上。
[②] 《大般若经》，引自《大正藏》第八册，第404页上。
[③] 《大正藏》第十二册，第452页下。
[④] 《大智度论》卷四十，引自《大正藏》第二十五册，第350页中。

慈悲是基于众生个体（人我）而生发；二乘、菩萨逐步能够基于宇宙万法（法我）而生发；佛则能够完全脱离人相、法相而生发，也即依据毕竟空的实相而发慈悲。可见，佛教讲的慈悲涵盖了"世出世"的多重面向。

但从根本上说，还是以无缘大悲最为殊胜。一切源于众生个体或者宇宙诸法的慈悲都是小慈悲，只有觉悟法性、实相而无缘于任何一法、一人的慈悲才是大慈大悲。

（二）众生与性空本体

就众生而言，与菩萨体性相同，即本体性空。既然众生无我，菩萨又灭度谁呢？或者说菩萨为谁而行慈悲行？佛陀的回答是："为实际故，菩萨行般若波罗蜜。"[①] 所谓"实际"，也即"诸法实相"。众生由于无明而执着无我之实际为有我，从而陷入生死苦海，菩萨因深谙诸法实相而起同情心，"菩萨知是法本末皆空，但众生颠倒错故，受如是苦。菩萨于此众生起大悲心，欲破是颠倒故，求于实法，行般若波罗蜜，通达实际；种种因缘教化众生，令住实际"[②]。但是，作为慈悲救度的对象，众生本身也是空无自性的，所以菩萨力图令众生通达"实际"，最终返回、常住于"实际"。菩萨普度众生，从本体性空论来看，并没有任何"有我"的对象可度，因为一切对象皆为"空"。这就是《金刚经》所说的："发阿耨多罗三藐三菩提者，当生如是心：'我应灭度一切众生。灭度一切众生已，而无有一众生实灭度者。'"[③] 所谓"无有一众生实灭度者"，对菩萨而言是起无缘慈悲，无心于众生相，而从灭度的对象（众生）而言，其本性空寂，并无有一"有我"的灵魂需要救度——这与无缘慈悲义正好契合。所以诸佛、菩萨不是因众生而发慈悲，而是因诸法实相而发慈悲；不是因人而生慈悲，而是因真理而生慈悲。也即"诸佛能离众生想而生慈悲"[④]，"若佛于众生中取相而行慈悲心，不名行不诳法。何以故？众生毕竟不可得故"[⑤]。这也是诸佛不取"众生缘慈悲"的原因。

（三）菩萨与众生的交互

真正的大慈大悲在本体论层面的展开超越了主体与对象的二元对立，表现为无量广大、平等的功用。永明延寿云："由自利故，发智德之原，由利他故，立

---

① 《大智度论》卷九十，引自《大正藏》第二十五册，第692页下。
② 同上书，第697页上。
③ 《金刚经》，引自《大正藏》第八册，第751页上。
④ 《大智度论》，引自《大正藏》第二十五册，第257页中。
⑤ 同上。

恩德之事。成智德故，则慈起无缘之化；成恩德故，则悲含同体之心。以同体故，则心起无心；以无缘故，则化成大化。心起无心，则何乐而不与？化成大化故，则何苦而不收？何乐而不与，则利钝齐观；何苦而不收，则怨亲普救。遂使三草二木，咸归一地之荣；邪种焦芽，同霑一雨之润。"①

这表明，自利与利他、智慧与慈悲、无缘之化与同体之心、无缘与无心皆"相即不二"。进一步可推知，实然与应然、知识与美德等，一切二元对立都统一于法性之"一"。在"一"中自然无法区分实然与应然，否则便是"二"。不过，我们仍然要追问：既然菩萨、众生体性空寂，那么，两个性空的主体如何因菩萨的慈悲而发生交互关系？在"空"的层面，菩萨如何生发对众生的慈悲？

这便涉及"发菩提心"的理论。所谓"发菩提心"，指的是立志实践菩萨道的心，也即立志上求佛道，下化众生，其主要内容之一便是发慈悲心。按《摩诃止观》的说法，发菩提心"自、他、共、离皆不可，但是感应道交而论发心耳"。发菩提心不是自体独自发出，不是他人教导发出，不是自己与他人合作发出，也不离自己、他人而发出，只是"感应道交"而已。那么，什么是"感应道交"呢？"故知缘起能办大事，则感应意也。……言因缘者，或因于圣缘于凡，或因于凡缘于圣，则感应道交。"② 可见，在慈悲行中，诸佛、菩萨与凡夫众生互为因缘，慈悲的生发也契合因缘和合的缘起论（也即性空本体论）。佛教讲的"空"不是顽空，而是因缘和合之义，所以慈悲的主体和对象皆空，并不意味着二者绝对空寂，而是二者皆为"假有"，在因缘和合的宇宙规则下构成"不一不异"的关系。总之，慈悲主体和对象虽体性空寂，但发用却为假有，偏于空或偏于有都违背了缘起性空的基本立场。

所以菩萨在发菩提心、度化众生的过程中，时刻保持有无双遣的中道。《摩诃止观》云："众生无边誓愿度，烦恼无数誓愿断。众生虽如虚空，誓度如空之众生；虽知烦恼无所有，誓断无所有之烦恼。虽知众生数甚多，而度甚多之众生；虽知烦恼无边底，而断无底之烦恼；虽知众生如如佛如，而度如佛如之众生；虽知烦恼如实相，而断如实相之烦恼。何者？若但拔苦因，不拔苦果，此誓杂毒，故须观空。若偏观空，则不见众生可度，是名著空者，诸佛所不化。若遍见众生可度，即堕爱见大悲，非解脱道（云云）。"③ 虽然菩萨起大悲誓愿，以普度众生、永断无边烦恼为己任，但其深知众生如虚空，皆具佛性（"如如佛如"），烦恼无所有，如实相。所以他在处理慈爱、怜悯之情时，保持着般若的智

---

① 《宗镜录序》，引自《大正藏》第四十八册，第416页下。
② 《摩诃止观》卷五，引自石峻等编：《中国佛教思想资料选编》第二册，中华书局2014年版，第10~11页。
③ 同上书，第40页。

慧,既不因觉悟诸法本性空寂而不对众生生起救度之慈悲心——这是偏于空、"著空",又不因悲悯众生而偏离空的觉悟,陷入执着——这是偏于假有,堕入妄情。"无缘无念,普覆一切。任运拔苦,自然与乐,不同毒害,不同但空,不同爱见,是名真正发心菩提义。"① 只有对诸法之实相和慈悲之情感同时保持亦有亦无、非有非无的"中道",才是大乘佛教慈悲观的圆融智慧。

  总之,佛教以生、老、病、死等生命必然承受的痛苦经验为基础,得出了一切皆苦的人生论结论,并以此为基础成立了宇宙万法都是因缘和合、空无自性的性空本体论。人生皆苦的人生论使得慈悲救度成为必要,而无我性空的本体论则通过消除菩萨的主体自性而实现了主体从个体到全体、整体的跳跃,也即实现了从"个体小我"到"天地大我"的升华。于是,"毕竟空"之慈悲主体与"毕竟不可得"之慈悲对象在因缘和合的宇宙总规则下"感应道交",表现出"不一不异"的圆融关系。"不一"意为诸佛、菩萨与有情众生因悟、迷之不同而有所差别,觉悟之菩萨对苦海中执迷不悟的众生自然流露出大慈大悲的神圣情感;"不异"说的是诸佛、菩萨具备佛教的"空"观智慧,了知其与众生同一于实无差别之性空本体,因而诸佛、菩萨之慈悲为"即智之悲",生起了慈悲之情感却又不执着于此情感,而且观空却又不执着于空。

四、"自利利他":慈悲观的现代阐释

  "利乐有情""普度众生"的慈悲精神和实践是大乘菩萨道的核心内容。菩萨信仰对中国历史影响深远,曾出现"家家弥勒佛,户户观世音"的火热情景,即使在现代,观音、弥勒、弥陀、地藏、文殊、普贤等菩萨仍是中国佛教的标志性形象。可见,作为最为重要的传统美德之一,"慈悲"已经在历史长河中渗入中华民族的深层道德心理之中。因此,有必要促使大乘慈悲精神实现创造性转化、创新性发展,为当代道德文明建设提供积极的思想资源。

  我们首先必须扬弃佛教慈悲思想中的消极面向。"一切皆苦"的人生观毕竟很难为现代社会所接受,乐观、刚健的人生观更有利于培养积极进取、开朗阳光的人格,更有利于营造奋发向上、充满希望的社会氛围,然而将人生的本质理解为"苦"显然更容易滑向对此生此世的厌离情绪而走向追求彼岸的宗教信仰;诸法无常、无我的本体论也不符合现代哲学、科学的基本理念和精神,它过于强调事物生成的条件性和流变性,否定一切客观、固定事物的存在,容易走向虚无主义,从而阻碍科学精神的树立和科学技术的发展。同时,更为重要的是我们必须

---

① 《摩诃止观》卷五,引自石峻等编:《中国佛教思想资料选编》第二册,第41页。

重视挖掘和发扬佛教慈悲观的现代价值。

就慈悲观的理论基础而言,我们提出的总原则是:不完全认同佛教慈悲观的理论基础,包括人生论、本体论、缘起论等,但是,肯定慈悲观对引发良好的道德情感和道德效果的积极意义。虽然理性与情感在几乎所有道德规定和道德推论中都是共同发生作用的①,但是对普通民众来说,慈悲观的哲学基础和理性推导是晦涩的、艰难的,他们所了解的慈悲精神是通过宗教信仰和情感、菩萨的榜样力量、民族心理和习惯等方式确立起来的,所以我们应该致力于发挥慈悲精神对培育道德情感的现实作用,进而引导道德推理。例如,"人生皆苦""诸法无我"的思想更能抚慰人生的挫折、祸患、痛苦和不幸,有利于人们形成不偏执、随缘、达观的人生态度;性空本体论则承认人人本质相同,没有高低贵贱之分,体现了平等精神,而且也肯定了人人皆有成佛成圣的可能性,有益于培育自我意识和自尊、自信的品质;"同体大悲"的思想将个人与大众视作命运共同体,更容易促发对他人的换位思考,从而产生慈爱、同情、怜悯等道德情感;"缘起论"将自我的利益与他人、其他生物,甚至整个宇宙的利益联系起来,有利于培养道德实践的整体意识;"无我"论则生发出舍弃小我而成就大我的无私奉献精神;等等。

就佛教慈悲观的内涵和生发方式而言,我们认为慈悲观的现代价值突出表现在以下两个方面:

其一,"头目脑髓尽以布施"的利他精神。按佛教的说法,大乘菩萨本已修证佛果,而不入涅槃,住世弘化,本身便体现了舍己为人的牺牲精神和奉献精神。具体而言,佛教的利他主义精神有下列特点:第一,自觉地利他,菩萨的慈悲思想和行为并不是他人的规定和要求,而是自己觉悟真理之后所自然流露出的同情心;第二,无我地利他,佛教以无我论破除了对自私小我的执着,既然"我"没有了,那么也不存在所谓"属于我的",甚至没有"我"与"他"之分,所以佛教的利他是舍"小我"成"大我",是一种无私的奉献精神;第三,平等地利他,菩萨的利他是"利钝齐观""怨亲普救",不分贵贱亲疏,在现代"陌生人社会"中,慈悲观的此点尤为可贵;第四,广大地利他,菩萨的慈悲"兼载天下,不遗一人"(僧肇:《注维摩诘经·佛国品》),不仅如此,甚至要普度一切有情众生(即一切生命体)。

其二,慈悲实践中的"中道"精神。佛教破斥二元对立,不着一边,有无双遣的"中道"智慧对当代道德实践具有重要的启发意义。就慈悲观而言,"中道"精神体现在下列几个方面:第一,在个人层面,悲智双运,或者说美德与知识并重,知识和智慧无疑对美德具有指导作用,任何美德都要求具备相应的知

---

① 休谟:《道德原则研究》,曾晓平译,商务印书馆2001年版,第24页。

识；美德则保证了知识和智慧的追求和运用是符合道德的。第二，对个人和他人关系而言，自利与利他兼顾，在市场经济时代，只强调利他显然难以落实，只谈自利则会陷入道德沦丧，因而佛教慈悲观所主张的先自利才能利他，利他最终会实现自利，自利、利他兼顾显然更契合现代社会之现实。第三，对现实与理想而言，"入世出世"结合，出世与入世相即不离，即烦恼即菩提，即现实而超越，用出世的精神办入世的事业，将人间建设为净土。总之，坚持佛教慈悲实践中的不偏于任何一边的"中道"精神对当代道德文明建设具有普遍的方法论意义。

第二节 佛教心性论与道德"同情说"

佛道两家都重视心性论，揭示了道德修养从根本意义上说是自我心性的修养、提升、超化。传统道德的佛道心性修养思想资源，与儒家的心性修养思想资源一道，都可以成为当代社会主义道德建设的文化土壤。佛道文化在民间社会往往表现为对人格化的诸佛、诸神仙的崇拜，但其理论化的道德哲学，其实是一种人文主义形态的道德思想体系。它们都重视人的心性修养与提升，将人在现世间的诸问题都归结为人本身、人的自我心性的问题。

一、佛教心性论的道德哲学之维

在中国佛教思想体系中，心性论属于核心理论。在身、口、意三业中，佛教认为意业最为重要，因为心（"意"）是道德行为动机和结果（果报）的主导者和承受者。早期中国佛教就已经非常强调心的道德意义。《奉法要》说："心为种本，行为其地，报为结实。"[①] 善恶报应都依托于心，它是善恶结果的种子。《般泥洹经》说："人知正心，天上诸天，皆代人喜，当以降心柔弱自损，勿随心行，心之行无不为，得道者亦心也。心作天，心作人，心作鬼神、畜生、地狱，皆心所为也。"[②] 这是强调"正心"是最为基本和最为重要的修行方式，无论是善恶报应还是得道成佛，都是心的结果。即使只有心念中的一丝恶念，并没有付诸行动，没有形成事实，也已经产生了业力，也会导致报应。因此，道德意识层面的修行极为根本，佛教要求人们保持心的干净、纯洁，防微杜渐，不令心

---

① 石峻等编：《中国佛教思想资料选编》第一卷，第23页。
② 《大正藏》第一册，第181页上。

中升起任何恶念。这与儒家提倡的"慎独"也很契合,突出了心善、心正在道德修养中的首要作用。

中国佛学的心性论在隋唐时期的佛教宗派理论中得到充分发展,例如天台宗、华严宗、禅宗等宗派都提出了独具自身特色的心性论。其中禅宗的心性论最具代表性,影响也最大,宋代以后的禅宗几乎是整个佛教的代名词。其实,以禅宗为代表的中国佛学的心性论内涵非常丰富,"佛教心性论具有心理自然、道德修养、宗教情感、宗教实践和众生乃至万物本原等多个层面的涵义,涉及了心理学、生理学、伦理学、主体论、价值论、实践论、境界论和本体论等广泛领域,是佛教学说,尤其是佛教主体价值论的根本内容"[1]。

《坛经》将一切诸法的形而上学根基,将一切价值意义的源头和终极解脱的依据都归结到"自性""自心"等概念中来,从而提出了最具中国特色的佛教心性论,它是佛教吸收儒道二家理论而中国化的产物,又刺激和影响了宋代以后儒道二家心性论的完善和成熟。通过《坛经》等经典,我们可以看到禅宗的"心性"这一概念的道德意蕴至少包含下列五方面的内容:

一是自性、自心。这个"自性"首先是内在的自己之性,不是外在的他人之性。据《坛经》所说,慧能在递呈"得法偈"之后,得听五祖弘忍开讲《金刚经》,至"应无所住而生其心"一句,言下大悟,其悟的内容为:"一切万法,不离自性。"[2] 这可以说是禅宗南宗的思想纲领。慧能将一切存在物的价值意义全部收摄入"自性"中,认为众生自己的内心中便具有无穷的宝藏,自性是生命的本质、主宰,"性含万法是大,万法尽是自性见"[3]。这高扬了人的道德主体性地位,每个人成就理想道德,进而获得福报和解脱的内在根据就在自己内心之中,不需向外追求。

二是本性、本心。禅宗认为自性本来就是清净的,慧能说:"何期自性,本自清净;何期自性,本不生灭;何期自性,本自具足;何期自性,本无动摇;何期自性,能生万法。"[4] 作为万法本源的自性是人的本性、本然、本来之性,它不需要通过增加外在的品质而使其完善,其本身是人人具有的清净性、佛性、真如性。所以禅宗认为众生本性就是无染污、无烦恼的,但人心容易走向邪见、执着,所以使得本性被染污覆盖而不能显现。《坛经》说:"《菩萨戒经》云:'我本元自性清净,若识自心见性,皆成佛道。'《净名经》云:'即时豁然,还得本

---

[1] 方立天:《中国佛教哲学要义》上卷,第220页。
[2] 《六祖大师法宝坛经》,引自《大正藏》第四十八册,第349页上。
[3] 同上书,第339页下。
[4] 同上书,第349页上。

心。'"① 禅宗的修行就是要"识自心见性",也即体认和返回自身本有的清净性。

三是觉心。宋代契嵩在《六祖大师法宝坛经赞》中说:"方《坛经》之所谓心者,亦义之觉义。"② 禅宗的自性、自心具有智慧性,而且本具最高的智慧。《坛经》说:"本性自有般若之智。"③ 此自性是人性之中的灵明,能够破除"烦恼尘劳",使人"悟解心开",通过觉悟人生真谛和宇宙实相而最终解脱。后世菏泽宗甚至提出"灵知心体说",《禅源诸诠集都序》曾总结菏泽宗的禅法宗要为:"知之一字,众妙之门。由无始迷之故,妄执身心为我,起贪嗔等念。若得善友开示,顿悟空寂之知,知且无念无形,谁为我相人相?觉诸相空,心自无念,念起即觉,觉之即无修行,妙门唯在此也。"④ 把"灵知"作为心性最为重要的特征,如果能"顿悟空寂之知",就能断除烦恼,增进功德。这也即说每个人都有自主、自觉地去完成自我道德修养的灵性。

四是清净心。《坛经》说:"世人性本自净,万法从自性生。"⑤ 禅宗的心性不仅是自己之性、本然之性,而且也是清净之性。禅宗在道德起源问题上持性善论,认为心性本净、本善,恶是自性清净心受到覆盖、遮蔽的结果。《坛经》说:"思量一切恶事,即生恶行;思量一切善事,即生善行。如是诸法在自性中,如天常清,日月常明,为浮云盖覆,上明下暗。忽遇风吹云散,上下俱明,万象皆现。世人性常浮游,如彼天云。"⑥ 善行和恶行都是自性清净心的发用,自性清净心如同日月,常明,但若为烦恼、妄念覆盖则呈现为恶,如同乌云盖日月,如果扫除烦恼、妄念,则清净心展露,天地皆明。这个清净的自性是人们德性实践的基础。

五是真心、自然。由"本性""本心"可以推衍,禅宗的自心是真实之心,是清净本心的自然流露,没有执着、虚伪和造作。慧能说:"善知识!一行三昧者,于一切处行住坐卧,常行一直心是也。《净名》云:'直心是道场,直心是净土。'莫心行谄曲,口但说直;口说一行三昧,不行直心。但行直心,于一切法勿有执著。"⑦ 心中不要有谄媚邪恶之念头,不要口头上说得正直,心中却没有正直之念,而要做到诚实、正直则要对一切法都不执着、偏爱。没有执着之念,则无事无非、无善无恶之心体才会自然而然地流露。慧能的弟子神会更是将因缘和自然结合起来,他说:"僧家自然者,众生本性也。又经文所说:'众

---

① 《六祖大师法宝坛经》,引自《大正藏》第四十八册,第351页上。
② 同上书,第346页上。
③ 同上书,第357页下。
④ 同上书,第403页上。
⑤ 同上书,第354页中。
⑥ 同上。
⑦ 同上书,第352页下。

生有自然智无师智．'此是自然义。"① 又说："众生承自然智，得成于佛。"②"众生虽有自然佛性，为迷故不觉，被烦恼所覆，流浪生死，不得成佛。"③ 实际上是强调人们本善的真心的自然流露，推崇诚实、正直，类似于宋明理学家讲的"诚"。

由上简论可知，禅宗心性论内涵丰富，涵盖了禅宗道德哲学的核心内容，它奠定了禅宗伦理思想的基本框架。在中国佛教伦理体系结构中，心性论或人性论是其中一个重要的特点和优点。具体而言，其特点和优点可从如下三个方面来看：

第一，重视道德主体人格的内在超越。禅宗将一切诸法都纳入"自心"、"自性"等概念，主张人性、人心是天地万物唯一的、根本的价值主体，因而特别重视"明心见性"的修炼，注重提升主体人格，以人格的完满作为修行的目标。可以说禅宗的解脱是一种"内在超越"，是心性的转染成净，是将有限的人心提斯、完善成无限的圆满的至善心体。据敦煌本《坛经》，慧能的得法偈为"佛性常清净，何处有尘埃"④，突出众生本有的"佛性"在修持中的核心地位，是对神秀"时时勤拂拭，莫使惹尘埃"⑤ 这种传统"坐禅观净"主张的"革命"。在广州法性寺，慧能与二僧辨风动幡动时说："不是风动，不是幡动，仁者心动。"⑥ 将一切诸法归为心性的体现，标志着他的心性论已全然圆熟。从伦理维度来看，禅宗认为人们的心性之中包含一切的道德品质、道德行为、道德规范和道德结果。《坛经》说："佛向性中作，莫向身外求。自性迷即是众生，自性觉即是佛。慈悲即是观音，喜舍名为势至，能净即释迦，平直即弥陀；人我是须弥，贪欲是海水，烦恼是波浪，毒害是恶龙，虚妄是鬼神，尘劳是鱼鳖。贪瞋是地狱，愚痴是畜生。"⑦ 这就把对佛菩萨的外在崇拜转变为内在心性的修炼，释迦牟尼佛、观音、弥陀等偶像，甚至宇宙万法以及其中的生命形态都是由自性的迷或觉来决定的。正如方立天先生所说，中国佛教伦理的一个基本特点便是："重视在人性论、心性论的基础上建立伦理准则与规范，发扬人性中的优长，克服人性中的劣根，提升人性的品位，抓住了伦理建设的根本。"⑧ 有善心才有善行，有善行才有善的结果（福报），才有自在、解脱。禅宗伦理建设的起点和根

---

① 《菏泽神会禅师语录》，引自石峻等编：《中国佛教思想资料选编》第二卷第四册，第93页。
② 同上书，第95页。
③ 同上。
④ 《六祖大师法宝坛经》，引自《大正藏》第四十八册，第338页下。
⑤ 同上书，第337页下。
⑥ 同上书，第349页下。
⑦ 同上书，第352页中。
⑧ 方立天：《中国佛教伦理的社会意义》，载《伦理学研究》2004年第1期。

本都在"自性""自心"之中。

第二，提倡"全人"的理想人格。禅宗认为心性本然清净，超脱二元对立。慧能曾说："佛法是不二之法。""明佛性，是佛法不二之法。""无二之性即是佛性。"① 禅的境界是超越一切二元对立和分别执着的，因而圆融无碍，达到禅的境界的人自然可以得大自在。从人格的角度看，佛性充满的人或说达到禅境界的人其人格应该是完整的、统一的，而不是分裂的，只有人格健全统一的人才能拥有幸福安宁的生活。正是在这一点上，西方心理学家弗洛姆与日本铃木大拙禅师找到了共识，他们都认为幸福安宁（well-being）是与人的本性（禅宗的自性、自心或佛性）相一致的存在状态②，也即是说，幸福安宁的生活必然是符合人的本性的生活，扭曲、异化人性的生活称不上真正意义上的幸福安宁。弗洛姆定义幸福安宁为："理性达到充分发展的状态——这里的理性并不仅限于知性判断上的意义，而是以'让事物如其本然'（用海德格尔的说法）的方法去掌握真理。……幸福安宁意味着在情感上与人和自然完全交融，克服分裂感和异化感，达到万物一体的体验；与此同时又体验到我自己是一个独立自在的实体，是一个不可分离的个体。……幸福安宁意味着抛弃人们的自我（ego），……而是在生命活动中去确立自己、体验自己。"③ 这就强调了每个人都应该成为普遍性的人或全人，超越自我中心，与世界达成和谐、统一。这样的幸福安宁显然要求放弃自我，克服自我分裂和异化，从而达到主客合一，让生命活动去展现自身，体现人的本性的光辉。

第三，主张在日常生活中修行。正如上文所说，禅宗提倡"不二"圆融之法，世间与出世间圆融不二，《坛经》说："佛法在世间，不离世间觉，离世觅菩提，恰如求兔角。"④ 所以它把对出世的追求落实于日常生活中，将日常生活视作禅的修行。慧能代表的南宗反对北宗的"空心静坐"，《坛经》曰："又有迷人，空心静坐，百无所思，自称为大。此一辈人，不可与语，为邪见故。"⑤ 后世禅宗基本都强调日常生活就是磨炼心性的修行，比如临济义玄说："佛法无用功处，只是平常无事，屙屎送尿，著衣吃饭，困来即卧。"⑥ 又说："但能随缘消旧业，任运著衣裳，要行即行，要坐即坐，无一念心希求佛果。"⑦ 铃木大拙曾指出修禅就是"做一个生活的艺术家"，每个人天生便是艺术家，是生活的创造

---

① 《六祖大师法宝坛经》，《大正藏》第四十八册，第349页下。
② 弗洛姆：《禅宗与精神分析》，王雷泉、冯川译，贵州人民出版1998年版，第105页。
③ 同上书，第110页。
④ 《六祖大师法宝坛经》，引自《大正藏》第四十八册，第351页下。
⑤ 同上书，第350页中。
⑥ 慧然集：《临济录》，杨增文编校，中州古籍出版社2001年版，第14页。
⑦ 同上书，第13页。

家，他说："禅的真理就是把人们单调乏味的平凡生命，变成一种艺术的、充满真正内在创造性的生命。"① 禅的生活是清净自在的、富有艺术性和创造性的、生动活泼的，也即"春有百花秋有月，夏有凉风冬有雪"的"人间好时节"。

禅宗这套心性论的伦理观念属于优秀传统文化的重要组成部分，它体现了中国佛教道德心理和道德理念的基本特征。此外，在具体的道德实践方式上，禅宗也形成了一些独特的功夫论。

第一，特别强调"净心"。《坛经》说："愿闻先圣教者，各令净心，闻了各自除疑，如先代圣人无别。"② 这认为通过"净心"才能明白佛陀以及先圣的教导，除去自身各种疑惑，从而达到与"先代圣人"无差别的修行境界。禅宗的修行目标是要返回到本来清净的自性，所以"净心"是修行的关键。《坛经》继承和发展了《维摩诘经》的唯心净土观，认为"所以佛言：'随其心净即佛土净。'使君东方人，但心净即无罪。虽西方人，心不净亦有愆。东方人造罪，念佛求生西方。西方人造罪，念佛求生何国？"③ 一般人错误地追求外在的西方净土，而禅宗则重视心性中的净土，心净则国土净，无需求生西方、彼岸。慧能认为心中没有不善便可以"随所住处恒安乐"，心中怀不善，即使念佛也达不到西方净土。可见，只有净化心性，也即"明心见性"才能使得其他的道德行为具有意义。

第二，无相忏悔。"忏悔"是佛教重要的一种修行方式，通过追悔过去犯过之罪，请求原谅，以达到灭罪的目的。禅宗以其独特的心性论为基础，对"忏悔"做了新的阐发。慧能把自己的忏法叫作"无相忏悔"。慧能在《坛经》中说："今与汝等授无相忏悔，灭三世罪，令得三业清净。善知识！各随我语，一时道：'弟子等，从前念今念及后念，念念不被愚迷染。从前所有恶业愚迷等罪，悉皆忏悔，愿一时销灭，永不复起。弟子等，从前念今念及后念，念念不被憍诳染。从前所有恶业骄诳等罪，悉皆忏悔，愿一时销灭，永不复起。弟子等，从前念今念及后念，念念不被嫉妒染。从前所有恶业嫉妒等罪，悉皆忏悔，愿一时销灭，永不复起。'"④ 显然"无相忏悔"不注重忏悔的具体规定和形式，只强调个人的心理调节。禅宗认为，通过这种净化心性意义上的忏悔，就能消除一切罪业，免受业报苦果。

第三，"以无念为宗"。《坛经》说："我此法门，从上以来，先立无念为宗，无相为体，无住为本。无相者，于相而离相。无念者，于念而无念。无住者，人之本性。于世间善恶好丑，乃至冤之与亲，言语触刺欺争之时，并将为空，不思

---

① 弗洛姆：《禅宗与精神分析》，第 22 页。
② 《六祖大师法宝坛经》，引自《大正藏》第四十八册，第 350 页上。
③ 同上书，第 352 页上。
④ 同上书，第 353 页下 ~ 354 页上。

酬害，念念之中不思前境。若前念今念后念，念念相续不断，名为系缚。于诸法上念念不住，即无缚也。此是以无住为本。善知识！外离一切相，名为无相。能离于相，即法体清净。此是以无相为体。善知识！于诸境上，心不染，曰无念。于自念上，常离诸境，不于境上生心。"① 此中的"无相"相当于与"佛性"没有差别的自性、本心；"无住"即万事万物迁流变化，也即"道即通流"；"无念"是《坛经》的宗旨，它不是没有任何念头，而是以"无相"的自性去把握"无住"的心体时的心念状态，实质上是要求人们不要为世俗间的任何事物所束缚、所左右，对一切现象都不产生贪取、舍弃或执着。"无念为宗"是对具体修禅的要求，它对破除自我中心、破除贪婪执着、破除人格偏执都有现实意义。

二、佛教"同体大悲"的同情观研究

慈悲精神是大乘佛学之根本。它与大乘佛教的人生论、本体论、认识论、实践论学说密切关联，是大乘佛教哲学不可分割的有机组成部分。它也是中国佛教伦理思想之"旗帜"，曾在传统社会中对伦理教化产生过十分积极的历史影响，而且作为一种独特的利他精神和奉献精神，其至今仍有重要的理论价值和现实意义。

中国大乘佛教的"大悲"或"大悲心"常常被称作"同体大悲"，好像自己与他人有着共同的身体以及感受。这与迈克尔·斯洛特（Michael Slote）所说的"移情"（empathy）有些类似，都重视他人的感受侵入自身之中的现象，并视之为产生德性的基础。与斯洛特相比，佛教的"同体大悲"有着自身的特点，也即它是一种"无我"的同体大悲。作为理想人格的佛、菩萨以他人之心、体为自己的心、体，完全感同身受，所以佛菩萨总是"慈悲为怀"，慈悲是佛教最为重要的伦理观念。其实，慈悲是对无我说的实践，也即放弃自我才能与他人"同体"或"等心"②，由于与他人等心、同体才会产生利他的情感和行动。

（一）无我的大悲

《大智度论》说，"慈悲是佛道之根本"，龙树认为慈悲在普度众生的功用上比佛的智慧更具优势，诸佛之慈悲可称"大慈大悲"，而智慧则不能称"大"，原因有四点：（1）佛智慧深妙，"不可测知"，而慈悲相可见、可闻，容易为众

---

① 《六祖大师法宝坛经》，引自《大正藏》第四十八册，第353页上。
② 《维摩诘所说经》卷三，引自《大正藏》第十四册，第553页中。

生认识；（2）智慧如同苦药，"人多不乐"，而大慈大悲则类似美药，"人所乐服"；（3）得道之人容易信受智慧，但大慈悲相更能令普通人生起信心；（4）智慧表现为"舍相""远离相"，慈悲则为"怜悯利益相""一切众生所爱乐"。①

大悲心是"同体大悲"，"同体"既是生理和心理的肉体本，又是体（法体）。其中本体义更为重要，"由观察自他及诸佛心同一真如，同体大悲，故不染不著"②。自我与他人在本体上是同一的，也即"真如"或称"无我""性空"，一切事物都是因缘和合的，所以没有所谓的"自我"，其本性是空寂的，这是大乘佛教对世界本质的根本看法。

从真如角度看，自我与他人之间平等无碍，这是自我与他人能够"同体"的本体论基础，而这种"同体"之体是"无我""性空"之体，因此觉悟到真如实相，自然会产生一种利他主义的情感和冲动。可见在佛教那里，无我说是慈悲观成立的基础，慈悲是由觉悟"无我"的佛教智慧而生发出来的道德情感，智慧是生发慈悲的必要条件。鸠摩罗什说："唯佛菩提能解一切法一相一味也，今无相解中生慈，故远同菩提也。"僧肇进一步解释说："平等一味无相之道，谓之菩提。无相真慈，亦平等一味，可名菩提也。"③ 可知菩提/智慧、真如/实相和大慈大悲在性空本体论上是"平等一味"的，慧解此一切法平等一味之道乃"生慈"。所以"佛后普贤智海已满，而运即智之悲，寂而常用，穷未来际"④。证得佛果的普贤菩萨所生起的大悲心具有完满的智慧（"即智之悲"）。另外，菩萨的慈悲也有助于消灭自我中心意识，从而增长智慧。更多地慈爱和同情他人无疑需要更积极地放弃自我中心。

佛教的三类慈悲——"一缘众生，二缘于法，三则无缘"之中，⑤ 众生缘慈悲，乃缘于众生之相状而起与乐拔苦之慈悲，就好像看待他人如同自己未成年的孩子，因而类似常人的道德情感，看到他人受苦所产生的怜悯和慈爱。按照《大乘起信论》的说法，感受到"境界相"是心的"不觉相"之一，心一旦产生境界相便会相继生起六种虚妄的"相"："智相""相续相""执取相""计名字相""起业相""业系苦相"⑥。以此理论分析慈悲，我们会发现一旦发生慈悲他人的反应即意味着你的心中已经产生外境（境界相），从而会产生一系列"幻相"：一是"爱与不爱"的情绪，也即"心起分别"，认为他人及其境况好则爱之，不好则不爱之；二是这种"爱与不爱"的情绪会持续不断，从而产生"苦乐"之

---

① 《大智度论》卷二十七，引自《大正藏》第二十五册，第 256 页下 ~ 257 页中。
② 《仁王般若陀罗尼释》卷一，引自《大正藏》第十九册，第 523 页中。
③ 《注维摩诘经·观众生品》，引自《大正藏》第三十八册，第 384 页下。
④ 澄观：《华严经疏》卷五，引自《大正藏》第三十五册，第 533 页下。
⑤ 《大正藏》第十二册，第 452 页下。
⑥ 《大乘起信论》卷一，引自《大正藏》第三十二册，第 585 页下。

感，对于令自己感到温暖和喜爱的感受则产生持续的"乐"，对于令自己感到痛苦的感受则产生持续的"苦"；三是这种相续的苦乐之感受进而发展成"执取相"，也即固化成一种"我执"，将这种苦乐之感受执着不放；四是根据对这种苦乐的执着，进而产生"名字相"，也即形成抽象的道德理论和原则；五是一旦形成固定的道德理论和原则，人们就会去不断追求它，从而产生种种业；六是业力总是会产生苦果，令人无法自在。

简言之，众生缘慈悲会导致我执，会令人陷入对固定的善恶的执着，会以自我为中心来制定善恶标准，从而追求为善去恶，陷入各种痛苦的执着和追求中。例如施虐狂会因为同情他人而产生对他人施虐的冲动和行为；又如家长会阻止孩子参加赛车比赛，因为他们本人觉得这样非常危险，而事实上可能他的孩子很享受赛车的刺激和乐趣且并无危险。

所以佛教的大悲心总是要求般若智慧的保障，大乘佛教提倡"悲智双运"，大悲心与智慧同时运行，关于真如实相的知识和智慧越多，越会产生利他的大悲心。所以佛教的大悲心不是儒家见到孺子堕井而产生的恻隐之心，也不是斯洛特所说的"移情"（见下文的阐述），它需要与智慧配合运行。只有当这种"无我"的智慧圆满成熟的时候，大悲心的生发才是完全没有我执的，自发的，没有系缚的。当一个真正的佛教大师看到别人需要帮助时，会立刻伸出援助之手，而不是会想这个人是"无我"的、空幻的，不需要我去救助，而是直接产生同情心，并毫不犹豫地立即出手才是没有我执，而反思他人为无我，反而已经陷入我执了。但到了无缘慈悲的境界，佛可以不需要任何外在的他人和境界相而保持慈悲心，这似乎是一种彻底觉悟后从自心发出的无条件的利他情感。

当然，这样无我的移情将会是超越亲疏差异的，平等一味，因为它是基于万法实相的，而不是某种情感。永明延寿云："由自利故，发智德之原，由利他故，立恩德之事。成智德故，则慈起无缘之化；成恩德故，则悲含同体之心。以同体故，则心起无心；以无缘故，则化成大化。心起无心，则何乐而不与？化成大化故，则何苦而不收？何乐而不与，则利钝齐观；何苦而不收，则怨亲普救。遂使三草二木，咸归一地之荣；邪种焦芽，同霑一雨之润。"[①] 同体大悲之心生起时如果没有任何执着，即"心起无心"，就会展现出最大的无私，从而试图给予他人快乐，并且不分怨亲、利钝，给予平等慈悲。

（二）中道的大悲

从佛教的基本理论来看，"无我"说使得佛教慈悲观得以成立，但它似乎也

[①] 《宗镜录序》，引自《大正藏》第四十八册，第416页下。

可以推导出相反的命题：既然众生本性空寂，那么何须救度？根据《维摩诘经》的记载，文殊与维摩诘曾有一段问答：

尔时文殊师利问维摩诘言："菩萨云何观于众生？"

维摩诘言："譬如幻师，见所幻人，菩萨观众生为若此。如智者见水中月，如镜中见其面像，……"

文殊师利言："若菩萨作是观者，云何行慈？"

维摩诘言："菩萨作是观已，自念：'我当为众生说如斯法。'是即真实慈也。"①

菩萨把众生视作"幻人"，如同水中月、镜中面像，菩萨深知众生本性空寂，但众生自己并不知真如实相，他们由于无明而执着无我之"实际"为有我，从而陷入生死苦海，菩萨因深谙诸法实相而起同情心。"菩萨知是法本末皆空，但众生颠倒错故，受如是苦。菩萨于此众生起大悲心，欲破是颠倒故，求于实法，行般若波罗蜜，通达实际；种种因缘教化众生，令住实际。"② 只有菩萨了解众生是幻人，而不是视之为"一无所有"，故能为众生说法。

"无我"是缘起的意思，一切有为法都是因种种条件和要素和合而成的，所以说任何事物都没有自性，但"无我"不是什么都不存在，而是一切法都是假有，所以诸法"非有非无"，僧肇《不真空论》说："欲言其有，有非真生；欲言其无，事象既形。象形，不即无；非真，非实有。然则不真空义，显于兹矣！故《放光》云：诸法假号不真，譬如幻化人。非无幻化人，幻化人非真人也。"③ 众生皆是"幻化人"，但不能说幻化人不存在，它只是非真实的存在，如同《维摩诘经》所说，正是因为众生是幻化人而众生不自知，故菩萨生起慈悲心。可见，慈悲是从"假法"一面而言说的，从"真空"的一面讲，并没有任何"有我"的对象可度，因为一切对象皆为"空"。这就是《金刚经》所说的："发阿耨多罗三藐三菩提者，当生如是心：'我应灭度一切众生。灭度一切众生已，而无有一众生实灭度者。'"④ 所谓"无有一众生实灭度者"，对菩萨而言是起无缘慈悲，无心于众生相，而从灭度的对象（众生）而言，其本性空寂，并无有一"有我"的灵魂需要救度。

佛教的慈悲实践需要保持中道。"若偏观空则不见众生可度，是名著空者，诸佛所不化。若遍见众生可度，即堕爱见大悲，非解脱道（云云）。"⑤ 如果觉悟

---

① 《维摩诘所说经》，引自《大正藏》第十四册，第547页上~第547页中。
② 《大智度论》卷九十，引自《大正藏》第二十五册，第697页上。
③ 《肇论》，引自《大正藏》第四十五册，第152页下。
④ 《金刚经》，引自《大正藏》第八册，第751页上。
⑤ 《摩诃止观》卷五，引自《大正藏》第四十六册，第56页上。

无我的教义而视众生空无，则陷入了对空的执着；如果执着于救度苦难中的众生，就会堕落为普通的道德情感，执着自己的道德原则和标准，从而陷入束缚，不能解脱。所以中国佛教非常重视中道在慈悲实践中的地位，一方面主张追求菩萨果位的人应该慈悲，应该普度众生，另一方面又要求修行者警惕这种慈悲心成为一种固执的善恶理论和标准，时时刻刻反省自己的善意是否成为一种自我中心的道德权威。

此外，慈悲心是很容易导致意志薄弱的，因而佛教探索出许多方法来避免意志薄弱，这些方法依人依情景而异，也即所谓方便法门，但在宋代以降的中国佛教中有一条较为普遍的方法是：发四弘大愿，也即"众生无边誓愿度，烦恼无边誓愿断，法门无边誓愿学，无上佛道誓愿成"①。智𫖮说得更加具体："菩萨若但起慈悲，心不牢固，故须发弘誓加持使坚。譬如工匠造物节廨，虽复相应，若无胶漆则有零落。誓愿如胶亦复如是。悲心愍伤，拔于世间苦集因果兴两誓愿：所谓众生无边誓愿度，烦恼无量誓愿断，此两誓愿从大悲心起。以慈爱故，欲与道灭出世因果之乐兴两誓愿：所谓法门无边誓愿知，无上佛道誓愿成。此两誓愿从大慈心起。"② 因观世间之苦难及其原因而产生慈悲心，因慈悲心而发出这样伟大的誓愿，这四大弘誓之愿又保证了践行慈悲的意志，在践行慈悲中又更清楚地观察世间之苦难及其原因，所以这是一个良性的循环。直到今天，中国的佛教徒每天都要在早晚功课中宣扬此四弘誓愿，以不断增强慈悲意志。

简而言之，佛教的"同体大悲"作为一种宗教伦理学说，包含了许多理论预设，如人生皆苦、诸法缘起、佛的慈悲可以无缘而起等，这些都是慈悲观的基础和重要内容，使佛教救赎论得以成立，但是它们不可能被每一个人接受，很难成为普世伦理。虽然如此，在中国，信仰佛教或受佛教深刻影响的人非常多，所以慈悲观仍然发挥着重要的现实作用。它鼓励着人们感同身受地关怀他人，无我地慈悲他人，无私地为他人奉献，并且不因这些奉献和美德而产生自以为是的自满情绪。至今佛教仍是中国社会慈善事业的重要力量之一。

同体大悲提倡自我与他人感同身受，但是很难说它是一种道德情感，它以中道为原则，既承认"同体"所产生的道德情感之重要性，希望基于这种情感而产生救度众生的善行，又警惕这种道德情感会演变成执着、虚妄和染污。依佛教的观点看，以自我感受为中心的道德情感主义或者理性主义容易陷入自我中心，而自我本身是不确定的，对他人的感受，甚至包括对自己的感受都可能是虚妄的，因此，以自我为起点的伦理学容易导致自以为是，将自己的感受和道德准则强加

---

① 《六祖大师法宝坛经》卷一，引自《大正藏》第四十八册，第339页中。
② 《观音玄义》，引自《大正藏》第三十四册，第879页上。

他人，甚至导致家长作风或道德权威主义。佛教伦理学作为一种反思和批判性的思想资源一直警惕着以自我为中心或固执不变的善恶学说的崛起和泛滥。这不仅是一种理论可能，而且在中国历史上也曾是历史事实，中国佛教的慈悲观往往是对提倡"推己及人"和爱有等差的儒家伦理学说的一种有益补充和调节。

第三节　墨家尚同、尚义的追求与"兼爱"的伦理情怀

作为先秦时期手工商业阶层的理论代表者墨家，其道德伦理思想比较质朴，而且具有相当强的幻想性。其"天志"论、"鬼神"论等思想内容，并无多少神秘主义的因素，而是具有极强的单纯现实道德的和功利的诉求，即爱、利天下百姓的善良意志。墨子从政治生活与现实人情的角度出发，认同只有天、鬼才具有绝对的能力与力量，让人服从于他们的意志与要求。尚同、尚义的"共同善"[①]追求，以及兼相爱、交相利的伦理原则要求，最后都必须通过天志、鬼神的力量来提供最后的保证与形上的根据。在《墨子》一书中，"天志"有时在具体的行文过程中，又写作天意、天之意（或者是版本的差异所致）。此节所引的文献是以吴毓江撰的《墨子校注》为底本的。

一、天志，义之所自出

墨子的"天志"论，是其政治学说、道德、伦理学说的形上根据。他提出的尚同政治目标，尚义的道德、伦理与政治原则，最终都是出于天志。墨子虽然是劳工出身，但他认为"义不从愚且贱者出，必自贵且知者出"（《天志中》）。他心中的"贵贱之序"是：天子贵诸侯，诸侯贵大夫，但天又贵于天子。"天下既同乎天子，而未尚同乎天者，则天灾将犹未止也。"为什么会是这样呢？因为天比天子更有力量：

> 天子为善，天能赏之；天子为暴，天能罚之。天子有疾病祸祟，必斋戒沐浴，洁为酒醴粢盛，以祭祀天鬼，则天能除去之。然吾未知天之祈福于天

[①] 在现代西方政治哲学中，"共同善"的概念内涵极其丰富，简洁地说有两种"共同善"，一种是"共公的善"（common good），另一种是"最高的善"（highest good）。我们借用"共同善"的概念，但并不完全是在社群主义的思想脉络下来使用这一概念的，仅是在汉语的意义下使用的一个道德、伦理学概念，它在墨子的尚同、尚义的语境里，既有"共公的善"的意思，也有"最高的善"的意思。参见姚大志《正义与善——社群主义研究》一书的《导言》，人民出版社2014年版，第1~16页。

子也，此吾所以知天之贵且知于天子也。①

墨子所说的"天志"，绝没有什么复杂的内涵，其主要内容即是"天欲义而恶不义"。由此而引申出天是爱、利天下百姓的，天是喜爱和平的、反对战争的等具体的主张。"子墨子曰：天之意，不欲大国之攻小国也，大家之乱小家也。强之劫弱，众之暴寡，诈之谋愚，贵之傲贱，此天之所不欲也。不止此而已，欲人之有力相营，有道相教，有财相分也。又欲上之强听治也，下之强从事也。"（《天志中》）②

墨子所说的"天志"亦即天意，它是兼爱天下之人，而不是什么别的内容。这与古希腊文化中奥林匹斯山上的众神有各种喜怒哀乐之情，甚至爱好人间美女的欲望，完全不同。"曰：顺天之意何若？曰：兼爱天下之人。何以知其兼爱天下之人也？以兼而食之也。何以知其兼而食之也？自古及今，无有远灵孤夷之国，皆刍豢其牛羊犬彘，洁为粢盛酒醴，以敬祭祀上帝山川鬼神，以此知兼而食之也。苟兼而食之，必兼而爱之。"③

墨子以人间的政治道理来类推天意，说道，正如现实的楚国国君被楚国四境的人民所供奉，因而楚王爱楚人，越王食于越之境内，故爱越人的道理一模一样："今天兼天下食焉，我以此知其兼爱天下之人也。"④

《明鬼》上中下三篇，今只存下篇，其主要内容也是证明鬼是存在的，鬼神是有能力报复不正义的行为的。"故古者圣王明天鬼之所欲，而避天鬼之所憎，以求兴天下之利，除天下之害。是以率天下之民，斋戒沐浴，洁为酒醴粢盛，以祭祀天鬼。"（《尚同中》）故"古者圣王必以鬼神为其务，其务鬼神厚矣"。因此，明鬼的意图亦在于论证尚义、兼爱的道德、伦理行为，是合乎天志与鬼神的意志。

二、尚同、尚义的政治之道——共同善之追求

由上面的简洁分析与论证可以看出，墨家的尚同与尚义理想，并不是为君主专制政治服务的，而应当理解为对"共同善"的追求。这一"共同善"的观念虽然与西方政治哲学中的社群主义颇有可沟通之处，但不可完全按照社群主义的"共同善"的观念来解读墨家对"共同善"理想的追求。⑤ "尚同"一般地解释

---

① 吴毓江撰，孙启治点校：《墨子校注》，中华书局2020年版，第297页。
② 同上。
③ 同上书，第313页。
④ 同上。
⑤ 梁涛主编的《中国政治哲学史》第一卷第三章的作者杨金武认为："兼爱是墨家的政治哲学"，认同墨家的"尚同"政治主张，认为这一"尚同"思想的主旨是让领导更多、更快地了解下情，"是为了更好地走群众路线"（中国人民大学出版社2017年版，第77页）。这一解读可以看作是中国哲学或曰现代汉语脉络下对"共同善"观念的一种解读。

为"上同",即同于上的意思。但如果与尚贤、尚义联系在一起来思考,"尚同"之"尚"实即可理解为"以某某为尚"的意思。简洁地讲,墨家"尚同"的伦理与政治原则具有以下三个方面的主要内容:

其一,"尚同"是同于"义",而非同于专制帝王个人意志。墨子"尚同"的政治理想,是有感于"未有刑政之时","天下之乱,若禽兽然"的丛林法则的"乱世",或曰无政府的社会。在这一乱世里,"一人则一义,二人则二义,十人则十义"。"天下之百姓,皆以水火毒药相亏害,至有余国不能以相劳,腐朽余财不以相分,隐匿良道不以相教"(《尚同上》)。为解决这种"乱世"的乱象,要寻找一个让大家都能和谐共处、相互帮助、相互分享良善的"治世",或曰有道社会。因此,"尚同"之"同"是大家都期望的良序社会(well-order society)。

其二,"尚同"的本质是同于"善"而非天子的"独一之同"。墨子所追求的"同",是以"义"为规则的"同",这种基于"义"基础之上的同,可以实现天下大治,而非天子个人的意见。而且,此大治社会理想目标的实现,是在贤人的帮助下实现的,因而也可以看作是贤能的政治共同体,如墨子说:"天子唯能壹同天下之义,是以天下治也。"(《尚同上》)墨子又说:"选择天下贤良圣知辩慧之人,立以为天子,使从事乎一同天下之义。天子既已立矣,以为唯其耳目之请,不能独一同天下之义,是故选择天下赞阅贤良圣知辩慧之人,置以为三公,与从事乎一同天下之义。"(《尚同中》)

其三,"尚同"于天与下察民情。墨子的"尚同",还包含着浓厚的民本思想与一定的古典民主意识。"上之为政,得下之情则治,不得下之情则乱。何以知其然也?上之为政得下之情,则是明于民之善非也。"而要得下之情,"唯能以尚同一义为政,然后可矣"(《尚同下》)。

基于以上三点内容,我们可以很肯定地说,墨家尚同的伦理、政治原则是中国古典伦理、政治哲学中对某种"共同善"的追求,而非为专制政治服务。这一"共同善"的伦理观念,对于现代中国已经比较流行的个人主义观念,恰恰有某种校正的积极意义。

三、"兼相爱,交相利"——墨家实现善政的道德、伦理原则

以往的中国哲学史研究,要么关注墨子兼爱与仁爱之区别,要么将这种思想与功利主义相比较,而批评其功利主义的爱的主张,相对忽视"兼相爱,交相利"在墨子思想中的实际位置。实际上,"兼相爱,交相利"仅仅是墨子实现善政的道德、伦理原则,或者说是人与人相处的一种原则性的方法。而这种道德、伦理原则是为了实现一个具有"共同善"目标的良序社会。

在墨子看来，天下大乱的原因，起于人与人不相爱、不互利的道德、伦理关系。《兼爱上》说道：圣人治天下，必察乱之所起。"乱何自起？起自不相爱。""臣子之不孝君父，所谓乱也。""父自爱也，不爱子，故亏子而自利；兄自爱也，不爱弟，故亏弟而自利；君自爱也，不爱臣，故亏臣而自利。是何也？皆起不相爱。"①

如此类推，盗贼因为只知道自爱其家室而不爱他人之家室，自爱其身而不爱他人之身，所以做出偷窃别人财物、伤害别人的事情来。诸侯、大夫只知道爱自己之国、自己之家而不爱他人之国、他人之家，所以发动战争，掠夺他人国、家之财富。既然社会混乱的原因在于人与人相处的道德、伦理原则，那就要提倡一种正确的道德、伦理原则，"以兼相爱、交相利之法易之"，使人们做到"视人之国若其国，视人之家若其家，视人之身若其身"（《兼爱中》），最后就会达到"诸侯相爱，则不野战；家主相爱，则不相篡；人与人相爱，则不相贼；君臣相爱，则惠忠；父子相爱，则慈孝；兄弟相爱，则和调。天下之人皆相爱，强不执弱，众不劫寡，富不侮贫，贵不傲贱，诈不欺愚。凡天下祸篡怨恨可使毋起者，以相爱生也，是以仁者誉之"②。

墨家是手工业生产者的代表，他非常重视言必有据、必可难验证的效果。在他提出"兼相爱，交相利"的道德、伦理原则之后，他还分别从逻辑可能性、历史经验的可验证性的角度，论证了这一理想原则的可行性。从逻辑的角度出发，墨子打了这样一个比方：假设有两种人，一种人执行"兼的原则"，一种人执行"别的原则"。前者视人之身若己身，视人之父若己父，视人之家若己家，视人之国若己国，后者只知自利其身、其父、其家、其国。当有人遇到困难时，那么，人们是选择执兼之士，还是选择执别之士呢？墨子肯定地说，人们会选择执兼之士。"天下无愚夫愚妇，虽非兼之人，必寄托之于兼之人是也。"（《兼爱中》）由此类推，在家与家、国与国之间，人们也会选择那些执兼的大夫、国君。

从经验世界的可能性（历史经验）角度出发，墨子说："文王若日若月乍照，光于四方、于西土。"（《尚书·泰誓》）"即此言文王之兼爱天下之博大也，譬之日月，兼照天下之无有私也。"（《兼爱下》）还有历史上的大禹、商汤，莫不如是。正因为历史为我们提供了这样的可能性，则"兼爱"道德、伦理原则就不会像有些人所说的那样是"挟泰山以超北海"，根本不可能，而是人们是否愿意去实行。特别是国君能否去认真推行。历史上楚王好瘦腰，楚国一国之女皆风闻而响应。越王勾践尚勇，国人皆蹈死而不惧。人皆不愿意挨饿，不愿意去死，

---

① 吴毓江撰，孙启治点校：《墨子校注》，第151页。
② 同上书，第156页。

但在国君鼓动下皆乐意而为之,而"兼相爱,交相利"比起前者来要容易得多,又怎么不能推行呢?关键是没有国君来推行罢了。"苟有上说之者,劝之以赏誉,威之以刑罚,我以为人之于就兼相爱、交相利也,譬之犹火之就上,水之就下也,不可防止于天下。"①(《兼爱下》)

墨子希望天下之人都能践履兼爱、互利的伦理原则,进而实现一个和平、安宁、有序的社会生活状态。

---

① 吴毓江撰,孙启治点校:《墨子校注》,第177页。

第七章

其他优秀道德文化与社会良俗

第一节 民间宗教和民间信仰的社会教化功能

在当代中国多元的宗教生态系统中,民间宗教和民间信仰无疑是不可或缺的重要组成部分,在民间社会具有深厚的群众基础;而且民间宗教文化属于草根文化的一种形态,具有异常顽强的生命力,不仅在古代历史中,而且在当代仍然以多种形式广泛存在,未来也将长期存在,这是我们必须面对的一个客观事实。儒释道等正统宗教和精英宗教所主张的仁义道德、慈悲喜舍、自然无为等道德哲学往往曲高和寡,与普通百姓的知识水平和现实需要之间往往有距离,故而也无法调动社会中下层民众的行善动机。相比之下,民间宗教和民间信仰则能弥补精英宗教的不足,迎合和满足社会中下层民众的信仰需求,以通俗易懂的方式实现劝善教化。正如有学者所说,当代民间宗教和民间信仰的一个重要特点便是"信而不仰",即民间宗教一些教派信徒只是崇信该教派所宣扬的伦理道德,但对该教派所崇拜的各路神灵却不仰视膜拜。[1] 所以民间宗教和民间信仰对普通民众具有强大的劝善教化功能,存在着与社会主义精神文明相适

---

[1] 濮文起:《当代中国民间宗教活动的某些特点——以河北、天津民间宗教现实活动为例》,载《理论与现代化》2009年第2期。

应、发挥正面的社会功能的可能性，其在进行社会教化等方面有着儒释道等精英宗教无法取代的地位。

此处所说的"民间宗教"主要指寻常百姓所信仰和遵循的宗教，包括三一教、弘阳教等，也包括佛教、道教等正统宗教在民间的表现形式，又由于民间宗教常有"信仰而不归属"的特点，即某些信众只是信仰民间宗教一些教派所宣扬的教义思想，但并不加入该教派组织，① 所以我们把"民间信仰"也纳入讨论，不对民间宗教和民间信仰做严格区分。正如陈荣捷先生指出的："与其将中国人的宗教生活分为儒释道三部分，还不如将它分为两个层次来的正确。这两个层次一个是寻常百姓的层次，一个是知识已开者的层次。"② 关于"民间宗教"和"民间信仰"的定义问题是学术界讨论的热点问题，为了避免陷入过深的问题纠纷，此处暂时采用陈荣捷的区分，将民间宗教和民间信仰规定在"寻常百姓的层次"。

值得注意的是，民间宗教与正统宗教之间并不是绝对隔绝的两个宗教形态，与政治色彩③无关，民间宗教和信仰并不是"封建迷信"，我们对普通老百姓的信仰选择保持一种尊重，也是落实宗教信仰自由政策的有机组成部分，这有利于我们更清楚地探讨民间宗教在普通民众中所起的劝善教化的积极作用。

一、民间宗教社会教化的主要内容

民间宗教和民间信仰在处理社会伦理规范时的一个基本趋势是主动吸收和迎合社会主流价值观，因而其伦理思想往往表现出强烈的时代性和杂糅性。在古代，民间劝善书等宗教文献的核心内容便是强调遵守伦理道德的重要性，著名的《太上感应篇》提倡"宜悯人之凶，乐人之善。济人之急，救人之危。见人之得，如己之得。见人之失，如己之失。不彰人短，不炫己长。遏恶扬善，推多取少。受辱不怨，受宠若惊。施恩不求报，与人不追悔"。做一个"善人"则"人皆敬之，天道佑之，福禄随之，众邪远之，神灵卫之，所作必成，神仙可冀"（《太上感应篇》）。《文昌帝君阴骘文》也说："忠主孝亲，敬兄信友。""济急如济涸辙之鱼，救危如救密罗之雀。""矜孤恤寡，敬老怜贫。措衣食周道路之饥

---

① 濮文起：《当代中国民间宗教活动的某些特点——以河北、天津民间宗教现实活动为例》，载《理论与现代化》2009年第2期。

② 陈荣捷：《现代中国的宗教趋势》，（台北）文殊出版社1987年版，第137页。

③ 马西沙曾指出："就宗教意义而言，民间宗教与正统宗教之间没有隔着不可逾越的鸿沟。""民间宗教与正统宗教虽然存在质的不同，但差异更多地表现在政治范畴，而不是宗教本身。"马西沙：《中国民间宗教史》，上海人民出版社1992年版，第2页。

寒，施棺椁免尸骸之暴露。""家富提携亲戚，岁饥赈济邻朋。""舍药材以拯疾苦，施茶水以解渴烦。""勿谋人之财产，勿妒人之技能。勿淫人之妻女，勿唆人之争讼。勿坏人之名利，勿破人之婚姻。勿因私仇，使人兄弟不和。勿因小利，使人父子不睦。勿倚权势而辱善良，勿恃富豪而欺穷困。""善人则亲近之，助德行于身心。恶人则远避之，杜灾殃于眉睫。常须隐恶扬善，不可口是心非。""作事须循天理，出言要顺人心。""诸恶莫作，众善奉行。"《劝世归真》宣扬："人生在世，莫忘忠孝二字。为臣尽忠，为子尽孝，乃万古不易之理也。吾劝世人，或为忠臣，或为孝子，则不愧为人矣。"① 又针对医生说："籍医术以网世财，贪得无厌。只顾目下肥己，那知头上有天。古之所谓名医，今之所谓民贼也。戒之，戒之。"② 《太上感应篇集注》也提倡"立善多端，莫先忠孝，即成仙证佛，亦何尝不根基于此"③。可见民间宗教所宣扬的伦理规范不仅包括了"忠""孝"等传统文化最为推崇的品德，而且还涵盖了仗义疏财、诚实守信、勤劳俭朴、谦虚谨慎、保护生态等诸多美德，甚至还包括职业道德。

新中国成立以来，特别是改革开放以来，民间宗教也深刻体会到社会主义制度的优越性，多数民间宗教都能遵守国家法律法规，并要求信徒积极与社会主义社会相适应。例如，据林国平教授的调查研究，福建莆田三一教东山祖祠于1989年6月26日发布了《夏教规章戒律》，第一条就是："夏教门人必须服从党和政府领导，遵守国家的政策法令，开展正常的宗教活动。"1998年5月22日成立的莆田市涵江区三一教协会，要求105座会员祠堂和信徒"必须服从党的领导，必须为无产阶级政治服务，为无产阶级经济服务，坚持宗教信仰，要和社会主义社会相适应的方针，发扬龙江精神，爱国爱民，多做社会公益事业，贩民救灾"。2006年成立的莆田市三一教协会提出该协会的宗旨是："遵守宪法、法律、法规和国家政策，遵守社会道德风尚。目的是根据《宗教事务条例》保障公民宗教信仰自由，维护宗教和睦与社会和谐。""引导三一教门人和信教群众积极为社会主义两个文明建设服务，支持、参与社会公益事业，造福社会，利益人群。"④ 可见民间宗教有着主动融入主流社会的努力，在伦理观上，积极吸纳主流价值观，在不同时代表现出不同的时代特点。此外，正是由于主动吸纳主流价值观，故在古代则融合了儒释道等多家的伦理思想，在现代又积极吸纳了社会主义精神文明的丰硕成果，从而表现出杂糅性的特点。但是在这些杂糅的、多元的伦理规范和

---

① 《藏外道书》第二十八册，第27页。
② 同上书，第34页。
③ 《藏外道书》第十二册，第129页。
④ 参见林国平：《民间宗教的复兴与当代中国社会：以福建为研究中心》，载《世界宗教研究》2009年第4期。

道德思想之中，仍然有着一个基本的总原则，也即"诸恶莫作，众善奉行"。宣扬为善去恶是民间宗教和民间信仰的一个基本特点，它们与精英宗教一样，在民间社会发挥着文化认同、道德教化、心理调适和社会整合等多方面的功能。

二、民间宗教伦理思想的基本特点

民间宗教的主要信仰对象是中下层普通民众，其劝善教化是基于普通民众的心理特征、文化水平和信仰需求而进行的。与精英宗教相比，民间宗教主要有如下四个特点：

其一，现世性。虽然民间宗教和民间信仰也相信彼岸世界、佛国净土，但信徒们大多不了解正统宗教精致、高深的哲学思想和终极追求，故而往往更倾向于关心现世的福祉。他们通常见庙就进，见神就拜，所求的往往是升官发财、事业发达、家人健康平安、升学顺利、祛病消灾等现实利益。而民间宗教和民间信仰对现世神秘福报的许诺无疑为那些生活于苦难之中的社会底层民众提供了良好的心理慰藉，有利于他们鼓起勇气去面对生活中的不确定性和实际困难。

而且民间宗教所信仰的神灵存在也是积极干预现世世界的，因而表现出强大的道德约束力。例如《太上感应篇》说："祸福无门，惟人自召；善恶之报，如影随形。是以天地有司过之神，依人所犯轻重，以夺人算。""又有三台北斗神君，在人头上，录人罪恶，夺其纪算。又有三尸神，在人身中，每到庚申日，辄上诣天曹，言人罪过。月晦之日，灶神亦然。凡人有过，大则夺纪，小则夺算。其过大小，有数百事，欲求长生者，先须避之。"正可谓俗话所说的"抬头三尺有神灵"，民间宗教和民间信仰往往顺应普通民众敬畏鬼神的心理，对其进行普泛的道德约束。

其二，功利性。与现世性相关，功利性也是民间宗教的一大特点，罗斯曾说："普通的中国人在宗教方面如同任何其他方面一样，追求实用，认为'菩萨'是世界上获取利益的源泉。他们从菩萨那里，寻求恢复健康、好收成、科举考试成功、经商获利和仕途顺利。如果一种宗教未向他们提供要求的这些方面，而只是以诸如忍耐、鼓励和战胜引诱等方面的精神祝福来回答他们，他们是非常惊异的。他们首先进行嘲笑，然后认为此种宗教是奇谈。"[①] 这可谓抓住了中国民众信仰的基本特点。按民间宗教的逻辑，道德规范是神的意志，行善即是执行神的意志，将会得到赐福；违背神的意志而作恶，则会受到神的相应惩罚。"所

---

① E. A. 罗斯：《变化中的中国人》，公茂虹、张浩译，时事出版社1998年版，第229页。

以按照神的旨意行事也暗含着伦理利己主义,即我们做的是对我们自己有利的事情。"① 做有利于他人的事情,最终获福报的还是自己,可见,民间宗教往往顺应民众功利主义的心理,将自利与利他结合起来,从而推进民风改善。

其三,可操作性。民间宗教往往对传统正统宗教的思想系统进行大量的简化处理,仅仅保留神灵感应和因果报应学说的基本神学框架,放弃许多复杂的神学成分。不仅在宗教实践上,而且在道德说教上都做了简化处理,从而其在普通民众中具有更大的适应性。例如著名的功过格就具有极强的可操作性。功过格将神学伦理和生活规范做了十分详细的罗列,"它是信仰者生活中的自我行为价值记录和评估标准,每日每时每刻的个人行为都在信仰者的修道过程中得到明确标识,从而在信徒生活中起到强烈的自我激励和自我儆惧的双重作用,并同劝善书一样对中国社会生活产生了广泛影响"②。人们通过善恶行为的记录不仅能自我激励和自我警惧,而且能把握和改变命运。如《太微格》说:"功过相比,或以过除功,或以功折过,折除之外者,明见功过之数。当书总记讫,再书后月,至一年则大比,自知罪福,不必问乎休咎。"③ 这种将道德行为进行量化处理的方式,便于人们每天检查自己做过哪些善事,做过哪些恶事,一目了然,简单易行,故在民间社会曾经较为流行,至今仍有一定影响。所以在民间宗教中,伦理道德不单单是抽象的哲学原则,更为常见和流行的是具体的、可操作的行为规范。

其四,大众性。首先民间宗教和民间信仰宣教的对象虽然涉及各个阶层,但大多是社会中下层民众,具有草根文化的特征。其次,其宣扬的道德思想都通俗易懂,例如"善有善报,恶有恶报"。再次,其提倡的践行方式也简便而易行,例如"诸恶莫作,众善奉行"。最后,在教化手段方面,民间宗教往往运用"寓教于乐"的方式来传递道德文化信息,主导道德舆论,实行劝善教化。民间宗教的道德教化往往与具有大众娱乐性质的宗教活动相配合,使得信众在欣赏或参与大众娱乐时接受道德价值的引导。例如古代民间宗教往往通过赠送劝善书籍、吟唱劝善诗词、评唱宣讲、表演戏剧等工具和手段大规模免费向民众进行劝善教化。

三、民间宗教劝善教化的主要形式与合理化借用

概括地讲,民间宗教传统的劝善方式主要有四种形式。

---

① 陈霞:《道教劝善书研究》,巴蜀书社1999年版,第128页。
② 姜生、郭武:《明清道教伦理及其历史流变》,四川人民出版社1999年版,第245页。
③ 《道藏》第三册,第449页。

第一，说唱艺术。比较典型的是中国俗文化中的唱道情，它是传播道教思想、度化济人的一种教化方式。范祖述《杭俗遗风》说："道情以渔鼓短板为用，所唱多劝世文。大家小户多不兴，惟街书有之。"① 道情所唱的主要内容便是各种劝善的故事和道德说教，基本都是以通俗易懂、形象生动的艺术手法来劝说世人行善积德，例如清代的《劝孝歌》就较为流行："五伦中，孝最先。两个爹娘，又是残年。便百顺千依，也容易周旋。为甚不好好地随他愿？譬如汝诈人的财物，到来生也要做猪变犬。汝想身从何来？即使捐生报答，也只当欠债还钱。哪里有动不动将他变面！你道他作事糊涂，说话欹偏，要晓得老年人的性情，倒像个婴年，定然是颠颠倒倒，倒倒颠颠。想当初你也将哭作笑，将笑作哭，做娘爹的为甚不把你轻抛轻贱，也只为爱极生怜。到今朝，挨汝个千埋百怨！想到其间，便铁石肝肠，怕汝不心回意转！"② 此用的词语、所讲的道理即使不识字的人也能明白通晓，劝导人们不应嫌弃年老的父母，而应将心比心地孝敬他们。除了道情，某些善书也是以歌曲的形式流行，例如《自在歌》："自在自在真自在，自在二字谁不爱？士农工商本分人，各宜辛勤莫懈怠。若是游手只好闲，自然饥寒家业败。量留工夫享自在，这等自在才不碍。不巴高，不学坏，不欠官粮不欠债。他人驴马我不骑，他人妻女我不爱。他人骄傲我不较，他人奢华我不赛。贪痴嫉妒尽消除，落得心中常自在。你怪我，我不怪；你辱我，我忍耐。且来唱我快活歌，这个自在真自在。"③ 诸如此类的说唱艺术浅显易懂，朗朗上口，在文化水平不高的底层民众中有较好的传播效果。

第二，赠送的劝善书。"劝善书"，简称"善书"，又称为"劝世文"或"因果书"，是一种宣传伦理道德、劝化民众为善去恶的通俗教化类书籍。劝善书的种类非常多，既有宗教性的劝化书籍，如杂糅佛、道的《太上感应篇》《自知录》，也有非宗教性的训俗小册子，如袁黄所著的《了凡四训》《迪吉录》，还包括政府为百姓制定的规章，如"圣谕"之类，如明太祖的《修身大诰》、清康熙的《圣谕十六条》、雍正的《圣谕广训》，甚至包括民间讲唱所用的曲艺唱本。"总的来看，劝善书属于通俗道德教材，易晓、易懂、易行，传播的范围十分广泛，通都大邑、穷乡僻壤都有它的影子。它宣扬'善恶到头终有报'，且宣扬的力度很大、方法颇众、范围很广。社会各阶层制作的劝善书籍一般都放置在宫观寺庙、科场之外免费赠送或在集散贸易之地、街头巷尾、庭院坝子免费为人讲唱。由于参与善书制作、流通、宣讲的人数如此之多，继善书之后相继出现了善

---

① 王锡祺辑：《小方壶斋舆地丛钞》第六帙，上海著易堂排印本1891年版，第153页。
② 《道情劝孝歌》，参见向燕南、张越编注：《劝孝——仁者的回报 俗约——教化的基础》，中央民族大学出版社1996年版，第131页。
③ 石成金：《自在歌》，参见袁啸波编：《民间劝善书》，上海古籍出版社1995年版，第113页。

人、善士、善坛、善会。"① 此外，如上文提到过的功过格也是非常流行的一种劝善工具。

第三，与民俗相结合的仪式。例如民间佛教就渗透到了民间各种丧礼、祭礼等礼仪习俗、岁时民俗之中。

丧礼：丧礼多不依制，崇尚佛事，虽贫不废。初丧之时，举家哭于城隍庙；村堡中则哭于龙王庙。至含殓之礼，不可行。

祭礼：士大夫家有家庙、祠堂者，祭于庙堂，无庙堂者，家中设一龛奉神主，逢节祭拜，朔望焚祝告，四时供鲜。生子、娶妇诸事必祭之。

岁时民俗：十二月初八，相传为释迦如来成道之日。五谷，各色米、豆并枣、栗、胡桃及一切诸果作粥食之。僧家前期沿门募米，至时日，作粥施事穷人，与他处同。

佛教在民间流传的原因在于菩萨以慈悲为念"能除一切之苦""有求必应，福国佑民"②。通过这些民俗仪式，佛教主要的伦理理念无疑不断得到强化，潜移默化地起到了劝善的作用。

第四，小说和灵验故事等文学作品。周作人先生曾言："影响中国社会的力量最大的，不是孔子和老子，不是纯粹文学，而是道教（不是老庄的道家）和通俗文学。"③ 许多明清小说都有道教、佛教以及民间信仰等元素，这些小说大多以扬善惩恶作为基本的价值取向，以跌宕起伏的情节和天马行空的想象力，大肆渲染鬼神精怪的奇闻异事中存在的"善有善报恶有恶报"的"道德铁律"。这类小说阅读面广，影响较大，无疑起到了劝善戒恶的教化意义。与小说类似的是民间流传的各种灵验故事，例如《阴骘文》有"救蚁中状元之选"一句，讲的是宋代一个人因为拯救了一窝蚂蚁而改变了自己的科举名次，此类故事虽多种多样，不一而足，但大多宣扬的是因果报应、积善成德的朴素道理。总之，无论是宗教元素浓厚的小说，还是口头或书面流行的灵验故事等，基本都贯穿着因果报应的原则，大多宣扬扬善抑恶的主题。此外，还有一些民间宗教文献，如各种宝卷等，也起到过一定的劝善功能。

传统的这些劝善方式有的仍然在延续，例如许多寺庙、宫观等宗教场所的流通处仍然有免费的劝善书或经书赠送，有些农村地区的丧葬仪式、祭祖活动、节气活动等仍保留有一定宗教色彩的做法事、道场的习俗，等等；有的则基本被抛弃，例如唱道情等艺术随着现代生活方式和艺术审美取向的改变而失去了市场；有的则被改造成现代的方式，例如神魔小说等，基本已脱胎了传统小说的风貌，

---

① 陈霞：《道教劝善书研究》，导言，第2~3页。
② 详见王有英：《清前期社会教化研究》，上海人民出版社2009年版，第228页。
③ 周作人：《中国新文学的源流》，江苏文艺出版社2007年版，第5页。

完全是以现代人的阅读兴趣和习惯为导向。但总的来说,民间宗教的道德说教非常通俗易懂,经常以百姓身边发生的故事甚至以传说故事的形式出现,教育着一代又一代信仰者,对百姓起着潜移默化的教化作用,至今犹然。①

如何在当代社会发挥民间宗教和民间信仰在劝善教化方面的积极功能呢?这可能是一个需要不断在实践中探索的话题。我们认为,依据民间宗教在劝善教化方面的基本特点,至少可以从以下四个方面开展:

第一,与福寿文化相结合。根据民间宗教伦理思想具有现世性和功利性等特点,营造"善有善报,恶有恶报"的福寿文化。福寿,主要指幸福和长寿。《尚书·洪范》曾提到"五福":"一曰寿,二曰富,三曰康宁,四曰攸好德,五曰考终命。"可见寿也可以归纳到福的范畴。实际上,民众对福寿的理解是非常宽泛的,富贵、吉祥、健康、长寿、好运、安宁、圆满等都可以说是福寿文化的范畴。福寿文化是中华民族传统的民俗文化,在国人生活习惯和民族心理中具有重要地位,其背后实际反映了中国人对"阴阳和谐""天人合一"和"欢喜圆融"等哲学理念的朴素追求。

对普通民众来说,他们的宗教需求往往不是涅槃寂静、羽化归仙或内圣外王等超越的境界或人格,他们更多地抱着"临时抱佛脚"的心态,希望通过宗教来解决现实生活中具体的社会冲突和不确定性,以此消除、缓解在各种冲突面前的紧张和焦虑。在面临意义危机或者境遇中的不确定时,人们才会想起以宗教来进行意义整合和生命安顿。所以将民间宗教的劝善教化与福寿文化心理相结合,为道德动机和行为提供了良好的激励机制,能够激发人们从善的动机,强化人们"善恶到头终有报"的道德心理,也能延迟人们的满足,也即愿意在更长久的时间段后享受善良所带来的福报,最终加强人们去恶从善的自我控制能力,实现道德教化。在老龄化加快的当代中国,对福气和长寿的关注及心理需求会越来越突出,那么将民间宗教的劝善理念和实践与福寿文化的倡导相配合,无疑更能发挥其劝善教化功能。

第二,与佛学、道学文化相结合。正如前文所说,民间宗教与正统宗教或精英宗教之间没有绝对的界线,正统宗教如佛教、道教等都有民间形态和民间化的趋势,另外,民间宗教也是多元的,它们也有正统化的因素和需求。对一般民众来说,也有希望通过民间宗教和民间信仰来进入、了解正统宗教的人生观、价值观和世界观,从而达到更高的精神境界和人生状态。所以将民间宗教与佛学、道学文化相结合,有利于引导民间宗教的发展方向,提升民间宗教的整体水平,有

---

① 林国平:《民间宗教的复兴与当代中国社会:以福建为研究中心》,载《世界宗教研究》2009年第4期。

利于激发民众追求更高的宗教文化和人格品质,从而营造积极向上的宗教生态系统。

第三,与民俗活动相结合。自古以来,许多民俗活动都渗透了民间宗教的因素,如祭祀、丧葬、升学、结婚、节气民俗等,在这些活动中往往会强调为善去恶的重要性,潜移默化地形成提倡美德的道德文化氛围。此外,佛教、道教和各种民间宗教的一些法事活动也能吸引大量民众参与,如"放生仪式""消灾祈福法会"等,也能够宣扬某些美德,激发从善动机。

第四,与慈善事业相结合。民间宗教与正统宗教一样,有着强烈的投入慈善事业的动力。以莆田三一教为例,仙游县枫亭镇有62座三一教祠堂,2005～2006年参与各种社会慈善公益事业的三一教祠堂多达27座,占该镇三一教祠堂总数的43.5%。参与社会慈善公益事业内容更加多样化,包括建桥、铺路、助学、扶贫济困、支援灾区、义务工、老人会、抚养孤儿、支持少数民族、资助出版经书、收埋无主骸骨等,受益区域从原来的局限在本村本庙扩大到外村、外乡镇、外县市,甚至省外。投入社会慈善公益事业的资金也逐年增长,甚至建立了专门从事慈善事业的领导机构。① 这只是一个典型例子,很多民间宗教都在社会基层默默从事着慈善公益事业,不被外人所知而已。

第五,与海外华人和台胞相联系。宗教,包括民间宗教,是联结海外华人同胞和港澳台同胞的一条重要的文化纽带,尤其在推进"一带一路"倡议的今天,某些民间宗教和民间信仰无疑能够加强"一带一路"沿线国家和地区民众的信仰认同,属于"民心相通"的范围。倡导民间宗教为善去恶的伦理文化,无疑有利于在民间社会促进中外宗教对话和文明融合。

不过,对于民间宗教,我们要保持一种辩证的思维与态度,在发挥其劝善教化的积极的社会功能时,注意其中可能隐含的危险与不稳定因素,简洁地说,要注意以下三点:

第一,落后的伦理道德观念。民间宗教大多属于传统文化的一部分,是古代宗教的延续,它们产生于传统社会,其经济基础是小农经济,思想来源则夹杂着儒释道三教的教义,其伦理道德学说有不少内容是落后于当代社会主义先进文化的,如"三从四德"等。在生产力和生产方式日新月异的今天,如何对传统的道德学说进行批判性的继承和现代诠释是民间宗教实行劝善教化必须面对和解决的问题。

第二,信众的整体文化素质不高。由于民间信仰的信众主要是农民等社会中下层民众,老人和妇女占了重要比重,② 故而信众的整体文化水平有待提升。信

---

①② 林国平:《民间宗教的复兴与当代中国社会:以福建为研究中心》,载《世界宗教研究》2009年第4期。

徒的文化素质不高会导致一系列相关问题，如缺乏有能力的领导人、缺乏清晰合理的教义、没有常规高效的管理机制和活动机制等。

第三，容易滋生邪教。如上文所说，民间宗教存在着道德观念落后、信徒素质不高、制度不健全等系列问题，故而容易为别有用心的人利用，滋生具有社会破坏性的邪教，甚至可能引起社会动乱。明清时期，各种从民间宗教中滋生出来的邪教煽惑人心，起会结党，作奸犯科，甚至聚众谋反的案例不在少数，统治者也采取了多种手段防止和镇压邪教。即便在现当代，也不乏假借各种宗教名头，在民众中骗财骗色、扰乱社会秩序、从事迷信活动、反科学、反社会、反人类的邪教存在，故而应当加强对基层民间宗教的监管和引导，积极引导民间宗教与社会主义相适应，用正确的宗教知识、伦理观念、科学、理性来引导老百姓，树立正确的宗教观和信仰观。

总之，民间宗教和民间信仰在当代宗教生态系统中具有重要的地位，它们主动吸收和迎合社会主流价值观，杂糅了儒释道三教、传统与现代的各种伦理理念。民间宗教富含的伦理道德理念和践行方式无疑迎合了普通民众的信仰需求，对民间社会产生着劝善教化的积极作用。但我们应该批判地继承其传统的教化方式，同时不断地探索与福寿文化、佛道文化、民俗文化、慈善事业以及宗教对话、交流等相结合的新型教化方式，防治其可能产生的弊端，更好地发挥其积极的社会功能。

第二节　节庆民俗与中国传统优秀道德文化的传承与实践

一、中国传统节庆民俗文化及其特点

节日最根本的内涵是指一年中特别的时间，与一般日常生活有所区别的时间，是对于一般时间的中断和区分的时刻。每一种文化都有各自不同的社会时间观念，而且它通常会"不时被关键性的、有意义的参照点打断"[①]。每个民族在特定的节日里进行庆祝娱乐活动，由此形成了各具特色的节日时间体系与节庆民俗文化。传统节日安排及其风俗习惯，涉及人们日常生活的方方面面，既关系到衣食住行等日常生活，也关系到生老病死、婚丧嫁娶等重大生活事件的程序、仪

---

① 约翰·哈萨德：《时间社会学》，朱红文、李捷译，北京师范大学出版社2009年版，第6页。

式和礼节，与道德教化有着千丝万缕的联系。它们中间有些是地方性的，有些则通过不断传播而成为全国性的节庆文化，甚至漂洋过海成为国际性的节日。①

中华民族在几千年的繁衍发展过程中，形成了自己纷繁复杂、蔚为大观的节庆民俗文化。如果将五十六个民族的节庆活动都编排起来，可以说无月无之，甚至可以说无日无之。虽然它们有地域性和族群性差异，但作为中华优秀传统文化的共同组成部分，都体现了以下共通性和中国性特点：

首先，节庆文化是一种时间文化，具有存在论意义上的节奏性。这一点屡被人类学证明具有普遍性，中国传统节庆民俗亦不例外。与自然物理时间相对，节日时间其实是一种既具有自然性又具有人为性的社会时间，本质上是一种带有很强的主观性、社会性、经验性的"人的时间"，表现出非同质性、间断性和多元性特点，有着鲜明的节奏感。节日通常与平日相对，它是相对松弛、休闲的时间，与聚饮会餐、穿新衣、逛庙会等物质消费以及家人团聚、走亲访友、迎神赛会等精神狂欢活动紧密联系在一起，从而构成了生命时间的一种忙里偷闲、张弛有度的节奏性和快乐感。这种节奏感是在漫长的社会历史调适过程中形成的，但一旦形成，就有其连续稳定性，成为特定时空中人们社会生活不可或缺的一部分。

其次，中国传统节庆民俗文化具有"道法自然""圣人与四时合其序"的自然性。自然界随着四季气候的变换，有春生、夏长、秋收、冬藏的节奏性变化，在以农为本的自然经济时代，人们的生产、生活时间安排皆紧紧依存于自然节律，农业作息的季节性、时令性特别明显。有学者指出："正是两千多年传统中国小农家庭经济的个体性特点及狭小规模，导致了乡村时间生活以个体性为主的态势。"② 更准确地讲，中国传统节庆文化的基本时间依据大多是追求天人合一——自然规律性与人文社会性合二为一的二十四节气时间系统。其中有些自然节气作为关键时间节点，也顺势成为人们共庆的节日。在现代精密且日益标准化的钟表时间制度还没有普及之前，人们一般可以通过"七十二候""二十四节气"看季节月份，再通过日头、月弦、星纪方位来判定早、中、晚二十四时辰，正所谓"凡日一出没谓之一日，月一盈亏谓之一月"③。除此之外还有更香、滴漏甚至鸡叫等方式来司更。它们完全是依据自然的节律来计算和标示时间的，虽然不够精准、不断循环，但对于颇具伸缩性、灵活性的农业作息方式来说已经足够了，并且充满了顺遂时命、乐天知命的生命存在感。

---

① 王加华：《被结构的时间：农事节律与传统中国乡村民众年度时间生活——以江南地区为中心的研究》，上海古籍出版社 2015 年版，第 234 页。
② 同上书，第 130 页。
③ 沈括：《梦溪笔谈·补笔谈》卷二《象数·十二气历》。

再次，与平日里不同的是，中国人几乎将节日时间看成是带有神秘、神圣性质的时间，节日通常就是一种时间崇拜。汉代各种"日书"等时间手册的流行，就是对时间神秘性的信从表现，[①] 直至现代仍旧有着广泛的影响。王振复曾以《周易》重"时"为例指出："'时'在这里最显在的意义是指天文学上的时令、四时；其次是指巫学意义上的人的时运、命运；而最深层的意蕴是属于文化哲学层次上的时机、时势，是中华民族文化思维中最独有的时间观念和时间哲学。"[②] 王弼《周易略例》曰："夫卦者，时也。爻者，适时之变者也。"[③] 可以说《周易》"知几，其神乎"的观点代表了一种天人交感的巫性时间观。它在神性时间与人性时间之间架起了一座沟通的桥梁。[④] 人们将自己置于自然时序（天时）的控制之下，在重要的时令关节点要进行各种集体性的宗教祭祀活动，通过郑重其事的各种仪式与神秘的自然力量进行沟通，表达自己"敬天顺时"的顺从、感恩和期许的心情。在时令关节点的祭祀活动，最为重要的有四个季节性祭礼，即由天子主祭的春礿、夏禘、秋尝、冬烝等。人们通常会在这时候进行奉祭、礼拜、娱神等各种活动，经过不断传承和演变，宗教祭祀的时令关节点就逐渐形成了丰富多彩的节日文化。

最后，在中华传统节庆民俗活动中，无论是肯定性规定的习俗还是否定性规定的禁忌，都充满了道德寓意，具有浓郁的道德性。例如国人在节日吃团圆饭的习惯，在特定时刻吃饺子、汤圆等食物都有吉祥美好的道德寓意，包含了对亲情和家庭和睦的重视，体现了中国人极为重视和睦、和谐、和合的家文化。复由于节日时间具有巨大的共感氛围和社会动员能力，人们又会自觉利用节日来进行社会道德规劝，促进社会和谐发展。

二、节庆民俗与国人生活的道德化

中国古人既认识到节日时间的一阳来复与周而复始，也认识到"年年岁岁花相似，岁岁年年人不同"的况味，节日同时也表现出辞旧迎新的性质。商汤的《盘铭》曰"苟日新，日日新，又日新"[⑤]，《周易·系辞上》曰"日新之谓盛德"[⑥]，可见传统时间观一直徘徊在循环与开放之间，具有一种在连续循环中的

[①] 吴小强：《秦简日书集释》，岳麓书社2000年版。
[②] 王振复：《周易的美学智慧》，湖南出版社1990年版，第107页。
[③] 楼宇烈：《王弼集校释》，中华书局1980年版，第604页。
[④] 王振复：《〈周易〉时间问题的现象学探问》，载《学术月刊》2007年第11期。
[⑤] 参见《礼记·大学》。
[⑥] 《周易·系辞》。

更新意识。

节日时间的特殊意义，恰恰就在于浓缩和凸显了当下就有的滞留与期待，而人类的生命就是以世代生成并持续积淀的方式实现的。节日使我们能够超出对平常时间与日子的单调注视，远眺我们的生命整体，进而使得居于生死之间不断成长和衰老的个体生命，获得其在历史叙述意义上的地位与价值。在诸种时间观念之中，只有与平常日子有明显区别的节日时间才最有可能作为一种有意义的时间之标志，将人们枯燥乏味的日常生存转变为有意义的生存状态。平日里人们对于节日的热诚期待，其实就是对人类对日常状态之否定、对有意义生活之期待的明证。

从道德教化角度来看，节庆民俗又如何呈现并规训中国人有意义的道德生活呢？我们仅选取几个主要的中国传统节日，来说明节庆民俗活动与国人道德生活之间的紧密且隐密的联系。

春节是中国最隆重最普遍的节日，年味里充盈着满满的道德味。除了祭灶、上坟、大扫除、插桃符、贴春联、穿新衣等前奏和准备工作之外，除夕过年时放鞭炮、吃团圆饭、给压岁钱、拜年、走亲戚、逛花市、闹社火等活动轮番上演，极尽人间天伦之乐。除夕之夜，不仅是新的一年与旧的一年的时空转换节点，也是中国人代际沟通的重要时空域场。春节前后，每个家庭和宗族会利用团聚的机会集体上坟扫墓，除夕之夜则会拿出祖宗牌位或族谱上香祭祀，这些行为表达了人们对于先祖与过世亲人的怀念，希望他们能够共享人间烟火的美好，同时希望他们保佑在世亲人们幸福平安。在活着的人们中间，晚辈通过磕头拜年向长辈表达孝顺和敬重之情，长辈则通过包压岁钱的方式回报以祝福。通过这些节庆礼仪，血脉亲情在长辈与晚辈之间流动，甚至在去世与在世亲人之间跨时空流动，中国人血浓于水、敬宗孝祖的道德意识得到延续和加强。与汉族的春节相近，藏历新年也是藏族一年中最盛大的节日。藏民们在除夕准备年饭，凌晨时刻通过"折嘎"说唱辞旧迎新。在大年初一，会有一场抢水比赛，寓意财源广进。大年初二走亲访友，互道"洛萨（新年）扎西德勒"的新年祝福。大年初三之后，藏民们会陆续举行祈福禳灾、赛马拔河等丰富多彩的宗教文体娱乐活动，一直持续到藏历正月十五才会告一段落。从中也可以看出中华民族大家庭中不同族群之间存在着紧密的文化交流。随着信息时代高歌猛进的步伐和移风易俗的要求，现在看春晚、抢红包、发短信微信祝福等活动已成为春节的新民俗。但无论时代如何变化，仪式活动如何翻新，春节都将是一个阖家团圆、举国同庆的日子。它寓意着政通人和、温暖祥和的美好，承载着国人对于"礼之用，和为贵"的价值观，体现了对于"和""和睦""和谐""和平"等价值的终极诉求与崇敬。可以说春节是中国人一年一度最重要的道德共感、催化与传承的时间。

紧接着春节的元宵节，人称小正月、元夕或灯节，虽说是春节后第一重要节日,其实是春节的尾声,之后才开始一年之计在于春的忙碌。元宵节有最重要的两个民俗,一个是吃元宵,一个是看花灯。元宵节因元宵而得名,吃元宵是通行大江南北的惯例。元宵又叫汤圆,一般由糯米制成,虽然它的馅料与做法各异,但它们无一不是圆的,象征着团团圆圆。这最充分地反映了中国人对于家庭完整、团聚与和美的无比珍视。除了吃汤圆之外,元宵节舞狮子、耍龙灯、游灯会、猜灯谜也是重头戏。在农业时代,夜晚点灯熬油是一笔不小的开支,人们通常会早早吹灯就寝休息。但在元宵节这一天,人们不惜耗费,家家张灯结彩,每个地方还会集中举办灯会游园活动,火树银花不夜天,人间几近是天堂。不仅各式花灯让人流连忘返,条条灯谜更是寓教于乐,既烘托了喜庆祥和的节日氛围,也在无形中传递各种团圆、平安和美好的道德教训。这个节日历史非常久远,在中国本土道教文化中,元宵节亦称上元节,是天官赐福的神圣日子,因此四方信众还会通过祭祀天官祈愿一年里国泰民安、风调雨顺。

寒食节与清明节,前后绵延两千余年,是中国尊重祖先传统、体现忠孝道德的第一大祭日。苏东坡《寒食帖》诗有云:"破灶烧湿苇,空庖煮寒菜。那知是寒食,但见乌衔纸。"人们不生烟火,清冷寒食,精神寡要,以此表达对祖先的怀念。其实早在春节前后,祭祖就已经成为绝对不可少的节庆活动。据汉代崔寔《四民月令》记载,在一年伊始的正月里,首要之事就是"躬率妻孥,絜祀祖祢"。在祭祖活动完成之后,孝敬长辈亦不可少,"家室尊卑,无小无大,以次列坐于先祖之前,子、妇、孙、曾,各上椒酒于其家长,称觞举寿,欣欣如也"①。到了清明,人们箪酒壶浆,扶老携幼,举家祭扫踏春,集体性地表达对先辈的感恩和对家庭团结的重视。在清明、中元等祭祀性节日习俗之中,血脉亲情超越了时空和阴阳的阻隔在人们血脉里流动,巧妙地营造了一种共情、同感(empathy)的亲缘共同体氛围,饱含着中国人敬宗孝祖的孝悌意识,极其浓烈地展现出中国人"慎终追远,民德归厚"的道德教化传统。蒙古族的敖包祭,也同样包含了对祖先及其生活地方的眷恋和祭祀。

五月初五端午节,可以说是在中国自然性节日系统当中最具人为性色彩的一个节日。一般认为,端午节是为了纪念行吟泽畔、投江沉冤的伟大爱国诗人屈原而设,表达了国人对于士大夫"长叹息以掩涕兮,哀民生之多艰"的忧国忧民意识,以及"亦余心之所善兮,虽九死其犹未悔"的忠诚与担当精神的肯定。粽子,为救屈原肉身而流行;龙身,为祭告江湖河流之神而开赛,道德川流,千载如斯! 其实,中华民族中每个族群基本上都有祭祀、纪念先贤与先知的传统。在各族群的祭天、祭地、祭祖和纪念先贤等宗教性祭祀仪式中,惩恶扬善、激浊扬

---

① 石声汉校注:《四民月令校注》,中华书局2003年版,第1页。

清的道德感受都非常强烈。端午节吃粽子、祭河神，就是为了纪念诸如屈原等爱国先贤，表彰他们为国捐躯的牺牲精神、忠诚于国家等政治道德。除此之外，这个节目还有很多其他的民俗活动和道德寓意。五月是潮湿溽热的季节，容易滋生蚊虫病菌，对人类健康造成了威胁。人们在端午这一天，家家户户插艾草，在儿童额头点雄黄酒（在男孩的额头上写"王"字，在女孩的头上点五个点）等，皆意在驱邪避祸，求得健康平安。当然，端午节不都是爱国牺牲、驱邪避祸这些沉重话题，有一些地方还有在小孩子胸前挂个熟鸭蛋，然后聚在一起"撞蛋"的习俗。这让孩子乐此不疲，记忆深刻。杜甫有诗云"随风潜入夜，润物细无声"，中国人总是在春风化雨、不知不觉之中，让欢乐与教化相得益彰。

七月半中元节，俗称"鬼节""地官节"，与上元节、下元节合称"三元"。它与除夕、清明节和重阳节并称中国传统的四大祭祖节日。道教中认为七月是地官赦罪的时间，会放出阴曹地府里的全部鬼魂回家团圆，这时家有亡灵的人会供奉亲人牌位、烧香招魂，或以上坟焚纸祭祖、荐时食、放河灯等方式表达哀思。为了避免亡灵找不到回家的门路，在鬼节期间一般不会搬家。当然总有不少孤魂野鬼无家可归，为了避免"撞鬼"惹事，鬼节期间一般不嫁娶，尤其是夜晚家人会竭力避免小孩子出门游玩。至今在中国有些农村地区，厚道人家还会在门口或野外撒一把新米，让孤魂野鬼也享受一下节日的好处，早日减免一些罪过，因此鬼节又称"施孤"或"斋孤"。人们在鬼节最后一天完成各种祭祀仪式之后，晚上会在河、塘边平地上给亡故的亲人撒些米饭，焚化一些纸钱衣物，放河灯送亡灵们回转地府。上元灯会是在阳间陆地之上，而下元张灯则是在阴间水面之上，中国人通过这样巧妙的搭配呼应，完成了生命共同体在阴阳大化之间一年一度迎来送往的轮回历程。

不能不提的是，鬼节是中国由来已久的民间信仰，也是道教和佛教共认的宗教性节日，这种俗、僧、道"三俗合一"且已难分彼此的节日习俗反映出中华传统文化的内部多样性以及其间的和合性。七月半在佛教中称作"盂兰盆节"，它与"目连救母"的故事联系在一起，非常契合中国人的孝道意识，因此显得特别动人。佛教专门管理阴间的地藏菩萨发过宏愿说"众生度尽方证菩提，地狱未空誓不成佛"，表达了佛教普度众生的崇高的大无畏精神。在这一天，佛教徒会举起盛大的盂兰法会，通过念经、设斋、放焰口等活动超度亡灵和孤魂野鬼。类似的仪式活动流行于中国各个信佛族群中间以及整个东南亚地区，影响十分广泛。抗战胜利以来，佛、道仪式还增加了为国捐躯的烈士忠魂超度的特别环节，更加强化了家、国一体道德意识之建构。

八月十五中秋节，俗称团圆节，至今仍是中国人一年之中堪与春节齐名的最盛大的节日之一。2006年，中秋节被列为首批国家级非物质文化遗产名录；2008

年，被列为国家法定节假日。在东南亚各国和华人文化圈里，中秋节也广泛流行。"明月几时有？把酒问青天""举头望明月，低头思故乡"等美妙诗句，再加上"后羿射日""嫦娥奔月"等神话传说的长期渲染，中秋与"月圆"的诸多诗性象征意蕴密不可分。丹桂飘香、花好月圆之夜，家人聚在一起赏月、吃月饼、喝桂花酒、玩兔儿爷、听海观潮，上演了一幕幕思念故乡和亲人的悲欢离合之故事。在中秋节所有节日物品中，月饼是绝对不可或缺的寄情礼物。它在制作过程中会被拓印上各式各样的吉祥图案和祝福话语，直接表达了人们向往团圆、吉祥和幸福等的道德情感。相互馈送月饼的过程更是充满了人情味，亲情、友情、爱情都能够从中找到寄托，并得以传递。"礼物永远大于应得之物"，月饼这一小礼物每一次的人际旅行，都等于完成了一次道德情感的共感与生发，家的道德意义也再一次得到确认和强化。① 八月中秋，也是个收获的季节，人们在一起享用瓜果饼糕、有说有笑、其乐融融的情境之中，能够将丰收的喜悦、岁月的静好、世界的平和升华为一种人生情感深处的满足感和幸福感。2018年，中国设立了第一个"农民丰收节"，适逢八月十四，与中秋节相互映衬，庆祝丰收喜悦、祈祷国泰民安的气氛，洋溢在神州大地。元宵节和中秋节，一个闹灯，一个看月，皆特别珍视团圆，在道德寓意上统统指向家（国）和万事兴的和睦诉求。

九月初九重阳节，是中国人举家登高望远、祭祀祖先、酬酢长辈的日子，故而又称"老人节"。由于重阳节充分体现了国人尊老爱幼的家庭伦理和社会美德，因此堪称中国人"百善孝为先"之孝敬文化的最佳写照。在中国家—国一体的社会结构中，家庭在全社会以家为同心圆的差序格局和礼治秩序中居于核心位置，备受肯定和推崇。而父母长辈在家庭中享有至高无上的地位和权威，避免以下犯上的忤逆，则被视作维护家庭秩序稳定的前提条件。当然，尊敬长辈，孝敬父母，不只是拟制血亲化的社会治理和政治统治模式的需要，也是发自国人良知深处的道德情感的自然流露。孔子有曰"孝悌也者，其为仁之本欤"，最好地说明了孝德对于儒家仁学乃至整个中国文化的极端重要性。父母、兄弟俱在，此乃"天伦之乐"耳。对于生身父母，我们有身体和物质需求上的依赖，也有天生的心理亲近感和依恋感。即便是独立门户之后，尤其是自己当了父母之后，对于父母养育子女的劬劳和个中甘苦更能感同身受。"谁言寸草心，报得三春晖"（孟郊），父母之恩似天高比海深，永不磨灭，哪是能报答得了的呢？这种道德情感经过历朝历代、经年累月地不断确认、催化和提倡，进而形成了一种集体无意识，变成了天经地义式的道德习惯和文化积习。从生命演化与社会竞争角度看，

---

① 孙邦金、陈安金：《论儒家的礼物观》，载《哲学研究》2013年第10期。

老年人年迈迟暮，体弱而多病，因此平常才有所谓"越老越不中用"的说法。晚年多数生活在养老院里的欧美各国老年人，恐怕最能体味其中的况味吧！与其形成鲜明对比的是，在中国传统家庭中，年纪越大的人享有越高的地位，穿最好的、吃最好的、住最好的，先入上座，先动筷子……总是得到最尊贵的优待，成为所有人优先关怀的对象。这种现象并不符合现代人所谓的优胜劣汰和弱肉强食的自然与社会规律，并不是自然竞争演化的结果。但即便是违背优胜劣汰的自然规律，尊老对于绝大多数中国人也丝毫没有违和感。之所以如此，原因就在于中国文明拥有尊老爱幼这一强大基因，有着孝敬道德的长期熏育和支撑历史。重阳节作为这一道德人文基因的结果，也是强化这一道德传统的原因，在节日文化与道德教化之间形成了一种良性的循环。

冬至这个节气，是一年阴阳气运转换的自然节点，同时也是一个节日。"万物并作，吾以观复"，大江南北都以不同的饮食方式（多数是吃汤圆）来表达对于自然规律周而复始的遵循。在重农时代，农耕生活必须对自然变化十分敏感，并有敬畏之心，体现了中华民族"道法自然""天人合一"的道德理念，以及构建人与自然生命共同体的悠长记忆。

中国各地、各个族群的节日文化林林总总，不胜枚举，上面的几个时节只能是挂一漏万。不过，仅从上述几个主要和传统节日及其民俗文化活动中，就能够看出中国节日文化除具有因循节气的自然性特点之外，还具有鲜明人文教化的道德意味。尤其是其中的亲情、家庭伦理以及国家认同意识十分浓郁而强烈，表现出鲜明的中国文明特性。因此在本质上，不妨说中国节日文化是一种家的文化，是一种发乎情、止乎礼的道德的文化。

三、节庆民俗道德教化功能的现代转化

工业化、城市化和现代生活方式席卷中国之后，农业时代的节日体系及其习俗仪式遭受到无情的冷落，近代以来中国传统节日文化的衰败趋势十分明显。不仅如此，与传统中国节日相比，现代节日的安排在时间的滞留与前展方面大为削弱，根本无法与道德生命融为一体，不仅传统节假日的吸引力衰降明显，而且遗存的节假日文化的非道德化趋向也很明显。节日时间与道德生命相互隔绝的现象，具体表现为三个方面：首先，从节期上看，古代注重自然时序与农耕生活的合拍，分布较均匀；而现代节日的自然特征大多消退，甚至是纯粹的人为选择和社会设定，其节日时间与自然生命之间完全没有关系。顾炎武虽然认为"若历法，则古人不及近代之密"，但是同时指出，"三代以上，人人皆知天文。……后

世文人学士，有问之而茫然不知者矣"①，已经指出了内在时间逐渐让位于外在时间的趋势。其次，从内容上看，古今皆注重对身心的双重调节。不过相对来说，过去节日更注重天人关系的调节，带有更多的宗教内涵、道德教训和精神安顿；而现代人则更注重人际关系的调节，更强调实际利益的交换。最后，从地位上看，节日在古代具有时间坐标意义，是个体生命乃至整个社会律动的标尺与节奏；而在现代则失去了时间坐标意义，人们把日常生活和生命律动的标尺完全付诸外在的计时工具与计划日程，对于时间的感觉非常麻木，不自觉地变成了时间的奴隶。就连在节日时间，应该成为时间主人的时间里，亦与平日时间完全没有两样，节日活动完全演变成纯粹的集体性的物质消费和精神娱乐活动，表现出明显的非道德化倾向。

要想扭转上述趋势，采取完全回归过去传统耕读社会的时间规制已不可能，复兴节日民俗及其道德功能显然需要新的思路。不过我们也须承认，中国传统的时间生活和节庆安排在当下时代仍旧具有顽强的生命力，国人在追捧洋节日的同时对于中国传统节日也会乐此不疲，因此也无须对于其现代转化的前景太悲观。承继与弱化两种趋势并存，关键是如何扬长避短，结合现代人的时间观念、生活节奏、工作方式和消费观念等，化传统为现代人的心灵滋养之资源。简言之，可以从下面三个方面着手：

第一，要从反思现代全球标准化的刻板时间的角度，来充分认识传统节假日安排对于优化现代人时间观念和生活节奏方面的重要价值。从时间观念上看，人工钟表刻板时间已经代表了自然时间且日益全球化和标准化，现代人们对于时间的感受逐渐依赖于人工制作的机械，而距离自然循环的天象和节气越来越遥远，对其越来越陌生。不仅如此，直线性的时间还特别容易让人产生一种世界永远是今胜于昔、进化发展的乐观情绪，因此多数依循自然节气而生的节日不再具有特别重要的标志意义。茅盾在小说《当铺前》说到这种变化时说："那柴油轮船走过的时候总在快天亮，那呜呜的叫声也恰好代替了报晓鸡，——开春以来就把杂粮当饭吃的村里人早就把鸡卖得精光，所以这一向听着可恨的汽笛声现在对于村里人居然有点用处了。"② 在中国农业社会中长期形成的相对个体性的、灵活伸缩的、循环往复的传统时间生活，日渐被标准如一的、十分精确的、轮转向前的现代工业化的时间结构所取代。从更长远和高远的眼光来看，传统社会时间感受上的封闭循环倾向，孕育了国人缺乏精确测度时间观念、以自然循环时间为主、强调过去和历史、个体时间观念至上等时间特性，特别是"传统对勤劳的强调及

---

① 顾炎武著，黄汝成集释：《日知录集释》下册，上海古籍出版社2006年版，第1673页。
② 傅光明编：《茅盾小说》，浙江文艺出版社2001年版，第269页。

遵守作息时间表的习惯，大概有助于中国这一个长久的帝国的维持"[1]，对于一个乡村保持安土重迁和稳定来说更是如此。

第二，从反思现代工业化生产方式和消费主义的角度，来充分认识传统节日消费的精神生产属性。谈到节日，有两个现象总是引起人们的注意：一个现象是，节日本该具有的浓郁氛围越来越平淡，原来的各种活动、仪式和情绪感受大打折扣；另一个现象是，与节日氛围越来越淡形成鲜明对比的是，节日里面的商业气氛却越来越浓，商家大打促销牌催生了市场庞大的"节日经济"或"假日经济"，大小长假真正变成了商家赚得盆满钵满的"黄金周"，与传统道德教训毫不相干。过节似乎就是人们集中精力进行吃喝玩乐，一心一意地进行物质消费而别无他求的活动，节日仿佛已经完全改变了其本性，简直成了吃喝玩乐的代名词。我们要明白，节日的本质是一种文化，不是经济！这里不是说"节日经济"有什么不好，只是过于强调节日的物质消费内涵及其经济功能，节日原本应该拥有的丰富内涵被大大简单化和庸俗化了，更为重要的社会心理、道德教化等意义反而被掩盖了。由于节日生活深切地关系到人们的时间生活和道德生活的存在方式，原本与刺激消费无关。如若仅仅是为了经济利益的节日安排，非唯有害而且是不可能传之久远的。

第三，从反思现代人价值中立的生活方式角度，充分认识传统节日文化及其道德教化的现代价值。比起古人，现代人们可以支配的节假日与闲暇时间更多了。可是，人们会把辛苦积攒起来的包括节日时间在内的闲暇时间以集体透支的方式进行使用，不分白天与黑夜、夜以继日、通宵达旦地吃喝玩乐，无休息无休止地放纵与狂欢。结果是，时间的自由放纵造成了时间生活的极度紊乱以及道德生活的极度虚无，伴随人们的通常是一个个困顿白昼和不眠之夜，失眠、焦虑、抑郁甚至自杀现象不一而足。过去人们经常在长久的期待中等待短暂的节日的到来，在节日的长久记忆中期待新的节日到来，可是现在节日大都已经变成一个例行公事，让人还没有感受到多少期待就已经感受到深深的失落和虚无。

面对当下的时间生活的无序状态，我们需要好好地想一想，什么才是真正的时间生活？什么才是有意义的道德生活？仅就节庆生活而言，适度地营造传统道德共情氛围，发挥其道德教化功能，是一个不错的选择。只是传统节日民俗文化的道德教化功能的现代转型和创新发展将是一个漫长的过程。

---

[1] 杨联升：《帝制中国的作息时间表》，引自氏著《国史探微》，新星出版社2005年版，第59页。

第三编

传统优秀道德文化与当代多元实践的途径

当代中国特色的社会主义事业及其文化建设工作，是一项前无古人的伟大工作，在经典的马克思主义典籍中找不到现成答案，必须要依靠当代中国人在中国固有的历史与现实基础上，运用马克思主义的基本原理来创造性地完成。马克思主义者认为，任何人在创造历史的过程中，都是在给定的历史条件下进行的。当代中国的社会主义道德文化建设事业、社会主义核心价值观的建立，也必须依托中国传统道德文化的基础。但长期以来，传统道德文化与传统中国以农业为主的社会生产方式及社会制度、社会生活紧密地结合在一起，不可能直接、全盘、原封不动地拿过来为社会主义文化建设事业服务。因此，我们必须在当前的制度框架与社会生活中，寻找传统优秀道德文化在当代实践的多元途径。

本篇主要探讨了传统优秀道德文化在党政机关、大中型企业、中小学校，以及在一般的职业道德教育中的实践途径，至于在普通的百姓生活中，如传统节庆日、婚丧嫁娶中如何实践的问题，没有来得及去研究。因为经费的关系，课题组仅在党政机关、企业、中小学三个层面做了小范围的专项社会调查，就传统优秀道德文化在党政机关、企事业单位和社区实践途径存在的问题做了初步的探索，试图为传统优秀道德文化在当代社会的具体实践途径提供有价值的参考。

本课题的社会调查主要在湖北省黄石市下陆区开展。该区地处黄石市中心腹地，东接黄石港、西塞山，西连铁山，南邻大冶，北靠鄂州，有一定的典型性。该区现辖团城山商务新区、长乐山工业新区、东方山旅游新区、生态新区、幸福新区五大功能区，总面积68平方公里，是黄石市的政治中心、文化中心、金融中心，也是黄石市的交通枢纽、重要的冶金机械建材工业基地和工贸、旅游城区。辖区内有大冶有色金属公司、中铝铜板带公司、美尔雅、宝钢、青岛啤酒、新兴管业、大江公司等大型企业，是黄石市交通区位和资源优势最为明显的区域。就文化背景而言，下陆区区内有被誉为"三楚第一山"的东方山，坐落在城区西北角，因西汉大学士东方朔曾寓居于此而得名，山中古木参天，气候宜人，风景优美，"东方揽胜""灵泉卓锡""铁牛懒卧"等"古八景"风韵依旧，更有古刹弘化禅寺香火绵延千年，薪传不息。东方山脉已登记注册大小寺庙22座，是湖北省规模最大的佛教旅游圣地之一。传统儒释道文化在该区有比较浓厚的传统。2007年以来，下陆区在市委领导下在中小学广泛开展了诵读国学经典、创建文化特色学校活动。近年来，下陆区将社区文化作为提升市民素质的抓手之一，通过成立艺术合唱团、腰鼓队等组织，把社区里居民的积极性充分调动起来，让大家积极参与社区活动。

　　调查问卷的团队成员主要来自武汉大学哲学学院青年志愿者团队，负责人为肖航副教授。该团队长期以来立足于黄石市浓厚的传统文化氛围和社区日益增长的精神文化需求，力求在下陆区的十多个社区扎根。依托哲学学院已有的"经典教读"品牌活动，哲学学院青协继承十多年来的教读经验和暑期实践的效果反馈，在新形势和新背景下寻求中小学国学教学的创新点，在进社区、进课堂中，努力发掘传统文化的趣味性和传统道德的实践性，并以国学专业为后盾，将传统文化的精髓部分浓缩于课堂，力图将这种扎根于社区的实践做好，为国学普及教育做出启发性的先导示范，对于传统价值的弘扬、伦理道德的重建产生潜移默化的积极影响。团队成员在讲学过程中，同时在当地进行国学普及情况的调查走访，为在当地进一步开展相关实践打基础，进而为创建和谐社区、践行社会主义核心价值观添砖加瓦。本次调查依托下陆区人民政府和武汉大学哲学学院青协，调查范围涵盖其辖区内大部分党政机关、企事业单位与社区，保证了数据来源的科学性和有效性。

第八章

国家公务人员与传统优秀
道德文化的实践路径

从初步调查的情况来看,在传统优秀道德文化的传播途径中,书籍的作用是第一位的,而文学类名著的影响力更大,其次与美食相关的传统道德文化,再次是旅游类的景点与传统建筑,包括寺庙、道观等,最后是富有视觉冲击力的书法、绘画类作品。从概率的角度看,文史类公务人员对于传统优秀道德文化的认知、认可程度要高于理工类公务人员近40个百分点。这实际上表明中学、大学的人文学教育与人文素养教育非常重要。下面是具体的调查数据及简要的数据分析。

第一节 国家公务人员对传统优秀道德文化的认知现状

一、对优秀传统文化的总体印象

随着时代的变迁,传统文化生存的外在条件已经发生了很大改变,但仍有32.8%的受访者认为传统文化势力还很强大。45.0%的受访者认为传统文化还有一定影响力(见表8-1)。这两类人群占到了受访者的绝大多数。传统文化的影响力在当代仍然不可忽视,是人们精神生活和文化认知的重要组成部分。

表 8-1　　　　　受访者对传统文化现状的认识

选项	频率	占比（%）	有效百分比（%）	累积百分比（%）
势力还很强大	78	32.8	32.8	32.8
还有影响	107	45.0	45.0	77.8
很难判断	9	3.8	3.8	81.6
正在消逝	43	18.0	18.0	99.6
已荡然无存	1	0.40	0.4	100.0
合计	238	100.0	100.0	

就传统文化对当前中国社会的作用而言，79.0%的受访者认为传统文化对当前中国社会还有重要作用（见表8-2）。其中，绝大多数受访者认识到了传统文化的重要作用，弘扬优秀传统文化仍然具有重要的现实意义。

表 8-2　　　受访者关于传统文化对当前中国社会作用的认识

选项	频率	百分比（%）	有效百分比（%）	累积百分比（%）
有很大促进作用	188	79.0	79.0	79.0
作用一般	38	16.0	16.0	95.0
可有可无	2	0.8	0.8	95.8
有消极作用	1	0.4	0.4	96.2
看情况	9	3.8	3.8	100.0
合计	238	100.0	100.0	

对于学习传统文化的意义，33.0%的受访者认为有利于提高个人的道德修养水平，完善自己的身心，26.2%的受访者认为有利于拓展自己的知识面，还有21.8%的受访者认为有利于现实工作的开展（见表8-3）。学习传统文化，不论是对个人修身还是单位现实工作开展，都具有积极正面的促进作用。

表 8-3　　　　　受访者对学习传统文化意义的看法

选项	响应 N	占比（%）	个案百分比（%）
提高道德水平，修养身心	218	33.0	92.8
有利于现实工作开展	144	21.8	61.3
拓展知识面	173	26.2	73.6
增强单位的凝聚力	116	17.6	49.4
没有意义	9	1.4	3.8
总计	660	100.0	

受访者中，有46.2%的人对传统文化的发展持比较乐观的态度，34.5%的人持很乐观的态度，整体上对传统文化持乐观态度的人占到了80%以上，这种预期对于传统文化给予了很大的希望（见表8-4）。

表8-4　　　　　　　　受访者对传统文化未来的看法

选项	频率	百分比（%）	有效百分比（%）	累积百分比（%）
很乐观	82	34.5	34.5	34.5
比较乐观	110	46.2	46.2	80.7
很难说	32	13.4	13.4	94.1
不乐观	13	5.5	5.5	99.6
很悲观	1	0.4	0.4	100.0
合计	238	100.0	100.0	

注：因四舍五入，表格中累积百分比可能不为100%。不再一一说明。

二、对优秀传统文化的了解程度和体验方式

受访者中有67.6%的人是文史类专业背景，27.7%的人是理工类专业背景，另外有少量艺术类和体育类等其他专业背景的人员（见表8-5）。

表8-5　　　　　　　　　受访者的专业背景

选项	频率	百分比（%）	有效百分比（%）	累积百分比（%）
文史类	161	67.6	67.6	67.6
理工类	66	27.7	27.7	95.3
艺术类	6	2.5	2.5	97.8
体育类	5	2.2	2.2	100.0
合计	238	100.0	100.0	

受访者中，认为自己对传统文化了解程度为一般的占到了63.9%，有26.0%的人认为自己对传统文化十分了解，这两类人士占到了89.9%。当然也有少量受访者认为自己对传统文化的了解比较模糊或者完全不了解（见表8-6）。传统文化在国家公务人员中的认知程度还是比较高的。

在对中国传统文化定义的认识上，23.4%的受访者认为是以儒学为主体的中华传统文化，21.1%的受访者认为是以四书五经等典籍为代表的经典传统，还有21.2%的受访者认为是文言文（见表8-7）。以四书五经为代表的经典、文言文

为语言载体的表达方式构成人们对传统文化的主要印象,另外将中国传统文化定义为中医等其他载体的也不乏其人,因此传统文化定义的模糊性和不确定性仍然是不可忽视的问题。

表8-6　受访者对中华传统文化了解程度的自我认知

选项	频率	百分比（%）	有效百分比（%）	累积百分比（%）
一般	152	63.9	63.9	63.9
十分了解	62	26.0	26.0	89.9
比较模糊	20	8.4	8.4	98.3
一点都不了解	4	1.7	1.7	100.0
合计	238	100.0	100.0	

表8-7　受访者对中国传统文化定义的认识

选项	响应 N	百分比（%）
四书五经	191	21.1
文言文	142	15.7
以儒学为主体的中华传统文化与艺术	212	23.4
中国传统文化与学术	192	21.2
不清楚	9	1.0
中医	136	15.0
其他	23	2.5
总计	905	100.0

在调查受访者接触中国传统文化主要途径的过程中发现,16.8%的受访者对于传统文化的认识来源于古典文学,其余依次为中国历史古迹和旅游、中华传统文化（方言）、中国传统美食、古代学派思想、中国书法字画、中国传统手艺以及其他,可见人们对于传统文化的接触途径是多种多样的,文学、历史、哲学、书法、手工艺、美食都是人们认识传统文化的现实途径,但是没有明确统一的渠道,接触到的信息也复杂多样（见表8-8）。

对于传统文化最应重视的方面,35.7%的受访者认为应该重视优良道德精神的继承与发展,可见传统文化中的道德文化部分受到人们的关注,但同时也有不少人选择了对文化遗产的主权保护、对传统技艺的传承,这与前面所反映的人们对于传统文化的认知程度和接触途径复杂多样、认识不统一有很大关系（见表8-9）。

表8-8　受访者接触中国传统文化的主要途径

选项	响应 N	百分比（%）
中华传统文化（方言）	166	15.0
中国古典文学	186	16.8
中国传统手艺	124	11.2
中国传统美食	154	13.9
古代学派思想	147	13.3
中国历史古迹和旅游	174	15.7
中国书法字画	136	12.3
其他	22	2.0
总计	1 109	100.0

表8-9　受访者对中国传统文化应重视方面的看法

选项	响应 N	百分比（%）
文化遗产的主权保护	194	33.7
优良道德精神的继承与发展	205	35.7
传统文化技艺的传承	176	30.6
总计	575	100.0

三、对传统优秀道德文化的深层认知现状

（一）对儒家文化的认知现状

随着中国经济实力的提升，民族文化的自豪感和自信心空前提升，这对于传统文化的发展弘扬是有促进作用的。针对当代中国社会"新儒学""新道学""文化中国""儒家文化圈"等观点十分活跃的现象，受访者有不同看法。52.9%的受访者认为全球将出现中国文化热，是民族骄傲。36.1%的受访者认为随着中国经济的发展，中国文化迟早要登上世界舞台（见表8-10）。

表 8 - 10　　受访者对"新儒学""新道学""文化中国"
　　　　　　 "儒家文化圈"等观点的看法

选项	频率	百分比（%）	有效百分比（%）	累积百分比（%）
全球将出现中国文化热，是民族骄傲	126	52.9	52.9	52.9
只是一时现象，不值得太推崇	15	6.3	6.3	59.2
随着中国经济发展，中国文化迟早要登上世界舞台	86	36.1	36.1	95.3
无所谓，还需要进一步观察	11	4.7	4.7	100.0
合计	238	100.0	100.0	

92.9%的受访者承认儒学是民族传统文化的一个重要组成部分，儒学中优秀的部分值得学习。但也有少量受访者认为儒学有的东西是过时的，不适合现代（见表 8 - 11）。

表 8 - 11　　受访者对"儒学是民族传统文化的一个重要
　　　　　　 组成部分"这一观点的看法

选项	频率	百分比（%）	有效百分比（%）	累积百分比（%）
儒学中优秀的部分值得学习	221	92.9	92.9	92.9
儒学有的东西是过时的，不适合现代	14	5.9	5.9	98.7
说不清	3	1.3	1.3	100.0
合计	238	100.0	100.0	

"四书"是儒家文化的重要载体，尤其是宋明理学形成之后，"四书"的普及程度和社会影响空前。58.0%的受访者对"四书"了解程度一般，31.1%的受访者对"四书"了解程度模糊。对这些儒家经典的了解程度还需要进一步提高（见表 8 - 12）。

《论语》是中国传统经典中最为重要的文本之一，该书简明扼要，生动活泼，非常易于阅读，也是儒家道德文化的基石。47.9%的受访者会偶尔翻阅《论语》，31.9%的受访者完整阅读过《论语》（见表 8 - 13）。《论语》的普及程度和影响力仍然比较大。

表 8 – 12　　　　受访者对"四书"的基本了解程度

选项	频率	百分比（%）	有效百分比（%）	累积百分比（%）
一般	138	58.0	58.0	58.0
十分了解	22	9.2	9.2	67.2
比较模糊	74	31.1	31.1	98.3
一点都不了解	4	1.7	1.7	100.0
合计	238	100.0	100.0	

表 8 – 13　　　　受访者对《论语》的阅读情况

选项	频率	百分比（%）	有效百分比（%）	累积百分比（%）
完整读过	76	31.9	31.9	31.9
偶尔翻阅	114	47.9	47.9	79.8
只知道有这本书	44	18.5	18.5	98.3
不会去读，也从未想过去读	4	1.7	1.7	100.0
合计	238	100.0	100.0	

"中庸"为儒家心性论中的至高德行，69.7%的受访者认为应该适而用之，24.4%的受访者非常认可，中国传统道德论中的中正、中和、和谐等思想对人们的道德规范影响仍然很大（见表8 – 14）。

表 8 – 14　　　受访者对于传统文化的"中庸"的看法

选项	频率	百分比（%）	有效百分比（%）	累积百分比（%）
非常认可	58	24.4	24.4	24.4
适而用之	166	69.7	69.7	94.1
迂腐，完全不赞同	8	3.4	3.4	97.5
不了解	6	2.5	2.5	100.0
合计	238	100.0	100.0	

儒家人性论的基点在于性善论，受访者中63.0%的人知道其提出者为孟子，对性善论有一定程度的了解，但也有不少认为是孔子或者荀子提出的，也有人说不知道（见表8 – 15）。对儒家道德理念的了解、对儒家相关德行的基本内涵把握的精确程度还有待提高。

表8-15　受访者对"性善论"提出者的了解情况

选项	频率	百分比（%）	有效百分比（%）	累积百分比（%）
孟子	150	63.0	63.0	63.0
荀子	8	3.4	3.4	66.4
孔子	45	18.9	18.9	85.3
不知道	35	14.7	14.7	100.0
合计	238	100.0	100.0	

以"己所不欲，勿施于人"为代表的恕道是儒家人际交往的重要道德法则，也是道德规范的重要纲领，绝大部分受访者是认同这种交往规则和理念的，儒家道德规范仍然有其强大的现实效用（见表8-16）。

表8-16　受访者对"己所不欲，勿施于人"是否值得提倡的看法

选项	频率	百分比（%）	有效百分比（%）	累积百分比（%）
值得提倡	199	83.6	83.6	83.6
不一定适用	28	11.8	11.8	95.4
不是很了解	11	4.6	4.6	100.0
合计	238	100.0	100.0	

儒家所主张的"修身齐家治国平天下"精神是其政治理念和政治道德的指引，绝大部分受访者认为这依然具有重要意义，值得提倡并融入当代社会道德文化精神中。儒家政治道德理想的秩序性和规范性在当代仍然有着生命力和实践效用（见表8-17）。

表8-17　受访者对儒家所主张的"修身齐家治国平天下"精神
　　　　 在当代是否依然具有可取性的看法

选项	频率	百分比（%）	有效百分比（%）	累积百分比（%）
依然具有重要意义，值得提倡并融入当代社会道德文化精神中	201	84.5	84.5	84.5
有一定意义，但不必作为当代道德精神	26	10.9	10.9	95.4
已经过时了，不可取	5	2.1	2.1	97.5
说不清	6	2.5	2.5	100.0
合计	238	100.0	100.0	

儒家提倡的"君仁臣忠、父慈子孝、兄友弟恭、夫和妇柔、礼师信友"等理想标准是人伦实践中的具体道德规范，至今 45.8% 的受访者仍然非常认可，51.3% 的受访者认为应该在当代适当用之，可见人们对人伦秩序、道德规范和儒家文化仍然有着广泛的认同（见表 8-18）。

表 8-18　受访者对儒家提倡的"君仁臣忠、父慈子孝、兄友弟恭、夫和妇柔、礼师信友"等道德标准在当代是否仍有积极意义的看法

选项	频率	百分比（%）	有效百分比（%）	累积百分比（%）
非常认可	109	45.8	45.8	45.8
适当用之	122	51.3	51.3	97.1
迂腐，完全不赞同	5	2.1	2.1	99.2
不了解	2	0.8	0.8	100.0
合计	238	100.0	100.0	

儒家礼仪制度作为儒家文化的现实表达方式，规范着人们的行为，约束着人们的道德，至今在民间婚丧嫁娶中仍有着广泛影响，受访者中绝大部分人认为儒家礼仪制度大多是良好的传统，应该保留。当代对社会生活的礼仪规范有相当急切的需求，而儒家礼仪制度是大家借鉴和发挥的重要基础（见表 8-19）。

表 8-19　受访者对儒家礼仪制度的看法

选项	频率	百分比（%）	有效百分比（%）	累积百分比（%）
大多是良好的传统，应该保留	196	82.4	82.4	82.4
太多的束缚麻烦，应该免去	24	10.1	10.1	92.5
可有可无	7	2.9	2.9	95.4
说不清	11	4.6	4.6	100.0
合计	238	100.0	100.0	

（二）传统宗教道德文化与传统优秀道德文化

儒释道三家文化融合碰撞，构成了中国传统文化的核心部分。除了儒家文化之外，道家道教和佛教文化对中国传统道德规范影响同样十分深远。82.4% 的受访者仍然认可宗教是传统道德文化的一种表达方式，可见宗教文化对于民众道德规范的影响深远（见表 8-20）。

表8-20　受访者对"宗教是否是传统道德文化的一种表达方式"的看法

选项	频率	百分比（%）	有效百分比（%）	累积百分比（%）
是	196	82.4	82.4	82.4
不是	25	10.5	10.5	92.9
不了解	17	7.1	7.1	100.0
合计	238	100.0	100.0	

对于宗教的定义，88.7%的受访者认为宗教是一种社会意识形态，是文化的一种，有内部规范，这种认识相对来说是非常理性和科学的，与封建迷信等不科学的看法有相当的距离（见表8-21）。

表8-21　受访者对宗教定义的看法

选项	频率	百分比（%）	有效百分比（%）	累积百分比（%）
是一种社会意识形态，是文化的一种，有内部规范	211	88.7	88.7	88.7
非科学，难以理解的迷信	9	3.8	3.8	92.5
不了解	18	7.5	7.5	100.0
合计	238	100.0	100.0	

82.8%的受访者选择了了解佛教，这与开展调查研究的地域（东方山）是佛教文化胜地有关，但值得注意的是，了解本土道教的仅占4.2%，这与了解基督教的人数占10.9%有不小的差距。佛教的近现代转型中有不少大师出现，其转型程度与社会融合效果比道教要好很多。道教的发展状况不容乐观，而基督教在民间社会的传播扩散不可忽视（见表8-22）。

表8-22　受访者对世界主要宗教的了解情况

选项	频率	百分比（%）	有效百分比（%）	累积百分比（%）
基督教	26	10.9	10.9	10.9
伊斯兰教	5	2.1	2.1	13.0
佛教	197	82.8	82.8	95.8
道教	10	4.2	4.2	100.0
合计	238	100.0	100.0	

54.6%的受访者认为中国宗教现状还可以，但并非特别兴盛，但有37.0%的受访者看到有很多寺庙、道观、教堂，认为宗教开始兴盛。这些都说明了宗教在相当范围内仍然有其重要的影响和作用，人们对于正信的宗教有需求（见表8-23）。

表8-23　　　　　　　受访者对中国宗教现状的认识

选项	频率	百分比（%）	有效百分比（%）	累积百分比（%）
很兴盛，有很多寺庙、道观、教堂	88	37.0	37.0	37.0
可以，但并非特别兴盛	130	54.6	54.6	91.6
不清楚	20	8.4	8.4	100.0
合计	238	100.0	100.0	

50.4%的受访者非常理解有宗教信仰者，尊重他们的信仰，并且会偶尔帮助他们；38.7%的受访者表示基本理解，尊重他们的信仰，但不会帮助他们。基本上，人们对于他人的宗教体验和宗教情感表达的自由度和容忍度都比较高（见表8-24）。

表8-24　　　　　受访者对身边佛教、道教信仰者的态度

选项	频率	百分比（%）	有效百分比（%）	累积百分比（%）
非常尊敬，认为他们是有思想追求、有善心的	23	9.7	9.7	9.7
非常理解，尊重他们的信仰，并且会偶尔帮助他们	120	50.4	50.4	60.1
基本理解，尊重他们的信仰，但不会帮助他们	92	38.7	38.7	98.8
不理解，偶尔有劝说信仰佛教、道教的人放弃信仰的想法	2	0.8	0.8	99.6
鄙视信仰佛教、道教的人	1	0.4	0.4	100.0
合计	238	100.0	100.0	

就具体宗教体验而言，因为客观上佛寺道观一类的宗教场所作为旅游景点或者文物保护单位分布全国各地，受访者不少都有过游历相关场所的切身经验。52.9%的受访者去过，但一般不会拜忏，不排斥；27.7%的受访者表示去过，会

拜忏，认为是一种寄托和自我安慰。对于宗教相关仪式的内涵深意，了解程度并不高。67.6%的受访者表示没有参加过佛教、道教的相关活动，32.4%的受访者表示参加过。没有参加过宗教活动的人占多数，这同国家公务人员的工作性质、相关人员的党员素质修养有关（见表8-25）。

表8-25　受访者拜访佛寺道观等宗教场所的情况及跪拜祈愿意愿

选项	频率	百分比（%）	有效百分比（%）	累积百分比（%）
去过，会拜忏，因为相信	15	6.3	6.3	6.3
去过，会拜忏，是一种寄托和自我安慰	66	27.7	27.7	34.0
去过，一般不会拜忏，但不排斥	126	52.9	52.9	86.9
去过，但不会拜忏，觉得没有意义，都是无稽之谈	22	9.2	9.2	96.1
没去过，不感兴趣	9	3.9	3.9	100.0
合计	238	100.0	100.0	

在游历相关宗教场所的经验中，大部分受访者是陪同家人或朋友去参观，可见宗教场所作为家庭活动或者人际交往的场所，在当代社会有其特殊作用和影响力（见表8-26和表8-27）。

表8-26　受访者参加佛教、道教相关活动的情况

选项	频率	百分比（%）	有效百分比（%）	累积百分比（%）
有	77	32.4	32.4	32.4
没有	161	67.6	67.6	100.0
合计	238	100.0	100.0	

表8-27　受访者参加佛教、道教相关活动的原因

选项	频率	百分比（%）	有效百分比（%）	累积百分比（%）
陪同家人或朋友	49	61.25	61.25	61.25
祈福	22	27.5	27.5	88.75
凑热闹	9	11.25	11.25	100
忏悔	0	0	0	100
合计	80	100	100	

大部分受访者表示对了解中国佛道文化的兴趣一般，18.1%的受访者表示比较有兴趣，觉得挺新鲜的，可以尝试加深了解。可见对于宗教的了解和体验，外在感性认识偏多，宗教场所作为旅游目的地、历史文物古迹被游览，对于一般人而言，宗教精神体现、蕴含的道德约束力并不明显（见表8-28）。

表8-28　　　　　　受访者了解中国佛道文化的意愿

选项	频率	百分比（%）	有效百分比（%）	累积百分比（%）
完全没有兴趣	18	7.6	7.6	7.6
兴趣一般	174	73.1	73.1	80.7
比较有兴趣，觉得挺新鲜的，可以尝试加深了解	43	18.1	18.1	98.8
很有兴趣或正在了解	3	1.2	1.2	100.0
合计	238	100.0	100.0	

39.5%的受访者表示当地没有开设相关中国佛教、道教知识文化的讲座课程，24.8%的受访者表示有相关课程，但参与的人不多，21.8%的受访者表示并不清楚相关状况。整体而言，传统宗教的基本知识普及程度并不高，民众对其兴趣不大，认知还比较肤浅（见表8-29）。

表8-29　　　　　　受访者所在地方开设相关中国佛教、
　　　　　　　　　　道教知识文化讲座课程的情况

选项	频率	百分比（%）	有效百分比（%）	累积百分比（%）
有，比较受欢迎	33	13.9	13.9	13.9
有，但参与的人不多	59	24.8	24.8	38.7
没有	94	39.5	39.5	78.2
不清楚	52	21.8	21.8	100.0
合计	238	100.0	100.0	

佛教和道教的基本典籍如《金刚经》《心经》《老子》《庄子》等是中国传统道德文化的重要载体，48.3%的受访者表示简单翻阅过，24.8%的受访者表示听说过。经典阅读与理解在传统文化传承中的作用影响甚大，不可忽视（见表8-30）。

表 8-30　　受访者阅读相关佛教、道教典籍如《金刚经》《心经》《老子》《庄子》等的情况

选项	频率	百分比（%）	有效百分比（%）	累积百分比（%）
有，认真读过	23	9.7	9.7	9.7
简单翻阅过	115	48.3	48.3	58.0
听说过	59	24.8	24.8	82.8
没有	41	17.2	17.2	100.0
合计	238	100.0	100.0	

第二节　基于现状的多元实践路径的探索

一、国家公务人员传统道德文化修养的培训方式

（一）习近平谈国家公务人员学习传统优秀道德文化

习近平总书记在中央党校建校 80 周年庆祝大会暨 2013 年春季学期开学典礼上强调要继承发扬优秀传统文化："古人所说的'先天下之忧而忧，后天下之乐而乐'的政治抱负，'位卑未敢忘忧国'、'苟利国家生死以，岂因祸福避趋之'的报国情怀，'富贵不能淫，贫贱不能移，威武不能屈'的浩然正气，'人生自古谁无死，留取丹心照汗青'、'鞠躬尽瘁，死而后已'的献身精神等，都体现了中华民族的优秀传统文化和民族精神，我们都应该继承和发扬。"[1]"中国传统文化博大精深，学习和掌握其中的各种思想精华，对树立正确的世界观、人生观、价值观很有益处。"[2]"抓作风建设要返璞归真、固本培元，在加强党性修养的同时，弘扬中华优秀传统文化。"[3]

习近平总书记特别强调党员干部尤其是领导干部要加强传统优秀文化的学习："干部的党性修养、思想觉悟、道德水平不会随着党龄的积累而自然提高，

---

[1] 习近平：《在中央党校建校 80 周年庆祝大会暨 2013 年春季学期开学典礼上的讲话》，人民出版社 2013 年版，第 9 页。
[2] 同上。
[3] 同上书，第 11 页。

也不会随着职务的升迁而自然提高,而需要终生努力。"① "各种文史知识,中华优秀传统文化,领导干部也要学习,以学益智,以学修身。"② "各级领导干部特别是高级干部要继承和弘扬中华优秀传统文化,继承和弘扬革命前辈的红色家风,向焦裕禄、谷文昌、杨善洲等同志学习,做家风建设的表率,把修身、齐家落到实处。"③

(二) 实际培训的基本情况和面临的问题

相关研究表明,目前各类将传统文化融入国家公务人员培训体系的思想政治教育模式已经从最初的单一讲座形式发展为包括课堂教学、讲座报告、实践活动和现场教学等在内的多种教育形式相结合的模式。大体而言,国家公务人员的传统道德文化培训存在着几个问题。

1. 各级领导对国学进各类培训课堂不够重视

一方面,各级党委没有明文要求国学成为国家公务人员教育培训的主课程,没有要求各级国家公务人员必修国学课程,即使有所要求,也更多的是选修内容。再者,因为现在基层党校盛行"办短班""办小班"的培训模式,无法保障学时,国学很难走进基层培训的课堂。另一方面,很多领导担心国学进培训课堂尤其进入党校培训课堂会危及马克思主义的指导地位。

2. 课程设置少,培训方式单一

尽管在中央党校 2008 年秋季培训班中就开设了传统文化课程,包括"中国传统文化与现代化""中国古代的科技与传统文化""儒释道与中国文化""周易与中国传统文化"四个专题,邀请了中央党校和其他高校的专家学者讲授,获得了参训学员的好评,但由于多方面原因,这个工作并没有在基层党校广泛展开。有研究以某省委党校的新任市厅级干部培训班为例。该班培训对象是新提拔任用的厅级干部,学制 40 天,教学内容涉及经典著作与中国特色社会主义理论体系、战略思维与履职能力提升、党的建设与党性修养 3 个单元,没有一门国学课。某市委党校某年春季有 4 个主体班次,包括副县级领导干部培训班、中青年干部培训班、乡镇党委书记培训班、县级机关行政干部培训班,学时均为 2 个月,教学内容分为学习贯彻党的十八大精神、经典导读与中国特色社会主义理论体系、全面建成小康社会和深化改革开放专题研究及综合素养与领导能力提升 4 个单元。其中,涉及国学或者传统文化的课程仅有中国传统文化的现代转化与民族复兴、

---

① 习近平:《习近平谈治国理政》,外文出版社 2014 年版,第 417 页。
② 习近平:《在中央党校建校 80 周年庆祝大会暨 2013 年春季学期开学典礼上的讲话》,第 9 页。
③ 习近平:《在会见第一届全国文明家庭代表时的讲话》,人民出版社 2016 年版,第 6 页。

中国古代官德、我国民族宗教问题的历史走向3门课程。省委党校、市委党校的课程很少涉及国学课程，这种现象在基层党校更是普遍。① 一直以来，党校课程中有关传统文化方面的课程设置较少。近几年随着传统文化越来越受到关注，这一情况有所改善，新增了不少有关传统文化方面的课程。但就目前来看，有关传统文化的课程以选修课为主，多由外请教师授课，课程安排数量少且内容单一，课程内容仍有待拓宽，传统文化课程以教师讲解为主要方式，学员参与度不够，积极性不高。

3. 各级党校缺少国学培训的专业师资

从党校师资的专业分布来看，目前，各级党校的师资队伍专业主要集中在马克思主义、政治学、经济学、科学社会主义、思想政治、管理学等专业，教授历史、文学和哲学的专业教师较少。有的党校教师指出，当前，基层党校传承与弘扬优秀传统文化的师资队伍现状可用"缺、弱、差"三字概括。所谓缺，主要是指能够胜任传统文化教学的老师十分缺乏，讲授传统艺术和技艺如书法、绘画、戏曲、武术、纸艺等方面的老师更是一师难求。所谓弱，主要是指大多数教师在传统文化方面底子较薄，基本上没有读过"四书五经""二十四史"等，这与党校应成为传承与弘扬中华优秀传统文化的主阵地的要求是极不适应的。所谓差，主要是指由于传统文化教育水平整体较低，造成教学效果差，当有学员提出相关问题时，教员往往是答非所问，根本没有解决学员的问题。②

中华优秀传统文化中的教育资源仍有待进一步挖掘，与干部成长相契合的时代内涵仍有待进一步丰富，传统文化融入国家公务人员思想政治培训教育体系建设仍有待进一步完善。③

（三）国家公务人员传统道德文化修养的实践路径探索

1. 分层次多方位地开展各类培训，加深并拓展对传统道德文化的认识

各级党委和政府要从坚定文化自信、坚持和发展中国特色社会主义、实现中华民族伟大复兴的高度，从增强国家文化软实力的要求出发，切实把中华优秀传统文化传承发展工作摆上重要日程，加强宏观指导，将其纳入各级党委（党组）理论学习中心组学习内容，纳入党校、行政学院教学内容。对于不同类型的国家公务人员应该分类、分层次地开展培训。将单位内部培训和党校集中培训、分散

---

① 黄枬鑫：《国学进党校课堂现状分析及对策探析》，载《中共乐山市委党校学报》2016年第1期。
② 孔磊：《对基层党校开展中华优秀传统文化教育的思考》，载《阜阳职业技术学院学报》2018年第1期。
③ 陈建国、陈乾、沈薇：《传统文化寓干部培训教育之途径》，载《中共银川市委党校学报》2018年第3期。

培训和到普通高校相关专业集中培训结合起来。

随着国家公务人员的成长需求不断变化，应构建与之相适应的传统文化分层次教育体系。比如，可以考虑在新任国家公务人员培训阶段，将传统文化纳入通识基础课，融入学业规划和人生规划等，引导广大青年合理谋划未来人生，以传统文化涵养积淀作为新的开端，将传统文化精髓作为推动个人发展的内生动力。这一过程以诵读札记等方式为主，将传统文化嵌入学员脑海，引导学员内化于心。进入更高一级培训阶段，传统文化教育逐步深入，围绕理想信念、社会担当、能力提升等方面，教育引导学员将个人命运与富强民主、文明和谐、自由平等、公正法治、爱国敬业、诚信友善的社会主义核心价值观相统一，与国家富强、民族振兴、人民幸福和实现中华民族伟大复兴中国梦紧密相连。这一过程以讨论、辩论、专题研讨为主，通过思辨加深学员对传统文化的理解认同。[①]

拓展国家公务人员学习传统道德文化的渠道。一是深入调研学员对传统文化的兴趣点，有针对性地设置课程内容，满足学员学习需求。二是丰富课程内容，开设传统文化方面的选修课程，如传统书画鉴赏、古典音乐赏析、书法等。三是改变传统课堂灌输式授课方式，运用讨论式、互动式等多种课堂形式。四是通过在线授课、MOOC（慕课）等多种形式展开教学，教学过程中以通俗浅显的方式，将优秀传统文化的核心要义展现在广大学员面前。通过QQ、微博、微信公众号等新媒体，向广大学员介绍中华优秀传统文化，培养弘扬优秀传统文化的社会风气和良好习惯。五是结合城市历史文化资源授课，适当增加当地城市建设中对历史和文化保护传承方面的教学内容。[②]

2. 将中国传统道德文化课程设置为国家公务人员必修课程，组织专业人员编写教材

要把传统文化课程融入国家公务人员培训体系的必修课程中，科学设置课程。培训中，应调整完善主体班次教学模块和教学专题，将优秀传统文化作为主体班次教学的重要内容，加大比重，并逐步充实内容、丰富形式、创新模式，把传统文化课程真正融入整个培训课程体系与内容当中，加强对领导干部传统文化的系统化规范化的培训。

发挥各级党校在弘扬优秀传统文化中的重要作用，参加主体班学习的党员领导干部，无论学时长短，都应该把优秀传统文化作为必修课，像学习马克思主义

---

① 陈建国、陈乾、沈薇：《传统文化寓干部培训教育之途径》，载《中共银川市委党校学报》2018年第3期。

② 参见杨恋：《传承文化基因，重建文化自信——关于党校干部培训中的传统文化教育思考》，载《决策探索》2017年4月下半月刊；孔磊：《对基层党校开展中华优秀传统文化教育的思考》，载《阜阳职业技术学院学报》2018年第1期。

经典一样学习传统文化经典，以学益智、以学修身、以学润德，提高领导干部的文化素养，增强领导干部对中华优秀传统文化的自信心和弘扬中华优秀传统文化的使命感。

组织专业人员编写相关教材。2011年，中央党校出版社出版了《领导干部国学大讲堂》一书，此书成为部分党校干部培训的国学教材。2015年6月，由国家行政学院主编的"全国领导干部国学教育系列教材"出版，并成为国家行政学院和省级行政学院进行传统文化轮训的通行教材。国学教育还应该仔细区分层次。针对不同层次的国家公务人员，教材编纂的重点也应该有所不同。编纂国家公务人员国学教材，既要彰显国学的系统性，更要坚持问题导向，直面国家公务人员所需。一方面，国家公务人员大多没有接受过系统的国学教育，对于国学的认识和理解也是参差不齐，有的可能还是错误的认识。编纂国家公务人员国学教材必须突出其权威性，纠正以往一些错误认识和理解。另一方面，国家公务人员中领导干部是治国理政的"关键少数"，都希望通过学习国学提高道德修养、寻求政治智慧、指导工作实践。编纂国家公务人员国学教材，不仅要普及国学基础知识，更需要突出国学的经世致用。①

3. 加强师资队伍建设，提升专业教学能力

第一，要加强师资队伍建设。一是结合党校师资与其他高校等系统的师资，多邀请传统文化方面的专家学者走进党校，建立开放式师资库。党校在加强教师队伍建设的过程中，应不断加强其传统文化素养，强化对优秀传统文化内容、内涵的理解，党校和上级有关部门要鼓励教师提升学历，开设传统文化相关人文选修课，促进教学相长。结合时事热点，精心策划主题。邀请传统文化领域知名学者开展名家讲座、文化沙龙，整合优质教育资源。二是为国学相关教师搭建研究平台，提供资金支持，鼓励教师调研学习、提升教学能力、科学设计课程。要引导和鼓励中青年骨干教师深入研究中华优秀传统文化，重视和培养优秀传统文化的学科带头人，打造优秀传统文化的精品课程，进行传统文化的传播与讲解。三是完善教师授课评估体系，通过教师试讲、学员选课倾向、课后反馈和建议来立体化掌握授课情况。②

第二，要丰富课堂教学方式。一是要灵活运用课堂讲授、现场教学、典型示范、警示教育、研讨交流、体验教育、在线教育等方式方法开展教育。二是要将讲授式、研讨式、互动式、体验式、案例式、情景模拟式等多种教学方式相结合，从而使传统文化课既有统一要求，又形式多样，既有规定项目，又有自选动

---

① 黄栩鑫：《国学进党校课堂现状分析及对策探析》。
② 杨恋：《传承文化基因，重建文化自信——关于党校干部培训中的传统文化教育思考》。

作，既注重创新形式，又注重教学效果，进而形成一个动态有效的教育体系。通过各种方式在国家公务人员中大力弘扬中华优秀传统文化，通过党校（行政学院）教育、干部培训、网络教学、推荐经典书目等形式，引导国家公务人员自觉成为中华优秀传统文化的传承者、践行者和推动者。

二、传统优秀道德文化融入艺术作品之中发挥教育作用

（一）习近平总书记号召文艺工作者弘扬传统优秀道德文化

习近平总书记强调广大文艺工作者要用优秀传统文化为人民提供道德滋养，他指出："把继承传统优秀文化又弘扬时代精神、立足本国又面向世界的当代中国文化创新成果传播出去。"[1] "要系统梳理传统文化资源，让收藏在禁宫里的文物、陈列在广阔大地上的遗产、书写在古籍里的文字都活起来。"[2] "要坚持社会主义先进文化前进方向，用社会主义核心价值观凝聚共识、汇聚力量，用优秀文化产品振奋人心、鼓舞士气，用中华优秀传统文化为人民提供丰润的道德滋养，提高精神文明建设水平。"[3]

习近平总书记在《在文艺工作座谈会上的讲话》中突出了文艺工作的精神价值指引作用，指出文艺工作要引导人们增强道德判断力和道德荣誉感。他指出："文艺是给人以价值引导、精神引领、审美启迪的，艺术家自身的思想水平、业务水平、道德水平是根本。"[4] "文艺创作如果只是单纯记述现状、原始展示丑恶，而没有对光明的歌颂、对理想的抒发、对道德的引导，就不能鼓舞人民前进。"[5] "我们要通过文艺作品传递真善美，传递向上向善的价值观，引导人们增强道德判断力和道德荣誉感，向往和追求讲道德、尊道德、守道德的生活。"[6] "我们要结合新的时代条件传承和弘扬中华优秀传统文化，传承和弘扬中华美学精神。"[7] "文艺创作不仅要有当代生活的底蕴，而且要有文化传统的血脉。"[8]

---

[1] 习近平：《习近平谈治国理政》，第161页。
[2] 同上。
[3] 习近平：《在省部级主要领导干部学习贯彻党的十八届五中全会精神专题研讨班上的讲话》，人民出版社2016年版，第16页。
[4] 习近平：《在文艺工作座谈会上的讲话》，人民出版社2015年版，第11页。
[5] 同上书，第20页。
[6] 同上书，第25页。
[7] 同上书，第26页。
[8] 同上书，第25页。

习近平《在中国文联十大、中国作协九大开幕式上的讲话》进一步提出："要加强对中华优秀传统文化的挖掘和阐发，使中华民族最基本的文化基因同当代中国文化相适应、同现代社会相协调，把跨越时空、超越国界、富有永恒魅力、具有当代价值的文化精神弘扬起来，激活其内在的强大生命力，让中华文化同各国人民创造的多彩文化一道，为人类提供正确精神指引。"①"要遵循言为士则、行为世范，牢记文化责任和社会担当，正确把握艺术个性和社会道德的关系，始终把社会效益放在首位，严肃认真考虑作品的社会效果。"②"广大文艺工作者要对生活素材进行判断，弘扬正能量，用文艺的力量温暖人、鼓舞人、启迪人，引导人们提升思想认识、文化修养、审美水准、道德水平，激励人们永葆积极向上的乐观心态和进取精神。"③

（二）文艺工作者弘扬优秀传统文化的实践探索

1. 坚定文化自信，创作要有传世之心

凡作传世之文者，必先有可以传世之心。如今，人们对精神生活的质量要求日渐提升，然而，文化市场上的产品良莠不齐，产品虽丰，但优质内容匮乏。这对文艺工作者提出了更高的要求。文艺工作者必须站在新时代的历史方位，基于社会主要矛盾已经转化的时代需求，立足于为广大人民群众和全社会提供合格精神产品的立场，按照精神产品生产者的角色定位，来重新审定自身的责任。文艺工作者更有责任也更需要深刻理解新时代的内涵，既需明确社会主要矛盾转化的含义，也要接地气地领会当今社会广大人民群众对精神消费的渴求与需要。在此基础上，文艺工作者以自己的艺术造诣、责任心、诚信与良心去创作让人民满意的文化产品。④

广大文艺工作者已经意识到要坚定文化自信，用习近平新时代中国特色社会主义思想和中华优秀传统文化及党在领导人民进行革命建设改革中形成的革命文化和社会主义先进文化来武装自己。中国电影家协会分党组书记、驻会副主席张宏认为："电影是一个集娱乐性、艺术性和传播性于一体的艺术形式。中国的电影人想要找到自己的文化表达，构建中国电影学派，就必须扎根中国深厚传统文化的基础，深度挖掘文化内涵，提炼传统文化的精粹，在传承中大胆创新。青年人是电影创作的主体，积极引导这一群体对优秀传统文化、革命文化和社会主义

---

① 习近平：《在中国文联十大、中国作协九大开幕式上的讲话》，人民出版社 2016 年版，第 15 页。
② 同上书，第 19 页。
③ 同上书，第 14 页。
④ 赖睿：《中华传统文化对当代中国意味着什么？》，人民网—人民日报海外版，2018 年 3 月 30 日，http://history.people.com.cn/n1/2018/0330/c372326-29899226.html。

先进文化的认同与自信，进而继承和发扬，用现实主义的精神和浪漫主义的情怀观照当下生活，关乎中国电影的未来。"①

广大文艺工作者要加强我国优秀传统文化的研究阐释工作，深入研究、科学梳理、生动阐释其历史渊源、发展脉络、基本走向。站在中华优秀传统文化的大格局下，加强梳理中华优秀传统文化的思想精髓、核心要义、重要地位和独特风貌，通过遗产保护、文艺创作、产业发展、宣传教育、主题实践等途径，着力塑造中华民族独特的文化标识，扩大中华文化的传播力和影响力。

2. 加强文艺作品的艺术塑造与价值提升，打造特色文化品牌

文艺工作者要承担起弘扬中华优秀传统文化的重任，建立文艺精品创作项目库，推出更多展现传统文化魅力的文学、影视、戏曲、音乐、书法、美术、纪录片等文艺精品。同时，相关部门要扶持鼓励网络文学、网络广播、网络剧、微电影等新兴文艺类型的创作生产，推动网络文艺繁荣发展。加强文艺评论，加大对中华优秀传统文化的评论推介。

充分运用各类媒体传播手段（如电视、广播、报纸等）宣传我国的优秀传统文化，例如在电视某一频道的特定时间开播中华优秀传统文化讲堂，让观众更多地了解我国博大精深的优秀文化历史，增强对我国优秀传统文化的认知。根据文艺作品的题材和形式挖掘传统文化中有价值的元素，加上现代文化元素，以群众喜闻乐见的形式展现出来，从而推出一大批文化底蕴深厚的优秀文艺作品。还应编制历史题材的动画片和出版物，提高孩子们对历史文化的兴趣。

塑造精品文艺栏目，打造特色文化品牌。《汉字英雄》和《中国汉字听写大会》这两档节目运用了多元的电视表现形式和手段，融入了传统文化元素，既能表达娱乐性也能展现其教育性，使观众在一个非常愉快的氛围、惬意的环境内学习传统文化。②《中国诗词大会》通过美轮美奂的视听语言以及其先进的创作理念，打造出了一个非常美丽的框架表达中华民族的文化。③《朗读者》以成长经历、情感体验、背景故事与传世佳作相结合的方式，让嘉宾用最真挚的情感朗读出文字背后的价值与意义。节目自然而不造作，精致而温情脉脉，春风化雨般地实现了感染人、鼓舞人、教育人的传导作用，是多年来少有的一档叫好又叫座、精美又优雅的电视节目。朗读文本都是或经典、或精美、或凝练的文字。其中，国学经典占到了一定比例。国学经典的朗读取得了良好效果，博得了观众的喜爱。在某音频播放平台上，截至2018年8月初，《朗读者》第二季

---

① 张宏：《新时代下培育电影新人的几点思考——学习习近平总书记在全国宣传思想工作会议上的讲话》，载《中国电影报》2018年9月26日第002版。

② 赵俊丽：《文化类综艺节目的艺术塑造与价值提升》，载《科技传播》2018年8月（下）。

③ 同上。

的播放总量已达到3.5亿次,两季节目总播放量近10亿次。在经典排行榜中,最受该平台喜爱的10段朗读文本中,国学经典榜上有名,《礼记·大学》和《牡丹亭·游园惊梦》的文本都居前十之列,这足以说明听众对国学的需求与热爱。从某种意义上而言,要用最精致、最有品位的节目弘扬传统文化,才能让更多观众亲近并领略传统文化。中国传统文化博大精深,老祖宗留下的经典篇章历久弥新,格外值得我们细细推敲和深长思考。国学经典篇章代表了古代人民对于宇宙、人生的思索,对于美好生活的探求和创造。大浪淘沙,只有真正有价值的作品才能沉淀并升华为经典。当今弘扬国学,需要把优秀传统文化与现实社会进行导引、对接和挂钩,《朗读者》是在全新的媒体时代播撒优秀传统文化的一个样板。①

3. 加大对优秀传统文化遗产的挖掘保护力度

文艺工作者要加大对优秀传统文化遗产的挖掘保护力度,避免其随着时间的流逝而遗失。目前我国非物质文化遗产保存存在一些问题。第一,绝大部分"非遗"项目都留存在中国发展相对落后、位置较为偏远的地区基层,客观上受到城镇化、现代化的冲击。第二,传承人青黄不接,后继乏人问题较为突出。当地年轻人对父辈留下的手艺缺乏兴趣和传承动力。第三,基层"非遗"保护仍然存在"上头热、底下冷"的状况。政府和专家很着急,但老百姓对当地"非遗"司空见惯、不以为然。第四,基层"非遗"保护在政策措施上不够到位,缺乏足够的经费投入和专业人才队伍等。相应的措施首先要从当前的客观实际出发,处理好"非遗"保护与城镇化的辩证关系,让两者方向一致,既能扩大城镇化成果,又能满足乡村振兴战略的发展需求。"非遗"保护不是逆城镇化,不能顾此失彼、以此代彼。针对后继乏人问题,需要出台更加有效的政策和措施,确保传承人有稳定的生活和收入,让他们有尊严、有地位。中国非物质文化遗产保护中心在相对宏观的层面做工作。例如,进一步完善国家"非遗"保护政策;通过调研,形成智库性成果,为国家决策提供政策咨询和建议方案;开展学术研究,包括"非遗"基础理论建设、文献资料的整理和编辑、人才培养等。此外,中国非物质文化遗产保护中心正在筹建中国非物质文化遗产馆。通过这些工作,非物质文化遗产及其承载的优秀传统文化得到了有效的传承和发展,特别是濒危"非遗"得到了及时有效的抢救,不至于在我们这一代消失。②

对相关文化遗址坚持保护为主、抢救第一、合理利用、加强管理的方针,做好文物保护工作。推动国家考古遗址公园建设,重点抓好古城考古遗址建设,加

---

① 谷曙光:《朗读者:播撒传统文化中的诗与远方》,载《文艺报》2018年8月22日第4版。
② 赖睿:《中华传统文化对当代中国意味着什么?》。

强考古实验室建设和遗址保护工作。实施重大文物保护修复工程，加大对千年古县和历史文化名城名镇名村名街区、名人故居的保护利用力度，推进古村落的保护和乡村旅游发展，适时推进村史馆建设，记录村庄变迁，留住文脉乡愁。做好历史建筑、工业遗产和农业遗产等文化遗存的保护工作，整治提升历史文化建筑（街区）、文化创意街区。

4. 广泛深入基层，做好文化惠民工作

广大文艺工作者应该深入实际、深入基层、深入群众，开展传统文化资源的系列采风、创作和展览、展示活动，以文艺的形式讲好中国故事，传播好中国声音，充分挖掘丰厚民俗，打造文化精品，做好文化惠民工作。比如，有的地方开展了"政府购买送文艺下农村"、农村电影放映、送文化下乡等文化惠民活动。深入推进"一村一月一场"文艺演出活动，"农民夜校"变身增长才干的"扶智学堂"；将农村电影放映作为农村文化发展和农村精神文明建设的重要推动力，在乡村开办"立志讲习所"；健全完善文化室管理运行保障机制，创造条件让群众免费享受文化服务；县以"乡村文化大院"为载体，发挥乡村文化能人作用，弘扬正能量。按照建设基层文化队伍的要求，从全州各乡镇挑选出一批具有一定演艺基础、文艺特长和自编自演能力的民间艺人组建起了一支支"草根文艺队"。这些文艺队的节目不仅演红了一批乡土文化能人，更成为筑牢群众精神文化家园、弘扬正能量的主力军，引导基层老百姓在精神上向党靠近、思想上向现代化靠近。各乡（镇）都能看到群众自编自演文艺节目的场景。在确保"一村一月一场"文艺演出的同时，以重大节庆日为时间节点，充分发挥乡村文艺骨干的作用。①

5. 改革完善文艺评奖，加大对传统文化的评论，建立有中国特色的文艺研究评论体系

对于广大文艺工作者而言，文艺创作的初心首先就在于对五千年来中华民族产生的优秀文艺作品、风神独具的美学精神的热爱、铭记和传承。文艺工作者最根本的任务是打造精品与传世之作。文艺工作者不能仅仅局限于经济效益和收视率，而要致力于制作叫得响、传得开、留得下的作品。再具体到影视作品，就是要把节目制作得既养目又养心，在追求票房和收视率的同时，又丝毫不降低作品的精神品质和艺术追求。②

在文艺评论评奖过程中要加大对传统文化的评论，建立有中国特色的文艺研究评论体系，倡导中华美学精神，推动美学、美德、美文相结合，从而使文艺创

---

① 古力米热：《弘扬优秀传统文化增强中华文化认同感——克州推进文化事业发展综述》，载《克孜勒苏日报（汉）》2018年9月22日第004版。

② 谷曙光：《朗读者：播撒传统文化中的诗与远方》。

作更加注重传统文化的传承与转化,进而助推优秀传统文化的发展。中华传统文化是中华五千年智慧的结晶,是中国特色社会主义文化的根源。在新的历史时期,我们要通过各种行之有效的途径大力弘扬和传承中华优秀传统文化,把其融入人们生产生活的各个方面,助力中华民族的伟大复兴。①

三、树立新时代道德模范人物、家庭、小区

道德模范的具体实践过程和实践方式对人们的影响和号召力是巨大的,比如中央电视台一年一度的"感动中国"人物评选活动就是典型例证。这些生活在我们身边的例子,为传统优秀道德文化的当代转换提供了鲜活例证,对人们更有说服力。通过这些真实事例可以看出,塑造楷模、创造模范带头激励机制能很好地在群众中树立典型,用模范的故事引导人、激励人、感化人,可以在一定程度上带动道德的建设与完善,形成良好道德示范体系,促进民众道德的发展。

课题组在调查中发现,"感动中国"人物评选对受访者存在着影响:58.4%的受访者认为要以他们为榜样,提高自己的道德修养,28.2%的受访者觉得感动,并偶尔拿来勉励自己(见表8-31)。

表8-31 受访者对中央电视台举办的"感动中国"人物评选的看法

选项	频率	占比(%)	有效百分比(%)	累积百分比(%)
以他们人物为榜样,提高自己的道德修养	139	58.4	58.4	58.4
觉得感动,并偶尔拿来勉励自己	67	28.2	28.2	86.6
当时挺有感触的,一段时间后就淡了	28	11.8	11.8	98.4
只是看热闹,完全没有影响	4	1.6	1.6	100.0
合计	238	100.0	100.0	

四、组建弘扬阐释传统优秀道德文化的志愿者队伍

绝大部分受访者认为志愿者精神"奉献、友爱、互助、进步"和志愿者活动的开展对推进社会主义核心价值体系建设的作用较大(见表8-32)。

在阐释"舍小家为大家"的奉献精神时,62.6%的受访者认为应该以国家利

---

① 徐亚斌:《小议如何推动中华传统文化的传承与发展》,载《才智》2018年第18期。

益为重,以个人利益为轻,36.6%的受访者认为应该同时看重国家利益和个人利益,二者互利共存。天下为公,重视维护国家利益仍然深入人心(见表8-33)。

表8-32 受访者对志愿者精神"奉献、友爱、互助、进步"和志愿者活动的开展对推进社会主义核心价值体系建设作用的看法

选项	频率	百分比(%)	有效百分比(%)	累积百分比(%)
作用较大	197	82.8	82.8	82.8
作用较小	37	15.5	15.5	98.3
没有作用	4	1.7	1.7	100.0
合计	238	100.0	100.0	

表8-33 受访者对"舍小家为大家"这句话的看法

选项	频率	百分比(%)	有效百分比(%)	累积百分比(%)
应该以国家利益为重,以个人利益为轻	149	62.6	62.6	62.6
应该同时看重国家利益和个人利益,二者互利共存	87	36.6	36.6	99.2
应该注重个人利益之后再考虑国家利益	2	0.8	0.8	100.0
合计	238	100.0	100.0	

16.9%的受访者认为应该建立高素质的宣传和教育队伍,15.0%的受访者认为应与青少年的教育相结合,14.4%的受访者认为要加强宣传力度,改进宣传教育方式。主要实践手段都强调要加强宣传和教育工作(见表8-34)。

表8-34 受访者对如何做好社会主义核心价值观的宣传教育和践行工作的看法

选项	响应 N	百分比(%)
建立高素质的宣传和教育队伍	201	16.9
确保领导权掌握在马克思主义者手中	119	10.0
将此与考核和晋升相联系	96	8.1

续表

选项	响应 N	百分比（%）
建立表彰和奖励制度，增加资金投入	128	10.8
与青少年的教育相结合	178	15.0
加强宣传力度，改进宣传教育方式	171	14.4
促进普通民众了解内涵	151	12.7
促进志愿者活动	134	11.3
其他	9	0.8
总计	1 187	100.0

对于学习践行社会主义核心价值观最有效的途径，49.6%的受访者认为应该加强学校教育和家庭教育，25.2%的受访者认为要动员全社会参与，从自己做起，15.5%的受访者认为要加强社会环境建设。现实实践途径首先提出了重视教育的作用，要从自己个人做起，另外社会环境道德风尚的改良也是有效途径（见表8-35）。

表8-35　受访者对学习践行社会主义核心价值观最有效途径的看法

选项	频率	百分比（%）	有效百分比（%）	累积百分比（%）
加强学校教育和家庭教育	118	49.6	49.6	49.6
加强社会环境建设	37	15.5	15.5	65.1
加强典型的引导示范	18	7.6	7.6	72.7
动员全社会参与，从自己做起	60	25.2	25.2	97.9
其他	5	2.1	2.1	100.0
合计	238	100.0	100.0	

对于加强道德建设应该开展的各种道德活动，44.1%的受访者认为道德模范评选和学习实践活动比较有促进作用，20.6%的受访者认为送温暖献爱心志愿服务和公益活动有效，18.9%的受访者认为百姓宣讲和社会宣传活动有效，15.1%的受访者认为形势政策教育和革命传统文化教育活动比较有效。这些都是传统道德文化实践应采纳和吸收的实践途径（见表8-36）。

表 8-36　受访者对于最有利于思想道德建设的道德活动的看法

选项	频率	百分比（%）	有效百分比（%）	累积百分比（%）
道德模范评选和学习实践活动	105	44.1	44.1	44.1
形势政策教育和革命传统文化教育活动	36	15.1	15.1	59.2
送温暖献爱心志愿服务和公益活动	49	20.6	20.6	79.8
百姓宣讲和社会宣传活动	45	18.9	18.9	98.7
其他	3	1.3	1.3	100.0
合计	238	100.0	100.0	

第九章

现代企业与传统优秀道德文化的实践路径

企业的职工对于传统优秀道德文化及其重要性的认知程度明显低于国家公务员的普遍认知度。这与企业的职工多是理工类的教育背景，以及企业要追求利润的生产方式密切相关。企业职工中，对于传统思想类的经典了解与感兴趣的人数更少，但对于文学艺术类的作品及其中的一些名著还是有一定的认知度。可能是因为有东方山的缘故，受调查的职工对于佛教的认知度高达65%以上，其他地方或许不会如此。但从中似乎可以看出，利用佛教寺院传播中国传统优秀道德文化或许是一条可行途径，佛教再中国化、现代化，与当前中国特色社会主义的文化事业结合起来，应该也是佛教文化获得自己生命力的一个重要途径。

第一节 企业员工对传统道德的认知现状

一、对优秀传统文化的总体印象

随着时代变迁，传统文化赖以生存的社会环境和外在物质条件已经发生了很大改变。企业作为现代社会的重要组织，具有一定的创新性和时代性。在企业中，有22.4%的受访者认为传统文化势力还很强大，认为传统文化还有影响力的受访者有40.8%。在企业员工中，传统文化是其精神生活和文化认知的重要组成部分（见表 9-1）。

表 9-1　受访者对于传统文化现状的看法

选项	频率	百分比（%）	有效百分比（%）	累积百分比（%）
势力还很强大	89	22.4	22.4	22.4
还有影响	162	40.8	40.8	63.2
很难判断	46	11.6	11.6	74.8
正在消逝	95	23.9	23.9	98.7
已荡然无存	5	1.3	1.3	100.0
合计	397	100.0	100.0	

59.2%的受访者认为传统文化对当前中国社会还有很大的促进作用，30.7%的受访者认为传统文化对当前中国社会的影响一般，这与机关事业单位人群的认知有一些差异，但传统文化对当代中国社会的影响仍然不可忽视（见表 9-2）。

表 9-2　受访者对传统文化在当前中国社会发挥作用程度的看法

选项	频率	百分比（%）	有效百分比（%）	累积百分比（%）
有很大促进作用	235	59.2	59.2	59.2
作用一般	122	30.7	30.7	89.9
可有可无	13	3.3	3.3	93.2
有消极作用	3	0.8	0.8	94.0
看情况	24	6.0	6.0	100.0
合计	397	100.0	100.0	

就学习传统文化的意义而言，企业员工中 33.1%的受访者认为有利于提高个人的道德修养水平，完善自己的身心，26.1%的受访者认为有利于拓展自己的知识面，还有 22.3%%的受访者认为有利于现实工作的开展。在企业中，学习传统文化，不论是对个人修身还是单位现实工作开展都具有积极正面的促进作用（见表 9-3）。

有 37.0%的受访者对传统文化的发展持比较乐观的态度，24.2%的受访者持很乐观的态度，整体上对传统文化持乐观态度的受访者占到了 60%以上。但在企业中仍然有 23.2%的受访者认为传统文化未来发展很难说，这同机关事业单位认知也有差异（见表 9-4）。

表9-3　　　　　　受访者对学习传统文化意义的看法

选项	响应 N	百分比（%）
提高道德水平、修养身心	309	33.1
有利于现实工作的开展	208	22.3
拓展知识面	244	26.1
增强单位的凝聚力	141	15.1
没有意义	32	3.4
总计	934	100.0

表9-4　　　　　　受访者对传统文化的未来的看法

选项	频率	百分比（%）	有效百分比（%）	累积百分比（%）
很乐观	96	24.2	24.2	24.2
比较乐观	147	37.0	37.0	61.2
很难说	92	23.2	23.2	84.4
不乐观	52	13.1	13.1	97.5
很悲观	10	2.5	2.5	100.0
合计	397	100.0	100.0	

二、对优秀传统文化的了解程度和体验方式

企业受访者中，有26.4%的人是文史类专业背景，63.7%的人是理工类专业背景。这与国家公务人员的专业倾向有明显差异。另外，还有少量艺术类和体育类等其他专业背景的人员（见表9-5）。

表9-5　　　　　　受访者的专业背景

选项	频率	百分比（%）	有效百分比（%）	累积百分比（%）
文史类	105	26.4	26.4	26.4
理工类	253	63.7	63.7	90.1
艺术类	18	4.5	4.5	94.6
体育类	21	5.4	5.4	100.0
合计	397	100.0	100.0	

受访者认为自己对传统文化了解程度一般的占到了63.7%,有14.4%认为自己对传统文化十分了解,当然也有少量受访者认为自己对传统文化的了解比较模糊或者完全不了解。传统文化在企业中的认知程度尽管不如机关事业单位,但仍然比较高(见表9-6)。

表9-6　　　　　受访者对中华传统文化的了解程度

选项	频率	百分比(%)	有效百分比(%)	累积百分比(%)
一般	253	63.7	63.7	63.7
十分了解	57	14.4	14.4	78.1
比较模糊	78	19.6	19.6	97.7
一点都不了解	9	2.3	2.3	100.0
合计	397	100.0	100.0	

对于中国传统文化的定义,受访者中21.9%的人认为是以儒学为主体的中华传统文化,20.6%的人认为是中国传统文化与学术,19.2%的人认为是以四书五经等基本典籍为代表的经典传统,有16.3%的人定义为文言文。儒学、以四书五经为代表的经典、以文言文为语言载体的表达方式构成人们对传统文化的主要印象。通过中医等其他载体对中国传统文化进行定义的也不乏其人,但是传统文化定义的模糊性和不确定性仍然是不可忽视的问题(见表9-7)。

表9-7　　　　　受访者对中国传统文化定义的认识

选项	响应 N	百分比(%)
四书五经	249	19.2
文言文	211	16.3
以儒学为主体的中华传统文化与艺术	284	21.9
中国传统文化与学术	267	20.6
不清楚	30	2.3
中医	195	15.1
其他	59	4.6
总计	1 295	100.0

在日常生活对于传统文化的感性认识途径中,16.1%的受访者对于传统文化的认识来源于古典文学,其余依次为中华传统文化(方言)、中国历史古迹和旅

游、中国传统美食、古代学派思想、中国书法字画、中国传统手工艺以及其他，可见人们对于传统文化的接触途径是多种多样的，文学、历史、哲学、书法、手工艺、美食都是人们认知传统文化的现实途径，但是没有明确统一的渠道，接触到的信息也复杂多样（见表9-8）。

表9-8　　　　　　受访者接触中国传统文化的主要途径

选项	响应 N	百分比（%）
中华传统文化（方言）	244	15.6
中国古典文学	252	16.1
中国传统手工艺	177	11.3
中国传统美食	221	14.1
古代学派思想	191	12.2
中国历史古迹和旅游	239	15.3
中国书法字画	187	11.9
其他	54	3.5
总计	1 565	100.0

对于传统文化最应重视的方面，35.9%的受访者认为应该重视优良道德精神的继承与发展，占到了多数，可见传统文化的道德文化部分受到人们的关注，但是同时也有不少人选择了对于文化遗产的保护、对于传统技艺的传承，这与前面所反映的人们对于传统文化认知程度和接触途径复杂多样、认识不统一有很大关系（见表9-9）。

表9-9　　　　受访者对于中国传统文化更应该重视方面的看法

选项	响应 N	百分比（%）
文化遗产的主权保护	258	29.2
优良的道德精神的继承与发展	318	35.9
传统文化技艺的传承	246	27.8
其他	63	7.1
总计	885	100.0

三、对传统优秀道德文化的深层认知现状

(一) 对儒家文化的认知现状

随着中国经济实力的提升，人们对民族文化的自豪感和自信心空前提升，这对于传统文化的发展弘扬是有促进作用的。对于当代中国社会"新儒学""新道学""文化中国""儒家文化"圈十分活跃的现象，41.8%的受访者认为全球将出现中国文化热，是民族骄傲。企业员工中，33.0%的受访者认为随着中国经济的发展，中国文化迟早要登上世界舞台（见表9-10）。

表9-10　受访者对于当代中国社会"新儒学""新道学""文化中国""儒家文化"圈十分活跃现象的看法

选项	频率	百分比(%)	有效百分比(%)	累积百分比(%)
全球将出现中国文化热，是民族骄傲	166	41.8	41.8	41.8
只是一时现象，不值得太推崇	71	17.9	17.9	59.7
随着中国经济发展，中国文化迟早要登上世界舞台	131	33.0	33.0	92.7
无所谓，还需要进一步观察	29	7.3	7.3	100.0
合计	397	100.0	100.0	

70.0%的受访者承认儒学是民族传统文化的重要组成部分，认为儒学有优秀的部分，值得学习，有19.4%的受访者认为儒学有的东西是过时的，不适合现代（见表9-11）。

表9-11　受访者对"儒学是民族传统文化的重要组成部分"这一观点的看法

选项	频率	百分比(%)	有效百分比(%)	累积百分比(%)
儒学有优秀的部分，值得学习	278	70.0	70.0	70.0
儒学有的东西是过时的，不适合现代	77	19.4	19.4	89.4
说不清	42	10.6	10.6	100.0
合计	397	100.0	100.0	

"四书"是儒家文化的重要载体，尤其是宋明理学兴起之后，"四书"的普及程度和社会影响空前。40.1%的受访者对"四书"了解程度一般，37.0%的受访者对"四书"了解比较模糊，儒家基本经典的阅读和普及还需要进一步努力（见表9-12）。

表9-12　　　　受访者对"四书"的了解程度

选项	频率	百分比（％）	有效百分比（％）	累积百分比（％）
一般	159	40.1	40.1	40.1
十分了解	26	6.5	6.5	46.6
比较模糊	147	37.0	37.0	83.6
一点都不了解	65	16.4	16.4	100.0
合计	397	100.0	100.0	

《论语》是中国传统经典中最为重要的文本之一，该书简明扼要，生动活泼，非常易于阅读，也是儒家道德文化的基石。42.8%的受访者会偶尔翻阅《论语》，35.3%的受访者仅仅知道书名，企业中仅有15.1%的受访者完整阅读过《论语》。尽管《论语》的普及程度较高、影响力较大，但是企业员工对其认知和了解程度并不高（见表9-13）。

表9-13　　　　受访者对《论语》的阅读情况

选项	频率	百分比（％）	有效百分比（％）	累积百分比（％）
完整阅读过	60	15.1	15.1	15.1
偶尔翻阅	170	42.8	42.8	57.9
只知道有这本书	140	35.3	35.3	93.2
不会去读，也从未想过去读	27	6.8	6.8	100.0
合计	397	100.0	100.0	

"中庸"本是儒家心性论中的至高德行，62.2%的受访者认为应该适而用之，18.1%的受访者非常认可。中国传统道德论中的中正、中和、和谐等思想对人们道德规范的影响仍然很大（见表9-14）。

儒家人性论的基点在于性善论，受访者中32.0%的人知道其提出者为孟子，对性善论有一定程度的了解。但也有不少认为是孔子或者荀子提出的。企业员工中40.5%的人不清楚性善论是谁提出的。儒家基本道德理念在企业中的认知度并不高（见表9-15）。

表9-14　　　　受访者对于传统文化"中庸"的看法

选项	频率	百分比（%）	有效百分比（%）	累积百分比（%）
非常认可	72	18.1	18.1	18.1
适而用之	247	62.2	62.2	80.3
迂腐，完全不赞同	31	7.8	7.8	88.1
不了解	47	11.9	11.9	100.0
合计	397	100.0	100.0	

表9-15　　　　受访者对性善论提出者的认识

选项	频率	百分比（%）	有效百分比（%）	累积百分比（%）
孟子	127	32.0	32.0	32.0
荀子	32	8.1	8.1	40.1
孔子	77	19.4	19.4	59.5
不知道	161	40.5	40.5	100.0
合计	397	100.0	100.0	

"己所不欲，勿施于人"是儒家人际交往理论的重要规则，也是道德规范的重要纲领，大部分受访者是认同这种交往规则和理念的，儒家道德规范仍然有其强大的现实效用（见表9-16）。

表9-16　　　受访者对"己所不欲，勿施于人"是否值得提倡的看法

选项	频率	百分比（%）	有效百分比（%）	累积百分比（%）
值得提倡	237	59.7	59.7	59.7
不一定适用	79	19.9	19.9	79.6
不是很了解	67	16.9	16.9	96.5
应该批判	13	3.3	3.3	99.8
很悲观	1	0.2	0.2	100.0
合计	397	100.0	100.0	

儒家所主张的"修身齐家治国平天下"精神是儒家政治理念和政治道德的指引，大部分受访者认为这依然具有重要意义，值得提倡并融入当代社会道德文化

精神。儒家政治道德理想的秩序性和规范性在当代仍然有着生命力和实践效用（见表9-17）。

表9-17　受访者对儒家所主张的"修身齐家治国平天下"精神对于当代道德修身是否依然具有可取性的看法

选项	频率	百分比（%）	有效百分比（%）	累积百分比（%）
依然具有重要意义，值得提倡并融入当代社会道德文化精神	241	60.7	60.7	60.7
有一定意义，但不必作为当代道德精神	88	22.2	22.2	82.9
已经过时了，不可取	18	4.5	4.5	87.4
说不清	50	12.6	12.6	100.0
合计	397	100.0	100.0	

儒家提倡的"君仁臣忠、父慈子孝、兄友弟恭、夫和妇柔、礼师信友"等道德标准是具体人伦实践中的规范，35.0%的受访者非常认可，50.9%的受访者认为应该在当代适当用之，可见儒家文化中的人伦秩序和道德规范仍然得到了广泛的认同，并发挥着积极的影响（见表9-18）。

表9-18　受访者对儒家提倡的"君仁臣忠、父慈子孝、兄友弟恭、夫和妇柔、礼师信友"等道德标准在当代是否仍有积极意义的看法

选项	频率	百分比（%）	有效百分比（%）	累积百分比（%）
非常认可	139	35.0	35.0	35.0
适而用之	202	50.9	50.9	85.9
迂腐，完全不赞同	24	6.0	6.0	91.9
不了解	32	8.1	8.1	100.0
合计	397	100.0	100.0	

儒家礼仪制度作为儒家文化的现实表达方式，规范着人们的行为，约束着人们的道德，至今在民间婚丧嫁娶中仍有着广泛影响，绝大部分受访者认为儒家礼仪制度大多是良好的传统，应该保留。社会生活的礼仪规范在当代有相当急切的需求，而儒家礼仪制度是大家借鉴和发挥的重要基础（见表9-19）。

表9-19　　　　　受访者对儒家礼仪制度的看法

选项	频率	百分比（%）	有效百分比（%）	累积百分比（%）
大多是良好的传统，应该保留	277	69.8	69.8	69.8
太多的束缚，应该免去	68	17.1	17.1	86.9
可有可无	23	5.8	5.8	92.7
说不清	29	7.3	7.3	100.0
合计	397	100.0	100.0	

（二）对传统宗教道德文化与传统优秀道德文化的认知现状

儒释道三家文化融合碰撞，构成了中国传统文化的核心部分，除了儒家文化之外，道家道教和佛教文化对中国传统道德规范影响深远。在企业中，54.2%的受访者认可宗教是传统道德文化的一种表达方式，24.2%的受访者不认为宗教是传统道德文化的表达方式，可见宗教文化对于民众道德规范有影响，但是其道德内涵的体现还有待加强（见表9-20）。

表9-20　　　受访者对宗教是否是传统道德文化的一种表达形式的看法

选项	频率	百分比（%）	有效百分比（%）	累积百分比（%）
是	215	54.2	54.2	54.2
不是	96	24.2	24.2	78.4
不了解	86	21.6	21.6	100.0
合计	397	100.0	100.0	

对于宗教的定义，68.3%的受访者认为宗教是一种社会意识形态，是文化的一种，有内部规范，以上这类认识相对来说是较为理性、科学的，与认为宗教是封建迷信等不科学的看法有些差距（见表9-21）。

表9-21　　　　　受访者对宗教定义的看法

选项	频率	百分比（%）	有效百分比（%）	累积百分比（%）
是一种社会意识形态，是文化的一种，有内部规范	271	68.3	68.3	68.3
非科学难以理解的迷信	56	14.1	14.1	82.4
不了解	70	17.6	17.6	100.0
合计	397	100.0	100.0	

受访者中，65.7%的人对佛教比较了解，这与当地东方山是佛教文化圣地有关联，但值得注意的是，了解本土道教的仅为10.3%，这与了解基督教的人数占17.9%有不小的差距。佛教的近现代转型中有不少大师出现，其转型程度与社会融合效果比道教要好很多。道教的发展状况不容乐观，而基督教在民间社会的传播扩散不可忽视（见表9-22）。

表9-22　　受访者了解较多的世界宗教

选项	频率	百分比（%）	有效百分比（%）	累积百分比（%）
基督教	71	17.9	17.9	17.9
伊斯兰教	24	6.0	6.0	23.9
佛教	261	65.7	65.7	89.6
道教	41	10.4	10.4	100.0
合计	397	100.0	100.0	

52.1%的受访者认为中国宗教现状还可以，但并非特别兴盛，有32.8%的受访者看到有很多寺庙、道观、教堂，认为宗教比较兴盛。这些都说明了宗教在相当范围内仍然有其重要影响和作用，人们对于正信的宗教有需求（见表9-23）。

表9-23　　受访者对中国宗教现状的看法

选项	频率	百分比（%）	有效百分比（%）	累积百分比（%）
很兴盛，有很多寺庙道观教堂	130	32.8	32.8	32.8
可以，但并非特别兴盛	207	52.1	52.1	84.9
不清楚	60	15.1	15.1	100.0
合计	397	100.0	100.0	

企业员工中，42.1%的受访者非常理解有宗教信仰者，尊重他们的信仰，并且会偶尔帮助他们；36.0%的受访者表示基本理解，尊重他们的信仰，但不会帮助他们。基本上，人们对于他人的宗教体验和宗教情感表达的自由度和容忍度都比较高（见表9-24）。

就具体宗教体验而言，因为客观上佛寺、道观一类的宗教场所作为旅游景点或者文物保护单位分布全国各地，31.7%的受访者去过，一般不会拜忏，但不排斥；32.5%的受访者表示去过，会拜忏，认为是一种寄托和自我安慰。企业受访者表示会拜忏的比例比机关事业单位的受访者要高（见表9-25）。

表9-24　　受访者对身边有佛教、道教信仰者的态度

选项	频率	百分比（%）	有效百分比（%）	累积百分比（%）
非常尊敬，认为他们有思想追求，有善心	59	14.9	14.9	14.9
非常理解，尊重他们的信仰，并且会偶尔帮助他们	167	42.1	42.1	57.0
基本理解，尊重他们的信仰，但不会帮助他们	143	36.0	36.0	93.0
不理解，偶尔有劝说信仰佛教、道教的人放弃信仰的想法	23	5.8	5.8	98.8
鄙视信仰佛教、道教的人	5	1.2	1.2	100.0
合计	397	100.0	100.0	

表9-25　　受访者拜访佛寺、道观等宗教场所的情况及拜忏意愿

选项	频率	百分比（%）	有效百分比（%）	累积百分比（%）
去过，会拜忏，因为相信	53	13.4	13.4	13.4
去过，会拜忏，是一种寄托和自我安慰	129	32.5	32.5	45.9
去过，一般不会拜忏，但不排斥	126	31.7	31.7	77.6
去过，但不会拜忏，觉得没有意义，都是无稽之谈	61	15.4	15.4	93.0
没去过，不感兴趣	28	7.0	7.0	100.0
合计	397	100.0	100.0	

71.0%的受访者表示没有参加过佛教、道教的相关活动，29.0%的受访者表示参加过。没有参加过宗教活动的人占了多数。宗教活动的价值和意义在民众中的认知度和了解程度并不高（见表9-26）。

表9-26　　受访者参加佛教道教相关活动的情况

选项	频率	百分比（%）	有效百分比（%）	累积百分比（%）
有	115	29.0	29.0	29.0
没有	282	71.0	71.0	100.0
合计	397	100.0	100.0	

在游历相关宗教场所的经验中,43.5%的受访者是陪同家人或朋友去参观,42%的受访者是去祈福,宗教场所作为家庭活动或者人际交往的场所,在当代社会有其特殊作用和影响力(见表9-27)。

表9-27　　　　　受访者拜访相关宗教场所的原因

选项	频率	百分比(%)	有效百分比(%)	累积百分比(%)
陪同家人或朋友	84	43.5	43.5	43.5
祈福	81	42.0	42.0	85.5
凑热闹	27	14.0	14.0	99.5
忏悔	1	0.05	0.05	100.0
合计	193	100	100	

大部分受访者表示对了解中国佛道文化的兴趣一般,19.9%的受访者表示比较有兴趣,觉得挺新鲜的,可以尝试加深了解。可见对于宗教的了解和体验,外在感性认识偏多,宗教场所作为旅游目的地、历史文物古迹被游览,但是宗教精神体现、蕴含的道德约束力对于一般人的作用不明显(见表9-28)。

表9-28　　　　　受访者对深入了解中国佛道文化的兴趣

选项	频率	百分比(%)	有效百分比(%)	累积百分比(%)
完全没有兴趣	56	14.1	14.1	14.1
兴趣一般	249	62.7	62.7	76.8
比较有兴趣,觉得挺新鲜的,可以尝试加深了解	79	19.9	19.9	96.7
很有兴趣或已经在了解当中	13	3.3	3.3	100.0
合计	397	100.0	100.0	

34.0%的受访者表示当地没有开设讲授中国佛教、道教知识文化的讲座课程,29.2%的受访者表示有相关课程,但参与的人不多,22.7%的受访者表示并不清楚相关状况。传统宗教的基本知识普及程度并不高,民众对其兴趣不大,认知还比较肤浅(见表9-29)。

佛教和道教典籍如《金刚经》《心经》《老子》《庄子》等是中国传统文化的重要载体,29.5%的受访者表示简单翻阅过,31.7%的受访者表示听说过。经典阅读与理解在传统文化传承中的作用很大,不可忽视(见表9-30)。

表 9-29　　　受访者所在的地方开设讲授中国佛教、
　　　　　　　道教知识文化讲座课程的情况

选项	频率	百分比（%）	有效百分比（%）	累积百分比（%）
有，比较受欢迎	56	14.1	14.1	14.1
有，但参与的人不多	116	29.2	29.2	43.3
没有	135	34.0	34.0	77.3
不清楚	90	22.7	22.7	100.0
合计	397	100.0	100.0	

表 9-30　　　受访者阅读相关佛教、道教典籍如《金刚经》
　　　　　　《心经》《老子》《庄子》等的情况

选项	频率	百分比（%）	有效百分比（%）	累积百分比（%）
有，认真读过	53	13.4	13.4	13.4
简单翻阅过	117	29.5	29.5	42.9
听说过	126	31.7	31.7	74.6
没有	101	25.4	25.4	100.0
合计	397	100.0	100.0	

第二节　现代企业中传统优秀道德文化的多元实践路径探索

一、习近平总书记关于企业道德建设的重要讲话

习近平总书记非常重视现代企业的道德建设，在网络安全和信息化工作座谈会上的讲话中，他提出要加强企业职业道德建设："一个企业既有经济责任、法律责任，也有社会责任、道德责任。企业做得越大，社会责任、道德责任就越大，公众对企业这方面的要求也就越高。"[1]

同时，习近平也强调要重点关注职业道德建设："要深入开展中国特色社会

---

[1] 习近平：《在网络安全和信息化工作座谈会上的讲话》，人民出版社2016年版，第22页。

主义理想信念教育，培育和践行社会主义核心价值观，弘扬中华优秀传统文化，开展以职业道德为重点的'四德'教育，深化'中国梦·劳动美'教育实践活动，不断引导广大群众增强中国特色社会主义道路自信、理论自信、制度自信。"① "我们要按照党的十八大提出的培育和践行社会主义核心价值观的要求，高度重视和切实加强道德建设，推进社会公德、职业道德、家庭美德、个人品德教育，倡导爱国、敬业、诚信、友善等基本道德规范，培育知荣辱、讲正气、作奉献、促和谐的良好风尚。"②

二、传统优秀道德文化实践的基本情况和面临的问题

现代企业道德的产生、发展与经济的发展是紧密相连的，寻求道德的支持是社会经济发展的内在要求，更是企业发展的内在要求。然而，随着市场经济的发展，我国现代企业职工职业道德培训的现状并不令人满意。

一是思想上不重视。在市场经济的大潮中，现代企业的经营者迫于竞争的压力，片面追求利润最大化，职业道德被逐渐弱化，存在重生产、重效益，轻职业道德培训的思想，导致企业职工对企业的主人翁责任感越来越弱，严重制约了现代企业的持续发展。

二是机制不完善。企业职工的职业道德培训不是一朝一夕就能完成的，需要建立有效的、长期的培育机制。部分现代企业存在着有规章制度但不去实施的现象。有的现代企业对于职业道德培训只停留在一般的教育形式上，没有相应的评价机制和考核机制，因而缺乏实效性。

三是氛围不浓厚。现代企业的企业文化会通过潜移默化的方式鼓舞职工，推动企业的发展。在市场经济中，一些现代企业由于缺少独具特色的企业文化，职工缺乏进取、团结、奉献的精神，阻碍了企业的进一步成长壮大。

四是内容不丰富。对于现代企业来说，职业道德教育的内容除了职业道德的基本内容之外，还应在经济社会发展的大背景下研究职工的思想动态、价值取向、队伍构成，结合企业的特点，对职工进行有针对性的职业道德培训，把理想信念教育、心理健康教育、民主法制教育等内容融入培训中，使内容更具时代针对性与实效性。

五是形式缺乏多样性。目前现代企业职工的职业道德培训与企业的需求之间

---

① 习近平:《在庆祝"五一"国际劳动节暨表彰全国劳动模范和先进工作者大会上的讲话》，人民出版社2015年版，第9页。

② 习近平:《习近平谈治国理政》，第159页。

处于一种不平衡的状态，培训还是以灌输式教育为主，手段比较单一，这样的职业道德教育不仅缺乏广度与深度，而且在教育的效果上也大打折扣，不能满足现代企业对职工的道德要求。①

三、完善企业培训体系，加强传统道德文化教材的编写

当代企业的发展十分重视对员工的职业培训，职业道德体系的建设也需要培训体系的建设，在具体的职业道德培训体系建设过程中应该增加传统道德文化的内容。

第一，建设"专家型"的师资队伍。按照"重德重责"的原则加强企业传统道德文化的培训。通过集中培训、现场实践、技能竞赛等多种形式，使企业培训基地专职培训师具备基本的传统道德文化素质。通过集中培训、教学实践等形式，利用社会资源，培育由大专院校教师、科研院所研究人员和相关专家组成的外聘培训师队伍，传播优秀传统道德文化，用优秀传统道德文化武装员工头脑。

第二，形成规范的培训体系。按照"统一规划、统一标准、分级管理、分级负责"的原则，继续完善企业、基层单位二级管理体制。发挥企业调控中心作用，实施集约化管理；发挥企业培训基地的主力作用，开展各类中高级人员和关键岗位人员的道德培训；发挥基层单位的全覆盖作用，实施对各类初中级人员的岗位职业道德培训；发挥各职能部门指导性作用，开展有针对性的特色培训。②

第三，编写系列化培训教材。分阶段、分层次编写配套企业传统道德文化作业指导书、培训教材、题库及相应课件，同时开展其他优秀道德培训教材和课件的编写制作，形成具有行业特色、规范适用的岗位培训教材体系。教材的内容大抵涉及下列七个方面：

一是爱。爱人是立业的出发点。任何职业都是直接或间接为他人服务的：首先要为社会承担义务。要使本职业在社会上立住脚跟并发展起来，首先必须爱人，人与人之间要有同情心，相互尊重，相互关心。否则，职业活动就失去了思想基础和社会的支持。其次要热爱自己的职业，尊重自己的人格，在职业活动中施展聪明才智，发展个性和爱好。

二是敬。这是任何历史时期的任何一个在岗从业人员都必须秉持的职业道德精神，它是在岗人员做好本职工作的基本前提。对此，我国传统道德观念给出了一系列相应的道德规范，大力提倡敬业、乐业、勤业、精业意识。这些意识是搞

---

① 刘笑菊：《现代企业职工职业道德培育研究》，载《中国培训》2016年8月（上）。
② 赵颢：《中国石化区外销售企业员工职业道德研究》，东北石油大学硕士学位论文，2013年。

好一切工作的思想基础。从业人员只有具备这些品格，才能做好本职工作。这种敬业精神对于我们今天的职业道德建设仍具有十分重要的借鉴意义。

三是诚信。做到真诚实在，不失信誉，这是我们从事任何职业应有的道德意识。"诚"与"信"是一个完整的统一体，诚中有信，信中有诚。不诚，则不可信；信必见其诚，故程颢曰："诚则信矣，信则诚矣。"（《二程集·河南程氏遗书》卷二十五）讲求信誉，重视质量，是我国传统职业道德的基本原则，就是对职业行为的社会价值所做出的公正客观评价以及对其正确的主观认识。它包含两方面内容：一方面是指社会用以评价劳动者行为的社会价值尺度，即对劳动者履行职业责任的道德行为的赞扬；另一方面是指劳动者对自己职业活动所具有的社会价值的自我意识。我国历代有不少受人尊敬的名医、名师、名艺人等，他们之所以有名是因为：第一，讲德、讲信誉，重视职业荣誉；第二，对技术精益求精，有高超的技能和本领；第三，有质量意识，有一套制度和措施，能保证产品或服务的质量，从而在社会上赢得声誉。我国许多传统行业，诸如丝绸、酿酒、制茶、瓷器、工艺美术等，从行业的管理者到从业人员都懂得职业荣誉（即"牌子"）的重要性，懂得"牌子"要打得响并保持住，关键在于产品的质量，有了质量就能打开销路和占领市场，物质利益也就会接踵而来。因此，他们唯恐因质量低劣而砸了自己的"牌子"。信誉和质量意识是我国传统职业道德的一项基本原则。

四是礼。"礼貌待人"是从仪表举止的角度对人尊重、谦让，与人为善。从业人员在与人交往中，除做到诚实守信外，还必须做到礼貌待人。这是赢得尊重、提高信誉的重要途径和可靠保证。汉代董仲舒从仪表体态上对"礼"做了深刻论述，他说："衣服容貌者，所以说目也；声音应对者，所以说耳也；好恶去就者，所以说心也。故君子衣服中而容貌恭，则目说矣；言理应对逊，则耳说矣；好仁厚而恶浅薄，就善人而远僻鄙，则心说矣。故曰：'行思可乐，容貌可观'，此之谓也。"（《春秋繁露·为人者天》）在董氏看来，一个有道德的人，在与人交往中，要做到礼貌待人，必须从悦目、悦耳、悦心三个方面着手。

五是公。"办事公道"也是中华民族的传统职业道德规范。从事任何职业，既要对社会尽义务，又享有社会赋予的权力。例如，法官有审判案件的权力，医生有开处方、拿手术刀的权力等。那么，作为从业人员怎样才能行使好社会赋予的权力呢？特别是国家公务人员，如何才能行使好手中的行政权力呢？答案很多，但从职业道德规范来说只有一个，那就是：办事公道。在这方面，我们古代思想家们也有许多光彩照人的论述。早在《尚书·洪范》中就有"王道正直"的观念，《诗经·采蘩》又提出了"夙夜在公"的观念。把两个观念结合起来，就是提倡正直无私的道德规范。在行使职业权力时，一定要"正身直行"，做到"不堕公以听私"，不以权谋私，不假公济私，不枉法徇私。只有如此，从业人员的行为才称得上是"磊磊落落,如日月皓然"(《晋书·石勒载记》)。

六是以义制利。职业作为一种谋生的手段,不能不讲利,但从业人员要取利,又必须受道德制约,这就是要遵循"以义制利"或"见利思义"的原则。孔子说:"富与贵,人之所欲也,不以其道得之,不处也;贫与贱,人之所恶也,不以其道得(疑为"去")之,不去也。"(《论语·里仁》)孟子也说:"非其道则一箪食不可受于人;如其道,则舜受尧之天下不以为泰。"(《孟子·滕文公下》)这都集中表现了儒家先哲以义制利的原则。墨家创始人墨翟是典型的义利统一论者,他主张"兴天下之利,除天下之害"(《墨子·兼爱下》)。从表面看,似乎墨子只讲"利",不讲"义"。其实,他讲的"利"是与"义"一致的,因为他要谋的利,不是个人私利,而是天下人之大利,这恰恰表现了"义"。墨子把"义"与"利"看成一个统一体,认为"义"必然给人民带来"利",故曰:"今用义为政于国家,人民必从,刑政必治,社稷必安。所为贵良宝者,可以利民也。而义可以利人,故曰'义,天下之良宝也'。"墨子提出民"贵义"说,主张"不义不富,不义不贵",这同儒家的"以义制利"或"见利思义"原则又是相吻合的。所以,以义取利早已成为我们民族的道德价值取向。这种道德价值取向告诉我们,对于"利"要有一种理性的制约,不苟取,不妄得,不受不义之财。这种道德意识对我们民族的文明进步产生了十分积极的影响,它渗透到我们"民族心"的深处,启示人们自觉地与唯利是图、见利忘义的丑恶行为划清界限,即使到了今天,仍未丧失其应有的光辉。

七是团结和睦。任何职业都有与社会其他行业相互交往的问题,同样,每一种职业(及每个经济单位)内部也都存在着管理者与被管理者之间、劳动者之间、全局和局部之间的矛盾关系。正确处理这些关系成了职业活动的重要课题。在几千年的实践中,我国人民总结出了一套和睦的原则和方法来协调职业内的各种关系。孔子提出"和为贵"原则,孟子说:"天时不如地利,地利不如人和。"荀子讲:"上不失天时,下不失地利,中得人和,则百事不废。"组成某一职业的人们则是一个群体,如果没有群体意识,违反团结和睦原则,就将一事无成。

四、加强传统道德文化教育,促进现代企业职业道德建设

现代企业应加强传统道德文化教育。具体而言,应在以下几个方面下功夫:

第一,必须对传统职业道德做出现代诠释。这里所说的"现代诠释",不是要求我们把古人现代化,将今人的思想作为标签贴在古人身上。而是要求我们站在时代的高度,对传统职业道德中所包含的具有积极性的东西予以发掘、提炼,并赋予其符合时代要求的新含义,使它有可能同现实衔接起来。为此,发掘传统

职业道德教育资源必须首先对传统职业道德资源进行筛选、重释，对合理成分和积极因素，赋予新时期的内容和要求，使之体现时代性，以适应社会主义道德建设的需要。

第二，要注意找准传统职业美德与当今职业道德要求的结合点。传统要同现代实现有机结合，首要条件是二者必须具有结合点。所谓"结合点"，指的是被结合的双方具有共同点、相融点；有了共同点、相融点才能实现二者的结合。如我们民族职业道德中的以义取利的价值原则告诉我们，对于"利"要有一种理性的制约，不苟取，不妄得，不受不义之财。这种道德意识对我们民族的文明进步产生了十分积极的影响，它渗入我们"民族心"的深处，启示人们自觉地与唯利是图、见利忘义的丑恶行为划清界限。我国传统的"以义制利"职业道德原则与现代职业道德中的诚信知耻意识、法制道德意识、荣辱自尊意识和爱家卫国意识有相融相通之处，是完全可以利用和借鉴的。

第三，必须加强对企业员工的传统文化教育和社会实践的指导。通过传统文化教育，让员工了解传统职业道德形成的条件、基本内容及其在历史上的演变情况；通过社会实践的指导，让员工了解现实职业道德建设的情况和要求，掌握其发展状况、成功经验和薄弱环节，并对时代精神有较深切的体验。只有这样，我们才能对传统职业道德做出现代诠释，才能较为准确地找到古今职业道德的结合点。不吃透两头，既不懂"古"，也不识"今"，要实现传统职业道德向现代转换、运用优秀传统职业道德教育资源塑造当代企业人就无从谈起。

第四，要注意总结群众借鉴传统职业美德的新经验，注意榜样的选取与利用。传统与现代的结合，是广大群众在新道德建设的伟大实践中不断探索的结果。因此，我们必须尊重实践，认真总结群众运用、借鉴传统职业美德的成功经验。在新道德的建设中，各条战线涌现出许多新时代的英模，如孔繁森、郑培民、徐虎、朱伯儒、焦裕禄、李素丽、许振超等。他们的英雄事迹和高尚品格都是传统美德教育的好典型。运用他们在弘扬传统职业美德修养方面的成功经验进行职业道德教育，就会使职业道德教育变得生动而富有感染力。

五、实施有效考核，奖励各种类型的传统道德文化实践行为

企业传统优秀道德文化实践情况和职业道德培育情况如何，需要通过评估进行检阅和考核。不管从组织发展层面还是从个人发展层面来说，对职业道德的评估都应贯穿企业管理的全过程，因为职业道德评估是为了更好地为组织发展和人员发展提供依据。由于职业道德评估体系的产出过程是动态的，其研究涉及的领域也不断变化，职业道德评估的相关信息也在不断发生变化。评估职业道德要注

重以下几个方面：第一，制定科学的评估标准。近年来国内对职业道德评估标准体系的研究取得了不少成果，由于国内文化环境和企业人员的特殊性，单一的细化测评表、调查问卷在实际操作中往往不能达到准确评估的目的，应结合高素质企业人员的特点，制定分级评估指标，在实际操作中，根据不同层次、不同企业、不同目的进行评估标准的调整。第二，保证职业道德评估质量。职业道德评估机制的建立离不开法律制度的建设，评估是一套程序，有一套规则体系，这样才能保证评估的真实性、客观性、合法性。第三，规范职业道德测评行业的发展。要建立从业人员职业道德认证制度，通过资格认证，加强对从业人员职业道德的培训，提高从业人员的职业道德素质。完善中介机构管理，建立职业道德测评机构注册、审批制度，培育和发展职业道德测评市场。对弄虚作假、违法乱纪的，要严加查处。加强对职业道德评估优秀员工的宣传和奖励，鼓励企业员工参加职业道德评估制度的测评、鉴定。第四，完善职业道德评估的配套制度。职业道德评估机制应该是一个完整的系统，贯穿于职业道德队伍建设的每一个环节，同时又有其相对独立性。评估机制只有与引进制度、培养制度、激励制度、考核制度形成有效联动时，才能发挥其应有的作用。①

企业应该对员工践行传统优秀道德规范实行各种类型的奖励以示激励。激励可以分为物质激励和精神激励，二者协调起来才可能造就更出色的表现。现阶段物质激励在企业对企业人员进行激励时已经形成共识。然而，企业人员在拥有优厚的物质激励后，往往会产生一系列问题。由于沉湎于优厚的物质生活，容易产生享乐主义的生活作风，容易出现铺张浪费、贪图享受等现象。与物质激励相区别，为了使企业人员产生工作动力，精神激励主要是通过让企业人员得到一种实现自我价值的满足和社会价值的成就感。②

---

① 赵颢：《中国石化区外销售企业员工职业道德研究》，东北石油大学硕士学位论文，2013年。
② 张志千：《中国传统文化对企业人的道德教化功能研究》，东北师范大学博士学位论文，2015年。

第十章

学校教育与传统优秀道德文化的承扬和创造性转化

《礼记·学记》云,"建国君民,教学为先",自古以来,文化教育尤其是道德文化教育一直是中国教育的重要组成部分。中华民族能够在一次次内忧外患中生存下来,屹立于世界民族之林数千年,传统道德文化教育对于民众人心的涵养陶冶有着不可估量的重要作用。现在大中小学的学生,数十年后将是我国社会的新一辈管理者、建设者,他们具有什么样的道德品质将直接决定中国未来的发展品质。十年树木,百年树人。承接本课题之前,武汉大学哲学学院、武汉大学国学院就依托天则国学社、哲院青年志愿者协会对传统道德文化在学校层面进行了十几年的探索实践。在此结合长期实践,我们对传统道德文化在学校层面的实践这个现实课题,进行了一些思考总结。

第一节 传统优秀道德文化在学校层面实践中存在的主要问题

虽然近年来我国传统优秀道德文化在学校层面得到了迅速发展并取得了可喜成绩,但现实情况仍不容乐观,依然存在制约学校教育中传统优秀道德文化传承弘扬的关键问题亟待研究解决。这些问题大体可以概括为以下几类。

一、对传统道德文化弘扬工作的重要性认识不够充分

传统道德文化的弘扬传承发展不平衡。从实践情况来看，受某些固有思维模式限定和自身文化素质的限制，有的地方领导甚至是教育系统的领导，对开展传统道德文化教育工作的重要性和紧迫性认识不足，对弘扬传统道德文化的相关理念了解不多，尤其是对传统道德文化在社会主义建设中的重要作用等认识还不到位。一些学校、家长片面强调升学率和各种考评指标，认为开展传统道德文化教育工作没有很大必要，对把传统道德文化列入教育体系内不理解。另外，在调研中我们也发现，传统道德文化教育开展的好坏程度与相关领导尤其是学校领导的重视有很大关系。相关领导重视的地方或单位，工作开展得就很好，相反则进展不大或者根本无法开展。

在具体实践过程中，武汉大学附属小学因为天时地利成为主要实践单位，家长也比较支持。另外，因为地域差异，农村中小学中基本语数外师资都难以保证，传统道德文化的传播工作基本停滞。实践团队曾在宜昌市兴山县古夫镇古夫中学开展相关活动。该中学主要由当地农民子弟及留守儿童组成。由于受到经济发展水平的制约，当地教育资源严重缺乏，师资力量薄弱、教育水平偏低、教育方法落后、学习环境艰苦。学生们经常待在学校，回家时间少。学生渴望老师能多讲些国学知识和小故事，但任课教师受升学压力及自身知识水平限制很难做到。不少学生反映，课本中的文言文读都读不太顺溜，一般要好久才能背下来；只有语文老师稍微重视些文言文学习还大多是为了考试，对于国学经典的诵读和国学知识的学习也不是特别看重。不少学生觉得周围没有很浓的传统文化氛围，自己没有条件也根本不想去看文言文的书。

二、对学生的传统道德文化认识和需求状况没有完全摸清

由于当代社会传统道德文化的相关实践工作起步较晚，理论研究相对薄弱，因此学校方面要想做好此项工作本身便存在一些现实问题。首先，对习近平等领导人的相关重要讲话精神、相关政策理解的差异及工作力度的不同，造成社会各层面对传统道德文化理解的真实性、准确性、可靠性存在一定差异。其次，社会民众普遍对传统道德文化有隔膜感，对传统道德文化的认知并不是很清楚，对其所覆盖的范围不是很明确，这就会产生一定误解。在调研中，人们对当今缺乏传统道德文化氛围的原因阐述了自己的观点，对"国学热"等现象也有自己的想法。有人认为传统道德文化晦涩难懂，是钻故纸堆的学问；有人认为学习传统道

德文化就是恢复过时的"君臣父子"封建思想；也有人认为提倡传统道德文化是在炒作，只是为了赚钱。最后，很多领导、教育工作者、家长本身缺乏传统道德文化素养，没有明确接受传统道德文化的意识，很难切实支持引导子女深入学习传统道德文化。针对这些比较复杂的现实情况，实践队员普遍数次修改自己的教案。要使传统道德文化的教学内容通俗易懂，不但要求选择的教材更具有普遍性，还要求讲课的大学生有很好的理解和表达能力，这都不是一朝一夕的功夫。

三、缺乏完整规范的教学纲领引导

广泛弘扬传播传统优秀道德文化的氛围尚未形成。第一，没有一套完整规范的教育纲领进行引导。国学经典文本不仅数量多、范围广，而且其自身内涵也十分丰富，并不一定适应于中小学生的知识程度和认识程度。这就要求在对中小学生进行国学教育时对内容进行精心筛选和调整。然而现实中，社会上众多国学教育都只是将国学经典进行简单的"灌输"，挑选一些过于难懂的古文选段对中小学生进行国学教育，不仅会让他们困惑，更容易造成误解。要考虑到每个层面的学生的不同学习能力、知识面和接受能力，有针对性地制定教学大纲、编写教学课本。第二，教学人员的流动性太大。在活动中，由于志愿者们所要参与的活动越来越多，也因为与校内学生会等学生社团的冲突，有些志愿者的激情逐渐减退，到最后可能会只有部分志愿者坚持参与活动。同时，上课的基本都是没有教学经验的大学生，所以教学效果有时候就不太容易保证。随着大学生毕业、就业，新志愿者的交接适应都需要一段时间，缺乏稳定成熟的教学队伍。第三，没有形成从学校到家庭再到社会共同教育的风气。传统道德文化教育本身是一个人格培养的过程，仅仅依靠在学校中当作知识学习是远远不够的。它不仅需要在家庭环境中培养，更要在社会实践中去不断身体力行，如此方能深化自身对传统道德文化的教育意识。对于中小学生，因为传统优秀道德文化不属于中考高考的科目，不少学生只是将其当作课外活动在对待，不太遵守课堂纪律，需要一段时间引导。家长重视程度也不高。现在中小学生对传统文化的学习更多时候停留在知识学习层面，这是其他工具性、知识性学科教育片面发展留下的思维惯性，并不适用于传统道德文化教育这种知行合一的教育方式。因此，对于中小学生的传统道德文化，绝不能单独依靠学校的努力，要从家庭、社会各个方面形成一种良好的教育风气，只有这样，对于中小学生的国学教育才能发挥出应有的作用和影响。第四，受众范围相对较小。大中小学学生接触传统道德文化的途径非常有限。除了良莠不齐的各种国学读本、社会上形形色色的国学讲座、学校中有限的文言文教育外，学生很少有时间系统学习传统道德文化并理解、实践其中精义。

农村学生很少有机会接触到国学教育，这就违背了孔子"有教无类"的中国教育精神。要推广传统道德文化教育，使城市农村各个层面的学生都有机会和条件去接触到哪怕是最简单的传统道德文化教育，需要社会各层面的共同努力。要做到这一点，更需要破除"传统文化教育是等其他学科教育都发展了以后才要受到重视的教育"这类错误观点，传统道德文化教育不仅不能落后于其他学科教育，相反应当作为基础学科之一，在中小学生的知识培养中发挥奠基性作用，这样才能培养德才兼备的社会主义建设人才。德行教育任何时候都应该放在教育工作首位。

四、宣讲传播传统道德文化的专业教师队伍人员匮乏

专业师资力量比较薄弱。作为学校教学的主体，教师们为达到能够教授中华优秀传统文化的要求，必然要经过相应的教育培训和技能学习。以学生理解汉字的要求为例，小学低年级要感受汉字的形体美，高年级要理解汉字的文化含义、体会汉字优美的结构艺术，如果想在这个过程中达到更高的文化和审美要求，就需要语文老师有优秀的手写板书、对汉字的造字和发音方法的了解、能够深入浅出讲解文字内涵的教学功力，这对于很多教师来说必须经过培训与学习才能做到。中华优秀传统文化教育是从各个学科层面进行渗透式教育，新开设的课程对于专业教师的要求自不必说，仅一门书法课程，想要在全国初等教育中普及，所需要的有书法功底的教师便是一个较大的难题。同时，还要在德育、语文、历史、艺术、体育、地理等已有课程中增加中华优秀传统文化的内容和比重，当然也需要教师们进行新一轮学习和准备。无论是教师们学习新知识、熟悉新教材的准备难度，还是最终落实到课堂中的教学效果问题，都将是传统文化教学必须要面对的难题。

第二节　传统优秀道德文化在学校层面的多元实践路径探索

一、教育部对加强传统道德文化教育工作的部署和安排

党和国家领导人一贯强调教育工作要继承和弘扬传统优秀道德文化。江泽民说："要加强对学生进行马克思列宁主义、毛泽东思想基本理论特别是邓小平同

志建设有中国特色社会主义理论的教育,加强党的基本路线的教育,加强爱国主义、集体主义、社会主义思想的教育,加强中国近代史、现代史和国情的教育,加强我国优秀文化传统和革命传统的教育。"[1] 胡锦涛说:"你们要继承和发扬中华民族传统美德,学习和实践社会主义道德,从一点一滴、一言一行做起,逐步养成文明礼貌、团结互助、诚实守信、遵纪守法、勤俭节约、热爱劳动的好品行,努力成为一个品德高尚的人,一个有益于社会、有益于人民的人。(标注者注:此处"你们"指少先队员小朋友们)"[2] 习近平说:"好老师要有'捧着一颗心来,不带半根草去'的奉献精神,自觉坚守精神家园、坚守人格底线,带头弘扬社会主义道德和中华传统美德,以自己的模范行为影响和带动学生。"[3]

自2013年至今,为推进传统文化教育进校园,教育部推行了以下各项措施[4]:

2013年1月8日,教育部发布《中小学书法教育指导纲要》,指出书法教育的总体目标是学习和掌握硬笔、毛笔书写汉字的基本技法,提高书写能力,养成良好的书写习惯,感受汉字和书法的魅力,增强文化自信与爱国情感。

2014年3月26日,教育部发布《完善中华优秀传统文化教育指导纲要》,明确了开展中华优秀传统文化教育的主要内容,即以"天下兴亡、匹夫有责"为重点的家国情怀教育,以"仁爱共济、立己达人"为重点的社会关爱教育,以"正心笃志、崇德弘毅"为重点的人格修养教育。此外,纲要还提出,要分学段有序推进中华优秀传统文化教育,把中华优秀传统文化教育系统融入课程和教材体系,全面提升中华优秀传统文化教育的师资队伍水平。

2016年1月19日,教育部党组发布《中共教育部党组关于教育系统深入开展爱国主义教育的实施意见》,其中第四条特别强调"加强中华优秀传统文化教育"的重要性及具体部署,要求重点建设一批中国传统文化协同创新中心和重点研究基地等研究机构,加强传统文化师资队伍和人才库建设,资助一批对传承中华文化、弘扬民族精神有重大影响的文化工程项目,一批在学术发展史上具有重要意义的文献资料发掘整理项目。此外,意见强调应"加强中国特色社会主义和中国梦的教育宣传;尊重和传承中华民族历史和文化,加强中华优秀传统文化教育"等。

2017年5月27日,中宣部、文化部、教育部、财政部发布《关于新形势下加强戏曲教育工作的意见》,要求"着力支持基层戏曲院团发展,加强地方戏人

---

[1] 江泽民:《江泽民文选》第一卷,人民出版社2006年版,第372页。
[2] 胡锦涛:《胡锦涛文选》第一卷,人民出版社2016年版,第435页。
[3] 习近平:《做党和人民满意的好老师:同北京师范大学师生代表座谈时的讲话》,人民出版社2014年版,第7页。
[4] 参见《不止三措施:教育部五年来如何力推传统文化进校园?》,凤凰网综合,2018年3月10日,https://guoxue.ifeng.com/a/20180310/56612147_0.shtml。

才培养。戏曲教育不仅要继续面向京剧、昆曲等具有标志性、代表性的大剧种，还要面向基层、面向地方戏"。

2017年6月26日，教育部办公厅发布《关于2017年义务教育道德与法治、语文、历史和小学科学教学用书有关事项的通知》，并组织新编了义务教育道德与法治、语文、历史教材，于同年9月1日在全国投入使用。此版语文教材加强了中华优秀传统文化、革命传统教育和国家主权意识教育等方面的内容设计。小学语文有古诗文129篇，总体占比30%左右，初中语文古诗文132篇。革命传统教育方面，小学教材中有《朱德的扁担》《金色的鱼钩》等革命传统选文约40篇，初中教材中有《纪念白求恩》《回忆我的母亲》等革命传统选文30多篇。增设专题栏目，安排了楹联、成语、谚语、歇后语、蒙学读物等传统文化内容，使学生在积累语言的同时，受到中华优秀传统文化的熏陶。历史教材主要在中国古代史部分体现中华优秀传统文化，内容涵盖中国古代的思想、文学、艺术、科技等诸多方面，涉及的历史文化名人40多位，科技文化著作有30多部。道德与法治教材介绍了传统节日、民歌民谣、传统美德、民族精神、古代辉煌科技成就等内容，培养学生对中华优秀传统文化的亲切感，增强对中华优秀传统文化的理解和认同。

2017年12月29日，教育部发布《普通高中课程方案和语文等学科课程标准（2017年版）》，此次修订后的课程标准加强了中华优秀传统文化和革命传统教育。各学科结合自身特点，丰富充实相关内容，特别是语文课标将中华优秀传统文化贯穿语文课程各部分，并设置学习专题，要求学生广泛阅读从先秦到清末各个历史时期优秀古诗文，并背诵72篇（首）经典作品。要求学生诵读革命先辈的名篇诗作，阅读阐发革命精神的优秀论文与杂文，以及关于革命传统的新闻、通讯、演讲、述评等，增强文化自信，植入红色基因。

2018年3月"两会"期间，教育部部长陈宝生就优秀传统文化进校园接受央视记者采访时表示，教育部近年来大力发展中华优秀传统文化，把优秀传统文化进校园作为固本工程和铸魂工程来抓。陈宝生强调，要想在学校里传承好中华传统文化，必须抓好三个关键措施：第一是重视师资力量的培养，教师们开口就是"白日依山尽"，而不能仅仅是"柴米酱醋茶"。第二是在教材中增加优秀传统文化的内容，特别是经典名篇要占一定的比重。目前中小学教材中的优秀古诗文比例已经提升了，这很必要。诗歌朗朗上口，又有节律，读起来能调节身体，还能调节心情，孩子们会很喜欢。必须把教材建设这件事做好。第三是加强校园文化建设，要形成一个学生愿意学习优秀传统文化、愿意体验优秀传统文化、愿意交流优秀传统文化的环境。这是教育部一直探索的课题。我们正在做的一项工作，是把戏曲、传统舞蹈、书法等优秀传统文化中的要素引入校园，目前已取得很大进展。未来，还要进一步做好这件事。陈宝生说："优秀传统文化里面，包含中国人怎样看待世界、怎样看待生命，中国人的世界观、人生观、价值观，有着非常丰富的资源，阐述得很系统。如果不能把这些继承下来，在教育过程中让我们的学生了解、继承，他们的人生就会发生方向的偏离。"

中华优秀传统文化博大精深，凝聚着中华民族自强不息的精神追求和历久弥新的精神财富。党的十八大以来，以习近平同志为核心的党中央高度重视中华优秀传统文化的历史传承和创新发展，从中华民族最深沉的精神追求和最根本的精神基因、独特的精神标识和中华民族精神的"根"与"魂"、最宝贵的精神品格和命脉的高度，定位优秀传统文化；从中华民族最基本的文化基因、最深厚的软实力与坚定文化自信的坚实根基和突出优势的高度，继承优秀传统文化；从涵养社会主义核心价值观的重要源泉、实现"两个一百年"奋斗目标和中华民族伟大复兴中国梦的重要精神支撑的高度，弘扬优秀传统文化；从推动中华民族现代化进程的长远战略高度，创新发展优秀传统文化，推进中华优秀传统文化的创造性转化、创新性发展，赋予了中华优秀传统文化崭新的时代内涵。习近平总书记关于中华优秀传统文化的一系列重要论述，是我们在新形势下做好教育工作的根本指引。加强中华优秀传统文化教育，既是当务之急，也是百年大计、千年大计；既功在当代，也会泽及后世子孙、增进人类福祉。深入学习贯彻习近平总书记关于弘扬中华优秀传统文化的重要论述，深刻领会其重要意义、思想内涵和精神实质，对于教育工作落实立德树人的根本任务，引导学生增强民族文化自信和价值观自信，坚持道路自信、理论自信、制度自信、文化自信，培育和践行社会主义核心价值观，实现中华民族伟大复兴的中国梦，都具有长远的战略意义和重要的时代价值。[①]

二、学校层面弘扬优秀传统道德文化的实践路径

加强中华优秀传统文化教育，是当前我们面临的重要历史任务和重大时代要求，必须坚持知行合一，即认识与实践相统一、科学性与艺术性相统一、可操作性与可接受性相统一。学校层面弘扬优秀传统道德文化的实践路径，大致应该注重以下几个方面[②]：

[①] 翟博：《加强中华优秀传统文化教育——深入学习习近平总书记教育思想（五）》，载《中国教育报》2017年8月31日第1版。

[②] 具体分析参见耿洪涛：《在学生中加强中华优秀传统文化教育研究》，长春理工大学硕士学位论文，2011年；《加强中华优秀传统文化教育，践行社会主义核心价值观——上海市教育系统召开座谈会，深入学习贯彻习近平总书记教师节重要讲话精神》，载《文汇报》2014年9月18日第8版；王天岐：《如何在新形势下加强中华优秀传统文化教育》，载《中国民族报》2014年6月13日第6版；李国娟：《高校加强中华优秀传统文化教育的理论思考与实践逻辑》，载《思想教育研究》2015年第4期。

第一，营造良好的社会和家庭环境，形成全社会弘扬优秀传统文化的浓厚氛围。首先，在开展中华优秀传统文化教育的过程中，各级政府要坚持以人为本，体现人民要求，立足广大人民利益，以中华优秀传统文化为切入点，出台和制定有关政策和举措，在全社会形成一个优秀文化氛围。同时，各级政府还要强化行政职能，以法律、政策为准绳，惩治、打击文化领域的违法乱纪行为，为广大学生营造一个和谐的开展中华优秀传统文化教育的环境。各级政府坚持不懈地开展"扫黄""打非"斗争，坚决查处传播淫秽、色情、凶杀、暴力、封建迷信和伪科学的出版物，避免使其流入学生读物市场。严格审查面向学生的游戏软件内容，查处含有诱发学生违法犯罪、不健康的游戏软件。严格监管玩具、饰品制作和销售，制定玩具饰品的有关标准。严格学生精神文化产品的进口标准，把好进口关。认真落实《互联网上网服务营业场所管理条例》《关于开展电子游戏经营场所专项治理意见的通知》《关于开展网吧等互联网上网服务营业场所专项整治意见的通知》规定，进一步优化校园周边环境，营造良好的学习环境氛围，倡导文明健康的网络风气。发挥重点新闻网站和主要教育网站的主力军作用，组织开展各种形式的网上思想道德教育活动，为学生提供健康有益的绿色网上空间。其次，要尽量营造良好的家庭环境。家庭是人健康成长的摇篮，是一个人思想品德教育最重要的场所。父母要提高自身的中华优秀传统文化素养。父母要通过各种渠道开展学习，如阅读书籍、浏览网络等，努力提高自身中华优秀传统文化素养。只有这样才能够更好地发挥"家庭第一任教师"的作用，才能够更好地协助学生开展中华优秀传统文化教育活动。父母通过言传身教、人格示范，将道德规范、做人准则、自己的价值观等渗透到学生的思想中去，使学生在潜移默化中得到陶冶。父母要积极创造良好的氛围。作为家长，父母可以在学生的不同年龄阶段，根据他们的实际购买一些与中华优秀传统文化有关的书籍、资料、音像资料等，利用各种时间单独或者与他们一起学习。也可以带领他们去剧院观看与中华优秀传统文化有关的电影、戏曲等，培养他们的兴趣。只有这样才能创造良好的家庭氛围，能够有效地对学生进行持续的、循序渐进的品德教育和优秀传统文化教育。

第二，积极推进中华优秀传统道德文化进教材进课堂，将优秀传统文化中的思想道德教育与社会主义现代化建设的道德要求有机结合起来。根据"要精，要管用"的原则，以提高学生素质为目标，针对教学中遇到的实际问题，深入研究学生思想品德形成的规律和特点，将中华优秀传统文化与实际相结合，组织编写教材和教学参考资料。在教材编写过程中还要区分小学阶段、初高中阶段和大学阶段的不同，根据学生各自的特点编写有特色的教辅材料。如学生的记忆特点是年龄越小记忆力越好，尤其是机械记忆能力，随着年龄的增长记忆力下降，因此在编制教材时就要有所区别：小学的教材可以单纯以文字为主，而大学教材除了内容加深、广度加宽之外，还要以理解内容为主，加入对中华优秀传统文化来龙去脉的解释，使之能够在理解的基础上加强对知识的记忆。大学阶段，还要以"思想政治理论课"为教育的阵地，在编写教材时坚持理论联系实际和"要精，要管用"的指导原则，避免以往教材"大而空"的缺陷和泛泛而谈的弊端。通过改革教育内容与改进教学方法，使教学既具有理论上的坚定性，又具有鲜明的时代感和现实性，努力构建适应新时代发展需要的学生德育课程体系。

同时，要探索运用灵活多样的教学方式。根据学生特性，变传统的"灌输式""填鸭式"教学方式为"启发式""互动式""参与式"，积极探索和改进教学方法和形式，采用学生喜闻乐见、生动活泼的方式进行中华优秀传统文化教育，如民主讨论、民主座谈，以增强传统文化对他们的吸引力和感染力。同时可以充分利用网络开放性、双向性、匿名性、虚拟性的特点，开辟网络课堂、"文化论坛"或者利用网络聊天等方式，改变面对面的教育方式，引导广大学生积极参与学习，使中华优秀传统文化教育的开展更有情趣，更易于接受。另外，还可以利用校园网络平台或专栏与学生开展平等交流、民主对话、现场答疑等。

第三，加强教师队伍建设，打造优秀传统文化教育骨干队伍。学校要增加传统文化教学和研究人才比重，培养一批中华优秀传统文化教学名师和学科领军人才，从而促进学生对中华优秀传统文化的再认知；进一步对全体教师进行中华优秀传统文化教育培训，对国学知识进行专业培训；在哲学社会科学教学科研骨干研修、高校思想政治理论课骨干教师研修、高校辅导员骨干培训中加大中华优秀传统文化内容的比重；增强高校教师的优秀传统文化素养，树立教师良好的形象。

教师要树立良好的师德师风，塑造良好的职业道德，以"树形象、铸师魂、做表率"为切入点，事事处处成为学生的表率，以无私奉献的精神和高雅的气质影响人，以渊博的知识培育人，以科学的方法引导人。教师除了积极参加各种培训活动外，还应该加强自我学习和提高，适应时代要求，使用通俗易懂的语言，采用学生乐于接受的创新形式，充分挖掘中华传统文化的宝贵资源，不断深化优秀传统文化的内涵。教师加强中华优秀传统文化教育要结合学生的身心特点，创新教育教学方式，增强他们的文化自信和价值观自信。一方面，要在把握精髓的前提下加强对优秀传统文化的深入挖掘，将传统文化放在新时空的语境下做出现代阐释，用活传统文化的思想素材，用好中国思想的智慧，讲好中国价值理念，从而提高中华优秀传统文化对学生的吸引力。另一方面，要注重将中华优秀传统文化教育与对现实社会问题的破解结合起来，善于运用传统智慧解答伦理失范、信仰缺失、道德滑坡等现实困境。引导学生用优秀传统文化的思维方式思考社会热点、焦点问题，启发学生用优秀传统文化的思想智慧思考个体自我发展中的人生选择及判断，在现实的伦常日用中彰显中华优秀传统文化的突出优势。

第四，教育系统对学生的考察方式需要推陈出新。增加中华优秀传统文化在中考、高考内容中的比重，能够加强学校、学生和家长对于优秀传统文化的重视程度，达到促进落实的效果。但是，究竟采用何种考察方式，还需要进一步研究、试验。如果仅增加传统文化在卷面考试内的比重，如在语文试卷中提高古诗默写、诗词理解、文言文翻译等题目的比重，可能会使优秀传统文化的教育受应试考试模式的影响，更偏重于通过记诵、提高答题技巧等方式实现，或依靠大量练习便可以掌握正确的回答方法，这样就失去了本来应有的作用。因此，需在考察方式上进行创新，使这种方式能够检测出学生在文学、历史、艺术等多方面的综合素养和文化积累，以有效落实中华优秀传统文化教育的效果评估和监测，并推动教学内容的进一步更新。

第五，加强校内优秀传统文化宣传，营造浓郁的育人文化氛围。营造良好的校园氛围和周边环境，有利于我们更好地开展中华优秀传统文化教育，有利于学生们以愉悦的心情开展学习。校园文化是以学生为主体、以课外文化活动为主要内容、以校园精神为主要特征的在校园这个特殊空间内形成的物质文化和精神文化的总和。校园文化对塑造学生的健全人格、提升学生综合素质、加强中华优秀传统文化教育都具有不可低估的作用。其一，以广大学生的全面发展为目标，以中华优秀传统文化为切入点，做好校风、教风、学风、班风和学校人际关系的建设。营造良好的物质环境，使之成为文化的重要传播途径和载体。完善、艺术地建设物质环境，能够发挥校园文化的熏陶功能，使学生能够自觉地规范自己的行为方式，并从爱学校逐渐迁移到爱祖国、爱人民、爱社会主义的目标上来。努力办好学刊、学报、画廊、黑板报、校园广播站和校园网络，营造积极向上的精神氛围，在宣传党的路线、国家的方针、政策、现代化建设成就和英雄模范人物先进事迹及本校好人好事的同时，将中华优秀传统文化有关内容融入其中。其二，以校园学生组织为基础，开展自我教育。学生组织包括党组织、团组织、班委会、学生会、社团等，由于是学生自己选举出来的，更能加强与广大学生之间的沟通，更利于中华优秀传统文化教育活动的开展。要发挥这些组织的能动作用，调动学生自我管理、自我调节的积极性，积极开展形式多样的中华优秀传统文化教育活动。如充分发挥学生会的作用，组织文学、艺术、科普小组等活动，组织学生阅读古今中外的优秀文学作品。同时，大力鼓励和组织各种社团的建设并促进其开展活动，如开展书法、篆刻、摄影、集邮、演讲、百科知识竞赛等活动鼓励学生自发组建一些社会协会团体，如文学社、书法协会、武术协会等，用这些有鲜明民族特色的文化形式、文化内容来丰富学生课余生活。其三，学校应开展优秀传统文化讲座，发挥文化的感召力，让更多的学生学习和理解中华优秀传统文化，增强其吸引力，并对其产生热爱之情。以多种形式开展讲座、论坛和学术交流活动，紧紧围绕中华优秀传统文化开展活动，促进学生科学精神和人文素质的培育，增强学生践行优秀传统文化的主体意识和文化创新意识。

第六，强化课堂优秀传统文化学习，积极拓展校外实践校园。积极拓展校外的实践活动，增加教育内容的深度与广度，充分利用博物馆、红色革命根据地、纪念馆、图书馆、美术馆、歌剧院、历史遗迹等具有中华传统文化风貌的地方，组织学生进行实地考察和现场教学，建立学生定期参观博物馆、纪念馆、遗址等公共文化机构的长效机制。利用校外实践形式，践行中华优秀传统文化，增加学生对优秀传统文化的感知与践行能力。

开展丰富多彩的课外活动，打破单纯课堂教学的模式，根据各学科的特点融入中华优秀传统文化内容，设置书法、绘画、传统工艺等课程，适当增加传统经典范文、诗词歌赋的比重，如开展经典名著阅读活动、古诗词朗诵比赛、业余书法班、国画班等。因地制宜地将中华优秀传统文化教育活动与各种富有趣味性的课外文化体育活动、怡情益智的课外兴趣小组活动结合起来，潜移默化地将中华优秀传统文化融入学生的思想当中。充分改造和发挥富有浓郁民族特色的民俗、礼仪，发挥民族传统节日的文化传承功能，在学生中开展丰富多彩、健康向上的民俗活动，增强他们对中华传统文化的热爱和兴趣。比如组织学生重阳节登山，增强他们对祖国大好河山的热爱，或到敬老院去做好事，使他们树立敬老、尊老、爱老的意识；清明节时组织学生去烈士公园、名人纪念公园等爱国教育基地扫墓、踏青，让他们在缅怀先烈的同时，更多地了解民俗节日的内涵。同时，推动中华优秀传统文化的丰厚资源与现代科技结合，使高新科技成为传播的重要载体。

三、加强学校礼仪教育，做实优秀传统道德文化弘扬工作

中华历来以"礼义之邦"闻名于世，孔子曾说"不学礼，无以立"，就是说一个人要有所成就，就必须从学礼开始。礼仪教育对培养文明有礼、道德高尚的高素质人才有着十分重要的意义。品德修养与礼仪修养存在密切的联系。礼仪修养是品德修养的组成部分，是品德修养的基础性工程。一方面，品德修养对礼仪修养具有决定作用。人在礼仪、礼节、礼貌等方面所表现出来的礼仪素质，要受人的道德水平的支配。一个具有较高道德境界的人，必然是一个拥有良好礼仪修养的人。另一方面，礼仪修养有助于品德修养的有效表达。礼仪贵在适度。只有

具备良好礼仪修养的人，才能以最为恰当的方式表达其高尚的品德修养。[1]

学校作为社会主义精神文明建设的重要阵地，是青少年文明礼貌行为养成的重要场所。在学生中广泛开展礼仪教育，用中华民族优良道德传统充实学校德育内容，既是继承和发扬中华民族优良道德传统的重要组成部分，也是新时期学校德育工作的重要切入点。对此，中共中央发布的《关于进一步加强和改进学校德育工作的若干意见》明确规定："要开展中华民族优良道德传统的教育。要认真研究和继承那些在我国历史发展中长期形成的优良道德思想和行为准则，赋予新的时代内容。"《公民道德建设实施纲要》则提出："要结合各自的工作职能，运用多种形式和手段，大力宣传基本道德知识、道德规范和必要礼仪，使之家喻户晓、人人皆知。"因而，以加强学校的礼仪教育、培养良好道德行为习惯为公民道德建设的核心，实现"以德治国"，需通过切实可行的礼仪教育研究与实践，达到培育青少年高尚人格、良好品行、文雅举止，养成自尊、自爱、自律的良好品德，展示有礼、自信、文明自我的目的。[2]

在学校礼仪教育中要克服形式主义、摈弃表面文章。过去开展德育工作，最熟悉的做法是打运动式的"宣传战"。学校宣传上级有关文件，继而选择班级重点突击，塑造典型，最后请上级领导来观摩指导，过后德育阶段工作宣告结束。在形式主义影响下，学校德育工作实效微乎其微。注重常规建设，将礼仪教育当作学校德育工作中经常性的工作，大致可以通过以下几个实践途径来安排。[3]

（一）礼仪教育贯穿课堂教学始终

课堂教学是礼仪教育的主渠道，课堂教学中的礼仪教育是学校教育中最基础、最根本的工作。学生成长过程中所需要的礼仪教育主要是通过课堂教学这个主渠道实现的。

1. 科学设置礼仪教育课程

课堂礼仪教学是实施礼仪教育的主渠道、主阵地。根据各级各类学校性质和特点开设礼仪教育课程，要注意课程设计的科学性。既要继承优秀的民族传统文化，又要兼顾时代发展和国际交往的需要。礼仪教育课程设置应符合学生的身心发展阶段性和发展规律性的要求。将礼仪教育课程体现在思想政治课、校会、班

---

[1] 王贺兰：《当代中国青少年礼仪教育的反思与建构》，河北师范大学博士学位论文，2010 年。
[2] 赵玉梅：《初中学生礼仪教育的现状、问题及对策研究——以兰州市一所完全中学初中班级为个案》，西北师范大学硕士学位论文，2007 年。
[3] 彭玉春、郑爱群：《植根于学生心田的礼仪教育》，载《教学与管理》2012 年 3 月 15 日；蒋学平：《礼仪花开，向雅而行》，载《中国德育》2018 年第 1 期；赵玉梅：《初中学生礼仪教育的现状、问题及对策研究——以兰州市一所完全中学初中班级为个案》，西北师范大学硕士学位论文，2007 年；吴建东：《学校礼仪文化建设实践探析》，载《教学与管理》2015 年第 11 期。

会、主题活动等德育活动中。比如，有的学校就推出了礼仪菜单。"今天，我们开出的菜单是：'举手之劳你、我、他，环保意识心中扎'，希望我们大家都能做到'见到废纸弯弯腰'，使我们的校园更整洁、环境更美丽。"这是学校值日老师针对每天的突出情况和问题给大家开出的礼仪菜单。每天早操之后的菜单推送，已成为全校师生必不可少的一道精神大餐。老师每天精心配"餐"，为学生开出相应的"菜单"：锦上添花、妙言快语、康乐贴士、温馨提示等，主要针对孩子们日常生活中遇到的具体情况和存在的细小问题，给予及时的引领、提示和疏导，真正实现学生管理从细节入手、从生活入手。孩子们在这样的活动中进一步知礼、明礼、学礼、用礼、讲礼、达礼，在生活中宣传礼仪、实践礼仪、示范礼仪。

2. 注重礼仪教材建设

规范礼仪教育的要求为了规范学生的文明礼仪行为，有的学校根据自身特点编写了校本《学生礼仪教程》，教程中的目标和要求都是从学生的学习生活中提炼出来的，易于理解和学习掌握。比如，有的学校基于礼仪内容、基于儿童视角，整合、构建让孩子乐意体验、主动参与、动态发展的"礼仪花开"校本课程：低年级的"校园礼仪篇"8课时；中年级的"家庭礼仪篇"8课时；高年级的"社会礼仪篇"8课时。其中"校园礼仪篇"以"关心、谦让"为关键词，引导学生"把关心带进校园"；"家庭礼仪篇"以"孝心、尊重"为关键词，引导学生"把孝心带回家中"；"社会礼仪篇"以"爱心、感恩"为关键词，引导学生"把爱心带向社会"。在教程中还安排了三项教育内容，即礼仪的表现形式（优雅的举止）、校园生活礼仪和家庭礼仪。礼仪的表现形式设计了"站姿""坐姿""步态""表情"等共五节九种正确的举止；校园生活礼仪设计了尊敬师长、课堂礼仪、同学间礼仪和集会礼仪等共三节内容20多条要求；家庭礼仪设计了"孝敬长辈""问候礼仪""就餐""待客""上网""看电视"，以及植根于学生心田的礼仪教育"接打电话"等礼仪共三节内容50多条要求。为了能让学生更直观形象地练习礼仪，学校还将学生礼仪教程录制成音像制品配合教学，收到了很好的效果。

3. 提高礼仪教学质量

实施中要做到以下几点：一是突出重点，选定礼仪教学内容。中学可选"个人礼仪""校园礼仪""交往礼仪""社会礼仪"中某些部分；小学按低年级、中年级、高年级分段确立礼仪教学重点内容。二是注重实效，改进礼仪教学方法。一些中小学把礼仪教学方法归纳为视频观摩法、案例讨论法、情景模拟法、讨论实践法、游戏激励法、激情感染法等。

4. 形成礼仪课程文化建设策略

礼仪课程文化包括礼仪课程的价值和理论、礼仪课程体系和整合、礼仪课程目标和序列、礼仪课程实施和评价。课题组通过归纳，发现一些学校建设礼仪课程文化的策略有：坚持道德修养与礼仪教学相统一的策略，"德辉动于内，礼发诸于外"；坚持显性教育与隐性教育相一致的策略，协调显性教育目标和隐性教育价值目标；坚持"知"与"行"相统一的策略，系统掌握礼仪知识，还要注重礼仪践行。

教师的礼仪表现是学生的楷模。孩子具有很强的可塑性，也很容易受外界的影响。教师是学生直接仿效的对象之一，也是文明礼仪教育的主要实施者，教师的言行举止很大程度上影响着学生。老师们可以按照自己的学科特点，把文化知识的传授与礼仪教育有机结合起来。有的老师在英语课上结合句型教学，帮助学生掌握"向别人借东西时、不小心碰到别人时、为别人提供帮助时"等场合的礼貌用语；品德课进行"坐正立直""上课发言先举手""上下课起立向老师行注目礼"等礼仪常规训练；学校音乐老师更是组织全校学生创编《礼仪之歌》，使每个学生在唱唱玩玩的过程中落实礼仪。

（二）完善评价体系，规范礼仪教育

完善的评价体系是学校礼仪教育得以顺利推进的重要保障，也是监督跟踪落实学生养成良好品行的关键所在。在实施评价的过程中，学校注重动态评价与静态评价的结合，注重评价的量化与细化，让评价成为学校落实礼仪教育的助推器。学校设立"礼仪监督岗"、建立"礼仪宣传队"，让学生在实践学习和工作中用礼仪规范标准约束自己的行为，检验礼仪规范落实深度、广度和信度。比如，某小学就设立了比较完善的评比激励机制。一是常规评比，增添动力。礼仪教育和常规养成教育可以紧密结合。学校以《小学生日常行为规范》为基础，将礼仪细化成六大类的具体规范，按照不同年级分层评价，螺旋上升。如利用"明礼护照"这一载体，创设"明礼花蕾""明礼新星""明礼大使""明礼达人"等签章升级平台，让孩子们在签章升级中主动学习礼仪、践行礼仪。另外，学校定期组织"礼仪新星亮风采""风尚队员"评选活动，为每期的"明礼新星"搭设展示的平台。二是中队评比，同步启动。学校开展以礼仪为主题的文明礼仪中队评比活动，共分六个项目，即"形象礼仪""两操礼仪""卫生礼仪""课间礼仪""路队礼仪""校外礼仪"。每个中队设有礼仪监督员，定期反馈礼仪实施情况。同时，建立"三个一"制度，即"一周一评比，一周一公开，一月一小结"。达到标准的中队被评为文明礼仪中队。这样，学生真正把礼仪内化于心、外化于行。三是礼仪大使，榜样示范。学校举办礼仪形象大使评选活动，由少先队总部发起，全体"礼仪花色中队"主动参与。评选活动经历"中队推选""初步实践""首次选拔""才艺展示""礼仪推广"五个阶段，采用了学生"豆选"、当堂问答、才艺展示、现场 PK 等少先队员所喜爱的形式，以公平、公正、公开的原则进行阳光操作，最终评出"礼仪形象大使"10 名。活动思路创新、形式活泼，并且融入了现代流行元素，受到全校学生的热烈欢迎和热情参与，受到上级领导和家长朋友的大力支持和高度评价，学校礼仪教育上升到了一个新台阶。自开展礼仪教育以来，学校对师生的礼仪现状进行全面的了解，形成了特有的管理模式，孩子们的好习惯不断养成，整体发展态势良好。正像学校提出的构建"雅正"文化一样，通过礼仪教育，学生正逐渐变得"体质健雅、学识博雅、言行文雅、气质典雅、品质高雅"。

（三）校园文化融合礼仪教育

校园文化建设是学校礼仪教育可持续发展的最基本条件，也是学生礼仪修养的摇篮，其地位是语文和数学等学科教学所无法替代的。校园文化建设的熏陶、榜样激励等效果决定了它与礼仪融合发展的必然性。

1. 加强学校礼仪活动文化建设

（1）礼仪文化活动。礼仪文化活动包括礼仪讲座、礼仪征文、礼仪故事会、礼仪知识竞赛、礼仪演讲比赛、礼仪辩论赛、礼仪短剧、礼仪童谣、礼仪技能比赛、礼仪形象大使评比、礼仪之星评选、礼仪文化节等。经常开展的有礼仪系列活动、礼仪展演活动、礼仪吟唱活动等。

（2）礼仪社团活动。中小学成立了许多学生礼仪社团、礼仪兴趣小组和礼仪队，发挥了礼仪社团在学校的示范作用。礼仪队可以由经选拔并通过考核的学生组成，接受了礼仪常识和形体方面的基本训练后，每周集中训练和表演一次。礼仪队以表演形式向师生形象地展示每周礼仪教育内容，让学生们学有方向，做有榜样。

（3）礼仪服务活动。礼仪服务实践多种多样，许多学校以传播礼仪文化的方式，向社会提供优质的礼仪服务。

（4）典礼仪式活动。学校典礼仪式活动是校园礼仪活动的一种。狭义的典礼仪式指学校的开学典礼、校庆庆典、升旗仪式、毕业典礼及成人仪式等。众多中小学启动了"八礼四仪"主题教育活动，高度重视发挥开学典礼、青春典礼、成人典礼和毕业典礼四项仪式在塑造校园文化、开展思想政治教育中的作用。

2. 加强学校礼仪训练文化建设

（1）学校礼仪示范训练。进行礼仪骨干训练，对全体学生礼仪训练发挥引导和辐射作用。①校级礼仪社团的训练。中小学礼仪社团注重基本礼仪的练习和行为规范的示范。②学校礼仪训练营的训练。一是普及礼仪知识，构建知识体系。二是重视日常训练，培养良好气质。开设礼仪实训和形体课程。三是开展服务活动,内化礼仪要素。

(2) 学校礼仪普及训练。包括:①礼仪内化训练。将礼仪规范内化成自身素质,达到知行统一。②礼仪重点训练。以"规范语言、规范课余活动、规范队列"三个基本内容为突破口进行礼仪训练。③礼仪模拟训练。它是指教师按照礼仪训练的目的和要求,设计模拟情景、环境人物身份等指导学生进行礼仪训练。这种训练可分为个人模拟训练、二人模拟训练、多人模拟训练。④礼仪生活训练。它是把礼仪规范和礼仪行为训练贯穿于学生生活的全过程,落实到日常行为各方面,引导学生在生活中不断体验和感悟,并主动践行。⑤礼仪社会实践训练。社会实践是礼仪训练的大课堂,一些中小学采用社会行动法、角色扮演、社会互动法、社区体验法等丰富了礼仪训练的模式。

(3) 学校礼仪养成训练。礼仪素质的养成要特别注重:①礼仪巩固训练。许多中小学校把礼仪训练与日常行为规范要求结合起来,通过学生生活、学习、社会实践中一次次行为练习、一次次礼仪强化进行巩固训练。②礼仪矫正训练。如某校矫正小学生升旗肃立、早晨向老师问好行礼方面的松散动作,每天检查、纠正、训练,不规范当场矫正,指导进行训练,直到动作规范为止。③礼仪激励训练。激励训练有自我激励和群体激励。自我激励如警牌提示、格言激励、榜样激励、比赛竞争。群体激励如在全市中小学评选"礼仪之星""礼仪标兵""礼仪示范班级"等。

(4) 学校礼仪训练评估。学校礼仪评估可分为规范评估和随机评估。①规范评估。学校礼仪评估的内容,尽可能"小""近""实""有序",具有可操作性、可测性,简明可行,形成系统。礼仪评估可每学期或每年举行一次,采用学生自评、小组互评、班主任评价等,也可采用日日查、周周评、月月总结的大密度评估的方法。②随机评估。如某市教育局对中小学校、年级、班级礼仪情况进行随机评估,或者采用暗访式评估,有一定的客观性和公正性。

3. 加强学校礼仪环境文化建设

(1) 学校礼仪物质环境。礼仪物质环境是一种礼仪文化景观,是学校礼仪文化的积累和沉淀,包括:①礼仪示范形象布置。②礼仪提示语的布置。③礼仪规范要求布置。④正容镜布置。⑤其他礼仪物质环境布置。

(2) 学校礼仪人文环境。校园礼仪人文环境中,教师是最重要的影响因素。要培训教师的礼仪修养,组建一支能够进行礼仪教学和研究的教师队伍。校园礼仪人文环境中,家长和家庭环境也是影响学生礼仪修养的重要因素。良好的家礼、家规、家训,有助于学生礼仪行为的培养。

(3) 校园礼仪网络环境。开展网络礼仪教育,指导学生文明参与网络活动,矫正不良网络行为,养成良好的上网习惯,帮助他们学会正确使用和对待网络。

一些中小学建立了校园礼仪网站，建设了礼仪课程网络学习平台，上传礼仪图片、视频、漫画作品、著名礼仪专家讲座和礼仪推荐书目等，以学生喜欢的信息接受平台和终端来传播礼仪知识和礼仪实践的成果。

4. 加强学校礼仪展示

学校礼仪文化更多的是一种外显的行为文化。礼仪文化展示可分为礼仪大赛展示、典礼节庆展示、日常生活展示等。

（1）礼仪大赛展示。包括：①年级、级部礼仪大赛展示。如某中学在班级礼仪建设基础上，组织年级礼仪大赛，表演微笑、鞠躬礼、握手礼、引导礼，动态展现站姿、坐姿、走姿礼仪等。②全校性礼仪大赛展示，体现礼仪实践与艺术表演相结合，精彩纷呈。

（2）典礼节庆展示。包括：①学校典礼节庆展示。在中小学的校庆、运动会、开学典礼、毕业典礼等大型活动中，常常以学生的大方端庄的引导和解说，展现学校的礼仪风采。②社会典礼节庆展示。无锡市的中学生承接了2002年无锡金鸡百花电影节的礼仪服务，各项礼仪任务圆满完成，打造了学校新的名片。

（3）日常生活展示。一些中小学选择了导向性、操作性强的项目有计划地实施，如服饰礼仪展示，学校重大节日或活动是训练学生服饰礼仪的良好契机；微笑礼仪展示，经常检查学生"今天你微笑了吗"；问候礼仪展示，要作为校园日常礼仪实践的重点之一；行走礼仪展示，让学生轻声慢步和右行礼让；排队礼仪展示，养成学生依序而行的习惯；课堂礼仪展示，在课堂每天践行基本的学校礼仪形式。

（四）家庭、社会践行文明礼仪

家庭是培育文明礼仪的温床，社会是践行文明礼仪的场所。学校让每个学生都参与"小手拉大手，文明路上一起走"文明礼仪教育活动，要求学生在家庭做孝顺父母、关心亲人、勤俭节约、热爱劳动的"小帮手"，在独处时做胸怀开阔、心理健康、勤奋自立、勇于创新的"小主人"，在社会做热爱祖国、文明礼貌、诚实守信、遵纪守法的"小标兵"，在公共场所做爱护公物、讲究卫生、保护环境、遵守秩序的"小卫士"。学校还组织学生在家里宣传文明礼仪知识，找出生活中的陋习，倡导文明生活新风尚，让文明之花开遍身边的每一个角落。因而，学校、家庭、社会"三结合"是礼仪教育的保证。文明礼仪教育是学校德育的基础工程，是推进学校素质教育的关键环节。

学校可以一方面对家长进行礼仪知识培训，提高家长的礼仪意识，另一方面在《家校联系册》上可以设定专项礼仪教育特色训练，请家长为孩子打上礼仪表现成绩或写些简单评语，每周向老师反馈孩子在家的表现情况。这项工作易于操作、实践性强，深受家长欢迎。校外德育基地也是开展礼仪教育的有效阵地。学校特邀各居委会主任担任校外礼仪教育辅导员，对学生在社区的礼仪表现进行正面引导和督察。学校组织"礼仪宣传队"到社区分发礼仪宣传单——"我和礼仪手拉手"，出礼仪专题黑板报——"我和礼仪交朋友"，创办礼仪小报——"我和礼仪有个约"等。通过活动，礼仪教育走出了校园，走进了家庭，走向了社会，构建了家庭、学校、社会共同育人的大格局。

第十一章

传统道德文化与新时代多元的人伦关系

第一节 传统"五伦"与新的"六伦""九伦"之探索

近百年来,伦理道德重建问题不仅是理论界探讨的一个热点问题,也是公民道德建设的一个现实问题。在这近百年的时间里,学界对"五伦"思想的研究大体经历了三个阶段:清末民初至五四新文化运动期间为"五伦"思想的批判与解构时期,五四新文化运动至20世纪八九十年代为"五伦"思想的正名与复兴时期,20世纪八九十年代至今为五伦思想的反思与重构时期。[①] 20世纪90年代实行市场经济以来,诚信缺失、道德滑坡现象日益突出,伦理道德问题成为困扰社会发展的重大现实问题。2012年,党的十八大提出了富强、民主、文明、和谐,自由、平等、公正、法治,爱国、敬业、诚信、友善的社会主义核心价值观,为道德文化建设提供了指导原则。党中央、国务院、教育部多次发文强调中国传统道德的建设。习近平总书记也在多种场合强调从传统的道德文化中吸取营养,如在谈治国理政的问题时,习近平从宏观的层面肯定了传统道德、伦理思想的价值,他说:

在几千年的历史演进中,中华民族创造了灿烂的古代文明,形成了关于

[①] 罗彩:《近百年来五伦思想研究述评》,载《河北师范大学学报》2017年第2期,第110~118页。

国家制度和国家治理的丰富思想，包括大道之行、天下为公的大同理想，六合同风、四海一家的大一统传统，德主刑辅、以德化人的德治主张，民贵君轻、政在养民的民本思想，等贵贱均贫富、损有余补不足的平等观念，法不阿贵、绳不挠曲的正义追求，孝悌忠信、礼义廉耻的道德操守，任人唯贤、选贤与能的用人标准，周虽旧邦、其命维新的改革精神，亲仁善邻、协和万邦的外交之道，以和为贵、好战必亡的和平理念，等等。①

因此，学术界如何深入研究传统优秀的道德文化观念，从中吸收合理的思想资源来构建当代的新伦理，是时代向学术界提出的重大理论问题，需要我们用巨大的精神努力去探索并提出可行性方案。

一、传统的"五伦"及其异化

"五伦"观念深刻地影响着中国传统社会的道德风尚和社会秩序，是中国传统礼教的核心。贺麟先生认为，可以从中国传统"五伦"观念中发掘出新的时代精神，他在《五伦观念的新检讨》一文中这样说："五伦的观念是几千年来支配了我们中国人的道德生活的最有力量的传统观念之一。它是我们礼教的核心，它是维系中华民族的群体的纲纪。我们要从检讨这旧的传统观念里，去发现最新的近代精神。"②"五伦"指的是五种人伦或五种人与人的关系。在中国传统社会，每个人都受这五种社会关系的约束，不能逃避自己的道德义务，不能逃避社会。如果每个人都能自觉遵守这五种伦理道德规范，就可以改良社会风尚，实现社会的安定有序。不过，当这种伦理道德规范被统治阶级所利用而意识形态化，就逐渐变成外在于人且奴役人的异己力量，出现"伦理异化"，甚至会成为"以理杀人"的工具。今天我们重新检讨中国传统的"五伦"观念，既要看到注重人伦道德的积极的一面，也要总结历史上"伦理异化"的教训，吸收其中的合理内容，从中发掘出合乎时代要求的积极价值。

中国传统的"五伦"思想资源，主要是由儒家思想提供的。从比较确定的文献时间来看，孟子最早提出了"五伦"的思想。他认为，周代始祖后稷虽然教会了人民种庄稼的技术，让人民有了温饱，但没有让人民与禽兽区别开来，是后来的圣人让契为司徒，"教以人伦：父子有亲，君臣有义，夫妇有别，长幼有序，朋友有信"（《孟子·滕文公上》）。孟子明确提出了父子、君臣、夫妇、长幼、朋友五种人伦。

---

① 习近平：《习近平谈治国理政》第三卷，外文出版社2020年版，第119页。
② 张学智编：《贺麟选集》，吉林人民出版社2005年版，第141页。

《礼记·礼运》讲了"十义"："何谓人义？父慈、子孝、兄良、弟弟、夫义、妇听、长惠、幼顺、君仁、臣忠，十者谓之人义。"

　　"十义"究其实也就是"五伦"，父慈子孝是父子之伦，兄良弟弟是兄弟伦，余下"六义"实际分别是夫妇伦、长幼伦、君臣伦。只不过此处的"五伦"是一种相互"对待关系"的五伦，还没有表现出单向性的要求。而在伦理排序方面，是父子、兄弟的血缘关系优先，夫妇关系次之，一般性的长幼关系又次之，君臣之间的政治关系居末。"父慈、子孝、兄良、弟弟、夫义、妇听，闺门之义；长惠、幼顺，乡党之义；君仁、臣忠，朝廷之义。……先闺门而后乡党，先乡党而后朝廷，先近而后远也。"① 孙希旦认为"十义"体现了儒家由近及远的伦理秩序，把血缘亲情放在首位，还是原始儒家的观念，因此，"十义"至迟应当属于春秋末、战国前期的思想，表明这一时期的诸侯国的"君臣"关系还没有上升到宰制性位置。

　　除此之外，《易传》从人伦关系的生成过程的角度，也涉及了五伦问题："有天地，然后有万物；有万物，然后有男女；有男女，然后有夫妇；有夫妇，然后有父子；有父子，然后有君臣；有君臣，然后有上下；有上下，然后有礼仪有所措。"（《周易·序卦》）而且还强调"夫妇之道不可以不久"，故在"咸卦"之后安排"恒卦"，以显示夫妇之道的恒久。可见，《易传》遵循自然之道，夫妇之伦优先于父子之伦，而父子的血缘关系优先于君臣关系，有了政治上的君臣，才有一般意义上的上级下级、长幼、尊卑等普遍的社会关系。

　　《礼记》中的《中庸》一篇，提出了"五达道"的思想："天下之达道五……曰君臣也，父子也，夫妇也，昆弟也，朋友之交也。五者天下之达道也。""达道"即四通八达的大道，也即类似黑格尔所讲的"客观伦理"。值得注意的是，《中庸》把君臣关系放在"五伦"之首，政治上的朝廷之义高于血缘亲情。

　　从上述文献可以看出，儒家"五伦"关系至迟在战国中期，即公元前4世纪中叶，还没有完全定型，夫妇、父子、君臣三伦之价值排序还是不确定的。《中庸》里的君臣关系优先于父子、夫妇关系。按照我们在第一编第三章第二节里讨论"忠之德"的演进逻辑来类推，这一伦理秩序更能反映战国中后期君主专制力量已经占上风的时代特征，应当是战国中后期的思想。到汉代董仲舒之后，"五伦"关系基本上沿着《中庸》的价值排序展开，而且更加明确地维护上下有别的等级制。人伦成为等级制的理论合法性之保证。董仲舒将"五伦"压缩成"三纲"，同时又提出"仁义礼智信""五常"，以与"三纲"相配。这是作为国家意识形态的儒家"五伦"思想与汉代皇权专制政治体制的第一次结合，儒家思

---

① 孙希旦：《礼记集解》中，中华书局1989年版，第607页。

想也是第一次作为国家的意识形态成为统治阶级的思想,获得了普遍推广的机会。但"五伦"思想之"异化"也由此开始。

在董仲舒看来,分别上下之伦,是伦理精神的根本,在讨论有关衣服制度时,董仲舒说道:"上下之伦不别,其势不能相治,故苦乱也。"(《春秋繁露·度制》第二十七)《顺命》篇虽然抬出最高的"天"作为人间的最后伦理裁判,实际上,只是将上下尊卑的等级制伦理客观化、普遍化而已。"天子受命于天,子受命于父,臣妾受命于君,妻受命于夫。诸所受命者,其尊皆天也,虽谓受命于天亦可。"(《春秋繁露·顺命》第七十)而且,作为被动的受命一方,如果不能受命,则将受到主动方的惩罚,但对于主动方而言,则没有相应的道德约束。所以在董仲舒这里,父子、君臣、夫妻之伦是单向的义务与责任。他虽然也虚晃一枪,说"天子不能奉天之命,则废弃而称公",但在实际的政治与社会生活中,这是无法兑现的承诺。可是下述诸惩罚,如"子不奉命,则有伯讨之罪""臣不奉君命,虽善以叛""妾不奉君之命,则媵女先至者是也""妻不奉夫之命,则绝,夫不言及是也"①,(《春秋繁露·顺命》第七十)都将有真实的实施惩罚者,且有现实的国家力量做支持,不受命者都要受到现实的惩罚。

到东汉的官方文献《白虎通德论》里,"五伦"思想被细化为"三纲六纪",并突出了"三纲"的主导作用,将"六纪"看作是辅助性的伦理。《白虎通》对"纲纪"一词有明确的解释:"何谓纲纪?纲者,张也。纪者,理也。大者为纲,小者为纪。所以张理上下,事齐人道也。人皆怀五常之性,有亲爱之心,是以纲纪为化,若罗网之有纪纲而万目张也。"(《白虎通·三纲六纪》)

《白虎通》引纬书《含文嘉》为三纲张目道:"君为臣纲,父为子纲,夫为妻纲。"又说道:"敬诸父兄,六纪道行,诸舅有义,族人有序,昆弟有亲,师长有尊,朋友有旧。"把原来的"五伦"加以细化,增加了诸父兄、诸舅、族人、师长四伦。以往的"五伦"实际上变成了"九伦",而"九伦"之中君臣、父子、夫妻为主要伦理,其他六伦为辅助性伦理,伦理法则有了主次和立体化的效果。

魏晋南北朝隋唐以降,对于五伦、三纲等的具体内容及其秩序问题,一般讨论很少,主要是在这些伦常的合法化、客观化、普遍化方面做一些理论性的论证,日常生活的主流基本上是由统治阶级所坚持的道德、伦理意识作为全社会的人伦法则。玄学家何晏、郭象等人,主要坚持并阐发"名教即自然"的道理。宋明理学家中的程朱一系是在"天理"的理论下讲儒家人伦的客观化、普遍化的道

---

① 伯讨之罪,即卫世子蒯聩的故事。蒯聩想杀他的母亲南子,得罪了卫灵公,事发后逃到宋国。后来蒯聩又与公子辄争位,成功即位后立为庄公。晋伯伐卫,卫人逐蒯聩。董仲舒将此事称为"伯讨之罪"。(见《左传》鲁定公十四年、鲁哀公十六年)

理。如朱熹讲:"且所谓天理,复是何物?仁义礼智,岂不是天理!君臣、父子、夫妇、朋友,岂不是天理!"(《朱子文集》卷五十九)不过,在朱子的思想体系里,有限度地恢复了先秦时期儒家伦理的对待关系,如他说:"万物皆是此理,理皆同出一源,但所居之位不同,则其理之用不一。如为君须仁,为臣须敬,为子须孝,为父须慈。物之各具此理,事物之各异其用,然莫非一理之流行也。"(《朱子语类》卷十八)

南宋以后,程朱理学被各朝统治者所利用,成为官方的意识形态,《朱子家礼》普遍推行,程朱理学的影响也普及到下层普通群众。在此过程中,理学逐步走向伦理异化,"礼教"在政治与社会的伦理生活中,逐步蜕变为"以理杀人"的工具。

所谓"伦理异化",意指作为修身齐家的道德规范被统治者利用而逐渐变成外在于个体的异己力量,道德主体自觉自由的精神被客观化的伦理法则借助于政治力量而受到严重压制。萧萐父先生认为,人的价值是通过自觉实践伦理道德规范来实现的,但是,当这些道德规范脱离了人的自我道德意识,而异化为一种强制、奴役、愚弄人的"道理",反过来箝制人心,使人成为非人,结果人在实践道德规范中反而丧失了人的本质。这种现象是类似宗教异化的伦理异化[①]。朱熹所倡导的"存理灭欲",本来主要是指向君主、士大夫的特权阶层,目的是主张限制他们过度的私欲膨胀,避免损害民众的公共利益,危及国家政权。但后来被统治者所利用后就改变了礼教原本具有的提高道德修养、规范社会秩序的功能,成为意识形态化的教条而必须绝对服从,从而丧失了道德的主体意识和自觉精神,纲常伦理因此异化为一种压迫、愚弄、奴役人的精神枷锁。先秦儒家礼教的"五伦"规定父慈子孝、兄良弟悌、夫义妇听、长惠幼顺、君仁臣忠,双方的关系是对等的,但"礼教"被异化后,强调"三纲"、三从四德,强调对君权、夫权、父权的绝对顺从,"礼教"就成了维护君权统治、奴役人民的工具。

南宋以后的统治者,都非常明白程朱理学对于其政治统治的工具价值。元朝科举取士,就以朱熹的《四书集注》为考试内容。朱熹被追封为信国公,获得与祭祀孟子同样的礼仪规格。明朝建国后,即把程朱理学规定为官方的意识形态。明成祖永乐年间,为强化思想控制,明朝开始组织编纂《四书大全》《五经大全》《性理大全》,并颁示全国,科举取士以程朱理学的注释为准则。程朱理学作为治国齐家的统一法理和道德准则,取得了独尊的地位,因而也钳制了人们的思想。

清代中期的戴震对"伦理异化"现象进行了深刻的批判,他说:"尊者以理

[①] 萧萐父:《吹沙集》,巴蜀书社2007年版,第146页。

责卑，长者以理责幼，贵者以理责贱，虽失，谓之顺；卑者、幼者、贱者以理争之，虽得，谓之逆。于是下之人不能以天下之同情、天下所同欲达之于上。上以理责下，而在下之罪，人人不胜指数。人死于法，犹有怜之者，死于理，其谁怜之？"（《孟子字义疏证》卷下）装扮成代表公正的"理"和"天理"，实际上成为统治阶级维护其自身统治的工具，有时候成为强权者杀人不见血的软刀子。

作为传统社会里占统治地位且法典化了的儒家伦常思想，其价值排序在现代是可以调整的，特别是"三纲"以刚性的方式所表现出来的单方面义务与责任要求，是可以改变的。但是，除了"君臣"之伦之外，其他的伦常关系在现代社会仍然存在的，只是其具体的道德责任与义务的要求是不一样的。如夫妇、父子关系就可以补充现代社会尊重个人的意识，在新的时代条件下重新建立夫妻恩爱、父慈子孝的人伦关系。

二、当代"六伦""五缘""仁包四德"说及诸探索

当代中国的道德、伦理的建设工作，并不是完全建立在沙滩之上，而是有其丰厚的历史文化传统资源可以资借。这可以从两个方面来看：一是五四新文化传统提供的现代道德文化资源；二是悠久的传统道德、伦理提供了深厚的道德文化意识与心灵积习。前者不是本书的研究重点，而且已经有一批学者在这方面做了大量的研究工作，也发表了不少论著。[①] 本书主要集中研究传统优秀道德文化对于当代道德、伦理文化建设工作的意义。

有关传统"五伦"或五常等思想资源的转化，学界有很多人已经做了先行的探索。林其锬在20世纪80年代就曾经提出过"五缘"[②]说。郭齐勇最近提出了"六伦"说。[③] 胡成广在"六伦"说的基础上又提出了"七伦"说，把科学发展观中提出的"人与自然的关系"看作是第七伦。[④] 姜广辉则进一步提出了"九伦"说。针对网络信息化高度发达的现实，他把伦理关系从现实世界延伸到网络虚拟世界，提出要把建立"网际伦理"作为第八伦。"网际伦理"强调人们在网络虚拟世界中要具备分辨真伪、善恶、是非的理性能力，要善于区分虚拟世界与真实世界，建构起一套网络道德规范。同时，针对目前纷繁复杂的国际形势，他

[①] 参见高瑞泉主编：《中国思潮评论》六辑，上海古籍出版社，2009~2014年，每年一辑，分六个主题展开。

[②] 林其锬著：《五缘文化论》，上海书店出版社1994年版。

[③] 郭齐勇著：《新时代"六伦"的新建构》，引自《儒学新论》，孔学堂书局2015年版。

[④] 胡成广：《从"五伦"、"第六伦"到"第七伦"》，载《哈尔滨师范大学社会科学学报》2012年第3期。

又把伦理关系从国内关系延伸到国际关系，形成了第九伦——"国际伦理"，主要用于调节国与国之间的关系，强调弘扬中国传统的"协和万邦""亲仁善邻"的美德，确立"邦交有礼"的伦理规范以及和平共处的方针原则。[①] 这些说法均有极强的启发意义。下面就新伦常问题做一扼要的讨论。

（一）六伦、七伦还是九伦？

与传统社会相比，今天的社会发生了很多变化，但基本的人伦关系还是一样的，父母子女的关系是普遍存在的，伴随着计划生育政策的放开，兄弟姐妹的关系正在恢复，夫妻关系不仅存在，而且成为家庭关系的重心与中心，朋友关系一直就存在，但在今天的社会里变得极其复杂，不仅有远近、熟悉与陌生等不同的距离关系，还因为职业、兴趣爱好、性向关系而组成不同类型的朋友关系；君臣关系不存在了，包括臣民关系也不存在了，但有国家与公民的关系，有上级与下级的关系。今天社会由于教育普及化、平民化，师生关系成为社会的重要一伦。此伦在中国古典社会里也存在，特别是在科举制度后期，师生关系变得很复杂，但不像今天的师生关系在社会生活中占有如此重要的位置。今天社会行业分工发达，各种类型的同事关系，也是古典社会里所没有的。古代行会、衙门里的会员与同僚的关系，难以与今天的同事关系相比拟。由于现代中国社会的特殊性，军人是国家安全的柱石，军人在部队里结下的战友情谊，复员后也构成了现代中国社会里非常重要的一种人伦关系。当然，伴随着中国社会的改革开放，越来越多的外国公民进入中国社会，国民与非国民之间也有一种特殊的人伦关系，跨国婚姻越来越多，这些人群的生活不能不进入我们的道德、伦理生活之中。而且他们的伦常生活也会影响我们的伦理生活与现状。凡以上提到的种种伦理关系现象，都需要我们从理论上加以认真地对待。

如果我们将"三纲"的专制因素加以剔除，而纯粹从伦常的角度来看，君臣、父子、夫妻实际上是"三伦"，加上"诸父、诸舅、族人、昆弟、师长、朋友"六纪，共有"九伦"。结合上文提及的当代社会人们所形成的客观人伦关系和学术界关于"五伦"现代转化的研究成果，当代中国社会的伦理建设，或许可以提出"九伦"的思想框架。这"九伦"的具体内容是：

第一，国家与公民，简称国与民的关系，此伦属于政治伦理。国家要爱护自己的人民，赋予并保护公民的基本权利。公民应当遵守国家的法律、法规与其他一切规范，并要忠于国家的利益。

第二，夫妻之伦。基于现代社会人人平等、自由，男女平等、自由的原则，

---

① 姜广辉：《九伦》，载《光明日报》2007年8月23日。

夫妻之伦强调相爱相敬、互相忠诚，平分责任、义务，尊重对方的基本权利，共建温馨和谐的家庭氛围。

第三，父母子女之伦。父母慈爱子女，尊重子女的个人权利与人格、尊严；子女孝敬父母，尊重父母的个人权利与人格、尊严。

第四，师生（包括师徒）之伦。尊师重道爱生，是全社会都应该树立起来的一种伦理关系。而师生平等是现代平等观念在师生之伦里面的合理延伸。不仅学生在学校里要尊重教师，社会也要树立起尊重教师的伦理态度。而这一伦理态度在社会各政府组织的行为、价值导向中都应该得到体现。而与之相适应的是：社会应该提高教师行业在道德、知识、能力方面的准入门槛，提高教师队伍的整体素质，使教师成为一门受人尊重的职业。

第五，行政系统里上下级关系的干群之伦。干群之伦首先要有平等意识，其次才是下级服从上级，下级尊重上级。服从伦理是对职位的服从而不只是对具体个人的效忠，所以古代社会的谏诤之德可以活化到当代的干群伦理关系之中。谏而不从，若有错误，可以不承担责任。

第六，同学、同事、战友之伦。此伦主要面对熟人关系，以相互平等、相互尊重，在自觉自愿的前提下相互帮助。这是同学、同事、战友之伦的伦理要求。

第七，一般朋友、陌生人之伦。此伦的伦理义务要求相对而言比较轻、比较少，只需要保持相互尊重、平等对待就可以了。没有相互帮助的绝对伦理义务与要求，只有当某人处在生死存亡的特殊情境下，陌生人有一种人道的义务，给予力所能及的帮助，以使某人从极端险境下解脱出来。

第八，宗教人士与非宗教人士之伦。各宗教内部的人士，基于共同信仰基础上的相互尊重、相互平等，有共同维护自己宗教信仰的纯洁性、神圣性的义务。同时还有相互帮助、共同提高的教内同仁的要求。各宗教对于教外人士可以分为两种：一种是有不同宗教信仰的人士，对于这些人士，应当本着信仰自由的原则，尊重其他宗教人士的信仰，平等相对。另一种是非宗教人士、不信教人士，对于这些人士，也应当本着人人平等的原则，不应该以有没有宗教信仰为标准，蔑视或鄙视非宗教或不信教人士。

第九，本国公民与外国公民之伦。此伦要求基本的尊重人的态度，在没有发现外国公民明显的非法、违背人类基本的伦理要求，也没有违背本国的基本伦理要求的前提下，应当友好地对待他国公民。不应该以肤色、人种、国别来歧视外国公民。

上述"九伦"之中，除了国家与公民之间有明确的权利与义务关系之外，其他八伦的基本伦理要求是一样的，即平等对待任何个人是现代伦理的基本要求。国家也应当平等地对待任何公民。对于合乎国际关系要求的外国公民，也要做到友好对待。平等，作为一种伦理要求，是现代伦理与传统伦理根本不同的要求，贯穿在各种伦理之中，并成为基本的伦理要求。此外，各种伦理关系之中，除国家与公民的伦理关系之外，人与人之间的相互尊重也构成一种伦理关系，这是由平等之伦引申出来的，又有高于平等之伦的内容与要求在其中。尊重，首先是一种善意，把对方当作有价值的同类来对待。人们在地位、职业、性别、年龄、相貌、健康与否、残疾还是正常、信仰、生活习惯等方面的差别，都不应该受到蔑视与忽视。把一切人当作人来看待，既是中国传统儒家仁学精神的现代体现，更是现代人道主义的基本要求。仿照王夫之的说法，这是"古今之通义"。

（二）"五缘"说的启迪意义及其理论上之不足

作为一种具有世俗人伦意义的"五缘"说，应当是林其锬先生最早提出的。林先生提出的"五缘"包括以下五个方面：亲缘、地缘、神缘、业缘和物缘。这五种关系说包含了一些伦理的关系，如亲缘、业缘、神缘，有些则只是一般性的人际关系。"所谓亲缘，就是宗族亲戚关系。"[①] 展开来说，有血亲和姻亲之别，包含父族、母族和妻族。儒家传统中的父子、夫妇、昆弟的三重关系，都包含在亲缘之中。"所谓地缘，就是邻里乡党关系。"[②] "所谓神缘，就是以共同的宗教信仰和共奉之神祇为标帜进行结合的人群，其组织形式便是神社、教会等。"[③] "所谓业缘，就是以同业和同学而组合的人群，如各种商会、同业公会、协会、学会、研究会等等。"[④] "所谓物缘，则以物（如土、特、名、优）为媒介而发生关系并集合起来的人群，如以物为对象而成立的行会、研究会之类的组织。"[⑤]

上述五缘关系中，"亲缘"在伦理上比较复杂，即使我们可以淡化血亲与姻亲的区别，但父母子女关系与夫妻关系在伦理上的要求是相当不同的，父母子女之间的关系有纯粹的义务关系，而夫妻关系则是一种相互的义务与责任关系，而且现代社会特别强调双方基于爱情基础上的相互忠诚，这是父母子女之间所没有的伦理要求。因此，"亲缘"作为一种要求，过于粗疏，不利于人伦关系的确立。

地缘关系纯粹是一种自然的关系，不足以构成人与人之间的伦理关系。"神缘"的说法不是太准确，有些宗教并不以神灵崇拜为核心，如佛教、儒教。按照中国的文化背景与环境，改为"教缘"关系可以更清楚地反映中国宗教信徒之间的宗教伦理关系。要而言之，"五缘"关系说对于建构新时代的伦理关系有一定

---

① 林其锬著：《五缘文化论》，第2页。
② 同上。
③ 同上。
④ 同上。
⑤ 同上书，第2~3页。

的启发意义,但还不足以作为一种伦理关系来对待,因为,其中有些"缘"并不涉及权利与责任、责任与义务的关系。现代伦理学应当涉及权利与责任、责任与义务的双重关系,否则不足以构成一种伦理关系。因此,作为一种道德伦理学意义上的人际关系之缘,"五缘"或者是更多的缘,可以从自然、社会两个层面来展开,至少存在血缘、地缘、姻缘、业缘、学缘、教缘、政缘、网缘"八缘"。从自然的层面说,可以有血缘、地缘两缘。血缘可以分血亲与姻亲,父母子女、兄弟姐妹属血亲,舅姑婊属姻亲。夫妻关系界于自然与社会之间,从生理性别角度看,异性夫妻更多因为自然原因而结合;但夫妻之间的结合更重要的还是社会、文化的原因。今天社会里,同性婚姻已经成为一种社会现象,夫妻之伦在继承传统观念的同时,应该能反映更加真实的现时代生活状态,因此,夫妻之缘——"姻缘",在当代的权利与义务、责任与义务的关系可能比古代社会要复杂一些。

  从社会的层面说,有业缘、学缘、教缘、政缘、网缘"五缘"。业缘的涵盖面最广,所有的职业关系及其伦理,都可以涵盖于其中。现代的职业伦理就是用来处理业缘关系的。"学缘"既包含今天所有具有学校经历的同学之关系及其伦理,也包含学徒之间,以及广义的师生关系——学生与老师、徒弟与师傅。师生之间平等、学员之间平等,是学缘关系的基础。学员之间相互爱护与帮助,是基本的伦理要求。而尊师重教则是所有学员对于教师必须遵守的基本人伦。"教缘"主要是指各大宗教的教内信徒与教外信徒之间的伦理关系,也可以延伸到教内宗教人士与在家宗教信众的伦理关系。"政缘"实际上是国家内部公民与公民之间的最广泛的伦理关系,也包含了公民与非公民的伦理关系。在"政缘"里,上下级之间的关系既有下级服从上级的伦理关系,也有上级尊重下级人格、以平等态度相处的伦理义务。公民与公民之间、公民与非公民之间相互尊重、平等对待也是基本道德义务。"网缘"主要针对当今虚拟网络空间里发生的人与人的关系,要区分真实世界与虚拟世界,理性对待网络信息,发帖和发言要遵守国家的相关法律法规,避免网络暴力,做到文明上网。

  从以上"八缘"或者"八伦"的角度来看,今天实际社会生活中最基础的还是血缘、姻缘、业缘三种人伦关系,其次才是其他五缘。"政缘"最重要,对一个人的影响最具有框架性的意义,既抽象又感性。身份证就是最典型的象征符号。同时,由于网络在当今人们社会生活中的地位越来越重要,其价值已经超越了"地缘"。所以"八缘"之中,若按价值排序的方式来排列,则当是政缘、姻缘、血缘、业缘、学缘、网缘、地缘、教缘。由此主要"八缘"构成八种人伦关系,可以成为我们今天道德伦理建设的八个主要方面。因此,笔者认为,林先生的"五缘"文化观,在处理华侨关系时,可能有一定的理论指导意义,但作为一种普遍的当代社会的伦理学思想资源,似乎还略显不足。笔者在此处更倾向于上文所阐述的"九伦",以之来思考当代中国的道德、伦理建设的问题。

(三)"仁包四德"说及其三层道德谱系

在《仁学本体论》一书中,陈来从两个层面对"仁体"进行阐述:第一层,"万物关联共生的整体即是本体,即为仁体"。第二层,"此整体之后仍有实体,但此实体非独自另外一物,亦非在万物自身之内的另一物,此实体与万有关联共生之整体乃是'即体即用、即用即体'的关系。此实体是一切生生不息的终极根源"①。此两层仁体在理论上、逻辑上有先后、轻重的关系,在理论上,在逻辑上,第二层有优先性,在实践上,第一层有优先性,"用朱子的话说,论先后,第二义为先,论轻重,第一义为重"②。

陈来建构仁学本体论,不只是出于单纯的学术追求,而是有强烈的现实关怀指向,这种"现实指向"可从两个层面来看:一是现代性世界所凸显的共同问题,即陈来所说的:"世界问题的根源是这个世界与道德的分离,以现代性为名否认了几千年来人的道德经验和道德诫令,道德文化的崇高感几乎荡然无存,人只相信科学和技术,却无法对科学技术的成果予以把握,以核子武器为代表的大规模杀伤性武器在资本主义和帝国主义的冲动下根本无法被遏止。"还有个人主义与物质享乐主义、消费主义成为青年人的主导原则和生活方式,人们对事物的道德感受、道德立场、道德意识的逐渐丧失③,均是现代性社会所面临的共同问题。因此需要有一种新的道德哲学与作为第一哲学的伦理学来处理现代性世界所提出的现实难题与生活问题。二是与中国社会在现代化的过程中出现的具体民族问题密切相关,如陈来说:"仁体论的建构既是面对现代儒学形而上学的需要,也是面对中华民族复兴时代重建儒学或复兴儒学的需要,在根本上,更是面对当今中国与世界的道德迷乱,因此它最终要落脚在价值、伦理、道德的领域,重建社会和人的道德,如古人所说振纲纪、厚风俗、正人心者。"④ 具体而言,"当代儒者必须坚持在一切公共文化中凸显儒家道德精神,力图使之成为社会文化的主导的精神力量"。而在中国的具体文化环境里,"儒家的人道主义可以把它的仁学与社会主义、文化民族主义相结合,因为中国的文化民族主义是对近代西方文化中心论霸权的强势压迫的反抗,也是对民族文化复兴发展的支持"⑤。

以仁爱为核心,陈来阐发了他自己提出的新四德——仁爱、自由、平等、公

---

① 陈来著:《仁学本体论》,生活·读书·新知三联书店2014年版,第62页。
② 同上书,第62~63页。
③ 同上书,第85页。
④ 同上书,第99页。
⑤ 同上书,第92页。

正,而以和谐为社会目标。如果采用传统的"五德"观念模式,即是仁爱、自由、平等、公正、和谐。无论是"四德"还是"五德",仁爱都是根本之德,以宇宙论的语言或方式说,"仁体的大用是生气流行,通贯周流于四者之中,比喻言之,仁爱是仁之春,自由是仁之夏,平等是仁之秋,公正是仁之冬;仁爱是仁之本体的本然流行,其他三者是仁的流行的不同表现。自由是仁之活动无碍,平等是仁之一视同仁,公正是仁之正义安排,和谐则是仁体流行的整体要求"①。

就其理论的现实关怀来看,陈来从"仁学本体论"的立场出发,对当代中国核心价值问题给出了明确的回答。他认为,如果从儒学的角度看,当前中国社会的核心价值只需要突出五项,即仁爱、自由、平等、公正、和谐。而在社会核心价值层面意义上的仁爱,"不是作为个人道德的仁,而是作为普世价值的仁"②。

陈来以其理论的清晰性,区分了"价值"与"道德"问题。他的仁学本体论既处理了当前社会的核心价值观的建构问题,也着重从道德建设的角度提出了当代中国社会的"个人基本道德"的谱系重构问题。他认为,当代中国社会需要的个人基本道德,即私德,若用单个字表达,即是"仁、义、诚、信、孝、和"。用双字词:"仁爱、道义、诚实、守信、孝悌、和睦"③。次一级的私德有自强、坚毅、勇敢、正直、忠实、廉耻。而个人道德中与社群有关的社会公德则是爱国、利群、尊礼、守法、奉公、敬业。这三重个人基本道德谱系的建设工作,具有极强的现实指导意义。

在面对强大的现代西方文化及其价值谱系时,陈来的"仁学本体论"既提倡"全球文化关系的去中心化和多中心化即世界性的多元文化主义"④,亦直言不讳地强调了以仁学为核心精神的中华价值及其文化价值在排序上的优先性。这种价值排序上的优先性与以仁学为核心的中国文化在价值排序上的优先性有如下两个序列的表达式:

其一是:"仁爱高于一切,责任先于权利,义务先于自由,社群高于个人,和谐高于冲突,以及天人合一高于主客二分。"⑤

其二是:"仁爱原则、礼教精神、责任意识、社群本位都是与个人主义相反的价值立场。即协同社群、礼教文化、合作政治、王道世界。协同社群突出社群的意义,以对治个人主义;礼教文化突出道德意识,以区别法律主义;合作政治突出合作的政治沟通,以有异于冲突的政治;最后,王道世界是一种与帝国主义

---

① 陈来著:《仁学本体论》,第429页。
② 同上书,第466页。
③ 同上书,第467页。
④ 同上书,第492页。
⑤ 同上书,第487页。

不同的天下秩序。这四点都以仁为核心，仁是以相互关联、共生和谐为内容的基本原理。"①

"仁学本体论"也试图为当今人类的诸多问题开出当代中国儒家式的思想解决方案，陈来要求人们跳出旧的"传统—现代"对立的思维模式，"站在更高的层次上，重新认识当代全球社会的文化问题。仁爱、自由、平等、公正、和谐，就是现代全球社会需要的五项基本价值"②。他认为，"仅仅依靠西方现代性价值——自由、民主、法律、权利、市场、个人主义去解决，是不可能的。我们必须开放各种探求，包括重新发掘中国文明的价值观和世界观，发挥仁的原理、关联性、交互性伦理，发挥道德和礼教意识，使当今这个令人不满意的世界得以改善"③。

陈来的"仁学本体论"的确超越了古今儒者的仁学与仁论思想，以系统而明确的哲学本体论的形式活化、深化了儒家的仁学思想，是儒学在当代中国的新开展。但是，他的"仁包四德"的理论或"五德"的理论构想，在处理传统的智德，即今日的科学知识，以及科学知识如何与人的道德成长相统一的诸问题上，留下了不少的理论空间；他提出的五项核心价值的设想，以及当代社会的三层道德谱系，均忽略了智德或曰现代科学知识所体现的价值意义与道德意义。这虽然是因为有感于当代社会科学技术的膨胀与负面因素日益凸显的事实，但在道德与价值理论建构中忽略智德与现代科学知识与技术的价值意义及其对于人的道德成长的意义，不能不说是一种遗憾。另外，他关于价值序列的第一个表达式，除了"仁爱高于一切"的原则可以成立之外，其他五个高于——"责任先于权利，义务先于自由，社群高于个人，和谐高于冲突，以及天人合一高于主客二分"，作为一家之言是可以的，作为普遍的伦理原则，是值得商榷的。作为一种纯粹的伦理意识，由个人自觉自愿地选择是可以的，如果作为一种国家的意识形态，通过政治权力加以推广，则可能会导致新的"伦理异化"。

三、传统道德、伦理的现代转化与"新五伦"

（一）"为仁由己"与道德个体的自觉自愿

对于传统伦理向现代伦理转化的基础及其面临的困难，学界已经有了一些理论探索，本节第一部分、第二部分提到的"新六伦""五缘"等说法，都是一些

---

① 陈来著：《仁学本体论》，第 490~491 页。
② 同上书，第 498 页。
③ 同上书，第 499 页。

学者进行的理论尝试，富有一定的启发意义。近几年来，陈来提出新的"仁包四德"说，以及三层道德谱系的理论探索，颇具有理论的内在一贯性与深刻性，但对于如何处理"智德"问题，还是有较大的理论空间。在我们看来，传统优秀道德文化在当代的实践与展开，要与当代社会的主流价值、人的实际存在具有内在的关联性，才有可能发挥其内在价值。经过现代性洗礼的当代中国社会，对于个人的高度重视，是一个不争的文化事实。当代中国法律体系，上至宪法，下到民法，都是以基于个人权利、义务、责任为本位的现代法律体系。作为现代法律体系理论支撑的道德、伦理体系，从逻辑的内在性要求看，也必然要以个人的权利、义务、责任为本位，来建立基本的道德谱系与伦理关系。但这绝不意味着要以发源于近现代西方的原子论式的个人主义为其理论基础。传统仁学理论中的"为仁由己"的观念，就包含着道德个体自觉自愿的思想因素与内容。道德哲学与伦理学，在哲学领域里，本来就属于实践哲学的范畴。"为仁"的实践哲学，以道德个体的自觉自愿为基础，在社会层面以"经得起模仿"为其基本的行善原则[1]，进而与寡头的个人主义在道德实践层面容易滑向自私自利的道德冷漠，颇为不同。

　　传统伦理在什么样的基础上可以向现代转化？这是我们构建当代新伦理首先要考虑的问题。对于这一问题，贺麟先生在《五伦观念的新检讨》一文中给我们提供了解决的思路，他说："现在的问题是如何从旧礼教的破瓦颓垣里，去寻找出不可毁灭的永恒基石。在这基石上，重新建立起新人生、新社会的行为规范和准则。"这个"基石"到底是什么，贺麟先生在这篇文章中并没有明确提出，但他在这篇文章的结尾总结了传统五伦观念的四个基本要素。"（一）注重人与人的关系；（二）维系人与人之间的正常永久关系；（三）以等差之爱为本而善推之；（四）以常德为准而皆尽单方面之爱或单方面之义务。这就是我用披沙拣金的方法所考察出来的构成五伦观念的基本质素。"[2] 这四个要素除了第四个方面"尽单方面的义务"与现代社会不太适用之外，其他三个方面都应该是我们构建当代新伦理需要认真考虑的。其中第三个要素"以等差之爱为本而善推之"被贺麟先生认为是实践五伦观念的主要特征和根本方法。在贺麟看来，以仁爱之心为基础的等差之爱不仅合乎人情，也可以与现代民主社会相适应。陈来先生提出的"仁包四德"的"仁学本体论"可以看作是对贺麟先生的发展和超越。陈来提出的"仁爱、自由、平等、公正"新"四德"也是以仁爱为根本的。仁爱作为普遍的人情和人性，具有永恒的价值。综合前人的研究，我们认为"为仁由己"的

---

[1] 参见赵汀阳《论可能生活》一书的相关论述。
[2] 张学智编：《贺麟选集》，第149页。

道德自觉自愿原则可以作为构建当代新伦理的基石。

"为仁由己"的道德观念何以可能作为构建当代新伦理的基石？这可以从博兰尼的"支援意识"理论来说明。

英国哲学家迈克尔·博兰尼认为，人的创造来源于两种意识，即"集中意识"和"支援意识"。一个人在思考具体问题时，其意识就会集中在或大或小、或明确或模糊的某一点上，这种思想活动的关注点就被称为"集中意识"。但"集中意识"的背后却是长期生活学习过程中潜移默化的积累，即"支援意识"。按照博兰尼知识论中的观点，一个人的"支援意识"是从他的文化与教育背景中，经由潜移默化而得来的，对人的创造发挥着决定性的作用。今天，我们在构建当代新伦理时，其背后的"支援意识"主要是来自中国传统的伦理道德，不仅包括儒家的，也包括道家和佛教的。作为"为仁由己"的道德观念文化在佛教中也得到体现。中国化佛教，特别是禅宗的精髓，就是强调自觉觉他，依自不依他。这种禅佛教的道德个体意识，并不是基于现实的利益或功利基础上的个体意识，而是一种道德上的向上与向善的个体意识。

在中国本土道家与道教的思想资源中，尊视个体生命，是道家、道教的基本道德与伦理意识。而在庄子的思想体系中，个体的精神自由成为以庄子为代表的道家的基本思想倾向。

因此，以儒家道德、伦理思想为主流的传统优秀道德文化，依托儒家"为仁由己"的个体道德自觉自愿行为，可以成为传统道德向现代道德转化的内在核心观念。这一核心观念亦可以从明清之际早期启蒙思想家那里获得自己的近代化早期的文化传统的支持。王夫之的道德哲学中强调具有创造性的自我在道德实践中的价值与意义，提出了在道德领域里提倡"无我"，会导致"道不立而义自迷"的恶果，故而主张一种"大我"："我者，大公之理所凝也。"顾炎武通过公私关系论的阐发，提出了"合私成公"的道德主张。龚自珍亦提出了尊我、贵我的思想。因此，讨论传统优秀道德向现代的转化问题，要从动态的历史发展过程来考察本民族内部所产生出的与近、现代道德观念相一致的思想要素。传统道德文化虽然不能简单地分为进步与落后的两种道德文化，但对传统道德文化在动态的历史过程中自然而然地发育出的合乎现代道德观念的因素与内容，也不能故意地视而不见，甚至加以抹杀。

萧萐父先生认为，儒家传统在其衍生、变异阶段，形成多层的结构，并随时代发展而不断变化其内容。儒家传统包括儒经的传统、儒行的传统、儒学的传统和儒治的传统，这几个层面各成系统而又密切结合。"所谓儒家传统，并不仅是一种学术思想或精神资源，而是依附于一定的经济政治制度的伦理规范、社会风习、文化心态、价值理想等的综合体，涵盖面广，渗透力强，在历史上曾经起过重大的支配作用。尽管经过近百余年的历史沧桑，它在民族文化的深层结构中仍具有不可忽视的再生活力。"① 萧萐父先生认为要实现传统文化的现代化又涉及"历史接合点"问题，即传统与现代在什么地方"接合"。萧先生认为"明清之际"的启蒙思想是中国现代化的"源头活水"，是传统与现代的"历史接合点"。中国的现代化应该接续明清之际的启蒙思想作为起点，这样才能使中国的现代化扎根于中国的文化传统之中。②

传统道德文化与现代道德文化的"接合点"问题，在当代中国的道德建设中，仍然是一个可以继续讨论的理论问题与现实问题。

（二）基于"为仁由己"基础之上的"新五伦"

上文将汉书中的"三纲""六纪"加以适当改造之后，提出了"新九伦"的探索性主张，这"新九伦"即是：（1）国家与公民。简称国民之伦。（2）夫妻之伦。（3）父母子女之伦。（4）师生（包括师徒）之伦。（5）上级与下级的上下之伦。（6）同学、同事、战友之伦。（7）一般朋友、陌生人之伦。（8）宗教人士与非宗教人士之伦。（9）公民与外国公民之伦。如果从简化的角度看，可以化约为"新五伦"，国民之伦不变，（2）与（3）可以化约为家庭之伦，（4）、（5）、（6）、（8）可以化约为"行业之伦"，（7）可以简称为"群己之伦"，（9）可以称"内外之伦"。内外之伦在中国古代社会被长期称为"华夷之别"，今天不再适宜用此名称，可以称为"中外之伦"。简而言之，可以称之为"新五伦"：国民、家庭、行业、群己、中外。下面分述新五伦的基本道德内容及其伦理要求。

第一，国民之伦。卢梭的《社会契约论》是现代民主国家的基础理论，其中比较明确地规定了国家与公民的权利义务关系。人生而自由平等，人们通过订立契约来建立国家，国家就是人民契约的结合体。有了契约的保证，每个人对所有的人承担了义务，所有的人也对每一个人承担了义务，这就使得人与人之间拥有了权利的平等。国家的主权在人民，政府只是人民的受托方、法律的执行者。"主权在民"是政府存在的法理基础，人民是国家真正的主人，人民要加强对政府的约束，要推动政府成为好政府。

现代社会的国家与公民的伦理关系，其基本的伦理要求是：国家的所有一切都是属于一国之公民的，国家的政治权力是人民赋予的，国家的一切公共权力都是为公民服务的。现代的民主共和国的政治形式及其政治权力，是属于一个国家全体公民的，因而只能为该国公民服务。是公民决定了国家的权限，而不是政治

---

① 萧萐父：《吹沙集》，第144页。
② 萧萐父：《吹沙三集》，第1页。

告诉公民应该做什么。从法的形上学原则来看,公民之间的契约构成了公民之间的相互权利与义务,国家作为保护全体公民的政治实体,主要是保证契约得到完全真正、平等、公正的实施。除了公民之间相互契约所形成的权利与义务关系之外,国家作为一个政治实体没有任何资格额外要求公民承担由国家机关提出的特殊义务要求。国家不能凌驾于公民之上,公民也不得无故破坏本国公民之间形成的权利与义务关系。维护国家实体这一共同体的任何义务与责任要求,都只能与该国之内所有公民的权利、义务相关。而破坏某一个或某一条伦理的义务,实际上在其他场合也就会影响到他本人。

因此,国家保护每一位公民的基本权利不受侵犯,是国家对于公民的一项基本义务。一个国家如果不保护其中的任何一个公民,从理论上说就不可能保护所有的公民,那么国家就失去其作为国家的基本正当理由。与此基本权利相关,每个公民也不得以任何理由拒绝他应当承担的基本伦理义务,如不能为了个人的利益而出卖国家的利益。因此,国民之伦基本上就是一种对等的权利与义务关系。除此之外,国民之间就不存在任何伦理的关系。

第二,家庭之伦。儒家认为人伦关系起源于家庭,由家庭推及家族,由家族扩展到社会中的君臣、师友诸关系,由此构成整个社会的政治伦理关系。传统社会最重要的五种人伦关系——"君臣、父子、兄弟、夫妇、朋友"——都是以家庭为基础的。冯友兰先生这样讲:"传统的五种社会关系:君臣、父子、兄弟、夫妇、朋友,其中有三种是家族关系,其余两种,虽然不是家族关系,也可以按照家族来理解。"[①] 在当今社会,传统大家族的家庭关系已经解体了。但在今后一个相当长的时期内,家庭仍然是社会的细胞,仍然是当今社会的基本单位。家庭在协调人际关系、稳定社会秩序方面,仍然发挥着非常重要的作用。只要这一点不改变,我们就应该重视家庭伦常关系。

如前所述,家庭之伦包括夫妻之伦和父母子女之伦。夫妻之伦主要是基于爱的原则。夫妻之间是基于爱情,父母子女之间主要是基于亲情。两种关系都从属于爱,但夫妻之爱既基于性爱,更基于一种精神上的相互理解、相互尊重、相互平等、相互关心的精神之爱,而父母子女之间的爱是一种天然的血缘之爱,然后才是一种现代的平等、相互尊敬、相互理解,父母慈爱,子女孝敬的互动式的伦理关系。

与古典的家庭伦理不一样,夫妻之间没有主从与服从的关系,父母子女之间也是如此,都有一个尊重对方人格独立与自由空间的现代人伦的基本要求。夫妻之间既要相互尊重,也要相互信任。父母在孩子成长的过程中,应该注意培养孩

[①] 冯友兰:《中国哲学简史》,北京大学出版社1996年版,第19页。

子的独立自主的人格与意志，在逐渐长大后，需要尊重子女的个人意志。在没有征得子女个人同意的前提下，绝不能替孩子做决定，尤其不能以爱为由做不尊重子女独立人格的事情。

家庭之伦以爱为基础，尊重每位成员的自由、独立的人格。家庭里不以伸张个人权利为理由，但也不能忽视作为个体的家庭成员的基本权利。家庭伦理中需要谦让，但不能以谦让为理由而剥夺，甚至忽视家庭成员的基本权利。家庭中的每位成员之间有一种天然的责任与义务，这些责任与义务不能以权利为借口而加以推脱。

第三，行业之伦。社会主义核心价值观在个人层面的要求是"爱岗、敬业、诚信、友善"。"爱岗、敬业"是对工作的基本伦理规范，"诚信、友善"是对他人的基本道德规范。作为一种行业伦理，在自觉自愿地选择的岗位上，保持对自己岗位的热爱与敬业的精神，是一种基本的伦理要求。现代社会高度分工，对行业的伦理要求也随之出现。不同的行业有具体的伦理要求，如对于教师、医生、公务员等行业，伦理的要求相对要高一些，但也必须遵循一般性的行业伦理要求。具体而言，行业伦理分成两个层次：一是作为社会各行业的一般性伦理；二是作为具体行业的特殊伦理要求。此处我们仅从一般性的行业伦理要求，尝试提出一些原则性的要求。

其一，敬业乐群。这是所有行业的从业人员所必备的基本伦理精神。敬业是岗位的要求，乐群是行业内部分工合作的需要。现代社会各行业都是建立在高度分工又高度合作的社群之中。这种分工—合作的社群既是工作的需要，也包含着一定的生活内容。一个只敬业不合群的行业人员，几乎无法展开自己的工作。主治医生没有助手、护士的密切合作，几乎无法展开自己的医疗活动。一个教师在具体的课程教学中可能主要是单个的主体行为，但没有其他同事的自然协作，也无法培养出好的学生，对于研究生的培养更是如此。工厂里的工人亦是如此，大机器的流水作业，更需要流水线上同事的密切配合。而每个行业的上游与下游，从行业伦理的角度说，也有一个相互分工配合的问题。在尊重个人独立性的前提下，具备团队合作精神是当今单位员工的一个基本要求。关心集体，善于与同事相处，保持和谐的人际关系也是个人工作顺利开展、实现人生价值的基本条件。

其二，诚实劳动。在人人平等的现代伦理的前提下，所有行业的从业人员在具体的劳动——精神的与体力的劳动——过程中，都应当坚持诚实劳动的基本伦理。从根本上讲，诚实劳动是由市场经济活动中等价交换的原则决定的，是由价值规律决定的。付出多少劳动就会得到多少报酬。[①] 多劳多得，少劳少得，也是

---

① 罗珊、郑永廷：《论我国职业道德传统与发展》，载《思想教育研究》2007 年第 5 期，第 57～59 页。

社会主义按劳分配原则的体现。体力劳动过程中的偷工减料，减少必要的劳动程序，精神劳动过程中的造假，如数据造假、抄袭、剽窃等行为，都违反了诚实劳动的基本伦理原则。从短期来看，这种造假的欺诈行为可能会给个人带来暂时利益，但从长期来看，不诚实劳动的欺诈行为最终会影响个人声誉和业务的深度展开，最终得不偿失。

其三，精于技术。所有的行业劳动，都需要有一定的技术。行业分工从社会生产与生活的外在需要规定了技术的细分。而技术的专门化从内部支撑了每个行业在社会中的发展水平与地位，并让每个行业具有自己的内在标准，对自己的从业人员提出了特殊要求。尖端的科学技术部门的从业人员要有精湛的技术，自不待言，即使是教育与医疗这样一个既有高深技术要求，又与广大民众日常生活密切联系的行业，其中的技术要求也是非常严格的，新的技术手段也是日新月异。而伴随着时代的变化发展，各个行业的技术更新呈现为一种竞争态势。因此，精于技术就成为各行业人员内在的伦理要求。这一伦理要求可以让各行业人员避免懒惰与不思进取的人生态度。竞争成为常态，努力进取，勇于掌握行业领域最新技术的劳动者才能成为行业精英。

第四，群己之伦。群己之伦主要处理个人与他人、个人与集体两个层面的人际关系，而且主要是面对一般性的朋友与陌生人的关系。现代社会非常强调个人的价值，与古典社会个体不张的社会文化形成了鲜明的对照。台湾地区的李国鼎提出的针对群己关系的"第六伦"在当地引起了较大反响。李先生认为，传统的"五伦"只是局限于熟人之间，忽略了与陌生人的关系。而对于现代公共社会而言，随着"业缘"的不断扩大，大家面对的更多的却是陌生人社会，需要高度重视与陌生人的交往关系，因此，构建群己之伦就甚为必要。[①] 个体不张使整个社会处在一种缺乏活力、动力与创造性的状态。个性伸张的现代社会，容易形成个人中心主义，造成自私自利、道德冷漠以及个人的孤独与抑郁等社会问题。因此，现代社会的"群己之伦"还要有三个方面的基本要求。

首先，自尊尊他。传统的儒家伦理思想中的己立立人、己达达人的忠恕之道，可以通过现代的转换，成为群己之伦的首要原则。在这一点上，现代中华民族的"群己之伦"不接受近现代西方资本主义社会发展起来的原子论式的个人主义、自由主义的伦理原则，也不提倡合理的利己主义的伦理原则。

其次，独立合群。现代社会提倡个人独立自主，同时又强调要合群，不要郁郁寡欢。提倡独立的人格，自己成就自己。除去必要的亲情与友谊之外，在人的精神品格上努力形成一种不依赖任何外在的条件、自我奋斗的精神与文化心理。

[①] 杨铮铮：《传统五伦的现代构建》，载《湖南师范大学社会科学学报》2009 年第 3 期，第 128～131 页。

从社会的层面说，要努力形成一个机会平等的社会；从个人的角度说，要努力依靠自己的个人努力来获得相应的社会资源、荣誉与地位。

最后，友善乐善。在现代社会里，人口流动特别迅速，范围广大。与陌生人打交道是我们的生活常态。社会主义核心价值观之中，有一条是友爱。友爱，即是要求每个社会成员以友善的态度对待陌生人。在他人遇到危急情况时，尽可能提供一些力所能及的帮助，乐于助人。乐善好施是中华民族的传统美德，在这个方面，我们也有着丰富的传统道德资源。友善乐善的伦理原则，在开始的状态表现为一种付出，但如果这条伦理原则得到很好的实施，实际上其结果也会自然而然，在不经意的时候会形成对于每个社会成员的一种有利状态，即当我们在偶然的情况下遇到危险，就可能会得到其他陌生人的帮助。这种结果不是我们在友善乐善的行为中所要抱持的一种功利主义想法，仅是从其社会效果的角度加以分析的结果。

其实，友善乐善的伦理要求，也是基于现代社会基本的伦理要求——人人平等的原则推导出来的普遍的、基本的道德实践原则。我们之所以将友善放在乐善之前，是相对于传统社会宗教文化传统中的乐善好施的特殊伦理要求而言。基于友善基础上的乐善伦理原则，是一种以平等待人的态度来实施对他人的伦理关怀，而不是一种居高临下的施恩，因而也从根本上消除了"报恩"的道德功利主义的想法。友善乐善的道德行为，完全出于一种纯粹的道德义务，是道德主体在自己的能力范围内所实施的一种利他的善行。

第五，中外之伦。第一次世界大战前后，民族主义思潮兴起，民族意识觉醒，独立的国家也越来越多。这些民族国家普遍具有民族意识，欧美的一些国家还具有种族意识，由于种族歧视而造成的战争和冲突不仅在历史上发生过，在今天也还在不断上演。即使号称最民主的美国，今天也还不断发生白人警察枪杀黑人的事件，以及在公共场合发生歧视黑人和其他有色人种的事件。同时，当今世界开放的程度进一步加深，不仅中国政府与外国经济政治联系越来越紧密，随着交通工具的改进和旅游业的迅猛发展，中国公民与外国公民的交往也越来越频繁，在国内国外发生的中国公民与外国公民的冲突也越来越多。如何处理与外国公民的关系就成为迫切需要考虑的伦理问题。不断开放的世界与开放的中国，需要我们以严肃的伦理态度来对待其他国家的公民。

中外之伦是立足于中国社会与中国公民的立场，来思考如何对待在中国工作、游历和其他合乎中国法律要求的外国公民。作为人类的共同体，所有人都应该得到基本合乎人情的礼遇与尊重，反对种族歧视和文化歧视，不得歧视任何一个外来的他国公民。中国传统儒家有"四海之内皆兄弟"的思想，也有"天下一家，四海一人"的大同理想，这些都可以成为今天构建中外之伦的重要思想资源。平等、友善是我们对待外国公民的基本伦理要求。歧视或过分地保护外国公民,让他们享有超国民的特殊礼遇,是两种相反且均不合乎基本要求的伦理观。因此,中外之伦应当以平等、友善对待外国公民为基本的伦理原则。

构建中外之伦还应该考虑如何处理与华裔的关系。根据 2009 年的统计数据,海外华裔大约有 4 500 万。[①] 这 4 000 多万华裔是一个庞大的群体,比许多国家的人口还要多。这些华裔的绝大多数对中华民族都有强烈的文化心理认同,也都关注中国的发展,渴望中国的富强统一和国际地位的提高,并愿意为中国的发展提供经济、舆论和道义上的支持。充分发挥这些海外华裔的作用,把"文化中国"作为国家的一项发展战略,对于中华民族的伟大复兴具有重大的意义。[②] 因此,在平等友善对待海外华裔的基础上,还应该加强文化经济方面的交流,增强他们对中华文化和中华民族的认同,得到他们更多的支持。同时,由于受种族歧视和排华运动的影响,华裔群体很难融入居住国的民族群体,华裔与外族之间往往存在文化上、心理上的隔阂或鸿沟。一个繁荣、稳定、统一、发展、强大的中国是海外华裔心理上的安全保障,海外华裔生存境遇的改善与中国国际地位的提高息息相关。因此中国政府对华裔也应该采取优惠政策,通过合法的手段,关注保护华裔在所在国的合法权益。

第二节 传统职业道德与现代社会的职业道德建设

在传统社会向现代社会转型的过程中,都会遇到公民职业道德问题。英国是最早完成工业化的国家,也是市场经济最早发展成熟的国家,这也是马克思要到英国去研究《资本论》的一个重要原因。因此,英国在向现代社会转型过程中遇到的经济发展与公民道德问题就具有典型的意义,对于后起的资本主义国家和广大发展中国家都具有借鉴意义。亚当·斯密对英国向现代社会转型中遇到的问题进行了深入思考,先后完成了《道德情操论》和《国富论》,《国富论》被认为是古典经济学研究的经典之作,亚当·斯密也因此被誉为"现代经济学之父"和"自由企业的守护神"。但实际上,亚当·斯密自己最关注的还是市场经济发展过程中的道德问题。《道德情操论》写于 1859 年,至 1890 年亚当·斯密去世前的

[①] 此数据引自国侨办副主任许又声 2009 年 4 月 21 日在深圳的讲话,载《人民日报》(海外版) 2009 年 4 月 28 日。据网络报道,到 2019 年底,海外华裔人口已经突破 5 000 万。

[②] 崔海亮:《"文化中国"与海外华裔的中华民族认同》,载《中华文化论坛》2014 年第 1 期,第 141～148 页。

31年里，曾先后6次被修订，可以说凝结了亚当·斯密一生思想的精华。亚当·斯密反对极端的个人主义，《道德情操论》以同情心为基础，阐释了正义、仁慈、克己、博爱、良心等道德情操产生的根源，说明人们只有遵循这些基本的道德原则，才能保证市场经济的良性运行，才能促进社会的和谐发展。《国富论》主要讲经济人的"利己"问题，《道德情操论》主要讲社会人的"利他"问题，个人追求财富的欲望和市场经济的发展如果没有基本道德观念的规范，将是一场灾难。亚当·斯密之后，德国的马克斯·韦伯和法国的爱弥尔·涂尔干也都对市场经济发展过程中的伦理道德问题进行了研究，对于当前我国公民的职业道德建设也都有借鉴意义。我国从19世纪末20世纪初开始向现代社会过渡，至今仍然处于社会转型过程之中，一百多年来，康有为、梁启超、梁漱溟、李泽厚、萧萐父、金耀基等人也都从不同角度对公民道德问题进行了深入思考，对我国传统道德如何向现代公民道德转化提出了一些具有启发性的创见，对于当今中国社会的职业道德建设也都具有借鉴意义。

一、传统社会及其职业道德

职业道德是伴随人类社会劳动分工的深化而产生和发展起来的高度社会化的角色道德，它是与社会公德、家庭美德、个人品德等不同名称的道德类型相对应的道德理念。[①] 我国传统社会是以农业生产——生活方式为基础，政治上以中央集权制和宗法制度为主导，经济上以自给自足的自然经济占主体，文化教育上形成了以儒家文化为核心的伦理道德教化体系。社会关系以家庭家族为中心，由亲及疏、由近及远，延伸拓展形成了以家庭血缘亲情为基础的社会关系网络，构建了"乡土中国"超稳定的社会结构。由于绝大多数底层民众的社会活动基本局限于乡里，这样的社会又被称为"熟人社会"。

（一）中国传统社会的职业分工

在传统农业社会，经过第二次社会大分工后，手工业得到迅速发展，社会上出现了许多新兴的行业。先秦时期就有"四民"之说，即士、农、工、商。《周礼·考工记》非常详细地描述了先秦时期的职业划分，提出了"六职"和"百工"之说。"国有六职，百工与居一焉……坐而论道，谓之王公；作而行之，谓之士大夫；审曲面势，以饬五材，以辨民器，谓之百工；通四方之珍异以资之，

[①] 黄钊：《当代职业道德建设应从中华传统美德中吸取营养》，载《思想教育研究》2016年第5期，第40~44页。

谓之商旅；饬力以长地材，谓之农夫；治丝麻以成之，谓之妇功。"① 这里除"王公"外，其余都在士农工商之列，说明我国古代社会分工在战国时期已走向专门化。就居"六职"之一的"百工"来说，其专业化程度和工艺化水平已经相当发达。《周礼·考工记》曰："知者创物，巧者述之，守之世谓，之工……烁金以为刃，凝土以为器，作车以行陆，作舟以行水。"② 这些能工巧匠创造发明了许多工具和器械。如当时鲁国的公输般（又名鲁班）、宋国的墨翟（又名墨子），都是技艺相当高超的著名工匠。"百工"虽是虚指，但据《考工记》记载，至少有30种不同工匠。"凡攻木之工七，攻金之工六，攻皮之工五，设色之工五，刮摩之工五，抟埴之工二。攻木之工：轮、舆、弓、庐、匠、车、梓。攻金之工：筑、冶、凫、㮚、段、桃。攻皮之工：函、鲍、韗、韦、裘。设色之工：画、缋、钟、筐、㡛。刮摩之工：玉、楖、雕、矢、磬。抟埴之工：陶、瓬。"③ 这30个工种分工明确细致，各有专攻，保证了工匠技艺的专精程度。《考工记》对车舆、弓箭制作的介绍尤其详细，有学者认为《考工记》当成书于战国中后期。我国传统社会的分工并不像我们想象的那样简单，最起码在战国时期，社会分工已经十分详细。日益深化的社会分工，为职业道德的形成奠定了社会基础。

随着社会经济的发展，社会分工越来越细，唐代就有"三十六行"的说法，包括肉肆行、鲜鱼行、海味行、酱料行、花果行、成衣行、金银行、皮革行、鼓乐行、杂耍行、陶土行、药肆行等。明清出现了"三百六十行，行行出状元"的说法，说明社会分工日益发达。传统社会的职业身份还有等级之分，如"三教九流"之说。"三教"指儒、释、道。"九流"有不同分法，一般分为"上九流""中九流"和"下九流"。"上九流"包括佛祖、神仙、帝王、官、文人、武士、商、工、农；"中九流"包括举子、医生、风水、信批、丹青、相士、僧、道、琴棋；"下九流"包括巫、娼、大神、帮会、剃头、吹手、戏子、叫花子、卖糖。元朝官府把臣民分为十个等级，有"十流"之说：一官、二吏、三僧、四道、五医、六工、七匠、八娼、九儒、十丐。④ 把教师贬为"臭老九"即来自元朝的这种职业等级划分。

传统社会的职业等级并不是一成不变的，士、农、工、商之间也是可以自由流动的。特别是隋唐实行科举制度以来，打破了门阀士族政治地位的垄断，"朝为田舍郎，暮登天子堂"，普通庶族地方的子弟也可以通过科举考试改变自身地位和命运，成为朝廷命官。明清时期科举制度的弊端越来越突出，人们的价值观

---

① 吕友仁：《周礼译注》，中州古籍出版社2004年版，第542页。
② 同上。
③ 同上书，第543页。
④ 魏则胜：《职业道德理论与实践》，中山大学出版社2016年版，第31页。

发生了转变，重商主义思潮进一步发展。许多人舍弃举业，投身商海。这种"弃儒就贾""士商合流"的现象冲击了以往"万般皆下品，唯有读书高"和"重义轻利"的传统观念，社会精英阶层认可了商人追逐利益的正当性，认为义利可以"合而双成、通过一脉"。许多商人以"儒商"自居，也形成了一些新的职业道德规范。如茶商中流行的"三字经"："重信义、除虚妄，节情欲、敦品行，贵忠诚、鄙利己，奉博爱、戒奢华。"这些道德规范把儒家的道德理念融入了商品贸易活动中，有利于规范市场秩序。

在职业道德的发展过程中，行会发挥了非常重要的作用。在商品经济有了一定发展时，为了调整同业关系，解决同业矛盾，保护同行利益，协调与政府的关系，同业或相关行业联合起来组成行会，这种行会带有地域和行业两重性。行会产生于隋唐。唐代工商业组织大都称"行"，源于街巷上的贩卖摊商，往往一条街上开设的都是同类的店铺，故称"行"，如"织锦行""金银行"等"三十六行"。到了宋代，行会组织更加发达。北宋汴京、南宋临安行会多达数十家，入行者百千人。明清以后，行会进一步发展到会馆、公所，组织也更为严密，订有行规、业规、帮规等制度。清朝末期行会日益衰落。行会承担着联络业谊、规范同行、协调利益、限制竞争等功能。明清时期的许多会馆都会供奉自己行业的祖师，如建筑工匠供奉鲁班，茶商供奉陆羽，酒商供奉杜康等。人们通过对行业祖师的崇尚和信仰来维系职业认同，也以先师的品德来激励从业者的品行操守，逐渐形成了不同行业的职业道德。

（二）中国传统社会的职业道德

中国传统社会虽然没有现代专业化的社会分工，也缺乏平等契约意义上的明确的职业规范，但传统社会的职业划分也形成了职业道德。传统社会的士、农、工、商、教师、医生等职业今天仍然存在，这些行业在接受一般社会道德约束的同时，其职业的特殊道德原则也一直被强调，如为官的清廉、商人的诚信、百工的专精、教师的模范、医生的博爱等，对今天的职业道德建设仍然具有启发和借鉴意义。

1. 为官之德：廉洁奉公，勤政爱民

《礼记·王制》中爵禄制度规定："王者之制禄爵，公、侯、伯、子、男，凡五等。诸侯之上大夫卿、下大夫、上士、中士、下士，凡五等。"士大夫属于诸侯国的官僚阶层。传统社会中士、农、工、商的划分，士为"四民"之首，主要指的是读书人，"学而优则仕"，士的最好的出路就是做官。士人从读书到入仕就一直接受儒家仁政思想教育，也有一些具体的职业道德规范。

清明廉洁是做官的基本要求。《左传·昭公十四年》："己恶而掠美为昏，贪以败官为墨，杀人不忌为贼。《夏书》曰，'昏、墨、贼，杀'，皋陶之刑也。"贪赃枉法，一律杀头，在夏朝时候，就已经有这样成文的法规。《周礼·天官冢宰·小宰》曾将"廉"概括为六种品格："一曰廉善，二曰廉能，三曰廉敬，四曰廉正，五曰廉法，六曰廉辨。"这里的"善"，指良好声誉；"能"，指能行政令；"敬"，指忠于职守；"正"，指品行端正；"法"，指执法不阿；"辨"，指明辨是非。① 这些概括，反映了我国古代的官德都同"廉"有着密不可分的关系，要求做官之人清明廉洁。历代皇帝的诏诰圣训和官箴也都强调为官要清廉。宋代吕本中所著《官箴》共三十三条，其首条开头云："当官之法，唯有三事：曰清、曰慎、曰勤。"明代曾流传"三十六个字官箴"："吏不畏吾严而畏吾廉，民不服吾能而服吾公。廉则吏不敢慢，公则民不敢欺。公生明，廉生威。"清朝各衙署讼堂多书清、慎、勤三字作匾额。梁启超在《新民说·论公德》中说："近世官箴，最脍炙人口者三字，曰清、慎、勤。"这说明，廉洁奉公，勤政爱民，为古代做官的基本道德规范。

2. 农工之德：勤苦精诚，敬业守本

农民和手工业者在传统社会中处于底层，但他们的劳动创造了大量的社会财富，是社稷之本，也得到历来统治者的重视。先秦时期的墨家就是实践农工精神的典型代表。墨子崇尚节俭，身着布衣草鞋参加劳作，研制器械，主张术有专攻，业有所长，提倡行业要守规矩："百工从事，皆有法所度"，"为方以矩，为圆以规。直以绳，正以县"（《墨子·法仪》），这种规矩意识不仅落实于精湛技艺和优质产品上，还体现在对社会纲常伦理的严格遵守。在墨子和公输班攻宋的争斗中，墨子不仅在攻防之术上胜出了公输班，还在义理上折服了公输班，让公输班明白技艺应当"务为义"，而"义固不杀人"，技艺应当为人服务，遵守人道，而不能成为杀人的工具。

传统社会非常注重工匠的社会道义和责任，并通过规章制度来规范，"物勒工名"就是其中重要的一种。国家强制工匠在其制造的器物上刻上自己名字，一旦发现产品质量问题，即按名字追究制造者的责任。《吕氏春秋》记载："物勒工名，以考其诚。工有不当，必行其罪，以穷其情。"宋代将这一制度应用于工程营造中，出现偷工减料、质量不合格问题，必定追究工匠和监工的责任。这一制度促使一部分优秀工匠脱颖而出，产生了维护自己产品声誉的品牌意识和诚信精神，苦心经营好自己的品牌，以与其他同类产品区分开，这就是商标的渊源。如明清之际的"张小泉剪刀"就是一个明显的例证。安徽人张小泉立下"良钢精作"家训，开创"张小泉剪刀"品牌，世代相传，专注于剪刀冶炼锻造技术，

---

① 吕友仁：《周礼译注》，第 30、37 页。

使其产品一直保持清廷贡品的质量。1915年,"张小泉剪刀"还在巴拿马"万国博览会"上获奖,至今已经是具有300多年历史的老字号。"张小泉剪刀"发展过程体现出的正是勤苦精诚、敬业守本的职业道德。

3. 经商之德:诚实守信,贵和重义

传统社会长期实行"重农抑商"的政策,商人地位低下,韩非子甚至把商贾归为"五蠹"之一,看作是社会蛀虫。即使在这样严酷的社会氛围中,一些商人自尊自重、勤苦自励,通过勤俭经营为社会谋取福利,以自身良好的社会形象获得了社会认同。商人在经营过程中重然诺,守信誉,市不二价,童叟无欺;主张和气生财,礼敬乡亲,敦厚风俗;热心公益事务,乐善好施,疏财济世。商人的职业道德可以归结为诚实守信、贵和重义。

到了商业资本繁荣的明清时期,商人的职业认同与道德诉求更为突出。他们把经商看作是与读书做官一样,"良贾何负鸿儒?"经商是同样可以"创业垂统""显亲扬名"的伟大事业,可以体现自己的人生价值和道德情操。当时出现了以"儒商"相标榜的地域商人集团,以晋商和徽商最为出名。"仁中取利真君子,义内求财真丈夫",他们在经商活动中尊奉儒家"见利思义""以义制利"的道德信条,严格行业自律。晋商对秤杆赋予了特别的道德意义:秤杆的准星、刻度必用金色镀之,代表心中坦荡,光明磊落;十六颗星分别象征北斗七星、南斗六星和福禄寿三星,北斗、南斗之星表明商业交易品行端正、志向坚定,福禄寿三星则是提醒商人买卖公平,不得缺斤短两,短一两则"损福",缺二两则"伤禄",缺三两则"折寿",这样一来,商人一拿起秤杆内心就会警钟长鸣。①徽商以文化素养闻名于世,大力支持社学、书院等文教事业,出版了《商贾指南》《士商要览》等商业书籍,总结了经商之道。"贸易之道,勤俭为先,谨言为本""为士者勤则事业成,为农者勤则衣食足,为工者勤则手艺精,为商者勤则财利富""凡处财治事,须宽宏大度""轻炎拒势,为之正人;济弱扶倾,方为杰士",这些经商之道有利于良好商业秩序和社会道德的形成,为后来经商者提供了良好的职业道德资源。

4. 教师之德:传道授业,为人师表

我国古代有尊师重教的传统,社会也对教师提出了严格的要求,促成了师德的形成和发展。我国古代师德主要包括以下几个方面:第一,教师以"传道、授业、解惑"为主要使命。要"传道",为师者必须自己先闻道;要授业,为师者必须自己先精业;要解惑,为师者必须自己先不惑。故黄宗羲曰:"道之未闻,业之未精,有惑而不能解,则非师矣。"(《南雷文案·续师说》)因此,为师者

---

① 魏则胜:《职业道德理论与实践》,第36~37页。

应当不断进德修业，做到"学而不厌，诲人不倦"(《论语·述而》)。第二，要求教师要"为人师表"。荀子曾明确提出"师以身为正仪"(《荀子·修身》)的命题，把教师的示范作用鲜明地突显出来。扬雄进一步发挥了这一思想，他提出："师者，人之模范也。"(《法言·学行》)教师要成为人们的典范，必须先有高尚的品格，故陆世仪说："人品不立，则自知不足以为师。"(《思辨录辑要》)张行简也说："为师之道，端品为先。模范不端，则不模不范矣。不惟立言制行，随时检点，即衣冠瞻视，亦须道貌岸然。"(《塾中琐言·端品》)这都说明教师示范作用的重要性。第三，要求教师懂得教育规律和教学方法。《礼记·学记》曰："君子既知教之所由兴，又知教之所由废，然后可以为人师也。故君子之教喻也，道而弗牵，强而弗抑，开而弗达。道而弗牵则和，强而弗抑则易，开而弗达则思。和易以思可谓善谕矣。"这里要求教师要懂得教育之兴与废的原由，掌握教育规律，主张运用启发式教学法。[①] 唐代科举制度实行后，不必从师问学死记硬背也可以应付考试，师道不尊，不从师问学已成风气，主考官与被录取的举子分别被称为座师与门生，传统意义上的师生请益关系逐渐消亡。宋初理学兴起后，强化师道尊严，重新复兴了尊师重道的传统。书院兴起后，进一步强化了师门尊严与学统。明清时期，程朱理学日趋僵化。明初重教化，严师道，学生遵礼守法，明朝晚期后，朝政腐败，利欲盛，师道衰。清初也兴起尊师之风，但清朝中后期，政治腐败，教育也腐败，如钱大昕所说：

  今之最无谓者，其投拜之师乎？外雅而内俗，名公而实私。师之所求于弟子者，利也；传道解惑，无有也。束脩之问，朝至而夕忘之矣。弟子之所藉于师者，势也；质疑问难，无有也，今日得志而明日背其师矣。[②]

  科举成为取得功名利禄的敲门砖，师道沦丧，为师不尊的现象比较普遍，师生关系表现出明显的功利性色彩。不过，该时代也有真正的尊师重道者，如段玉裁对于其师戴震的尊重，完全是出于对戴震学问与人品的尊重，终身严守师生之情分，十分难能可贵！

5. 医生之德：心存济世，精研医理

  我国自古就很重视医德的教育，对行医者有许多道德规范，最主要的有如下几点：一是要"心存济世"，把治病救人放在首位。唐代医学家孙思邈说："凡太医治病，必当安神定志，无欲无求，光发大慈恻隐之心，誓愿普救含灵之苦。"(《千金要方》卷一《序例·大精诚第二》)孙思邈所要强调的是行医者要心存济世之心，普救苍生病痛之苦。这就要求医生具有舍己为人的高尚情操。故杨泉

[①] 黄钊：《简论我国职业道德的优良传统及其现实价值》，载《管子学刊》1998年第1期，第83~89页。

[②] 钱大昕：《与友人论师书》，引自《潜研堂文集》卷三三。

说:"夫医者,非仁爱之士不可托也……非廉洁淳良不可信也。"(《物理论》)二是要深研医理。孙思邈指出:凡欲为大医,必须"博极医源,精勤不倦",必须熟悉《素问》《黄帝针经》等诸部经方。精研医理,才能万无一失,不至于庸医贻祸病人。三是医生要行为检点,医德高尚。对病人无论贫富贵贱,均应一视同仁,虽娼妓宜应视如良家女子,不可轻意傲慢。以救死扶伤为己任,崇尚道义,淡泊名利。北京同仁堂以济世养生为宗旨,"修合无人见,存心有天知",对顾客一视同仁,有求必应。还热衷公益事业,兴义学让穷困子弟上学,开粥厂免费施舍给穷人。同仁堂积德行善的义举使其长盛不衰,获得了长远的经济回报和良好的社会效益。

二、中国现代社会的兴起与职业道德问题之出现

现代社会是以工业文明为基础的。现代社会开端于资本主义社会化大生产之后,具有工业化、市场化、知识化、城市化的特征。工业化是现代社会最基本的特征,商品经济得到充分发展,现代科技得到广泛应用,城市化进程不断加快,社会文明程度进一步提高。

自清末受到西方资本主义国家侵略以来,清政府屡战屡败,被迫签订了多个不平等条约。屡战屡败使当时先进的中国人反思战败的原因。从器物到制度到文化,最终国人以为战败的根本原因在于中国文化的落后,在于公民道德素质的低下。由此开始了关于公民道德的讨论。

从思想史的脉络来看,近代对传统道德与现代公民道德关系(多数学者表述为私德与公德,其实这两对概念并非对应关系)① 的讨论,大概经过了以下几个阶段:

第一,理论上的构想阶段,以康有为为代表。② 康有为在《大同书》和《礼运注》中明确提出了"公德"与"私德"。其"公德"意指大同之世人所具有的公平、平等之心。他从人性善的立场出发,认为人人都有"不忍人之心",都有

---

① 在近代社会转型过程中,越来越多的学者认识到中国积贫积弱的根本原因在于国民性的缺陷,认为中国人缺少公德意识,于是引发了"公德"与"私德"的讨论。其实,中国国民性当中既有公德,也有私德。这些学者所使用的"公德"与"私德"概念的内涵与外延都不太一样,但其讨论问题的指向都是明确的,都涉及"传统道德"与"现代公民道德"的关系。所以,此处采用了"传统道德"与"现代公民道德"这一对概念,引用的却是"公德"与"私德"讨论的材料,并不影响对本章主题的讨论。

② 学界普遍认为是梁启超首倡"公德私德说",事实上,康有为是最早关注公德与私德问题的。康有为在《大同书》《礼运注》等书中都多次明确提出"公德"与"私德"。多数学者认为《大同书》写作时间在19世纪的最后20年,成书于1901~1902年康有为避居印度大吉岭时。而梁启超最早提出"公德"是在1902年发表的《新民说》这篇文章里。

"公德",都能成为"仁人"。随着社会的进化,在"尚德不尚爵"的"太平世",去除"家界",人人成为"天民",即可在此基础上构建成"大同世界"①。康有为主要吸收了西方空想社会主义思想,结合中国传统经典《礼记·礼运》中的"大同"思想和"三世说",其"大同"社会理想的构建具有空想成分,对"公德"的理解也有空想色彩。但他认为中国国民性当中是具有"公德心"的。

第二,理论上的探索阶段,以梁启超为代表。梁启超认为,中国传统道德的主要形态是"私德",同时也有不发达的"公德"。由"私德"可以"外推"为"公德",其"私德"指的是中国传统的伦理道德规范。②梁启超认为中国传统伦理有缺点,但中国传统道德仍然具有永恒的价值。伦理是具体的、历史的,可能会随着时代的改变而丧失其价值,道德却是超越时空的,具有永恒的意义。③梁启超并未否定中国传统道德的价值,他认为在当时私德日益堕落时代,"吾祖宗遗传固有之旧道德"仍然是"维持吾社会于一线"的重要思想资源。

第三,探索性的实践阶段,以梁漱溟为代表。梁漱溟也认为中国缺乏"团体"观念的"公德"。他认为近代西方的个体主义思潮忽视了对团体的责任和义务,当时的社会主义思潮又会造成对团体和个人自由的干涉,都不适合当时中国公民的道德建设。于是他就开始在实践上探索"第三条道路",主张通过"乡村自治"的方式,发挥传统农业社会的伦理规范与社会礼俗的作用,塑造农民团体生活的品德,使农民养成关注和维护公共利益的基本素质,推动传统道德向现代公民道德的转型。④

第四,理论上的会通阶段,以贺麟为代表。20世纪40年代,与五四时期对中国传统文化的破坏与怀疑不同,贺麟的"新心学"体系融贯古今中西,他借用西方理性主义哲学的理论与方法对儒家伦理道德进行现代转化,他认为中国的五伦观念与三纲学说都有合理合人情之处,甚至把三纲五常等同于柏拉图的理念和康德的道德律。贺麟认为,三纲说所蕴含的视道德本身为目的的精神不但不应摒弃,而且应该继承和发扬。⑤贺麟试图通过对中国传统道德的综合创新,为民族独立和国家现代化开辟道路。

第五,理论上的反思阶段,以李泽厚、萧萐父、金耀基等人为代表。新中国成立后,特别是"文革"后,许多学者开始更多地关注公民道德问题,对传统道德与现代公民道德的关系也进行了更深刻的反思。李泽厚将传统道德分为"宗教

---

① 赵景阳:《自由主义改良派论"公德"与"私德"——以康有为、梁启超、李泽厚为线索》,载《河北师范大学学报》2014年第2期,第122~123页。
② 康建伟:《公私之辨:从梁启超到梁漱溟》,载《学术交流》2011年第5期,第21~22页。
③ 陈乔见:《公德与私德辨正》,载《社会科学》2011年第2期,第128~129页。
④ 石培玲:《梁漱溟的公德观与"乡村自治"构想的伦理困境》,载《道德与文明》2007年第6期。
⑤ 张秀芹:《贺麟伦理思想探析》,载《华北电力大学学报》2003年第1期,第62页。

性私德"与"社会性公德",解构了中国传统社会宗教、伦理、政治三合一的传统。李泽厚认为,宗教性道德(内圣)经由转化性的创造,可以成为个体对生活意义和人生境界的追求。社会性道德(外王)经由转化性创造,可以成为现代政治民主体系的中国形式。[①] 此外,萧萐父、金耀基等人对中国传统伦理道德亦有深刻反思。公民道德问题也是当今的学人关注的一个学术热点。

第六,实践上的重新探索阶段,以民间儒学的兴起为代表。20 世纪 90 年代后,受市场经济与西方价值观的冲击,社会风俗败坏,公民道德素质下降。但儒学在民间的根基还在,近十几年来,民间儒学在大江南北自发地复兴起来,《三字经》《弟子规》等蒙学读物流行,读经运动也在一些中小学推行,中国传统文化的教材也进入了中小学。无论是在学术界、政府还是在民间,目前都达成了这样一个共识:提升公民道德,需要从中国传统文化中汲取思想道德资源,中国传统伦理仍然是当今公民道德建设的重要源头活水。

以上从理论和实践方面粗线条地梳理了近代传统道德向现代公民道德转型的发展历程。通过这一思想史的发展脉络可以看出,无论是在理论上,还是实践上,中国传统道德对于当代公民道德建设都有重大启发意义。

处于改造国民性的考虑,五四新文化运动提倡新道德,反对旧道德。这种新道德以"个人主义"为本位的道德体系来取代传统社会中以"家族主义"为本位的道德体系,其核心内容是"自由、平等、独立"。五四运动批判的旧道德主要指忠孝、贞节等纲常。自由、平等、独立等新道德虽然蕴含着现代公民道德意识,也主张发扬相爱、互助、公共心、利他心等,但是,五四运动更强调的是对旧道德的批判,失去了中国传统的伦理道德基础,从西方借用过来的自由、平等、独立等新道德最终也是立不起来的。无论是新文化运动提倡的群己并重还是自利利他,最终不过是合理的利己主义。[②]

中国现代职业道德是随着现代社会的兴起而出现的。改革开放 40 多年来,无论国际、国内都发生了深刻的变化。在当今世界,全球化、信息化和科技的快速发展促使不同类型的文化激烈碰撞、交流、融合,意识形态和价值观念的冲突愈发激烈。20 世纪 90 年代以来,随着社会主义市场经济体制的确立,中国也进入了信息化带动工业化的新型工业化阶段,已经进入了现代工业社会。在市场经济体制下,社会竞争促进生产快速发展,经济繁荣促使商品流通不断扩大,并推进科技、信息、交通不断发展。市场经济是一种社会化程度很高的开放性的经济形态,在这种体制下,人们的活动范围空前扩大,社会交往关系突破了血缘、姻

---

① 李泽厚:《论语今读》,安徽文艺出版社 1998 年版,第 8 页。
② 张博颖:《五四新文化运动对公民道德的启蒙意义》,载《湖南师范大学学报》2005 年第 5 期。

缘、地缘的界限，是建立在业缘、趣缘、信缘（即信息关系）、网缘（即网络关系）基础上的，交往的对象广泛而多样。人们不管是求学、经商、从政、办事，还是生活服务、文体娱乐、市场买卖、外出旅游，发生的经济关系、利益关系、信息关系、道德关系，不仅复杂，而且多变。要与现代化的市场经济相适应，就必须在社会交往中超越血缘、姻缘和地缘关系，坚持与他人一视同仁、和平相处、友好合作、公平交易、诚实守信的道德原则。因为市场不认宗法血缘、亲情与等级关系，而只遵循价值规律。同时，市场经济是效益经济，利益最大化是其基本原则。而要谋利就必须为他人和社会服务，或者说只有为他人和社会服务才能获得利益报偿。因此，市场经济并不必然引发个人主义，相反，它也可以为集体主义和为人民服务的道德立场提供一定的经济土壤。"顾客是上帝"在市场经济中是作为谋利手段的至理名言。因此，蕴涵于经济、科技、信息活动中的职业道德，它与人和人之间，特别是熟悉的人和人之间直接的人伦道德是不同的。我国建立市场体制之后，人们的经济、科技、信息活动空前广泛而多样，与不熟悉的人打交道越来越多，一些人受传统人伦道德思维影响，在经济、科技、信息等业务活动中，不讲道德，市场欺诈行为和假冒伪劣商品屡禁不止，成为妨碍中国市场经济有序发展的障碍。面对这种情况，既需要从法制层面加强管理与治理，更需要从道德发展层面加以引导与建设。①

　　社会主义市场经济的发展，促进了人们的独立性、选择性、多样性和差异性的日益增强，有利于进一步打破地缘关系和血缘关系的局限，克服道德生活的依附性，增强人的自主性，提高人的社会化程度。同时，全球化的社会背景和以信息化为标志的先进技术，造成人们的道德生活需求与经济、科技之间呈现出一种紧张关系，我国面临着社会转型和人的道德生活重塑的时代难题。

三、当代中国职业道德建设的基本要求与主要思想资源

　　市场经济体制引入竞争机制之后，改变了人们原有的生产方式、生活方式和价值观念，传统职业道德的某些方面与新出现的市场经济体制不相适应，产生了一系列的社会道德问题。如经济领域出现的假冒伪劣、坑蒙拐骗、有毒食品、假疫苗等，政治领域出现的权钱交易、权色交易和群体性腐败问题，社会生活领域出现的老人跌倒没人敢扶、子女不赡养老人、幼儿园老师虐待幼儿、炫富攀比、啃老等问题。这些问题的出现，使我国的公民职业道德建设问题迫在眉睫。

---

① 罗珊、郑永廷：《论我国职业道德传统与发展》，载《思想教育研究》2007年第5期，第57～59页。

（一）当代中国职业道德建设的基本要求

2001年，中共中央、国务院颁布了《新时代公民道德建设实施纲要》，其中讲到了当时公民道德建设出现的一些问题："一些地方、一些领域不同程度存在道德失范现象，拜金主义、享乐主义、极端个人主义仍然比较突出；一些社会成员道德观念模糊甚至缺失，是非、善恶、美丑不分，见利忘义、唯利是图，损人利己、损公肥私；造假欺诈、不讲信用的现象久治不绝，突破公序良俗底线、妨害人民幸福生活、伤害国家尊严和民族感情的事件时有发生。这些问题必须引起全党全社会高度重视，采取有力措施切实加以解决。"为此，中央提出了要大力倡导以"爱岗敬业、诚实守信、办事公道、热情服务、奉献社会"为主要内容的职业道德。这些规范从职业角色和职业内在发展要求的角度对从业人员提出了相应的道德要求，既体现了当今的时代精神，也同我国社会主义核心价值观相吻合。"爱岗敬业、诚实守信、办事公道、热情服务、奉献社会"就成为我国现代职业道德的基本要求。

（二）当代中国职业道德建设的思想资源

现代社会的基本特征就是工业化、市场化，我国当前实行社会主义市场经济，也具有市场经济的一般特征，出现的伦理道德问题与西方工业化国家早期出现的问题也有类似之处。不仅我国的社会转型期会出现职业道德问题，世界其他国家在社会转型期也会出现职业道德问题。在我国实行市场经济之前，西方国家在现代化的过程中也出现了类似的职业道德问题，也面临着职业伦理与公民道德重塑的问题。因此，西方职业道德建设的理论也可以为当代中国职业道德建设提供一些可资借鉴的思想资源。

马克斯·韦伯在《新教伦理与资本主义精神》一书中认为，发端于加尔文教派的新教伦理蕴含了资本主义发展的心理驱动力，特别是其中所阐发的"天职"观念对于我国当今的职业道德建设仍然有重大启示。

对于"天职"，马克斯·韦伯是这样来定义的："上帝应许的唯一生存方式，不是要人们以苦修的禁欲主义超越世俗道德，而是要人完成个人在现世里所处地位所赋予他的责任和义务。这是他的天职。"[①] 职业是人们的生存方式，忠于职守、尽职尽责是上帝的要求，尽力做好本职工作是为了荣耀上帝，而不是什么也不做的苦修和禁欲。换言之，在职业活动中合理地追求财富是上帝的旨意，这样

[①] 马克斯·韦伯著：《新教伦理与资本主义精神》，于晓、陈维纲等译，陕西师范大学出版社2006年版，第34页。

路德就将个人的职业赋予宗教的色彩,新教伦理就成了资本主义发展的内在动力。

中国自古以来也有"天职"的观念。如"弗与共天位也,弗与治天职也,弗与食天禄也,士之尊贤者也,非王公之尊贤也"(《孟子·万章下》),"不为而成,不求而得,夫是之为天职也"(《荀子·天论》),"天职生覆,地职形载,圣职教化,物职所宜"(《列子·天瑞》)。唐宋以后,"天职"观念得到继承与发展。唐代元稹在《批宰臣请上尊号第二表》里这样讲:"朕闻天职生植,圣职教化,天职举则四时行,圣职修则万方理。"在《宋史·列传》里也有"天理未纯,天德未健,天命未赦,天工未亮,天职未治,天讨未公"。中国古代的"天职"指的是天所授予的职分,是生来就具有的职能,并不具有西方"天职"观的宗教色彩,而且其应用范围只限于统治阶层治理国家方面。近代以来,梁启超开始把"天职"应用于一般的职业领域。1902年,他在《敬告我同业诸君》里提出:"某以为报馆有两大天职:一曰,对于政府而为其监督者;二曰,对于国民而为其向导者是也。"[①] 把监督政府和引导国民视为报馆的天职。1910年,他发表《论资政院之天职》,将政治职责和政治革命称为天职。此后,"天职"一词被广泛应用于各个职业领域。如1912年,在上海成立了公民急进党,其宗旨为"以养正去非、化私为公、拥护民权、发展民意、向导全国人民各尽公民天职、巩固政府、完成共和政治为目的"[②]。1924年孙中山在《三民主义》的演讲中说:"我们要先决定一种政策,要济弱扶倾,才是尽我们民族的天职。"[③] "天职"具有了现代汉语中的意义,泛指一种崇高的职责。如"军人以服从命令为天职","教师以教书育人为天职","医生以救死扶伤为天职"。中西"天职"观念内涵虽然不同,但都强调职责的神圣性和理所应当性,不能推卸自己的职责,要尽职尽责。这种观念对于今天的公民职业道德建设也有启发意义。

法国社会学家爱弥尔·涂尔干的《职业伦理与公民道德》主要是为了解决经济社会领域的道德失范问题。涂尔干认为,不同国家的公民道德都具有相似之处,如忠诚和服务的义务。而职业伦理却具有多样性,因为"有多少种不同的天职,就有多少种道德形式"[④]。职业伦理具有稳定社会的功能。职业伦理越发达,它们的作用越先进,职业群体自身的组织就越稳定、越合理。反之,如果经济社

[①] 梁启超:《饮冰室文集点校》,云南教育出版社2001年版,第2215页。
[②] 张玉法:《民国初年的政党》,岳麓书社2004年版,第476页。
[③] 孙中山:《孙中山全集》第九卷,中华书局1986年版,第253页。
[④] 爱弥尔·涂尔干著:《职业伦理与公民道德》,渠东、付德根译,上海人民出版社2006年版,第6页。

会领域的职业伦理缺乏必要的道德规范，社会将处于混乱无序的状态。涂尔干认为，当时欧洲社会遭受的危机主要在于道德失范。经济生活的非道德性是公共秩序的最大危险。追求自身利益的个体如果没有职业道德规范的约束，会导致整个社会的堕落。"让我们看一看，伴随着公共道德的衰落，经济利益是怎样肆意蔓延的吧！我们看到，不管是企业家、商人，还是工人和雇工，都在其履行职责的过程中发现自己身上不存在任何用来制约自私自利取向的影响；他用不着遵从任何道德纪律，他对任何这样的纪律都嗤之以鼻。"① 如果工业生产只能通过维持生产者之间永无休止的争斗和无法满足的欲望来提高产量，如果财富不能抑制绝大多数人的欲望，那么增加财富究竟为了什么目的呢？难道是反过来进一步唤起贪婪的欲望吗？因此，必须确立职业伦理。"经济生活必须受到规定，必须提出它的道德标准，只有这样，扰乱经济生活的冲突才能得到遏制，个体才不至于生活在道德真空之中。"② 涂尔干从"法团"演进的角度考察了职业伦理之公共精神的社会起源，从国家与个人关系的角度，探讨了政治形式与公共道德的特殊联系，认为职业群体在协调国家与个人关系方面发挥着重要作用。他还批驳了功利主义学派有关天赋人权或利益最大化的假设。涂尔干将现代政治落实在职业伦理和公民道德相结合的基础上，通过发挥"法团"等社会组织的作用消除了国家与个人之间的紧张和对立，其解决社会道德失范的思路对于我们今天社会主义市场经济条件下的公民道德建设仍然有重大启示。

在近代中西方冲突和社会转型的背景下，许多思想家试图吸收西学来实现中国传统学术的创造性转化，在这个方面，现代新儒家做出了重大贡献。但也有学者指出，以牟宗三为代表的港台地区新儒家试图通过道德理性的"自我坎陷"来实现"内圣"开出新"外王"（科学、民主）的思路根本就是找错了方向："由于现代新儒家不能正确地定位自身作为道德修身学说在现代社会的地位，企图从'形上学'的高度全面总结中国之所以落后的原因，结果反而背叛了儒学自身的传统方向，将一种'进德修业之学'发展成儒家一向反对的'知识之学'，导致人们对传统儒学的现代意义更加失望。"③ 儒学的特点在内圣修身方面，应该在这个方面发挥儒学的长处。不应该把主要精力用于以认知的方式来总结中国文化为什么没有开出西方现代性来，而应该探讨在科学、民主、法治、工业化、市场化等已经成为世界潮流的历史条件下，儒学作为一种道德学说应当如何发挥自己的功能。从这个角度说，儒学不仅应当投身于具体的生活实践来总结内圣外王之

---

① 爱弥尔·涂尔干著：《职业伦理与公民道德》，第12页。
② 同上。
③ 方朝晖：《"中学"与"西学"——重新解读现代中国学术史》，河北大学出版社2002年版，第350页。

道，而且担负着为整个社会建构主流价值观的重要职能。① 在现代社会，人的潜能和创造力的发挥，人性自由、幸福与价值的实现已经成为个人人生价值追求的目标，是一切现代职业所能带给人的价值。所以，"职业的神圣感与尊严"就成为当代社会的主流价值。

现代社会分工高度专门化，个人都生活在特定的行业和职业中，不可能再像过去那样把治国、平天下当作人生终极目标。选择一项职业也从过去的谋生需求转向满足人的兴趣爱好、促进人的潜能和创造力的发挥、实现人性的全面发展上来。如何在具体的、职业化的追求中实现人性的自由和永恒？对于现代中国人来说，他们人生价值的实现只能在职业的神圣感和尊严中体现出来，传统儒家在培养职业的神圣感和尊严方面也有着丰富的思想资源。比如，《孟子》中的"尽心知性知天"的观念、"天职"的观念，《中庸》中的"尽人之性、尽物之性、与天地参"的观念、"格物致知、正心诚意"的观念，二程和朱熹"主敬"的观念，王阳明"致良知""知行合一"的观念等，都可以为职业道德和人生价值的实现提供不竭的精神文化资源。

职业道德随着时代的发展而发展，不同时代的职业道德有不同的内容。但同时，职业道德也具有历史继承性。传统与现代总是割舍不断的，虽然传统职业道德的某些方面已经不能适应当今时代发展的需要，但中国传统文化中蕴含的职业道德建设的思想资源仍然是今天职业道德建设的主要思想来源。正如习近平总书记指出的："中华传统美德是中华传统文化精髓，蕴含着丰富的思想道德资源。不忘本来才能开辟未来，善于继承才能更好创新。"② 今天中国的职业道德建设也应该从中华民族的优秀道德传统中吸取营养。

中国传统道德的思想资源非常丰富，结合《公民道德建设实施纲要》中"爱岗敬业、诚实守信、办事公道、服务群众、奉献社会"的职业道德要求，可以在以下几个方面从传统道德中吸收职业道德建设的思想资源。

1. 尽人之性、尽物之性、人与天地参

人生于天地之间，如何才能实现人生价值？传统儒家认为，人只有"赞天地之化育"，才能"与天地参"，实现人生的价值。这一点在《中庸》里面讲得非常清楚。"唯天下至诚，为能尽其性。能尽其性，则能尽人之性。能尽人之性，则能尽物之性。能尽物之性，则可以赞天地之化育。可以赞天地之化育，则可以与天地参矣。"人通过修养身心达到至诚境地，就可以实现自己的天性。实现了自己的天性，就可以帮助别人实现天性，进而实现一切事物的天

---

① 方朝晖：《"中学"与"西学"——重新解读现代中国学术史》，第351页。
② 习近平：《把培育和弘扬社会主义核心价值作为凝魂聚气强基固本的基础工程》，中国共产党新闻网，http：//jhsjk.people.cn/article/24463023。

性，就可以赞助天地进行化育万物的活动，人就与天地并列为三。换句话说，人生价值的实现，不仅在于充分发挥自身潜能，实现自身的全面发展，还在于参与到社会活动中去，帮助他人实现自身价值，使天地万物都能尽其天性，实现人尽其材，物尽其用。当今人们都在从事不同的职业，把自己的兴趣爱好与本职工作结合起来，充分发挥自身潜能的同时，还应该积极帮助他人，奉献社会，使每个人都能得到充分而自由的发展，这样才能真正实现人生的价值。用今天的话来讲，就是在为他人、为社会的奉献中才能实现自己的职业理想与人生价值。

2. 以义制利、以道制欲

如何处理道义与利益、欲望的关系，是当今职业道德建设必须解决的问题。中国传统伦理中有"以义制利"和"以道制欲"的思想。孔子倡导"见利思义"，孟子强调"义以为上"，重义轻利。而荀子则提出了"以义制利"和"以道制欲"的思想。"义与利者，人之所两有也，虽尧舜不能去民之欲利，然而能使其欲利不克其好义也。……上重义则义克利，上重利则利克义。"（《荀子·正论》）荀子认为义与利都是人所应该具有的，重要的是要以道义克制欲利，而不能以欲利克制道义。董仲舒不仅提出了"正其谊不谋其利，明其道不计其功"的道义优先论，还提出了"利以养体""义以养心"的义利观。他说："天之生人也，使人生义与利，利以养其体，义以养其心。心不得义不能乐，体不得利不能安。"（《春秋繁露·身之养重于义》）利与义都重要，但"君子爱财，取之有道"，获取利益必须符合道义的原则，伤害道义的利是不应当去追求的。古代从业人员能坚持"以义制利""以道制欲"的价值取向，对于当代的职业道德建设，具有十分积极的借鉴意义。在当今社会主义市场经济条件下，在金钱和欲望充斥各个领域的社会环境中，一定要正确地处理道德与金钱的关系，不违背社会道义去谋取个人私利，更不应该以权谋私，要自觉遵守法律法规和职业道德，维护国家和社会公众的利益。

3. 礼敬他人、敬业乐群

敬和敬畏感是中国传统思想中一个非常重要的方面，也是中国传统礼制的核心。《礼记·曲礼》开篇这样讲："毋不敬，俨若思，安定辞，安民哉！"明确把"敬"看作是礼的本质特征。《孝经·广要道》篇提出："礼者，敬而已矣。"敬和敬畏体现的是对自然、对他人的一种尊重，"主敬"和"诚"也是内心修养的方法，使个人产生道德约束感，自觉提升道德境界，遵守社会规范。孔子曰："君子有三畏：畏天命，畏大人，畏圣人之言。小人不知天命而不畏也，狎大人，侮圣人言。"（《论语·季氏》）天命也是天道，知道它的可畏，就能警诫自己，收敛身心。如果没有敬畏之心，就可能欺天，狎侮圣人，放纵自己，肆无忌惮，导致人心不古，道德沦丧。有了敬畏之心，才能反省慎独，正心诚意，自诚至明，成物成己，涵养心性，提高修养。孟子说："仁者爱人，有礼者敬人。爱人者，人恒爱之；敬人者，人恒敬之。"(《孟子·离娄下》)礼敬他人，是得到他人尊重的前提，是公民的基本道德要求。对人要敬，对从事的职业也要敬。孔子就强调"敬事而信"(《论语·学而》)，《礼记·学记》更明确提出"一年视离经辨志，三年视敬业乐群"。这里的"敬业乐群"虽然主要指学业，但对于其他职业同样也要敬，要以"敬"的精神专心一意做好本职工作。敬业精神，正是从业人员搞好本职工作所应具备的基本品格。只有坚持"敬业"，才能产生巨大的精神动力，才能真正做好自己的本职工作。这一精神，不仅在我国历史上起过进步作用，而且到了今天仍有其不可磨灭的现实价值。在当今社会，从事职业不仅仅是谋生的手段，而是发挥自身潜能、实现人生价值的主要途径。职业关乎自己的理想和前途命运，所以一定要保持对职业的神圣感与敬畏感，在实现职业理想的同时，实现自己的人生价值。

4. 忠于职守、廉洁奉公

"廉洁奉公"是我国古代对做官者的道德要求，为历代大力提倡与推崇。所谓"廉洁"，指的是为官清廉纯洁、公正不贪。其中，关键在一个"廉"字。"廉"有"清廉"的意思，也有"不苟取"的意思。《孟子·离娄下》言："可以取，可以无取，取伤廉。"对于财富和利益，在既可以取也可以不取的情况下，如果"苟取"，那会损害"廉"德。"廉"对于引导人们清廉自守、洁身自爱至关重要。"奉公"指的是掌权者以公正自律，处事不徇私情。《忠经·天地神明章》曰："至公无私。天无私，四时行；地无私，万物生；人无私，大亨贞。""奉公"的最高境界，就是要以天下为己任。正是基于这一宗旨，《礼记·礼运》提出了"天下为公"的理念。古代《官箴》也强调官员要具备清、慎、勤、廉、公等职业道德。"廉洁奉公"很好地处理了公与私、个人利益与国家利益的关系，对于我们今天加强反腐倡廉、提高公务人员的职业道德情操，也有十分重要的价值。一是可以启迪公务人员和一切从业者在自己的工作中，做到廉洁自律、洁身自爱，不徇私情、不谋私利；二是可以启迪公务人员和一切从业者坚持勤政爱民、办事公道、服务群众，使自己成为真正的社会公仆；三是可以启迪公务人员和一切从业者胸怀天下，以国家民族的发展为己任，全心全意为全面建成小康社会无私奉献。[①]

[①] 黄钊：《当代职业道德建设应从中华传统美德中吸取营养》，载《思想教育研究》2016年第5期，第40～44页。

5. 真实无妄、诚实守信

"诚实守信"是中华民族的传统美德，指的是真实无妄，不欺瞒别人，信守承诺。中国古代思想家对于"诚"与"信"多有论及。孟子曰："诚者，天之道也；思诚者，人之道也。"（《孟子·离娄上》）在这里，孟子把"诚"的客观实在性称为"天之道"，而把对诚德的追求称为"人之道"。在他看来，践履诚德是做人的基本准则。《管子》曰："是故非诚贾，不得食于贾；非诚工，不得食于工；非诚农，不得食于农；非信（诚）士，不得立于朝。"（《管子·乘马》）一个人如果不具备诚德，就很难立身从业，终会被士、农、工、商等行业所淘汰。宋代程颐指出："学者不可以不诚，不诚无以为善，不诚无以为君子。修学不以诚，则学杂；为事不以诚，则事败；自谋不以诚，则是欺自心而自弃其忠；与人不以诚，则是丧其德而增人之怨。"（《二程集·河南程氏遗书》卷第二十五）可见，立身做人不可不在"诚"上下功夫。与"诚"密不可分的是"信"。关于"信"，历代思想家也有许多论述。老子说，"轻诺必寡信"（《老子》第六十三章）。孔子也说："道千乘之国，敬事而信"，"与朋友交，言而有信"（《论语·学而》）。晋人杨泉曾对"信"的价值做了这样的概括："以信接人，天下信之；不以信接人，妻子疑之。"（《物理论》）这是说，一个人若不能守信，连其妻子也对其持怀疑态度。诚实守信也是中华传统美德的一个重要方面，对于今天的职业道德建设也有重大借鉴意义。当今社会缺乏诚信，一些无良商人不讲诚信，用假冒伪劣商品来欺骗消费者，恶化了市场交易环境，扰乱了市场秩序。公务人员缺乏公信力，就会失去民心，损害政府形象，影响中国共产党执政地位。当今社会尤其需要从传统美德中吸收"诚实守信"的思想资源，提高公民的职业道德素质。

6. 仁民爱物、博爱大众

儒家倡导的"仁爱"、墨家主张的"兼爱"、道家赞美的"慈爱"等，实质上都从不同角度表达了博爱大众的思想追求。孔子明确把"仁"释为"爱人"，并提出"泛爱众，而亲仁"的思想。后来，孟子进一步提出了"亲亲而仁民，仁民而爱物"（《孟子·尽心上》）的思想，体现了儒家从尊敬父母到关爱民众到泛爱万物的博爱情怀。唐代的韩愈对儒家仁爱思想进行了新的阐释，明确提出了"博爱之谓仁"（《韩昌黎集·原道》）的命题，把儒家的"仁爱"升华到"博爱"的高度，对后世产生了深远影响。"博爱大众"同传统的"民为邦本"的理念相吻合，又同今天我国推行的"以民为本""服务群众"的理念相一致，值得我们继承与发扬光大。

职业道德建设是一个历久弥新的话题，因为随着时代的发展，新的伦理道德问题会不断出现，职业道德也会增加新的道德内涵，但职业道德的基本原则却具有永恒的价值。面对当今社会出现的道德失范和信仰危机，我们需要吸收当今时代职业道德建设的思想资源，需要吸收西方职业道德理论的优秀思想成果，也需要借鉴我国传统职业道德的重要思想资源。中国传统儒释道各家学派都非常重视道德问题，都有丰富的思想道德资源，这些思想道德资源对于当代中国的职业道德建设，仍然具有重要的借鉴意义。

参考文献

一、经典著作

（一）马克思主义经典著作

［1］胡锦涛：《胡锦涛文选》第一卷，人民出版社2016年版。

［2］江泽民：《江泽民文选》第一卷，人民出版社2006年版。

［3］习近平：《习近平谈治国理政》第一、二、三卷，外文出版社2014、2017、2020年版。

［4］中共中央马克思恩格斯列宁斯大林著作编译局译：《反杜林论》，人民出版社2015年版。

［5］中共中央马克思恩格斯列宁斯大林著作编译局译：《共产党宣言》，人民出版社2014年版。

［6］中共中央马克思恩格斯列宁斯大林著作编译局译：《马克思恩格斯全集》第三卷，人民出版社1965年版。

［7］中共中央马克思恩格斯列宁斯大林著作编译局译：《马克思恩格斯文集》第一卷，人民出版社2009年版。

［8］中共中央马克思恩格斯列宁斯大林著作编译局译：《马克思恩格斯选集》第一、三卷，人民出版社1995年版。

（二）中国传统经典著作

［1］［北齐］魏收撰：《魏书·刑罚志》，中华书局2000年版。

［2］［曹魏］王弼撰，楼宇烈校释：《周易注》，中华书局2011年版。

［3］韩非著，陈奇猷校注：《韩非子新校注》，上海古籍出版社2000年版。

［4］《大正新修大藏经》第三、十三、二十四、五十二册，（台北）新文丰出版公司1975年版。

[5]《道藏》第六、十一、十四、十八、二十二、二十四、三十三册，文物出版社、上海书店、天津古籍出版社1988年版。

[6] 吴毓江撰，孙启治点校：《墨子校注》，中华书局2020年版。

[7][汉] 班固撰：《汉书》，中华书局1962年版。

[8][汉] 董仲舒著，周桂钿译注：《春秋繁露》，中华书局2011年版。

[9][后唐] 刘昫撰：《旧唐书》，中华书局1975年版。

[10][晋] 葛洪撰：《抱朴子》，中华书局1954年版。

[11][明] 陈淳著，熊国祯点校：《北溪字义》，中华书局1983年版。

[12][明] 方以智著，张永义校注：《浮山文集》，华夏出版社2017年版。

[13][明] 方以智著，张昭炜整理：《易余》，上海古籍出版社2018年版。

[14][明] 顾炎武著，陈垣校注：《日知录校注》，安徽大学出版社2007年版。

[15][明] 顾炎武著，黄汝成集释：《日知录集释》全校本，上海古籍出版社2006年版。

[16][明] 黄宗羲著，沈善洪主编：《黄宗羲全集》第一、五、十一册，浙江古籍出版社2012年版。

[17][宋] 黎靖德编，王星贤点校：《朱子语类》，中华书局1981年版。

[18][明] 李贽著：《初潭集》，中华书局2009年版。

[19][明] 李贽著，张建业主编：《李贽文集》第一卷，社会科学文献出版社2000年版。

[20][明] 唐甄著：《潜书》，四川人民出版社1984年版。

[21][明] 王夫之著：《船山全书》第十册，岳麓书社2011年版。

[22][明] 王阳明撰，吴光等编校：《王阳明全集》，上海古籍出版社1992年版。

[23][明] 智旭：《蕅益大师全集》第三、七册，福建莆田广化寺影印本。

[24][明] 袾宏：《竹窗随笔》，中国佛教文化馆1983年版。

[25][明] 宗喀巴：《菩提道次第广论》，广化寺2005年版。

[26][南齐] 僧祐编：《弘明集》，上海古籍出版1991年版。

[27]《乾隆大藏经》第三十一、五十四、六十册，中国书局。

[28]《乾隆大藏经》第十二册中华书局。

[29][清] 刘宝楠撰：《论语正义》，中华书局1990年版。

[30][清] 孙希旦撰：《礼记集解》，中华书局1989年版。

[31][清] 王锡祺辑：《小方壶斋舆地丛钞》第六帙，上海著易堂排印本1891年版。

［32］［清］王先谦撰:《荀子集解》,中华书局1988年版。

［33］［清］王先谦撰,沈啸寰、王星贤点校:《荀子集解》,中华书局1988年版。

［34］［清］尤乘纂:《寿世青编》,上海古籍出版社1990年版。

［35］睡虎地秦墓竹简整理小组编:《睡虎地秦墓竹简·法律答问》,文物出版社1978年版。

［36］［宋］陈炽著,赵树贵、曾丽雅整理:《陈炽集》,中华书局1997年版。

［37］［宋］陈亮著:《陈亮集》,中华书局1987年版。

［38］［宋］程颢、程颐著:《二程集》,中华书局2004年版。

［39］［宋］陆九渊著,钟哲点校:《陆九渊集》,中华书局1980年版。

［40］［宋］欧阳修著:《欧阳修全集》,中国书店出版社1986年版。

［41］［宋］丘处机著,赵卫东辑校:《丘处机集》,齐鲁书社2005年版。

［42］［宋］沈括著:《梦溪笔谈》,上海书店出版社2003年版。

［43］［宋］司马光撰:《资治通鉴》,中华书局1997年版。

［44］［宋］王安石著:《临川先生文集》,上海古籍出版社1993年版。

［45］［宋］王溥撰:《唐会要·乡饮酒》卷二十六,上海古籍出版社2006年版。

［46］［宋］王重阳著,白如祥辑校:《王重阳集》,齐鲁书社2005年版。

［47］［宋］叶适著:《水心别集》,中华书局1961年版。

［48］［宋］叶适著:《习学记言》,中华书局1977年版。

［49］［宋］叶适著,刘公纯、王孝鱼、李哲夫点校:《叶适集》,中华书局2010年版。

［50］［宋］张伯端撰,陈全林注译:《悟真篇注译》,中国社会科学出版社2004年版。

［51］［宋］朱熹撰:《晦庵先生朱文公文集》,国家图书馆出版社2006年版。

［52］［宋］朱熹撰:《四书章句集注》,中华书局2011年版。

［53］［唐］杜佑撰,王文锦整理:《通典》(三)《刑法典》,山东画报出版社2004年版。

［54］［唐］房玄龄等著:《晋书·隐逸传》,中华书局1974年版。

［55］［唐］慧然著,杨增文编校:《临济录》,中州古籍出版社2001年版。

二、研究性著作

(一)中文著作

［1］蔡尚思著:《中国礼教思想史》,上海古籍出版社2006年版。

[2] 查昌国著：《先秦"孝""友"观念研究》，安徽大学出版社2006年版。

[3] 陈独秀著：《陈独秀文章选编》，生活·读书·新知三联书店1984年版。

[4] 陈独秀著：《独秀文存》，上海书店1989年版。

[5] 陈功著：《社会变迁中的养老和孝观念研究》，中国社会出版社2009年版。

[6] 陈鼓应著：《老庄新论》，上海古籍出版社1992年版。

[7] 陈鼓应著：《老子今译今注》，商务印书馆2009年版。

[8] 陈来著：《仁学本体论》，生活·读书·新知三联书店2014年版。

[9] 陈平原著：《陈平原小说史论集》，河北人民出版社1997年版。

[10] 陈荣捷著：《现代中国的宗教趋势》，（台北）文殊出版社1987年版。

[11] 陈思宇、程倩著：《转型期公民道德耻感提升研究》，甘肃社会科学2015年版。

[12] 陈霞著：《道教劝善书研究》，巴蜀书社1999年版。

[13] 陈寅恪著：《陈寅恪集·诗集》（附唐筼诗存），生活·读书·新知三联书店2001年版。

[14] 陈瑛主编：《中国伦理思想史》，湖南教育出版社2002年版。

[15] 程树德撰：《九朝律考·汉律考》，中华书局1963年版。

[16] 董群著：《佛教伦理与中国禅学》，宗教文化出版社2007年版。

[17] 杜国庠著：《杜国庠文集》，人民出版社1962年版。

[18] 范忠信、陈景良主编：《中国法制史》，北京大学出版社2007年版。

[19] 方朝晖著：《"中学"与"西学"——重新解读现代中国学术史》，河北大学出版社2002年版。

[20] 方立天著：《中国佛教哲学要义》，中国人民大学出版社2002年版。

[21] 费孝通著：《费孝通全集》第六卷，内蒙古人民出版社2009年版。

[22] 费孝通、吴晗等著：《皇权与绅权》，生活·读书·新知三联出版社2013年版。

[23] 冯友兰著：《中国哲学简史》，北京大学出版社1996年版。

[24] 傅光明编：《茅盾小说》，浙江文艺出版社2001年版。

[25] 高瑞泉著：《中国现代精神传统》的序文及全书，东方出版中心1999年版。

[26] 高瑞泉主编：《中国思潮评论》第六辑，上海古籍出版社2014年版。

[27] 高照明著：《伦理学理论与方法》，人民出版社2005年版。

[28] 郭齐勇著：《儒学新论》，孔学堂书局2015年版。

[29] 郭齐勇、郑文龙编：《杜维明文集》第一、五卷，武汉出版社2002

年版。

[30] 郭齐勇主编：《儒家伦理争鸣集——以"亲亲互隐"为中心》，湖北教育出版社2004年版。

[31] 何怀宏著：《选举社会》，北京大学出版社2015年版。

[32] 何宁著：《淮南子集释》下，中华书局1998年版。

[33] 贺麟著：《文化与人生》，商务印书馆1988年版。

[34] 胡平生译注：《孝经译注》，中华书局1996年版。

[35] 胡适著：《胡适文存》，黄山书社1996年版。

[36] 黄娟著：《社区孝道的再生产：话语与实践》，社会科学文献出版社2011年版。

[37] 黄留珠著：《秦汉仕进制度》，西北大学出版社1985年版。

[38] 黄寿祺、张善文译注：《周易译注》，上海古籍出版社2007年版。

[39] 姜生、郭武著：《明清道教伦理及其历史流变》，四川人民出版社1999年版。

[40] 姜义华、张荣华编：《康有为全集》第五、六集，中国人民大学2007年版。

[41] 蒋庆著：《政治儒学——当代儒学的转向、特质与发展》，生活·读书·新知三联书店2003年版。

[42] 金耀基著：《从传统到现代》，中国人民大学出版社1999年版。

[43] 金耀基著：《中国现代化与知识分子》，（台北）言心出版社1977年版。

[44] 雷学华著：《忠——忠君思想的历史考察》，广西人民出版社1996年版。

[45] 李大钊著：《李大钊文集》，人民出版社1984年版。

[46] 李刚著：《何以"中国根柢全在道教"》，巴蜀书社2008年版。

[47] 李伟编注：《菜根谭全编》，岳麓书院2009年版。

[48] 李文玲、杜玉奎著：《儒家孝伦理与汉唐法律》，法律出版社2012年版。

[49] 李远国编：《气功精华集》，巴蜀书社1987年版。

[50] 李泽厚著：《伦理学纲要》，人民日报出版社2010年版。

[51] 李泽厚著：《论语今读》，安徽文艺出版社1998年版。

[52] 李泽厚著：《中国现代思想史论》，生活·读书·新知三联书店，人民出版社2008年版。

[53] 李振纲著：《大生命视域下的庄子哲学》，人民出版社2013年版。

[54] 梁启超著：《新民说》，辽宁人民出版社1994年版。

[55] 梁启超著：《饮冰室合集》第一册，中华书局1989年版。

[56] 梁启超著，吴松等点校：《饮冰室文集点校》，云南教育出版社2001

年版。

[57] 梁漱溟著：《梁漱溟全集》第二卷，山东人民出版社 1998 年版。

[58] 梁漱溟著：《我们如何拯救过去：梁漱溟谈中国文化》，江苏文艺出版社 2013 年版。

[59] 梁漱溟著：《乡村建设理论》，上海人民出版社 2011 年版。

[60] 梁漱溟著：《中国文化要义》，上海人民出版社 2011 年版。

[61] 廖名春、陈兴安译注：《吕氏春秋全译》，巴蜀书社 2004 年版。

[62] 林其锬著：《五缘文化论》，上海书店出版社 1994 年版。

[63] 林语堂著：《吾国与吾民》，中国戏剧出版社 1990 年版。

[64] 林毓生著：《中国传统的创造性转化》，生活·读书·新知三联书店 1988 年版。

[65] 刘一明编：《道书十二种》，书目文献出版社 1996 年版。

[66] 柳诒徵著：《中国文化史》，中国大百科全书出版社 1988 年版。

[67] 吕世荣、刘象彬、肖永成著：《义利观研究》，河南大学出版社 2000 年版。

[68] 吕思勉著：《理学纲要》，译林出版社 2016 年版。

[69] 吕友仁著：《周礼译注》，中州古籍出版社 2004 年版。

[70] 罗国杰著：《传统伦理与现代社会》，中国人民大学出版社 2012 年版。

[71] 骆承烈主编：《历代孝亲敬老诏令律例（先秦至隋唐卷）》，光明日报出版社 2013 年版。

[72] 马西沙著：《中国民间宗教史》，上海人民出版社 1999 年版。

[73] 马啸原著：《西方政治思想史纲》，高等教育出版社 1997 年版。

[74] 牟宗三著：《道德的理想主义》修订五版，（台北）学生书局 1982 年版。

[75] 牟宗三著：《牟宗三先生全集》第五、二十八、三十一册，（台北）联经出版公司 2003 年版。

[76] 庞朴著：《一分为三》，海天出版社 1995 年版。

[77] 秦家懿编译：《德国哲学家论中国》，生活·读书·新知三联书店 1993 年版。

[78] 卿希泰主编，詹石窗副主编：《中国道教思想史》第三卷，人民出版社 2009 年版。

[79] 饶宗颐著：《老子想尔注校证》，上海古籍出版社 1991 年版。

[80] 石峻等编：《中国佛教思想资料选编》，中华书局 2014 年版。

[81] 石峻主编：《中国近代思想史参考资料选编》，三联书店 1957 年版。

[82] 石声汉校注：《四民月令校注》，中华书局 2003 年第 2 版。

［83］舒大刚著：《中国孝经学史》，福建人民出版社 2013 年版。

［84］孙中山著：《孙中山全集》第九卷，中华书局 1986 年版。

［85］孙中山著：《孙中山选集》，人民出版社 1956 年版。

［86］谈敏著：《法国重农学派学说的中国渊源》，上海人民出版社 1992 年版。

［87］谭嗣同著：《仁学》，中华书局 1958 年版。

［88］唐君毅著：《唐君毅全集》第四、十二、二十五卷，（台北）学生书局 1991 年版。

［89］唐君毅著：《中国文化之精神价值》，江苏教育出版社 2006 年版。

［90］唐凯麟主编：《中华民族道德生活史·秦汉卷》，东方出版中心 2014 年版。

［91］唐兰著：《殷墟文字记》，中华书局 1981 年版。

［92］童书业著：《春秋左传研究》，上海人民出版社 1980 年版。

［93］万俊人著：《寻求普世伦理》，北京大学出版社 2009 年版。

［94］万俊人著：《义利之间——现代经济伦理十一讲》，团结出版社 2003 年版。

［95］汪受宽著：《孝经译注》，上海古籍出版社 2004 年版。

［96］王明著：《太平经合校》，中华书局 1960 年版。

［97］王有英著：《清前期社会教化研究》，上海人民出版社 2009 年版。

［98］王振复著：《周易的美学智慧》，湖南出版社 1990 年版。

［99］魏则胜著：《职业道德理论与实践》，中山大学出版社 2016 年版。

［100］吴根友著：《中国现代价值观的初生历程》，武汉大学出版社 2004 年版。

［101］吴光主编：《马一浮全集》第四册，浙江古籍出版社 2013 年版。

［102］吴受琚辑释：《司马承祯集》，社会科学文献出版社 2013 年版。

［103］吴小强著：《秦简日书集释》，岳麓书社 2000 年版。

［104］向燕南、张越编注：《劝孝——仁者的回报　俗约——教化的基础》，中央民族大学出版社 1996 年版。

［105］萧公权著：《中国政治思想史》，新星出版社 2010 年版。

［106］萧萐父著：《吹沙二集》，巴蜀书社 2007 年版。

［107］萧萐父著：《吹沙集》，巴蜀书社 1991 年版。

［108］萧萐父著：《吹沙三集》，巴蜀书社 1999 年版。

［109］萧萐父、许苏民著：《明清启蒙学术流变》，人民出版社 2013 年版。

［110］萧萐父主编，郭齐勇副主编：《熊十力全集》，湖北教育出版社 2001 年版。

[111] 肖波编著：《中国孝文化概论》，人民出版社2012年版。
[112] 徐复观著：《中国人性论史》，上海三联书店2001年版。
[113] 严复著：《严复集》，中华书局1986年版。
[114] 阎步克著：《士大夫政治演生史稿》，北京大学出版社2015年版。
[115] 杨伯峻著：《列子集释》，中华书局1985年版。
[116] 杨伯峻译注：《论语译注》，中华书局2010年版。
[117] 杨伯峻译注：《孟子译注》，中华书局2010年版。
[118] 杨逢彬著：《论语新注》，北京大学出版社2016年版。
[119] 杨俊岭著：《道德耻感论》，中央编译出版社2013年版。
[120] 杨联升著：《国史探微》，新星出版社2005年版。
[121] 杨天宇著：《周礼译注》，上海古籍出版社2004年版。
[122] 姚大志著：《正义与善——社群主义研究》，人民出版社2014年版。
[123] 印顺法师著：《华雨集》，中华书局2011年版。
[124] 余英时著：《余英时文集》第三册，广西师范大学出版社2006年版。
[125] 袁啸波编：《民间劝善书》，上海古籍出版社1995年版。
[126] 岳纯之点校：《唐律疏议》，上海古籍出版社2013年版。
[127] 张传开、汪传发著：《义利之间——中国传统文化中的义利观之演变》，南京大学出版社1997年版。
[128] 张岱年著：《张岱年全集》第二卷，河北人民出版社2007年版。
[129] 张岱年著：《中国古典哲学概念范畴要论》，中国社会科学出版社1987年版。
[130] 张岱年著：《中国伦理思想研究》，上海人民出版社1989年版。
[131] 张国钧著：《先义与后利：中国人的义利观》，云南人民出版社1999年版。
[132] 张怀承著：《无我与涅槃：佛家伦理道德精粹》，湖南大学出版社1999年版。
[133] 张骏严编选：《新潮——民初时论选》，辽宁人民出版社1994年版。
[134] 张双棣著：《〈吕氏春秋〉词汇研究》修订本，商务印书馆2008年版。
[135] 张学智编：《贺麟选集》，吉林人民出版社2005年版。
[136] 张玉法著：《民国初年政党》，岳麓书社2004年版。
[137] 张志伟、韩东晖、干春松总主编：《中国政治哲学史》第一卷（梁涛主编），中国人民大学出版社2017年版。
[138] 赵璐著：《中国近代义利观研究》，中国社会科学出版社2007年版。
[139] 周石峰著：《义利之间：近代商人与民族主义运动》，中国时代经济

出版社 2008 年版。

[140] 周月锋编：《中国近代思想家文库·杜亚泉卷》，中国人民大学出版社 2014 年版。

[141] 周作人著：《中国新文学的源流》，岳麓书社 1932 年版。

[142] 朱岚著：《中国传统孝道七讲》，中国社会出版社 2008 年版。

（二）外文译著

[1]［德］海德格尔著：《海德格尔选集》，孙周兴译，生活·读书·新知三联书店 1996 年版。

[2]［德］海德格尔著：《形而上学导论》，熊伟、王庆节译，商务印书馆 1996 年版。

[3]［德］黑格尔著：《法哲学原理》，范扬、张企泰译，商务印书馆 1961 年版。

[4]［德］黑格尔著：《历史哲学》，王造时译，上海世纪出版集团 2006 年版。

[5]［德］黑格尔著：《哲学史讲演录》，贺麟、王太庆译，商务印书馆 1959 年版。

[6]［德］康德著：《道德形而上学奠基》，杨云飞译，邓晓芒校，人民出版社 2013 年版。

[7]［德］莱布尼茨著：《中国近事——为了照亮我们这个时代的历史》，［法］梅谦立、杨保筠译，大象出版社 2005 年版。

[8]［德］马克斯·韦伯著：《新教伦理与资本主义精神》，于晓、陈维纲译，陕西师范大学出版社 2006 年版。

[9]［德］夏瑞春编：《德国思想家论中国》，陈爱政等译，江苏人民出版社 1995 年版。

[10]［俄］季塔连科主编：《马克思主义伦理学》，黄其才等译，上海译文出版社 1981 年版。

[11]［法］阿尔贝特·施韦泽著：《敬畏生命》，［德］汉斯·瓦尔特·贝尔编，陈泽环译，上海社会科学院出版社 1995 年版。

[12]［法］爱弥尔·涂尔干著：《职业伦理与公民道德》，渠东、付德根译，上海人民出版社 2006 年版。

[13]［法］伏尔泰著：《哲学辞典》上册，商务印书馆 1991 年版。

[14]［法］魁奈著：《中华帝国的专制制度》，谈敏译，商务印书馆 1992 年版。

[15]［法］孟德斯鸠著：《论法的精神》上，张雁深译，商务印书馆 1987

年版。

[16][加]凯·尼尔森著：《马克思主义与道德》，李义天译，人民出版社2014年版。

[17][美]E. A. 罗斯著：《变化中的中国人》，公茂虹、张浩译，时事出版社1998年版。

[18][美]爱德华·希尔斯著：《论传统》，傅铿、吕乐译，上海人民出版社2009年版。

[19][美]弗兰克·梯利著：《伦理学概论》，何意译、苗力田校，中国人民大学出版社1987年版。

[20][美]弗洛姆著：《禅宗与精神分析》，王雷泉、冯川译，贵州人民出版社1998年版。

[21][美]科恩著：《论民主》，聂崇信等译，商务印书馆1988年版。

[22][美]林毓生著：《中国意识的危机——"五四"时期激烈的反传统主义》，穆善培译，贵州人民出版社1988年版。

[23][美]田浩著：《功利主义儒家——陈亮对朱熹的挑战》，姜长苏译，江苏人民出版社1997年版。

[24][日]沟口雄三著：《中国前近代思想之挫折与展开》，陈耀文译，上海人民出版社1997年版。

[25][英]李约瑟著：《中国古代科学思想史》，陈立夫等译，江西人民出版社1999年版。

[26][英]休谟著：《道德原则研究》，曾晓平译，商务印书馆2001年版。

[27][英]约翰·哈萨德著：《时间社会学》，朱红文、李捷译，北京师范大学出版社2009年版。

三、学术论文

(一) 期刊论文

[1]陈建国、陈乾、沈薇：《传统文化寓干部培训教育之途径》，载《中共银川市委党校学报》2018年第3期。

[2]陈来：《梁启超的道德思想——以其孔孟立教论为中心》，载《清华大学学报》2017年第2期。

[3]陈丽君、王重鸣：《中西方关于诚信的诠释及应用的异同与启示》，载《哲学研究》2002年第8期。

[4]陈乔见：《公德与私德辨正》，载《社会科学》2011年第2期。

[5] 崔海亮:《儒家传统家庭伦理及其现代价值》,载《船山学刊》2009年第2期。

[6] 崔海亮:《"文化中国"与海外华裔的中华民族认同》,载《中华文化论坛》2014年第1期。

[7] 崔景明:《论道家思想的伦理意蕴》,载《云南社会科学》2004年第6期。

[8] 樊和平:《耻感与道德体系》,载《道德与文明》2007年第2期。

[9] 范正宇:《"忠"观念溯源》,载《社会科学辑刊》1992年第5期。

[10] 方立天:《中国佛教伦理的社会意义》,载《伦理学研究》2004年第1期。

[11] 方立天:《中国佛教伦理思想论纲》,载《中国社会科学》1996年第2期。

[12] 冯兵:《荀子义利观辨析》,载《重庆师范大学学报(哲学社会科学版)》2006年第5期。

[13] 高春花:《论孔子耻感的道德品性》,载《道德与文明》2008年第1期。

[14] 高兆明:《耻感与存在》,载《伦理学研究》2006年第5期。

[15] 高兆明:《耻感与存在》,载《伦理学研究》2006年第3期。

[16] 郭齐勇:《近年来中国大陆儒学的新进展》,载《广西大学学报》2015年第1期。

[17] 郭齐勇:《新时代"六伦"的新建构》,载《孔学堂》(中国思想文化评论)2014年创刊号。

[18] 胡成广:《从"五伦"、"第六伦"到"第七伦"》,载《哈尔滨师范大学社会科学学报》2012年第3期。

[19] 黄栩鑫:《国学进党校课堂现状分析及对策探析》,载《中共乐山市委党校学报》2016年第1期。

[20] 黄钊:《当代职业道德建设应从中华传统美德中吸取营养》,载《思想教育研究》2016年第5期。

[21] 黄钊:《简论我国职业道德的优良传统及其现实价值》,载《管子学刊》1998年第1期。

[22] 蒋学平:《礼仪花开,向雅而行》,载《中国德育》2018年第1期。

[23] 康建伟:《公私之辨:从梁启超到梁漱溟》,载《学术交流》2011年第5期。

[24] 孔磊:《对基层党校开展中华优秀传统文化教育的思考》,载《阜阳职

业技术学院学报》2018年第1期。

［25］李存山：《对"三纲"之本义的辨析与评价》，载《天津社会科学》2012年第1期。

［26］李国娟：《高校加强中华优秀传统文化教育的理论思考与实践逻辑》，载《思想教育研究》2015年4期。

［27］林存光：《儒家思想的多重面相——评方朝晖〈为"三纲"正名〉》，载《中国哲学史》2014年第3期。

［28］林国平：《民间宗教的复兴与当代中国社会：以福建为研究中心》，载《世界宗教研究》2009年第4期。

［29］刘笑敢：《两种逍遥与两种自由》，载《华中师范大学学报》2007年第6期。

［30］刘笑菊：《现代企业职工职业道德培育研究》，载《中国培训》2016年8月（上）。

［31］龙大轩：《孝道：中国传统法律的核心价值》，载《法学研究》2016年第3期。

［32］吕锡琛：《道教养生智慧及其现代价值》，载《中国宗教》2013年第9期。

［33］罗彩：《近百年来五伦思想研究述评》，载《河北师范大学学报》2017年第2期。

［34］罗珊、郑永廷：《论我国职业道德传统与发展》，载《思想教育研究》2007年第5期。

［35］毛丽娅：《道教生命观的当代审视》，载《四川师范大学学报》2012年第4期。

［36］孟祥才：《"忠"的观念在我国的历史演变》，载《历史教学》1984年第2期。

［37］彭林：《礼与中国人文精神》，载《孔子研究》2011年第6期。

［38］彭玉春、郑爱群：《植根于学生心田的礼仪教育》，载《教学与管理》2012年3月15日。

［39］濮文起：《当代中国民间宗教活动的某些特点：以河北、天津民间宗教现实活动为例》，载《理论与现代化》2009年第2期。

［40］曲德来：《"忠"观念先秦演变考》，载《社会科学辑刊》2005年第3期。

［41］石培玲：《梁漱溟的公德观与"乡村自治"构想的伦理困境》，载《道德与文明》2007年第6期。

［42］孙邦金、陈安金：《论儒家的礼物观》，载《哲学研究》2013年第10期。

［43］孙春晨：《儒家礼治与当代中国法治》，载《山东社会科学》2015年第12期。

［44］田耕滋：《论老子对人类生存的终极关怀》，载《山西大学学报》1996年第3期。

［45］王若颖：《文化的他者之镜：读〈国之欧洲〉思考》，载《齐齐哈尔大学学报》2013年第6期。

［46］王振复：《〈周易〉时间问题的现象学探问》，载《学术月刊》2007年第11期。

［47］王中江：《明清之际"私"观念的兴起及其社会史关联》，载《湖南社会科学》2003年第4期。

［48］王子今：《"忠"的观念的历史轨迹与社会价值》，载《南都学坛》1998年第4期。

［49］吴建东：《学校礼仪文化建设实践探析》，载《教学与管理》2015年11月1日。

［50］杨华：《春秋战国时期"宗统"与"君统"的斗争——兼论我国古代忠孝关系的三个阶段》，载《学术月刊》1997年第5期。

［51］杨恋：《传承文化基因，重建文化自信——关于党校干部培训中的传统文化教育思考》，载《决策探索》2017年4月下半月刊。

［52］杨铮铮：《传统五伦的现代构建》，载《湖南师范大学社会科学学报》2009年第3期。

［53］姚维：《道家生命关怀的哲学》，载《新疆师范大学学报》1999年第1期。

［54］张宏：《新时代下培育电影新人的几点思考——学习习近平总书记在全国宣传思想工作会议上的讲话》，载《中国电影报》2018年9月26日第002版。

［55］张秀芹：《贺麟伦理思想探析》，载《华北电力大学学报》2003年第1期。

［56］张博颖：《五四新文化运动对公民道德的启蒙意义》，载《湖南师范大学学报》2005年第5期。

［57］章越松：《耻感伦理的涵义、属性与问题域》，载《伦理学研究》2014年第1期。

［58］赵景阳：《自由主义改良派论"公德"与"私德"——以康有为、梁启超、李泽厚为线索》，载《河北师范大学学报》2014年第2期。

[59] 赵俊丽《文化类综艺节目的艺术塑造与价值提升》，载《科技传播》2018年8月（下）。

[60] 郑晓江：《"忠"之精神探微》，载《孔孟学报》1995年第70期。

（二）硕博论文

[1] 耿洪涛著：《在学生中加强中华优秀传统文化教育研究》，长春理工大学硕士学位论文，2011年。

[2] 宫兴华著：《严复与福泽谕吉国民性改造比较》，西南交通大学硕士学位论文，2005年。

[3] 解颉理著：《先秦"忠"观念的演变》，广西师范大学硕士学位论文，2006年。

[4] 裴传永著：《中国传统忠德观的历时性考察》，山东大学博士学位论文，2006年。

[5] 桑东辉著：《论中国传统忠德的历史演变》，黑龙江大学博士学位论文，2015年。

[6] 王贺兰著：《当代中国青少年礼仪教育的反思与建构》，河北师范大学博士学位论文，2010年。

[7] 张志千著：《中国传统文化对企业人的道德教化功能研究》，东北师范大学博士学位论文，2015年。

[8] 赵颢著：《中国石化区外销售企业员工职业道德研究》，东北石油大学硕士学位论文，2013年。

[9] 赵玉梅著：《初中学生礼仪教育的现状、问题及对策研究——以兰州市一所完全中学初中班级为个案》，西北师范大学硕士学位论文，2007年。

（三）报纸文章

[1] 古力米热：《弘扬优秀传统文化增强中华文化认同感——克州推进文化事业发展综述》，载《克孜勒苏日报（汉）》2018年9月22日第4版。

[2] 谷曙光：《朗读者：播撒传统文化中的诗与远方》，载《文艺报》2018年8月22日第4版。

[3] 姜广辉：《九伦》，载《光明日报》2007年8月23日理论版。

[4] 全林远、赵周贤、邵丹：《论当代中国的诚信建设》，载《光明日报》2012年2月6日理论版。

[5] 任平：《诚信与文明：中国梦的价值基石》，载《光明日报》2013年4月10日理论版。

［6］习近平：《把培育和弘扬社会主义核心价值观作为凝魂聚气强基固本的基础工程》，载《人民日报》2014年2月26日第1版。

［7］翟博：《加强中华优秀传统文化教育——深入学习习近平总书记教育思想（五）》，载《中国教育报》2017年8月31日第1版。

后 记

本次出版的研究成果，为教育部重大攻关项目"中国传统道德文化的现代阐释和实践路径研究"的压缩版。初稿的实际字数，电子版统计有95万字之多，目前出版的实际不到全部书稿的一半内容，故很多论述无法展开。

首先，非常感谢申报期间施以援手的诸位教授，他们分别是子课题负责专家郭齐勇、刘固盛、杨华、李翔海、徐水生五位教授。没有他们的大力支持，这个课题可能就无法中标。

非常感谢本课题开题时的诸位专家：詹石窗、姚新中、沈壮海等教授，以及教育部张东刚司长等人所提出的宝贵建议。感谢终审的匿名评审专家。谢谢他们的认可与提出的进一步修改建议。

其次，非常感谢在课题申报与实施的过程中积极支持和开展工作的所有成员，他们分别是李大华、刘泽亮、朱喆、丁为祥、胡治洪、文碧方、孙劲松、陈仁仁、林桂榛、陈乔见、秦平、刘乐恒、任慧峰、王林伟、肖航、郑泽绵、沈庭、黄燕强、邓国宏、王博、许兰等教授、副教授和博士生。[①] 刘元青教授和吕成、李格非、徐衍博士也做了部分内容的资料整理。

课题在最后的结项过程中，秦平副教授做了大量的事务性工作。特别邀请孙邦金、崔海亮副教授加入课题的后期撰写工作。崔海亮为此课题的最后结项做了大量的校对、补充相关部分内容的工作，还帮助通读了全稿，在文字上做了非常细致的统一、修改工作。全书的参考书目主体部分也是由海亮一人完成的。非常感谢海亮君的大力支持与帮助。

本书的英文目录与内容摘要初稿，是延请李健君副教授翻译的，后又请董锦程（Elliot O'Donnell）君在英文方面做了润色。这些临时的工作打断了他们自己的工作程序，深感不安。此处用"感谢"二字，实不足以表达我对他们的大力支持与深厚友情的感激之意。

[①] 需要说明的是，本成果的课题组成员仅是实际参与写作者，按姓氏笔画排序。

最后，感谢武汉大学人文社会科学院张发林副院长和其他工作人员，感谢学院科研秘书禹燕民与其他工作人员，感谢所有对此书稿给予了各种有形与无形帮助的同道与诸君。

全部书稿由我通读了几遍，并在语言的整体风格上做了进一步的统一工作。由于交稿时间紧迫，书稿由多人协作，引文版本参差不齐，书中一定还存在着不少的问题。所有问题最终由我个人承担责任。

2021 年元月 20 日

教育部哲学社会科学研究重大课题攻关项目成果出版列表

序号	书　名	首席专家
1	《马克思主义基础理论若干重大问题研究》	陈先达
2	《马克思主义理论学科体系建构与建设研究》	张雷声
3	《马克思主义整体性研究》	逄锦聚
4	《改革开放以来马克思主义在中国的发展》	顾钰民
5	《新时期　新探索　新征程 ——当代资本主义国家共产党的理论与实践研究》	聂运麟
6	《坚持马克思主义在意识形态领域指导地位研究》	陈先达
7	《当代资本主义新变化的批判性解读》	唐正东
8	《当代中国人精神生活研究》	童世骏
9	《弘扬与培育民族精神研究》	杨叔子
10	《当代科学哲学的发展趋势》	郭贵春
11	《服务型政府建设规律研究》	朱光磊
12	《地方政府改革与深化行政管理体制改革研究》	沈荣华
13	《面向知识表示与推理的自然语言逻辑》	鞠实儿
14	《当代宗教冲突与对话研究》	张志刚
15	《马克思主义文艺理论中国化研究》	朱立元
16	《历史题材文学创作重大问题研究》	童庆炳
17	《现代中西高校公共艺术教育比较研究》	曾繁仁
18	《西方文论中国化与中国文论建设》	王一川
19	《中华民族音乐文化的国际传播与推广》	王耀华
20	《楚地出土戰國簡册［十四種］》	陈　伟
21	《近代中国的知识与制度转型》	桑　兵
22	《中国抗战在世界反法西斯战争中的历史地位》	胡德坤
23	《近代以来日本对华认识及其行动选择研究》	杨栋梁
24	《京津冀都市圈的崛起与中国经济发展》	周立群
25	《金融市场全球化下的中国监管体系研究》	曹凤岐
26	《中国市场经济发展研究》	刘　伟
27	《全球经济调整中的中国经济增长与宏观调控体系研究》	黄　达
28	《中国特大都市圈与世界制造业中心研究》	李廉水

序号	书名	首席专家
29	《中国产业竞争力研究》	赵彦云
30	《东北老工业基地资源型城市发展可持续产业问题研究》	宋冬林
31	《转型时期消费需求升级与产业发展研究》	臧旭恒
32	《中国金融国际化中的风险防范与金融安全研究》	刘锡良
33	《全球新型金融危机与中国的外汇储备战略》	陈雨露
34	《全球金融危机与新常态下的中国产业发展》	段文斌
35	《中国民营经济制度创新与发展》	李维安
36	《中国现代服务经济理论与发展战略研究》	陈　宪
37	《中国转型期的社会风险及公共危机管理研究》	丁烈云
38	《人文社会科学研究成果评价体系研究》	刘大椿
39	《中国工业化、城镇化进程中的农村土地问题研究》	曲福田
40	《中国农村社区建设研究》	项继权
41	《东北老工业基地改造与振兴研究》	程　伟
42	《全面建设小康社会进程中的我国就业发展战略研究》	曾湘泉
43	《自主创新战略与国际竞争力研究》	吴贵生
44	《转轨经济中的反行政性垄断与促进竞争政策研究》	于良春
45	《面向公共服务的电子政务管理体系研究》	孙宝文
46	《产权理论比较与中国产权制度变革》	黄少安
47	《中国企业集团成长与重组研究》	蓝海林
48	《我国资源、环境、人口与经济承载能力研究》	邱　东
49	《"病有所医"——目标、路径与战略选择》	高建民
50	《税收对国民收入分配调控作用研究》	郭庆旺
51	《多党合作与中国共产党执政能力建设研究》	周淑真
52	《规范收入分配秩序研究》	杨灿明
53	《中国社会转型中的政府治理模式研究》	娄成武
54	《中国加入区域经济一体化研究》	黄卫平
55	《金融体制改革和货币问题研究》	王广谦
56	《人民币均衡汇率问题研究》	姜波克
57	《我国土地制度与社会经济协调发展研究》	黄祖辉
58	《南水北调工程与中部地区经济社会可持续发展研究》	杨云彦
59	《产业集聚与区域经济协调发展研究》	王　珺

序号	书　名	首席专家
60	《我国货币政策体系与传导机制研究》	刘　伟
61	《我国民法典体系问题研究》	王利明
62	《中国司法制度的基础理论问题研究》	陈光中
63	《多元化纠纷解决机制与和谐社会的构建》	范　愉
64	《中国和平发展的重大前沿国际法律问题研究》	曾令良
65	《中国法制现代化的理论与实践》	徐显明
66	《农村土地问题立法研究》	陈小君
67	《知识产权制度变革与发展研究》	吴汉东
68	《中国能源安全若干法律与政策问题研究》	黄　进
69	《城乡统筹视角下我国城乡双向商贸流通体系研究》	任保平
70	《产权强度、土地流转与农民权益保护》	罗必良
71	《我国建设用地总量控制与差别化管理政策研究》	欧名豪
72	《矿产资源有偿使用制度与生态补偿机制》	李国平
73	《巨灾风险管理制度创新研究》	卓　志
74	《国有资产法律保护机制研究》	李曙光
75	《中国与全球油气资源重点区域合作研究》	王　震
76	《可持续发展的中国新型农村社会养老保险制度研究》	邓大松
77	《农民工权益保护理论与实践研究》	刘林平
78	《大学生就业创业教育研究》	杨晓慧
79	《新能源与可再生能源法律与政策研究》	李艳芳
80	《中国海外投资的风险防范与管控体系研究》	陈菲琼
81	《生活质量的指标构建与现状评价》	周长城
82	《中国公民人文素质研究》	石亚军
83	《城市化进程中的重大社会问题及其对策研究》	李　强
84	《中国农村与农民问题前沿研究》	徐　勇
85	《西部开发中的人口流动与族际交往研究》	马　戎
86	《现代农业发展战略研究》	周应恒
87	《综合交通运输体系研究——认知与建构》	荣朝和
88	《中国独生子女问题研究》	风笑天
89	《我国粮食安全保障体系研究》	胡小平
90	《我国食品安全风险防控研究》	王　硕

序号	书 名	首席专家
91	《城市新移民问题及其对策研究》	周大鸣
92	《新农村建设与城镇化推进中农村教育布局调整研究》	史宁中
93	《农村公共产品供给与农村和谐社会建设》	王国华
94	《中国大城市户籍制度改革研究》	彭希哲
95	《国家惠农政策的成效评价与完善研究》	邓大才
96	《以民主促进和谐——和谐社会构建中的基层民主政治建设研究》	徐 勇
97	《城市文化与国家治理——当代中国城市建设理论内涵与发展模式建构》	皇甫晓涛
98	《中国边疆治理研究》	周 平
99	《边疆多民族地区构建社会主义和谐社会研究》	张先亮
100	《新疆民族文化、民族心理与社会长治久安》	高静文
101	《中国大众媒介的传播效果与公信力研究》	喻国明
102	《媒介素养：理念、认知、参与》	陆 晔
103	《创新型国家的知识信息服务体系研究》	胡昌平
104	《数字信息资源规划、管理与利用研究》	马费成
105	《新闻传媒发展与建构和谐社会关系研究》	罗以澄
106	《数字传播技术与媒体产业发展研究》	黄升民
107	《互联网等新媒体对社会舆论影响与利用研究》	谢新洲
108	《网络舆论监测与安全研究》	黄永林
109	《中国文化产业发展战略论》	胡惠林
110	《20世纪中国古代文化经典在域外的传播与影响研究》	张西平
111	《国际传播的理论、现状和发展趋势研究》	吴 飞
112	《教育投入、资源配置与人力资本收益》	闵维方
113	《创新人才与教育创新研究》	林崇德
114	《中国农村教育发展指标体系研究》	袁桂林
115	《高校思想政治理论课程建设研究》	顾海良
116	《网络思想政治教育研究》	张再兴
117	《高校招生考试制度改革研究》	刘海峰
118	《基础教育改革与中国教育学理论重建研究》	叶 澜
119	《我国研究生教育结构调整问题研究》	袁本涛 王传毅
120	《公共财政框架下公共教育财政制度研究》	王善迈

序号	书　名	首席专家
121	《农民工子女问题研究》	袁振国
122	《当代大学生诚信制度建设及加强大学生思想政治工作研究》	黄蓉生
123	《从失衡走向平衡：素质教育课程评价体系研究》	钟启泉 崔允漷
124	《构建城乡一体化的教育体制机制研究》	李　玲
125	《高校思想政治理论课教育教学质量监测体系研究》	张耀灿
126	《处境不利儿童的心理发展现状与教育对策研究》	申继亮
127	《学习过程与机制研究》	莫　雷
128	《青少年心理健康素质调查研究》	沈德立
129	《灾后中小学生心理疏导研究》	林崇德
130	《民族地区教育优先发展研究》	张诗亚
131	《WTO主要成员贸易政策体系与对策研究》	张汉林
132	《中国和平发展的国际环境分析》	叶自成
133	《冷战时期美国重大外交政策案例研究》	沈志华
134	《新时期中非合作关系研究》	刘鸿武
135	《我国的地缘政治及其战略研究》	倪世雄
136	《中国海洋发展战略研究》	徐祥民
137	《深化医药卫生体制改革研究》	孟庆跃
138	《华侨华人在中国软实力建设中的作用研究》	黄　平
139	《我国地方法制建设理论与实践研究》	葛洪义
140	《城市化理论重构与城市化战略研究》	张鸿雁
141	《境外宗教渗透论》	段德智
142	《中部崛起过程中的新型工业化研究》	陈晓红
143	《农村社会保障制度研究》	赵　曼
144	《中国艺术学学科体系建设研究》	黄会林
145	《人工耳蜗术后儿童康复教育的原理与方法》	黄昭鸣
146	《我国少数民族音乐资源的保护与开发研究》	樊祖荫
147	《中国道德文化的传统理念与现代践行研究》	李建华
148	《低碳经济转型下的中国排放权交易体系》	齐绍洲
149	《中国东北亚战略与政策研究》	刘清才
150	《促进经济发展方式转变的地方财税体制改革研究》	钟晓敏
151	《中国—东盟区域经济一体化》	范祚军

序号	书　名	首席专家
152	《非传统安全合作与中俄关系》	冯绍雷
153	《外资并购与我国产业安全研究》	李善民
154	《近代汉字术语的生成演变与中西日文化互动研究》	冯天瑜
155	《新时期加强社会组织建设研究》	李友梅
156	《民办学校分类管理政策研究》	周海涛
157	《我国城市住房制度改革研究》	高　波
158	《新媒体环境下的危机传播及舆论引导研究》	喻国明
159	《法治国家建设中的司法判例制度研究》	何家弘
160	《中国女性高层次人才发展规律及发展对策研究》	佟　新
161	《国际金融中心法制环境研究》	周仲飞
162	《居民收入占国民收入比重统计指标体系研究》	刘　扬
163	《中国历代边疆治理研究》	程妮娜
164	《性别视角下的中国文学与文化》	乔以钢
165	《我国公共财政风险评估及其防范对策研究》	吴俊培
166	《中国历代民歌史论》	陈书录
167	《大学生村官成长成才机制研究》	马抗美
168	《完善学校突发事件应急管理机制研究》	马怀德
169	《秦简牍整理与研究》	陈　伟
170	《出土简帛与古史再建》	李学勤
171	《民间借贷与非法集资风险防范的法律机制研究》	岳彩申
172	《新时期社会治安防控体系建设研究》	宫志刚
173	《加快发展我国生产服务业研究》	李江帆
174	《基本公共服务均等化研究》	张贤明
175	《职业教育质量评价体系研究》	周志刚
176	《中国大学校长管理专业化研究》	宣　勇
177	《"两型社会"建设标准及指标体系研究》	陈晓红
178	《中国与中亚地区国家关系研究》	潘志平
179	《保障我国海上通道安全研究》	吕　靖
180	《世界主要国家安全体制机制研究》	刘胜湘
181	《中国流动人口的城市逐梦》	杨菊华
182	《建设人口均衡型社会研究》	刘渝琳
183	《农产品流通体系建设的机制创新与政策体系研究》	夏春玉

序号	书　名	首席专家
184	《区域经济一体化中府际合作的法律问题研究》	石佑启
185	《城乡劳动力平等就业研究》	姚先国
186	《20世纪朱子学研究精华集成——从学术思想史的视角》	乐爱国
187	《拔尖创新人才成长规律与培养模式研究》	林崇德
188	《生态文明制度建设研究》	陈晓红
189	《我国城镇住房保障体系及运行机制研究》	虞晓芬
190	《中国战略性新兴产业国际化战略研究》	汪　涛
191	《证据科学论纲》	张保生
192	《要素成本上升背景下我国外贸中长期发展趋势研究》	黄建忠
193	《中国历代长城研究》	段清波
194	《当代技术哲学的发展趋势研究》	吴国林
195	《20世纪中国社会思潮研究》	高瑞泉
196	《中国社会保障制度整合与体系完善重大问题研究》	丁建定
197	《民族地区特殊类型贫困与反贫困研究》	李俊杰
198	《扩大消费需求的长效机制研究》	臧旭恒
199	《我国土地出让制度改革及收益共享机制研究》	石晓平
200	《高等学校分类体系及其设置标准研究》	史秋衡
201	《全面加强学校德育体系建设研究》	杜时忠
202	《生态环境公益诉讼机制研究》	颜运秋
203	《科学研究与高等教育深度融合的知识创新体系建设研究》	杜德斌
204	《女性高层次人才成长规律与发展对策研究》	罗瑾琏
205	《岳麓秦简与秦代法律制度研究》	陈松长
206	《民办教育分类管理政策实施跟踪与评估研究》	周海涛
207	《建立城乡统一的建设用地市场研究》	张安录
208	《迈向高质量发展的经济结构转变研究》	郭熙保
209	《中国社会福利理论与制度构建——以适度普惠社会福利制度为例》	彭华民
210	《提高教育系统廉政文化建设实效性和针对性研究》	罗国振
211	《毒品成瘾及其复吸行为——心理学的研究视角》	沈模卫
212	《英语世界的中国文学译介与研究》	曹顺庆
213	《建立公开规范的住房公积金制度研究》	王先柱

序号	书　名	首席专家
214	《现代归纳逻辑理论及其应用研究》	何向东
215	《时代变迁、技术扩散与教育变革：信息化教育的理论与实践探索》	杨　浩
216	《城镇化进程中新生代农民工职业教育与社会融合问题研究》	褚宏启 薛二勇
217	《我国先进制造业发展战略研究》	唐晓华
218	《融合与修正：跨文化交流的逻辑与认知研究》	鞠实儿
219	《中国新生代农民工收入状况与消费行为研究》	金晓彤
220	《高校少数民族应用型人才培养模式综合改革研究》	张学敏
221	《中国的立法体制研究》	陈　俊
222	《教师社会经济地位问题：现实与选择》	劳凯声
223	《中国现代职业教育质量保障体系研究》	赵志群
224	《欧洲农村城镇化进程及其借鉴意义》	刘景华
225	《国际金融危机后全球需求结构变化及其对中国的影响》	陈万灵
226	《创新法治人才培养机制》	杜承铭
227	《法治中国建设背景下警察权研究》	余凌云
228	《高校财务管理创新与财务风险防范机制研究》	徐明稚
229	《义务教育学校布局问题研究》	雷万鹏
230	《高校党员领导干部清正、党政领导班子清廉的长效机制研究》	汪　曣
231	《二十国集团与全球经济治理研究》	黄茂兴
232	《高校内部权力运行制约与监督体系研究》	张德祥
233	《职业教育办学模式改革研究》	石伟平
234	《职业教育现代学徒制理论研究与实践探索》	徐国庆
235	《全球化背景下国际秩序重构与中国国家安全战略研究》	张汉林
236	《进一步扩大服务业开放的模式和路径研究》	申明浩
237	《自然资源管理体制研究》	宋马林
238	《高考改革试点方案跟踪与评估研究》	钟秉林
239	《全面提高党的建设科学化水平》	齐卫平
240	《"绿色化"的重大意义及实现途径研究》	张俊飚
241	《利率市场化背景下的金融风险研究》	田利辉
242	《经济全球化背景下中国反垄断战略研究》	王先林

序号	书　名	首席专家
243	《中华文化的跨文化阐释与对外传播研究》	李庆本
244	《世界一流大学和一流学科评价体系与推进战略》	王战军
245	《新常态下中国经济运行机制的变革与中国宏观调控模式重构研究》	袁晓玲
246	《推进21世纪海上丝绸之路建设研究》	梁　颖
247	《现代大学治理结构中的纪律建设、德治礼序和权力配置协调机制研究》	周作宇
248	《渐进式延迟退休政策的社会经济效应研究》	席　恒
249	《经济发展新常态下我国货币政策体系建设研究》	潘　敏
250	《推动智库建设健康发展研究》	李　刚
251	《农业转移人口市民化转型：理论与中国经验》	潘泽泉
252	《电子商务发展趋势及对国内外贸易发展的影响机制研究》	孙宝文
253	《创新专业学位研究生培养模式研究》	贺克斌
254	《医患信任关系建设的社会心理机制研究》	汪新建
255	《司法管理体制改革基础理论研究》	徐汉明
256	《建构立体形式反腐败体系研究》	徐玉生
257	《重大突发事件社会舆情演化规律及应对策略研究》	傅昌波
258	《中国社会需求变化与学位授予体系发展前瞻研究》	姚　云
259	《非营利性民办学校办学模式创新研究》	周海涛
260	《基于"零废弃"的城市生活垃圾管理政策研究》	褚祝杰
261	《城镇化背景下我国义务教育改革和发展机制研究》	邬志辉
262	《中国满族语言文字保护抢救口述史》	刘厚生
263	《构建公平合理的国际气候治理体系研究》	薄　燕
264	《新时代治国理政方略研究》	刘焕明
265	《新时代高校党的领导体制机制研究》	黄建军
266	《东亚国家语言中汉字词汇使用现状研究》	施建军
267	《中国传统道德文化的现代阐释和实践路径研究》	吴根友
	……	